谨以此书献给

为北京高速公路发展事业作出贡献的决策者、建设者、管理者

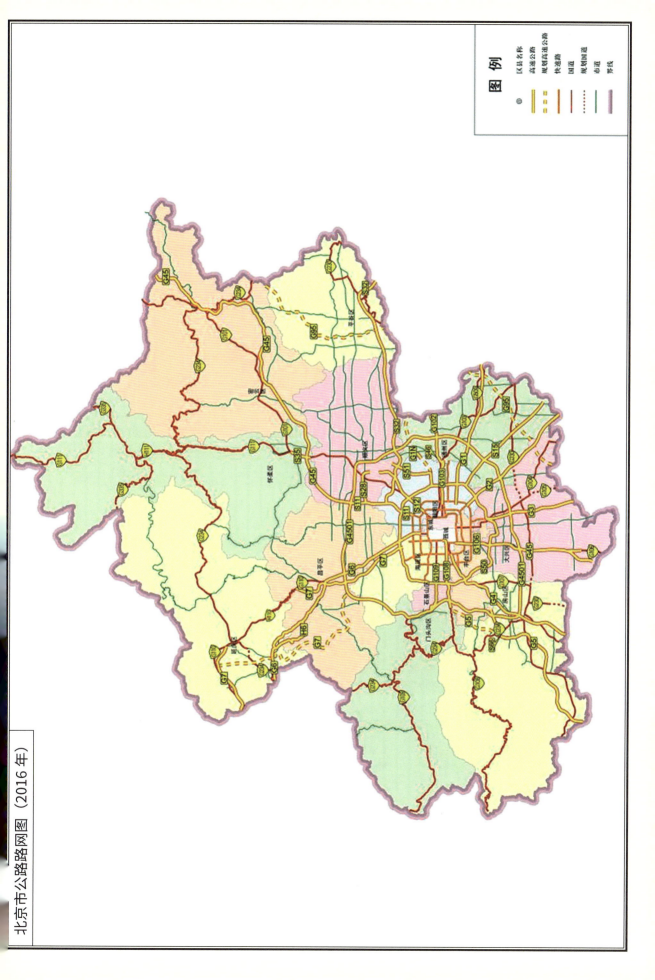

图1 早在20世纪70年代初期,交通部就组织专家到京津塘沿线地区进行现场踏勘和技术经济论证。图为在水中勘测高速公路路线的勘测队

图2 图为京津塘高速公路勘察工作验收会现场

图8 时任交通部副部长、京津塘高速公路工程领导小组组长王展意（左三）视察京津塘高速公路工地

图9 1990年9月12日,京津塘高速公路北京段举行为亚运会服务通车典礼。时任交通部部长钱永昌在典礼上讲话

图10 外籍监理工程师沃·伯格、希伯尼在京津塘高速公路北京—天津杨村段为亚运服务通车仪式上签名(北京大羊坊)

图11 1991年12月12日，京石高速公路（北京段）三期工程通车

图12 1993年，八达岭高速公路一期工程现场，相关负责人在交流

图13 2004年11月,时任北京市副市长吉林(前排左一)在高速公路建设现场

图14 2008年2月22日，时任北京市副市长赵凤桐（前排左二）在高速公路现场考察

图15　2009年7月8日，时任北京市副市长黄卫（左二）视察首发集团

图16 2013年2月10日,时任交通运输部部长杨传堂(前排左二)到北京市高速公路一线慰问

图17 2013年9月10日,时任北京市副市长张延昆(右一)到京昆高速公路施工现场视察

图18 2014年5月24日,交通运输部副部长戴东昌(前排右二)、北京市副市长张建东(前排右三)视察京津冀交通一体化建设推进情况

图19 2018年8月28日,北京市副市长杨斌(左二)视察兴延高速施工现场

图20　G1京哈高速公路北京段一景（拍摄于2003年）

图21　G2京沪高速公路北京段主线收费站——大羊坊站夜景（拍摄于2013年）

图22　竣工后的G3京台高速公路北京段（拍摄于2016年）

图23　G4京港澳高速公路（京石高速公路）北京段城区一段（拍摄于2006年）

图24　G4 京港澳高速公路（京石高速公路）北京段西道口段建成初期鸟瞰（拍摄于 20 世纪 80 年代后期）

图25　G5 京昆高速公路北京段鸟瞰图（拍摄于 2015 年）

图26　G6 京藏高速公路北京段

图27　G6 京藏高速公路北京段潭峪沟隧道（摄影／陈邦贤）

> 北京
> 高速公路建设实录

图28　G7京新高速公路北京段

图29　G7京新高速公路上地斜拉桥

图30 G102 北京段（通燕高速公路）秋景（拍摄于 2003 年）

图31 G106 北京段（京开高速公路）

图32 G4501 北京绕城高速公路（六环路）（摄影/王建）

图33 G4501北京绕城高速公路（六环路）跨丰沙铁路斜拉桥，这是世界首座墩顶转体斜拉桥

图34 S12首都机场高速公路天竺收费站

图35 S12 首都机场高速公路四元桥

图36　S15 京津高速公路于家务收费站

图37　S28 机场北线北七家桥（施工阶段）

图38　S32 京平高速公路

图39　S32 京平高速公路机场南线李天桥

图40 S50 五环路五元桥

北京
高 速 公 路 建 设 实 录

图41 S50 五环路石景山南站桥夜景一

图42 S50 五环路石景山南站桥夜景二

"十三五"国家重点图书出版规划项目
中国高速公路建设实录

Record of Expressway Construction in
Beijing

北京高速公路建设实录

北京市交通委员会

人民交通出版社股份有限公司
China Communications Press Co.,Ltd.

内 容 提 要

本书是《中国高速公路建设实录》系列丛书之北京卷,全书分为十篇,内容包括北京市经济社会与综合交通发展体系、公路建设及公路运输发展、高速公路建设发展阶段与成就、高速公路建设管理及运营管理、服务首都功能和保障国家重大活动、高速公路建设管理地方法规、高速公路建设科技成果与应用、高速公路文化建设、高速公路建设项目、高速公路代表性桥梁隧道以及北京高速公路建设大事记、附表、后记等附录。

本书全面、系统地记述了北京高速公路规划、建设、运营、养护等方面的历史沿革和发展历程,辩证总结了北京高速公路建设的经验与体会,具有很强的史料价值。本书可供交通运输建设行业相关人员阅读、学习与查询参考。

图书在版编目(CIP)数据

北京高速公路建设实录/北京市交通委员会组织编写. — 北京：人民交通出版社股份有限公司,2018.11
ISBN 978-7-114-14835-4

Ⅰ.①北… Ⅱ.①北… Ⅲ.①高速公路—道路建设—北京 Ⅳ.①U412.36

中国版本图书馆 CIP 数据核字(2018)第 138246 号

"十三五"国家重点图书出版规划项目
中国高速公路建设实录

书　　名：	北京高速公路建设实录
著 作 者：	北京市交通委员会
责任编辑：	刘永超　周　宇　丁　遥
责任校对：	刘　芹　尹　静
责任印制：	张　凯
出版发行：	人民交通出版社股份有限公司
地　　址：	(100011)北京市朝阳区安定门外外馆斜街 3 号
网　　址：	http://www.ccpress.com.cn
销售电话：	(010)59757973
总 经 销：	人民交通出版社股份有限公司发行部
经　　销：	各地新华书店
印　　刷：	北京雅昌艺术印刷有限公司
开　　本：	787×1092　1/16
印　　张：	49.25
字　　数：	986 千
版　　次：	2018 年 11 月　第 1 版
印　　次：	2018 年 11 月　第 1 次印刷
书　　号：	ISBN 978-7-114-14835-4
定　　价：	360.00 元

(有印刷、装订质量问题的图书,由本公司负责调换)

《北京高速公路建设实录》
编审工作委员会

顾　　问：张建东　杨　斌

主　　任：周正宇　李先忠

副 主 任：方　平　王兆荣　孙中阁　张　闽

成　　员（按姓氏笔画排序）：

丁燕斌　马伯夷　马　瑞　王少辉　王　泽

王春强　丛士杰　冯　雷　祁从刚　孙红军

李亚宁　李舜范　李道辅　李　鑫　杨宇梁

杨利军　吴反修　张新海　陈国立　陈金川

陈悦海　陈燕凌　罗翠珍　赵大信　姜善智

高增华　常华民　阎　炤　琚建明

《北京高速公路建设实录》
编纂工作委员会

主　　　　任：周正宇　李先忠

常务副主任：方　平

副　　主　任：王兆荣　孙中阁　张　闽　冯　雷　杨利军
　　　　　　　琚建明　祁从刚　丁燕斌

成　　　　员（按姓氏笔画排序）：

　　　　　　　马伯夷　马　瑞　王少辉　王春强　孙红军

　　　　　　　李亚宁　李　鑫　杨宇梁　吴反修　张新海

　　　　　　　陈金川　陈燕凌　罗翠珍　高增华　常华民

《北京高速公路建设实录》
编委会顾问组名单

成　　员（按姓氏笔画排序）：

马文汉　马培武　王　泽　丛士杰　冯仕诚

李舜范　李道辅　张书芳　张明超　陈国立

陈悦海　赵大信　姜善智　夏传荪　阎　炤

董平如

工作联络人： 刘俊新　杨　波

《北京高速公路建设实录》
编纂工作委员会办公室

主　　任：方　平

副 主 任：李亚宁　张新海　高增华　李　鑫　杨宇梁

成　　员（按姓氏笔画排序）：

　　　　　于跃波　王　可　王礼旺　王　昊　王　昕
　　　　　王宝英　刘存来　刘宝林　刘俊新　许国华
　　　　　许　焱　李小东　李子成　李云忠　李运栋
　　　　　李国伟　李建东　杨红旗　杨　波　吴美娥
　　　　　张文强　张　伟　张　涛　陈佩昌　畅　江
　　　　　周　红　郑红普　郑佳佳　郝　猛　段　杰
　　　　　洪瑞斌　宣　鹏　秦海涛　聂亚光　徐　婷
　　　　　郭成建　郭桂英　戚学涛　康　卉　焦桐敏
　　　　　阚　征　熊宗武　穆　屹

执行主编：刘传雷

编纂人员：张春伟　孙　婧　朱雅峰　王　硕　范圆圆
　　　　　苗挺节　王　珏　吴　翰

一直以来,党中央、国务院十分重视包括交通在内的北京市各项工作。2014年2月,中共中央总书记、国家主席、中央军委主席习近平在北京市考察工作时对北京市提出"五大要求",其中之一就是"提升城市建设特别是基础设施建设质量,形成适度超前、相互衔接、满足未来需求的功能体系,遏制城市'摊大饼'式发展"。这为北京市包括基础设施建设在内的首都发展和北京城市建设指明了方向。

作为北京市综合交通运输体系的重要组成部分,集基础性、先导性和战略性于一身的高速公路,一直是北京市委、市政府十分重视的基础设施领域之一。从1986年"先行先试"的京石公路一期工程至今,北京市高速公路已走过了30多年的发展历程。30多年来,北京市高速公路成就可谓辉煌,截至2016年底,通车总里程达到1013公里,高速公路密度一直保持在全国前列。以高速公路为代表的基础设施建设已成为北京市经济和社会快速健康发展的缩影,也成为北京市广大人民群众最直接感受到的改革开放成果之一。

当前,1013公里环放结合的高速公路网是塑造北京城市空间的重要元素,也是实现城市功能的重要依托。从建设初期至今,北京市高速公路的发展不断完善和优化着公路网结构,提高了首都公路运输的效能和服务水平,为各时期城市规划的实施和城市功能的实现创造了良好的条件,发挥了优良的"先行"作用。在满足首都经济、社会发展和全社会交通需求,促进各种交通方式融合发展的基础上,也为匹配国家首都功能和国际一流和谐宜居之都的定位提供了优质的基础设施储备。当然,在拉动内需、优化国土空间开发、辐射周边地区发展、促进城乡一体化发展、改变人们生活方式等诸多方面,高速公路所具有的外溢效应和辐射作用,已经为众人所熟知。

回顾发展历程,北京市高速公路的建设在全国高速公路发展过程中具有特殊的地位和意义,人们熟知的京石高速公路为全国高速公路的起步和发展提供了先进、实用的工程建设技术,为全国高速公路的发展起到了很好的引领和示范作用;京津塘高速公路则是我国第一条(不含港澳台)由世界银行贷款、按照"菲迪克"条款组织实施的跨省市高速公路。此外,"国门第一路"——首都机场高速公路,被誉为"能源路""科技路""旅游路"的八达岭高速公路,全国首例通过公开招标建设的高速公路PPP(政府和社会资本合作)项目——兴延高速公路等工程项目,都在不同阶段,于投融资、勘察设计、建设施工、项目管理、科技创新等不同方面,为国内高速公路建设,乃至整个建设行业起到了重要的引领作用。

以上所有这些成就的取得,自然离不开几代北京交通人及相关部门同仁的艰辛付出,他们的锐意进取、踏实肯干与埋头苦干,必将为这座城市所铭记,这是行业的底蕴,也是这座城市的自豪。

编撰这本书,就是要回望之前走过的路,以便让人们更好地了解这座城市的高速公路是如何从无到有,从线到网,从疏到密的。由此而言,该书具有重要的文献价值和资料价值。

该书细致地记录了北京市高速公路建设发展的轨迹,并全面梳理了其中脉络。

首先,该书通过展现北京市高速公路发展成就,继而从一个侧面反映了改革开放以来北京市取得的丰硕成果,这是向党和首都人民汇报的好方式。2018年又恰逢改革开放40周年,可以说,该书是在重要的时间节点为这个伟大的时代写下的一个闪亮的注脚。注脚的背景是一个行业的巨大跨越,是北京这座城市的辉煌发展,更有我国改革开放和中华民族伟大复兴的时代大潮。

其次,该书系统记录了北京市高速公路的发展历程和经验。在这里,我们可以看到北京的每一条高速公路是如何从前期工作,到施工阶段,再到建成通车,一直到后期的运营管理。这是实录,也是见证。同时,该书比较全面、系统地梳理了北京市高速公路建设发展中的宝贵经验,全面展示了北京高速公路在发展理念、建设管理制度及建设体制机制等方面的特色和亮点,重点突出了发展理念、管理经验、科技创新、投融资渠道拓展等方面的创新实践。在其中,我们能看到整个系统和行业探索发展的轨迹和众多建设者、管理者开拓的身影,也能看到高速公路行业从建设高质量基础设施到提供高品质出行服务的行业形象。

再次,该书作为建设文献全面展示了北京市高速公路行业的科技创新和文化传承。可以说,30多年来,北京高速公路发展是独一无二的,也是不可复制的,这些建设成就凝聚了北京交通管理者和建设者的辛勤智慧与汗水。书中注重展示高速公路建设、运营方面的科技创新成果，挖掘高速公路建设中的文化内涵，积极弘扬创新精神和行业正能量，使隐含在高速公路中的开拓精神和行业文脉依稀可见。尽管这里没有太多人物具象，但是我们清楚每一公里高速公路背后有多少勇于担当的业主方、风里来雨里去的规划设计者、风餐露宿的建设者、恪尽职守的监理方和勇于创新的科技工作者，又有多少人披星戴月、默默无闻地职守……透过这本书，读者可以感受到高速公路延伸以及这座城市成长的背后，是众多城市建设者和运营管理者的辛苦付出与默默奉献。

2017年2月23日至24日，习近平总书记在北京考察时强调，北京城市规划建设和北京冬奥会筹办工作是当前和今后一个时期北京市的两项重要任务，要认真贯彻党中央决策部署，坚持首善标准，解放思想、开阔思路、求真务实、攻坚克难，统筹生产、生活、生态，立足提高治理能力抓好城市规划建设，着眼精彩非凡卓越筹办好北京冬奥会，努力开创首都发展更加美好的明天。

2017年9月27日，中共中央、国务院批复同意《北京城市总体规划（2016年—2035年）》（以下简称"《规划》"）。《规划》强调了"北京是中华人民共和国的首都，是全国政治中心、文化中心、国际交往中心、科技创新中心"的城市定位，明确了加强"四个中心"功能建设，优化城市功能和空间布局，严格控制城市规模，科学配置资源要素，统筹生产、生活、生态空间，着力治理"城市病"，深入推进京津冀协同发展等重点任务。这些对包括高速公路建设发展在内的北京市交通运输发展提出了新的要求。

站在新的起点上，我们将更加紧密地团结在以习近平同志为核心的党中央周围，把习总书记视察北京重要讲话作为各项工作根本遵循，聚焦北京市委、市政府的工作大局，创新引领新常态，抢抓区域发展新机遇，为北京市新的城市发展规划服好务，为京津冀协同发展服好务。

希望以此书出版为契机，北京市高速公路事业取得更大的发展。

北京市副市长 杨斌

2018年10月

前言
Foreword

《北京高速公路建设实录》是交通运输部组织编写的《中国高速公路建设实录》丛书之一。编撰出版该书的目的在于总结北京市高速公路网络建设快速发展的历程、经验、技术和成就，以及高速公路发展对促进经济社会发展、服务改革开放和区域综合开发、优化产业布局和增强城市竞争力等方面做出的重要贡献，在反映交通基础设施建设成就的同时，也充分展示北京市经济和社会发展取得的巨大成就。

基于以上目的，该书在改革开放的时代大背景下，置于城市规划建设和城市发展之中，展现北京市高速公路建设和运营管理取得的成就。编者简要介绍了北京市经济社会发展状况、综合交通体系、普通公路发展情况以及公路运输状况，为高速公路的发展做好社会、行业背景铺垫，并关联高速公路发展与交通行业发展、城市发展、时代进步、人民生活质量提高之间的关系。

本书把北京市高速公路发展历程分为率先起步阶段（1986—1998年）、快速发展阶段（1999—2009年）、调整发展阶段（2010—2014年）、区域协同发展阶段（2015年至今）等四个不同的发展阶段，直观展现了北京市高速公路阶段性、跨越式的发展轨迹，突出了各阶段的特征，并以高速公路建设成就和路网现状呼应改革开放的光辉历程。在展示发展成就的基础上，总结了高速公路对北京经济社会发展的支撑作用，并从促进综合交通体系发展、推动经济社会发展、优化国土空间开发、辐射周边地区发展、改变人们生活方式等五个方面进行总结梳理。

作为实录型文献资料，对30多年的高速公路建设经验的总结是本书的重要组成部分。作为最早探索高速公路建设的省份，本书总结了北京市在建设管理体制、投融资、工程项目前期工作、建设管理"四项基本制度"的执行、"四新"技术的采用、建设速度和质量保证、行业监管、信息化建设等方面的鲜明特点和重要经验。与此同时，北京市在运营管理、依法建路与治路、文化建设等方面取得了显著的成绩，为特大城市以及首都功能的实现和国家重大活动提供服务保障。同时，法制建设提供了很好的样本和经验，也让我们看到了行业精神文明建设和文化建设的精彩和成就。

作为见证发展历程的重点部分，本书收集了2017年以前通车的北京市高速公路项目的相关情况，并以编年体实录形式进行编写。这一部分反映了北京市每条高速公路的基本情况和建设过程，也是本书最主要的部分。

此外，本书还收录了部分珍贵的图片资料、大量表格和众多媒体关于高速公路的新闻报道，将此作为北京市高速公路建设发展的印证和重要的文献，以供读者参考。

本书编委会办公室
2018年10月

凡例
General Notice

一、《北京高速公路建设实录》是一部如实记录北京市高速公路建设发展历程的文献资料。所记录的时间段为自1986年京石公路一期工程(以高速公路标准建设)开始,至2016年12月G3京台高速公路北京段通车,这一时期的高速公路发展历程(个别背景材料因为需要,上下延长)。

二、编纂原则:本着交通运输部要求的"如实记录"发展历程的原则,记录了自1986年以来,北京市高速公路事业发展的历史和过程,简述了高速公路发展的时代和行业背景,较为全面地呈现了北京市高速公路发展的成就和在城市、区域、首都功能及国家运行中的作用,梳理总结了建设管理和运营管理的经验,对高速公路建设管理中的科技创新、文化建设进行了介绍。

三、由于路线规划调整,特别是2010年国家高速公路网统一命名、统一编号规划,多数高速公路立项、建设时的名称并非现在采用的名称。本书将北京市每条高速公路按照最初建设的项目对整个建设过程予以实录。由于路线重新命名、合并等因素,一些路线现在的里程统计与建成通车时有所差别。以下为2010年统一命名前后的高速公路名称对应情况。

路线名称		路线编号	起讫地点
规范名称	北京原称		
合计	—	—	—
京哈高速公路	京沈高速公路北京段	G1	四方桥(四环)—香河(市界)
京沪高速公路	京津塘高速公路北京段	G2	十八里店桥(四环)—柴厂屯(市界)
京台高速公路	京台高速公路北京段	G3	旧宫新桥—田家营村(市界)
京港澳高速公路	京石高速公路北京段	G4	六里桥(三环)—琉璃河(市界)
京昆高速公路	京石二通道	G5	京昆联络线—镇江营(市界)
京藏高速公路	八达岭高速公路	G6	马甸桥(三环)—康庄(市界)

续上表

路线名称		路线编号	起讫地点
规范名称	北京原称		
京新高速公路	国道110	G7	德胜口—西五里营
			西五里营—市界
	京包高速公路北京段		箭亭桥(五环)—昌平德胜口
大广高速公路	京承三期	G45	司马台(市界)—新农村
	京承二期		新农村—酸枣岭桥(六环)
	六环路		酸枣岭桥—双源桥
	京开高速公路		双源桥(六环)—固安桥(市界)
六环路	六环路	G4501	酸枣岭桥—酸枣岭桥
京哈线	通燕高速公路	G102	西马庄收费站—市界
京塘线	京通快速路	G103	大望桥西—八里桥
京广线	京开高速公路	G106	菜户营桥(二环)—榆垡(收费站)

四、体例：按照篇、章、节、目四个层次，根据要求，条目下设子目、子子目等。

五、资料：本实录的资料及数据来源于文献、政府公报、政府公开文件、行业统计、档案、典籍、报刊、公开发表的论文、有关人士的传记和回忆录等，一般不注明出处。

第一篇 北京市经济社会与综合交通体系发展

第一章 经济社会发展
第一节 市情风貌 …… 3
第二节 经济社会发展状况 …… 6

第二章 现代化综合交通体系 …… 9
第一节 交通行政管理体制的沿革 …… 9
第二节 综合交通发展的宏观格局 …… 14
第三节 综合运输体系的现状 …… 17
第四节 综合交通体系的未来规划 …… 19

第二篇 公路建设及公路运输发展

第一章 公路网总体发展情况 …… 26
第一节 普通国省干线公路 …… 28
第二节 农村公路 …… 33
第三节 枢纽场站建设 …… 35

第二章 公路运输 …… 39
第一节 公路客运 …… 40
第二节 公路货运 …… 44

第三篇 高速公路建设发展阶段与成就

第一章 高速公路建设的历程 …… 51
第一节 率先起步阶段（1986—1998 年） …… 51
第二节 快速发展阶段（1999—2009 年） …… 60

第三节	调整发展阶段(2010—2014年)	69
第四节	区域协同发展阶段(2015年至今)	71

第二章 高速公路建设的总体情况 ······ 75

第三章 对北京经济社会发展的支撑作用 ······ 76

  第一节 促进综合交通体系发展 ······ 76
  第二节 支撑经济社会发展 ······ 79
  第三节 优化国土空间开发 ······ 82
  第四节 辐射周边地区发展 ······ 84
  第五节 改变人们生活方式 ······ 87

第四篇 高速公路建设管理及运营管理

第一章 高速公路建设管理 ······ 91

  第一节 具有时代特色的工程指挥部 ······ 92
  第二节 多部门协同保障前期工作 ······ 95
  第三节 投融资模式创新 ······ 97
  第四节 具有引领意义的京津塘高速 ······ 100
  第五节 "北京速度"背后的经验 ······ 102
  第六节 三级质量保证体系 ······ 107
  第七节 全面落实"四项制度" ······ 108
  第八节 市场化运作之后的行业监管 ······ 112

第二章 高速公路运营管理 ······ 117

  第一节 事业单位运营管理模式 ······ 117
  第二节 企业运营管理及行业管理模式 ······ 120

第五篇 服务首都功能和保障国家重大活动

第一章 典型案例及线路 ······ 138

  第一节 2008年北京奥运会 ······ 138
  第二节 重大节假日高速公路免费通行 ······ 141
  第三节 APEC北京峰会 ······ 143
  第四节 纪念中国人民抗日战争暨世界反法西斯战争胜利70周年纪念活动 ······ 145
  第五节 首都机场高速公路 ······ 147
  第六节 G6京藏高速公路北京段 ······ 150

第二章　重大活动保障工作经验 153

第六篇　高速公路建设管理地方法规

第一章　市级相关法规制度 165
第二章　建设市场管理相关法规制度 167
　第一节　信用管理 167
　第二节　招投标管理 169
　第三节　资质管理 171
第三章　公路工程项目管理 172
　第一节　质量与安全管理 172
　第二节　勘察设计管理 174
　第三节　项目后评价 174

第七篇　高速公路建设科技成果与应用

第一章　科技创新概况 177
　第一节　科技助力高速公路建设 178
　第二节　科技创新支撑运营管理 180
第二章　重大科研课题 183
第三章　主要标准规范及指南 208
　第一节　地方标准和技术指南 208
　第二节　主要专著 211
　第三节　主要发明专利 212
　第四节　主要工法 212
第四章　主要获奖情况 219

第八篇　高速公路文化建设

第一章　高速公路行业精神文明建设 223
　第一节　行业精神文明建设情况 223
　第二节　高速公路服务品牌建设 227
　第三节　各方面先进人物事迹 230
第二章　高速公路路域文化 238
　第一节　路与自然共生共荣 238
　第二节　让安全与人们一路同行 240

第三节	传承地域文化	242
第三章	媒体眼中的北京高速公路	245
第一节	建设方面的相关报道	245
第二节	运营方面的相关文章	252
第四章	北京高速公路众人谈	259

第九篇　高速公路建设项目

第一章	**G1**（京哈高速公路）北京至哈尔滨高速公路北京段	273
第一节	项目概况	273
第二节	建设情况	275
第三节	科研成果	280
第四节	运营管理	281
第二章	**G2**（京沪高速公路）北京至上海高速公路北京段	285
第一节	项目概况	286
第二节	建设情况	288
第三节	科研成果	297
第四节	运营管理	304
第三章	**G3**（京台高速公路）北京至台北高速公路北京段	310
第一节	项目概况	310
第二节	建设情况	312
第三节	科研成果	319
第四节	运营管理	320
第四章	**G4**（京港澳高速公路）北京至澳门高速公路北京段	322
第一节	京石公路（北京段）扩建一、二期工程	322
第二节	京石高速公路（北京段）三期工程	327
第三节	京石高速公路（北京段）四期工程	332
第四节	运营管理	337
第五章	**G5**（京昆高速公路）北京至昆明高速公路北京段	340
第一节	项目概况	340
第二节	建设情况	342
第三节	科技成果	347
第四节	运营管理	349
第六章	**G6**（京藏高速公路）北京至拉萨高速公路北京段	351
第一节	一期（马甸—昌平）高速公路项目	351

第二节　二期(昌平—八达岭)高速公路项目 ················· 359
　　第三节　西拨子—康庄高速公路(联络线:营城子—110国道) ·········· 365
　　第四节　运营管理 ···································· 368
第七章　G7(京新高速公路)北京至乌鲁木齐高速公路北京段 ············ 371
　　第一节　京包高速公路北京段(五环路—六环路) ················ 371
　　第二节　京包高速公路北京段(六环路—德胜口) ················ 378
　　第三节　国道110(昌平德胜口—延庆下营)改建一期工程 ············ 387
　　第四节　国道110(昌平德胜口—延庆县城)二期高速公路项目 ········· 393
　　第五节　运营管理 ···································· 394
第八章　G45(大广高速公路)北京至广州高速公路北京段 ·············· 395
第九章　G4501北京市六环路(酸枣岭桥—酸枣岭桥) ················ 396
　　第一节　六环路(马驹桥—胡各庄) ························· 397
　　第二节　六环路(马驹桥—孙村) ·························· 404
　　第三节　六环路(孙村—大庄) ···························· 408
　　第四节　六环路(胡各庄—西沙屯) ························· 413
　　第五节　六环路(良乡—黄村段) ·························· 419
　　第六节　六环路(西沙屯—寨口) ·························· 427
　　第七节　六环路(良乡—寨口) ···························· 436
　　第八节　六环路运营养护管理 ···························· 443
第十章　G102北京段(通燕高速公路) ························· 449
　　第一节　K7+200~K9+200段 ····························· 449
　　第二节　K9+200~K11+500和K12+000~K12+784.94段 ·········· 451
　　第三节　北运河大桥 ·································· 452
　　第四节　潮白河大桥 ·································· 453
　　第五节　运潮减河大桥 ································· 454
　　第六节　运营管理 ···································· 454
第十一章　G103北京段(京通快速路) ························· 456
　　第一节　项目概况 ···································· 456
　　第二节　建设情况 ···································· 457
　　第三节　科研成果 ···································· 458
　　第四节　运营管理 ···································· 459
第十二章　G106北京段(京开高速公路) ······················· 462
　　第一节　玉泉营桥至市界段 ······························ 462
　　第二节　辛立村收费站至市界段 ··························· 472

| 第三节　运营管理 | 481 |

第十三章　S11（京承高速公路）北京至承德公路北京段 483

第一节　一期（望和桥—高丽营）工程	484
第二节　京承高速公路市政段	492
第三节　京承高速公路二期（高丽营—沙峪沟）	494
第四节　京承高速公路三期（沙峪沟—市界）	500
第五节　运营养护管理	509

第十四章　S12 首都机场高速公路（三元桥—首都机场） 511

第一节　项目概况	511
第二节　建设情况	513
第三节　科研成果	521
第四节　运营管理	524

第十五章　S15 京津高速公路北京段（化工桥—市界） 526

第一节　项目概况	526
第二节　建设情况	529
第三节　科研成果	535
第四节　运营管理	537

第十六章　S28 首都机场北线高速公路 541

第一节　项目概况	541
第二节　建设情况	543
第三节　科研成果	549
第四节　运营管理	549

第十七章　S32 京平高速公路（京承高速公路—市界） 551

第一节　机场南线（京承高速公路—东六环路）	551
第二节　京平高速公路（机场南线高速公路—市界）	557
第三节　运营管理	568

第十八章　S35 京密高速公路（京承高速公路—开放环岛） 570

第一节　项目概况	570
第二节　建设情况	571
第三节　科技成果	576
第四节　运营管理	576

第十九章　S46 京通京哈联络线（会村—西马庄） 577

| 第一节　项目概况 | 577 |
| 第二节　建设情况 | 578 |

| 第三节 | 运营管理 | 581 |

第二十章　**S50 五环路**（来广营桥—来广营桥） 582
 第一节　公路一环一期工程（八达岭高速公路—机场路段） 583
 第二节　二期工程 A 段暨四期丰台段 588
 第三节　二期工程（京原路—八达岭高速公路段） 595
 第四节　三期工程（首都机场高速公路—京津塘高速公路段） 600
 第五节　四期工程（京石高速公路—京津塘高速公路段） 605
 第六节　运营管理 611

第二十一章　**S51 首都机场第二高速公路** 612
 第一节　项目概况 612
 第二节　建设情况 614
 第三节　科研成果 617
 第四节　运营管理 622

第十篇　高速公路代表性桥梁隧道

第一章　代表性桥梁 625
 第一节　五环路石景山南站高架桥 625
 第二节　京新高速公路上地斜拉桥 634
 第三节　西六环路丰沙铁路分离式立交桥 637

第二章　代表性隧道 643
 第一节　潭峪沟隧道 643
 第二节　德胜口隧道工程 649

附　　录

附录一　北京高速公路建设大事记 657
附录二　附表 678

后记 731

Record of Expressway Construction in
Beijing
北 京 高 速 公 路 建 设 实 录

第一篇
北京市经济社会与综合交通体系发展

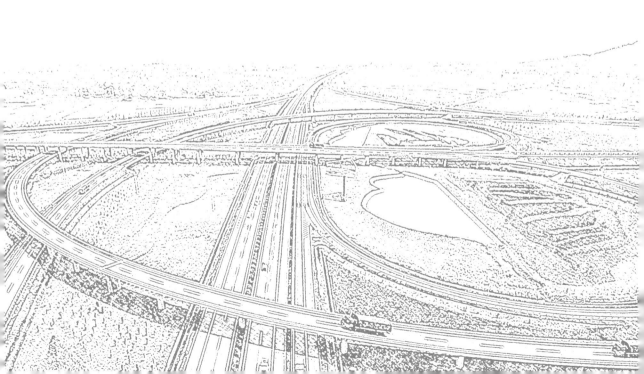

篇　首　语

作为时空概念上的城市,北京这座城市是拥有千年建都史的历史名城,是世界文化名城和中国四大古都之一。如今,这个历久弥新的繁华都市时时刻刻吸引着国内外关注的目光。

作为政治概念的"首都",北京是世界上极少数如此长时间作为一个国家的政治和文化中心的城市之一。新中国成立之后,这里就是中华人民共和国中央人民政府的所在地,是我国的政治中心。随着共和国的发展,北京已成为国际政治、经济和文化版图中举足轻重的大国首都。

新中国成立以来,特别是改革开放之后,北京市紧紧围绕国家建设和发展要求,紧跟时代发展步伐,先后7次制定并报经国务院批准城市发展规划,实现了从建设现代化工业基地和科学技术中心的发展理念,到坚持和强化首都全国政治中心、文化中心、国际交往中心、科技创新中心战略定位的重大转变。

作为国家确定的42个全国性综合交通枢纽中最重要的节点城市,北京是我国综合运输体系中重要的航空与陆上交通枢纽城市,在国家综合交通网络中具有极为重要的战略地位和意义。

第一章
经济社会发展

第一节 市情风貌

一、自然环境

北京市位于华北大平原北端,全市土地面积1.68万 km²。这里四季分明,春秋短促、冬夏较长,属暖温带半湿润气候区。

在地质构造上,北京处于燕山沉降带的西部,地貌类型主要有中山、低山、丘陵、平原、山间盆地。其地势西北高耸,东南低缓。西部、北部和东北部是连绵不断的群山,西拱太行余脉西山,西北部依燕山山脉之军都山,北部、东北部靠燕山山脉,东南部是缓缓向渤海倾斜的华北平原。

北京地区的岩性条件比较复杂,各类岩石(土)均有出露,大体上可划分为松散堆积物和基岩两大类。由于地形西高东低,北高南低,辖区内有自西北向东南的拒马河、永定河、北运河、潮白河、蓟运河五大水系滋养着这片古老的土地。这片土地上有水库82座,无大的天然湖泊。

二、人文历史

北京的城市历史悠久,秦汉以来,北京地区一直是中国北方的重镇,其名称先后有蓟、幽州、燕京、中都、大都、北京、顺天府、北平等。北京与西安、南京、洛阳并称中国"四大古都"。辽、金、元、明、清、中华民国(北洋政府时期)6代在此定都。直至1949年新中国成立,古都焕发出新时代的勃勃生机。历经世代,这里汇聚了灿烂的中华文化,留下了许多名胜古迹和人文景观,成为世界著名的旅游目的地。这里拥有6项世界文化遗产,是世界上拥有文化遗产项目数最多的城市,具有最重要的国际影响力,也是世界上最大的城市之一。

三、行政区划、城市定位和规划

(一)行政区划

目前,北京市辖16个区,分别为东城区、西城区、朝阳区、海淀区、丰台区、石景山区、房山区、门头沟区、通州区、顺义区、昌平区、大兴区、怀柔区、平谷区、密云、延庆区；147个街道、144个镇、33个乡、5个民族乡（合计329个乡级行政单位）。

（二）城市定位和规划

新中国成立以来，北京市的城市规划总体上经历了20世纪50年代规划、1983年版城市规划、1994年版城市规划和2004年版城市规划等数次规划历程。这些规划的制定不仅影响着城市的发展方向、成长速度和质量，同样也影响着北京综合交通发展的侧重和方向。

从20世纪50年代规划中的"首都应该成为全国政治、经济和文化的中心，特别要把它建设成为国家强大的工业基地和技术科学的中心"和"把首都建设成为一个现代化的工业基地"，到20世纪80年代的"要服从和服务于北京作为全国的政治中心和文化中心的要求"，再到1994年确定的"进一步加强和完善全国政治中心和文化中心的功能，建设全方位对外开放的国际城市"，一直到"全国的政治中心、文化中心，世界著名古都和现代国际城市"的城市性质定位；从20世纪50年代的"卫星镇"，到90年代的"卫星城"，再到当前的"功能区"和城市副中心的发展规划——每次城市总体规划，都是在不同时代背景下制定的，既是适应新形势发展变化的结果，也是北京城市功能定位调整的过程。

1948年，北京市基本没有现代机器制造工业。1953年11月，北京市委草拟首都五年经济计划，提出了把首都建设成为我国强大的工业基地和技术科学中心的设想，同年编制并上报中央的《改建与扩建北京市规划草案要点》，明确提出"首都应该成为我国政治、经济和文化的中心，特别要把它建设成为我国强大的工业基地和科学技术的中心"。中央批复赞成"首都应该成为我国政治、经济和文化的中心"，不赞成"强大的工业基地"的设想，主张适当地、逐步地发展一些冶金工业、轻型的精密的机械制造工业、纺织工业和轻工业。1958年6月形成的《北京城市规划初步方案》，再次确认北京作为我国的政治中心和文化教育中心的定位，还要迅速地把它建设成现代化的工业基地和科学技术的中心。

1973年，《北京市建设总体规划方案》再次提出要"多快好省地把北京建成一个具有现代工业、现代农业、现代科学文化和现代城市设施的清洁的社会主义首都"。到1978年，北京市建成了门类比较齐全的工业体系，一度超过沈阳、太原和天津，成为北方重工业城市之首。"首都北京、文化北京和工业北京"成为这个时期北京建设与发展的重要特点。

党的十一届三中全会以来，党中央、国务院曾于1980年4月、1983年7月、1993年10月、1995年4月和11月，以及2014年2月，针对首都建设方针比较集中地做过五次指示，强调作为首都和历史文化名城,北京应该是全国的政治中心、文化中心和国际交往中心,要满足"四个服务"的总体要求。

1980年4月,中央明确了北京的政治中心、文化中心、国际交往中心的战略定位,指出经济建设要适合首都特点,明确不再发展重工业。据此,1982年中共北京市第五次代表大会正式提出了"发展适合首都特点的经济"之方针,以首都科技文化优势为依托,高新技术产业为先导,发展第三产业为主体的可持续发展经济。1983年《北京城市建设总体规划方案》进一步明确首都北京的城市性质的战略定位为"全国的政治中心和文化中心",不再提"经济中心"和"现代化工业基地"。

1992年,国家确定了社会主义市场经济体制改革方向,年底,北京市政府编制完成《北京市城市总体规划(1991—2010)》,次年10月获国务院批准。规划提出了"分散集团式布局"的城市空间布局,北京城市发展要实现"两个战略转移"——城市建设重点从市区向远郊区转移;市区建设从外延扩展向全面调整改造转移。为此,北京市委、市政府实施了"优二兴三"和"退三进四"工业结构战略调整。

1997年12月,北京市第八次党代会明确提出"首都经济"发展战略,其内涵是以知识经济为方向,以高新技术为核心。"首都北京、文化北京、科技北京"成为"十五"时期北京发展的主题。

第29届奥运会的成功申办,为北京带来了新的发展机遇。2004年,北京市组织编写了《北京城市总体规划(2004—2020)》,该规划确定"两轴—两带—多中心"的城市空间布局,把当时的18个区县分成首都功能核心区、城市功能拓展区、城市发展新区和生态涵养发展区4个功能区。2005年经国务院批复,北京由1953年的"三为"发展到"四个服务":为中央党政军领导机关的工作服务、为国家的国际交往服务、为科技教育发展服务、为改善人民群众生活服务。奥运会后及时将奥运三大理念转变为建设"人文北京、科技北京、绿色北京"的首都北京发展理念。

2010年8月23日,时任国家副主席习近平视察北京时,针对建设中国特色世界城市,提出"要努力把北京打造成国际活动聚集之都、世界高端企业总部聚集之都、世界高端人才聚集之都、中国特色社会主义先进文化之都、和谐宜居之都"。2014年2月25日、26日,习近平总书记就推进北京发展和管理工作提出5点要求,明确了北京的城市战略定位:坚持和强化首都全国政治中心、文化中心、国际交往中心、科技创新中心的核心功能,深入实施人文北京、科技北京、绿色北京战略,努力把北京建设成为国际一流的和谐宜居之都。

2015年4月30日,中共中央政治局召开会议,审议通过《京津冀协同发展规划纲要》。其中指出,推动京津冀协同发展是一个重大国家战略,核心是有序疏解北京非首都功能,加快规划建设北京市行政副中心,要在京津冀交通一体化、生态环境保护、产业升级转移等重点领域率先取得突破。7月,北京市委通过《中共北京市委北京市人民政府关于贯彻〈纲要〉的意见》,北京开始积极推动老城重组,加快推进市行政副中心建设。

新时期,随着北京城市战略新定位的不断明确,以及京津冀协同发展战略的逐步落实,北京城市发展正展开更美的新图卷,而其中核心功能的强化和京津冀交通一体化战略的不断落实,使北京的交通基础设施建设也迎来新的发展面貌。

四、人口规模及人口结构

2016年末,北京常住人口为2172.9万人。其中,常住外来人口807.5万人,占常住人口的比重为37.2%。常住人口中,城镇人口1879.6万人,占常住人口的比重为86.5%。常住人口密度为每平方公里1324人。

第二节 经济社会发展状况

"高速度!/高速度!/这就是国家的安全,/民族的富强,/人民的幸福!/高速度,高速度/渴望了十年、二十年,/但是直到1978年,/中国还没有高速公路!/我的/难以割舍的/亲爱的同志们:/听,中国的汽车/呼唤着/高速公路!"

1978年12月,著名诗人邵燕祥以一首《中国的汽车呼唤着高速公路》直抒对高速公路的渴望。对高速公路渴望的背后,一个快速进步的时代大幕徐徐拉开,一个高速发展的中国正呈现在世界面前。

改革开放以来,北京的经济社会发展取得了举世瞩目的辉煌成就。首都各族人民在中国共产党的领导下,坚定不移地走中国特色社会主义道路,依靠解放思想,坚持改革开放,书写了经济社会发展的华章。经济发展水平大幅跃升,科教文卫体等各项社会事业蓬勃发展,城市建设日新月异,城乡居民生活更加殷实。党的十八大以来,首都各项建设紧紧围绕新时期首都城市战略定位,并朝着把北京建设成为国际一流和谐宜居之都的目标迈进。

一、经济建设成就斐然,经济结构不断优化

1978年改革开放以后,北京社会经济发展步伐明显加快。随着社会主义市场经济的逐步确立和完善,经济快速增长,总量连续跃级,至2016年已达2.48万亿元(见本书"附表"部分的表1-1-1)。从人均地区生产总值指标看,到2016年已达到11.5万元,按可比价格计算,相当于1952年的近130倍,年均增长8%以上。目前,按照世界银行的标准,北京经济发展已经相当于世界上中等收入国家和地区的水平。

北京市工业实现由传统重工业向现代制造业、高技术制造业的转变。改革开放以前,

受"大工业、大城市"建设思路的影响,北京在着力发展重工业的基础上,构建了门类齐全的工业生产体系。随着对首都资源禀赋认识的不断深化,第三产业发展明显加快,年均增速由改革开放前(1953—1978年)的8.8%,提高到改革开放后(1979—2016年)的12.2%(图1-1-1)。2016年,北京市第三产业规模达到近2万亿元。

图1-1-1 1980—2016年北京市地区生产总值增长示意图

经济总量的持续扩张,给政府财力的增强提供了强大的动力。这些为经济社会发展和民生改善奠定了基础,也为交通基础设施建设打下了坚实基础。

二、社会事业蓬勃发展,人民生活水平不断提高

改革开放前,北京市居民消费品市场发展相对缓慢,物资商品较为匮乏。随着党的十三大报告明确提出建立和培育社会主义市场体系,北京市各类商品市场得以蓬勃发展,市场规模快速扩大。北京市社会消费品零售总额从1978年的44.2亿元扩大到2016年的11005.1亿元,增长了248倍。同时,居民消费结构明显优化,吃穿住行用水平全面提升。1997—2014年北京市机动车保有量变化如图1-1-2所示。

图1-1-2 1997—2014年北京市机动车保有量变化图

从20世纪90年代中开始,北京市大力推进社会保障事业,保险种类和参保人数不断增加。

北京的科技资源优势日渐明显,支撑首都向创新驱动发展转型的后劲不断增强。改革开放以来,北京在科技投入、科技人员、科技成果等方面取得了长足的发展。2016年,

全年研究与试验发展(R&D)经费支出1479.8亿元,相当于地区生产总值的6.9%。中关村这样的具有国际影响力的高新技术产业集聚区在北京诞生,并蓬勃发展。其高新技术企业数量、经济总量、创新实力等稳居全国114个高新区之首。

从全面落实科教兴国战略到大力实施人才强国战略,首都教育事业得以快速发展,逐步构建了以高等教育为优势特色的完备的教育体系,教育质量不断提高,为经济社会发展提供了强大的智力支持。公共文化服务体系不断完善,文化中心功能显著增强。其中,首都文化建设实力不断增强、影响日益扩大,公共文化服务体系不断完善,较好地满足了市民的精神文化需求。

三、固定资产投资快速增长,城市综合实力大幅提升

在固定资产投资方面,1978—2014年,累计完成基础设施投资1.74万亿元,占全社会固定资产投资的比重约为25.6%,水、电、气、热、路等基础设施逐步完善,有效地提高了城市承载能力,使城乡面貌焕然一新。以交通基础设施建设为例,北京交通发展日新月异,成为全国重要的航空和陆上交通枢纽城市。公共交通快速发展,为经济腾飞和百姓出行提供了重要保障。伴随着由公路、轨道、民航等组成的综合运输网络的大规模兴建,市民出行选择日益多样化,交通运输能力大幅提升。伴随着经济的快速增长,北京市委、市政府强力推进节能减排、环境保护和生态建设,全面提升城市的绿色发展水平。

随着各项事业的发展,北京的城市综合实力不断提升,国际、国内竞争力不断增强。据《财富》"2014世界500强排行榜"统计,上榜的100家中国企业中,有52家总部设在北京,北京在全球城市格局中的地位明显提升。根据跨国商业咨询巨头科尔尼公司发布的"2014年全球城市指数"报告,北京的城市综合实力上升至全球第8位,而在2010年北京只排在第15位,这些都从侧面反映了北京城市综合实力的不断增强。

第二章
现代化综合交通体系

改革开放以来,北京市各种交通运输方式取得了辉煌的发展成就,实现了首都交通从"瓶颈制约""基本缓解"到"基本适应"的快速发展,满足了经济社会发展需求,在全社会初步形成了"经济发展、交通先行"的广泛共识,为各时期北京交通发展打下了坚实基础。

自20世纪90年代初,我国开始重视综合运输发展。国家"八五"计划纲要首次提出"搞好综合运输体系的建设",直至"十二五"规划纲要更突出地强调"构建综合交通运输体系"。但因长期的体制分割,我国综合运输体系建设并未取得突破性进展。北京是国内较早实施交通运输大部门体制改革的城市,北京市交通委员会(以下简称"市交通委")除了承担公路、水路交通运输行业管理职责外,还被赋予"协调解决本市交通方面的综合性问题,负责行政区域内铁路、民航和邮政等综合运输的协调工作"等职责。

"十二五"以来,北京市交通运输行业以科学发展观为统领,努力构建以"人文交通、科技交通、绿色交通"为特征的新北京交通体系,坚持以综合运输服务需求为导向,注重设施建设与服务管理并举,节点升级与网络完善相结合,初步形成了以综合交通枢纽为依托,以大容量城市客运服务网络为基础、以个性化运输服务为补充、以科技信息化手段为支撑,公路、铁路、民航、城市交通等协同发展的局面。

第一节 交通行政管理体制的沿革

作为国内现代化进程最快、程度最高的城市之一,北京在综合交通管理体制方面的探索和实施,也经过了不同阶段。如今,北京市的交通行政管理体制和管理水平响应了现代化城市交通发展的趋势,引领着国内城市交通管理的发展潮流。

按照建立社会主义市场经济体系的总体要求和北京市的城市功能定位,北京市不断推进交通行政管理体制改革,积极推行政企分开、政事分开,在这个过程中,建立了初步的综合交通行政管理体制,基本解决了交通管理部门交叉和职责关系不顺的问题,在交通管理综合化、规划决策科学化、职责分工明确化、管理职能法制化、调节手段市场化和监督机制完善化等方面不断取得进展,交通运输的整体服务水平得到明显提高。总体而言,1978年至今,北京市交通管理体制经历了以下几个阶段。

一、市、区集中专司公路运政、路政管理阶段(1978年10月—1984年3月)

1978年10月,北京市革委会决定,北京市交通局分为北京市交通运输局和北京市公共交通局,市交通运输局专司全市货物运输、汽车修理、汽车配件供应、长途汽车客运管理及郊区县公路修建、养护和管理工作。城市公共交通管理(包括轨道交通管理)再次与公路交通运输管理分离。1979年5月,北京市将原五个区交通局(科)及所属企业整合组建了北京市西城地区运输公司,划归市交通运输局领导;将原东城区、崇文区、朝阳区三个区交通局(科)及所属企业整合组建了北京市东城地区运输公司,划归市交通运输局领导。将部分修配厂整合组建了北京市交通机械修配公司,划归市交通运输局领导。同年6月,北京市公路工程公司成立,划归市交通运输局领导。这一年在交通行政管理体制上的突出变化是,撤销了城区和城近郊区区级交通行政管理机构,形成了市、区(城区和城近郊区)集中、专司公路运政和公路路政管理的交通行政管理体制。

二、以总公司代行政府职能阶段(1984年4月—1991年8月)

1984年4月,北京市交通运输局改为北京市交通运输总公司,代行政府职能。从此至1991年9月,是北京市交通行政管理体制变革史上的一个特殊时期,即"以企代政"时期。在市交通运输总公司下,分别设立了三个行业管理处来具体行使行业管理职能。北京市公路运输管理处,履行全市运政管理职能;在北京市公路管理处成立了路政管理所,在10个远郊县公路管理所成立了路政管理站,履行全市公路路政管理职能;北京市汽车维修管理处,履行全市汽车维修行业管理职能。

1990年12月,北京市人民政府决定成立北京市公路局,为市交通运输总公司所属副局级事业单位。远郊县(区)公路管理所改为公路分局,隶属北京市公路局,为副处级事业单位。北京市公路局的主要职能是,参与起草地方公路法规,制订公路建设发展规划和年度计划;实施路政管理;对现有公路进行养护、绿化;负责养路费的征收、稽查;承担公路的新建和改、扩建工程。下设11个区县和京石分局,5个施工处及公路设计研究院、高速公路监理公司、京津塘高速公路管理处、养路费征收稽查处、技工学校和质量监督处等单位。

三、强化政府行政管理职能,全面实施公路、水路交通行业管理阶段(1991年9月—2000年2月)

1991年9月,北京市撤销北京市交通运输总公司,成立北京市交通局。至此结束了北京市交通行政管理"以企代政"总公司代行政府职能的管理体制,强化了政府职能。1992年9月,北京市政府批复,授予北京市交通局所属公路局、公路运输管理处、汽车维修管理处为行政执法机构。1993年4月,经北京市机构编制委员会办公室批复,北京市交通局撤销北京市公路运输管理处和北京市汽车维修管理处。成立货运管理处、客运管理处、汽车维修管理处,为局内职能处。合并8个城区及近郊区公路运输管理所和汽车维修管理所,成立8个管理处,为交通局的派出机构,行使政府管理职能。管理处与远郊县(区)10个交通局运管所及各乡设立的管理站或代办站,在全市范围内形成市、区(县)、乡(镇)三级行业管理网,为实行政府对全市公路运输行业宏观调控和依法监督提供组织保证。

1996年2月,北京市人民政府决定,保留北京市交通局(以下简称市交通局)。作为市政府主管本市公路交通行业的职能部门,内设16个职能处室和机关党委;同时,有北京市运输公司、大型物资运输公司等12个直属公司以及北京市公路局等7个直属事业单位。1997年7月,北京市人大常委会通过了《北京市道路运输管理条例》,同年12月,交通部决定,北京市交通局开始对水路运输进行管理。

四、整合管理职能,实现政企分开、事企分开及交通综合执法阶段(2000年3月—2003年2月)

2000年3月,撤销北京市交通局、北京市出租汽车管理办公室和北京市公共交通管理办公室,组建北京市交通局,之后组建北京市交通执法总队,为交通局所属副局级单位。将原市经委管理的北京市运输指挥部和北京市铁路道口安全管理办公室划归市交通局管理。新组建的交通局是负责北京市公共交通、公路及水路交通行业管理的市政府组成部门。新组建的北京市交通执法总队是负责全市公共交通、公路及水路交通行业综合执法工作的行政执法机构。

新组建的交通局在职能上有较大的调整,主要职能有:原北京市交通局的行政管理职能;原由北京市市政管理委员会承担的主管本市公共交通的职能;原北京市出租汽车管理局承担的出租汽车、旅游汽车的行业管理职能;原北京市公共交通管理办公室承担的小公共汽车的行业管理职能;原由北京市公安局承担的旅游船舶检验、核发机动船驾驶证和水上安全监督职能;原由市经委承担的组织协调本市交通运输的职能;北京市运输指挥部承担的包装托运业、铁路专用线、超大型货物运输的管理职能;北京市铁路道口安全管理办公室承担的铁路道口安全管理职能。同时要求新组建的交通局,按照政企分开的原则,不再承担直接管理企业的职能,原市交通局所属的企业整建制划出。

2000年8月,经北京市机构编制委员会批准,成立北京市交通执法总队,为北京市交通局所属副局级行政执法机构,负责北京市公共交通、公路及水路交通行业的综合执法工作。

2001年1月,经北京市政府批准,原市交通局所属企业组建成立北京祥龙资产经营有限责任公司,为市人民政府投资组建的国有独资公司。市人民政府授权祥龙资产经营有限责任公司对所属的全资企业、控股企业、参股企业的国有资产行使出资者的权利。同年7月,市交通局所属通信管理处划归市交通执法总队,通信管理处为正处级事业单位。

2002年11月,经市政府批准,市公路局不再承担公路养护施工和公路建设企业的管理工作,以北京市公路桥梁建设公司为载体,剥离企业职能,实现事企分开。事企分开后,北京市公路桥梁建设公司为独立企业法人,不再隶属于市公路局。

至此,新组建的北京市交通局,第一次不再直接管理交通企业,在北京市交通行政管理体制改革史上,彻底实现了政企分开和事企分开。按照决策与执行适当分开和综合设置执法机构的原则,第一次实现了交通内部的综合执法。同时,在此阶段通过进一步的职能整合,再次实现了公路运输与城市公共交通、公路运政与公路路政的统一管理。

五、建立集中统一的交通行政管理体制阶段(2003年3月至今)

2003年3月,北京市委、市政府决定,为建立集中统一的交通管理体制,充分发挥交通在促进首都经济和社会发展中的作用,在市交通局的基础上调整组建市交通委。

职能方面,将原北京市交通局承担的负责本市公共交通、公路及水路交通行业管理的全部职能划入市交通委;将原由市市政管理委员会承担的城市道路、桥梁以及经营性停车设施的行政管理职能划入市交通委;将原由市公安局公安交通管理局承担的部分路政管理的职能划入市交通委。

按照职能划分,机构做出相应调整:撤销北京市交通局,将市交通局机关及所属单位整建制划入市交通委。撤销北京市公路局和北京市铁路道口安全管理办公室,组建北京市路政局,主要负责城市道路和公路方面的具体行政管理工作,是市交通委员会管理的负责本市城市道路和公路、桥梁、轨道等交通基础设施行政管理的行政机构;撤销北京市运输指挥部,组建北京市运输管理局(挂北京市地方海事局牌子),主要负责交通运输(含公共交通、轨道交通、长途客运、货物运输、汽车维修及水路交通等)方面的具体行政管理工作,是市交通委管理的负责本市交通运输行业管理和水上安全监督的行政管理机构。

体制框架分为决策层和执行层,决策层为新调整组建的市交通委,其作为全市交通管理的决策机构,列入市政府组成部门。市交通战备办公室作为北京市国防动员委员会的办事机构,挂靠市交通委;北京市交通发展研究中心挂靠市交通委,主要为全市交通事业发展决策提供支持和服务。执行层包括市交通委下设市路政局、市运输局、市交通执法总队,均为市交通委所属副局级行政执行机构。

在市区两级交通管理体制方面,路政管理实行市区两级管理体制,城市主干路和县级以上公路由市路政局负责统筹建设、维修养护和管理;城市支路、县级以下公路由区县政府指定的部门负责建设、养护和管理。运输管理按照市区与郊区划分,市区由市运输局负责管理;郊区由区县交通局负责。市路政局对轨道交通、高速公路、城市道路等建设和养护项目实施组织协调和监管。市运输管理局负责北京市公共电汽车、轨道交通运营的行业管理。

这次北京市交通行政管理体制改革,是北京市交通发展史上涉及面最广、体制变化最大的一次变革。在职能上第一次实现了市政道路管理纳入交通行政管理体制下统一管理。在机构设置上,第一次在交通行政管理体制中,按照决策层和执行层层级关系设置机构,是北京市深化行政管理体制改革中一次新的探索和创新。

之后,北京市交通管理体制多是在此基础上的调整和完善。2009年8月,将原市政府部门管理的副局级机构市路政局、市运输局调整为市交通委的内设机构。市交通委设13个内设处室和北京市交通委路政局、北京市交通委运输管理局。

2015年6月,市交通委成立轨道交通办公室,将分散到运管局、路政局、执法总队等二级部门的轨道交通管理职能集中,原各二级局的轨道处撤销。将以前分散在各二级局的有关轨道交通职能部门统一设置在交通委机构内,轨道交通办公室包括轨道交通运营监管处、轨道交通设备设施监管处、轨道交通综合协调处、北京市轨道交通指挥中心、北京市交通执法总队轨道执法大队。

截至2016年底,市交通委作为统筹全市交通工作的政府组成部门(机构设置详见本书"附表"部分的表1-2-1),主要负责全市城市道路、公路、轨道等交通基础设施的综合规划和行政管理,公共交通、出租汽车、道路运输、水路运输、汽车租赁、经营性停车场等行业的行业管理,本市行政区域内铁路、民航和邮政等综合运输的统筹协调,以及公路路政和运输行业执法工作。

2015年,交通运输部《关于全面深化交通运输改革的意见》正式出台。其中要求深化大部制改革,加快形成"大交通"管理体制和工作机制。按照国家层面推进的大部制改革方针,就北京而言,整个综合交通运输体制涉及诸多领域,各领域又涉及多个政府管理部门和运输企业,既有国家层级的管理部门、运输企业,又有市级的管理部门和运输企业,相互没有行政隶属关系,层级内政府管理部门和企业只存在业务上的隶属关系,其中,政府管理部门有国家层级的民航华北地区管理局、北京铁路局、北京市邮政管理局,市级的市交通委员会、北京市交通委运输管理局;企业有国家层级的首都机场股份公司,市级的公交集团、地铁运营公司和出租车、公路省际、旅游等运输企业和枢纽场站经营企业。

近年来,以基于综合交通运输体系框架下的多个运行工作机制作为基础,北京综合运输系统得以较好地运行和发展。现有工作机制既有固化定期的,也有临时专项的。按照国家、北京市交通发展战略规划中有关综合运输体系建设的要求,北京市建立了常态化的北京综合运输系统互动机制,以联席会议制度为载体,增进交流,加强联系,共同探讨、推动北京综合运输系统的建设发展,并通过相互协商解决运行中的问题。各部门、各单位立足于现状,本着"实事求是、解放思想"的原则,共同运用互动机制,逐一解决运输组织中的问题,逐步带动规划建设中的问题,逐渐影响发展战略的制定,最终实现一个完善、高效的北京综合运输系统。

公路管理体制方面,北京市建立了市区垂直、高效科学的公路管理体制。路政局是市交通委承担公路行业管理的省级主管部门,机关内设14个职能处室,行政编制为公务员编制;在全市10个远郊区县均设有公路分局,为参公管理事业编制;此外,还设有7个直属事业单位。公路分局为路政局在远郊区县的派出机构,执行属地行政区域内公路管理,并代行属地公益性公路建设项目法人双重职能,主要负责县级以上一般公路建设、养护、路政、安全应急、质量监督管理,以及属地高速公路路政管理等工作。公路日常养护采用合同承包模式,由北京市国有独资的市政路桥养护集团承担。7个直属事业单位中与公路行业直接相关的有4个,其中项目中心负责本市道路建设项目前期工作、政府还贷管理工作;质量监督站负责本市公路行业质量监督管理,造价定额站承担本市道路建设养护工程造价定额标准的编制发布工作,路网中心负责本市公路信息化建设管理、路网运行监测及信息收集发布、设施建设运维、路政服务热线保障,参与道路突发事件应急处置等。路政局负责高速公路路政、运营、收费、养护、服务的行业管理。

农村公路管理主体为10个远郊区县政府,各乡镇政府是乡村公路建设、养护工作的实施主体,市交通委、路政局负责行业监督和指导。依据《北京市公路条例》,乡村公路管理主体为属地区县政府,建设、养护工作实施主体为乡镇政府,市交通委、路政局负责行业监督和指导。治超工作实行"市政府统一部署、区县政府组织落实、交通部门组织协调、相关部门积极配合"的综合治理体制。

第二节 综合交通发展的宏观格局

当前,北京市坚持以综合运输服务需求为导向,设施建设与服务管理并重,节点升级与网络完善相结合,基本形成了以枢纽场站为依托、运输线网为支撑、个性化服务为补充、科技信息化为引领、多种交通运输方式有效衔接的综合运输服务体系。

作为洲际航空门户、国际航空和国家铁路、公路枢纽,北京交通一直保持良好的发展态势,基础设施持续建设、技术装备先进适用、服务管理日益完善。客运服务更加人性化,城际与市内交通衔接效率不断提高;货邮服务更加便捷化,货运量与邮政快递业务量连年增加。

截至2016年底,北京地区民航通航点已覆盖全球54个国家(地区)和全国所有省(自治区、直辖市),对51个国家的公民实行72h过境免签政策;市域内铁路运营里程

1263km，形成了"高铁+城际+普线"的多层次、网络化协调发展格局；省际客运班车线路826条，通达全国23个省(自治区、直辖市)、400多个地市县。城市轨道交通线路19条，基本覆盖全市重要功能区、大型居住区和郊区新城；地面公交线网不断优化，公交专用道里程395km，"村村通公交"全面实现；同时，138条定制公交线路和6.7万辆出租汽车为公众出行提供了个性化、精准化的服务。货邮方面，形成了"三环、五带、多中心"的多层次物流园区、货运场站空间布局；4万辆城市货运保障"绿色车队"有效保障城市运行；2016年北京地区全年货运量(铁路、公路、民航、管道)达24098.1万吨。

总体而言，当前一个阶段北京市综合交通体系构建过程中，呈现出如下格局：

一、交通设施供给持续稳定增加

2005—2016年，北京市级交通固定资产投资累计完成7959.8亿元。城市轨道交通运营线路达到19条574km，城市轨道交通主体网络基本建成；城市道路里程由4073km增至6435km；公路里程由14696km增至22025.6km，其中高速公路里程由548km增至1008km；建成六里桥、四惠等综合客运枢纽，民航首都机场T3航站楼，铁路北京南站以及马驹桥、空港、平谷马坊等货运物流基地。截至2016年底，北京共有民航机场2个、铁路大型火车站4个、公路客运枢纽11个、城市客运枢纽9个、一级货运场站1个、三级货运场站13个，以枢纽场站为依托的综合运输服务体系承载能力大幅提高。

二、运输组织模式不断优化创新

北京综合运输系统以客运为主，可分为：主要服务于中心城交通运输的市区地面公交、轨道交通、出租汽车等；主要服务于市域交通运输的市郊地面公交、市郊铁路、郊区客运、旅游客车等；主要服务于区域城际交通运输的省际班线、省际旅游、城际铁路、普通铁路等；主要服务于对外跨区域交通运输的普通铁路、高速铁路、民航等。

北京的不同交通运输方式的服务衔接不断优化，运输服务创新的综合效益全面显现。客运方面，机场巴士在市区线路基础上开通7条省际客运班线，实现了首都机场至北京周边城市的陆空联运；设立八王坟长途客运站北京站配载点，规范了北京站周边运营秩序，实现了公铁联运；设立天津滨海国际机场北京南站城市候机楼，实现了京津空铁联运；积极探索并推进城际公交、定制公交、市郊铁路运营新模式，开通北京至河北燕郊、固安等地的跨地市公交线路，依托网络招募持续增加定制公交线路，市郊铁路S2线成为全国首条"铁路公交化运营"线路。货邮方面，依托北京物流公共信息平台，以互联网技术支撑的货运组织模式逐渐推开；甩挂运输试点工作深入推进，开展了祥龙物流、平谷国际陆港、汇海永丰—顺丰速运等三批试点项目，网络型、多式联运型、联盟型等先进甩挂模式落地生根；积极推进铁路货运组织改革，开行了京津冀货物快运专列、自驾游汽车运输专列；邮政快递企业与民航、铁路深度融合,空港分拨中心的建设及快递专机、快递班列的涌现,改进提升了快件服务品质。

三、信息化引领作用显著增强

"十二五"后,北京交通信息化建设实现跨越发展,综合运输服务水平随之提高。全国范围内,率先搭建了以交通运行监测调度中心(TOCC)为核心的综合交通信息传输和发布共享平台,实现了交通实时路况、气象实时及预警信息、城市客运(地面公交、轨道交通、出租汽车)实时运行情况、道路运输(省际客运、旅游客运、危化运输)车辆实时运营状态、首都机场实时运营数据、紧急突发事件等多种数据、信息或有关视频的交换对接;率先研发了科学评价城市交通运行状况的交通指数,并建成交通运行智能化分析平台和交通指数实时发布系统;率先实现省际客运实名制联网售票;率先建成"12328"交通运输服务监督电话系统并全面投入使用。此外,在一卡通服务拓展、ETC推广、物流公共信息平台建设等方面,北京市亦卓有成效。

四、综合运输协调联动统一高效

积极构建协同发展的"大交通"体系,以机制创新为突破口,不断完善全市综合运输工作协调机制。充分借助春运、汛期应急、大件运输、京沪高铁开通、疏导机场滞留旅客、重大会议和活动等专项工作,建立春运服务保障、超大型货物及重点物资运输、全国"两会"服务保障、北京南站地区交通运输保障、首都机场地区交通运输接续保障、"四站两场"接驳保障沟通联系、大型活动服务保障7个专项协调机制,在相关服务保障工作特别是应对瞬时大客流冲击方面,发挥了重要作用。在此基础上,通过实践不断总结、固化,形成了交通、铁路、民航、邮政、气象等部门共同参与的日常沟通、专项会商、信息共享和安全应急保障工作机制,实现了综合运输系统多部门的统一协调、高效联动。

五、政府支持为发展蓄力护航

北京市人民政府一直重视和支持首都交通发展,多措并举,改进和提升综合运输服务。2005年,市政府发布《北京交通发展纲要(2004—2020)》,明确提出构建以现代先进水平的交通设施为基础、以公共运输为主导的"新北京交通体系",并明确了设施用地、投资安排、路权分配和财税扶持"四优先"的基本交通政策。2010年,《北京市人民政府关于进一步推进首都交通科学发展加大力度缓解交通拥堵工作的意见》(京政发〔2010〕42号)提出,加快综合客运交通枢纽和公交场站建设,提高现代交通管理和运输服务水平。2012年,《北京市"十二五"时期交通发展建设规划》指出,着力推进综合交通体系建设,提高中心城基础设施承载能力,推进区域、城乡交通一体化。同年,市委、市政府决定对

《北京交通发展纲要》进行修编,以适应首都发展新形势。2013年,北京市人民政府办公厅印发《进一步提升首都机场陆侧交通运输综合服务水平意见的通知》(京政办函〔2013〕95号),提出"优化首都机场陆侧交通出行结构,形成'大容量客运为主、社会车辆为辅、出租汽车为补充'的出行格局。"2014年底,《北京市人民政府关于加快公共交通发展提高服务和管理水平的意见》(京政发〔2014〕41号)发布,56项细化任务将深入推进公共交通优先发展战略,并进一步助力首都现代化综合交通体系建设。

第三节　综合运输体系的现状

近年来,北京综合运输系统中各交通运输方式都有长足发展,铁路、民航、邮政、公路客运及城市交通线网范围不断延展、密度不断增加,形成了衔接比较高效、分工明确具体、优势互为补充,覆盖全市、辐射全国的立体化网络化运输服务格局。截至2015年底,北京市域范围内铁路营业里程1268.6km,形成了"内环、外放射、多层次"的铁路网结构。民航国际、国内航点数持续增加,目前首都机场开通国内航点140个、国际及地区航点129个,南苑机场开通国内航点54个。邮政保持良好发展态势,2015年全市380家邮政快递企业密集的业务网络累计完成14.14亿件业务量。城市道路和公路里程28308km,开通公路省际客运班线788条,通达范围覆盖全国23个省区市,年客运量2361万人次;营业性道路货运营运车辆18.5万辆,年货运量1.9亿吨,货物周转量15.6亿吨公里。全市共有公共汽(电)车运营线路876条、运营总里程20186km,轨道交通运营线路19条、运营总里程574km;此外,6.8万辆出租汽车、117条定制公交线路成为全市综合运输服务体系重要的个性化服务补充。

从"综合"的角度看,北京综合运输系统也有多个较为成功的应用,多是通过交通枢纽场站来实现的,比如,有服务于中心城和市域交通运输的东直门交通枢纽、四惠交通枢纽等;有四种交通运输方式覆盖的六里桥客运枢纽、北京站、北京西站、北京南站、北京北站和首都机场,除北京北站外,其余各枢纽市域交通运输相对弱一些,主要是实现了对外交通运输与中心城交通运输的衔接。

枢纽设施在提升北京全市交通资源集约化利用水平、提高客货运输服务水平方面发挥了巨大作用。随着枢纽布局的优化和内部功能的完善,枢纽在综合运输体系中的集约换乘、高效集散、无缝衔接作用日趋明显,大大提高了运输效率和服务质量。

一、公路

目前,北京公路形成了以高速公路为骨架,干线公路为支撑,县乡公路为支脉,纵横交错、四通八达的网络体系。北京的普通干线公路主要包括15条普通国道和69条普通省道。按照《国家公路网规划(2013年—2030年)》,北京市现有8条国家高速公路,其中包括7条首都放射线高速公路,并行线G1N(北京—秦皇岛);1条南北向纵线,即G45大广高速公路(大庆—广州)北京段,加上G4501六环路。地方高速公路网包括S11京承高速公路等9条地方高速公路。此外,北京市还有部分按照高速公路标准建设的国道路段(G102通燕高速公路、G103京通快速路和G106北京段即京开高速公路),以及10条省级高速公路。在北京综合交通体系中,日益完善、通达率不断提高的路网体系发挥着不可替代的基础作用。同时,北京市公路网服务水平、行业管理水平、依法治路能力、安全应急水平、绿色科技成效得到了显著提升,为市民提供了畅通、安全、舒适的优质出行服务。

二、铁路

北京铁路枢纽既是全国路网中心,又是全国客运枢纽中心,是全国铁路最发达的地区之一。北京与全国除台湾以外的各个省会、自治区首府及重要的城市都有直通车,国际列车可达俄罗斯、蒙古、朝鲜和越南。截至2016年底,北京市域内铁路运营里程1268.6km,形成了"高铁+城际+普线"的多层次、网络化协调发展格局,构成我国最为庞大的铁路枢纽。

北京铁路枢纽是北京和华北地区的物资集散中心,是沟通东北、西北和中南地区的铁路中枢。现有京哈等10条铁路干线以及京津城际、京沪高铁、京广高铁等客运专线引入,支线有周口店支线等6条,以北京站为中心,形成了大型、放射式、环形铁路枢纽。

作为环形铁路枢纽,北京铁路枢纽具有内、中、外3重环线,内环线由京山线、丰沙线及石衙联络线、地下直径线组成,包括北京站等6个车站,主要承担中心城区的客运任务,平均服务半径为7.5km,总长度约为48.8km;中环线由3501线、西环、南环、东环、东北及西北等环线组成,主要服务于城市近郊区,平均服务半径为20km,总长度约为165km,各干线间通过东南、东北、西北等环线铁路相互连接;外环线为货运环线,由南外环、东外环、西外环及北外环组成,主要服务于城市远郊区,规划各干线间交流车主要由外环线承担,平均服务半径为36km,总长度约为330km。根据路网规划,到2030年北京铁路枢纽将新增京沈、京九客运专线以及京石、京秦和京张等城际铁路。

三、民航

经过新中国近70年的发展,作为国民经济和社会发展的重要行业和先进的交通运输方式,北京市民航业伴随整个国民经济的发展而不断发展壮大。特别是改革开放近40年来,航空运量持续快速增长,航线网络不断扩大,机队运输能力显著增强,机场、空管等基础设施建设取得重大进展,管理体制改革和扩大对外开放迈出较大步伐。航空运输在北京市改革开放和全面建成小康社会中发挥着越来越大的作用。截至2015年底,北京市主要的机场有首都国际机场、南苑机场。到2015年,北京地区民航旅客吞吐量达到了近9520.4万人次,货邮吞吐量达到了192.6万吨。其中,北京首都国际机场年旅客吞吐量从1978年的103万人次增长到2015年的8993.9万人次,连续5年稳居亚洲第一、世界第二,且已连续5年排名世界第二。2014年底,国家发改委发布了《关于北京新机场工程可行性研究报告的批复》。北京新机场位于永定河北岸,北京市大兴区榆垡镇、礼贤镇和河北省廊坊市广阳区之间,距天安门广场直线距离约46km,距廊坊市市中心直线距离约26km。新机场建成后,将大大缓解北京首都国际机场面临的空域资源紧张的局面。

四、轨道交通

城市轨道交通具有便捷、环保、节能、安全和运量大等特点,对缓解城市交通拥堵、改善城市交通结构、促进经济社会可持续发展有着十分重要的作用。北京是我国第一个拥有地铁的城市,北京地铁一期工程于1965年开始修建,1969年建成通车。在改革开放以来近40年的时间里,北京陆续开展了多条轨道交通线路的建设工作,在奥运会申办成功之后,轨道交通建设更是进入了快速发展的时期。截至2016年底,北京地铁共有19条运营线路(包括18条地铁线路和1条机场轨道),组成覆盖北京市11个市辖区,构成运营线路总长574km的轨道交通系统。按照京津冀协同发展战略的要求,《北京市"十三五"时期交通发展建设规划》提出,打造多层次轨道体系,构建"轨道上的京津冀",加强北京、天津、河北主要城市间轨道交通的衔接。

第四节 综合交通体系的未来规划

当前,北京面临着日益严峻的交通拥堵、物流不畅等问题,这表明提高综合运输整体效率和服务水平的潜力很大。同时,推进京津冀一体化战略又带来交通运输一体化先行的迫切要求,如何着力推进基础设施、运输服务、管理制度、技术支撑、市场培育"五个一体化",实现规划同图、建设同步、运输一体、管理协同,力争将京津冀区域交通一体化打造成为全面深化交通运输改革的试验区,也是对北京市交通运输可持续发展新的重大考验。

重大考验之下,新时期北京交通呈现出以下八大特征:交通需求仍将持续增长,交通供给仍存在较大缺口;城市交通的便捷程度、出行的舒适程度、个性化需求的满足程度等服务水平仍不高;公共交通出行比例持续上升,小客车出行基本稳定,但自行车出行下降较多,交通出行结构仍需进一步优化;交通拥堵加剧的势头有所放缓,但形势依然严峻;北京新的功能定位以及京津冀协同发展,给首都交通提供了更大的发展空间,也提供了新的发展动力;交通建设面对资金、土地、环境等外部因素的刚性约束将进一步凸显;贯彻落实十八届四中全会全面建设法治国家的要求,法治思维和法治方式将成为政府治理方式的主导,法律先行将为进一步运用行政、经济手段治理交通问题拓展空间;广大市民对交通工作的关注度越来越高,对交通治理的期望值越来越高,理性认识交通形势、参与文明绿色出行素养日益增强。

2014年2月25日,中共中央总书记、国家主席、中央军委主席习近平在北京市考察工作时强调,建设和管理好首都,是国家治理体系和治理能力现代化的重要内容。他指出,北京如何解决好海量人口的出行问题是个大难题。要把解决交通拥堵问题放在城市发展的重要位置,加快形成安全、便捷、高效、绿色、经济的综合交通体系。一天之后,习近平总书记在京津冀协同发展工作座谈会上指出:"着力加强顶层设计,抓紧编制首都经济圈一体化发展的相关规划,明确三地功能定位、产业分工、城市布局、设施配套、综合交通体系等重大问题,并从财政政策、投资政策、项目安排等方面形成具体措施"。他强调:"着力构建现代化交通网络系统,把交通一体化作为先行领域,加快构建快速、便捷、高效、安全、大容量、低成本的互联互通综合交通网络。"

北京市交通委全面贯彻落实习近平总书记重要讲话精神,坚持以人为本、文明法治、安全环保、城乡统筹、和谐宜居的发展理念,加快推动实现交通管理目标、方法和模式的现代化,把解决交通拥堵放在首都发展的重要位置。将建设目标细化为十大体系,形成了各种交通方式高度融合、与首都功能定位相匹配的北京现代化综合交通体系。与此同时,北京市还加快推进京津冀综合运输服务一体化进程,把三地交通一体化作为先行领域,加快构建快速、便捷、高效、安全、大容量、低成本的互联互通综合交通网络,提升京津冀综合运输服务品质。

2014年以来,北京市在确定了全国政治中心、文化中心、国际交往中心和科技创新中心的首都城市战略定位之后,积极响应国家的"京津冀协同发展"战略和"一带一路"倡议,努力打造符合"四个中心"和两大战略发展要求的综合交通运输体系。北京市将坚决落实京津冀协同发展规划纲要,准确把握北京"四个中心"功能定位,以加快转变发展方式为主线,统筹各运输方式发展,优化综合运输规划布局,加强各运输方式高效衔接,搭建信息资源共享平台,推进综合运输服务一体化水平,全面构建"安全、便捷、高效、绿色、经济"的综合运输体系。

围绕北京市综合交通运输的特点,结合国内外发展经验,北京市综合运输体系应具备的形态特征有:协调统一的综合运输规划布局、顺畅高效的多种运输方式衔接、高品质的一体化综合运输服务、全面实时的综合运输信息共享、完善健全的政策与行政体制机制。

围绕北京市综合交通运输体系的五大特征,并响应大部制和综合交通发展趋势,将进一步加快铁、航、邮与北京交通行业的融合发展。在充分发挥各行业比较优势的基础上,促进行业自身服务延伸和相互间的服务渗透,既保证铁路、民航、邮政和市内交通的自成体系发展,又实现全面、协调、可持续发展。同时,继续改进和提高北京市交通运输服务水平。按照全市交通工作会议精神,通过着力提升交通基础设施承载能力、切实提高公共交通运营服务水平、积极打造绿色交通和智慧交通等十项工作,全力打造群众满意交通。

此外,北京还将顺应改革形势创新综合运输服务体系建设。当前,交通行业改革发展踏上了新的征程。交通运输部描绘了发展现代交通业和交通强国的战略蓝图,确立了"综合交通、智慧交通、绿色交通、平安交通"四位一体发展格局。综合运输服务体系建设方向和路径都更加明确,北京将顺应改革形势,进一步完善和创新综合运输工作协调机制,探索和加强部门间的融合,全面建设符合首都战略定位的综合运输服务体系。

为此,北京市在2015年明确了2020年基本建成、2030年全面实现北京现代化综合交通体系的中长期发展目标,即坚持"以人为本、文明法治、安全环保、城乡统筹、和谐宜居"的发展理念,全面建设适应首都经济和社会发展需要、满足全社会日益增长的交通需求、各种交通方式融合发展、与首都功能定位和国际一流的和谐宜居之都相匹配、出行"安全、便捷、高效、绿色、经济"的北京现代化综合交通体系。这一体系包括十个子系统:

一是区域交通系统。构建一体化的区域综合运输服务体系,实现区域交通和城市交通有机融合,航空、铁路、公路等交通方式协调发展,区域交通畅达高效。形成以北京为中心、50km半径范围内的"1小时交通圈"。

二是公共交通系统。按照"公交城市"建设标准,构建多层次、多样化的公共交通服务体系,实现公共交通"快速、便捷、多样",吸引力显著提升,服务定位由满足基本出行需求向满足多样化出行需求转变。中心城公共交通出行的平均通勤时间不超过60min。

三是步行自行车系统。打造安全、便捷、舒适、宜人的步行和自行车出行环境,使步行和自行车成为中短距离出行的主要交通方式,并与公共交通良好衔接,构建北京新绿色出行体系,为打造和谐宜居的城市环境做出贡献。

四是道路设施及运行系统。形成路网结构合理、功能完善、运行高效安全的道路网络体系。建成区实现规划道路网密度达到 $4.5km/km^2$。中心城路网高峰交通指数控制在6以内。

五是停车设施与管理系统。以破解区域基本车位缺口为突破点,整合资源,依法规范管理,形成与土地利用功能相匹配、道路交通容量相协调、公交优先战略相适应的可持续静态交通发展新格局。

六是交通需求管理系统。将小客车保有量与周转量控制在土地资源、路网容量承载能力的范围之内,抑制机动车使用和排放,推动个体机动交通方式向绿色出行方式转移。

提升出租汽车和租赁汽车服务品质。中心城小客车(含出租车)出行比例控制在25%以内。

七是物流运输系统。坚持政府引导、市场运作,加强货运基础设施改造提升,完善城市配送体系,推进低碳型货物运输服务。形成专业化、集约化、社会化的货运发展模式,提高运输效率,保障城市正常运行,满足生产生活需要。

八是智慧交通系统。加强统筹规划和顶层设计,建立覆盖交通运行状态感知、交通运行管理、出行动态信息服务等全方位的科技信息服务体系,充分利用互联网、大数据等新型技术支撑交通新业态的发展,实现交通决策智能化、交通管理精细化、交通信息服务精准化。

九是绿色交通系统。中心城绿色出行方式(公共交通+自行车+步行)比例达到75%。积极推动建立以电动车为主导的交通新能源结构,大力治理小客车和货车排放,交通节能减排取得明显成效,主要污染物排放显著下降。

十是平安交通系统。加强平安交通建设,提高防范标准,遏制重特大交通事故,持续降低交通事故率和死亡率,万车交通事故死亡率控制在1.2以下。强化预防,构建快速有效的应急保障体系,切实增强应急处置能力。

面对新常态下加快推进结构性改革的新要求,北京交通行业牢固树立和贯彻落实创新、协调、绿色、开放、共享的发展理念,在新的起点上推进"十三五"时期交通运输持续健康发展。

未来北京将打造公共交通快速通勤系统,着力打造国际一流的航空枢纽,强化铁路辐射能力,完善互联互通的公路系统。形成以绿色出行方式为主导的城市交通出行模式,使交通拥堵与污染状况得到有效缓解。同时加快互联网与交通的深度融合,构建基于互联网平台的便捷化交通服务体系。到2020年,北京将构建一体化的区域综合运输服务体系,实现区域交通和城市交通有机融合,航空、铁路、公路等交通方式协调发展,形成以北京为中心、50km半径范围内的"1小时交通圈"。

Record of Expressway Construction in
Beijing
北京高速公路建设实录

第二篇
公路建设及公路运输发展

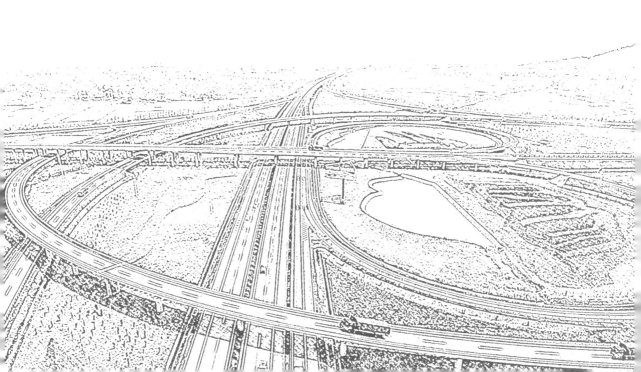

篇 首 语

2006年9月26日,在北京天安门广场的正阳门,我国干线公路起点的象征性标志——"中国公路零公里"标志安放完毕。这不仅明确了我国国家干线公路的起点,而且也成为国家干线公路总起点的象征。

当然,从"中国公路零公里"标志,到特有的放射线起点,北京市公路网在全国公路网中的地位和作用,毋庸置疑。更重要的是,改革开放初期之后相当一段时期内,北京市公路事业的发展受到了来自中央和各地的关注,从很多方面于公路行业内起到了引领和示范作用。

改革开放前,因为一方面受制于当时计划经济体制和社会经济发展水平不高的因素制约,另一方面也受到当时社会对公路发展理念和公路建设认识不足的影响,北京公路建设一直处在低水平缓慢发展阶段。长时间内,公路部门的主要任务是对公路进行维护、小修。

改革开放为北京公路事业提供了广阔舞台和发展机遇。北京市以高速公路发展为重点,以全市路网改造为中心,全面提升养护管理水平,同时注重农村公路的提高与发展,使得北京市公路事业取得了空前发展。其间,北京市公路里程、公路密度大幅增加,公路等级全面提升,公路路网系统日趋完善,通行能力大大提高,目前已经步入了科学、规范、有序的发展轨道,行业为公众提供了通畅、便捷、舒适、安全、愉悦的公路交通环境和公共服务。同时,对北京的首都地位、建设一流的国际化大都市、推动社会经济发展以及奥运会、APEC(亚太经合组织)北京峰会等一系列重大会议和活动的成功举办,都发挥了重要的作用。

"十二五"以来,北京公路行业紧密结合首都"四个服务"要求,大力推进"四个交通"建设,深入践行"精细管理、无痕服务"理念,以优化市民出行环境为出发点,以提升公路服务水平为落脚点,全行业坚持建、管、养并重,强化"城乡统筹、行业统揽",包括高速公路在内的北京公路事业实现了高质量的可持续发展,为首都经济社会发展提供了强有力的支撑。

与此同时,作为全国干线公路网中的重要战略性枢纽,北京市处在我国"五纵五横"综合运输大通道的重要位置,其中有19条国省干线公路(包括8条国家高速公路、11条国道)放射全国。北京已经建成的以高速公路和一、二级公路为骨架、功能级配合理、与国家干线和环渤海经济区干线公路网有机衔接的公路运输网络,为环渤海经济圈,特别是京津冀地区提供了方便、快捷的运输走廊,为京津冀交通一体化奠定了基础,也为京津冀协同发展起到了积极的助推作用。

2015年,《京津冀协同发展交通一体化规划》正式出台,按照规划,京津冀地区将以现有通道格局为基础,着眼于打造区域城镇发展主轴,促进城市间互联互通,推进"单中心放射状"通道格局向"四纵四横一环"网格化格局转变。在推行推动"人文北京、科技北京、绿色北京"战略的背景下,北京市公路网将更加注重向社会服务方向创新发展,更加注重向综合交通的大通道方向协调发展,更加注重向环保交通的方向绿色发展,更加注重向区域连通共享的方向开放发展,更加注重向路网辐射效应的方向共享发展。

第一章
公路网总体发展情况

改革开放前,我国干线公路网曾经多次草拟方案,因涉及投资、体制等诸多问题,一直没有定案。1979年6月,交通部和各省区市交通部门一起,对全国公路开展了全面普查,为划定国家干线公路网提供资料。交通部提出了干线公路划分国道、省道布局方案,并在全国国道公路网规划座谈会上作了讨论和修正。1981年6月,向国务院提出了《关于划定国家干线公路网问题的报告》。

北京市在公路普查基础上,制定了具有针对性的发展策略。"七五"期间,北京市公路建设的重点是从国道和市级干线公路入手,解决城郊间的瓶颈路段,打开城市进出口,缓解进出城难,加强了与远郊区县和外省市的联系。值得注意的是,以京石公路一、二期工程为标志,北京高速公路建设开始探索起步。其间,北京市农村公路也取得了重大突破,1986年,北京市在全国率先实现了"村村通公路"。

"八五"期间,北京市公路建设工程则是以干线公路高速化、高等级化建设为核心,初步建成全市高等级公路主骨架。从"八五"到"九五"的10年里,北京市公路发展进入了快速发展时期。1991年4月,北京市公路局正式成立,这对促进当时和后来的公路事业发展都发挥了重要作用。同年,北京市又在全国率先实现了"乡乡通油路"。以京津塘高速公路,首都机场高速公路,京石公路三、四期工程,八达岭高速公路,京哈高速公路北京段(时称"京沈高速公路北京段"),五环路(时称"公路二环")通州至黄村段等高速公路竣工为标志,北京高速公路开始提速发展。

1998年的"全国加快公路建设会议"掀起了全国公路建设新高潮,北京市公路建设也达到了前所未有的新高度。到2000年底,北京市公路总里程增至13600km,其中高速公路268km、一级公路285km、二级公路1725km。

2003年,北京市路政局成立。以此为标志,从建设、养护、管理各方面,北京公路都进入了新的历史时期。之后,北京郊区公路建设达到前所未有的水平。2005年北京又在全国率先实现了"村村通油路"。同年初,交通部和北京市委、市政府着眼北京公路建设发展大计,提出郊区公路3年提级改造的计划。经过努力,到2007年底圆满完成这项宏大工程,为首都人民提供了一个安全、舒适、愉悦的郊区公路环境。

"十五"末,北京市域公路网初步形成了以国道、市道为骨架,县道、乡道为支脉,纵横交错、四通八达的公路网系统。路网总里程达到 14696km,其中高速公路达到 548km,比"九五"末期增长 1 倍。

"十一五"和"十二五"期间,人文交通、科技交通、绿色交通发展理念的确立,使北京公路事业发展进入新的阶段,而"精细管理、无痕服务"的发展理念,更是让这些基础设施建设成果更好地惠及民生和经济社会发展。经过"十一五""十二五",北京市公路建设取得了显著成绩,全市形成了高速公路四通八达、干线公路畅通便捷、郊区公路生态优美的公路路网。

2008 年,北京市全面实现"区区通高速",从 10 个远郊区县政府所在地到市区出行时间不超过 1 小时。2009 年 9 月,北京六环高速公路全线通车。至"十一五"末的 2010 年底,北京公路总里程 21113km。截至 2016 年底,北京市公路网总里程达到 22026km,路网密度 134.22km/km^2(历年公路总里程增长情况见图 2-1-1,现状的详细数字见本书"附表"部分的表 2-1-1 和表 2-1-2)。其中,高速公路 1008km,国道全部为二级以上公路,普通国省道二级以上比例达 88.16%,国省干线中二级以上比例占 92.6%。

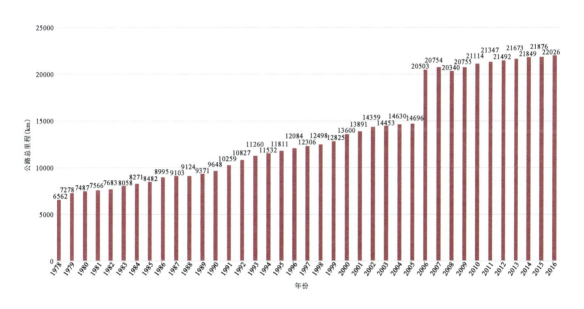

图 2-1-1　1978—2016 年北京市公路总里程统计

目前,北京公路形成了以高速公路为骨架,干线公路为支撑,县乡公路为支脉,纵横交错、四通八达的网络体系。在北京综合交通体系中,日益完善、通达率不断提高的路网体系发挥着不可替代的基础作用。同时,北京市公路网服务水平、行业管理水平、依法治路能力、安全应急水平、绿色科技成效得到了显著提升,为市民提供了畅通、安全、舒适、美观的优质出行服务。

第一节　普通国省干线公路

改革开放之初,根据交通部关于"全面规划、加强养护、积极改善、重点发展、保障畅通"和"普及与提高相结合,以提高为主"的要求,北京公路部门通过引进先进的技术和理念,在确保养护的前提下,积极筹措建设资金,首先以影响公路交通,也是制约经济发展最关键的干线公路为重点,以极强的改革意识和诸多大胆尝试举措,全面投入建设,并不断取得了一系列重要成果,开创了全国公路行业发展之先,起到了重要的行业引领作用。

诸多具有开创意义的尝试和突破,都是从普通干线公路上开始的。这些普通干线公路上的突破不仅为北京的交通发展打开了门户和通道,也为这个城市的发展打开了全新的格局。

1978—1990年,在改革开放总方针的指引下,北京公路建设取得了量的飞跃和质的突破。北京市贯彻中央批转的"首都城市建设总体规划",加快北京公路网建设的步伐。新建改建京沈(北线)、京哈、京塘、京广、京深、京银等干线公路北京段,分段改建部分公路环线,解决了"出城难"的问题。本着普及与提高相结合,以提高为主的指导思想,全市公路总里程大幅增加,技术等级大幅提高。

早在1977年底,京密公路动工。这是北京市内修建的第一条设施齐全、路况良好的一级公路,也是全国范围内为数不多的一级公路。作为国道101线北京段的平原路段,京密路是北京通往东北部地区的主要通道,具有重要的政治、经济意义。1980年底,全新的京密路竣工通车。这在当时极大改善了北京城区通往顺义、怀柔、密云的交通状况,促进了东北部地区经济发展的同时,更开阔了公路建设者的业务视界,积累了修建高等级公路的经验,并坚定了北京交通人开拓发展的信心,也通过各种渠道提振了全国公路行业新一轮发展的信心。1979年5月12日,经国家计委批准,修建国道京银路北京山区段(八达岭过境线)作为八达岭地区京张公路的新线,旧线改为八达岭旅游公路。这是我国第一条高标准山区二级公路,它的建成通车解决了货运通道与旅游交通混行的矛盾,意义重大。在建设过程中,引进外国先进施工机械设备,对保证工程质量和进度起到重要作用,并为随后的高速公路建设积累了经验、储备了人才。

1981年11月,由国家计委、国家经委和交通部联合发出《关于划定国家干线公路网的通知》,同时附发《国家干线公路网(试行方案)路线布局图》。北京计划有放射线国道11条,按顺时针方向统一编号为101~111,连同1990年建成的京津塘高速公路北京段,共计12条(其中京福、京珠国道在北京区域内为重复路线)。

根据国家公路建设规划的统一要求,"六五"期间,北京对首都通往全国各省区市的12条干线放射路分期分批地进行技术改造,重点解决了路面窄、标准低、质量差、技术落后的问题,以北京到开封、广州、天津、西宁等7条线路的北京区段为改造重点。1982年《北京城市建设总体规划方案》明确提出,要修建完善的公路系统,要提高现有公路干线的标准,增辟新的干线,努力提高晴雨通车和高级路面的比重。公路干线除放射路外,要形成沟通各区、县的三个公路环,即沿市区边缘修建公路一环(即五环路);由通县经马驹桥、黄村、良乡、门头沟、阳坊、沙河、小汤山、顺义再到通县,修建公路二环(即六环路);贯穿西部、北部山区,东经平谷县、河北省三河县,南经通县、大兴县、房山县的南部,修建公路三环(即后来所说的七环,后规划改变为G95首都地区环线)。要增修地方性公路和为旅游服务的公路,加强山区公路建设,逐步形成平战结合的公路网。公路交通部门认真贯彻《北京城市建设总体规划方案》,加快公路网建设步伐。新建改建京沈(北线)、京哈、京广、京深、京银等干线公路北京段,新建京津塘高速公路,分段改建了部分环线,初步解决了北京"出城难"的问题。高速公路从无到有,形成以北京为中心向全国辐射的11条国家干线公路(北京段总里程859km),以及与其相互连通的市级干线公路、县公路、乡公路和汽车专用公路相结合的公路网。

1984年3月底,国道京银路西三旗至昌平段(昌平公路)扩建工程开工,并于当年"十一"建成通车,仅用了6个月的时间,打开了北京的"北大门"。通过昌平公路扩建工程,锻炼了一批人才,许多人后来成了高速公路建设队伍的中坚骨干。

北京市"七五"计划提出的公路建设重点是改建、扩建京石路、京榆路,开始建设京津塘高速公路。1985年完成的京开公路改扩建工程,使得北京发展的南大门向幅员辽阔的中原地区打开。截至1990年,北京市公路总里程9647.71km,公路网密度55.8km/km^2。按照可比数字,这比1958年的1328km增加6.26倍,比1978年的6562km增加47%。这一阶段形成了向全国辐射的11条国家干线公路,以及与其相互连通的市级干线公路、县公路、乡公路和专用公路干线支脉联结的公路网。在公路总里程中,高级、次高级路面比1978年增加70%。公路桥梁全部为永久式桥梁,主要干线公路的宜林路段均已绿化。同时,到1990年,北京城区至远郊各县(区)的26个主要旅游景点都有了公路。

进入20世纪90年代,北京市的公路建设改变了过去郊区道路建设与市区道路建设相脱节的状况,公路建设逐步向市区靠拢。北京市计委、市建委利用养路费、市财政补助和银行贷款等办法筹集资金,新建改扩建了一大批干线公路,如马甸至昌平、南三环至黄村、阜成门至门头沟等道路,还新建和改扩建了一批旅游道路和联络线路。1987—1991年陆续建成的京石公路多期工程,打开了北京向西挺进的西大门;而之后于1991年开始建设的京榆公路北京段(后来的通燕高速公路),则敞开了当时北京城的东大门。北京"东西南北"大门的全部打开,让"出城难"成为了历史,对加强与远郊区县和外省市联系,促进经济发展发挥了积极作用。

"八五""九五"是北京市公路发展的快速期。1991年北京市公路局成立,公路管理体制的变革和机构级别的提升,不仅是适时、及时的,更极大地振奋了公路战线广大干部职工的精神,对促进当时和后来的公路事业发展都发挥了重要作用,普通干线公路也得到快速发展。1992年《北京城市总体规划》确定,北京地区公路网系统由国道、市道、县道、乡道和专用公路组成。公路与城市道路的交接点在公路一环。国道系统是国家公路网和战略性快速通道系统的组成部分。京包、京榆、京津塘、京石4条公路为国道主干线,规划标准均为高速公路(山区路段例外)。京承、京塘、京济、京开、京原、京兰、京丰7条公路为一般国道,规划标准除京开公路及京承公路的北京至密云段为高速公路外,其他均为一级或二级汽车专用公路。市道系统是市区与远郊区之间、北京与邻近省市之间的主要通道,由京津、京张、京平、京怀、京易、京黄、颐南7条放射线和3个公路环线组成。公路一环、二环规划标准为高速公路,公路三环为二级公路,其余市道为一级或二级汽车专用路。县道和乡道系统是远郊各县、乡之间以及县城、乡中心与各中心镇、一般建制镇之间的地方性道路,还包括国道、市道之间的联络线、辅助环线、放射线和专用公路,技术标准均为二级或二级以下的公路。

在总体规划方针的指导下,北京的公路交通建设稳步发展,公路里程增加,质量提高,通行能力增强。1998年6月20日,"全国加快公路建设会议"在福州召开。这次会议确定了加速公路建设和深化体制改革的目标和政策措施,动员全国交通系统广大职工为加快公路建设做出贡献,掀起了公路建设新高潮,给全国包括北京公路建设带来了发展机遇。可以说这是全国公路建设"黄金"时期的到来,北京市公路建设达到了前所未有的新高度。

"九五"期间,北京市公路投资达到146.8亿元,到2000年底,北京市公路总里程增至13600km,其中,一级公路285km,二级公路1725km。以高速公路为龙头,干线公路为骨架,县乡公路为支脉,纵横交错、四通八达的公路网基本形成,公路客货运输综合服务水平进一步提高。

进入"十五"以后,遵照"建养并重、协调发展、深化改革、强化管理、提高质量、保证畅通"的24字方针,北京开启了新世纪公路与城市道路全面、高速发展的新阶段。发展交通,增加路网密度,成为全市的热点,也是交通公路部门的首要任务。随着普通干线公路网的逐步完善、最终成网,建设力度逐渐放缓,路网养护与管理的工作比重开始逐渐上升。2003年,北京市路政局成立。此后,路政局的职能发生了很大变化,公路建设、养护等生产性任务完全由企业承担,由市场调节。以此为标志,北京公路无论建、养、管,都进入了新的历史时期。市路政局担负全市道路行政管理职能,行业管理力度进一步加大,通过制定和完善一系列公路行业管理制度和规范性文件,逐步放开了公路大修市场,在小修养护中推行养护监理机制。随着公路养护工程市场的公开性、透明度加强,公平竞争、规范有序的公路养护工程市场初步形成。养护市场化运作引入了市场竞争机制,管理机构由生产型转变为管理型,养护生产单位由事业单位转变为企业型。管理层与作业层分离,行政隶属关系完全转变为业主与承包人的关系,公路管理体制进一步理顺,精简高效、职能明确、权责一致、运转协调、办事规范的新型公路管理体制初步建立。

2004年,交通部在全国国道、省道干线公路和重要县道公路上开展了以"消除隐患,珍视生命"为主题的"安全保障工程"。北京市按照交通部《公路安全保障工程实施技术指南》和《公路安全保障工程实施方案》的要求,本着"以人为本、以车为本"的宗旨和"安全、经济、环保、有效"的理念,在全市范围内实施公路安保工程。其中,2004年9月底完工的国道109线北京段最具代表性。2004年11月27日,时任北京市市长的王岐山同志,在视察门头沟农村工作时,看到109国道安保工程实施效果后说:"没有想到我们能建成这么好的郊区公路"。而时任交通部部长的张春贤在2005年2月5日视察该路段后认为,该路段路容路貌和安全防护设施有了很大改观,理念先进,为全国安保工程的实施起到了示范作用,为全国做出了样板,具有非常好的指导作用。国道109线北京段安保工程的成功实施,摸索出了一条多方密切配合、多专业团结协作的新路子,积累了许多解决复杂问题的宝贵经验,提升了公路服务的水平。

2005年,以交通部全国干线公路养护检查为契机,北京市公路养护水平发生了质的飞跃。全年共完成101国道、南雁路、京沈路、通顺路、京加路等路面大中修工程90项837km,完成111国道、110国道辅线等综合整治工程89项9547km。深入的养护管理工作带来了丰硕的成果,在2005年全国干线公路养护检查评比中,北京市公路养护水平在全国名列前茅,在京、津、沪、渝4个直辖市中名列第一。至"十五"末,北京市公路网年均好路率从"九五"末期的77%提高到81.4%。

2005年,交通部和北京市委、市政府着眼北京公路建设发展大计,同时本着"统筹城乡,服务奥运"的宗旨,提出郊区公路三年提级改造的计划。进入"十一五",北京公路行业深入贯彻落实科学发展观,按照"四个服务"的工作要求,以2008年奥运会筹办和国庆60周年保障为主线,以营造畅通、高效、安全、绿色的公路交通出行环境为目标,倾心打造"服务、科技、管理、发展"的首都公路文化。从郊区公路3年提级改造,到拓展公路服务内涵,倡导精细管理、无痕服务,北京公路设施承载能力不断提高,综合服务水平大幅提升,圆满完成了2008年奥运会和国庆60周年庆典公路保障任务,重大活动保障能力显著增强,为推动经济社会较快发展,把北京建设成为首善之区做出了重要贡献。

郊区公路3年提级改造计划确立之后,北京从改变设计理念、建设示范工程入手,选择了具有代表性的10条公路作为实施新理念的示范工程,实施安保、绿化等综合改造工程,完善交通标线,美化路容,增设观景台、厕所等服务设施。经过3年努力,投资110亿元,到2007年底圆满完成这项宏大工程,为首都人民提供了一个"安全、环保、舒适、和谐、耐久"的郊区公路环境。该计划圆满完成了7700km的郊区公路提升改造工程战略目标,提高了郊区公路整体技术和服务现代化水平。公路等级明显提高,一级公路达到812km,二级公路达到2973km,二级以上公路占全市公路网总里程从2004年的22%提升到30%,路网密度由原来的87km/100km^{2}提高到292km/100km^2,全市公路网平均好路率由2004年的78%提高到2007年的85%,公路安全保障能力大大加强,县级以上公路桥梁消灭四类桥,一类、二类桥梁的比例由2004年的75%提高到2007年的85%,完成了国道、省道重点交通干线上设计荷载等级低于汽—15的79座桥梁的提级改造,消除700余处山区公路危险点段,山区公路安全防护设施达到交通部的部颁标准。

2010年7月,投资19亿元的北京市北部重要干线111国道一期(河防口—汤河口)改建工程正式通车,彻底打通河北等外省市进出京交通动脉拥堵的"栓塞"。同年9月,国道108复线新建、国道108提级改造工程完工。

至"十一五"末,北京市有一般国道10条761km,普通国省干线公路总里程达到了3462km,比"十五"末增长23%,普通国省干线公路养护管理工作取得突出成绩,普通国省干线公路技术状况指数达到93,良好的公路技术状况有效地提高了通行能力,有力支撑了首都经济社会的发展。在交通运输部组织的"十一五"全国干线公路养护管理检查中,北京市取得了直辖市第一、全国第三的历史最好成绩,并被交通运输部授予"十一五"全国干线公路养护管理优秀单位。

2014年12月,京津冀一体化首批交通项目国道111线北京段改建二期工程通车,打通了河北丰宁地区进出北京的一条交通动脉。国道111线北京段改建二期工程只是一个缩影,"十二五"期间,普通公路完成投资313.9亿元(其中建设投资94.4亿元、养护投资124.8亿元、管理类项目3.6亿元、偿还债务91.1亿元),普通国省干线二级以上比例达93%,比"十一五"增长了4个百分点。

"十二五"期间,八达岭过境线改扩建、天北路、新黄徐路、密兴路二期、国道108线北京段改建一期、南西路、清千路、国道103线出京段、顺密路、国道111线北京段二期等公路新改建工程90项(共计507km)相继完工,普通国省干线达到3603km,较"十一五"时期增长4.1%。同时,全市重要的旅游公路和干线公路上还建了49个免费服务点,北京市普通干线公路的路网服务能力大幅提升。

目前,北京的普通干线公路主要包括15条普通国道(见本书"附表"部分的表2-1-3)和69条普通省道。按照"十三五"规划,北京将推进普通公路建设,提升发展质量。以2020年冬奥会等重大项目为契机,完善便捷通畅公路交通网。推进昌赤路、延琉路等公路建设,形成快捷连通北京、延庆、张家口三个赛区的交通网络,大幅提升京、张两地通行能力。加快四条新增国道建设。以环首都贫困地区毗邻区域为重点,实施公路提级改造、老旧危桥梁改造和安保工程建设。完善市道,为重点功能区建设和重大活动提供保障。围绕完善北京新机场配套公路。系统、服务通州副中心建设、实现京津冀公路互联互通,加强冬奥会、世园会交通保障,加强中心城与新城、新城与各区县之间的衔接。

第二节 农 村 公 路

改革开放以来,北京市辖区内的城乡二元结构得到很大的改善,在加速城乡一体化发展的过程中,特别是促进"三农"发展的进程中,农村公路起到了重大作用。一条条农村公路和层级结构合理的公路网布局与衔接,为北京市农村参与现代化进程、共享现代化成果提供了基础条件。

公路建设成果使京郊大地彻底改变了面貌,发生了翻天覆地的变化。从"村村通公路"到"村村通油路"的发展,"要想富,先修路"早已成为全社会的共识。北京市的公路管理部门从公路处到公路局再到路政局,交通主管部门从交通局到交通委,无论体制如何变革,机构如何更迭,人员如何变化,都始终如一地关注、重视农村地区的公路交通状况。

20世纪80年代,北京市山区农村掀起了筑路高潮,经过全面规划、统筹安排、动员群众修筑道路,使不通汽车的422个山区大队都通了汽车,原有的307个山区大队的公路都得到了较大改善,实现了全市远郊村村通汽车。

1986年,北京在全国率先实现"村村通公路",到1991年又实现"乡乡通油路",北京农村公路建设一直走在全国前列。为落实十六大关于繁荣农村经济、改善农民生活质量的重大工作部署,实现交通部提出的"修好农村路,服务城镇化,让农民兄弟走上柏油路和水泥路"的建设目标,从2003年北京市开始实施"村村通油路工程"。为此,北京制定了《农村公路改造工程管理办法实施细则》,确定了"村村通油路工程"资金补助办法,在工程监督管理中严格执行设计标准、质量监理和招投标制度,充分调动各级政府和广大人民群众参与修路的积极性,在全市掀起了"村村通油路工程"建设高潮。到2005年底,完成通村油路1691km,通达行政村512个,全市3985个行政村的道路全部实现沥青路、水泥路面。

之后,为进一步建设社会主义新农村,实现城乡共同发展,北京还积极推进自然村通油路工程。2005年,在怀柔、密云等6个区县实施通油路工程119.5km,连通43个自然村;2006年继续实施通自然村公路工程479.747km,连通235个自然村。

街坊路是"村村通公路"建设向村内街道的延伸,是"新农村建设"的重要组成部分,是实现将公路修到农民家门口的重要举措。为进一步推进社会主义新农村建设,2005年,北京市开始推进"街坊路建设工程"。当年完成了10个乡镇、39个村、25万m^2的村内街坊路建设。2006年,此项工作在全市铺开,市路政局制定了村内街坊路硬化工程技术标准及资金补助政策,印制了《北京市农村街坊路建设指导手册》,对13个近、远郊区县共计79个村、313万m^2的街坊路建设工程补助资金8300万元。新农村街坊路的建设,改善了农村村内的交通环境,美化了村容村貌,受到了广大村民的好评。

"村村通油路工程"以及"街坊路建设工程"的实施,使汽车开进了农村、开进了农户,从根本上改变了农村的生产生活条件,促进了农业结构调整和农民收入的提高,推动了城乡交通一体化进程,提高了县、乡级公路通达深度和服务水平,为社会主义新农村建设提供了交通保障,受到了广大群众的赞誉。

农村公路在促进"三农"发展的同时,也成为密切党群关系的纽带。在房山霞云岭乡三流水村,一条1104m的隧道建成,从此解决了山区交通闭塞的困难。有了公路,农村的优势资源被充分开发利用——世世代代阻碍山区农民致富的"穷山恶水",一下子成了能够带来财富的"青山绿水";大批农产品得以顺畅进城;大批劳动力有了"出路"……

2006年12月,北京市发布《北京乡村公路管理养护体制改革实施意见》。2007年初,正式组建市路政局农村公路办公室,制定完善《乡村公路养护管理办法》等规章制度,落实市、区县、乡镇农村公路管理养护机构和养护管理及作业人员,并同时开展人员培训,建立农村公路管理养护数据库,实行科学、规范管理。2007年,按照"统筹城乡、服务奥运"的原则,北京市完成了郊区公路3年提级改造工程,共改造郊区公路8771km,比原计划7700km超额完成1071km;2008年,全市重点自然村均实现通油路。"要想富,先修路",北京市农村公路建设的快速发展,有力地推进了新农村建设的进程。

在加大农村公路建设的同时,北京市路政局十分注重农村公路管理体制的建设。为了改变因资金缺乏、管理职责不清而造成的农村公路失养的状况,经过调研、协商、推进、指导,2005年底,在全市10个远郊区县153个乡镇建立了乡村公路管理站,各乡公路管理站基本承担起了各辖区内乡村公路的维护、绿化、路政三项管理工作,初步建立了乡村公路养护机构。

为进一步加强对乡村公路的管理,支持新农村建设,依据国务院办公厅关于农村公路管理养护体制改革的有关精神,结合北京市实际,2006年,市路政局成立了"农村公路管理办公室",主要负责农村公路建设、管理和养护的行业管理工作。

同时,北京市交通委路政局还针对农村公路管理职责、资金保障、养护机制、监督检查等各方面进行了深入的调研,多次征求各郊区县及市相关委办局意见,颁布实施了《北京市乡村公路管理养护体制改革实施意见》(以下简称"《意见》"),明确了市、区(县)、乡镇和交通路政部门对乡村公路的管理职责;明确提出乡镇政府统筹解决乡村公路管理站的机构和人员;明确了市、区(县)、乡镇对乡村公路养护资金的投入标准;提出了对乡村公路管养资金的监督管理要求,加强了对乡村公路管养的监管力度。根据《意见》,市交通委、路政局负责行业监督和指导,市级财政每年对乡村公路养护补助资金约为3亿元,按"每3km乡村公路配备1名养护工人"的要求,全市安排4000余名农村劳动力加强农村公路养护工作。

至此,本市已建立起了符合新时期农村建设发展要求的乡村公路管理长效养护体制和运行机制,逐步实现了乡村公路管理养护的正常化和规范化,为落实城乡统筹发展全面建成小康社会打下了坚实的基础。

第三节　枢纽场站建设

交通枢纽是交通网络的重要节点,对于全面发挥各种交通基础设施的功能、方便群众出行具有重要的作用。改革开放以后,随着资源要素的流动需求加大,公路客运和货运量日渐增加,北京市交通枢纽场站建设也相应加速,特别是1999—2009年的10年间,随着高速公路网的快速延伸,公路运输辐射半径变得越来越大,北京市在公路运输枢纽和场站建设方面取得了巨大发展。

目前,随着综合交通的发展和京津冀协同发展的深入推进,北京市公路交通枢纽和场站的建设正在融入城市综合交通发展的大框架之中,枢纽和场站已经成为综合交通的节点。值得注意的是,众多交通枢纽的建设选址都受到了高速公路线路的影响,特别是公路货运枢纽和场站建设的表现更为明显,多数货运场站或者物流基地的建设都重点考虑了高速公路的线路问题。

随着近几年的"互联网+"、大数据等新的信息技术行业应用的融合,北京市的公路枢纽和场站发展的信息化、智能化程度不断加强,成为智慧交通发展的重要体现。当前,北京正以综合运输枢纽、物流配送系统及综合运输信息平台的建设为基础,逐步建成高效、畅达、有序运转的现代化城市客货运输体系。

一、客运枢纽场站

1985年,北京市建成运营了祁家豁子客运枢纽;1992年6月1日,北京市第一个一级客运站——赵公口长途客运汽车站创立;1994年,北郊长途客运站建成并投入使用。进入21世纪之后,北京加快了客运枢纽的建设步伐。

2005年,六里桥长途客运枢纽项目工程投入使用,这是北京唯一以长途客运为主,集公交、出租、社会车辆、地铁等多种换乘方式于一体的大型综合客运枢纽站。

随着2012年宋家庄和四惠交通枢纽的投入使用,从2004年到2014年底,北京市在10年间共建设客运枢纽9个,其中5个为综合客运枢纽。客运枢纽已成为交通网络的重要节点,发挥了各种交通基础设施的功能和方便群众出行的重要作用。同年,北京市交通委发布《综合客运枢纽智能化系统技术要求》。这意味着,北京的综合交通枢纽都将注重智能化发展,各枢纽将具备枢纽运行监测、安全疏散与应急、乘客综合信息服务、协同管理与联动支持、停车管理和综合运行信息管理的多功能信息汇总和处理能力。

与此同时,北京市城市客运交通场站建设也不断加快。1990年,北京市的公交场站已有近400个。在此基础上,1991—2015年,公交场站数量又有了快速增加。到2014年,全市公共电汽车客运场站已建成672个(详见本书"附表"部分的表2-1-4)。

"十三五"期间,北京贯彻客运"零距离换乘"的理念,以旅客便捷出行和换乘为出发点,加快建设一批适应客流特点,便于交通组织,与铁路、航空等多种运输方式相衔接,与城市功能紧密结合的综合客运枢纽。北京推动了苹果园等7个城市综合客运枢纽建设,推动其他城市综合交通枢纽前期研究。与此同时,北京市加大公交场站建设力度,支撑公交线网优化调整。推动龙泉镇西等4个中心站建设,启动石龙等10处中心站前期研究。推动霍营等17个公交首末站建设,启动西直门北等9个公交首末站前期研究。完成郭公庄中心站立体停车场建设,推进方庄立体停车场前期研究。建设完成康家沟保养基地等3处公交保养场。完成马官营等5处现状公交场站改造。

省级客运站方面(详见本书"附表"部分的表2-1-5),1976—1990年北京市建成5个省际客运站。到2014年底,全市共有11个省际客运站,其中一级站4个,二级站7个。各客运站不仅具有完整的规模,而且具备完善的咨询、售票、候车、检票、停车、发车等运营服务设施,为旅客提供了良好的出行环境。

按照"十三五"规划,北京还将建设完成通州土桥、未来科技城、温泉、北七家等公交中心站14处,建设完成霍营、西直门北、双庙、周庄子等首末站26处。其间,北京将重点发展与其他省市中小城市之间的直达客运班线,逐步减少800km以上长途客运班线数量。在京津冀区域全面开展接驳运输,充分发挥道路客运机动、灵活、便捷的比较优势,实现与其他运输方式的资源互补、协调发展。在市区内合理设立中途站点,继续推行站间配载,形成资源共享的站场配载体系。稳步拓展多样化与个性化的客运市场,大力发展机场快线"空巴通"、铁路快线"铁巴通"、精品班线、商务快客等特色客运业务,形成与高速铁路、城际铁路、城市公交合理分工、优势互补、协同发展的综合客运服务体系。推动建设阎村、南兆、土桥、北苑北4个公路客运枢纽,逐步推进中心城公路长途站外迁。

二、货运枢纽场站

改革开放初期,北京市一般是通过大型物资运输公司、东城地区运输公司、西城地区运输公司、联运公司、化工物品汽车运输公司等专业运输公司设立的货运站点来实现现在货运枢纽站点的功能。当时,由于经济发展水平的制约,物资流通量并不大,且受制于路况、路网情况,公路货运的需求和供应均未得到振兴,但是百废待兴的国家经济社会形势,也让公路货运枢纽场站建设的需求量不断增长。1981年,北京市交通运输局业务调度管理处下设营业站点70个,并在商品展销处、大型仓库等货物集中点设临时受理站。

1982年底,北京市运输公司所属五场、十二场分别建立零担货运站。汽车零担货运站配备专用车辆和仓储设施,兼办受理、仓储、托运、中转、发送业务。五场负责京北、十二场负责京南各省市间的零担货物运输。1982年底至1983年初,在市内设立11个营业站,也称零担业务受理站。1984年5月,在远郊县(区)设立12个零担营业站。从1988年起,北京市交通运输总公司将业务管理权下放,允许所属专业运输企业按照市场需求设置站点。1990年,北京市交通运输总公司所属7个运输企业,在全市设营业站点231个。1996年3月12日,北京市西南公路货运主枢纽筹建处在北京市联运公司成立。

然而,在1997年之前,北京市并没有成型的货运市场。1997年7月,北京市汉龙公路货物运输服务中心在丰台区新发地成立。这实现了北京市货运交易场所和场站建设"零的突破",货运配载业务迅速发展,对提高运输效率、满足客户要求起到重要作用,它使货运配载业务迅速发展,也使货运市场向有形化、集约化、公用型迈出了一步。

1998年12月8日,交通部、北京市政府批准《北京公路主枢纽布局规划》,加快了北京市道路货运场站建设的进程。马驹桥公路货运主枢纽(现为北京祥龙物流园)一期工程开始建设,该枢纽是交通部、北京市政府批准确立的公路货运一级枢纽,主要承担北京市东南部货物集散及集装箱转运功能。

纵观"九五"期间,北京市道路货物运输场站建设实现了"零的突破",先后建成2个二级货运枢纽站,总占地面积4.56万m^2,建筑面积2.6万m^2,年吞吐能力7.8万t;又先后建成5个货运交易场所,总占地面积19.7万m^2,共有营业用房9810m^2,仓库2.7万m^2,停车场地6.7万m^2,年吞吐能力24万t,取得一定的社会效益和经济效益。

到"十五"末的2005年,北京市又建成百子湾、吴家村、西三旗公路货运主枢纽,京西物流中心、汉龙货运服务中心、顺福海货运服务中心、宛平货运服务中心和京东货运服务中心等8家货运枢纽,总仓储面积达到68550m^2,货运吞吐量为520.88万t/年。货运枢纽的飞速发展大大提高了北京货运市场的交易能力,有利于货运需求的有效、合理供给。

2006年,沿京港澳、京开、京沪、京哈高速公路两侧和五环路内外,相继自发形成物流和货运场站27处,其中,经许可经营的有13家,此13家场站年进出车辆50多万辆次,运输线路覆盖国内27个省、自治区、直辖市。自发形成的货运场站在一定程度上为货运业提供了货物集散、车辆分流的场所,对于全市物流和道路货运场站短缺状况起到了一定的缓解作用。但是自发货运场站不受规划制约,低水平重复建设现象严重,规模化和集约化不足,对周边交通组织以及市场秩序干扰严重,安全隐患突出。

截至2014年,北京市共建成14家货运站,其中一级货运场站1家,三级货运场站13

家。在区域分布上,公路货运场站主要分布于丰台、朝阳、大兴、通州、平谷、房山等地区,临近五环路、六环路,其中位于六环路以内的货运场站占总数的55.6%。

由于北京城市总体规划的调整,城市的发展规模、产业结构及内部分区和功能布局等有了较大变动,公路运输枢纽和场站的建设的市场需求和外在环境等均发生了重大变化,新技术的应用,使得货运运输枢纽场站的建设跳出了传统货运枢纽场站的建设模式,逐渐向信息化、系统化、网络化方向发展。截至2016年底,北京市获得许可的货运场站为11家,其中一级站1家,三级站10家(详见本书"附表"部分的表2-1-6)。

按照"十三五"规划,北京将加快货运枢纽和物流园区建设,推进传统货运场站向物流园区转型升级,引导和推进具有较强公共服务属性的货运枢纽发展,积极打造与产业园区相配套的物流园区,重点建设具备多式联运功能的货运枢纽,提升货运组织水平和衔接转换效率,逐步疏解区域性货运枢纽。"十三五"重点建设京南昌达物流园等9处物流园区,并开展通州货运枢纽等3处货运场站的前期研究工作。

第二章
公路运输

作为北京市各种运输方式的重要组成部分，公路运输在北京市交通运输发展的不同阶段都起到极为重要的基础性作用。

1978年10月，北京市交通局改组为北京市交通运输局。公路运输总营业所与北京市交通运输局货运处合并，组成业务调度管理处，原总营业所下属的营业所改为业务调度管理所。之后，一系列体制变革为北京市公路运输的发展带来了活力。1980年，北京市交通运输局业务调度管理处改组为运务调度处和运输管理处。1984年4月，北京市交通运输局改为北京市交通运输总公司，受北京市政府委托代行政府职能。1985年12月，成立北京市公路运输管理处，对公路运输实行全行业管理，其管理范围包括全市所有运输货源及社会各种公路运输工具和相关的服务业。公路运输部门贯彻"有路大家行车"的精神，以公路交通部门专业运输企业为骨干，打破地区、行业、部门和所有制之间的限制，出现全民、集体、个人以及合资合营等多种形式一齐上，多家办运输的蓬勃发展局面。延续30多年，由国营运输企业独家经营的"大一统"制度被打破。多种经济形式、多种投资渠道，困扰多年的运量大于运力的矛盾得到根本解决，社会上"运输难"的问题成为历史。

一系列政策法规的颁布为蓬勃发展的公路运输业提供了制度和法律保障。特别是1997年颁布的《北京市道路运输管理条例》，对规范道路运输行为、维护道路运输市场秩序、提高道路运输服务质量起了重要作用，使本市道路运输业得到了长足发展。2009年12月，新的《北京市道路运输条例》颁布实施。该条例明确了北京市应当通过调整、优化基础设施结构、运输装备结构和运输服务结构，逐步实现客运的城乡一体化、区域一体化以及与其他客运方式的一体化，实现货运的社会化、专业化和集约化，逐步建立符合国家首都性质的道路运输体系。

近40年来，随着公路路网密度的增大、高速公路网的不断完善、公路技术等级的提高、客货运枢纽场站建设步伐的跟进，以及市场要素流通的加速、综合交通体系的不断发展和完善，北京市的公路运输行业发生了巨大变化。

改革开放以来的40年间，从省级长途客运，到旅游客运，再到货物运输，北京市的公路运输取得了翻天覆地的变化。公路运输线路、运输工具、客货运企业、客货运场站、行业监管、专业化程度、服务质量和行业竞争力都得到大幅改善和提升,为北京经济和社会发展提供了强有力的运输保障。

第一节 公路客运

伴随着北京市常住外来人口的逐年增加和人员流动性的不断加大,北京市公路客运的需求量不断增加。随着北京市公路运输网络的不断完善,公路客运保持了快速发展势头。

一、郊区客运

1984—1999年,为解决郊区县群众出行难的问题,北京市按照《道路运输管理条例》,共审批境内客运企业432家,营运车辆1622辆(以中型客车为主,大客车为辅,有固定的营运线路),营运线路253条(包括跨省市长途线路)。

2002年,公路客运管理水平跃上一个新台阶。北京市交通局先后出台了《北京市人民政府办公厅转发市交通局关于进一步整顿本市境内长途旅客运输经营和营运秩序意见的通知》《关于对本市境内长途旅客运输经营者进行资质复审的通知》等文件。对境内长途客运行业进行了为期两年的治理整顿,郊区客运行业得到了初步规范。

2005年,北京市运输局组织编写了《郊区公共客运发展规划大纲》,为区县编制规划提供了指导意见。经过两年多的努力,2007年,完成了全市郊区公共客运发展规划和10个区县子规划,为推动郊区客运健康有序发展奠定了基础。

2007年,根据北京市委十届二次全会"解决好郊区公交问题,坚持实行公交公益性低票价政策"要求,按照"整体推进、分级负责、分步实施"的原则,推进城乡公共交通一体化,对郊区公共客运进行改革。改革的主要思路是:在行业管理方面,明确责任主体;在线网布局方面,明确各公共客运网络的服务范围;在票制票价优惠政策方面,按照城乡公共交通一体化原则,在现行票制票价的基础上,实行同折扣优惠;在扶持政策方面,根据事权与财权相统一的原则,给予市区、市郊和区县境内客运线路相应的财政扶持。

2008年1月15日起,市郊9字头公交线路实行持卡乘车与市区公交线路同折扣优惠。同年,北京市在全国率先实现了"村村通公交",城乡公共交通服务一体化水平显著提高,市区与郊区、市域与城际交通一体化进程快速推进。

到2014年,3938个建制村均通上了客运班车,农村等级客运站数量达到151个。郊区客运企业14户,客运班线377条、1.5万km,运营车辆3453辆,完成客运量4.7亿人次、旅客周转量65亿人公里。

在基础设施建设方面,各级政府加大投资力度,发展郊区客运场站和候车亭,为发展郊区客运线路提供了保障,推动了农村城镇化建设的进程,郊区群众的乘车、候车环境得到了明显改善。郊区客运的发展,事关郊区群众出行问题,事关北京城乡一体化发展和公共服务均等化的问题,同时,也是全面建成小康社会的重要方面。未来,随着京津冀交通一体化以及城镇化水平的不断提高,北京郊区客运交通空间发展布局在全市交通整体规划中的地位将更为凸显,与轨道交通及其他运输方式有机衔接也将不断紧密,郊区客运行业的服务需求和服务质量都将持续提升。

二、省际长途客运

改革开放以来,尤其是"十五"以来,北京市省际客运行业在基本满足旅客的出行需求的基础上,在服务质量、车站设施、运输能力、车辆档次和新度系数以及服务品质上都不断得到提高,并处在逐步实现由"量"向"质"的转变过程中。目前,行业已成为北京市综合交通运输体系中的一种重要的运输方式,在综合运输体系中的地位和竞争力不断提升,规模不断扩大,场站服务功能不断增强。

1976年1月,北京市长途汽车公司成立,并隶属原北京市交通局。北京市长途汽车公司是当时唯一经营长途客运的企业。1978—1985年,北京市长途汽车公司相继新建、改建了7个长途汽车站,其中莲花池客运站成为当时规模最大、设施比较完备的客运站。1979年以后,北京市开始重点发展跨省市互通的长途客运线路。从1980年起,北京市长途汽车公司购置大型通道式客车和"黄海"牌大客车投入运营。1984年6月,大兴第一户由农民兴办的集体所有制出租汽车公司在黄村成立,打破了北京市长途客运多年来由国营企业独家经营的局面。

多种经济成分和外省市进京长途客运汽车的增长,缓解了北京多年来存在的"乘车难"问题。1985年11月,北京市政府颁布了《北京市公路长途客运管理暂行办法》,规定长途客运线路、站点由北京市运管部门统一规划设置,客运经营者必须在批准的线路、站点内经营,做到定路线、定站点、定班次、定时间的"四定"运输,规范经营之后,省际客运站点的建设得到快速发展。到1990年底,本市共有长途客运经营者线路279条、31248km。

1994年12月,北京市政府发布了《北京市道路长途旅客运输管理规定》,进一步规定长途客运必须遵循安全、正点、方便、舒适的经营原则和实行定路线、定站点、定班次、定发车时间的方式运输。1995年,全市跨省市长途客运线路655条,形成了以北京为中心、辐射全国15个省、自治区、直辖市的密集型长途客运线路网络。

1996年6月1日,"沃尔沃"京津高速公路特别快车专线开通。此后,在省际客运服务发展方面,北京及全国高速公路网的作用表现得尤为突出。日渐完善的高速公路网络成为省际长途客运发展的重要助推力,有力促进了干支结合的综合运输的实现,充分发挥了公路运输门到门的服务特点,有力提高了北京公路快速客运的辐射和服务能力,有力提高了旅客的平均运距。至1998年,北京市高速公路快速客运线路发展到14条。

1997年,北京市制定完成了《北京公路主枢纽总体布局规划》,于1998年1月经交通部和北京市人民政府联合审查通过并批准实施。其中规划了5个一级客运枢纽站、7个二级客运枢纽站和3个站(北京站、北京西站和首都机场)前摆渡站。2001年5月,全国第一家跨省市的高速公路快运企业——新国线运输集团有限公司,正式开通运营了北京至上海的"新国线"快车。2002年,为适应北京市公交一体化发展的要求,市交通局将境内客运划入公共交通管理,跨省市旅客运输纳入省际客运的管理范围。1991—2001年,北京市道路长途客运线路包括本市与外省市之间的跨省市长途客运线路、市区与远郊区县之间的长途客运线路、远郊区县之间的长途客运线路和远郊区县城镇与乡村之间的长途客运线路,形成了以北京为中心、辐射全国19个省区市的道路旅客运输网络。

2005年1月23日,六里桥客运主枢纽建成并投入使用,该枢纽作为综合客运交通枢纽,实现了旅客在枢纽内的无缝接驳。同年,作为市政府折子工程之一的北京市省际客运联网售票系统建设完成并在10个省际客运站投入试运行。2014年1月1日,北京市省际客运行业全面实现了实名制联网售票、验票。

在加强客运站等基础设施建设的同时,省级客运的安全运营水平不断提高。自2005年开始,北京市1017辆省际客运客车全部安装使用了符合国家标准的行驶记录仪,提高了省际客车安全运行系数。在此基础上,北京市各省际客运企业全部安装使用GPS系统,并在场站安装监控摄像头,有效地提高了客运企业对客车的运行管理和客运站的安保能力,使省际客运行业安全管理得到了进一步提高。2009年2月,北京至湖南武冈节点运输试点班线正式开通运营。该班线分别在郑州、武汉依托高速公路服务区设置节点驿站,使车辆技术性能和驾驶员安全运营得到了有效保证。

经过40年的发展,北京省际客运线路在数量、总里程分别是1978年的4.54倍、50.35倍。从1998年的14条高速公路快速客运线,到2008年的468条北京高速公路客运线,10年间增长了32.43倍,而这期间正是北京市高速公路建设的快速增长期。在增长数字的背后,是高速公路建设成就,这直接为地区经济和人才交流提供了有利条件,首都的政治、经济、科技、文化以及人才优势借助高速公路网得以辐射周边及全国。

从2006—2014年北京高速公路客运班线信息表(详见本书"附表"部分的表2-2-1)也可以看出,在北京市第一条高速铁路京津城际铁路开通之后以及高铁快速发展阶段,高速公路客运班线实现了翻番增长。而与1978年时仅为短途班线且主要是通往河北周边地区相比,省际客运行业已成为北京市公路、铁路、航空三种交通方式中的重要组成部分。

除了连接周边省市之外,公路客运在衔接、承运市内地铁、公交、铁路和航空交通枢纽的客流方面,起到了重大作用。目前,北京市省际客运行业监管法律法规体系已经全面建立,行业监管内容已涵盖资质、运营、服务、安全以及行业发展规划等各方面。

总之,经过40年的发展,北京市省际客运行业从无到有、由低到高、自简入繁,行业在运营、服务、安全等各方面得到了质的飞跃,特别是自2005年以来,围绕服务奥运需求出发,北京市省际客运行业的综合服务水平得到更快速、更规范的提高和发展。

三、旅游客运

北京作为全国旅游的中心地和旅游集散的中转城市,城市旅游功能定位在不断变化,承担旅游客运任务的企业业务结构也因此经历了逐步演变的过程。早期,这方面的业务相对固定,局限于承担国家重要会议和重大外事活动,而随着旅游市场迅速发展,业务的结构逐渐转向旅游客运服务为主,其市场规模逐渐扩大。

20世纪80年代初,北京真正的旅游客运业务产生。随着改革开放的逐步深化,政府批准组建了三大旅行社,但当时也主要为国外旅游者、港澳台同胞和旅居国外的侨胞服务。直到20世纪90年代,北京成为国内旅游的热点地区和中心城市,旅游客运逐步走向了市场化经营的道路,进入旅游客运行业发展最快的时期。1992—2000年,北京市出租汽车管理局承担对市内旅游客运汽车业户、车辆及从业人员的管理职能。2000年新的市交通局组建后,承担旅游客运管理工作。2003年,北京市运输局成立后,设立旅游车管理处,对市内、省际旅游客运实行统一管理。

21世纪初期,旅游客运行业逐渐形成了以首汽、北汽为代表的历史悠久的骨干企业和以巴士、新月、银建为代表的新兴企业为主导的经营格局。2005年9月,北京旅游集散中心正式投入运营。北京旅游集散中心是北京唯一经营旅游班线业务的道路运输企业,共经营17条旅游线路。2006年底,北京市发布了《旅游客运行业经营技术条件(试行)》和《旅游客运行业安全服务管理基本规范(试行)》。近年来,随着班车、重大活动、会展等市场需求的兴起,旅游客运市场的外延又有了新的拓展,基本形成了以旅游团队客运、旅游班线客运、其他包车客运(临时包车、会议包车和企事业单位班车、校车)为主线的北京旅游客运市场格局。

随着旅游客运量不断增加,在游客快速、安全到达旅游目的地方面,高速公路都发挥着越来越大的作用,成为影响和支撑旅游业发展的重要因素。以八达岭长城景区为例,起初修建八达岭高速公路(G6京藏高速公路北京段)的一个目的就是服务游客和景区,建成后这条高速公路也被称为"旅游路"。后来的G5京昆高速公路北京段、G7京新高速公路北京段、G45大广高速公路北京段、京平高速公路等也成为沿线旅游业发展的重要旅游通道。

按照《北京市"十二五"时期旅游业发展规划》,在构建网络化的旅游通道时,提出"依托高速公路和国、市干道、县乡村道等公路网络,沟通市域内的主要旅游景区、旅游集散中心、旅游板块、火车站、飞机场等旅游中转枢纽地,形成'环形加放射'的网状旅游通道系统,使旅游通道达到较高的通行速度,实现'快行'与'慢游'的结合"。目前,北京市所有重点旅游目的地都有高速公路通达,这些高速公路已经成为景区发展、旅客通行的重要走廊。除了在基础设施建设方面,北京市高速公路还在运营管理方面对旅游客运给予关注和支持,为旅游客运提供优质、便捷、安全的高速公路服务。

第二节 公路货运

公路货物运输是北京市货物运输的主要方式之一。改革开放初期,在"有路大家行车,有水大家行船"思想指导下,城近郊区和远郊区县部分机关、企事业单位和个人,也纷纷购置车辆,或将多余运力组成营业性货物运输公司、汽车场和汽车运输队。这些运输企业在北京公路运输事业中发挥着补充作用。

1981年,北京市交通运输局业务调度管理处,下设营业站点70个,并在商品展销处、大型仓库等货物集中点设临时受理站。1985年,北京市人民政府规定,交通部门的运输企业面向社会,为各行各业服务,主要承担煤炭、粮食、大宗货物、车站集散物资和重点工程、建筑材料的运输;非交通部门的运输企业主要承担本系统、本单位的运输任务,运力有余,也可以承揽其他货物运输。乡镇、个体或个体联户公路货运经营者主要承担所在区、县农副产品、农村生产建设和生活物资的运输。从1988年起,北京市交通运输总公司将业务管理权下放,允许所属专业运输企业按照市场需求,设置站点,除统调物资外,均可自行受理业务。

1997年,北京市制定完成了《北京公路主枢纽总体布局规划》,并于1998年1月实施。规划中所确定的公路运输枢纽分两大类,一类是公路货运枢纽,规划了5个一级货运枢纽站和18个二级货运枢纽站。

随着各种经济成分和经济形式的运输户迅猛发展,全市营业性货运车辆由20世纪70年代末的4000多辆,发展到1998年的11.8万辆,形成一个庞大的公路运输市场。同时,公路交通部门汽车运输企业向专业化方向发展,组建了主要承运长大笨重和高贵精尖物资的大型物资运输公司;适应化工和危险品生产消费增长需要的化工物品汽车运输公司;专营公铁、公航、公水联合运输的联运公司。作为运输现代化生力军的国内、国际集装箱运输和零担班车运输也不断发展壮大。这些运输企业实现了由传统的计划经济体制下的生产型向市场经济体制下的生产经营型转变。

随着北京市经济和货运市场的不断发展,一些货运企业也在逐步向现代物流企业转变。进入 21 世纪,随着高速级公路的不断涌现,道路货物运输的合理运距将有延长的趋势。高档货物和零担运输,合理运距可达 200~400km;鲜活易腐货物,由于公路运输"门到门"、不换装的特点,经济运距可达 1000 多公里。

2005 年底,北京道路货运行业拥有经营业户 77597 户,营运车辆 142550 辆,当年完成货运量 3 亿吨、货物周转量 85.5 亿吨公里,在综合货运体系中所占的比例分别达到了 92.44% 和 17.50%。一个沟通城乡、干支相连的道路货物运输网络基本形成;道路货物运输管理法规体系基本建立;以信息化、智能化为核心的新型运输系统开始启动;企业有序竞争、行业有效监管的管理模式基本形成;服务质量明显提高;货运企业规模化、网络化经营初见端倪,专业运输企业的经营效益和管理水平开始回升。

随着经济全球化速度的加快以及我国加入 WTO(世界贸易组织),货运市场要面对的是更为广阔的国际市场。北京市积极推进物流信息化、系统化,推动货运企业向现代物流企业的转型,加快现代物流的发展。同时,北京市道路货运业通过改善货运车辆结构,节能减排工作取得了良好的成效,通过发展货运专用车辆和多轴重型车辆,提高了运输效率,降低了单位货物周转量的燃油消耗。

值得注意的是,随着公路的日渐延伸和内部、外部公路网的不断完善,依托高速公路和普通国省干线公路,北京市的公路货运通道逐渐形成,目前主要有东北、东南、西南、西北四个方向。东北通道主要由 G45 大广高速公路、京承高速公路、国道 101 线、国道 111 线等组成,运输货类以建材、钢材为主,主要是服务北京,同时是东北出关的通道。东南通道主要由 G2 京沪高速公路、S15 京津高速公路、国道 103、104、105 线等组成,主要作为西北煤炭出海过境运输通道。西南通道主要由 G4 京港澳高速公路、G5 京昆高速公路、国道 107 线、京良路、京周路等组成,主要以日用消费品为主,进京方向主要是服务北京,出京方向兼有服务北京和东北货物出关过境的功能。西北通道主要由 G6 京藏高速公路、G7 京新高速公路、国道 110 线、昌赤路等组成,主要以煤炭为主,兼有过境和服务北京的功能,过境比重占 75%。这些放射线通道加上纵线 G45 大广高速公路与 S50 五环路、G4501 六环路等共同构成北京市货运通道。

这些通道上的货物运输,到达货运量大于发送货运量,即到达的货物主要用于满足人们消费需求;过境运量大于进出京运量,这是由北京的地理区位和交通区位决定的;东南、西北方向运量较大,且过境交通所占比例较高;货运总量中以煤炭运输为主,且主要为过境运输。

北京市通过鼓励和支持企业间强强联合,在高速公路及国省干线的快速货运、集装箱、零担、危险品、大型物件的运输和现代物流领域发挥主导作用;通过完善干线运输系统的基础设施配置,加强干线运输市场管理,组织化、集约化、规模化、专业化经营模式得以发展,快速运输、限时运输和支撑物流服务的运输得以重点发展。

同时,依靠科技进步,提高道路运输行业竞争力。以提高运输效率和效益为目标,加大技术改造力度,把提高信息化水平作为科技进步的重点。充分应用现代信息技术,研制开发面向管理者的行业管理信息系统、面向社会公众的服务信息系统和面向市场的企业经营信息系统组成的信息平台,并逐步实现计算机联网,以全面提高货物运输组织管理水平和服务能力。专业道路货物运输企业要跟踪世界前沿科学技术,引入货运信息配载、车辆卫星定位等先进技术,以实现道路运输的智能化和电子化。大力推广汽车全挂、汽车列车和集装单元化等运输新技术,并鼓励发展物流技术设施。

2020年,我国的公路运输发展将进入"基本适应"社会经济发展的阶段,道路运输供给与社会需求趋于平衡。按照"十三五"规划,北京将加快货运枢纽和物流园区建设,推进传统货运站场向物流园区转型升级。引导和推进具有较强公共服务属性货运枢纽发展,积极打造与产业园区相配套的物流园区,重点建设具备多式联运功能的货运枢纽,提升货运组织水平和衔接转换效率。逐步疏解区域性货运枢纽,重点建设京南昌达物流园等9处物流园区,并开展通州货运枢纽等3处货运场站的前期研究工作。

Record of Expressway Construction in
Beijing
北 京 高 速 公 路 建 设 实 录

第三篇
高速公路建设发展阶段与成就

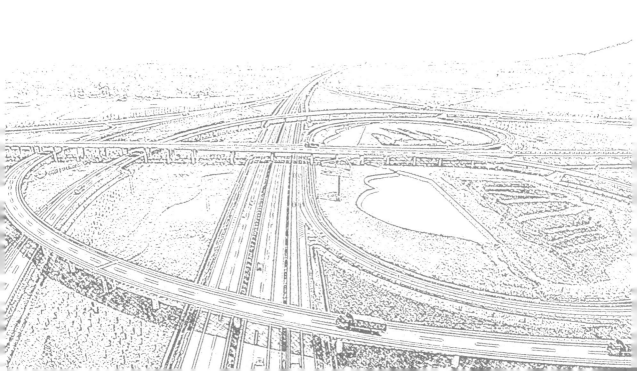

篇首语

高速公路是现代化交通的重要组成部分,是衡量国民经济和社会发展水平的重要标志。在北京,高速公路更是具有特别重要的政治和经济意义,凭借现代化的公路运输通道功能,高速公路在城市运行和社会经济发展中的作用越来越大,高速公路建设成果也成为广大人民群众最能直接感受改革开放成就的交通基础设施之一,成为公众获得感不断增强的重要例证。

早在1986年,北京市便开始探索建设高速公路,当时以"汽车专用公路"立项的京石公路(六里桥—杜家坎段,现为G4京港澳高速公路),成为我国最早探索全封闭、全立交标准建设公路的工程项目,被时任交通部部长钱永昌称赞为"中国公路建设的新起点"。

1990年,京津塘高速公路北京段的建成,标志着北京市高速公路从无到有的真正发端。30年间,得益于国家宏观经济政策的大力支持和良好的内外部建设环境,在北京市委、市政府的正确领导下,依靠政策、机制和交通系统广大职工的艰苦奋斗、顽强拼搏,北京市高速公路实现了跨越式发展,先后建成了G4京港澳高速公路北京段(京石高速公路)、G2京沪高速公路北京段(京津塘高速公路)、S12首都机场高速公路、G1京哈高速公路北京段(京沈高速公路)、G6京藏高速公路北京段(八达岭高速公路)等21条技术含量高、质量过硬的高速公路。同时,在路面、桥梁、隧道、智能交通等方面也取得了众多科技突破和创新。

从20世纪80年代初的京石公路(汽车专用公路),到90年代的京津塘高速公路,再到首都机场高速公路和八达岭高速公路,一直到21世纪初的六环路,以及"十二五"末全国首例通过公开招标建设的高速公路PPP项目——兴延高速公路,北京市高速公路发展在项目前期工作、制度建设和执行、技术创新、人才培养、投融资体制、高速公路建设标准、工程建设项目管理、工程质量监督以及新材料、新工艺、新技术、新设备应用等众多方面,自始至终在行业发展中处于领先地位,起到重要的示范和引领作用。经过30年的发展,北京市高速公路取得了如下几个方面的成就:

首先,北京市已基本完成了2004年审议通过的《国家高速公路网规划》和《北京城市总体规划(2004—2020年)》中高速公路网的建设任务,有力地促进了北京市及周边区域社会经济发展。作为直辖市,北京市的高速公路网密度始终保持全国领先地位。截至2016年底,通车总里程达到1008km(1990—2016年高速公路里程增长见图3-0-1),其中,国家高速公路595km,占比为61.7%。

作为区域核心城市和首都,北京的高速公路建设增强了区域交通联系,有力促进了区域经济协作和协调发展。同时,高速公路也有效地支持了城市空间布局调整和新城发展,有力地促进了市域内不同地区之间的协调发展。在高速公路建设不断推进的过程中,高速公路的建设质量和水平也得到了肯定。据不完全统计,以五环路为代表的高速公路工程获得省部级以上奖项80余项。

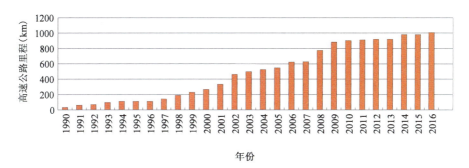

图 3-0-1　1990—2016 年北京市高速公路里程统计表

其次,北京市依托各类专项咨询评估工作,摸索出一套合理安排高速公路建设项目前期工作的方法,使项目决策有理有据,审批更加科学合理。高速公路项目前期工作主要包括规划选线、工程设计、环评、水保、土地预审、压覆矿床、社会稳定、节能、地灾地震、洪评等专项评估和文物勘探等工作,使项目决策有理有据、审批更加科学合理(详见图4-1-1)。在规划选线阶段,一是以集约用地为原则,有效节约利用土地资源,如京津高速公路规划线位调整为与京津城际铁路共线,五环路、京承二期、西六环与永定河、潮白河共线等;规划选线满足文物保护要求,如京新高速公路昌平段线位未按国道110线布线,躲避十三陵世界文化遗产保护区范围,另辟新线;二是满足环境保护要求,如京承三期线位避开了密云水库一级水源地保护范围。在设计阶段,充分考虑文物保护要求,如五环路卢沟桥至宛平城瓮城间采用下穿隧道方式、圆明园段采用路堑方式通过,满足文物古迹和历史文化遗存的景观要求;京新高速公路对路侧清河汉城遗址实施了专项保护工程,工程前期广泛开展了文物勘探工作,并按要求进行了抢救性发掘工作;京承三期、西六环工程公路排水设计设置了集水池和应急池,解决了危险化学用品车辆倾覆污染密云水库、三家店水库一级水源地保护区的问题。

再次,在设计、施工和养护工作中,严格执行建设管理"四项基本制度",广泛采用"四新"技术,以科技进步推动高速公路事业发展。新技术、新工艺在公路设计和施工中的应用,填补了北京市公路建设史上的多项空白。五环路跨石景山电气化铁路编组站转体斜拉桥,创造了单铰转体质量当时的世界纪录;六环路丰沙铁路转体斜拉桥,成功采用了墩顶转体技术;京新高速公路上地铁路分离式立交桥,是当时国内顶推荷载最大、跨度最大的独塔单索面混凝土曲线斜拉桥。在工程建设和道路养护中,注重资源节约和环境保护,大力推广新技术、新工艺、新设备和新材料应用。环保工程与主体工程做到同时设计、同时施工、同时交工验收;高速公路管理区和服务区综合应用地源热泵、太阳能、新型污水处理及循环利用、LED灯等节能减排技术和产品;路面工程采用橡胶沥青、温拌沥青、热再生等技术,既节约了材料又减少了废气排放;山区高速公路岩质边坡采用客土喷播、厚层基材等绿化技术,有效地保护了周边的生态环境。

另外,高度重视高速公路智能信息化建设,实施联网通信、监控和收费系统标准化管理,构建智能化交通信息平台,提升了高速公路服务水平。北京市高度重视高速公路智能化信息建设与发展,早在首都机场高速公路建设时,就开始探索信息化建设的路子。2005年启动了高速公路不停车电子收费系统建设,2006年建成了京藏高速公路不停车电子收费示范工程。2008年底建成了高速公路不停车电子收费系统(ETC),该系统是国内首次按照高速公路电子收费国家标准和交通部相关规范建设的项目,同时也是京津冀区域高速公路联网不停车收费示范工程,并于2015年实现全国联网。目前,北京市已建成536条ETC车道,站点覆盖率100%,ETC客户发展到230万户,电子通行占总流量的45%;在首发大厦建了ETC国家结算中心,为实现ETC全国联网收费打下了坚实的基础。通过整合信息资源,融合分析多源数据,建成人、车、路、环境协调运行的高速公路综合交通运输管理体系,开通服务热线96011,在公众信息服务、运行监测、应急指挥等方面发挥着重要作用。

如今,通车里程不断增加、辐射能力不断增强、通行能力和服务水平不断提高的北京市高速公路网,在经济和社会发展、京津冀协同发展及市民生活中,发挥着越来越重要的作用。

第一章
高速公路建设的历程

1984年12月,国务院做出"贷款修路,收费还贷"的决定后,全国各地相继出现利用贷款、集资、外资等多种渠道筹集资金建设的路桥隧工程。之后,北京市认真执行收费公路政策,重点建设放射线高速公路。总体而言,30年多来,北京市高速公路从无到有,从个别区县通高速到区区通高速,从一条高速公路通车到形成网络,高速公路建设大致上经历了四个阶段:率先起步阶段(1986—1998年)、快速发展阶段(1999—2009年)、调整发展阶段(2010—2014年)、区域协同发展阶段(2015年至今)。当然,在1986年之前,北京市在京密路、昌平路、京开路的建设方面,已经开始关注高速公路的建设,并在人才、技术以及必要性和可行性方面开始探索。

这些发展阶段涉及的主要路网规划有以下两个层面。一是国家层面的公路网规划:1981年,国家计委、国家经委、交通部联合颁布的《国家干线公路网(试行方案)》;1992年交通部出台的《国道主干线系统规划》;2004年国务院批准的《国家高速公路网规划》以及2013年国务院批准的《国家公路网规划(2013年—2030年)》。二是北京市城市总体规划和涉及公路的专项规划:1983年中共中央、国务院原则批准的《北京城市建设总体规划方案》;1993年国务院批准的《北京城市总体规划(1991—2010年)》;2005年北京市交通委制定的《北京交通发展纲要(2004—2020年)》《北京市干线公路网规划》《北京市"十一五"道路规划》以及2007年开始编制的《北京市高速公路网规划》(规划提出构建区域高速公路网络,初步建成放射加环路为主的公路网主骨架)。2013年,国务院发布《国家公路网规划(2013年—2030年)》之后,北京市交通委、北京市规划委共同组织开展了《北京市干线公路网规划(2014—2020年)》编制工作,形成了规划终期成果,经北京市政府批准,该规划对"十三五"北京市高速公路建设起到重要的指导作用。

第一节 率先起步阶段(1986—1998年)

这一阶段的起始时间是1986年4月京石公路(一期)开工,截止时间是1998年北京市决定成立首都公路发展有限公司(以下简称"首发公司"),横跨"七五""八五"和"九五"三个五年规划。

该阶段,根据北京市"总体规划和集中力量、区别缓急"的原则,以高速公路发展为重点,全面推进北京市总体规划的实现。其间,高速公路建设实行行政事业单位管理的体制模式。1991年北京市公路局正式成立之前,北京市交通局作为高速公路的建设单位,负责投资并组织建设指挥部实施工程建设,公路局成立之后,采取的是公路局受交通局委托对高速公路建设项目实行行业管理的模式。

1986年4月,在认真贯彻全国交通工作会议的基础上,北京市交通部门确定了"七五"期间公路发展规划,开始实施以解决城郊间的交通瓶颈路段,打开城市进出口,缓解进出城难为主要目的的公路建设。京石(高速)公路(2010年改为G4京港澳高速公路)北京段、京津塘高速公路(G2京沪高速公路)北京段等工程相继开工建设。其中,在全国有重大影响和争议的京石高速公路一、二期工程开工建设,充分体现了首都公路建设坚持改革开放、勇为人先、敢于担当的开拓精神。

京石(高速)公路(一、二期)的破土动工,意味着北京开始了探索高速公路建设的历程。"七五"期间同时启动的还有京津塘高速公路建设。京石高速公路、京津塘高速公路的规划、决策和建设过程,是北京市高速公路建设的初步探索,其中碰到了许多和体制不相适应的困难和问题。面对困难和问题,改革开放使北京公路人拓宽了思路,也解放了思想。在投融资方面,北京公路人以时不我待的精神,多方筹措资金,率先尝试贷款、借款、引进外资等筹资方式发展高速公路建设,从而促进了高速公路事业的起步发展。

1990年10月,北京市交通局公路管理处编制了《北京市"八五"时期公路建设发展规划》。规划提出了北京市1991—1995年公路发展目标及对策。其中,到"八五"末,即1995年时,"北京公路形成以干线公路为骨架,乡公路为末梢,县公路为中介,分三个层次的初步公路网系统。"当时,由于各种原因,规划并未明确提出大规模发展高等级公路的计划。1991年4月1日,北京市公路局正式挂牌成立。北京公路人明确意识到新一轮改革的大潮气息,秉持实干、实效的作风,让"八五"初期至"九五"期末,成为北京市高速公路大发展的提速期、全面发展的新时期。其间,北京市以加快高等级公路基础设施建设为重点,以干线公路高速化、高等级化为建设核心,全力推进京津塘高速公路北京段、首都机场、京沈高速公路、八达岭高速公路等重点路线的建设。

北京市公路局成立之后,很多省也相继成立了公路局。以后10年公路事业的发展证明,这个体制变革是适应当时公路事业发展的需要的,北京市公路局的成立提升了公路管理机构的地位。那一时期提出要通过多渠道筹措公路建设资金,主要由几部分构成:养路费收入、银行贷款、国债、通行费收入和车辆购置费返还。另外,在高速公路发展的初级阶段,还采取过发行公路建设债券的资金筹措方式。建设资金安排基本程序为由作为北京市公路主管部门的公路局在每年初统筹编制当年公路建设资金用款计划,上报市政府批准后实施。

以政府资金为主导的模式,在北京市高速公路建设发展初期起到了巨大的推动作用,为后续的高速公路大发展奠定了建设管理、人才培养、技术储备等多方面的经验。

1992年7月,交通部明确要把"两纵两横"作为"五纵七横"国道主干线中的重中之重先期实施。9月,经北京市人民政府批准,北京市交通局、北京市财政局、北京市物价局发布《北京市实施〈贷款修建高等级公路和大型公路桥梁、隧道收取车辆通行费规定〉细则》。

1993年5月,北京市公路局根据市计委下达的任务提纲,提出了《"八五"计划及"九五"规划调整意见》。根据这个安排,2000年以前,其战略目标是大力建设高等级公路,形成较完善的放射环行主骨架系统,其中,高速公路实现通车里程达到600km,并提出到2020年,北京市形成一个由国省道干线公路为骨架,以县乡公路为支脉,功能完善、布局结构合理的公路网系统。公路通车里程达到2万km,公路网密度达到130km/100km^2。其中,高速公路达到696km。现在看来,这一规划在已经提前实现。

1993年6月18—23日,"全国公路建设工作会议"在济南召开。随后便在全国掀起了高速公路建设高潮,把我国高速公路建设推到了一个新的发展阶段,极大地推动了我国尚处于起步阶段的高速公路建设。这次会议也为北京市高速公路的发展提供了有利的行业大环境。

这一时期,北京市先后建成的高速公路有:1990年完工通车的通燕高速公路北京段;1993年11月全线通车的京石高速公路北京段,长45.6km;第一条利用世界银行贷款建设、全长35km,于1993年9月完成全部工程的京津塘高速公路北京段;1993年竣工的"国门第一路"首都机场高速公路,长18.5km。

"九五"期间,被誉为"能源路、科技路、旅游路"的八达岭高速公路北京段一期(马甸—昌平)工程建成通车。随后,二期(昌平—西拨子)工程、京沈高速公路(G1京哈高速公路)北京段也相继开工并建成。至此,北京市域四周均已具有向外辐射的高速公路通道。

截至1998年,北京市高速公路里程达到190km(见本书"附表"部分的表3-1-1)。几条高速公路的开通,大大改善了北京市的路网结构,进一步完善了首都城市交通功能,使北京市成为全国最大的道路旅客运输集散地之一。

北京市特殊的政治地位及经济条件和地理环境,决定了北京市高速公路建设起点高、工程技术标准高和科技含量高的"三高"特点。同时,北京市是最先利用国际金融组织贷款建设高速公路的省市,几条高速路也在全国率先采用改性沥青技术铺筑路面。

这一阶段,北京市高速公路建设面临的最大问题是建设资金的筹集。从成立起,北京市公路部门通过改革创新,除依靠养路费这一资金来源外,同时多渠道、多方位、多形式筹集公路建设资金,形成了国家投资、交通部补助、养路费、通行费、车购费、银行贷款、利用外资、上市以及发行公路建设债券自筹资金等多种渠道、多元模式筹融资的格局。

从此阶段建成且有统计的5条高速公路的情况来看,建设资金主要来源是政府投入,该项投入占总投资比例的53.4%(其中养路费占投资总比重的47.6%),自筹资金比例为43.2%,利用外资仅占3.4%。

这个时期,北京市高速公路的建设经历了从无到有的发展阶段,实现了质的突破和量的积累,也在很大程度上引领了我国高速公路的发展,其中,京石公路(一、二期)的"中国公路建设的新起点"的突破性意义,京津塘高速公路首次利用世行贷款、"菲迪克(FIDIC)"条款的示范和引领,机场高速的"国门第一路"的改革开放窗口意义以及被誉为"能源路""科技路""旅游路"的八达岭高速公路的引领意义,都在我国高速公路建设史上留下了光彩的一笔。

一、中国公路建设的新起点

20世纪80年代初期到中期,虽然在交通部主导下,公路行业做了大量的舆论引导、知识普及工作,尽管公路拥堵状况十分严重,对经济发展的制约已经十分明显,但高速公路建设的舆论环境、审批环节依然非常不利,高速公路建设还处于"打擦边球"的状态。当时,对于公众而言,"高速公路"还是一个全新的概念,让一个农业文明长期占主导地位的大国接受来自现代工业社会的产物,中间颇费了些周折。其间经历了1982年、1985年两次大的争论。其争论焦点是:高速公路占地多,中国人吃饭问题怎么办?我们没有高速汽车,修了也没有车走,高速公路造价高、能耗大、污染严重、车祸又多等。所以反对者得出的结论是"修建高速公路不符合中国国情",甚至"高速公路"这个名词都不能使用,这是个非同小可的结论,致使高速公路迟迟不能开工。直到1985年,在国家层面上高速公路建设审批的大门依然紧闭。甚至到了1988年经国务院批准的京津塘高速公路已经全面开工了,有人还在坚决要求立即停下来,一直到了1989年,建不建高速公路依旧是《人民日报》等重要媒体大讨论的话题,各派争论不休。

以当时的舆论环境和政策导向,北京市高速公路建设能在这个时期率先起步实属不易。

1986年4月在全国有重大影响的京石公路一期工程开工,工程按高速公路标准设计。京石公路在当时国家没有具体方针政策、交通部没有规划、要不要修高速还争论不休、全国尚无先例的情况下,不能不说是公路发展理念上的一个大胆的突破。

当时,我国高速公路的技术标准、规范还刚刚出台,但并没有已设计完成的路段可供参考,所以京石高速公路在设计上一方面按照我国的技术标准,另一方面参照国外高速公路设计经验,采用了上下行分离、全封闭全立交以及完善的交通安全措施的设计,率先按汽车专用公路标准开始建设。经过公路建设者前后历时8年的努力，在资金十分困难的情况下，终于建成了长达45.6km的京石高速公路。一、二期和三、四期工程均获得交通部优质工程奖的殊荣，成为北京市高速公路建设的里程碑。

京石高速公路的探索，并非完全"摸着石头过河"。早在20世纪70年代初，在交通部开始酝酿和论证建设京津塘高速公路的时候，北京市便开始积极参与和配合交通部的工作，全力支持交通部第二公路勘察设计院对京塘公路进行调查论证。在1984年国务院召集相关负责同志研究京津塘高速公路建设问题的时候，北京市也对修建京津塘高速公路表示了全力支持的态度。这是对当时交通行业新生事物的支持，也是高速公路从概念层面落实到现实必要性的过程，更是将新认知付诸实践的重要经历，可以说我国高速公路的萌芽正在北京破土。

与此同时，北京市在建设一级公路的过程中有意识地培养建设高等级公路的人才队伍。根据原北京市交通局局长姜善智的回忆，早在建设昌平公路的时候，北京市公路系统按照"以最快的速度、优良的质量，建成设施齐全的高标准公路"的要求，将昌平路建设成为当时的"超一级公路"。在筑路材质、筑路机械和人才方面，昌平路为以后的京津塘高速公路、首都机场高速公路的建设打下了一定的基础，培养了一批修建高等级公路的建设、管理人才。

在京石公路（一期）修建之前，对于修建方式也存在争论，是加宽老路成一级公路，还是另辟新线建高等级公路，对此各方认识很不一致。一种观点认为，利用老路拓宽成一级公路可以减少投资、少占农田；另一种观点认为老路加宽只是缓解一时，等于打个强心针，解决不了根本问题，平交道口、快慢交叉、行车速度低等缺陷依然存在。如果撇开老路另辟一条新线，即使投资多些，从长远考虑还是划算的。只有全立交、全封闭，才能取消平交道口，取消红绿灯，实现高速度、高效率。老路可改为辅路，作为地方专用车道，给慢车、非机动车及行人使用。最后经设计、施工等部门的专家论证，报请北京市政府批准，决定另辟新线，建设一条全封闭、全立交的高等级公路。

京石一、二期工程虽然只有14.04km，但它在行业和社会上的影响很大，它代表了公路行业的探索精神和"先行官"的风采，成为公路行业形象的典型案例。同时，也成为改革开放初期"先行先试"的典型代表。

1987年11月11日京石一、二期建成通车时，国务院副总理田纪云为通车剪彩，交通部部长钱永昌、城乡建设部部长叶如棠及时任北京市政府领导都参加了通车典礼。钱永昌为该路题词："中国公路建设的新起点"。工程建设期间，时任国务院副总理田纪云、邹家华以及交通部多名领导同志多次视察工程现场，很多省份的公路建设者参观了建设现场，为此后我国高速公路的起步带来了良好的示范作用。据不完全统计，1987年8月至1988年8月间，建设指挥部先后接待国内外各系统和单位参观、来访团体及个人391

批,共计1500多人。1987年,辽宁省副省长彭祥松、交通厅厅长连承智等同志参观京石汽车专用公路,这次参观为沈大高速公路的上马提供了参照,之后沈大公路全线改为全封闭、全立交的高速公路。

京石路一、二期施工期间、竣工后,让那时的人们感受到"高速"的魅力,没有红绿灯,没有平行交叉路口,没有行人和自行车,中间整齐的隔离带,道路两侧树立着整齐的钢板护栏,上面贴着反光胶带,地面上白色的标志标线,车辆可以风驰电掣地行驶。在每天"陷入"堵车的驾驶员眼里,这简直就是一个奇迹。

众多媒体对此给予高度评价(相关报道见本书第八篇及附录),1987年11月12日《北京日报》报道:被誉为"中国公路建设的新起点"的京石路一、二期工程完工,原计划4年建成,实际仅用19个月。1988年1月26日,新华社记者高建新、陈新的《飞车京石路——大陆第一条汽车专用线》的报道,被《中华日报》等4家报纸刊登。这段从六里桥到长辛店的14.4km的京石汽车专用公路的通车揭开了我国大陆公路史上的新篇章。

京石路前后历经6年建设,各阶段工程均获得了众多奖项(见本书第七篇)。虽然在1987年一、二期工程通车时没有被冠以"高速公路",但在事实上它已经是标准的高速公路,并以我国最早的高速公路之一,在我国高速公路建设史上有着特殊的地位。

二、"四项基本制度"从这里发端

京津塘高速公路是我国"七五"至"八五"期间重点建设项目,是第一条经国务院批准,并部分利用世界银行贷款建设的跨省市的高速公路工程,也是我国第一次采用先进的"菲迪克条款"对工程建设实施全面科学控制的高速公路,还是我国第一条跨省市界不设主线收费站且实行"一票制"收费的高速公路。

这项工程在引进先进技术和国际管理经验、广开渠道大胆利用外资等方面,为全国树立了典范。同时,它的建设转变了传统的施工管理方式和管理模式,为北京公路建设注入了新的活力,成为北京公路建设改革创新、开放发展的重大成果。更重要的是,京津塘高速公路在建设管理方面的制度建设,成为后来高速公路建设的"四项基本制度"的发端。

该路在我国公路建设行业首次实行项目业主责任制,按照企业法人负责制实现筹资、建设、管理、运营、还贷全过程责任管理模式对工程进行管理,对我国公路建设项目管理体制和方法起到了指导和示范作用。首次对建设项目实行国际竞争性招标和招聘国外监理专家,在业主、承包人、监理工程师三方权限和职责分明的项目管理机制和相应的管理技术方面,对我国公路建设乃至建设行业的现代化管理进程产生了重大的推动作用,并得到广泛的采用。根据对定期实测数据的回归分析和对20年来最终沉降量的推算,建设中提出了软基侧向位移和沉降速率指标,有效地控制了路基填筑速率和路面结构层的铺筑时间。在高速公路路面底基层、基层施工中，采用混合料厂拌和机械化摊铺技术，引进、消化和自行研制了性能先进的粒料拌和设备。

由于承包人的认真负责，且实施了"菲迪克"条款，整个工程建设实现全方位的科学管理和质量控制，受到国内外专家的一致好评，被誉为是设计水平最高、工程管理制度最完善、施工质量最好的高速公路。该路于1995年8月通过国家竣工验收，验收委员会认为："该项目使用世行贷款取得成功，为我国公路建设和争取外资贷款起到了示范和推动作用。通过项目实施，提高了建设、设计、施工、监理单位的技术和管理素质；培养了一批适应国际竞争和建设项目管理的专业技术人员；制定了一套符合国际惯例、适合国情的项目建设管理机制和监理工程师制度；引进了国外一批先进的施工设备；工程总体水平达到国内领先和国际先进水平"。京津塘高速公路是我国第一条按照现代化高速公路要求进行设计和施工的大型公路工程项目。该套工程填补了我国在高速公路技术方面的一系列空白，促进了我国公路交通运输业的发展和技术进步。

从后来的运营期质量看，京津塘高速公路的质量上是经得起考验的。它说明"菲迪克"条款用在中国高速公路的建设上是成功的，它标志着中国的高速公路建设和管理水平已进入世界先进行列，并为高速公路建设和发展诸多方面打下坚实的基础。

三、国门第一路

首都机场路最初是1958年建成的，1992年开始在原机场路旁建设了机场高速路，1993年建成通车。首都机场高速公路是第一条符合北京城市规划要求和国家标准的城市快速路和高速公路相结合的道路，也是我国第一条为空港（机场）提供交通服务的高速公路，被称为国门第一路。这条高速公路极大地改善和提高了北京航空港的疏港能力，是国内外政治、经济、文化、科技交流的纽带，承担着迎送各国贵宾的政治任务。

在当时，首都机场高速公路是我国设计标准最高、施工质量最好，新工艺和新材料应用含量最高，各种配套设施最齐全的高速公路，代表了我国当时公路建设的最高水平，标志着中国公路现代化建设达到国际先进水平。该路仅在两年时间内就高标准、高质量建成，受到国内外专家和各界人士的赞誉。

该路采用联营、贷款集资建设，实行筹资、建设、经营、还贷一条龙模式，是北京市修建高速公路中的首创，也是公路建设投资方式改革的新举措，解决了当时建设资金不足的困难。1992年由当时交通部的中国公路桥梁建设总公司和北京市交通局的京津塘高速公路北京市公司作为投资方，合资组建成北京首都高速公路发展有限公司，双方各占一半股权，双方到位资金占建设资金的2/3，其余建设资金由该公司自己贷款解决。北京市政府评价这种公路改革的新尝试是"解决高速公路建设资金缺乏的好办法"，并且符合当时交通部提出的"一路一公司"的想法。

在建设过程中,首都高速公路发展有限公司负责建设、经营。首都机场高速公路工程指在建设过程中,首都高速公路发展有限公司负责建设、经营。首都机场高速公路工程指挥部负责组织施工,实行施工招标、合同条款和监理工程师制度。在工程进入紧张阶段,为确保工程进度,公路部门采取发行公路债券,发动广大公路职工集资,使工程得以顺利推进。

首都机场高速公路充分吸收了国内外经验,采用了许多先进技术。例如,是全国第一条全线采用改性沥青路面技术的高速公路;主线收费站的房、棚等工程采用了民族形式和现代化的钢结构,既轻盈又壮观;沥青路面工程引进奥地利橡胶改性沥青新技术,提高了沥青的温度稳定性,增强耐磨能力,降低噪声,延长使用寿命;桥梁伸缩缝采用德国的"毛勒缝"并改进了施工工艺,从而大大减轻桥头跳车,改善了行车舒适性。高速公路上举足轻重的安全设施采用了一系列先进技术:护栏是带托架的变截面波形梁;护网是涂塑的钢板网;标志是用大型封闭式折边铝材和美国3M公司生产的高强级、钻石级的反光膜;标线采用热熔反光涂料。

工程竣工后验收鉴定,认为是达到国际一流水准的高速公路。该路通车大大缩短了从市内到机场的时间,为扩大开放,发展经济创造了良好的交通条件,首都机场高速公路工程获建设部1993年度优质样板工程奖,并获交通部1993年度优质工程奖。

四、八达岭高速公路

1994年8月,北京市境内最长的一条山岭重丘区高速公路——八达岭高速公路开工建设。该路起于三环路马甸立交,终于市界,全长68.37km,是北京经张家口、大同至银川的110国道的一部分,也是丹东至拉萨国道主干线北京境内的路段之一,是北京最长、最繁忙的旅游线路。1996年11月一期工程(马甸—昌平段)完工,1998年11月二期工程(昌平—八达岭段)完工。三期工程包括主线工程(西拔子—康庄)和联络线工程(营城子—110国道),于2000年10月开工建设,2001年9月建成通车。八达岭高速公路联络线工程,起于八达岭高速公路营城子立交,向北经大浮村、莲花池与110国道及延庆县城相接,全线11.46km。

在建设过程中,为了保证工程质量,严格执行监理制,工程合格率达到100%,优良品比例超过国优、部优标准,八达岭高速公路建设达到国际一流水平,先后获多项国家质量奖,包括优秀设计奖、鲁班奖及第二届詹天佑土木工程大奖。工程修建的潭峪沟隧道更是获得了当时"亚洲第一隧道"的殊荣,为山岭重丘地区建设长大隧道积累了宝贵的工程经验。

除了科学施工管理外,还采用了新技术、新工艺、新方法。八达岭高速公路使用了从奥地利引进的改性沥青技术,达到延长使用寿命的目的。为了提高压实密度,保证路面的基层稳定性,引进了南非的"蓝派"冲击碾压技术。投资5000万元左右,引进高科技仪器设备。在隧道施工中,动用了GPS(全球定位系统)卫星定位仪,采用高斯投影面的成果,保证了隧道掘进施工的中心水平和掘进精度。1996年11月,八达岭高速公路(一期)建成通车,位于西三旗的高新建材城1997年即新增固定资产近1亿元。上地新技术产业开发试验区则在同一年新增固定资产投资4.5亿元。八达岭经济开发区1996年累计招商66家,到1997年达116家。这条路的修建,也方便了登长城的游客,过去从马甸到长城要4个小时,现在只需40分钟。

这一时期,除了以上4条高速公路之外,通燕高速公路、京通快速路、京沈高速公路北京段多条高速公路项目陆续开工建成(以上各线路的详细建设过程见本书第九篇)。

这一阶段尽管北京市高速公路发展取得了零的突破,并实现了初步的里程积累,但是与北京高速发展的经济相比还有很大差距:北京的高速公路还没有真正形成功能完善的网络结构,既缺少大容量的快速过境交通走廊,也缺少连接各主要放射线、担负和均衡路网系统负荷分布的快速大容量环路。

更为重要的是,在"率先起步"阶段,高速公路建设资金多属于国家财政预算资金和预算外资金,来源较为单一,主要是公路养路费、交通部投资和贷款三项。受此限制,从1986年至1998年,12年建设190km高速公路,虽然年均修建仅为15.8km,远远滞后于经济发展带来的人流物流的高速增长,但在原有体制下,这已是极大努力后的成果。

面对新的经济和社会发展需求,北京市高速公路的"政企不分"的管理机制和投资机制较为滞后,建设资金来源基本靠政府投入支撑,融资的渠道和方式单一,融资能力明显不足,已经不能适应市场经济条件下公路建设资金筹集的需要。

1998年初,国务院作出把公路等基础设施建设作为新的经济增长点的决策,要求进一步扩大内需,充分发挥国内市场潜力,适当扩大固定资产投资规模,重点增加公路等基础设施的投入。同年6月20日,中国公路发展具有划时代意义的"全国加快公路建设会议"在福州召开。这次会议传达了党中央、国务院关于加快公路建设的有关精神,总结了近年来我国公路事业发展的基本经验,分析了当前形势和任务,确定了加速公路建设和深化体制改革的目标和政策措施,动员全国交通系统广大职工为加快公路建设做出贡献。当年全国掀起了公路建设新高潮,给全国包括北京市公路建设带来了"千载难逢"的发展机遇。可以说这也是北京市公路建设一个重要的黄金时期的到来。

为了加速高速公路建设步伐,针对投融资"瓶颈"问题,1998年北京市政府对公路建设的体制改革提出了明确思路:解决公路建设资金不足的问题,出路在于投资体制的改革。要把北京市境内的经营性公路捆绑起来,建立一个经营公司,由此首都高速公路建设领域逐步实现了政企分开的管理模式。

这为北京市高速公路开创了快速发展的"黄金十年"(1999—2009年)。

第二节 快速发展阶段(1999—2009 年)

1999 年 9 月 16 日,首都公路发展有限责任公司(以下简称"首发公司")正式揭牌运转,它作为政府投资组建的大型国有独资公益性企业,负责城外高速公路的融资、建设、运营和其他相关项目开发。另外,经交通部、国家经贸委批准成立的、以京津塘高速公路为主营资产的股份制上市公司——华北高速公路股份有限公司(以下简称"华北高速公司")也于 1999 年 7 月 20 日成立。在这两家公司成立之后,北京市的高速公路建设、运营市场初具规模。之后,北京市又成立了通达京承高速公路有限公司、北京国投公路建设公司、京通快速管理公司等几家公司,负责北京市高速公路建设、运营管理、筹融资和相关产业经营工作。

首发公司成立后,由首发公司作为建设单位承担国有经营性高速公路建设投资,并组织工程建设。工程征地拆迁费用由建设单位负责,委托区县政府组织实施。

"十五"期间,北京市高速公路发展驶入"快车道"。京开高速公路、五环路、八达岭高速公路北京段三期及联络线工程、京承高速公路一期工程、六环路工程相继建成通车。2003 年随着五环路全线贯通,北京市各条主要放射线高速公路均通过五环路实现"高"接"高"连通。

2002 年,北京市发展计划委员会、市交通局经市政府批准,联合发布《北京市"十五"时期交通行业发展规划》。这个规划是根据北京市实施现代化建设"新三步走"的战略和全力筹办 2008 年北京奥运会的需要,依据《北京市国民经济和社会发展第十个五年计划纲要》确定的城市总体发展目标、未来定位、功能布局和主要任务,结合本市交通行业实际情况而制定。规划的总体目标是以举办北京奥运会为契机,以北京率先基本实现现代化和建立适应首都经济、社会发展需要的现代化综合交通运输体系为目标,基本形成环形和放射线为主骨架的公路交通网络,建立辐射全国的对外交通网络。具体建设目标是基本建成由国、省道干线公路组成的公路主骨架网络,以一般省道、县道为支脉的纵横交错、四通八达的公路交通网络。到 2005 年,公路总里程达到 1.47 万 km,其中高速公路 600km。

2003 年北京市交通委成立后,由交通委路政局承担北京市公路建设行业行政管理职能。随着社会经济发展,高速公路建设投资多元化,高速公路建设除首发公司承担的国有投资项目外,还引进社会投资进行建设。建设投资全部由项目业主单位承担,征地拆迁工作委托工程所在区县政府组织实施。项目建设履行公路建设程序,由路政局监管。

为了首都公路交通的更大发展,北京市交通委成立路政局在高速公路管理领域行使政府职能,对建设、养护等具体作业,通过招投标等方式委托企业进行操作,在行政层面对企业工作施行监管。以此为标志,北京市高速公路建设从规划、设计、建设、养护、管理都进入了新的历史时期。

2003年8月,《北京市城市基础设施特许经营办法》颁布。2005年,《北京市城市基础设施特许经营条例》颁布施行,经营性交通基础设施投融资体制迎来新的局面。2004年,国务院批复《国家高速公路网规划》,在规划中,北京是国家高速公路网"7918"规划的重要组成部分,对北京市高速公路网络化建设提出了新要求。2005年,国务院批复《北京城市总体规划(2004—2020年)》,同年,北京市人民政府公布《北京交通发展纲要(2004—2020年)》。这一系列规划的发布,使得高速公路的建设与城市结构布局的发展方向、区域间社会经济联系的结合更为紧密,高速公路的区域服务功能也更加凸显。

2004年3月,中国铁道建设总公司和首发公司签订协议,联合建设、经营京承高速公路(二期)北京高丽营至沙峪沟段,迈出北京市交通基础设施建设从政府的单一投资体制向投资多元化的重要一步。2006年9月,此路建成通车。京承高速公路(二期)是北京市第一条以BOT(建设—运营—移交)方式投资建设的高速公路。

2005年,北京市人民政府办公厅发布了《北京交通发展纲要(2004—2020年)》(以下简称"《纲要》")。《纲要》提出,交通的现代化将为北京建设成为具有鲜明特色的现代国际城市、文化名城和宜居城市提供必要的基础条件。《纲要》提出了建设"新北京交通体系"的目标,制定了实现这一目标的战略途径、基本交通政策和近期实施的重大行动计划。就公路建设,《纲要》提出:实现市域公路网与国家干线公路网及周边地区城际公路网衔接匹配,强化北京公路主枢纽功能,为京、津、冀环渤海经济区资源共享、全面合作、统筹协调发展提供有力交通支持。2010年,初步建成以高速公路和一级公路为骨架,功能级配合理,与国家干线和环渤海经济区干线公路网有机衔接的公路运输网络。市域公路网总里程达到16000km,公路网密度由2003年的0.86km/km^{2}提高到0.95km/km^2。高速公路网总里程达到890km。新城及平原区重要中心城镇均直接与高速公路走廊相连接。

"十一五"期间,北京市高速公路发展速度更加迅猛,机场北线、京承二期、京新高速公路(六环路—德胜口段)、机场南线、机场二高速、京津二高速、京平高速公路、西六环、京承三期相继通车,北京市区域内各主要收费高速公路将实现联网收费。

随着以首发公司为代表的市场主体在国内率先探索公路管理体制改革的新模式,北京市高速公路建设从单一投融资渠道模式逐渐转变为以财政性资金投入为主,银行贷款、社会投资、发行企业债券等多种股权、债权融资手段为辅的多渠道投融资模式。在这种新的市场机制下,加上北京奥运会交通需求的刺激,北京市高速公路迎来高速度、高质量发展的阶段。

2007年6月,北京市交通委会员发布了《北京市干线公路网规划总报告》。规划总报告是参照交通部《公路网规划编制办法》,根据《北京城市总体规划(2004—2020年)》中城市空间发展战略重点,配合新的城市总体规划编制的要求,满足"两轴—两带—多中心"的城市空间新格局;建立适应新形势下交通需求发展的主骨架公路网结构,全面系统地反映北京市公路发展的现状、特性、适应性、发展趋势、发展策略、发展目标、公路网结构、规划实施及政策保障等全部内容,并阐述本规划的依据、方法、指导思想和原则,做到研究与规划相结合。按照这个规划总报告,2005—2010年北京市公路网发展建设的总体目标是:坚持以人为本,全面、协调、可持续的科学发展观的指导,按照统筹城乡发展、统筹区域发展、统筹社会经济发展、统筹人与自然和谐发展、统筹国内发展与对外开放的要求,建立能力充分、功能完善、结构合理、组织协调、运行高效、服务优质、安全环保的全市公路网系统,与其他运输方式共同构筑布局协调、衔接顺畅、优势互补的现代综合运输体系,为用户提供安全、便捷、经济、可靠的运输服务。

按照这个目标,北京市高速公路网的发展主要是:建立和完善国家高速公路网和区域高速公路网系统,京津冀区域由单中心放射逐步向双中心网络式现代化交通网络转移,实现区域交通一体化发展,统筹区域经济协调发展。

2008年之后,六环路、京承三期等相继通车。截至2009年底,北京市高速公路里程达到了884km(见本书"附表"部分的表3-1-1)。

从1999年至2009年,北京市高速公路里程增长了694km,年平均增长率为15%以上(见本书"附表"部分的表3-1-1)。

在高速公路里程不断增长的同时,初期建设的一些高速公路的车流量已经明显超过了设计车流量,改扩建提上了日程。作为中国最早建成的高速公路之一——京津塘高速公路,按其车流量的增长以及道路通行的状况,早就该进行改扩建施工。但鉴于该路的极端重要性,直到为北京奥运服务的工程——京津二高速于2008年7月16日通车、京津两大直辖市有了第二条高速公路主干通道后,京津塘高速公路的改扩建才提上日程。2008年底,京津塘高速公路开始局部拓宽。

这个阶段高速公路快速发展,究其主要原因,一方面是国家公路建设的政策支持,另一方面离不开北京市政府的大力支持,再一方面是在高速公路的投资、建设等方面探索了市场化的管理体制,包括从过去被动依靠政府拨款到多方筹集资金,确保项目顺利开展;从过去成立工程指挥部修路到进行全面执行招投标,执行业主负责制等。在建设施工过程中,借鉴国内外高速公路建设管理的经验,严格执行基本建设程序,从立项审查、初步设计、征用土地、招标投标、动工施工等都按程序拿到许可证,全部工程建设项目均按照国家计委的要求实行项目法人责任制,将建设市场向全国放开,选择设计、施工、监理单位做到了公开、公正、公平。

随着北京市高速公路的快速发展,一个连接畅通、体系完整、格局均衡、功能合理的高速公路网络初步形成(这一阶段建成通车的高速公路见本书"附表"部分的表3-1-2)。这大大缩短了市中心与各郊区县之间、各郊区县之间,以及首都与周边城市之间的距离,也为服务首都经济发展、建设国际大都市和方便出行创造了良好的基础设施条件。

一、快速发展的十年

从1999年9月16日首发公司应运而生,北京市高速公路建设开始提速,到2006年10月,经北京市国有资产监督管理委员会批准,首发公司正式更名为北京市首都公路发展集团有限公司(以下简称"首发集团")。

北京市政府确定自首发公司成立之日起,每年从市公路养路费专项基金中,按征收额的一定比例划拨给该公司;将每年交通部返还北京市车辆购置附加费按一定比例投入该公司,转增为国家资本金,为确保本市高速公路建设形成稳定可靠的资金来源。

首发集团从组建到改制是北京市委、市政府深化城市基础设施建设投融资体制改革和国有企业运营机制改革的重要举措,为北京市高速公路的快速发展注入了强大动力。首发集团在全国率先探索公路管理体制改革的新模式,使高速公路建设告别了以往行政事业管理模式,形成了独立明确的市场投资主体,把公路建设、经营功能与融资功能紧密联系在一起,有利于盘活资产,充分开拓了融资渠道,融资的目的性与针对性也大大增强,对探索市场经济条件下公路资本运营、投融资机制改革具有积极意义。

1999—2009年的10年间,首发集团坚持以"政府资金为引导,依托金融资本,广泛吸引社会资金"的方针,从而保证了工程建设的资金需要。一方面积极争取政府资本金的更大投入和政策支持,争取政府财政增加建设资本金的投入,扩大权益资本所占的比重,继续争取政府的政策支持。积极优化集团公司政策环境,加强与外界沟通协调,寻求理解支持,力求在税收政策、资源开发、收费标准、贷款贴息等方面争取优惠的政策环境,为高速公路建设融资创造良好的外部环境。另一方面,通过加强银企合作,不断扩宽银企合作的深度和广度,与银行建立起紧密的合作伙伴关系,积极筹措高速公路建设贷款。同时,加强金融资本运作,采用多元化的融资手段发行企业债券和使用其他创新性金融产品,为高速公路建设构建多元融资渠道。

在工程建设方面,首发集团不断创新和完善工程建设管理,通过建立程序化、标准化、科学化的企业管理模式,确保工程安全质量,强化造价管理,合理控制工期,让资金难局、拆迁难点、工期难题、技术难关一一破解,又通过一项一项大工程积累起丰富的工程建设管理经验。形成了"集团公司对工程建设中的重大问题进行决策、对重点难点问题进行协调,建设公司负责具体的工程组织、质量安全管理、造价控制,项目处作为执行层,对施工、监理督促检查,对上级要求抓好落实"的三级管理模式,确保了国家、地方行业管理的各项规定和制度落实到位。

通过公开招投标、优化设计、狠抓合同履约等措施,首发集团在保证工程建设质量方面落实质量控制措施,制定"质量优良、工期适当、造价合理"的工程建设管控目标,并把质量优良解读为"功能齐全、经久耐用、经济环保、安全舒适、方便快捷、环境优美"。同时,不断提高科技创新能力,实现了科技融入高速公路建设的全过程。首发集团对每条高速的绿化工程都不吝投入精心组织,实现了建一条高速添一道风景的目标。首发集团还努力尝试沥青路面现场热再生、橡胶改性沥青混合料等新技术,提升了高速公路的环保水平。

新的企业使命,新的发展规划,新的融资模式,新的管理模式,新的质量观念,实现了高速路建设的高质量和高速度。10年间,首发集团以平均每年60多公里新建高速公路竣工通车的速度为北京市高速公路留下一系列高速公路精品工程——京开高速公路、八达岭高速公路三期、京承高速公路(一、二期)、五环路、六环路、机场北线、机场南线、京平高速公路、京津高速公路、京包高速公路等陆续建成通车。其中,五环路工程获得了国家优质工程银奖和第六届中国土木工程詹天佑大奖。2008年北京奥运会前夕,机场南线、京平高速公路、京津高速公路、京包高速公路(平原段)118km建成通车,为成功举办奥运会、改进交通环境、促进区域经济发展发挥了重要作用。

2009年,首发集团建设管理的高速公路总里程达746km,已完成的工程项目质量全部达到优良级,初步实现了首都高速公路放射线加环线的网络化格局。

二、"服务奥运"与"区区通高速"

举办一届高水平有特色的奥运会是全体中国人民的百年期盼,成功举办一届令世界瞩目、无与伦比的奥运会是伟大中国人民的奥运梦想。

进入21世纪,北京申奥成功对北京交通体系提出了新的目标。北京市委、市政府立足实现"新北京、新奥运"的战略构想,从人民群众生活水平提高和优化首都发展环境出发,把交通发展放在十分突出的位置,明确提出:建成功能结构较为完善,运营管理水平先进,城乡一体化的"新北京交通体系"的目标。

在北京市交通体系奥运保障中,作为道路网络系统龙头的高速公路承担着重要任务,具有举足轻重的作用。自2001年7月13日北京获得第29届奥运会主办权,到2008年8月8日北京奥运会开幕的7年间,在北京市委、市政府的正确领导下,以首发集团为主,在政府各委办局和有关区(县)、乡(镇)政府、沿线企事业单位的大力支持和配合下,以"服务奥运,为奥运做贡献"为指导思想,根据交通部全国公路网建设规划和北京市总体规划,结合奥组委对道路基础设施建设规划要求,认真制定并实施了北京市高速公路建设"十五"和"十一五"建设规划,经过科学决策、规范管理、精心组织、努力攻关,通过十余万建设大军夜以继日的努力拼搏和无私奉献,先后完成了五环路、六环路(东六环、南六环、西北六环)、京承一期、京承二期、机场北线、京津第二通道、机场南线、京平高速公路、机场第二通道等高速公路重点工程建设任务,共计289km。至2008年奥运会前,北京市高速公路通车总里程达到804km。其间,还完成了京石高速公路、机场高速公路、八达岭高速公路等高速公路和京通快速路路面的大修工程以及北五环路绿化改造工程。

2008年6月,北京市实现18个区县"区区通高速"的目标。之前,平谷区曾是北京市郊区县中唯一没有高速公路和国道通过的区,京平高速公路的建成通车实现了北京市"区区通高速"的目标,使全市10个远郊区县与市区的联系均有高等级公路连接,完成了《北京市域公路网"十五计划"及2020年长远规划》的一项任务,满足了北京市路网的需求。

在奥运会举办过程中,五环路、京承高速公路、机场南线、机场北线、机场第二通道几条新建高速公路与机场高速公路形成了一个快速交通网,特别是围绕首都机场改扩建,配套新建的三条高速公路,极大地提高了机场至城市中心区和各场馆的运输、疏散和承载能力,为奥运会、残奥会大家庭成员、国内外观众和游客的抵离交通运行提供了坚实的基础。尤其是奥运专用通道的设置,为外国国家元首、国际奥委会官员、新闻记者、各国运动员、教练员的进出国门,提供了畅通无阻、舒适便捷的交通条件;六环路与八达岭高速公路、京承高速公路等放射线高速连接,作为市区外围快速交通主干线,担负着市区外围交通和截流、疏导跨区交通的重任,既缓解了奥运场馆以北地区的交通压力,解决了货运车辆不能上五环运输的问题,又改善了市区及各奥运场馆周边的交通与自然环境,减少了噪声与污染;京津二通道的竣工通车,在缓解京津塘高速公路交通压力的同时,也为天津奥运体育赛事的道路交通提供了有力的保障;京平高速公路从京承高速公路黄港立交出发,向东直达平谷区,对于缓解北京市环线交通压力、保证环线的道路畅通发挥了重要作用。

现代化的道路基础设施串联起现代化的城市建筑和现代化的体育场馆,这些一流的高速公路在为第29届奥运会的成功举办提供了强有力保障的同时,也向世人展示了我国的强大国力,展示了首都北京的城市魅力。

奥运会之后,这些高速公路为提高城市的服务功能、发展首都经济发挥了巨大的作用。第29届奥运会成功举办后,随着北京市城乡交通一体化的实现,高速公路快速交通网络形成,拉近了城乡之间的距离,扩大了城乡居民的生活区域,对首都经济发展的带动作用更加明显,对首都的城市化发展、对城乡经济的协调发展、对提高市民的生活质量发挥了非常重要的作用。

三、全国第一条免费通行的环城高速公路

五环路从收费到停止收费的过程,也是从高速公路向城市快速路转化的过程,这一过程成为北京市城市规模迅速发展的缩影,同时也折射了高速公路对于城市发展的重要性。

当然,五环路的免费,同样是北京市高速公路承担城市快速路功能的重要佐证。

五环路是由首发公司按照国家"贷款修路,收费还贷"的模式修建的高速公路,2003年全线通车。作为北京市第一条绕城高速公路,五环路全长98.58km,项目总投资136.46亿元。规划者希望将它建成一条环城的高速公路,同时,五环路最初也是按照高速公路标准进行设计、建设与管理的。2000年10月,首发公司为此向银行借贷116.3亿元开始建设该工程,并享有30年的道路经营权。

当时,五环作为一条高速公路,收费理所应当。在2001年9月五环路一期工程建成投入使用时,北京市交通部门召开了价格听证会,形成了收费标准。2002年11月,部分开通的五环路开始收费。

时代发展之快出乎城市规划者和建设者的预测。随着后期建设的逐渐完成,筹备之初叫"公路一环"的五环路建成后,建设者发现五环路不得不成为越来越大的北京城内的一条交通要道。

为了进一步均衡城市道路网、交通流量,缓解市区交通拥堵,方便公众出行,北京市委、市政府在国家发展和改革委员会、财政部、交通部、建设部等部门的大力支持下,将五环路的高速公路功能调整为兼有城市快速路的功能。

2004年1月1日,五环路免费通行。此举使得五环路成为全国第一个免费通行的绕城高速公路,也密切了北京市市中心、卫星城和边缘集团的联系,有效提高和均衡了当时的道路资源利用效率,为北京市城市空间拓展和各功能区建设提供了有力的通道支撑。

四、当时国内最长的绕城高速公路

2009年9月12日,北京西六环(良乡—寨口)通车,这标志着历时11年建设的六环路实现全线贯通,也标志着北京市高速路网架构基本建成,路网整体功能得到了大幅提升。这对加快新城建设发展、调整北京的城市功能布局、促进首都经济社会发展发挥了积极作用。

作为G45大广高速公路的组成部分,北京的绕城高速公路——六环路的国家高速公路网编号为G4501(以前的名称曾为"公路二环"),距市中心20~30km,后为了统一名称改为"北京六环路",全长187.6km,是北京市域里程最长(占当时北京市高速公路总里程的20%)、连接新城和市域人口最多、建设周期最长的高速公路,也是目前我国最长的一条环城高速公路。

该路始建于1998年12月,根据交通需求和公路网建设投资计划,分7期逐段立项审批和开工建设,总投资181亿元。全线采用全封闭、全立交、双向四至六车道的建设标准。道路多次跨越铁路、河流、水库,为避免对既有运营铁路线的影响,有3处跨越铁路桥采用了转体技术,其中跨丰沙铁路桥采用单索子母塔墩顶转体斜拉桥形式,单铰转体质量为

14900t;为保护沿线生态,全线山体边坡均采用客土喷播技术实施绿化美化,水土保持、噪声治理等环保工程与主体工程实现了同时设计、同时施工、同时投产使用。

北京六环路连接了京承、京平、京哈、京沈、京津等11条放射线高速公路,以及国道101线、103线、104线、105线、107线、108线、109线、111线等国道放射线。

六环路全线通车后,其交通量主要是从五环路和周边其他路网转移过来的与原来行驶的五环路和其他道路相比,行驶速度有较大提高;同时,五环路及其他路网也因交通量减少,行驶速度提高。由于交通流从五环路及其他道路上转移至六环路,路网整体交通状况得到了改善,交通事故的发生率降低,大大减少了交通事故所造成的人员、车辆、道路桥梁等经济损失。

同时,由于六环路联系着郊区卫星城镇、疏导市际过境交通的高速公路,沿线经大兴、通州、顺义、昌平、海淀、门头沟、丰台及房山8个区,具有截流、疏导过境交通,减轻中心城交通压力,均衡各主要放射线交通负荷等作用。根据当时的规划,位于东部发展带上的通州、顺义和亦庄3个新城规划人口规模为70万~90万人;大兴、昌平、房山新城规划人口规模约60万人;其他新城规划人口规模在15万~35万人之间。到2020年,六环高速公路直接连接的昌平、顺义、通州、亦庄、大兴、房山、门头沟7个新城,人口规模将达400多万人,约相当于北京中心城规划人口的一半。六环高速公路成为这些新城相互连通的最重要通道,同时也为全市产业的整体布局创造了更有利条件,有助于东部发展带和西部发展带规划功能和重点的落实。

五、信息化建设成就突出

从这一阶段开始,北京市高速公路信息化建设加速,信息化、智能化建设的经济效益和社会效益得以不断显现,为此后的运营管理及公众服务的数字化、便捷化打下了坚实的基础,同时也为城市交通的信息化建设奠定了基础。

北京早在高速公路建设初期便开始探索高速公路机电系统建设,并通过收费、监控、通信三大机电系统的建设,摸索适合首都高速公路实际情况的信息化路子。其中,京石收费系统、首都机场机电系统等都是其中的例子。

进入21世纪,随着我国互联网和信息技术的发展,加之北京市高速公路里程的不断增长和所承担的城市交通功能的日渐增强,北京市高速公路信息化建设开始加速。首发集团在对国内外高速公路信息化现状充分调研的基础上,在统筹结合、资源整合、业务协同、务求实效的原则下,结合实际业务需要,编制了信息化建设的总体方案,提出"北京市高速公路智能信息管理平台"的规划建设。通过平台的建设实施,实现数据统一、标准统一、管理统一、应用统一,全面提高高速公路路网监测水平、应急处置能力、运营管理效率和信息服务水平,从而彻底改变北京市高速公路在信息化过程中普遍遇到的问题和瓶颈,为高速公路管理和业务提供更有效、更全面的信息化支撑平台。

根据交通主管部门的要求,结合北京市高速公路实际情况,依托首发集团编制了电子联网收费总体方案,制定技术标准、设计方案和实施步骤,为推进电子收费系统建设提供了依据。2008年前,完成了ETC、MTC项目建设,联网收费系统、监控系统的建设,注重了收费、稽查、监控三个系统的横向联系,实现结账电子化,提高数据传输及结账速度,简化日常工作量。信息中心根据联网结算系统建设需要,制定了工作流程和管理制度,做好收费结算系统的准备工作。组织研发了高速公路综合管理信息系统,综合行政、建设、收费、养护、路产、资产管理等系统模块,形成一体化的高速公路职能交通系统和保障体系,全面提升了管理水平。同时,按照市场化的要求,组建了电子联网收费专营公司,完善高速公路信息化和智能化运营体制和运行机制。

2004年,北京市高速公路信息中心(以下简称"信息中心")成立。之后,信息中心便进行客户系统建设需求分析;2006年建立了信息统计分析系统,实现了各类信息的自动化统计与分析,提高了工作效率;2007年,建立了信息中心呼叫中心系统,是一个完整的综合信息服务系统,它的作用是将企业内分属各职能部门为客户提供的服务,集中在一个统一的对外联系"窗口",采用统一的标准服务界面,为用户提供系统化、智能化、个性化的服务,为客户服务体系的建立奠定了基础。

北京市高速公路信息中心的主要功能包括作为路网协调指挥控制中心和为社会公众出行提供24小时语音服务的呼叫中心。信息中心是集团公司的职能部门之一,对首发集团所属高速公路网实行24小时全天候监控及信息服务工作,承担着高速公路应急值守、联网收费、监控、通信的总中心的角色,具备路网系统运行管理控制、日常道路视频监控、联网收费数据统计的职责。首发集团通过编制高速公路联网收费、联网监控、信息安全及机电设备运维管理标准,将收费监控系统、养护指挥系统、路产指挥系统整合建设在高速公路信息化平台中,解决了高速公路系统技术标准、信息资源的统一性与一致性的问题,并融合了ETC、GPS、3G(第三代移动通信技术)和物联网等新技术,开创了高速公路智能化建设新局面。

2011年北京市交通运行监测调度中心成立,标志着在高速公路信息化平台基础上搭建了市综合交通管理体系的信息化平台。交通行业主管部门在高速公路指挥中心集中了全市交通管理信息资源,为综合交通运行协调提供有力支撑,实现交通运行的综合管理,在全国是首例。通过高速公路信息化平台的对外服务接口,为行业主管部门信息化平台提供了全路网视频图像、交通监测、道路事件等信息资源。高速公路信息化平台实时获取交通行业信息资源,提升了高速公路运营管理的处置和服务水平。同时,与交通主管部门共同编制平台运行规则,明确管理职责与沟通机制,制订应急保障预案。平时由企业负责指挥中心日常监控与设备运维,重大活动或者应急情况下由行业主管部门启动应急工作模式。

北京市高速公路信息中心是北京市智能交通系统的组成部分,既是高速公路管理的监控中心,又是为公众提供高速公路交通信息服务的综合平台和应急交通管理的指挥中心。多年来,信息中心始终以"高水平服务、为社会公众服务"为宗旨,细化工作目标,开展相关活动,为构建"人文高速、科技高速、绿色高速"做出了卓有成效的贡献。

第三节 调整发展阶段(2010—2014年)

伴随着国家一系列重点发展高速公路政策的落实和北京2008年奥运会的举办,在经历了1999—2009年的10年高速度、高质量发展阶段之后,北京市高速公路得到了快速发展,在建设水平、路网密度、通车总里程、运营管理水平及服务水平等方面也取得了长足进步。之后,北京市高速公路进入一个相对短暂的调整发展时期——2010—2014年。其间,高速公路建设速度有所放缓,年平均增长率低于2%。年平均通车里程为20km,仅为此前10年年均通车里程的四分之一(见本书"附表"部分的表3-1-1)。

出现建设速度缓慢的原因,除了此前快速发展的调整之外,还有以下重要的原因:高速公路建设成本增加,投融资渠道相对单一,建设资金紧张。多年来,由于高速公路项目融资主要依靠政府资本金注入、银行贷款和债务融资支撑,债务规模日趋庞大,还本付息压力沉重,财务状况风险加大,融资能力严重不足,已不能满足高速公路发展资本良性循环的要求。一方面,征地拆迁的成本高昂、原材料价格的大幅上涨致使工程投资大幅度上涨,同时建设环境发生根本性变化,对高速公路建设要求越来越高,使建设成本大大增加。高速公路概算指标由2000年京开高速公路的0.63亿元/km增加至2014年京台高速公路的3.63亿元/km,工程造价上涨近5倍。另一方面,高速公路通行费取费标准2000年为标准小客车0.5元/km至今未变,财务分析按收费经营25年测算,政府资本金比例需由25%增长到80%以上。

从总体而言,这一阶段的主要特征是"调整",其中既有此前阶段高速发展的总结和沉淀,行业内部和外部也产生、酝酿着下一阶段发展的重大政策出台。

2009年7月16日,北京市公布了《北京市建设人文交通科技交通绿色交通行动计划》,提出全力打造公交城市,到2015年使公交出行比例达到出行总量的45%,以此来破解由于机动车和人口不断增长而带来的城市交通拥堵困局。在公路建设方面提出:"适应城乡一体化和区域经济一体化发展需要,加快以高速公路和国道、省道为骨干,功能和结构完善的市域及区域公路网建设。建成1100km高速公路网,重点建设京台、京包(京新)、京昆等国家高速公路网规划的市域内高速公路,推进重点镇与高速公路的联络线建设。"随着这一行动计划的出台,政府所倡导的"人文交通、科技绿色"理念也逐渐深入人心。

这一时期最主要的工程项目有G45大广高速公路北京段(辛立村收费站至市界)、G7京新高速北京段(五环至六环)、京密路(京承至开放路环岛)、G5京昆高速公路北京段。

其中,京开高速公路(辛立村收费站至市界,后为G45大广高速公路)南延段,道路全长8.83km。自此,北京市民去河北省境走京开高速公路可享受全程高速,如果市民从三环路进入京开高速公路,走新修建的路段至固安,比走原来的国道106线至少节省15分钟。此段高速公路的通车,不仅实现了当时京开高速公路(北京段)的全线贯通,而且实现了大广高速公路在北京境内的全线贯通,对完善北京地区公路网布局,缓解北京南部京港澳高速公路、京沪高速公路的交通压力起到重要作用。

G7京新高速公路(五环路至六环路段)是国家高速公路G7京新高速公路的起点段。该工程位于G6京藏高速公路以西3km处,起点为五环路箭亭桥,终点为北六环楼自庄村,路线全长19.9km。该段连通后,京新高速公路(五环路至德胜口段)实现贯通,进一步完善了北京北部路网,搭建了与京藏高速公路平行的快速通道,有效缓解京藏高速公路的交通拥堵压力,为清河、上地、中关村核心区、海淀后山地区和昌平区的出行带来很大方便。

京密路(京承至开放路环岛)位于北京市北部地区,全长6.1km。将北京市区和顺义、怀柔、密云等区县快速连接,同时联系各环路、京承高速公路等快速路系统,是北部地区的重要交通干道,不仅承担了北京市与河北省的对外交通,更重要的是承担了北京市东北方向三个新城与中心城的交通联系。此外,由于雁栖湖生态发展示范区选址于雁栖湖,将承担举办国际峰会(比如APEC)的职能,京密路将具有示范区主要对外快速联络通道的功能,为示范区对外交通提供充分保障。同时京密路的建设可促进沿线新城和乡镇的建设,带动了周边基础设施建设的发展。

G5京昆高速公路北京段(大苑村至市界段,俗称京石二通道),与现G4京港澳高速公路基本平行,位于北京市房山区中部,路线起点在大苑村(西六环东侧1.4km处),经青龙湖镇、城关镇、阎村镇、窦店镇、石楼镇、韩村河镇、周口店镇、长沟镇、张坊镇及大石窝镇至终点市界(京冀界),全长50.942km。此路段的开通对北京意义重大,由于它连接六环,因此过境车辆可不必进入城区再走京港澳高速公路,客货车可直接走六环绕过北京,可减缓北京交通以及环境污染的压力。通车后,分流了京港澳高速公路北京段30%的车流量,缓解了北京西南方向的拥堵。

随着京昆高速公路北京段的开通,北京市初步实现了首都高速公路放射线加环线的网络化格局,三组对外辐射的双高速通道建立起来——东南方向的京津和京沪高速公路,西南方向的京昆和京港澳高速公路,西北方向的京藏和京新高速公路。

尽管经过高速发展和调整发展,北京市高速公路建设和管理面对"世界城市"定位、城市管理等新的要求依旧需要提升。

2013年,《国家公路网规划(2013年—2030年)》发布,原来国家高速公路里程由8.5万km调整至11.8万km,涉及北京的G1N(北京—秦皇岛)等列入规划。

2014年,习近平总书记就推进北京发展和管理工作提出5点要求。其中一项就是要求"提升城市建设特别是基础设施建设质量,形成适度超前、相互衔接、满足未来需求的功能体系,遏制城市'摊大饼'式发展,以创造历史、追求艺术的高度负责精神,打造首都建设的精品力作。"同时,他要求"健全城市管理体制,提高城市管理水平,尤其要加强市政设施运行管理、交通管理、环境管理、应急管理,推进城市管理目标、方法、模式现代化。"

2014年2月26日,习近平总书记在听取京津冀协同发展工作汇报时强调,实现京津冀协同发展是一个重大国家战略,要坚持优势互补、互利共赢、扎实推进,加快走出一条科学持续的协同发展路子。他指出,"着力调整优化城市布局和空间结构,促进城市分工协作,提高城市群一体化水平,提高其综合承载能力和内涵发展水平。""着力构建现代化交通网络系统,把交通一体化作为先行领域,加快构建快速、便捷、高效、安全、大容量、低成本的互联互通综合交通网络。"2014年3月5日,国务院总理李克强在作政府工作报告时指出,加强环渤海及京津冀地区经济协作。

随着《国家公路网规划(2013年—2030年)》的公布和京津冀一体化发展的步伐加速,北京市高速公路发展再次迎来新的发展契机。

第四节 区域协同发展阶段(2015年至今)

京津冀协同发展这一国家战略的提出后,首都新机场建设、延庆"世园会"的举办、2022年北京—张家口冬季奥运会的成功申办以及行政副中心、环球影视城、世界休闲大会等一批重大活动、重点工程和项目进入实施阶段。同时,国家开始实施建设雄安新区的规划,使得京津冀三地的高速公路网加速进入区域统筹布局、协同发展的新阶段。

京津冀协同发展的国家战略大背景下,北京市高速公路网在全国及地区路网中的地位和作用进一步提升。这将促进京津冀区域高速公路网格局由"单中心、放射状"向"多中心、网格状、全覆盖"转变,而北京市作为京津冀区域的传统的"单中心"以及未来的"多中心"之一,其高速公路网的战略规划、建设完善和运营管理,无疑进入全新的历史阶段。

为了推进京津冀交通一体化,2014年,交通运输部成立了推进京津冀交通一体化领导小组及其办公室,时任交通运输部部长杨传堂亲任组长,统筹推进京津冀交通一体化。

同年4月，京津冀三省市交通一体统筹协调小组成立。

2015年4月30日，中共中央政治局召开会议审议通过《京津冀协同发展规划纲要》。纲要指出，推动京津冀协同发展是一个重大国家战略，核心是有序疏解北京非首都功能，要在京津冀交通一体化、生态环境保护、产业升级转移等重点领域率先取得突破。在交通一体化方面，重点之一便是打通国家高速公路"断头路"，全面消除跨区域国省干线"瓶颈路段"。

2015年11月初，经国务院及京津冀协同发展领导小组同意，交通运输部联合国家发展改革委制定的《京津冀协同发展交通一体化规划（2014—2020年）》获批，京津冀交通一体化进入快车道。

与全国其他地区相比，京津冀地区的公路网有一定基础，到2015年，京津冀已有多条高速公路互联互通，其中北京与河北有7条高速公路接口，北京与天津有4条高速公路相连，天津与河北有9条高速公路接口。但是三地间存在的"断头路""瓶颈路"，导致"血脉不通"。更大的难题在于以北京为中心放射状的传统路网形态不利于三地间的互联互通和北京非首都功能的疏解。到2015年，交通运输部与国家发改委确定的涉及北京的国家高速公路"断头路"有3条，即京秦高速公路、京台高速公路、首都地区环线的密涿高速公路。

据此，北京市高速公路网布局主要考虑了三个层面上的功能。在"国家公路网"层面上：服务于国家高速公路网规划和国道主干线及区域经济干线布局，其功能为服务于全国性的客货运输；在"京津冀区域"层面上：是京津冀地区各城市之间的快速交通联络通道，其功能除保障过境交通畅通外，兼顾北京市与京津冀区域内地级以上各城市有便捷的高速公路相沟通，尤其要强化京津之间的交通联系，强化北京市对外辐射功能；在"北京市域"层面上：是中心城与新城、空港区、出海口之间的联系通道，以及新城之间相互联系的主要通道。

北京市高速公路网布局规划的总体原则和思路在区域协调发展战略的框架下坚持了以下原则和思路：一是符合国家高速公路网布局规划；二是构筑京津冀区域快速、便捷的高速公路网络，尤其要强化京津发展主轴方向大容量快速交通联系，统筹区域经济协调发展；三是加强北京对外交通通道的交通容纳能力，强化北京市对外交通辐射功能；四是继续支持北京市"两轴—两带—多中心"城市空间发展布局及城镇体系布局，支持新城自身发展及对中心城功能的疏解；五是利用区域高速公路网络，截流和疏导北京市过境交通，特别是货运交通。

随之而来的是，G3京台高速公路、首都外环线、新机场高速公路、场前联络线及兴延高速公路工程接连开工。根据《北京交通发展纲要（2014—2030年）》，北京将着力打造京津冀"一环六放射二航五港"的交通一体化体系。"一环六放射"指高速路网方面的三地互通,而"一环"是指全长约940km环绕北京的大外环绕城公路。这就要求北京市加快推进首都地区环线等区域内国家高速公路网建设,打通市域内国家高速公路"断头路",明确了高速公路建设在京津冀协同发展中的地位和作用。

按照《北京市"十三五"时期交通发展建设规划》,北京市将全面推进高速公路运输通道建设,优化调整国家高速公路通道功能,构建"客内货外"的网络格局。建设京新高速公路,形成西北部货运通道,缓解京藏高速公路交通压力。建设京台高速公路、京秦高速公路、承平高速公路、首都地区环线(通州大兴段),加强京津冀区域公路互联互通。加快西向高速公路建设,对接太行山高速公路。围绕冬奥会、世园会交通保障,重点建设兴延、延崇等高速公路。"十三五"期间计划建设高速公路300km以上。

一、打通京津冀三地高速"断头路"

按照《京津冀协同发展规划纲要》《京津冀协同发展交通一体化规划(2014—2020年)》的要求,交通运输部、北京市委、市政府及北京市交通委员会高度重视交通一体化发展的推进工作,并相继出台相关政策、文件加速推进这项工作。按照计划,2015年之后的5年内,北京市将陆续建成7条高速公路,打通京津冀路面主动脉。

随着京津冀交通一体化的持续推进,打通三地存在的高速公路"断头路"成为重中之重。在此之前,京津冀区域的干线公路"断头路"并不多,断开的多是一些省际低等级道路。截至2015年,国家发改委、交通运输部确认的高等级断头路有3条,包括北京境内的G3京台高速公路、密涿高速公路(按照之前的规划,此路作为首都地区环线高速公路的一段,后经调整,在《国家公路网规划(2013年—2030年)》中,首都地区环线高速公路绕出北京,之前的密涿高速公路作为G1的并行线建设)。

2015年开始,北京市加快推动G3京台高速公路的建设。2014年动工的G3京台高速公路北京段建设全面启动建设,这是《国家高速公路网规划》中涉及的7条首都放射线中最后一条启动建设的高速公路,2016年12月9日,该路段通车。这条路通车后,分流了京沪、京津高速公路的车流压力,为北京市城区到新机场以及京津间空港接驳提速。同时,密涿高速公路北京段前期工作也加紧进行。预计2017年底前,京津冀三地间将无"断头高速路"。

二、全国首例通过公开招标建设的高速公路PPP项目

为创造更好的市场化条件和融资环境,2014年之后,国务院、国家发改委、财政部先后颁布了《国务院关于创新重点领域投融资机制鼓励社会投资的指导意见》(国发〔2014〕60号)等一系列政策文件,引入社会资本、采取PPP模式相应的政策扶持和规范指导环境已逐步完善。

兴延高速公路采用PPP模式的背景正是国家鼓励和支持通过政府与社会资本合作模式吸引社会资金参与投资基础设施。据北京市交通委主任周正宇介绍，兴延高速公路位于京藏高速公路以西，呈南北走向，南起西北六环路，北至京藏高速公路营城子立交收费站以北，全长约42.4km，全线有特大桥3座、特长隧道3处，桥隧比超过60%。另外，高速公路项目将设收费站4座。全线总投资131亿元，计划于2018年底世园会开幕前竣工通车，施工时间只有约40个月，工期相当紧张。

由于道路多穿过山区，造价较高，达3.1亿元/km。按照之前的投融资模式，资金压力巨大。兴延高速在投资大、工期紧张情况下尝试采用政府与社会资本合作的PPP模式，引入社会资本，有助于项目高效推进。为此，北京市交通委主持制订了兴延高速公路PPP实施方案，报请市政府批准后，市交通委作为PPP实施机构组织PPP招标，首发集团作为市政府出资人代表配合市交通委提出实施方案、招商方案，调研社会投资人响应度，落实招投标具体工作。在项目筹备前期，首发集团聘请了北京市工程咨询公司作为专业咨询机构，起草特许经营实施方案，编制招商文件，组织公开招标等相关事宜，并且在项目特许经营全过程提供相应的咨询服务。

2015年11月，北京市交通委代表市政府与中铁建股份有限公司联合体正式签署了《兴延高速公路投资协议》《兴延高速公路出资协议》，并召开了项目公司股东会，批准了《北京兴延高速公路有限公司章程》，2015年11月完成项目公司组建工作。首发集团代表市政府投入32.74亿元，占项目资本金49%，中铁建股份有限公司联合体投入34.07亿元，占项目资本金51%，其余资金由项目公司贷款64.19亿元，共引入社会资本98.26亿元。项目公司成立后，由项目公司作为项目法人，负责兴延高速公路投资、建设及运营管理，运营期25年。按照项目PPP实施方案，社会投资人通过通行费收入及市财力补贴获得投资回报。

作为2019年世界园艺博览会和2022年冬奥会重要交通基础设施之一，兴延高速公路2018年通车后，将有效缓解北京西北方向交通压力。北京西北方向目前有京藏、京新两条高速公路，兴延高速公路开通后将再增加一条快速通道，缓解延庆区及昌平北部山区车辆进出中心城区的交通拥堵，本市西北方向也将实现客货分流，将缩短北京中心城与河北张家口的时空距离，带动京津冀周边区域协同发展。

第二章
高速公路建设的总体情况

经过30年的建设,到2016年北京市高速公路总里程已经达到1008km,环形加放射状的高速公路网系统已经形成,并形成了主要对外出入口通道基本以高速公路为主,辅以国省道干线公路相结合的布局结构(见本书"附表"部分的表3-2-1)。

如今,北京市环形加放射状、高效运行的高速公路网系统已经形成,对外出入口通道基本以高速公路为主,并辅以国省道干线公路相结合的布局结构也已经构建完成。北京市现有8条国家高速公路(见本书"附表"部分的表3-2-1),其中包括7条首都放射线高速公路,分别是G1京哈高速公路(北京—哈尔滨)北京段(四方桥—市界)、G2京沪高速公路(北京—上海)北京段(十八里店桥—市界)、G3京台高速公路(北京—台北)北京段(旧宫新桥—市界)、G4京港澳高速公路(北京—港澳)北京段(六里桥—市界)、G5京昆高速公路(北京—昆明)北京段(京昆高速联络线—市界)、G6京藏高速公路(北京—拉萨)北京段(马甸桥—市界)、G7京新高速公路(北京—乌鲁木齐)北京段(五环路—市界)。此外,按照《国家公路网规划(2013年—2030年)》,G1N(北京—秦皇岛)作为并行线也将建设;1条南北向纵线,即G45大广高速公路(大庆—广州)北京段,加上G4501六环路,北京市还有按照高速公路标准建设的3段国道路段(G102通燕高速公路、G103京通快速路和G106北京段即京开高速公路),以及9条地方高速公路。

地方高速公路网(见本书"附表"部分的表3-2-2)包括S11京承高速公路(四环内—酸枣岭桥)、S12机场高速公路(三元桥—首都国际机场T2航站楼)、S15京津高速公路北京段(化工桥立交—市界)、S28首都机场北线高速公路(鲁疃—顺平路)、S32京平高速公路(京承高速公路—市界)、S35京密高速公路(京承高速公路—怀柔开放环岛)、S46京通京哈联络线(G102、G103联络线)(会村—西马庄)、S50五环路(来广营桥—来广营桥)、S51机场第二高速公路(姚家园路—首都国际机场T3航站楼),以上各线路详细情况及建设过程见本书第九篇。

第三章
对北京经济社会发展的支撑作用

高速公路建设改善了北京市公路网结构,提高了首都公路运输的效益和服务水平,在构建特大城市综合交通体系过程中起到了重要的支撑和推动作用。同时,在拉动内需、优化国土空间开发、辐射周边地区发展、改变人们生活方式等方面,具有巨大的外溢效应和影响力。事实证明,北京市高速公路对沿线的物流、资源开发、房地产开发、旅游业发展、招商引资、产业结构的调整和横向经济联合也起到积极的促进作用,特别是在辐射华北、东北,加快京津冀协调发展方面作用日渐凸显。

第一节 促进综合交通体系发展

北京地处华北中心,处在"三西"能源基地和我国华北地区至华北主要沿海港口的东西主要交通要道上,同时处在北京以南地区与东北地区交流的南北主要交通要道上,兼有首都功能和全国交通运输网络的放射中心功能,拥有密集的铁路、国家高速公路、国道等国家干线以及我国最重要的现代化航空枢纽港——首都机场。作为42个全国综合交通枢纽之一,北京是我国最大、最重要的国家级综合运输枢纽城市,客货运输需求巨大,不仅本身产生大规模的客货流、交通流,而且是我国国内国际客流、货流的主要汇集与集散中心,大量国际客流、跨省区客货流、交通流的必经之地和中转之地。

目前,北京各种运输方式都达到了一定的规模和水平,总体上已经进入了网络完善、结构优化和运输一体化的发展新阶段。北京已形成以高速公路为主体的公路主骨架、国道和省道为主的区域干线以及联络城乡、覆盖农村的农村公路共同组成的公路交通基础设施网络。随着高速公路建设的加快,高速公路网在综合运输体系中的作用不断增强。

首先,高速公路的建设发展,提升了北京市公路网的等级,促使公路网的结构更加合理,从而提高了公路运输的整体竞争力。高速公路作为现代化公路基础设施,由于具有较高的技术标准,路面宽、线形平顺、坡度较小以及辅之以现代化的监控、通信等管理措施,一条四车道高速公路的日通行能力,至少是两车道普通二级公路的7~8倍,六至八车道的更高,其通行的效率是混行交通的普通公路网无法比拟的。作为新型快速交通,高速公路发展改善了北京市公路网的技术结构与空间格局,并改变了区际联系方式和密切程度,重塑了公路交通流格局。新建的高速公路通车后,和高速公路有一定距离的地区纷纷加快和新通车的高速公路连接和相关路段的建设,推动了周边地带公路建设的发展。

随着高速公路的发展,北京市公路交通跨越其发展的初级阶段,即主要作为短途运输工具和其他运输方式的集疏运手段,从地面交通运输的"毛细血管"作用,发展到具有"毛细血管"和"大动脉"的双重作用,公路交通运输也进入新的发展阶段。以高速公路网为主体的收费公路与普通国省干线和农村公路为主的普通公路,逐步共同构成了充分发挥政府和市场的合力作用、兼顾公共服务与市场效率、结构合理、功能完善的新型公路网。

其次,北京市高速公路的发展极大地促进了综合交通运输体系的完善及发展,从高速公路出现到初步成网,形成了北京的综合运输大通道(见本书"附表"部分的表3-3-1),将各种运输方式更加紧密地衔接起来。按里程计算,截至2016年底,北京市综合运输基础设施网络大致形成了西北、东北、正东、东南、正南、西南六大通道,这些通道承担市域和对外交通双重功能。其中公路网里程已经占综合运输基础设施总里程(国内部分,包括公路、铁路和输油气管道)的94.5%。尽管北京市高速公路占公路总里程的比重只有3.4%,但在整个北京综合交通体系中的作用却十分突出,不仅承担着公路网主骨架的重担,而且作为新型快速交通,还改善了北京及周边区域公路网的技术结构与空间格局,并改变了城郊以及区域联系方式和密切程度,重塑了北京市综合交通的格局,加速了人流、物流的流动,改善了交通运输结构,进一步强化了公路运输在综合运输体系中的主导作用。

从运输量上看,由于北京市铁路的运力更多地用以保障客运服务,公路交通在承担大量客运任务的同时,货物运输的任务异常艰巨。以2010年的西北通道为例,铁路货运占西北通道货运整体的分担比例仅为52.4%,使得原本应该由铁路承担的货运需求分摊到公路交通上,据调查,西北通道公路货运中煤炭占55%,西北通道公路货运平均运距446km,由此京藏高速公路承担着巨大运输压力。

从2014年的统计数字看,全市完成公路、铁路、民航的客运量分别是5.2亿人次、1.3亿人次和0.7亿人次,旅客周转量分别是138.3亿人公里、135.6亿人公里和1328亿人公里,三种运输方式客运量的构成分别是:73.0%、17.6%和9.4%,旅客周转量的构成分别为8.6%、8.5%和82.9%。公路、铁路、民航的货运量分别为2.5亿吨、0.1亿吨和0.01亿吨,货物周转量分别为165.2亿吨公里、284.4亿吨公里和55.4亿吨公里,三种运输方式货运量的构成分别是95.2%、4.3%和0.5%,货物周转量的构成分别为32.7%、56.3%和11.0%。可见,公路交通是北京市综合交通运输体系中的骨干交通运输方式之一。

与此同时,北京市高速公路在我国综合交通运输体系中也占有举足轻重的地位。在我国"十二五"末基本建成的"五纵五横"综合交通运输大通道中,北京处于"京沪运输大通道""满洲里至港澳台运输大通道"和"西北北部出海运输大通道"上，是三个大通道的重要节点。从大通道的构成上来看，以北京高速公路放射线为代表的高速公路网不仅在构建北京综合交通体系中起到了"大动脉"的重要作用，也是国家高速公路网布局的主要组成部分，在全国高速公路网体系中起到至关重要的作用，已成为我国综合运输大通道的重要组成部分。

再次，高速公路将各种运输方式更加紧密衔接，高速公路网扩大了港口集疏运能力、民航空港覆盖面，同时，高速公路网的形成为铁路运输以及城际间快速轨道交通提供了快速转运的保障，从而有利于北京此前存在的各种交通运输方式衔接不畅、交通运输整体效率不高等问题的解决，城市交通压力得以快速缓解。交通运输方式衔接过程中资源的集约以及客运的"零距离换乘"和货运的"无缝衔接"理念得以更好地实现。

在北京市综合交通体系中，公路网密度最大，公路交通成为唯一可以将其触角伸到城市的各个角落、能将各种交通运输方式连接成为一个有机整体的交通运输方式，而其他交通运输方式的高效运行需要发挥高速公路的集散作用。因此，作为建立高效综合运输系统的重要基础，高速公路在建立高效综合运输体系中起着极其重要的作用，北京交通运输的现代化也有赖于高速公路的快速、高质量发展。

以首都国际机场为例，机场周边高速公路的建设，尤其是机场南线高速公路（后并入京平高速公路）的建设，提高了道路通过能力；京平高速公路的建设，使首都机场向天津北部的覆盖能力进一步延伸；京承高速公路通过机场南、北线与首都机场连接，也促使首都机场向东北的辐射范围和强度进一步提高；机场第二通道与京津通道的衔接，加强了首都机场对天津方向的辐射能力，促进了京津航空服务的综合协调与发展。以首都机场为中心的高速交通网络的形成，进一步提高了首都机场的服务范围和服务能力，进一步为京津冀地区及环渤海地区的协调发展提供了快速交通保障。

在《北京城市总体规划（2004—2020年）》的"综合交通体系"规划中，北京市将高速公路和轨道交通及交通枢纽作为主体，以构建未来的交通支撑体系。作为公路网中层级最高的公路主通道，高速公路自然成为公路网中的主骨架，其承载能力最大，使汽车的流量大幅提升，从而使得北京市的交通拥堵问题可以得到极大的改善，缓解了城市交通的压力。

最后，高速公路的发展促进了北京市运输组织结构的改善和运输领域的扩展，促进了运输装备水平大幅度提升。长途卧铺客运、冷藏保鲜运输、集装箱运输、大件运输等专业化运输从普通运输中迅速分离，特种、快速、大型运输车辆加速普及，公路运输效率和质量大幅提升，使得大吨位、集装箱、中距离客货运输以及高档货物、高时效物资等运输更为经济高效。与此同时，交通事故的明显减少，也为安全运行提供了保障，提升了运输效率，减少了各种耗能，使高速公路成为了人流、物流、信息流的大通道（图3-3-1）。

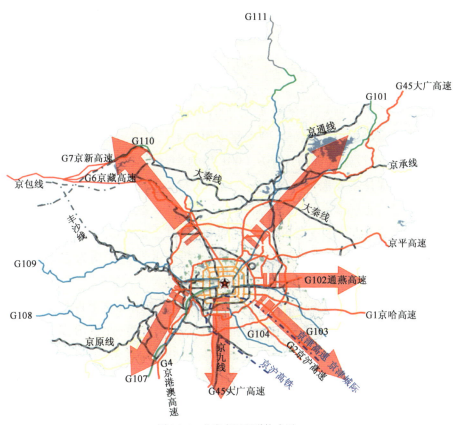

图 3-3-1 北京交通通道构成图

北京市高速公路网络在综合运输体系中发挥了主骨架作用,连接重要节点并提供高效率、高水平的交通运输保障,并为北京市生产和生活提供安全、舒适、高效、可持续的交通运输服务,支撑了北京市与周边城市的快速交通连接,进一步提高了北京市在区域中的经济地位,有利于促进环渤海地区、京津冀地区,甚至京津冀和山西、内蒙古地区的经济协作和协调发展。同时,还为重大活动和应对突发性事件提供快速交通保障。

更重要的是,高速公路开通后,凭借自身优质、快速的优势,会吸引大量的客货流量,对铁路和民航造成一定的影响。促使铁路的全面提速,民航的不断发展,优化了几种运输方式在市场中的格局,引起了各种运输方式之间的激烈市场竞争,特别是高速公路与铁路之间的竞争尤为激烈。通过市场竞争,调整和优化了运输结构,使北京市域及周边各种运输方式的优势和潜力得到进一步地挖掘与发挥,形成一个"优势互补"的综合交通运输新格局。

第二节 支撑经济社会发展

高速公路建设在国民经济中既是基础性产业,又是先导性产业,对各产业发展具有辅助作用和支撑作用。主要表现在以下方面:

首先,高速公路对北京市经济发展具有明显的带动和推动作用。交通运输业本身就是国民经济的基础产业,既是国家经济中重要的生产部门,也是最活跃的消费部门之一。高速公路作为公路交通中最活跃的生产部门,其巨额的固定资产投资对国家经济直接的带动和促进作用十分明显。

就北京而言,北京市基础设施投资从2001年的356.4亿元逐年增加至2014年的2018.1亿元,其中,交通运输投资从2001年的104.4亿元上升到2014年的884.0亿元,交通运输投资占基础设施投资的比例从2001年的41.6%上升到2014年的44%。其间虽有波动,但始终保持重要地位。在高速公路建设投资方面,自北京市开始建设高速公路开始,截至2014年,北京市高速公路累计建设投资947.6亿元。2003—2014年,北京市高速公路投资从2003年的57.3亿元上升到2008年最高的143.9亿元,再到2014年的71.9亿元,共计836.8亿元,占市级交通固定资产投资的比重平均为22.66%,比重最高的年份为2003年的39.52%,其次为2008年的37.95%。

在总量上,北京市交通投资对地区生产总值的拉动作用基本上保持在地区生产总值总量的2%~3%之间,变化起伏并不大。按照这个比例计算,北京市高速公路投资在拉动地区生产总值方面的比重并不大。但是高速公路投资对经济增长的作用主要表现在:一方面通过投资活动增加对社会产品和劳务的需求。高速公路的巨额固定资产投资,带动了钢材、水泥、沥青等产业及相关加工业的生产,带动了工程机械制造及租赁业的发展;从近10年的运营来看,高速公路每1元投入就可带来4元效益;创造了大量的就业机会,每1亿美元的投资,可以带来约1万人的就业机会。另一方面提供有效的生产手段,其增长直接导致国内生产总值增加。而当投资活动结束,固定资产形成,固定资产将作为劳动资料再次投入生产。而这一过程需要在投资形成的资产进一步投入生产中逐步实现的,就与投资本身产生了时滞效应。高速公路建设投资对宏观经济的拉动作用是直观的,但投资产生的影响往往是长期的、潜在的。以2009年建成通车的六环路为例,根据国家发改委2009年7月《北京市六环高速公路社会经济效益评价》,在社会、经济效益方面,六环高速公路建成后,在未来20年内,预计静态效益为1844.69亿元,是工程总投资的10.19倍。其中,六环路对沿线影响范围内的土地增值贡献约为220亿元。从此后的发展态势看,六环路的经济和社会效益已经远远超出了当时的评估,呈现出巨大的溢出效应。

同时,高速公路交通作为最为活跃的消费部门之一,对促进北京市消费的作用同样十分突出。特别是高速公路的联网,极大促进了车辆的更新换代,加速了汽车社会的到来。汽车工业的发展,直接拉动了钢铁、电子、机械等产业的发展。近年来,随着高速公路联网、自动化监控、智能交通和"互联网+"等管理提升的需求大幅增长,相关的自动化控制、电子、通信、信息技术、互联网产业也相应快速发展,与百姓出行密切相关的导航、移动支付、地图出版以及高速公路加油、汽车修理、餐饮服务等第三产业也得到快速发展。

当然,对于经济发展的推动不仅仅局限在北京市,也很明显地辐射至周边地区。因为北京市的城市功能定位和产业结构的原因,高速公路建设过程中所需要的水泥、沥青、木材、汽柴油、砂石等建材以及劳动力多数来自周边省市,这也有力地带动了周边省市的经济发展。

其次,北京市高速公路极大促进了区域经济和沿线经济的发展,对生产力布局、产业结构和产品结构产生深刻影响,促进了城市区域经济向市场化、社会化、专业化发展,对沿线的工业拓展、商业繁荣和旅游业开发的直接推动作用十分强劲。

以20世纪90年代初的京津塘高速公路为例,通车之后,位于该高速公路直接影响区的通县、大兴县(后改为通州区、大兴区)的地区生产总值1992—1995年平均增长率分别为20.47%和20.39%,高于同期全全市平均水平近8个百分点,且第二、第三产业所占比重明显增加。两个县在高速公路通车前后的经济指标对比,通车后4年的工农业总产值增长速度均高于通车前4年。从此可以看出,京津塘高速公路对这些地区的经济发展起到了重要的促进作用。

2003年建成通车的五环路,不仅极大改善了北京城市环境和交通条件,还产生了十分巨大的社会经济效益。主要表现在:为城市形成一条新的交通大通道,改善城市交通环境,为汽车使用者带来巨大的节约效益;促进五环路沿线及郊县土地与房产开发,进而加大投资与消费,并最终拉动地区生产总值增长而创造巨大的新增效益;对北京市城市布局和产业开发,以及环境改善都产生显著的效益。初步测算,五环路建成使用后,仅在20年评价期内可计算的各种效益就达到五环路总投资的10.7倍。此外,五环路对于促进沿线社会经济发展、城市现代化的建设,以及改善城市交通环境等方面还具有大量的难以定量计算的各种直接与间接的经济效益。

怀柔区利用京承高速公路作为拉动怀柔经济发展的主纽带,围绕京承高速公路,新改建了杨雁路、北台路、京加路绕城线、富密路等公路工程,共同构建了怀柔区快速公路网,大幅度提高了怀柔的整体路况水平和通行能力,使怀柔的公路交通得到了质的飞跃。京承高速公路为进出怀柔提供了舒适、快捷的行车通道,从而带动了杨宋、雁栖、北房等周边开发区的发展,增加了招商引资、发展经济的竞争能力。仅2006年上半年,就有20家高新企业落户雁栖开发区,为怀柔区经济发展注入了新的活力。目前,民俗接待、旅游观光、休闲度假以及知名高新企业纷纷入驻怀柔经济圈,成为新一轮怀柔经济发展的亮点,并随着怀柔公路的延伸而不断壮大。

与此同时,区域经济的发展同样也刺激了社会对高速公路需求,从而给高速公路发展提供了巨大的动力。以京津塘高速公路为主轴形成的产业走廊,很快让这条高速公路的车流量在短时间内超过了设计能力。截至2004年,该条高速公路北京段的最大日车流量已超过13万辆,远远超过每天5万辆(小汽车当量)的设计标准,路段常年处于超饱和状态。交通部于2000年就正式提出京津塘高速公路的扩能问题。鉴于此,2008年京津之间的第二高速公路S15京津高速公路通车。

总而言之,高速公路建设对北京市经济的拉动作用是很明显的,主要体现在:建设进程中,包括征用土地给居民带来的收入、拆迁给建筑工人带来的收入和建设过程中各种原材料的采购以及建设队伍的工资收入;通车之后,高速公路拥有快速、便捷、安全、通行能力强等优点,能够加速人流、物流、信息流的运转,有效降低了生产运输成本,在更大空间上实现了资源有效配置,改善了高速公路周边地区的投资环境,促进了沿线经济产业带的形成,为经济发展注入了强大的生机和活力,促进了市场要素的有效配置,同时也为未来经济的发展夯实了基础,为创造稳定的经济增长点提供了保障。

此外,高速公路还能加强地区间、功能区之间的联系,使得北京的区域优势得到加强,在招商引资上更具有吸引力,改善了投资环境,促进了经济发展的结构优化。高速公路的交通优势,加强了北京市各类园区建设,有力地调整了城市生产力布局,促进了北京市产业结构的调整和产业内部的升级。特别是在京津冀协同发展的大背景下,在北京市第二产业的转移过程中,高速公路发挥了重要的引导和支撑作用。

第三节　优化国土空间开发

高速公路的网络化改善了区域间尤其是城市间的交流条件,以此为动力的资源优化配置和空间结构调整成为北京乃至京津冀区域发展的主要倾向。从服务北京市的城市功能定位方面讲,在建设"国际一流的和谐宜居之都"的进程中,北京市基本构建了结构合理、高效运行的现代化的综合交通体系,以此引导了国土空间开发、城市空间结构调整和功能布局的优化。

自建设起步阶段,至路网基本形成和不断完善的各阶段,高速公路都是影响北京市城市规划的关键因素之一,同时也是引领北京市优化国土空间开发的重要方式和途径,与城区规模变化具有较高的相关性,并带动着城市总体规模不断扩展。

在建设发展初期,高速公路便在城市布局中起到了"城市主要发展轴"的重要作用。在1994年2月北京市政府公布的《北京市城市规划(1991—2010年)》中明确提出"在全方位对外开放的形势下,以市区为中心,沿京包、京榆、京津塘、京石以及京承、京开等对外交通干线两侧的城镇,具备良好的发展条件,要根据各县(区)的地理或资源优势,因地制宜地发展经济,促进城市建设的发展。城市东部和南部平原地区,向东有高速公路、铁路通向天津新港、秦皇岛港、唐山港和黄骅港等出海口,向南又有主要铁路、公路干线通向广大中原腹地和东南沿海经济发达地区,具有明显的优越条件,将成为北京城市发展的主要方向。沿京津塘高速公路是城市主要发展轴。"

当时,北京市城市空间布局的规划是"城市规划区按照市区(即中心城市)、卫星城(含县城)、中心镇、一般建制镇四级城镇体系布局"。规划秉持"两个战略转移"的方针,即"把城市建设的重点逐步从市区向广大远郊区转移,市区建设从外延扩展向调整改造转移"。为此,规划确定了14个卫星城:通州镇、亦庄、黄村、良乡、房山(含燕山)、长辛店、门城镇、沙河、昌平(含南口、埝头)、延庆、怀柔(含桥梓、庙城)、密云、平谷和顺义(含牛栏山、马坡)。

在这个规划布局实施过程中,市区快速路系统由环路和若干主要放射干线组成。主要放射干线在公路一环(五环路)以内的市区段为城市快速路,以外为高速公路。而规划和建设的高速公路支撑了中心城市和卫星城之间的交通联络——当时建成和规划的京包(至包头)、京榆(至山海关)、京津塘(至塘沽)、京石(至石家庄)4条公路为国道主干线,规划标准均为高速公路。而市区与远郊区之间、北京与邻近省市之间的主要通道中,京承(至承德)、京开(至开封)的规划标准也为高速公路,公路一环(五环路)、二环(六环路)的规划标准均为高速公路。

这些高速公路的建设,使北京市各区域的区位条件得到改善,从而引起土地利用结构的变化,具体表现为:居住用地、商业用地、工业用地的规模出现明显的增加;道路用地也随之增加,增长趋势与高速公路的建设具有高度的相关性。同时,高速公路引起沿线土地价格的变化,1989年以前,京津塘高速公路沿线地价平稳,但因1991年该线将通车,1990年时,北京段的地价即比上一年上涨1倍多,通车后的1992年,再次翻了一番。

高速公路的发展还影响北京城市用地布局:居住用地逐步由市中心向郊区发展,多分布在高速公路沿线地区,回龙观、通州、北苑、亦庄、大兴黄村等边缘集团和卫星城镇都是沿高速公路建设的。工业用地逐渐迁出市区,开始向高速公路连接线两侧或者其他道路交通有交叉互通的区域趋近。而公共设施用地,特别是商业用地布局在城市中心,且交通便利、可达性优良的地区。以六环路为例,作为7座新城相互连通的最重要通道,六环路是市域其他新城以及区县与沿线新城、中心城交通通道的重要路段组成。其沿线附近主要是农村地区和新城外围地区,基础设施条件、居住生活条件、交通条件普遍较差。六环路的建设,既促进了沿线拆迁范围内的人口以及其他人口向乡镇集中,加快了城镇化进程;同时,通过各项配套工程的建设,一定程度上改善了沿线地区市政基础设施状况,从而为中心城区的向外拓展和转移提供了先决条件。

随着里程的不断增长,高速公路对沿线产业集聚和城市形态的影响日渐明显。特别是郊区,依托高速公路形成的交通走廊,形成了各自的发展轴线,远郊区县的城市质量指数不断扩大,可达性范围增长显著,城市形态沿着高速公路呈不断扩大趋势。

进入21世纪,由于北京城市发展已经超出了当初设计的速度,朝着更为快速、健康、和谐的方向发展,加上北京奥运会的交通基础设施建设需要,《北京城市总体规划(2004—2020年)》提出构建"两轴—两带—多中心"的城市空间结构,城市空间布局的基本方针是:继续贯彻"两个战略转移"方针,积极推进城市建设重点从市区向广大郊区转移,市区建设从外延扩展向调整优化转移,加强新城和小城镇建设,带动农村地区产业发展和城镇化,促进城乡统筹发展,实现城市功能、人口、产业及各项建设的合理布局,进一步加强与首都周围城市和地区的协调发展。

京通京哈联络线、机场北线、京承二期、京承三期、京平、六环路、京津、京开、京新等多条高速公路,让北京市高速公路网系统更加完善,从而有力地支持了北京市"两轴—两带—多中心"城市空间发展布局及城镇体系布局。目前,每个新城与中心城之间均有高速公路相连接,从而保证了新城自身发展及对中心城疏解功能的需要。从常住外来人口的的分布来看,由于高速公路为代表的综合交通的全面发展,人口向郊区聚集的特点更明显,中心城区增加的外来人口仅占总人数的7%,45%以上的新增外来人口聚集在了通州等远郊区。而且2000—2010年这10年里,中心城区和近郊区的外来人口占比分别下降了3.8%和7.8%,只有远郊区的比重上升了12.5%。北京市统计局发布了2014年人口抽样调查报告,首次增加了环线人口分布数据。调查数据显示,北京市超过一半的常住人口都住在了远离城区的五环以外。事实上,北京市的中心城区人口从20世纪80年代起就持续下降,越来越多的人向郊区迁移。这其中,高速公路对于疏解城区人口的作用十分明显。

此外,高速公路网还连接了北京市多处旅游景点以及经济开发区,为人们生产生活和旅游休闲提供了快速便捷的通道。同时,提高了过境线的通行能力,缓解了北京市过境交通压力,有力促进了市域内不同地区之间的协调发展,进一步提升了北京市辐射周边地区发展的范围和能力,进一步为京津冀协调发展提供了快速交通保障。

值得注意的是,在优化国土空间开发的同时,北京市高速公路对于加速突破城乡二元结构,促进城乡协调发展发挥了巨大的作用。高速公路有效引导了郊区城镇化的健康发展,在构筑城乡一体、统筹协调发展的格局,促进"三农"问题解决等方面发挥了不可替代的作用。在北京,农村经济在极大程度上依赖于公路运输,高速公路的开通可缩短农产品特别是鲜活农产品的储运时间,保证农用物资的及时调入,有效提高了农村经济市场化、组织化程度,直接推动了沿线企业的快速发展和农村经济结构多元化的调整。

第四节 辐射周边地区发展

作为首都和区域核心城市,北京一直肩负着带动辐射区域提高整体发展水平和竞争力方面的重任。从国家历次对北京市城市定位上看,从20世纪70年代开始,国家层面便开始突出北京市作为国家政治中心、文化中心、科技中心等城市功能的辐射功能,特别是对天津和河北两地的辐射作用。2005年的一项调查显示,北京市与河北省和天津市的交换量占到80%左右,这说明了北京市作为京津冀区域的核心城市,其对外交通辐射功能日益明显。随着京津冀协同发展战略的实施,北京的辐射功能日渐加强。

一直以来,北京市高速公路网在推进区域协调发展战略体现在产业、基础设施、文化、公共服务设施等多个方面都发挥着不可替代的作用。其在提高城市的要素集聚扩散功能、促进城市群体的形成、充分发挥区域中心城市、增长极的辐射带动作用等方面的作用十分明显。不同层级、不同产业结构、不同功能定位的城市,通过高速公路大通道,实现了城市间的功能互补,发挥城市群体的集成聚合效应,推动了城市与沿线地区的经济和社会发展,促进了城市高新技术产业的发展和产业结构的优化,加快了高势能增长源的崛起。

从某种程度上讲,北京市高速公路的建设历程也是首都辐射周边地区,特别是京津冀地区发展的历程。改革开放初期,北京市着手解决"出城难"问题时,新建和改建的国道及高速公路,都起到了北京市辐射周边地区发展的效果。

目前,北京市环形加放射状高速公路网系统已基本形成,主要对外出入口通道基本以高速公路为主,并辅以国省道干线公路相结合的布局结构,高速公路的快速发展,大大缩短了首都与周边城市之间的时空距离,增强了首都对周边城市的辐射作用。

作为服务国家层面而构建的高速公路网络的重要组成部分,以7条国家高速公路放射线为骨架的放射状高速公路网,成为北京市辐射周边地区发展的最直观象征。包括这7条国家高速公路放射线在内,北京市在东、东南、南、西南、西北及东北6个方向有12条高速公路向外辐射,并且在西北、东、东南和西南4个主要出入口方向上均形成双通道的高速公路布局结构,实现了北京市与周边城市的快速交通连接,进一步提高了北京市在区域中的经济地位。从路网的辐射区域看,京津冀城市群是北京市高速公路网辐射的最直接区域。除此之外,这些高速公路穿越京津冀城市群,有力地促进了环渤海地区、京津冀地区甚至山西、内蒙古地区的经济协作和协调发展,并纵深辐射华北、东北、华东、华中地区,直至全国。

从各条高速公路辐射的区域看,G1京哈高速公路主要辐射京津冀城市群中的唐山、秦皇岛两座城市,向东北延伸辐射至环渤海经济圈的辽宁半岛和整个东北地区。G2京沪高速公路、G3京台高速公路主要辐射天津、河北省沧州中东部、廊坊等地,向东南辐射山东及整个华东地区。G4京港澳高速公路主要辐射河北邯郸、邢台、石家庄、保定京广铁路周边县市区,进而影响华中乃至华南地区。G5京昆高速公路主要辐射石家庄、保定西部,辐射山西、陕西及西南地区。西北方向G6京藏高速公路和G7京新高速公路形成对外辐射的双高速通道,主要辐射河北张家口、山西、内蒙古及西北地区。

作为我国三大都市经济圈之一的京津冀都市经济圈一直是国家交通建设的重点地

区,又处于全国交通运输网络的中枢位置,因此是我国北方经济密集度和投资强度最高、交通网络最发达的地区之一。从京津冀城市群的空间结构图上看,以北京和天津为核心城市、八个次中心城市及滨海新区、通州、顺义、唐山曹妃甸等新兴城市共发展的格局,表现出一个明显的特征——各城市间的高速公路成为城市群构成的一个基本构件,高速公路沿线也成为城市群主要产业带分布的密集区。

早期建成的京津塘高速公路沿线两侧,已形成了北京市亦庄经济技术开发区、河北省廊坊市经济技术开发区、天津经济技术开发区、天津港保税区等11个新兴区,近万家高新技术企业群。同时,通过公路事业的发展和公路网络的不断完善,使京津冀各主要城市之间的交通更加便捷通畅,通达时间大大缩短。京津冀城市群形成了一、二、三产业协调发展的外向型经济结构。北京2008年奥运会所展现出的巨大商机,京津冀新的联合态势得以出现,形成了新的京津冀产业带。而环渤海经济圈也充分利用了交通优势和区位优势,依托北京这个全国政治、经济和文化中心,有效地实现了资源互补和市场配置的有机结合,促进环渤海经济圈区域经济和社会发展,实现了整个环渤海经济圈区域的共同繁荣。

2014年2月,京津冀协同发展上升为国家战略。北京市高速公路对区域发展的辐射,成为国家战略的重要基础条件之一。北京市高速公路网作为京津冀交通一体化的核心部分,以北京为核心的区域高速公路运输体系的辐射作用日益凸显。特别是北京与津、冀城镇发展走廊及周边城市的协调方面,北京高速公路的发展促进了环渤海地区的经济合作与协调发展,加强了京津冀地区在城镇空间与基础设施布局等方面的协调发展,进一步增强了北京作为京津冀地区核心城市的综合辐射带动能力,在京津冀城镇群的核心地区形成了以京津城镇发展走廊为主轴,京唐、京石城镇发展走廊和京张、京承生态经济走廊为骨架的区域空间体系,实现了区域统筹协调发展。

2015年10月,北京市旅游委和农委共同发布《京郊旅游发展纲要(2015—2020年)》。其中提出,加强区域旅游合作,形成5个主要区域旅游合作放射线。这5条放射线均是依托高速公路规划。其中,京—承区域旅游合作廊道依托京承高速公路,延长京东北郊游线,串联密云、怀柔、承德沿线景区景点,形成以传统村落、古镇、长城、避暑山庄等景点为主的历史文化主题区域旅游合作线路。京—张区域旅游合作廊道依托京藏、京新高速公路,延长京北郊游线,串联昌平、延庆、张家口沿线景区景点,形成以十三陵、长城、宣化古城、崇礼冰雪运动等为主的山地和冬季运动主题区域旅游合作线路。京—津区域旅游合作廊道依托京津、京平高速公路,延长京东郊游线,以主题文化娱乐、城市观光和休闲购物旅游为重点,串联平谷、通州、蓟县、天津(市区)、滨海新区沿线景区景点,形成以主题文化娱乐、盘山风景区、天津老城、滨海游轮等为主的主题区域旅游合作线路。京—保区域旅游合作廊道则依托京石高速公路,延长京西南郊游线,串联房山、涿州、保定沿线景区景点,形成以十渡、野三坡为核心,以拒马河、大石河为廊道的乡村生态主题区域旅游合作线路。

此外,四通八达的高速公路网还将北京作为区域综合交通枢纽城市的功能辐射至周边地区。

第五节　改变人们生活方式

经过30年的发展,高速公路的速度和便利已经成为北京市民生活的一部分,高速公路成网正在改变着人们的时空观念和生活方式。

首先,北京市高速公路网的不断完善,使得市民出行的主导流向不断发生改变,出行活动中心由城区向周边扩展外移的趋势日益明显。由于高速公路发展与城市空间拓展相互作用,高速公路在促进卫星城、各功能区、各居住区发展的同时,市民快速、便捷出行的需求日渐增加,出行半径也不断扩大,从而使郊区与城区形成了"1小时生活圈"。

据统计,途经京藏高速公路、京通快速路、京开高速公路、京石高速公路、通燕高速公路、京承高速公路等线路进出四环以内的出行量逐年增长,并形成潮汐现象。以1996年1月通车运营的京通快速路为例,这条高速公路在拉动CBD地区、朝阳区、通州区的经济繁荣的同时,也成为通州居民进京路线的第一选择。在城区和通州区之间,京通快速路形成了庞大的交通流量,使得城区出行活动的中心不断东移。2006年,京通快速路的日均车流量已达7万辆,高峰流量更达到9万辆,相当于京通路当初预测的2015年交通流量水平。2008年,京平高速公路通车,平谷区被纳入城区"1小时生活圈",之前,市民到平谷要赶两个多小时的路程,心理距离很大。高速公路开通后,平谷旅游迅速赶上当时的其他区县,成为城区市民休闲、娱乐的重要目的地。

其次,随着经济发展,城乡居民个性化出行的需求日益高涨,高速公路成网,给人们出行提供了多种选择,使北京市民的出行机动性、随意性和自由度大幅提高,特别是机动车保有量的大幅提高,使得高速公路出行在北京市民生活中的地位日趋重要,这对市民生活和思想观念的影响十分深远。据北京市统计局、国家统计局北京调查总队2016年1月20日联合发布的数据显示,2015年北京居民人均交通支出3291元,同比增长30.0%。近20年来,汽车快速进入北京市公众家庭,据统计,从1997年到2016年,北京市高速公路通车总里程从144km增长到1013km,增长了869km,增长了6倍。同样是在这20年间,北京市机动车保有量从119.7万辆猛增至571.8万辆,18年间增长了452多万辆,增长了3.78倍,这些都极大地改变了北京市民的出行结构,提升了公众出行的意愿和频率。

再次,由于高速公路扩大了市民的出行半径,使得周末游、京郊游、北京周边游、自驾游逐渐成为日常生活方式。这些使得市民的休闲生活不仅成为可能而且逐步普及,这不仅极大带动了旅游业、餐饮、住宿等相关服务产业的发展,促进了消费水平的提升。出行方式的改变,还活跃了人们的思想,极大改变了人们的思想观念,同时提升了市民的生活品质。

据旅游部门统计,北京市远郊区100余个景点,主要分布在京藏、京港澳、京开、京昆、京沪、京承、京平等高速公路以及101、108、109、110、111五条国道的辐射区内,高速公路提高了这些景区的可达性,也提高了市民旅游出行的效率,极大地带动了北京市旅游的发展。以京郊游为例,按照《1995年北京统计年鉴》的统计,北京市民京郊旅游的规模每年约为837万人次,京郊游收入为10亿元。到了2015年,京郊游已经突破30亿元。目前,北京市共有市级民俗村207个,市级民俗户9970个,特色沟域17条,特色业态390家。截至2015年底,北京全年收入超30亿元。

这些数字背后是庞大的出行人群和市民生活方式的改变。特别是2012年7月《国务院关于批转交通运输部等部门重大节假日免收小型客车通行费实施方案的通知》发布之后,市民的出行和休闲意愿明显增强,高速公路在市民出行和新的生活方式形成方面作用更加明显。

Record of Expressway Construction in
Beijing
北京高速公路建设实录

第四篇
高速公路建设管理及运营管理

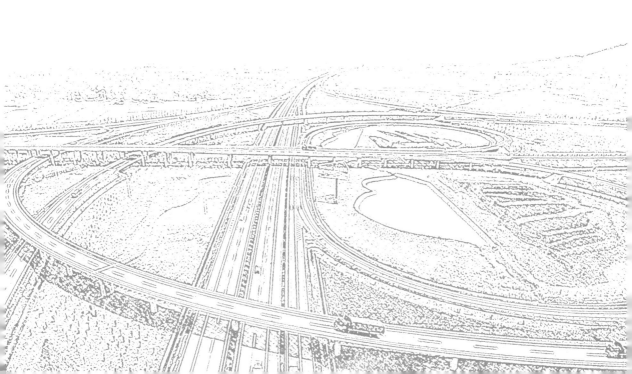

篇 首 语

高速公路管理主要包括建设管理和运营管理两个阶段。我国高速公路管理尚未形成统一的模式。各地现行的管理模式都是在一般公路管理模式的基础上,结合高速公路特点和本地实际情况,兼容一般公路管理中可行的、科学的成分,本着"统一、协调、高效"的原则逐步建立的。各省份的高速公路管理模式多种多样,几乎是一省(自治区、直辖市)一个模式,一路一个模式,有一家管的,也有按项目多家管的,有以行政区域分段管的,也有由公司跨地区集中管理的。

从建设管理模式来看,主要包括建管分离型和建管一体型,前者即建设阶段由专门机构作为项目业主负责管理,建成后由另一专门机构负责运营管理。后者是指由一个管理机构负责从建设到运营的全过程管理。

北京市高速公路管理模式属于后者,即建管一体型,但是这一模式先后经历了两个阶段,而且两个阶段都表现出多元化发展的特点,只是突出的特征不同:以1999年首发公司(后更名为首发集团,以下简称为首发集团)成立为节点,之前的阶段带有明显的计划经济向市场经济过渡的阶段特征,高速公路建设、运营管理模式均处于探索期,其管理模式带有浓重的事业单位管理模式,但是在京津塘高速公路、首都机场高速公路、京通快速路的建设过程中,企业作为业主的形式已经出现,国际先进的投融资、建设管理、运营管理模式得到了应用,从而使这一阶段带有明显的事业单位管理向企业管理转变和过渡,且两者兼容并行的特征。

之后,北京市政府以授权的方式给予高速公路集团公司直管的权利,高速公路建设和运营管理体制发生了重大变化。北京市高速公路的建设前期准备工作、融资、建设到运营、养护、管理等由公司负责(前期规划由北京市规划委员会负责),高速公路建设管理的现代企业管理制度特点更为凸显。首发集团等6家收费(高速)公路经营管理企业负责北京市高速公路的筹融资、建设、运营管理和相关产业开发,各公司归北京市国有资产管理委员会管理,交通委员会路政局履行行业管理职责。由于投资主体和方式不同,运营管理单位不同,加上经营性、政府还贷(仅京平高速公路一条)的性质不同以及五环路(首发集团代管)的特殊情况,北京市高速公路建设和运营管理的多元化趋势更加明显。

第一章
高速公路建设管理

在首发公司成立之前,北京市高速公路管理工作基本上处于事业单位管理模式,但也开始了市场化运营、企业化管理的探索。其中,高速公路建设的规划是按照首都城市建设发展总体规划的要求,在北京市政府领导下由北京市规划委员会负责完成的。

1991年北京市公路局成立之前,北京市高速公路管理是由北京市公路管理处负责。1991年4月,北京市公路局正式成立。作为北京市交通局的下属机构,北京市公路局是北京市高速公路的行业主管部门,承担着北京市高速公路的项目前期工作、设计、建设、养护、科研、管理和通行费的征收稽查等任务。

在高速公路发展的探索阶段,正是这样"政企合一"的机构设置,充分发挥了政府主导的优势,形成了以"中国特色的指挥部"管理经验,创造了闻名全国的"北京速度",这是由高速公路建设初期的阶段特点决定的,特点表现为政府协调力度大。当然,这一阶段先进的工程管理制度也开始实行,并取得很好的效果。比如招标制度、监理制度、合同管理制度等,在行业乃至全国各行业都是开风气之先的,这也为此后执行业主负责制打下了坚实基础。

在建管一体型的管理模式下,北京市高速公路建设管理成绩突出。其中,京石一期、二期、三期获得交通部优质工程一等奖;首都机场高速公路和京津塘高速公路被评为1995年全国仅有的两个交通优质工程一等奖;京津塘高速公路北京段,被评为北京市文明建设样板路,获建设部1993年度优质样板工程奖;京津塘高速公路还被交通部命名为"全国十大工程",被建设部评为"全国最佳工程设计特等奖""中国建筑工程鲁班奖"(国家优质工程奖),获得交通部"科技进步特等奖"以及"国家科技进步一等奖";京石高速公路永定河大桥工程获得1990年度国家优质工程奖;北京市五环路工程获得2005年度国家优质工程奖(更多获奖名单见本书"附表"部分的表7-4-1)。这些都是各部门、各单位共同努力的结果,是规划者、建设者等高速公路建设参与者克服重重困难,付出了极大努力才取得的荣誉,也是北京市高速公路建设管理的成果和经验的缩影。

总体而言,北京市高速公路建设管理经验主要体现在:在高速公路早期建设阶段,建设指挥部的制度保障优势作用明显,之后的首发集团等企业化、市场化运作机制保障到位;工程项目前期工作过程中,形成了科学、合理,运行顺畅的业务流程,各行业、各部门以及地方政府配合密切,包括征地拆迁在内的前期工作及时有效;在投融资方面,北京市从一开始便积极创新,投融资模式与时俱进,不断创新,为高速公路建设提供了良好的资金保障;不断建立健全高速公路建设管理制度和质量保障体系,为高速公路建设的质量、速度和效率方面提供了优质保障;在科技创新方面,北京市高速公路建设过程中坚持科技创新,建设方组织设计、施工单位以及高校和科研机构联合攻关,为建设发展提供了坚实的技术保障。除科技创新单设篇章(第七篇)表述,本章分8节总结其他部分经验。

第一节 具有时代特色的工程指挥部

在北京市高速公路建设发展初期,主要管理模式是采用组建事业性建设单位的组织结构、依靠国家投资作为资金来源、建成后由国家公路部门管理养护的模式。由于各方面因素的制约,当时需要大兵团作战,建立工程指挥部来实施工程的施工组织管理,是个行之有效的好方法,这是阶段需要的结果。

从1986年开始建设的京石高速公路,到京津塘高速公路北京段、首都机场高速公路、八达岭高速公路(一、二期),一直到1998年的京沈高速公路(后为G1京哈高速公路)都采用了"工程指挥部"的管理方式。

"工程指挥部"既代表业主,又有某些行政权力,是组织和领导各施工企业实施基本建设的生产指挥机构。在20世纪80年代,我国施工企业素质还不是很高,承包人和业主间各种经济和技术关系的法制条例并不健全,在基本建设程序还不能完全落实的情况下,建立一个有权威的,能协调各企业间、各社会公用事业单位的机构是十分重要的。

"工程指挥部"的主要功能是通过经济和行政的手段协调各承包人的关系,制订全局的分段施工计划,协作配合计划,并检查督促其按计划完成任务情况,特别是工程复杂,多边同时交错作业时,指挥部按预定计划分别排定各配套项目及施工工序的具体进度,以保证与整体工程同步进行。另外,指挥部还可根据工程的需要,协调地上、地下建筑物拆迁的进度,以保证工程顺利进行,还能协调施工单位之间经济纠纷及其他有争议的事宜。

不可否认的是,"指挥部"或"工程领导小组"的管理模式存在着诸多问题。这种以行政命令组织施工,任务由上级分派,资金由上级支付,导致的最直接的问题是政企不分,行政干预过多。加之当时在未开工之前先有行政命令确定完工日期,导致工期短,不得不在有限的工期内加大投入以确保质量和工期。因为工期紧,多数工程只能采取边设计、边拆迁、边施工,少数是勘测设计一次完成,往往存在着返工多、浪费大、支付易失控等问题。另外,在资金使用上也一定程度上缺乏制约监督机制。诸多弊端也曾使得工程负责同志认识到没有设计就不能施工,强行缩短工期势必加大投入等问题,但就当时的情况也无法从改革管理体制上找到原因,等到下次工程来了,又换来一批新人,仍然重复以上的做法。指挥部的优点也是明显的,在特定的历史背景下,行政部门直接参与工程建设,使得工程拆迁、施工、物资与资金保障等得到各级政府的大力支持,工程施工得以顺利进行。那时的北京全社会对高速公路早日通车的需求十分迫切,工程通过指挥部全盘推进,保障顺利完工通车,也产生了巨大的社会效益和经济效益。

北京市高速公路建设初期,各指挥部尽量规避这些缺点,并且在管理实践中不断解决探索新的管理模式,这加快了"指挥部"模式淘汰的历史进程,为以后北京市高速公路建设管理提供了管理制度保障,同时也为全国公路行业,乃至其他建设领域的管理提供了模式样本。

以京石高速公路为例,当时该路的工程技术标准高、规模大、时间紧、施工环境更复杂。北京市政府为了更好地组织管理好该项工程,决定成立工程指挥部。指挥部由时任市政管委主任、市长助理黄纪诚任总指挥,交通局局长姜善智任常务副总指挥,从士杰、陈悦海任副总指挥,关纫苹任组长,成员有陈国立(组员)、徐砚怀(副组长)、刘蕴华(副组长),以及市政府有关委、局、办、院、区、总公司的代表,如市政设计院、规划院、物资局、劳动局、房管局、供电局、电信局、水利局、公安交通管理局、交通部公路一局及市政府有关区县代表。项目经理部由各施工单位的领导组成。指挥部的主要任务是负责工程的组织、指挥、协调、监督和服务工作。工程指挥部首先根据项目任务的特点,实施招标、议标,以优胜劣汰的方式选择施工单位。

这也打破了过去对本部门内企业一贯存在的"肥水不流外人田"的保护主义做法,邀请外系统的优秀队伍,加强了施工力量。这种方式不但保证了工程质量,而且降低了工程造价。指挥部为了实施工程整体和阶段目标,狠抓阶段计划落实、狠抓协调检查,每天夜间开协调会,检查进度及安全措施;狠抓质量安全,向监理工程师提出既要严格监理,又要有热情为施工单位服务的新理念,上下一条心,把好质量关;狠抓解决问题不超过24小时,明确提出指挥部是为施工单位服务,施工单位有问题要及时上报,指挥部要及时解决,一般问题不超过24小时,重大问题不超过3天。要求每个指挥部成员要有自我牺牲、主动出击、勇于改革、讲究实效的精神。施工中的重点、难点总有指挥部的成员在场。通过一系列措施既改进了工作作风,又提高了指挥部每个成员的责任感。

在各条高速公路建设前期的拆迁工作方面,指挥部的效用得到了充分体现。以京石高速公路为例,工程指挥部向全体建设者和协作者提出发扬社会主义大协作精神,发扬"一盘棋、一条心、一股劲"的"三个一"精神,以大局为重,小局服从大局,团结协作,既要照顾群众利益,又不要使国家利益受损失。拆迁任务最重的丰台区政府,专门成立了由区长、副区长、建委、规划委等部门领导参加的拆迁工程指挥部。总指挥部派人参加,深入到有关单位去做细致的工作,并挨户调查丈量以确定补贴金额。向群众交代政策、讲明道理、提出要求,特别是反复讲明修这条路的重要意义,对国家、对丰台、对房山的直接收益,并且保证给群众的承诺一一兑现。在市政府的领导下,经过一系列工作后,顺畅的拆迁工作为施工创造条件,为工程开绿灯。

1987年开工的京津塘高速公路是实行了国际竞争性招标,采用菲迪克条款和工程监理制度建设而成的,这为我国公路建设管理体制的深入改革,成功地闯出了一条新路。菲迪克条款汇集了世界各国工程建设管理的经验,详细规定了施工中承包人、业主和监理工程师的责任、义务、权利,对整个工程进行了全方位科学管理和严格质量控制,涵盖包括招标、投标、合同管理和严格的监理制度等各环节。尽管有了科学的菲迪克条款的管理模式,但是京津塘高速公路的建设管理仍沿用了指挥部的管理模式。

根据当时我国的具体情况、国家体制、人们的认识水平和当时存在的具体问题,指挥部不仅有存在的价值,而且还应该是一个坚强有力的、有权威的、重信用的机构。它不是承包人、业主和监理的领导,更不是障碍,而是为工程建设协调和服务的机构。为了保证"菲迪克条款"顺利执行,指挥部向全体职工提出的战斗口号是"团结奋斗,为国争光";提出的要求是"按合同、按规范、按程序"办事。这就是中国特色的指挥部,是菲迪克条款暂时还不能完全代替的。

当然,问题的关键在于这个指挥部不同于以往惯用的老一套工程指挥部,这个指挥部是在招标、投标、监理机制早已完成,中标的承包人早已开工,监理工程师早已行使合同管理之后才成立的。其成立是由于我国是以公有制为主,商品经济还不发达,在施工中遇到的征地、拆迁、取土、排灌等许多问题,单靠业主一方是无法解决的,而各地方的行政干预却具有不可估量的作用。另外,因支付周期长,中方中标公司没有什么流动资金,"三材"来源困难,并不全是公开自由出售,这些都有赖于行政干预来解决。为此,北京才在原有组织机构之外,成立一个指挥部,吸收地方行政领导参加,但它不会改变菲迪克监理体制职权,决不干涉监理工程师行使质量、支付等的认可权与否决权。

在京津塘高速公路之后开工的首都机场高速公路建设管理,同样采用了指挥部的管理模式,但是指挥部模式下,现代公司化管理也得到了发展,两种模式处于兼容期。1991年7月29日,北京市人民政府办公厅下通知成立"北京市首都机场高速公路工程指挥部",指挥部由市长助理任指挥长,指挥部下设若干组(部)办理日常事务,有关工作人员由市公路局抽调,并要求各有关单位要顾全大局,积极配合,共同完成好首都机场高速公路的建设工作。指挥部在规划设计、拆迁占地、筹措建设资金、组织工程建设、协调各方面关系等方面做了大量的工作,发挥了重要作用。由于工程工期和资金都很紧张,指挥部与施工单位和地方政府共同努力克服困难,没有影响工程的正常进行,各项审批手续已补齐,竣工文件编制基本上规范、齐全,及时组织了交工验收,使首都机场高速公路顺利投入运营。1992年4月3日,交通部同意由中国公路桥梁建设总公司和京津塘高速公路北京市公司联合成立"首都高速公路有限公司",负责首都机场高速公路的建设和管理。公司的行政关系隶属于北京市交通局,交通部负责业务指导。因首都高速公路有限公司筹备处在项目建设及合资公司筹备过程中,当时交通部明确公司应在指挥部的统一领导下进行工作。

按照交通部和北京市交通局的批复,1992年9月10日,首都高速公路发展公司正式成立,负责筹资、建设、经营、管理首都机场高速公路及其服务设施。其经济性质为全民所有制的合资联营企业,实行自主经营、自负盈亏、自我约束、自我发展,依法独立享有民事权利和承担民事义务。双方以各自认缴的出资额对首都高速公路发展公司的债务承担责任,按其出资额在注册资本中的比例分享收益、分担风险及亏损。1997年10月29日,经北京市政管委同意,经交通局党委研究同意,撤销首都机场高速公路工程指挥部,遗留工作和收尾工程全部移交给首都高速公路发展公司办理。

指挥部这个战争年代的产物,在高速公路的建设发展初期大放光彩。从"十大建筑"、大庆油田、大炼钢铁到改革开放后的公路工程建设,都发挥了极为重要的作用。现在来看,尽管这种模式存在着一定的管理漏洞和弊端,但是在当时的历史条件下,指挥部的作用是不可否认的。即使后来不再实行指挥部模式,由于在拆迁、协调工作方面的独特优势,指挥部的管理方式在北京市高速公路建设初期发挥了独一无二的作用。(本文部分采用了时任北京市交通局局长姜善智的文章观点)

第二节 多部门协同保障前期工作

高速公路项目前期工作内容繁杂,涉及面广,周期长,制约因素多,牵涉精力大。相对而言,高速公路工程项目的前期工作专业性、技术性和复杂性都很高,需要各部门协调推进,各环节严格把关。特别是当今,社会不断进步,体制不断变革,前期工作难度加大,高速公路工程项目的成败,很大程度上在于前期工作。因此,需要一个有效的高速公路前期工作机制。

从高速公路建设起步阶段至今,依托各类专项咨询评估工作,北京市摸索出一套合理安排高速公路建设项目前期工作的方法,使项目决策有理有据,审批不断科学优化。高速公路项目前期工作主要包括规划选线、工程设计、环评、水保、土地预审、压覆矿床、社会稳定、节能、地灾地震、洪评等专项评估和文物勘探等工作。目前,北京市高速公路建设项目的前期工作已经形成了科学化、专业化、流程化、标准化的审批流程和工作机制,从而形成了多部门科学决策、各负其责、协同推进的局面,这也是高速公路事业快速发展的重要原因。截至2016年底,北京市高速公路建设项目前期工作分为5个阶段,即规划方案阶段、项目建议书(工可)阶段、勘察设计阶段、征地拆迁阶段、开工前准备阶段,共涉及22个步骤,124个环节,其中含15个行政许可审批,11个非行政许可审批。各层面涉及的部门和单位有规划委、水务局、电力公司、铁路局、环保局、国土局、交通委、发改委、住建委、园林局、交管局等,还涉及区(县)、乡(镇)等沿线各级政府及部门和村委会。

按照程序,北京市规划委负责规划方案审批、设计方案审批、附属设施设计方案审批、市政管线规划综合审批及市政管线设计综合审查、勘察设计招标及备案、初步设计文件审批(含概算审批)、道路选址意见书办理、建设用地规划许可证办理、建设工程规划许可证办理、市政管线规划意见书办理、市政管线工程规划许可证办理等环节的工作;市发改委负责项目建议书(代工可)审批、招标方案核准、初步设计概算审查等工作;水务部门负责水影响评价审批、防洪影响评价报告审批等事项;国土部门负责建设项目用地预审、压覆矿产核查、土地权属审查、建设用地报批前期工作、用地申请报批、建设用地批准书办理、国有建设用地划拨决定书办理等工作;市交通委负责社会稳定风险评估报告审批、施工图文件审批、施工许可证办理、施工和监理招标备案等工作;市环保局负责环境评估等方面工作;电力公司负责电力拆改方案审批和代理拆改施工图设计文件审查等方面的工作;市铁路局负责审批铁路立交设计方案;市交管局负责审批交通工程施工图;市林业局负责审核征用林地和林木采伐许可证的办理等工作。

值得关注的是,北京市高速公路建设前期工作中拆迁问题的解决。工程指挥部时期的拆迁经验做法见上一节。北京市高速公路建设市场化、企业化运作之后,拆迁工作同样积累了众多经验。以首发集团为例,集团在实施项目的时候,原则上由拆迁部统一集中管理,根据实际工作需要配备各项目拆迁工作人员。各项目日常拆迁工作固定1~2名拆迁人员,项目处拆迁部长具体负责本项目的全面拆迁工作,拆迁工作得到项目管理处特别是主要领导的全力支持。征地拆迁前期基础工作、土地的征用、树木伐移和房屋拆迁手续、管线拆改移、拆迁内业工作和费用的支付由公司拆迁部统一管理。结合各项目拆迁进度,及时调配拆迁人员,确保各项工作均有专人负责。

外部协调方面,集团确立了行之有效的征地拆迁工作模式:征地和拆迁工作均委托工程所在地区县人民政府组织具体实施、行业部门所属地上地下管线拆改移工作由公司组织具体实施。征地拆迁费用依据国家和北京市政策法规由公司与区县人民政府或部门经双方测算并依据补偿评估协商确定;管线拆改移费用公司参与拆改规划和方案的确定,行业权属部门管线拆改移费用报有资质的评审机构进行认定。

结合各项目工程建设实际情况,首发集团分别与相关区县建立了拆迁问题每周协调会制度。工程建设拆迁难点问题多的项目所在区县,集团每周研究一次具体问题,确定解决方案,责任明确到相关单位和经办人,协调会实实在在地解决了很多具体问题。

首发集团与市政府和相关职能部门建立了工程建设情况报告制度。就工程建设和征地拆迁工作的主要情况和问题,首发集团每半个月或一个月向市政府和相关部门报送简报,使上级政府和部门全面掌握工程进度和征地拆迁工作存在的主要问题,以便及时协调并解决影响工程进度的拆迁问题。同时,积极寻求市政府和各相关职能部门对征地拆迁工作的支持。近些年,工程建设在用地手续、房屋拆迁许可、审批工程占用林地等方面存在的问题比较突出,严重制约工程建设实施。首发集团全力协调国土、建委、林业等市政府职能部门,有效地缓解了这些问题和矛盾。进地施工在没有用地手续的情况下,经市政府和各部门的协调,就先行进地施工问题采取了提前进地施工补偿的方式。房屋拆迁许可证的办理工作打破常规、简化审批程序,市建委及时核发各项目房屋拆迁许可证,使得房屋拆迁工作依法合规;工程占用林地和树木采伐移植手续的审批,市林业主管部门根据工程需要控制性工程特事特办。

第三节　投融资模式创新

在高速公路建设初期,北京市高速公路建设投资多以由市政府投资为主导,往往是通过市财政固定资产投资、养路费、中央车购税返还和区县财政投资等方式筹集,加之以养路费作为还贷资金所取得的银行贷款。比如,当时的京石高速公路主要投资来源为养路费(占总投资额的43.74%)和国内银行贷款(占总投资额的47.7%)(1995年,为偿还贷款,将该段公路50%的收费权转让给北京市财政局以折抵借款);京津塘高速公路北京段主要投资来源为交通部重点工程补贴(占总投资额的52.3%),其余为养路费及国外贷款(世界银行贷款);京哈高速公路主要建设投资来源为养路费(占总投资的80.9%);首都机场高速公路建设投资主要来源为合作投资(占建设投资总额的59.4%)及国内贷款(占总投资额的23.7%);八达岭高速公路一期的主要建设投资来源为养路费(占建设投资总额的59.7%)及国内贷款(占总投资额的33.1%)。其中,京津塘高速公路北京段使用世界银行贷款,京石高速公路北京段使用国内贷款和财政借款以及转让50%经营权,京沈高速公路(后改称G1京哈高速公路)使用国内贷款,首都机场高速公路使用国内贷款、发行公路债券筹款等,这些都是我国高速公路建设投融资方面的探索和实践。另外,还对高速公路上市A股以及境外发行债券也进行了有益的探索。

早在1994年,北京市便开始尝试以BOT的方式建设市政道路——京通快速路。当时,博拓公司受北京市政府委托作为京通快速路项目的开发商,首创集团对该路进行投资,并全资拥有京通快速路主路主桥全部资产。

以上是北京市高速公路在债务性融资和股权性融资等有偿性筹资方面进行的多种尝试和有益探索。然而,北京市高速公路建设管理体制政企事不分,这一体制直接带来的弊端是投融资机制不健全,缺乏市场化的融资主体,融资脱离资金市场和资本市场,融资功能低,资金渠道较为单一,要修路只能靠政策性收费投入以及部分银行贷款。按照当时的首都建设发展总体规划,在1998~2002年的5年内,将继续建设八达岭路昌平至八达岭段及八达岭至市界段、京沈路北京段、京开路北京段、京承路北皋至密云段等放射形干线以及公路一环、公路二环的重点路段等环形干线,总里程为368km,其中高速公路204km。当时,高速公路建设所遇到的最大困难就是资金严重短缺。根据当时的测算,北京市上述高等级公路建设共需资金约180亿元,如果仅靠养路费、车购费补助等传统筹资方式只能筹措80亿元左右,资金缺口达100亿元。因此,开辟新的筹资渠道,探索新的融资方式,成为公路行业面临的重大课题。

20世纪末,北京市进一步重视交通基础设施投融资工作,通过政府主导、社会参与、市场运作,开放交通基础设施建设和经营市场。

1998年2月,原北京市副市长汪光焘到北京市交通局调研时,对北京市公路建设的体制改革提出明确思路,指出:公路建设资金不足的问题,出路在于投资体制改革。1999年9月,首发集团的成立便是高速公路投融资体制改革的重大突破。首发集团本着"以路融资、项目引资,多种渠道融资修路;滚动发展,增强实力"的思路多渠道融资。自此之后,首发集团坚持"以路为本"和"可持续发展"的理念加大融资力度,"以路为本"即一切经营活动都要围绕实现高速公路网规划目标而开展、以实现高速公路网规划目标为支撑。首发集团将高速公路投资建设和运营管理作为生存和发展的根本点和出发点,确保在北京市高速公路行业中的主导地位。"可持续发展"体现在及时解决各种矛盾、化解各种风险保持现金流稳定等方面,形成党和政府信任、银行与合作者放心、社会及用户满意的可持续发展局面。

以首发集团为代表的高速公路企业在融资方面,不断继续加强银企合作,不断扩宽银企合作的深度和广度,与银行建立起紧密的合作伙伴关系,积极筹措高速公路建设贷款。同时,加强金融资本运作,采用多元化的融资手段争取企业债券的发行和使用其他创新性金融产品,通过长短期结合、固定利率和浮动利率结合,构建更合理的负债结构,从而实现了北京市高速公路投融资的持续发展以及高速公路固定资产的滚动发展。

作为北京市高速公路领域市属融资平台,首发集团自1999年至今的16年来一直采用"政府资本金+债务性融资"传统模式筹集建设资金,多数经营性收费公路以"建设→经营移交"的BOT模式建设,这在很大程度上减轻了政府投资压力,极大地推动了北京市高速公路建设的速度,这也是北京市高速公路快速发展阶段(1999~2009年)的一个重要推动力。

然而,这种方式投资基本由社会资本承担,造成投资方盈利少,贷款长期还不上,甚至需要延长收费期限。截至2014年底,首发集团积累历史性债务超过600亿元,经营收入仅能用于平衡运营费用支出,债务压力巨大。北京市交通委公布的2015年收费公路统计汇总结果通报显示,2015年北京市收费公路收支缺口为150.4亿元。

"十二五"末,在高速公路建设成本不断攀升、仅靠车辆通行费无法收回投资的情况下,社会资本望而却步。为了保障社会资本合理收益,吸引社会资本投入交通基础设施建设,北京市政府相关部门经过深入研究积极落实国家相关政策,在兴延高速公路上首次采用PPP模式引入社会资本投资、建设高速公路项目。在PPP实施方案中通过设定保底车流量,避免社会投资人承担过大风险,体现了PPP模式风险共担原则,也提高了项目对投资人的吸引力。同时,在招标文件中将投资人对保底车流量的优化作为加分项,降低了政府兑现最低需求保障风险。

在兴延高速公路项目中,通过超额收益分配、征地拆迁风险分担、政府方认可的设计变更补偿等机制设计,为社会投资人带来合理预期收益,构建了合理的收益分配及风险分担机制。采用边际效率型的调价机制,更有利于保障投资回报水平在合理区间。采用边际效率型的调价机制,投资人的调价机制基于合理的回报预期以及全社会宏观经济指标的变动趋势,并且成本增加需要到达约定的风险边界才能触发调价,对投资人运营水平、成本控制能力提出了更高的要求,使得项目的运营风险由具有更强应对能力的投资人来更多承担。

以往特许经营项目常采用成本推动型调价机制,只要成本增加就相应地调增补贴价格,使运营期的价格处于不断提升的固定趋势,降低了投资人持续提高管理水平、降低运营成本的积极性,长期来看投资人的投资回报水平将高于合理区间。此项目是全国首例通过"约定通行费标准"在运营期对高速公路运营提供补贴的项目,为全国高速公路投资回报机制开创了新的路径。

"十三五"期间,北京市拟实施8条(包括京台、兴延、京秦、京密、密涿、新机场高速公路、京开高速公路改扩建)高速公路建设任务,建设里程约233km,估算投资额超过680亿元。若采用原有融资模式,项目资本金比例普遍要达到70%以上,难以负担新建高速公路投融资任务。PPP模式明确了政府有限责任,严格控制地方政府债务,推进本市高速公路市场化进程,减轻全市高速公路集中建设的政府资金压力。据首发集团相关负责人介绍,兴延高速公路PPP项目整个运作过程规范有序,筹集项目建设资金,降低了政府运营期补贴压力,实现了政府利益最大化;引进了先进施工组织能力,保障了项目如期建成目标,提升运营管理水平,实现了充分市场竞争,为今后北京市乃至全国高速公路PPP项目的推广提供了可借鉴的成功案例。

兴延高速公路采用PPP模式之时,交通运输部尚无此类项目的招标文件范本,本项目招标文件以交通运输部关于公路工程和经营性公路建设项目的招标文件范本为基础,并结合国家财政部及国家发改委关于政府与社会资本合作相应文件中对合同文本框架结构及内容说明的指导意见编制而成,在高速公路PPP项目领域属于首创。

该项目合作合同中规定的商务条款、风险分担和利益共享的约定较公平合理,在社会投资人的经济利益和政府方公共利益之间找到了科学合理的平衡点,提升了本项目对社会投资人的吸引力。通过设计超额利益分成的机制,避免社会投资人获得过多超额收益,同时减轻了政府财政压力,充分体现了PPP模式利益共享的原则。

兴延高速公路项目拓宽了建设融资渠道,成功完成了政府和社会资本合作招商,实现了社会投资人的经济利益和政府方的公共利益的双赢,并形成多元化、可持续的资金投入机制。

第四节　具有引领意义的京津塘高速

京津塘高速公路工程建设凝聚着几代公路人的心血和智慧,作为一笔巨大的财富,对我国公路建设事业的发展和公路行业技术进步产生了难以估量的影响。

京津塘高速公路项目是从20世纪70年代开始论证,到80年代中期完成国际招标文件进入施工阶段。在交通部直接领导下,该工程在前期阶段高度重视勘察设计工作,以交通部部属第一、第二公路勘察设计院,公路规划设计院,公路科学研究所和重庆公路科研究所为主,地方公路主管部门有关单位配合,组成专业组或者测设指挥完成的。通过这些机构的不懈努力,完成了京津塘高速公路技术标准和勘测设计规定的制定;先后6次现场勘察,3次编报初步设计文件和可行性报告,完成施工图设计,并按照国际惯例,结合我国国情,编制了一整套完整、准确的,既符合国际通用的菲迪克条款,又体现中国特色,与我国当时实行的公路设计、施工规范相吻合的招标文件。所有这些,既为京津塘高速公路高水平设计提供了可靠的技术保证,也为我国高等级公路勘察设计技术与理论的建立奠定了基础。

在项目实施阶段,交通部负责工程师及文件的审查、质量和工程进度的监督、科研项目的协调和竣工验收,同时还承担了总监理工程师的职责,并在公路现场设立了总监理工程师代表处,特别是在大部分中方监理人员是从两市一省公路部门抽调的情况下,在一定程度上,保证了施工监理机构的独立,使得工程项目能够严格按照条款执行科学的管理和质量控制。

京津塘高速公路建设的管理模式，首先，解决了跨省市的高速公路建设问题，遵照国务院指示，由交通部、财政部与两市一省主要领导共同成立了京津塘高速公路工程领导小组，负责检查、贯彻、实施建设计划，及时协调两市一省在公路实施过程中的相互配合和衔接事宜，研究解决公路建设和管理重大问题。

其次，由两市一省公路主管部门组成京津塘高速公路联合公司，以法人承担建设责任，按企业法人责任制实现筹资、建设、管理、运营、还贷全过程负责的管理模式。两市一省还分别设北京市、天津市、河北省京津塘高速公路公司，负责落实各段项目实施过程中的具体事宜。这为我国在高速公路建设中推行法人责任制的改革积累了经验，奠定了基础。京津塘高速公路工程以联合公司为项目法人，承担建设和还贷责任，是我国公路建设体制的一大改革，是当时跨地区建设和管理的有效模式。

再次，通过竞争性招标选择施工队伍，组建了独立的工程监理机构，采取了菲迪克条款的合同模式，通过合同规范形成了业主、承包人、监理三者之间的相互关系。在招标方面，按照世行"采购指南"实行国际竞争性招标，选择承包人。同时构筑了分工明确、各司其职的工程管理体制，逐步建立了完善的、能充分行使职权、具有权威性的监理机制，探索出了一条在我国行之有效的基建管理体制，实现了工程质量、进度和投资的三大控制，为我国公路建设全面实行监理制度起到了推动作用。京津塘高速公路监理机构采用三级监理结构形式：①总监理工程师决定财务及法律的事务，包括承包人违约、时间延迟、索赔和纠纷、最后证书、变更命令、同意付款和决定事宜、协调和指导四个合同普遍存在的问题、设计和工程监理的最后责任。②高级驻地监理工程师是总监理工程师在工地的执行代表，监视和督促工程地进行，试验和检查材料与操作工艺的质量，澄清各合同文件之间的不一致，补发图纸，批准施工计划，向总监理工程师推荐延长时间，防止索赔发生或将此减至最低，研究索赔要求，向总监理工程师做出推荐。③工地监理工程师，执行高级驻地监理工程师的指令和交办的任务，对施工进行旁站处理，确认中间交工证书，严把质量关，负责工程计量，每月根据承包人付款申请提出付款证书，处理工地上一般性技术问题。实践证明，三级监理在工程质量、计量支付、保证进度及重大的技术问题上起了控制和促进作用，从而全面完成了工程任务，为我国公路建设提供了一个现实的示范模式。1989年4月，交通部《公路工程施工监理暂行办法》（〔89〕工公字131号）规定："建立我国公路建设的监理制度。"到1995年4月，我国第一项工程监理标准——《公路工程施工监理规范》（JTJ 077—95）发布，标志着被称为"中国特色的菲迪克条款"形成。

京津塘高速公路从重视勘测设计、实行公开招标、打破指挥部行政命令和指挥施工，到按菲迪克条款合同管理，以监理工程师为核心的施工模式，以及按照实际情况消化吸取世界道桥施工机械应用技术，施工工艺上的新的、先进技术等，都为中国公路建设谱写了崭新的一页。同时，它的影响力不仅在于项目本身的效益，还在于在项目中培养了一批人才、锻炼了一支队伍,这支队伍成为了北京,乃至我国高速公路建设发展的拓荒者。更重要的是,在建设管理制度、技术保障和人才保障之下,京津塘高速公路的工程质量得到了世界专家的一致好评,从竣工通车后使用情况看,工程质量经得起历史的考验。

从京津塘高速公路开始,我国公路建设现代化走上了历史舞台,同时,这也是我国高速公路建设行业变革的重要开端。

第五节 "北京速度"背后的经验

之前提到的指挥部的作用之所以不可忽视,还有个重要的时代背景——改革开放初期到20世纪90年代末,全国上下都在抢抓国际、国内发展的机遇,从而在保证质量的前提下格外看重速度和效率,而这对交通运输行业的建设和管理提出了严峻挑战。尤其是北京,首都基础设施的建设质量、速度和效率影响着全国改革开放的节奏和速度,具有示范和引领作用。

20世纪90年代,北京市的道路建设(不论市区道路还是公路)取得了举世公认的巨大成就,其中一条重要的经验就是采取了以"采用科学手段,在保证质量的前提下,努力加快建设速度"的建设模式,以此满足日益增长的交通压力的需求,通过加大行政协调力度创造了以工期大大提前为标志的闻名全国的"北京速度",如何看待和认识这种建设的高速度,是一个不容回避的问题。当时,北京市道路建设以保证质量目标为前提,以工期目标为中心的高速建设模式是工程建设的一个显著特点,而这一特点是由北京的政治、经济地位所决定的,迅速改善北京市道路交通条件的紧迫性决定了必须加快建设。

这段时间,北京市的快速路、高速公路从无到有,立交桥星罗棋布,这些新建路桥在建设规模和速度上都适应了北京市改革开放与加快发展的需要,解决了行车难、出城难等一些老大难问题。倘若没有这十几年的大发展,势必拖经济建设和社会发展的后腿,这应是公认的事实。

在保证决策正确、质量合格的前提下,一条高速公路提前通车,在当时首先会产生巨大的政治影响:北京是首都,首都建设发展的快慢不仅影响北京,而且辐射全国。北京市的基础设施建设速度快,质量好,日新月异,对全国的经济建设都将产生积极影响。其次,会有巨大的社会效益:一项道路工程的高速建成或提前通车,不仅减少了施工扰民的时间,而且使更多市民更快享受到道路交通条件和生活环境,增强人民群众对党和政府的信任及对改革的信心,从而产生巨大的社会效益。再次,会带来巨大的经济效益:一条道路工程的提前通车,一个道路网的高速建成,对一个地区乃至全市经济发展都将产生积极影响,而且必然产生巨大的宏观经济效益。同时,由于道路条件的改善,在减少车辆各种损耗、降低事故发生率等方面还可获得可观的直接经济效益。

在此背景下,项目的组织者,在工程的进度、质量、投资控制、筹资、招投标、监理制度和合同管理等诸方面如何建立起与这样一个特点鲜明的建设模式相适应的管理体系,并使之不断完善与提高,从而牢牢地掌握驾驭工程的主动权,确有许多经验值得总结和探讨。

一、进度管理

进度管理历来是重点工程管理的重要方面,在这方面借助于我国特有的行政管理模式,已形成了一整套行之有效的管理经验和方法。当时,所有市重点大型工程都能按市政府的要求提前完成,充分证明了在这方面的管理优势。每一个重点工程都有一个明确的工期目标,进度管理实质上就是工期的目标管理,在高速公路建设的具体实施过程中,确有许多管理手段和方法值得总结。

(一)对总目标的认识与理解

工程的关门工期实际上就是工期总目标,这一目标的确定在很多情况下无任何讨论的余地,而客观条件与实现目标的要求又差距较大。为此,首先需要解决的是对总目标的认识,即对目标的方向、目的、意义有进一步的深刻理解,从而对大局有统一的认识,以防止由于局部客观条件的不具备而偏离总目标方向。

(二)充分掌握情况,制订总体实施方案

由于实现总目标的客观条件并不充分具备,从而增强了实施的难度,因此必须全面掌握情况,以充分暴露问题和难点,有针对性地制订实施方案。①对一线情况的全面了解和掌握。要对工程实施的方方面面进行全方位调查研究,掌握第一手材料。②对实现目标必备条件的分析与综合。对掌握的情况要进行分析与综合,找出突出的矛盾、问题和难点。③对实现目标的步骤、方法、手段、时机的清晰认识与把握。只有在此基础上才能制订出切合实际、抓住实质性问题和难点的实施方案,从而为实现第一步打下坚实的基础。

(三)阶段目标法

总目标必须按时间和重点划分阶段目标,分步实施。阶段目标的特征是:目标要统一与一致,目标要有严格的时限,目标的内容要数量化,目标必须确定责任。在制定和实施目标过程中,注意目标的以下特性:①目标体系的确定。在目标体系中以时间目标作为重点,将总工期目标分解后形成分阶段目标,并通过阶段目标的累计最终实现总目标。②目标的必要性和挑战性。目标的必要性是指该目标是为完成总目标所必需的。目标还要有挑战性,要经过努力才能达到。③目标的可行性,即尊重实际、尊重科学。要充分了解现场实际情况,特别是在保证质量的前提下确定目标。同时决不以牺牲质量为代价而追求速度。④目标的实践性。已定的目标要接受实践的检验,并注意在实践过程中使其更加合理与完善。同时,尽管由于种种原因,实施过程不可能是一帆风顺的,但目标一经确定,只能采取一切办法去实现,而不能轻易后退。

(四)处理问题"十六字法"

由于工程浩大且工期紧,亟待解决与处理的问题很多,必须提倡采用处理问题十六字法,即"什么问题,如何解决,谁去解决,何时解决"。无论问题大小,会上还是会下,始终采用这一方法,从而大大减少目标不明、责任不清、扯皮拖拉的现象,不仅极大地提高了工作效率,也切实改进了机关的办事作风。

(五)强有力的措施保证

任何一项目标如果仅停留于一般的号召,没有强有力的措施保证,终将难于实现。在目标确定后,必须配合相应的措施,创造必要的条件,以确保目标的实现。①设立现场指挥。现场指挥的职责就是对所管辖的分段工程进行直接的进度控制与协调,以确保重点段落、重点项目阶段目标的实现。同时还可使上下级及时沟通,从而使许多具体问题在基层就得到解决。②高密度碰头会制度。主要功能是全面掌握工程进展、解决问题、及时决策、加强沟通、横向协调、政出一门。协调内部矛盾,尤其是承包人和监理之间,经常出现问题,指挥部除做思想工作外,对各方都坚持"按照合同办、按技术规范办、按程序办"的原则处理,效果好。③全方位对外协调。就是为施工单位创造良好的外部施工环境。必须注意协调与规划设计、地方政府、拆迁配合、交通管理、城市管理等各部门的关系。没有各部门的支持与谅解,就不能实现顺利的施工。④组织重点会战。在某些工序和局部重点地段,组织精兵强将,实施突击会战,充分发挥施工组织、施工技术的整体优势。⑤行政、经济手段综合运用。在目标实施过程中,注意区别不同项目的不同特点,采取不同的措施和方法,既有行政的方法,又有经济的手段。如采取阶段目标工期、质量奖励办法就是两种方法的综合运用。

(六)突出重点

道路工程路线长,方面多,必须始终突出并抓住工作的重点。总目标是由多条矛盾主线串连起来的综合体,当一个个重点问题解决后,其效益的叠加恰好构成了总目标的实现。这些重点可归结为:①重点阶段目标的提出就是按时间顺序排定的重点。②全局重点和局部重点即控制性工程和难点项目。③小中见大的重点,重点突出并不一定简单地理解为抓大事,还可从诸多现象和矛盾中提炼出来似小实大的重点,如工程的后期收尾和成果保护。需要注意的是,随着时间推移和工程进展,主要矛盾和次要矛盾在不同阶段相互转化,因此重点工作也是不断变化的。另外,要及时地将工作重心予以调整。

二、质量管理

(一)速度是暂时的,质量是永久的

在工程管理中,进度和质量始终是一对矛盾,而北京市的重点工程实施过程中这一矛盾就更显突出,在处理这一关系时应始终认识与坚持以下原则:速度(效益)是暂时的,质量(效益)是长久的;我们所强调的速度不是违反科学的速度,是以确保质量达标创优为前提的速度;任何情况下,决不以牺牲质量为代价盲目追求速度;当进度与质量发生矛盾时,进度必须服从质量。

(二)走技术进步之路,提高工程质量

通过技术进步提高工程质量,是质量工作的根本方向。技术进步的主要表现,即不断开发和使用新材料、新工艺、新设备。北京市公路的地理特性(无大江大河)决定了技术发展主要方向是路基、路面,更重要的是沥青路面。近几年,在新材料方面引进使用了改性沥青技术,大大提高了沥青路面稳定性及寿命。在施工工艺方面主要推行了集中统一铺筑沥青面层施工法和毛勒缝反做法的施工,使沥青路面平整度水平有了明显的提高和保证。在新设备方面购置了大量的沥青拌和、摊铺、碾压设备,使沥青路面机械化施工达到了国际先进水平。在路面材料方面可逐步采用自主开发的改性沥青材料和拌和设备(北京市公路局在这方面的进展已居国内领先地位)。在基层材料上,尝试使用二灰稳定钢渣材料(该材料早期强度指标高,易施工,价格相对便宜,同时有利环境保护,具有一定开发价值)。在路面铺筑技术上还可进一步完善、提高,并考虑推行路面基层用摊铺机铺筑施工。其他领域的新材料、新工艺,如新型桥梁伸缩缝、土工加固技术等可不断吸收采用。

总之,只有走以技术进步和增加高新技术含量的方式来提高工程质量的道路,才是"百年大计,质量第一"的必由之路。

(三)不断完善质量控制体系

首先,强调施工单位自身的质量控制体系的提高,这一方面应该以通过ISO9002质量认证体系,作为施工单位施工和质量控制与管理工作上一个新台阶的突破口。当时实施的阶段目标质量奖是一个保证工期、提高施工单位质量意识的好形式。其次的方法是以完成目标任务为目标,以工程质量评定为依据,最终以量化的百分制评出名次(见本书"附表"部分的表4-1-1),并计取奖金。

工程质量归根到底是设计质量、施工质量、监理质量和管理质量的综合反映,要从设计工作抓起,每一个环节都不能放松。

三、加强监理,改善监督

(一)严格执行监理制度

工程监理制度实施之后,在北京市高速公路建设过程中发挥了巨大的作用,成为现代化施工中不可缺少的组成力量。越是工期紧,越要不折不扣地严格监理。严格监理的主要标志是:监理工程师独立行使职权;全方位、全过程监理;以拥有"质量否决权"和"计量支付否决权"为特征;一切以条款、规范、程序为依据。

(二)加强监理自身建设

主要指监理的队伍和制度建设。要加强培训,提高素质,坚持持证上岗。要通过制度建设,建立内部监督机制,提高监理人员自我约束的自觉性,真正实现严格监理。

(三)完善监督

进一步建立起建设单位对监理日常工作(主要对质量验收、工程量计量、现场监理)进行评估和检查的制度。参考国际惯例,建立必要的监督机制;在交通、食宿方面创造必要的条件,以保证公正、独立行使监理职权;定期召开一定规模的监理工作会议,加强业主与监理的沟通与合作。

四、坚持以市场经济为导向,完善招投标工作

工程承包实行招投标制是管理向市场经济转变的重要手段和标志。工程招标又是工程管理的重点工作之一,前期设计、拆迁为其创造条件,开工后,施工及管理又围绕标段和标书来展开。因此,要坚定不移地强化招投标的市场竞争机制,进一步规范和完善招投标工作。

加强前期设计工作,设计文件的质量决定招标工作的质量,更影响施工质量,因此对设计文件的要求是:设计方案与现场情况相符,减少变更;施工图准确无误;路、桥、水文件的配套与相互协调,结构名称、工程量计算口径要一致;设计出图与工程标段划分紧密配合,互相适应;招标管理在资格预审、招标、评标、标底编制等各方面进一步规范化;进一步

扩大招标范围,如道路施工中可考虑对供料厂站实行招标,实现先期招标、一次定价、合格供料、不找价差。这样把材料工业系统也引进市场竞争机制,更好地提高管理和服务水平。

五、加强合同管理工作

由于设计、施工周期的缩短,增加了相当数量设计和工程变更洽商,合同管理的重点是提高处理变更和洽商的时效,建立一套适合工程特点的管理办法;加速变更的处理,更好地为工程服务。

六、筹资与投资控制

当时,原有投资来源已不能适应加速发展的新建工程需要,要开辟新的投资渠道,包括引进外资、发行股票、债券、贷款。这方面需要建立与市场经济接轨的基础设施投资回报政策体系。加强投资总规模控制,重点是加强设计方案和标准的优化和审定,要充分进行功能与经济的比较。实践证明,投资规模控制的主要阶段是设计阶段。进一步扩大招投标范围,在设计、施工、监理、材料工业各个方面实行招标承包,向市场经济模式要进度、要质量、要效益。以批复的设计概算作为总投资控制的标准,在整个工程建设期间,坚决将投资控制在总概算金额内。

总之,从北京市高速公路建设起步阶段,到首发集团成立,工程管理的各项工作既满足了首都建设的服务功能,又与市场经济的管理模式相连接,从而进一步提高了高速公路建设管理的水平。(上述观点大部分引自周正宇1998年发表的《北京市高速公路建设管理的几点体会》,部分内容做了编辑处理)

第六节　三级质量保证体系

在质量监督方面,1991年市公路局成立后,组建了"北京市公路局质量监理检测总站"(挂牌为:北京市公路局质量监督处)。1991年开始开展高速公路工程质量监督工作。1992年北京市公路局发布了《北京市公路工程质量监督管理实施细则(试行)》,该细则共7章42条,包括总则、机构、主要任务、监督程序、质量监督人员的职责与权限、施工单位的职责与权限、监督取费等。质量监督主要任务是贯彻执行国家和上级制定颁布的有关公路工程质量工作的方针政策、法规,制定公路工程质量监督实施细则和有关办法、制度;审批北京市公路系统监理人员资格,组织工程质量监督、监理、质检人员的培训和考核;规划、检查、指导公路系统的工程质量管理工作;向负责监督的工程派驻质量监督人员;对所监督工程的勘察设计、监理和施工单位进行资格审查(包括质量保证体系);深入高速公路建设施工现场，掌握施工质量动态，及时提出有关提高工程质量的措施和要求，参加工程事故调查，参加工程中质量问题的调查处理；核验和鉴定北京市高速公路工程质量等级，并向交通部、北京市推荐优质工程项目；参加重要新建、改建工程的设计会审、交工验收和竣工验收，主持其质量等级评定及工程质量争端的仲裁。

1992年后，"政府监督、社会监理、企业自检"的三级质量保证体系初步形成并逐步完善。在工程建设中落实质量责任制，按建设单位对工程项目建设质量负全责的要求，明确项目经理是质量直接负责人，建设单位在工程实施前就明确了质量目标，制定了相应的施工措施，确保施工质量。

1993年，经北京市交通局批准，原质量监督处机构名称不变，职能为监督、检测、试验，另组建"北京市高速公路监理公司"，负责高速公路工程监理工作。1991年交通部下发《关于对北京市交通局质量监督处监督资格的批复》，批准北京市交通局质量监督处的监督资格，负责对北京市高速公路工程及其配套、辅助和附属工程的工程质量行使监督职能。1992年北京市交通局发布《关于委托北京市公路局行使市交通局质量监督处职能的通知》，委托市公路局行使交通局质量监督处职能。市公路局规定局质量监督处是市公路局执行质量监督职能的机构，按照国家有关工程质量方面的法律、法规及技术标准、技术条例，代表市公路局在全局范围内对高速公路工程质量进行监督。质量监督处为北京市公路局建设、勘察设计、施工单位申报各级优质工程的质量认证单位，是公路局系统设计、施工、监理单位资格和工程质量等级的核定单位。

从1993年起，各新建、改建、大中修的高速公路工程在交工验收前须经质量监督处对工程质量进行核验，做出质量评价后方可进行竣工验收并交付使用。1995年，北京市公路局质量监督处通过交通部考核，取得验收合格证书。

在首发公司成立之后，北京市公路局质量监督处开始根据建设项目和规模，对监督工作进行了与时俱进的改革，更好地适应了市场化运作、企业化管理的建设新模式，更好地促进了北京市高速公路的高质量发展。

第七节 全面落实"四项制度"

2000年，交通部发布并实施《公路建设四项制度实施办法》，要求公路建设实施项目法人责任制度、招标投标制度、工程监理制度和合同管理制度。

为确保工程建设任务的顺利、高质量完成，北京市高速公路行业实行了三级工程管理体制。2000年，首发高速公路建设管理有限责任公司（以下简称"首发建设公司"）成立，该公司承担首发公司的业务划分中的"建设筹融资"板块的具体工作。在工程建设体制上,首发公司采用了新型的管理方法——项目法人责任制。对所负责建设的工程,都相应成立了项目法人管理部,由公司负责工程建设全过程的管理,严格实行招标投标制、工程监理制、合同管理制等,制定实施《工程建设管理办法》,从而与国际管理规范接轨。实行项目法人责任制,明确公司对项目的策划资金筹措、建设实施、经营管理、债务偿还和资产的保值增值,实行全过程负责,增强了公司的责任感,激励公司采取各种措施科学地控制工程概算,降低工程费用,节约建设资金,扭转了以往工程建设投资普遍超概算的现象。

同时,高起点、高标准制定、完善符合首都特色和首发建设实施的高速公路施工标准化指南,全面构建了科学合理的标准化体系。根据具体情况和形势变化,及时修改、完善体系,使标准化管理成为常态。扎实推行标准化管理,在所有的项目施工上推行标准化作业。积极研究标准化建设考核办法和奖惩措施,建立一整套科学、严格的考评体系和督促检查机制。深入开展工程创优活动,加强质量责任追究和项目质量巡查,不断强化主要材料质量管理,助推工程质量进一步提高。

新体制、新机制带来的新气象显而易见,通过严格的质量管理体系和控制措施,努力实现了工程质量优良、工期适当、造价合理。

一直以来,以首发建设公司(后改为"首发集团")为代表的北京市高速公路建设行业,管理严格实行有关工程建设施工管理规范,认真履行建设程序,不断完善《工程建设管理办法》,明确工程管理、技术质量和施工组织在工程建设中的管理权限和责任分工,并编制了《工程建设管理制度汇编》,依法合规组织工程建设活动。

在工程前期、招标管理、合同管理、资金拨付、变更审批、工程结算和竣工决算等方面必须严格履行程序,做到公开透明、严谨规范,坚决杜绝违规操作。在复杂的建设环境和艰巨的任务面前,注重思路和工作方法创新,因势利导,创造性地开展工作,如征地拆迁,用互利共赢的理念指导工作,兼顾各方利益,研究对策,解决难题。在施工组织上,不断完善三级管理体制,进一步明确管理职责,理顺管理环节,提高管理效率,确保指挥有力,工作落实。针对施工队伍质量参差不齐、监理素质不高、监管力度不够的问题,进一步加强招标管理,完善和发挥履约平台作用,确保选择良好队伍,满足了工程需要。

在前期工作方面力度不断深入,坚持以工程创优和控制设计变更、控制造价为原则,做好设计前期沟通,坚持通过现场踏勘,对设计文件进行全面系统的审查,提高设计的合理性与可操作性,加大设计概算审核力度,促进设计的技术先进性与合理性有效提高。拓宽设计市场,引入市场竞争机制,提高设计质量和设计售后服务水平,从而使方案设计进一步优化,概算编制的科学性、准确性不断增强,为减少设计变更、控制工程概算奠定了基础。同时,不断完善招标制度,严格招标程序,为选择履约能力强,资信良好、业绩突出的监理和施工队伍强化了制度保障。特别是在征地拆迁办法和政策的研究方面不断得以加强,与地方政府形成了联合机制,提高了拆迁效率。

在施工现场管理方面,坚持文明施工,突出关键部位、关键工序的监督检查,建设质量不断提高,并强化施工过程中的合同履行与变更管理,推行全员、全过程造价控制,确保项目建设不超概算,最大限度节约建设开支。切实加强建设资金管控,全力提高资金使用效率。

交通部于2011年3月下发通知,要求在全国交通系统内开展标准化管理活动,主要内容包括工地标准化、施工标准化和管理标准化。其中,重点强调施工管理标准化的核心地位。对此,北京市高速公路建设单位认真落实。以首发集团为例,该集团认真贯彻这一要求,制定《高速公路建设管理标准化活动实施方案》,宣贯标准化管理理念,全面启动集团公司高速公路建设管理标准化活动。加强工程技术质量管理检查,结合工程创优参评条件,明确各项目质量控制节点,提高在建工程质量控制力,各项工程质量合格率达100%。充分发挥监理、第三方质量检测、政府质量监督的作用,加强对施工单位履约管理的作用,不断提高工程质量管理水平。推行全员合同管理,以批复概算为考核指标,将造价控制落实到具体部门和责任人,对原始合同价、清单核算、变更、增补、索赔等事项的发生进行动态管理,建立完备的造价控制机制,有效控制工程成本。在工程建设管理中,扎实推行标准化建设工作,利用科技手段加强对在建工程的整体质量控制,科学管理工程变更,认真落实履行监控平台管理职能,工程进行全程成本分析与管理,工程建设管理水平进一步提高。

"十一五"期间,首发集团建成通车高速公路318km,占北京市同期新建成高速里程的92.4%。在此过程中,首发集团克服了建设工期紧、任务重、技术复杂、施工困难大以及前期工作周长等各种不利因素的影响,通过完善技术方案,规范建设程序,加强拆迁协调,强化合同管理和质量管理,加强对施工、监理单位合同履约监督,使高速公路建设质量始终处于受控状态,全部项目质量合格率达到100%,单位工程优良率95%。

其间,首发建设公司以"平安工地"建设活动为契机,进一步强化施工安全工作的源头管理,本着早组织、早准备、早动手、抓落实的工作原则,加强组织领导,积极推进"两个主体,两个责任"的落实,认真排查消除各种安全隐患。在工程施工中注重抓细节,认真研究制定施工安全、防范事故等方面的管理措施。通过开展"平安工地"建设活动,确保工程施工安全、有序、可控,全面提高了工程建设安全管理标准化、规范化水平。

进入"十二五",首发建设公司进一步树立全过程管理理念,强化项目前期工作,提高项目管理效能。首发建设公司的项目管理工作由以往单纯的施工阶段的管理延伸到项目工可、初设、施工图设计阶段的管理工作。项目管理外延发生重大变化,项目管理的效能明显提高。同时,首发建设公司不断探索加强合同管理、造价控制的新方法、新途径。通过明确责任、理清事项、限定时间、强化考核等手段,强化合同管理,有效推动了变更、拆迁合同等事项的时效性管理,造价管控水平进一步提高。推行"日清月结"做法,减少工程变更、控制工程索赔,确保合同管理工作规范运行,取得良好的效果,完善工程管理办法,工程管理、技术质量管理和施工组织的具体分工进一步明确,责权更加分明。发挥履约平台作用,依法合规开展招标工作,确保了程序规范和公开透明。

另外,高速公路工程建设过程的质量控制体系不断完善,质量管理不断增强。首发集团编制了《工程质量管理办法》《工程技术管理办法》《项目管理质量日常检查实施细则》,明确了建设单位、监理单位的工程质量工作范围、具体内容和相关责任,规范了质量管理行为。通过严把材料进场关,进一步强化首件验收制,强化施工过程控制,通过样板路等措施,细化各项施工标准;加强日常质量监督检查频率,跟踪检查关键工序,强化对质量控制重点环节的验收检查;加强质量控制力度,对路面摊铺质量、附属设施质量进行过程控制和第三方检测;充分发挥中心试验室的作用,加大对监理单位和施工单位试验数据的监督力度;加强质量通病的防治,开展高填方路基沉降和混凝土外观质量等问题的技术攻关,推广应用技术成果,减少质量通病。

在总结实践经验的基础上,针对高速公路建设质量控制中存在的问题,积极探索,构建了"质量抽查(检)、第三方试验检测、业主中心试验室"三种业主质量检查体系,并针对三种模式的不同特点进行灵活的应用,形成系统的质量检查模式。业主能够根据工程规模的实际情况,选择合适的质量控制模式,在最大限度节约了工程建设投资的情况下,通过对不同模式在建工程提供及时、真实、准确、可靠的工程建设数据,真正实现了业主对工程建设过程实时、动态跟踪,把一些潜在的质量隐患消除在萌芽状态。业主在工程建设过程中充分发挥三种模式的各自优势,使得三种模式完全脱离于施工、监理单位,代表业主行使权力,通过参与工程建设过程的控制,能够全面掌握现场实际情况,严格控制工程施工过程质量,为控制工程质量提供了坚实的保障,为北京市高速公路打造"精品工程"奠定了良好基础。五环路、石景山南站高架桥、上地斜拉桥以其高技术含量、高施工难度等成为代表性工程。

此外,北京市高速公路建设管理中还紧紧围绕公路工程建设,实施"阳光工程",开展各项工作。坚持公开、透明、依法办事、民主监督、注重实效的原则,以规范主体行为,完善市场机制为着力点,与效能监察工作相结合。按照北京市纪委、市监察局、市交通委关于"十公开、十不准"的要求,首发集团发布《关于在基本建设中实施"阳光工程"的意见》等有关规定,组织实施"阳光工程",具体实行"五公开",即拆迁公开、招标公开、采购公开、施工公开和验收公开。项目管理处按照交通部的有关文件精神,公司在与施工单位或监理单位签订承包合同时,签订了廉政合同。通过廉政合同,乙方自我约束,相互监督,避免违法违纪的腐败现象发生。另外,项目管理处就阳光工程制订了以下措施:建立"阳光工程"建设领导小组,加强对实施"阳光工程"的组织管理,建立项目管理处实施"阳光工程"

的管理体系,项目管理处要在公司实施"阳光工程"领导小组的统一领导下,全面负责所辖项目工程开展"阳光工程"的各项管理工作,负责本项目工程从开工至竣工验收整个建设期内,实施"阳光工程"的组织管理工作,发挥社会监督和舆论监督的作用,项目管理处设置举报箱,及时掌握和了解实施"阳光工程"过程中产生的各种不规范和不廉政行为,以此促进党风廉政建设,全力推进工程建设管理工作,发挥项目管理处的管理职能;组织对监理单位和施工单位进行问卷调查,充分掌握所有参建单位的廉政建设情况,确保工程科学、合理、有序地进展。通过一系列的活动,避免了违法违纪腐败现象的发生。同时,针对工程管理投资大的特点,首发集团加强过程审计,集团每年都安排中介机构对工程建设项目进行过程和结算审计,同时将审计工作推广到单项工程管理中,促进了工程建设管理规范有序进行。

截至2015年,首发建设公司完成了高速公路建设投资900亿元,积累了丰富的工程建设管理经验。首发建设公司通过建立程序化、标准化、科学化的企业管理模式,确保了工程建设质量、强化造价管理,合理控制工期,实现了"人文高速、科技高速、绿色高速"的建设目标。在16年的探索过程中,实现了高速公路建设高速度与高质量的统一,培养了一支具有丰富管理经验、高素质、高水平的管理队伍。

第八节 市场化运作之后的行业监管

1999年,首发集团等企业相继成立之后,北京市高速公路建设管理相应发生变化。1999年,北京市编办、市交通局同意北京市公路局质量监督处加挂"北京市公路工程质量监督站"牌子。市交通局对"北京市公路工程质量监督站"的公路建设质量监督职能进行重新授权,委托北京市公路工程质量监督站作为政府对公路工程进行强制性监督管理的办事机构,负责本市公路建设项目及其配套、辅助和附属工程建设质量的监督检查,业务上接受交通部基本建设质量监督总站和北京市建设工程质量监督总站的指导。主要职责是:执行国家有关工程质量管理的法律、法规、规章、强制性技术标准;负责对公路工程监理工作进行监督管理;承担公路工程监理单位的资质、监理工程师的资质与资格管理;负责公路工程监理单位的资格预审和市场准入工作;承担公路工程试验检测机构及人员的资质管理。

早在1998年,北京市根据工程项目的规模,采取不同的质量监督方式,对高速公路等重点工程采用驻场监督形式,建立工程项目现场监督办公室,由监督工程师驻现场,具体负责项目的建设质量监督。在工程建设初期、施工期间、建设后期等不同阶段和工程特点制定具体的监督计划和方案,采取点面结合、抽查为主的监督方式。在施工过程中,把日常巡视与现场检查相结合,确保工程质量监督有效。对于一般性新建和养护工程,采取巡查制度,做到监督覆盖面达到100%,审查资质、进行工程实体测试,达到检查工程质量和质量监督工作的目的。

开工前,召开各参建单位主要负责人参加的监督工作会议,明确说明监督人员职责、监督工作原则、监督程序及各种规定,并详细讲解交通基本建设的规章制度,解释、宣传监督办法,明确分阶段监督工作的目标、监督计划,为在工程中实施质量监督打下良好基础。工程进行中,严格对从业单位进行履约检查。对照资格预审和招投标文件,对工程监理单位、施工单位及人员的资质、资格和各单位质保体系进行审查,并且检查工地试验室的规模、试验项目是否满足工程需要,督促抓好公路建设从业单位的队伍建设,提高从业人员自身业务素质,通过提高组成质量保证体系人员的质量意识和技术水平避免对工程质量的疏漏。对在从业资格上弄虚作假和业务素质不高、从业资格不能满足工程需要的人员坚决予以更换,对造成质量问题的责任人员坚决清除出场。同时,对建设单位"指定分包、指定采购"和施工单位非法转包、违规分包的行为进行监督检查。

实行路用材料市场准入制度。建立路用材料、混凝土构件的市场准入制度,对材料供应商从企业资质、生产场地设备、质保体系、试验设备以及技术人员、试验人员、质控人员的资格等方面进行审核,只有通过审核并取得市场准入的单位方可向工程提供产品,从源头上防止质量问题。在施工过程中,对供料单位进行抽查,发现问题,追查到底,直至取消市场准入资格。

采用监督巡查、专项检查和全面检查相结合,实行工程质量的全过程控制。严格重点部位工程实体抽测。对在建工程进行抽检,基本涵盖工程工序和易发生质量问题的部位。根据不同的工程特点和进度,组织专项检查,特别是对工程结构进行混凝土强度、钢筋位置、钢筋间距和钢筋的混凝土保护层厚度进行测试,从而保证结构工程的质量。对路基填方的冬季预压、桥头和挡墙附近置换填筑材料、SMA路面中面层的空隙率控制、合理平整度与压实度的关系、小构件生产资质和工艺等问题,严格把关。

为加大检查覆盖面,堵塞质量管理漏洞,每条高速公路组织专业技术人员进行质量综合检查,使用先进的检测设备对在建工程从内业、外观、结构物、路基路面和大地测量等方面,对工程从业的监理、施工单位的质量工作和工程实体质量进行全面检查。内容主要是总监办、驻地办和驻地监理人员的资质等级、人员资格,质保体系的建立,监理规范的执行情况和监理工地试验室的人员、试验设备配备、试验资料管理情况以及在建工程实体;检查结果发到政府交通行政主管部门、建设单位、监理单位和施工单位,以强化各方质量意识、加强质量管理。

对于监理单位的管理,分阶段采用千分制对监理与施工单位的质量工作进行考核评分,将质量工作量化,考评监理单位的内容包括监理文件的管理和监理工作的执行情况,对施工单位考评的内容包括施工文件的管理和质保体系的运作情况,监督各单位对存在问题进行整改,使各单位在工程中提高质量管理水平。将考核结果与监理单位的《监理项目评价表》和《项目经理评价表》挂钩,将影响其市场准入资格,以此促进行业整体水平的提高。

对于质量保证资料的管理,加强对监理与施工单位的施工技术资料进行专题检查和不定期抽查,发现问题及时纠正,保证本工程各种资料的真实、准确、及时与完整。

对于工程质量交工验收,按照《公路工程竣工验收办法》的有关规定,组织对工程的质量检验,在实测实量的基础上,出具工程检测报告。结合工程实施过程中分阶段质量检测结果和监督日常工作,出具工程监督总结,对工程进行质量鉴定,初步确定质量等级,填写工程质量鉴定证书。《公路质量检验评定报告》《工程质量监督报告》和《公路工程质量鉴定证书》文件范本,规范了监督行为。

2000年1月,北京市政府实行机构改革,将北京市交通局设为政府组成部门,组建新交通局。高速公路总体发展战略、中长期发展规划、相关法规章程的组织实施、行业管理等职责由交通局负责。2003年之后,北京市公路局相应地承担着高速公路建设运营的行政行业管理职责,对高速公路等建设和养护项目实施组织协调和监管;贯彻执行国家及本市有关高速公路等交通基础设施方面的法律、法规和规章;研究拟定本市高速公路建设及维修养护的年度计划,并组织实施;负责本市路政的具体管理工作;负责公路建设、维修养护招标投标活动的监督管理等工作。

2001年根据国务院《建设工程质量管理条例》,北京市交通局发布了《北京市公路工程质量监督工作规定》《北京市公路工程施工监理资质与资格管理细则》《北京市公路工程试验检测机构资质与资格管理细则》《北京市公路工程路用材料生产资信登记管理和考核细则》,2002年北京市公路局发布《北京市公路工程质量保证资料管理办法》,公路工程质量监督站发布《北京市高速公路建设质量监督办法》《北京市一般新建及养护工程质量监督办法》等一系列规章制度。规范和约束监督人员的行为,明确监督人员应承担的工作责任和具有的权限,运用规章制度界定了监督的工作责任,接受社会监督。

2003年,北京市编办将公路工程质量监督站更名为道路工程质量监督站。监督范围涉及公路质量与安全监督、城市道路监督、轨道养护监督、市场监督等。主要职责是:贯彻执行有关工程质量管理的法律、法规和工程建设强制性标准;在本行政区域内对质量违法、违规行为,依照委托权限实施行政处罚或提出行政处罚建议;根据确定的质量监督工程项目范围,负责本行政区域公路、水运工程建设项目的质量监督、质量鉴定、质量评定,指导本行政区域质量监督工作开展;组织开展本行政区域公路、水运工程质量有关的专项活动;负责本行政区域公路、水运工程监理工作的监督管理,承担监理单位资质和从业人员资格管理,组织监理单位和人员信用评价;负责本行政区域公路、水运工程试验检测单位等级评定和从业人员资格管理,指导工程质量检测工作开展,组织检测单位和人员的信用评价;参与公路水运工程施工企业信用评价;负责本行政区域公路、水运工程主要质量指标的数据统计、质量状况分析,定期发布质量信息;受理本行政区域公路水运工程质量问题、质量事故的投诉、举报,组织或参与质量事故的调查和处理。

2003年以后,北京提出了"以控制有效为目标,坚持质量工作与实体质量并重,抓好材料生产、现场监理和试验检测等基础工作,搞好综合检查、履约检查、验收检查和巡视检查等监督检查,突出质量保证体系、强制性条文、有见证试验、通病治理和试验工程等重点内容,着力解决源头性、均衡性、均匀性、差异性、真实性和标准试验等基础性问题,促进工程质量稳步提升,为首都交通建设贡献力量"的质量监督工作思路。加强了对工程项目质量保证体系的建立和运行的监督检查,把质量安全要求督促落实到工程项目实施过程中的各个部门、各个岗位、各个环节的有序衔接上。对重点项目、重点企业和重点区域,加大督查频次,拓宽督查内容,跟踪督查整改结果。

之后,提出"监理企业树品牌、监理人员讲责任"的要求,全面推动监理行业的职业化进程。以"监理企业树品牌"为契机,推动监理企业的规模化、规范化发展,推动监理企业的诚信建设,推动监理企业整体技术、装备、管理水平的提高。以"监理人员讲责任"为职业道德建设平台,在监理人员中强化责任意识,推动总监理工程师负责制和监理职业化进程。

2006年,交通部发布《公路建设市场管理办法》,北京市路政局颁布《北京市公路工程质量监督规定》《北京市高速公路建设质量监督办法》,先后制定了监督责任人制度、监督问题报告制度、监督检查表制度、监督会商制度、监督预警信息发布制度、监督档案管理规定等,监督工作制度配套齐全。根据交通部以及北京市交通局、公路局、路政局陆续制定颁布的各项质量监督管理办法,在开展质量监督工作中,监督工作流程分为开工前、施工中和竣工验收三个阶段。针对不同工程规模、性质,采取不同组织形式,保持相应监督力度,确保监督覆盖面100%。

开工前要求建设单位办理委托监督手续。监督站向建设单位发工程质量委托监督通知书,建设单位填写工程质量监督委托书并报送监理工作规划,监理人员名单,试验设备配备情况,施工单位主要技术负责人名单,自检体系人员配备,试验室设备配备情况。监督站核定上列文件资料并发出《工程质量监督人员通知书》,制订监督计划。

施工阶段分为实行监理的工程和不实行监理的工程。实行监理的工程,监理单位要向质监站报送工程质量月报、季报、年报;监督站人员要检查监理单位及人员的工作,对工程质量抽查核验,填写《工程质量抽查意见书》;监督检查施工单位的自检体系和规章制度的执行情况。不实行监理的工程,施工单位提前2日向监督人员发《工程现场检查通知单》,监督人员现场检查后填写《工程现场检查记录单》,如有质量问题,视问题严重程度发《工程质量问题通知单》和《工程质量事故报告单》,监督员向监督站报《工程监督月报表》,监督检查施工单位的自检体系和规章制度的执行情况。

竣工验收阶段,参加交工验收(检验),组织质量鉴定并签发《公路工程质量鉴定证书》。参加竣工验收,评定工程质量等级,推荐优质工程。

2008年是奥运年,为全力推进奥运交通筹备工作,北京市公路建设规模特别是高速公路项目创历史新高,质量监督工作任务繁重。到当年12月底,共对152项公路工程项目进行质量监督,其中高速公路6项,监督覆盖率达到100%。在实体检测中注重工程实体质量,对工程关键部位、薄弱环节进行抽查,对涉及工程结构安全和耐久性的重要指标进行检测。各受监工程项目基本执行了有关工程质量的法律、法规和强制性标准要求,总体上质量处于受控状态。

2008年后,按照全面、协调、可持续发展观的要求,在深入研究北京高速公路建设新形势和工程质量监督新任务的基础上,采取了许多行之有效的措施,比如,设立高速公路现场监督办公室,采用驻场监督方式,具体负责项目的监督工作;对一般新改建和养护工程,分东、西两片,采取巡查方式,注重工程实体质量检测等。将工程现场的质量安全生产监督检查融于日常检查中,加大履约、质量安全检查力度。工程施工过程中,将工程质量监督检查与安全生产监督检查有机结合,确保工程质量和安全生产。

2009年,北京市路政局成立之后,负责起草本市高速公路的养护年度计划,并组织实施;参与拟定高速公路建设、养护的地方标准和规范,并组织实施;参与本市高速公路建设工程的验收工作,承担高速公路建设和养护中的相关协调工作;承担本市高速公路的行政管理工作,负责本市路政的具体管理,承担路政方面的行政许可合同及工作,管理有关道路规费;承担本市高速公路设施安全的监督管理工作;承担高速公路运行中突发事件的预防、应对和突发公共事件中涉及交通基础设施方面的应急抢险工作等工作。同年9月,北京市交通委综合协调处撤销,市交通委工程管理处成立,负责交通基础设施建设的组织协调和养护的管理工作;负责公路建设和养护工程招标投标的监督管理,并组织道路工程竣工验收。

2010年以后,随着本市道路建设进入了全新发展的新时期,质量监督工作更加重要,同时提高到一个新水平,紧紧围绕质量、安全、创新和可持续发展等目标,运用现代工程管理理念,强化底线、红线意识,完善政府监督下的"法人负责、监理控制、施工保证"质量管理体系,强化施工单位主体责任,依法监督、规范服务,坚持创新驱动发展理念,强化科技支撑引领作用,打造创新发展平台。推进"可视化道路路况检测技术的开发与推广应用"等科技项目,建立北京市道路桥梁技术状况数据库,建立路况信息管理和决策支持系统、桥梁群检测系统等,为道路养护、维修决策提供科学合理依据。

第二章
高速公路运营管理

　　高速公路运营管理是高速公路建成通车后,对高速公路的收费、养护、交通、安全、服务等系统进行计划、组织、指挥、控制和协调,使其为高速公路的使用者提供快速、高效、安全、畅通的道路及高质量的服务。随着北京市高速公路网建设规模的不断增大,高速公路发展水平和质量的不断提高,高速公路运营管理水平也不断得到提升。这为广大高速公路使用者提供了快速、安全、舒适、畅通的高水平通行服务,成为展示北京服务、首都形象的重要窗口。在此过程中,北京市高速公路行业也积累了众多宝贵经验,为今后行业的长远发展、服务品质和品牌价值提升奠定了良好的基础。

第一节　事业单位运营管理模式

　　在北京市高速公路建设发展初期,中央和北京市政府对高速公路的建设和管理给予了极大的关注。1991年1月,京津塘高速公路试通车前夕,时任国务院总理李鹏题词"把京津塘高速公路的建设和管理达到国际第一流水平",北京市政府也要求把北京段建成北京市对外的窗口。在首都机场高速公路建成通车后,"国门第一路"的运营管理要求更高。

　　在建设发展初期,高速公路建成后要保持安全、快捷运行,为社会提供更多样的服务,这在当时是一个新的课题。在首发集团成立之前,运营管理的责任落在了当时的"高速公路管理处(所)"的肩上。初期阶段,北京市高速公路运营管理是由北京市公路局(1990年之前由北京市公路处管理)设立机构负责运营管理各条高速公路。在设置机构时,采取一条路线设立一个管理处(所)的方式,由此机构负责高速公路的路政管理、交通安全管理、收费管理、养护管理、通信监控管理和服务区管理。

　　1987年12月,京石高速公路一、二期工程完工后,北京市公路处设京石公路管理所,为市公路处直接管理高速公路的机构,按高速公路管理收费,下设养护、工程、机械段和收费站。1991年北京市公路局正式成立后,下设京石分局、高速公路管理处等单位,北京市高速公路的项目大部分前期工作及建设、收费、养护和路政管理等工作均由公路局负责。其中,高速公路管理处负责京津塘高速公路北京段的全面养护管理,公路大、中修,日常养护、设施管理维护、绿化、路政管理等,并收取车辆通行费。京石分局负责京石高速公路北京段的公路、桥梁的养护管理、路政管理、收费和对外服务。在首都机场高速公路运营管理方面,交通部中国公路桥梁建设总公司和北京市交通局京津塘高速公路北京市公司联合成立首都高速公路发展公司,负责经营这条高速公路。1995年,北京市交通局下属首都机场高速公路管理处负责运营管理该高速公路,管理处下设4科2室(人事劳资科、计划财务科、路政养护科、监控收费管理科、党总支办公室、行政办公室),保证了首都机场高速公路的安全、高效运行。同年12月28日,北京市机构编制委员会根据北京市政府1995年12月25日会议决定,批准成立北京市政工程总公司的正处级自收自支事业单位,即北京市京通快速路管理处,负责京通快速路的运营管理。

  1997年,北京市公路局成立了八达岭高速公路管理处和京通快速公路管理处,从机构编制上保障了两条公路的正常使用、维护和保养。

  在北京市高速公路建设发展初期,高速公路运营管理同样也是新鲜事物,当时不清楚应当做些什么,国内没有可借鉴的先例,由新组建的一支当时并不专业的管理队伍去管理现代化的高速公路更是难上加难。人们意识到这支队伍应当是组织纪律性强、热心服务社会、文化素质要高、业务能力过硬、具有现代化管理意识、掌握现代化管理手段的高效率的精干队伍,但在当时情况下要达到这样的标准是很困难的。

  为了提高运营管理水平,当时的北京市交通局在1997年便发布了《北京市高速公路行业文明标准》,该标准从基础设施、文明服务、路容路貌、行政执法、规范管理、组织保证6个方面考核高速公路管理工作,并制定了详细的评分标准和考核办法,这对促进高速公路管理水平起到了重要作用。

  在运营管理方面,专门负责京津塘高速公路运营管理的"北京市高速公路管理处"做出了重要的探索,也成为这个时期高速公路运营管理的代表。经过几年的努力,管理处从组建队伍入手,摸清各岗位的工作内容,理清了6个方面的管理内容,即收费系统、公路养护系统、通信照明和监控系统、公路路政管理、公路救援和服务区管理。从建立规章制度入手,建立各项工作手册、规范。提出"全面提高素质、增强服务意识、争创一流水平"的工作指导原则。制定了"三、五、八"管理目标规划,即:在三年内达到国内先进水平,五年内达到国际中等水平,八年内达到国际先进水平。也就是说,要用16年的时间,把管理工作水平逐步提高到国际一流水平。

  收费管理方面,高速公路管理处公路通行费征收部门代行政府公路规费执法职能,负责全市高速公路车辆通行费的征收和管理。至1997年,北京市共设有7个通行费收费所,3个收费点,负责京石高速公路等收费路段的通行费收取工作。根据统计,1997年北京公路通行费征收额达2.50亿元。以京石高速公路收费管理为例,京石高速公路一、二、三期工程竣工后,通车里程达36km。为了偿还贷款,1987年10月北京市人民政府批准收取车辆通行费。鉴于当时通车里程只有14.4km,为了简化手续,方便管理,在施工路段终点附近设杜家坎收费站,采取一次性统收车辆通行费。1993年,京石高速公路四期通车后,按照车型以"全程每车次征收通行费"的方式征收。

在新的收费技术应用方面,北京市也做出了诸多有益探索。1989年初,北京市公路管理处京石公路管理所与国家863-409高技术办公室合作,研制高速公路单通道自动计费系统。在此基础上,北京市公路管理处与航天部103所合作继续开发高速公路多通道自动计费系统。该系统集声、光、电综合技术为一体,主要由主控系统、红外系统、前端机系统、防逃系统、通信系统、电子牌照系统、监视系统、供电系统和大型信息板9个子系统组成。完全利用计算机代替人工判别计费,提高收费准确性,杜绝收费中的种种弊端。该系统在京石高速公路北京段杜家坎收费站连续使用,工作稳定可靠。通过北京市市政管理委员会组织的技术鉴定,认为自动计费系统在国内领先,总体技术达到国际先进水平,获得国家专利,并获1992年北京市科技进步二等奖。

养护管理方面,京石高速公路的养护管理工作由京石分局负责,首都机场高速公路则由北京市公路局二处组建的机场高速养护队负责,京津塘高速公路由北京市高速公路管理处负责。经过不断探索,北京市高速公路管理处管辖的京津塘高速公路在养护规范化、标准化方面成绩突出。京津塘高速公路的路面、桥涵、交通工程、绿化维护等作业实现了机械化,定期采集各项静态数据,保持日常的路面整洁、设施齐全,并提供了良好的环境水平,保持了高速公路的安全畅通。同时,养护成本实现了核算管理,开发了道路桥涵的数据库和桥梁评价系统,为养护管理走上科学化、现代化打下了基础。早在1988年,交通部提出"GBM"工程的要求,把公路养护和文明路建设结合起来,明确更规范、更具体的技术标准。"GBM"工程是一项提高公路通过能力、抗灾能力、管理水平,突出公路建筑美、环境美的综合技术改造措施。1990年前,北京市修建过程中基本达到"GBM"工程标准的二级以上高等级公路有18条,长250km。其中包括京津塘高速公路、京石(一、二期)高速公路。这说明北京市高速公路养护管理得到了行业和社会的初步认可。在养护工艺、养护材料上,1991年后,相继开展了多项养护科研工作,并逐步在养护工程中推广应用。其中包括改性沥青、稀浆封层、新型伸缩缝,以及钢纤维混凝土喷射技术。

服务区管理方面,京石高速公路参照国际高速公路服务设计标准,1993年在38km处成立了京石服务区,能提供加油、停车、餐饮等服务。京津塘高速公路服务区则是由北京市高速公路管理处管理,当时,北京市高速公路运营管理首次把服务的意识和理念引入高速公路管理。即高速公路管理的最终目的就是为使用者提供最好的、全面的、高水平的服务,一切要为用户着想。为此,各窗口单位都提出了对社会公开承诺的服务条款,自觉地为社会提供优质服务,并建立考核奖励办法。为了兑现各项服务承诺,最关键的是每个人的思想素质和业务技术素质的提高,以及内部有条不紊的管理,"以人为本"的理念渐渐成为大家的共识。

首先是把工作思路放在为过往车辆和人的服务上,为过路人的需要着想,进行换位思考,尤其是举手之劳的事一定要做好。收费人员的微笑服务,大型指路图版,免费电话和茶水,路政救援及时到位,加油站主动服务都受到了过路人的好评,驾驶员们留下的感人话语体现了亲如一家的情感,感人肺腑。

其次是提高全体人员的素质,建设一支思想好、能吃苦、业务能力强、掌握现代化管理技能的管理队伍。下功夫提高文化水平,加强技术业务练兵,学习英语对话,学习使用计算机,开发计算机办公系统和道路桥梁管理系统,这一切在当时都走在了前面。加强政治教育,全体人员每年军训一次,以加强组织纪律性。开展各项文体活动,寓教于乐,绿化美化环境,加强精神文明建设,这一切都收到了很好的效果,逐步形成了积极奉献、乐于进取、亲情友爱、团结互助、争创一流的"高速精神",为能够作为"高速人"而感到自豪。经过3年的准备,及北京市高速公路管理处全体职工的努力,到1995年实现了第一个目标,管理工作水平达到了国内先进水平,得到了交通部的认可。从1996年开始实施"国际质量认证"即"ISO 9000"认证体系,制定管理目标,编写21项管理文件,成功地将国际质量管理应用到高速公路管理工作中,并取得了认证,使管理工作迈上了一个新台阶。

1997年12月,北京市高速公路管理处通过了了ISO 9002质量体系认证,成为我国首家取得国际质量体系认证的高速公路管理系统。这为我国高速公路规范化、标准化管理做出了示范,同时也为全国的高速公路管理与国际接轨开辟了一条新路。1998年,提前两年使北京高速公路运营管理工作达到了国际水平,得到了上级的认可,并为全国高速公路系统提供了经验,也向社会奉献了达到国际管理水平的高速公路,同时也为北京市高速公路运营管理不断提升探明了道路、打下了坚实基础。

第二节　企业运营管理及行业管理模式

随着高速公路管理体制的变革,北京市高速公路建设、运营的主体发生了变化。简单来说,就是运营单位作为企业,是高速公路运营管理的主体,政府主管部门是监管主体。

北京市交通委路政局作为全市高速公路行业管理的政府部门,负责北京市高速公路运营管理工作的行业管理和监督工作。路政管理方面,2004年,北京市对高速公路路政实行派驻管理。2010年,北京市交通委员会路政局编制《北京市交通委员会路政局远郊区县公路分局职能配置内设机构和人员编制规定》。根据规定,各公路分局路政大队负责高速公路的路政管理工作。

截至2016年底,北京市高速公路分别由北京市首都公路发展集团有限公司、北京首都高速公路发展有限公司、华北高速公路股份有限公司、北京国投公路建设发展有限公司、北京通达京承高速公路有限公司、北京首创股份有限公司京通快速路管理分公司、北京市路政局道路建设工程项目管理中心等单位运营、管理和养护,并进行路产管理。

"十二五"期间,为了满足社会公众对于高品质道路交通服务的强烈需求,适应城乡发展一体化、建设管理集约化、城市发展国际化、公共服务均等化的城市发展特征,北京市交通委员会路政局提出了"精细管理、无痕服务"的理念,各高速公路运营管理单位也将这一理念深入践行。

为提升运营服务品质,以首发集团为代表的运营管理单位提出了"适需服务、畅行高速"等新理念,从提高路况水平、强化安全应急、信息化建设、重大节假日小客车免费通行等方面,不断提升高速公路运营服务能力,以优化市民高速公路出行环境为出发点,以提升道路服务水平为落脚点,北京高速公路行业实现了路网服务水平、行业管理水平、安全应急水平、路政管理成效、绿色科技成效、公路治超成效"六个"显著提升。通过"精细管理、无痕服务""适需服务、畅行高速"等理念贯彻实施,在总结提炼"秋子服务"等品牌创建经验基础上,北京市高速公路行业加快培育形成了各企业的运营服务品牌,全面提升了北京市高速公路的运营服务水平,为市民提供了畅通、安全、舒适、美观的优质出行服务,有力支持了首都经济社会发展。

一、高速公路运营管理主体

(一)北京市首都公路发展集团有限公司

北京市首都公路发展集团有限责任公司(简称"首发集团")负责管养858.6km高速公路,管养里程占全市高速公路总里程的85%,包括G1京哈高速公路、G3京台高速公路、G4京港澳高速公路、G5京昆高速公路、G6京藏高速公路、G7京新高速公路、G45大广高速公路北京段、通燕高速公路、S11京承高速公路、S28机场北线、S15京津高速公路、S51机场第二高速公路、S32京平高速公路(机场南线)、S50五环路和G4501六环路等。

(二)华北高速公路股份有限公司

京津塘高速公路北京市公司负责京沪高速公路北京段(G2京沪高速公路北京段,即京津塘高速公路)35km运营养护管理。华北高速公路股份有限公司成立时,将两市一省三地三个综合管理处改革调整为收费、养护、服务区三个专业化公司,采取"一路三公司"的模式。

养护方面设立华北高速股份有限公司养护管理分公司,主要从事京沪高速公路(北京段)的维护与保养。大中修及专项维修采用招标方式,按照采购管理规定进行招标,选取具有相应资质的施工企业进行施工。服务区方面,由服务区分公司负责。

(三)北京市首都高速公路发展公司

负责机场高速公路18.7km的运营养护管理。收费管理方面及养护方面与北京路捷通公路养护有限公司常年签订日常养护承包合同。大中修及专项维修采用招标方式,按照采购管理规定进行招标、邀标,选取具有相应资质的施工企业进行施工。

(四)北京通达京承高速公路有限公司

负责京承高速公路二期46.7km的运营养护管理。养护管理方面,采取合同承包制管理,承包给北京首发公路养护工程有限公司具体负责日常养护管理。大中修及专项维修采用招标方式,按照采购管理规定进行招标,选取具有相应资质的施工企业进行施工。

(五)北京首创京通快速路分公司

负责京通快速路16.1km的运营养护管理、环境绿化、通行费收取等运营管理工作。下设监控中心、设备管理部、收费管理部、路产管理部、养护管理部。收费管理方面由收费管理部负责,养护管理工作由养护管理部负责,道路桥梁管理由养护管理部专业人员负责,并定时聘请专业机构进行常规检测;日常养护及零散工程外包给北京永安兴工程机械施工工程有限公司,绿化养护工程委托北京新大友绿化工程有限公司,大、中、小修工程按照采购管理规定进行招标,选取具有相应资质的施工企业进行施工。路产管理部对全路进行严密的道路巡视管理,固定巡查频次每日8次,并随时做好上路处理突发性紧急事件的准备。监控中心作为分公司信息中枢系统,担负着对外界各类情报和数据接收、发布、传递的重要职责。对全路24小时实施技防监控,在应急抢险时作为指令发布、全局工作调动的临时指挥机构。日常还肩负着对内部员工在岗行为规范执行情况的监督与检查。设备管理部主要负责供电、收费、监控、通信、办公等机电系统的运营养护工作。

(六)北京国投公路建设发展有限公司

北京国投公路建设发展有限公司负责包括G7京新高速公路21.86km和普通国道G110段30.89km的运营养护管理,日常养护采取合同委托方式对国道110新线进行养护,北京公联洁达路桥养护工程有限公司负责昌平区德胜口至延庆县下营(北京市界)段(K44+800~K90+410)的日常保洁维护;中城建三公司负责平区德胜口至延庆县下营(北京市界)段(K44+800~K90+410)的路面小修、沿线设施修复及绿化进行养护。大、中修及专项维修采用招、邀标方式,按照采购管理规定进行招标,选取具有相应资质的施工企业进行施工。

（七）北京市路政局道路建设工程项目管理中心

负责京平高速公路52.85km的具体养护管理工作。作为北京市第一条政府收费还贷高速公路，根据相关法律法规规定的"管理政府还贷路应按照政事分开原则，依法设立专门的不以营利为目的的法人组织"，北京市政府以文件形式明确市路政局作为管理主体。经市路政局研究确定，由北京市路政局道路建设工程项目管理中心作为京平高速公路的管理执行单位。养护工作由首发集团公司依据与道路建设工程项目管理中心签订的委托合同实施京平高速公路养护。

二、运营管理经验

由于首发集团负责运营管理着全市85%的高速公路，所以其运营管理的情况代表着北京市高速公路运营管理的基本面。

首发集团早在2007年便编制了运营管理手册。2010年组织各运营管理单位对手册进行了修订，增加了桥涵篇、隧道篇、绿化篇和服务区篇，形成了2010年版《高速公路运营管理手册》，手册涵盖高速公路运营管理的各个主要方面，包括法规篇、服务区篇、基础篇、路产篇、绿化篇、桥涵篇、收费篇、隧道篇和养护篇，成为一套高速公路运营管理的规范化文件。手册明确了高速公路运营管理工作的流程和标准，建立运营管理考核机制，为运营管理工作逐步制度化、规范化、精细化奠定了坚实的基础，提高了北京高速公路的运营管理水平。

（一）收费管理

截至2016年底，北京市共有收费高速公路879.97km。共设置171个收费站，其中主线收费站26个（含8个省界主线共管站）。入口车道816条（其中ETC车道276条），出口车道1083条（其中ETC车道310条），详细信息见本书"附表"部分的表4-2-1。

1. 收费政策的执行

北京市交通委员会路政局、各高速公路公司认真落实《收费公路管理条例》《收费公路车辆通行费车型分类》《关于降低车辆通行费收费标准的意见》等相关法规、政策要求，切实做到应收不漏、应免不收，强化收费站现场管理，在上下班、节假日等高峰时段，采取复式收费、增加便携式收费机等方式提高通行效率。积极贯彻交通运输部"绿色通道"惠民政策，北京市下发了《关于保障鲜活农产品流通绿色通道的通知》，构建了覆盖北京市全部高速公路的鲜活农产品流通"绿色通道"网络，对鲜活农产品运输车辆均执行"绿色通道"相关政策；认真做好《重大节假日免收小型客车通行费实施方案》的落实工作，为重大节假日免费通行做好服务保障工作。

作为京津冀电子不停车收费区域联网示范工程城市,北京市成立了电子收费专营公司,专门从事符合国家标准的京津冀区域联网电子不停车收费系统的建设与管理,建成了京津冀不停车收费网络,并与全国实现联网,大大提高了通行效率。

2.收费管理模式

北京市高速公路收费管理采取各公司负责的模式,各路段收费由各业主单位组织实施收费。以首发集团为例,该集团实行区域化管理的模式,下设3个专业化公司(八达岭高速公路管理分公司、京沈高速公路分公司、京开高速公路管理分公司)负责收费运营管理工作。

其中,八达岭分公司主要负责G6京藏高速公路(北京段)、六环路(酸枣岭立交—阎村西段)、G7京新高速公路(五环路—德胜口)的运营管理工作。其中,京藏高速公路(北京段)管理里程82.1km(含营城子12km延长线);六环路(酸枣岭立交—阎村西段)管理里程80.36km;京新高速公路(五环路—德胜口段)管理里程37.867km;分公司管理里程共计200.327km。

京沈分公司负责京哈高速公路(北京段,39.891km)、通燕高速公路(北京段,13.8km)、六环高速公路(马驹桥—酸枣岭段,62.2km)、京承高速公路(北四环望和桥—六环路酸枣岭立交,21km)、京承高速公路(沙峪沟—市界,62.65km)、机场南线高速公路(含机场第二高速公路)(34.2km)、机场北线高速公路(11.303km)、代管京平高速公路(52.8km)共8条高速公路,共计297.844km的收费运营管理工作。

京开分公司负责北京西南区域的京港澳、京开、京津、京昆、京台高速公路北京段和六环路南段的收费运营工作,管辖高速公路里程共254.43km。其中,京港澳高速公路(北京段)全长45.6km,京开高速公路(北京段)全长51.44km,六环路(马驹桥—阎村西)全长45.52km,京津高速公路(北京段)全长34.11km,京昆高速公路(北京段)全长51.16km,京台高速公路(北京段)全长26.6km。

首发集团各分公司的运营管理工作,由各收费管理部、监控中心、稽查管理部负责。收费管理部负责贯彻执行国家及北京市政府有关高速公路通行费征收政策、法规及公司相关要求,制定并完善相关收费制度、工作程序,对收费业务实施监督检查。负责收费类报表汇总、审核,进行统计、编制、上报;负责年度通行费征收计划和指标的测算、上报工作,并将年度任务、指标分解到各收费管理所;负责分析收费工作情况,适时提出改进收费工作的建议;负责收费业务合同洽谈、签订及收费勤务车队的通行费结算工作。监控中心是分公司对收费现场业务指导、机电设备和专项工程管理的责任部门,负责分公司收费监控工作,记录并核对相关数据,监督和指导收费现场业务,传递信息并做好记录;负责分公司交通控制工作,处置各类突发事件以及信息传递工作,负责公务车辆通行的管理、监督、检查通行工作;负责运营机电设备的管理、维护和日常检查;负责机电建设项目的组织和施工,工程的竣工验收。稽查管理部是运营收费工作进行监督、检查的责任部门。负责对运营收费工作查找风险点,并提出改进建议;负责对运营收费工作质量的检查、分析并提出改进措施;负责对运营收费人员岗位工作情况进行监督检查。此外,G2京沪高速公路北京段35km的收费路段收费管理工作由华北高速公路股份有限公司负责,具体由公司下设的收费管理分公司负责;G7京新高速公路(其中的21.86km)由北京国投公路建设发展有限公司负责;G45大广高速公路(京承段的46.7km)由通达京承北京通达京承高速公路有限公司负责;G103京塘线(京通快速公路)、S46京通京哈联络线(3.2km)由首创股份京通快速路分公司负责;S12首都机场高速公路由北京首都高速公路发展有限公司负责;S32京平高速公路由北京市路政局道路建设工程项目管理中心负责。

3. 收费技术革新

从G4京港澳高速公路(京石高速公路)建设高速公路多通道自动计费系统,到早期的首都机场高速公路的收费系统,到最早实现跨省联网收费的地区,再到全国ETC联网,北京市高速公路系统不断升级收费技术,提升高速公路服务的能力和水平。

2002年,在交通部的指导下,京沈高速公路联网收费按照"全线联网、分区结算"方案开始实施全线收费联网工程。京沈高速公路联网收费示范工程的实施,标志着高速公路联网收费在管理方面上升到了一个新的阶段,形成了全新的高速公路管理理念;解决了不同应用系统之间的跨平台软件技术,标志着信息化在跨省市高速公路上的实际应用水平;实现了省域内的管理向跨省市管理的转变,为今后高速公路管理的发展方向做出了正确的引导,为探索和完善高速公路的管理体制奠定了基础。

ETC系统的开发和应用是我国ITS领域首先启动的项目,交通部确定在京津冀开展区域联网统一的ETC示范,实现ETC的跨省联网运行,进而实现统一标准的以ETC联网收费为主的区域联网收费系统的试点建设,并在全国范围内逐步实施统一的电子不停车收费系统标准。项目于2007年启动,包含系统改扩建工程一期、二期、三期,京津冀高速公路电子收费联网项目,首都机场停车楼ETC应用项目,银企合作项目等内容。2009年5月,系统建成并投入使用,包括车道子系统、分中心系统、结算系统、发行系统、客户服务系统等子系统。全市共建成1206条人工刷卡车道,87条ETC专用车道,ETC专用车道覆盖了高速公路交通流量大的主要收费站点,包括首发集团管理的71条,机场高速公路管理的2条,京通快速公路管理的2条,京津塘高速公路管理的8条,京承高速公路(二期)管理的4条。规定3年内对使用ETC的车辆实行九五折优惠,促进社会车辆安装使用ETC。项目开通后,单一车道利用率提高近3倍,一方面通过减少排队节约了出行时间,缓解收费站拥堵,提高通行效率,另一方面减少车辆排队油耗,达到了节能减排的目的。2010年实现了收费站覆盖率100%,当年9月29日,京津冀三地高速不停车收费系统正式联网,使两市一省高速公路电子收费用户实现了"一卡通行"应用及统一结算,区域通行条件更为便利。

到2016年12月20日,北京市ETC电子标签发行量突破270万大关。数据统计显示,2010年1月1日~2016年12月20日期间本市共建成使用ETC车道544条,ETC使用率超过100%。截至目前,北京已建设完成较为完善的客户服务体系,包括发行网点291个,联名卡代理发行网点2267余个,自助充值终端11003余台,银行充值网点973余家,并拥有微信、APP、网站及呼叫服务平台,其中,"乐速通"平台用户突破55万,实现线上办理,线下上门安装,全面推进O2O业务办理模式。服务拓展至货车、停车场等多个领域,其中,货车卡累计发行12万张,月均消费3亿余元;开通鸟巢、水立方、蓝色港湾等大型ETC停车场21家,实现项目签约30家,停车场ETC使用率平均达到30%,让客户享受到了舒畅的人车生活。

4. 收费服务提升

为了创造"畅安舒美"的通行环境,提高首都高速公路的服务形象,首发集团按照相关要求,结合运营现状,制定了《高速公路收费站区配套设施的布设标准》,经过实施专项工程,完善了收费站区的专用通道牌、"八公开"公示牌,增加了绿色通道政策公示牌、服务承诺公示牌、工具储藏间,统一了收费站区广告、亭体标识的设置标准,实现了收费站区整体布设统一化、标准化。

"十三五"期间,北京市高速收费站入口的人工车道将逐步升级改造,2017年将全部具备"车脸"识别技术——架在收费站入口车道顶棚上的摄像头不仅能够识别车牌,更能识别车辆的品牌、大小,再依据收费标准迅速将车分类,机器代替人工识别,不仅能迅速交费,同时还能防止收错费、车辆冒牌顶用的问题,大大提高服务水平。这种多特征车辆识别技术最早在京港澳高速公路示范应用,截至2016年底,已经有100条车道完成升级改造,主要分布在京港澳、京津、京新、京承等高速公路。

(二)服务区管理

服务区的经营管理水平是体现高速公路服务功能能否完备,服务质量是否优秀的重要标志。

北京作为"首善之区",高速公路的服务形象代表着首都形象。截至2016年底,北京市高速公路开通双侧服务区5对,单侧服务区2个,还有1对服务区未开通,见本书"附表"部分的表4-2-2。

为了全面提升首都高速服务区的优秀服务形象和高效率经营管理水平,2004年北京市交通委路政局颁布实施了《北京市高速公路服务区规范化管理制度》(京路公养发〔2004〕556号)、《收费(高速)公路服务质量评价体系》,实现了全市高速公路服务标准的统一化、标准化、规范化和科学化。2010年，进一步修订完善了《北京市收费公路服务区规范化管理规定》，从服务区功能、文明经营等管理方面提出了明确要求，定期对服务区经营管理情况进行检查，各高速公路公司以为客户提供高品质的交通服务为根本出发点，积极改善环境卫生、规范服务标准、完善服务设施、加大培训力度，使"高水平服务"常态化，服务满意率显著提高，首发集团公司先后提出了"阳光服务""适需服务"等服务理念，实施星级考核评比，提升了服务水平。华北高速公路股份有限公司积极倡导微笑服务，借鉴"桂柳"经验，开展民航式服务，提高了服务品牌的知名度和影响力。

首发集团于2007年底设立全资子公司——北京市首发高速公路经营管理有限公司（简称"经营管理公司"）。此举改变了原来较为散乱的局面（之前服务区业务、加油站业务、广告业务，由近10家子公司分别管理，管理模式有直接管理、委托管理、合作管理）。经营管理公司陆续将首发集团所辖高速公路的服务区、停车区、加油站和沿线广告业务纳入进行统筹管理，由其负责运营管理高速公路服务区，由此成功建立了一支全面展示交通服务行业窗口形象、具有国内同行业一流水准并与国际接轨的设施完善、管理规范的高速公路综合服务企业，充分发挥高速公路服务设施和附属资源的作用，全面实现了社会效益与企业效益相统一。

经营管理公司充分发挥服务区作用，不断完善服务功能，延伸服务内容，服务区公益性设施24小时免费开放，加油站全天候服务，餐厅、便利店秉承"适需服务、畅行高速"的服务理念，突出特色服务，有效满足顾客停车、休息、餐饮、加油等需求，实现服务区硬件设施完善、功能齐全、美观大方。充分利用服务区信息平台，做好各类信息收集、统计、分析、反馈工作，有效发挥"联系左右、沟通上下"的桥梁纽带作用，发挥信息的协调功能，为车户提供全面、快速、准确的实时信息，更好地服务公众出行。

2010年4月，根据市交通委路政局下发的《北京市收费公路服务区规范化管理规定》，首发集团经营管理公司组织人员编制了《高速公路运营管理手册（服务区篇）》，内容涵盖了高速公路服务区加油站、餐厅、便利店、修理厂、公益性服务等各项业务板块，对流程、文明服务、环境卫生标准等提出了明确要求，统一了各项业务模块工作标准。另外，公司还对部分制度进行了整理，进一步细化了服务区服务规范，汇编出台了《服务区规章制度汇编》，为各项工作的开展和监督考核提供了依据。

2011年，北京市实施外埠车辆限行政策，北京市高速公路系统组织实施了限行提示交通设施工程，通过增加外埠车辆进京限行提示牌，发放限行提示卡，拓展了高速公路延伸服务范围，提升了服务形象，同时增加完善了服务标示标牌，进一步规范美化了服务区环境。

2012年之后，全国实施重大节假日高速公路免费通行政策。免费通行及重大活动期间，服务区志愿服务台为来往车户提供免费热水、路况查询、义务指路、应急药品、手机充电、雨衣、雨伞、轮椅及汽车轮胎充气等延伸服务，全力为社会公众提供优质、高效、快捷的服务,树立高品质服务形象。

首发集团深入开展星级服务区评定及全国高速公路文明服务区创建工作,完善公共服务设施、加强环境卫生监管等,多措并举,有效提升服务品质,展示了北京市高速公路服务区的整体良好形象和文明服务水平。2014年,首发经营公司"精品服务区"课题成果被评为北京市企业管理创新成果一等奖。

近年来,随着京津冀一体化的推进,北京市还率先推进京哈、京港澳、京藏、京津等高速公路服务区充电设施建设,带动京津冀整体区域充电网络协调建设。

"十三五"期间,北京市高速服务区进行升级改造。未来北京市高速公路服务区将更智能化,通过互联网、物联网、大数据应用,提供网络商城下订单后在服务区取货等功能。同时,各服务区将更节能,使用光伏发电、风力发电等技术。未来高速公路服务区小客车将停进服务大楼中的智能停车系统,室外留出地方进行绿化和景观改造。在服务区内部,还将设置胶囊旅馆、儿童娱乐、商务洽谈、旅客休息、自助餐等区域。未来还将提供专门为货车司机使用的淋浴间、展示北京文化的展区、母婴室等。此外,根据计划,未来北京高速服务区也将建设房车基地,解决房车出行的停车、补给、用电、排污等问题。

（三）养护管理

北京市高速公路养护管理工作一直走在全国前列,从最近的两次全国干线公路养护管理工作检查(简称国检)的结果来看,高速公路评分均居全国前五名,这从侧面反映了养护管理的质量和效果。这些成绩的背后,可以总结出如下经验。

1.行业管理精细化

养护管理方面,北京市交通委路政局内部设立专门的处室(高速公路养护管理处),依法对高速公路养护服务进行行业管理,具体职责参与拟定高速公路养护技术标准和规范,并具体监督实施;负责高速公路养护工程质量监督管理;组织高速公路养护工程的竣工验收;负责高速公路养护企业资质的管理。

北京市交通委路政局制定了《收费(高速)公路检查评分标准》,基本建立高速公路养护行业监督管理机制和制度,明确高速公路养护与检查标准,每年第四季度对全市高速公路的PQI进行随机抽检,抽检比例不少于列养里程的20%。指导高速公路积极采用先进、环保的养护技术、材料和科学的管理方法,重视新技术、新材料、新设备和新工艺在养护工作中的应用,提升养护科技含量,大力推进机械化养护,不断提高养护效率和养护质量。针对高速公路重大自然灾害,协调指导各高速公路经营管理单位进行抢险应急处置,组织高速公路养护技术管理人员的培训工作。

为了做好高速公路的养护工作,北京根据《中华人民共和国公路法》《收费公路安全管理条例》以及《公路安全保护条例》,结合实际出台了《北京市高速公路养护监督管理办法》。这进一步明确了高速公路的管理体制,还有具体的养护管理行为,明晰了部门的管理职责,规定了行业主管部门的工作职责和要求,明确了高速公路经营管理单位的职责和养护目标。

2. 养护管理标准体系建设

在北京高速公路的发展过程中,养护管理标准体系建设也得到进一步的发展。2007年以前,北京市交通委员会路政局相继出台了《北京市高速公路养护工程管理暂行办法》《北京市收费公路养护作业区管理办法》《北京市收费公路小修及日常维护管理制度》《首都文明行业考核细则(高速公路行业)》《北京市公路沥青路面预防性养护指导意见》《北京市收费公路业务管理模式指导意见》《北京市收费公路养护业务人力资源管理工作指导意见》《北京市收费公路新技术应用指导意见》《北京市收费公路养护机械化水平指导意见》等文件。随着2007年《北京市公路条例》的颁布,路政局制定了《北京市收费公路运营监督管理办法》《北京市公路桥隧养护管理工作制度》《收费(高速)公路检查评分标准》等文件,从而实现了部分领域标准统一。

2006年出台的《北京市高速公路养护工程管理暂行办法》分为六个章节,分别对高速公路养护管理工程各方的权利义务、小修保养、大中修工程、安全管理以及监督检查做了规定。通过近10年的实施,各高速公路经营管理单位建立了养护指挥中心和养护管理系统,初步实现高速公路巡视、养护、监控、指挥的数字一体化管理,基本做到了养护管理专业化、制度化、机械化、精细化;编制了《养护质量标准》及《养护质量考核办法》,以30km为覆盖半径,设置养护工区和安排养护机械,满足不同养护作业任务,实现所有管养路段养护作业的机械化;从作业要求、形象要求、管理要求、时限要求和岗位要求五个领域入手,做到养护工统一着装、养护车辆统一标识、养护作业统一流程、养护质量统一标准、养护作业区统一设置、病害修复及时高效。

3. 首发养护模式

从养护机构规模、养护方式、养护技术、养护理念和养护成果等方面,首发集团的养护成绩和经验都代表了本市高速公路养护的基本情况。

"十二五"期间,首发集团开展了预防性养护和全寿命周期养护结合,不断路夜间施工新模式,既保证了养护质量,也将养护对交通的干扰降至最低。同时加强桥隧养护管理,成立专职桥梁检测队,提高桥隧的维修加固能力,实现桥隧维养"可知、可达、可检、可修"四位一体,确保桥隧运行安全,先后完成北沙滩桥紧急支护、通道桥等5座桥梁定检,完成61座特大桥梁基准点及变形点布设方案,全路养护指数达到93.69。

(1)养护机构

北京首发公路养护工程有限公司(简称"首发养护公司")隶属于首发集团,专职负责首发集团经营管理的高速公路养护工作。1999—2001年，首发养护公司日常养护管理及具体实施均由养护管理部负责。养护改制前，首发集团管理的高速公路分别由八达岭路管理分公司、京沈高速公路分公司和安畅高速公路管理分公司三个单位负责养护管理。公司运营管理部负责制定养护作业计划、养护工程质量标准、养护工程管理制度、检查考评办法和检查评比，三个管理单位负责养护工程实施。

2001年以后，公司成立了以项目经理负责制的养护项目经理部，负责日常养护工作（最初设立京石、京开、六环三个养护项目经理部），养护管理部承担管理职能。由于管养里程的持续增长，又陆续成立了京沈、八达岭、京平、京承养护项目经理部及机电项目经理部、大修工程处、交通工程项目经理部、清障救援队，养护生产单位达到11个。

2003年4月，交通部下发《公路养护工程市场准入暂行规定》和《公路养护工程施工招标投标管理暂行规定》。首发集团积极响应，2003年，完成了《北京市首都公路发展有限责任公司养护业务重组和体制改革总体方案》，取得了驿顺达养护工程公司（从八达岭路管理分公司分离）、万方共创养护工程公司（从京沈高速公路分公司分离）营业执照，随后，首发兴业养护工程公司从安畅高速公路管理分公司分离出来。

2009年，首发养护公司建立了养护行业巡查系统、养护业务日常管理系统、养护车辆监控系统、移动车载指挥调度系统。2010年2月，建立了公司养护指挥中心。该中心作为各种高速公路数据收集、信息上传下达的控制中心，以应对发生应急突发事件时，及时做好养护工作。华北高速公路股份公司负责京沪高速公路北京段的养护工作。隶属于华北高速股份有限公司的养护管理分公司具体负责养护工作。分公司实行一级财务核算。分公司经理对公司总经理负责，接受公司职能部门和业务部门的指导和监督，分公司设立养护管理所。

2013年，首发养护公司成立了4个养护管理中心和三个专业生产单位，分别为第一养护管理中心、第二养护管理中心、第三养护管理中心。三个专业生产单位分别为：机电设施处，现有人员94人，设备20台套，负责路灯照明、泵站、大岭后隧道的养护任务；交通设施处，现有人员30人，设备52台套，负责交通标志标线的养护施工；大修工程处，现有人员92人，设备147台套，负责高速公路大、中修工程任务。同时，在养护公司技术管理部下，成立试验检测中心，负责道路养护材料自检工作；在养护公司养护工程部下，成立桥隧办公室及桥梁检测队伍，负责养护公司桥、涵、隧日常管理工作。

（2）养护方式

首发养护公司采取养护管理专业化的方式，公司分工细化，按区域划分4个养护项目部，平均管辖200余公里高速公路道路养护和部分路段绿化养护工作。各中心实行养护管理制度化，综合路龄、地域、交通量等因素，制定各路段的养护经费定额，合理调整养护经费的投入预算；并根据首发集团公司《高速公路运营管理手册》的规定，编制了养护质量标准及养护质量考核办法,养护考核机制注重确保养护质量;结合实际对养护作业时间进行调整,对所有作业项目的时间、路线、频次进行明确,通过GPS车辆管理系统进行监督检查。同时,首发养护公司实现了养护管理机械化,以30km为覆盖半径,设置养护工区和安排养护机械,共配备养护车辆346辆,机械设备823台套,其中除雪车54辆,清障救援车辆14辆,大型吊车5辆,清扫车80辆,洒水车33辆,小货车98辆,平均每公里机械装备投入达28万元,满足不同养护作业要求,实现所有管养路段养护作业的机械化。在以上工作的基础上,首发集团所辖高速公路的养护管理实现了精细化:从作业要求、形象要求、管理要求、时限要求和岗位要求五个领域入手,做到养护工统一着装、养护车辆统一标识、养护作业统一流程、养护质量统一标准、养护作业区统一设置、病害修复及时高效,进行各项精细化养护工作。

除了首发养护公司之外,其他高速公路基本以"专业化公司"模式进行养护管理。华北高速公路股份公司养护管理分公司主要负责京沪高速公路(北京段)的路基、路面、桥梁、涵洞的维护与保养;交通设施的保洁与维修;绿化抚育、保值以及清障服务。

首都机场高速公路养护工作承包给北京路捷通公路养护有限公司,常年签订机场高速的道路桥梁的养护承包合同,北京首都高速公路发展有限公司路产管理部具体负责管理养护合同的执行、监督、检查、考核以及合同款的支付工作。

北京首创股份有限公司京通快速路管理分公司设立养护管理部,负责京通快速路全线道路日常养护、维修等工程,以及辖区内道路绿化养护管理工作,相应作业内容委托专业作业单位进行养护施工。日常养护及零散工程外包给具备相应作业能力的养护企业,绿化养护工程外包给绿化工程公司。大、中、小修工程用招标方式选择具有相应资质的施工企业进行施工。分公司与专业作业单位每年签订养护合同,约定作业内容、作业标准及考核标准等内容,按照合同条款进行监督、检查,并对其进行考核。

北京通达京承高速公路有限公司所管养的道路为G45大广高速公路酸枣岭立交桥至密云沙峪沟段,主路全长46.7km,道路养护工作采取合同承包制管理。承包单位为首发养护公司。承包范围为该段道路日常养护及道路抢险、救援、除雪、防汛等工作。首发养护公司按照养护承包合同的工作要求和计划工程量完成日常养护工作;设施维修、除雪、防汛及单项工程施工采取单独计量另行支付方式。

北京国投公路建设发展有限公司实行"管养分离",分别委托两个企业对国道110新线进行养护。其中一个负责日常保洁维护;另一个负责路面小修、沿线设施修复及绿化养护。大、中修及专项维修采用招标方式,向社会具有专项资质的承包商采购。

北京市路政局道路建设工程项目管理中心负责管理京平高速公路,委托首发集团实施公路养护作业,又与相关技术咨询有限责任公司签订了日常养护监理合同,对该路日常养护工作进行过程管理。

（3）养护技术

注重日常养护工艺创新，自行研制出提高工作效率的防眩板清洗装置，解决了人工清洗防眩板的难题，进一步提高了工作效率；研发除雪滚刷，具有清除道路积雪速度快、绿色除雪、无须融雪剂、清除彻底的特点，有效提高了除雪效率；研发自动码"帽子"机，在安全及节省人工上得到有效改善；开发了桥梁检测仪，通过桥梁检测仪，能够清楚看到桥梁底部区域，不但提高了桥梁日常性检查效率，还提高了检测数据的准确性。

推进新技术，提高道路通行能力。2006年，在六环路实施了隆声带刻划工程，有效提醒偏离车道的驾驶员，从而减少事故。2011—2016年实行预养护工程的有京藏高速公路部分路段、京开高速公路、京承高速公路、六环路、京哈高速公路、京港澳高速公路、京新高速公路、机场南线、延庆联络线公铁桥及部分道路，提高了路面耐久性，延长了道路使用寿命。将"北京市高速公路桥梁养护技术研究"提出的科学养护管理方法，广泛应用到桥梁日常养护工作中，对延长桥梁使用寿命发挥了重要作用。

加强信息化建设，使养护及时高效。2008年初，北京市开始养护信息化系统开发，对所管养的道路进行全面的数据采集，建立翔实数据库，并陆续完成了GPS系统、视频监控系统的建设工作，改装了13部移动视频车；在此基础上建立了养护管理系统，桥梁巡查系统、养护卫士APP、养护信息平台系统，2016年，养护公司新引进应急指挥车，结合"互联网+公路"新理念，实现现场指挥、远程调度，基本实现高速公路巡视、养护、监控、指挥的数字一体化管理。

在道路应急抢险处置上，以保证及时、快速为原则，保证高速公路畅通。对绿化养护，按绿化养护工作标准，确保做好日常绿化养护工作，做到不缺项、不欠账；针对上一年因融雪剂的使用、气温回升慢等原因造成苗木长势弱的特点，有针对性地采用薄肥勤施、复壮素实验等措施，确保苗木返青效果良好。

（4）养护安全

高速公路养护作业一般是在高速行车不中断的情况下进行，存在极大安全危险，安全管理对于高速公路养护极为重要。北京市高速公路行业在养护安全工作中以交通运输行业标准《公路养护安全作业规程》为指导，结合高速公路的实际情况，建立和采取了各项措施。其中包括建全养护作业安全组织体系落实安全管理责任；开展不间断的高频次高速公路养护作业安全宣传教育和培训，提高安全意识；建立高速公路养护作业安全突发事件应急预案；严格高速公路养护作业安全检查考核；加大安全科技的投入和运用。促进养护和安全作业的机械化、现代化整体水平；充分发挥公司指挥中心的信息传输监管作用，发挥车辆安装GPS后的监管作用，实现对所有养护作业车辆全天候监控，提升养护作业特殊交通的管理水平。

(5)养护工程施工及机电管理

养护专项工程由公司统一调研后申报立项,集团公司审批立项,由生产经营部组织招投标工作,选定养护施工单位,大修工程处组织工程施工,进行施工质量、进度、成本控制及信息、安全管理等。养护公司路灯照明和道路泵站的业务管理由机电项目处负责,主要实施五环路、六环路和10条高速公路的道路、站区照明系统设备设施的维修维护以及9座道路排水泵站和1座隧道配电室的安全运行。

(四)路产管理

为做好高速公路路产管理,首发集团于2004年重新组建安畅分公司,主要职能是负责高速公路路产巡查、路产监管、路产赔补偿、协助路政部门做好路政管理工作和协助交管部门做好交通管理工作等。安畅分公司下设路产大队,具体负责高速公路路产管理的日常工作。路产大队建立了严格的工作制度和工作程序,其工作内容与路政管理的内容基本一致,只是缺少路政行政执法管理的内容。另外,首发公司实行养护体制改革后,原有的养护公司已经剥离出去,成为独立的法人公司,与首发公司的关系是一种新型的合同管理关系。这就意味着公路路产设施修复、养护的费用,由养护公司独立核算。因此,公司路产管理还有一项新的职能,就是对路产设施修复的验收工作。路产管理员主要依据《中华人民共和国公路法》《中华人民共和国公司法》《中华人民共和国民法通则》等法律,主要通过简单的路损赔偿、繁杂的民事诉讼索赔等环节,并与交警建立了良好的配合、协调工作,开展路产管理,基本上维护了高速公路路产、路权的完整性,并保证了高速公路的安全顺畅。

目前,首发安畅分公司设8支路产大队,40辆巡视车组采取24小时不间断巡视方式,每天巡视里程达8000~10000km。各路产大队通过健全涉路施工监管机制,推广网格化巡视模式,依法合规管好、用好非公路标志、桥下空间等道路资源,确保了道路设施安全。同时,强化防汛、除雪能力建设,做好道路积水点等隐患排查,确保特殊气候环境下道路安全畅通。首发路产管理还从网络化巡视入手,构建路产智能化信息管理平台,实现各类数据信息的实时掌控、互通共享、统一调度、调配巡视力量,实现路产管理业务智能化、可视化。

Record of Expressway Construction in
Beijing
北京高速公路建设实录

第五篇
服务首都功能和保障国家重大活动

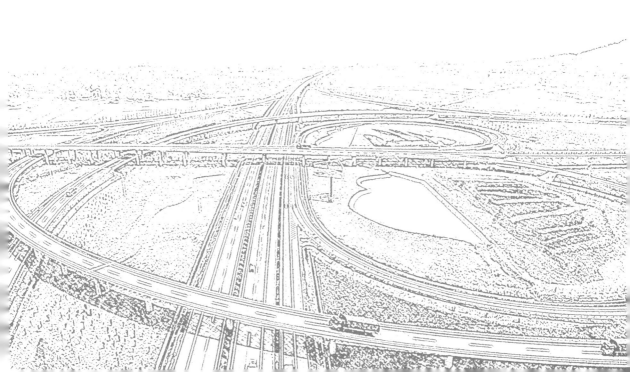

篇 首 语

作为我国的政治中心、文化中心、国际交往中心、科技创新中心,北京市肩负着"四个服务"的重大职责,即北京市要"为中央党、政、军领导机关的工作服务,为国家的国际交往服务,为科技和教育发展服务,为改善人民群众生活服务"。随着我国国际政治地位的日益提升,经济的不断繁荣发展和人民生活质量的不断提高,在北京市举办的政治、文化、体育、会展、商业活动等各类重大活动日益频繁。作为首都,这些重大活动意义大、服务保障任务重,尤其是一系列具有重大国际影响的国事活动、国际交往活动、重要的国际会议、国家庆典、重要国际赛事等活动,对交通保障工作都是巨大的考验。据统计,北京市万人以上的大型活动年均在100场以上,万人以上大型活动场次居全国首位。每次大型活动的交通组织都对城市道路交通管理、场馆周边交通组织和公共交通运输等方面提出不同的要求。作为城市快速通道和快速运输的重要方式,以及城市交通运行保障的重要组成部分,高速公路对重大活动的服务保障工作成为北京市高速公路建设、运营的重要特色。

保证大型活动的交通顺畅,同时减少对日常交通的影响,是大型活动能否成功举行的重要因素,也是高速公路运营管理者面临的难题。长期以来,做好重大活动的交通服务保障工作已经成为北京市交通委、路政局以及各高速公路公司的一项重要且常规的工作。从1999年的国庆50周年阅兵,到2009年国庆60周年庆典,再到举世瞩目的2015年"纪念中国人民抗日战争暨世界反法西斯战争胜利70周年阅兵式";从1990年第11届亚运会,到第29届夏季奥运会,再到2015年田联世锦赛和2022年北京—张家口冬奥会的申办成功;自1995年举办第四届世界妇女大会,到2014年APEC会议;从一系列国际会议,到每年举行的全国"两会";从首都机场平时的国事访问交通服务保障,到2012年开始实施重大节假日小型客车高速公路免费通行……北京市高速公路系统圆满完成了各项重大活动的服务保障任务,展现了北京交通的良好形象,也展现了北京高速公路人的风采。

历次重大活动中万无一失的交通保障、安全顺畅的高速公路运行证明,科学决策高效率、信息流转快、协调体系清晰化、现场调度快速化的指挥体系,成为交通保障工作得以圆满完成的关键,也体现了北京交通高效的综合保障能力、指挥调度能力和执行力。在党中央、国务院的亲切关怀以及北京市委、市政府的统一领导部署下,北京市交通主管及相关单位总结了工作方法,不断锻炼提升保障能力。各高速公路公司的收费单位和服务区以岗位技能培训、规范服务礼仪、提高业务技能为重点,进一步强化服务意识和责任意识,细化服务保障预案,认真抓好演练,做好相关工作。养护单位以落实精细化养护标准为重点,切实做好基础养护工作,加强桥梁等构筑物的巡查和日常养护,及时进行危桥加固改造,不断强化防汛除雪能力建设,保持道路设施良好的技术状况,确保道路的通达性和便利性。路产单位坚持依法管理,加大重点时期重点部位巡视力度,严格挖掘占路施工现场监管,加强桥下空间管理,确保道路通行环境有序和路产安全。各高速公路公司结合首都特点,持续做好重大活动通行保障,高效率、高标准地完成了保障任务,塑造了北京市高速公路的高水平服务形象,也为体现"首善之区"的良好形象做出了重要贡献。

第一章
典型案例及线路

第一节 2008年北京奥运会

北京奥运会的交通问题一直是国际社会关注的热点之一。从2001年申奥成功到2008年奥运会、残奥会成功举办,这7年间,为实现申办奥运的承诺,首都交通人深入学习科学发展观,全面践行"绿色奥运、科技奥运、人文奥运"理念,全面了解奥运交通需求、编制奥运交通规划、加快奥运交通建设、制定奥运交通政策、实施交通科技创新、评估交通风险、落实交通保障方案等,实现了北京奥运会、残奥会期间高速公路建设、运营服务保障工作的及时高效。

对于北京市高速公路建设而言,2008年是面临严峻挑战的一年,也是北京市高速公路建设史上前所未有的特殊时期。当时在建的6条高速公路,其中4条要在奥运会举办前竣工,时间紧、任务重、困难大,在这场事关奥运大局、事关首都形象的关键战役中,北京全力推进工程进展、狠抓工程质量、确保施工安全,按计划实现了2008年6月底前机场南线、京津二通道、京平高速公路3条高速公路的全面竣工,7月底前京新高速公路北京段(平原地区路段)竣工通车。

从申奥成功到成功举办的7年间,北京市新开通了五环路、京承高速公路(G45大广高速公路北京至密云段)、机场南线等,通车里程从2001年的335km增加到2008年的777km,兑现了"不辱使命、不负重托、不惜一切代价坚定完成建设任务"的诺言,交出了一份满意的答卷。特别是围绕首都机场改扩建,配套新建的机场北线、机场南线、机场二通道等高速公路,极大提升了机场至城市中心区和各场馆的运输、疏散和承载能力,为奥运大家庭成员、国内外观众和游客抵离北京的交通运行提供了坚实的基础。六环路(G4501北京绕城高速公路)与八达岭高速公路(G6京藏高速公路北京段)等十多条放射线高速连接,作为市区外围快速交通主干线,担负着市区外围交通和截流、疏导跨区交通的重任,既缓解了奥运场馆以北地区的交通压力,解决了货运车辆不能上五环运输的问题,又改善了市区及各奥运场馆周边的交通与自然环境,减少了噪声与污染。京津二通道的竣工通车,在缓解京津塘高速公路交通压力的同时,也为天津奥运体育赛事的道路交通提供了有利保障;京平高速公路从京承高速公路黄港立交出发,向东直达平谷区,该路对于缓解北京环线交通压力、保证环线的道路畅通发挥了重要作用。

按照北京市政府、公安部、交通部和环境保护部联合下发的《2008年北京奥运会残奥会期间北京市交通保障方案》(以下简称《方案》),北京市交通委采取措施落实"平安奥运行动"计划:一是制订了"平安奥运行动"实施方案,成立指挥领导小组,加强实施方案具体工作的领导;二是对交通系统安全隐患进行拉网式检查,制定了安全隐患整治预防措施;三是加强应急演练,确保衔接顺畅,应急有效;四是加强对"平安奥运行动"的督查工作。

为保证奥运服务车辆快速通行高速公路,北京市交通部门会同奥组委研究提出了奥运车辆高速公路快速通行方案。方案的要点是"赛前签订协议、赛时计次快速通过、赛后统一结算"。北京交通部门负责奥运会期间服务车辆快速通行高速公路收费站的组织协调工作,各高速公路公司负责具体实施奥运服务车辆快速通行高速公路收费站工作,设置了奥运快速专用通道,制订了具体的快速通行细则,全面保证了服务及时到位。奥运车辆快速通行涉及的线路有机场高速公路、机场北线、机场南线、京承高速公路、六环路、八达岭高速公路、京津塘高速公路、京通快速路、机场第二高速公路、京津高速公路等。

北京市交通会路政局和各高速公路运营管理公司按照《方案》和行动计划落实相关工作,实现了赛事交通和城市交通的和谐运转。首发集团紧紧围绕"营造良好环境、办好一件大事"和"平安奥运"的要求,按照"全面就绪、整合预热、赛时运行、赛后总结"四阶段的总体部署,营造安全、畅通、文明、优质的交通环境,高标准、高质量、高效率地做好奥运交通保障和公路自行车赛服务保障工作,通过"高水平服务"品牌,圆满完成了奥运准备和赛事期间的服务保障工作,充分展示了首都交通窗口形象。

在全面就绪阶段,首发集团成立了"平安奥运行动"指挥领导小组,领导小组下设通行、建设、安全、维稳、宣传信息5个保障小组,制定了《"平安奥运行动"保障方案》和《"平安奥运行动"重点工作折子工程》,层层签订目标责任书和安全责任书,建立例会、信息报送、应案演练和督查等工作制度,为"平安奥运"提供了组织和制度保障。同时,完善路网,实施"涉奥重点工程",为奥运会提供了优质的道路通行环境。15项奥运重点工程的全部完工,大大提升了奥运保障硬件设施,美化和改善了道路环境。重点工程包括八达岭高速公路奥运公路自行车赛道路段路面大修、八达岭高速公路延庆联络线奥运火炬传递路线改造工程、八达岭高速公路照明设施改造。运营管理方面,首发集团以保障奥运为契机,开展了以"微笑百分百""满意百分百"为主题的"高水平服务年"活动。按照《高水平服务标准》和《高水平服务星级管理办法》,对收费员的业务水平、服务质量、文明礼仪进行测试和星级评定,并加强了高速公路网周边情况、高速公路服务英语、奥运知识和文明礼仪方面的培训,进一步提高了员工个体的服务保障能力;并全面规范了服务流程,在细节中展现了高速公路服务窗口的良好形象。

在整合预热阶段,首发集团通过强化应急抢险实战演练,提高了应急抢险能力,为实现"平安奥运行动"总体目标,制订了两级近10个演习预案,成立了7支专业应急抢险队、两支应急抢险预备队和1支清障救援队,并与公安、交警、消防、救护等部门建立了协同机制,为奥运期间的应急处置保障提供了坚实基础。同时,与相关单位签订了快速通行协议,确保了赛事车辆的快速通过。设立70条"奥运快速通道",将17个重点奥运保障站口列为"高水平优秀服务示范站",选派业务精、能力强、服务好的四星以上收费员上岗,全面实现了"平安奥运"的目标。加大对收费站点、收费岗亭、消防器材、隧道等重点部位以及车辆(特别是班车)的检查力度。

在赛事运行阶段,首发集团认真做好涉奥车辆的快速通行,期间共保障15万辆相关用车的快速通行,确保了奥运公路自行车赛的顺利进行,并赢得赛事各方的一致好评。同时,更大范围的员工以高度的责任心和使命感,以最好的精神状态、最高的工作标准做好服务保障工作,高速公路保障工作得到了奥组委和公众的一致认可。

华北高速公路股份有限公司负责运营的京津塘高速公路北京段也以服务奥运为主线,提高主营业务的综合竞争力。通过大力开展路容站貌整治工作,提高了精细化管理水平。借助奥运保障工作,华北高速公路股份有限公司组建了专业大型清障队伍,切实提高了全路段的竞争力;完善了突发事件处置的组织与措施落实,提高了全线的指挥调度和应急处置能力;开展了全面、大规模的服务区环境整治,较好地达到了迎奥运的要求,确保了奥运会期间服务区服务水平和经营秩序保持良好状态。

在首都机场高速公路,运营管理者专门设置奥运专用通道,为外国国家元首、国际奥委会官员、新闻记者、各国运动员及教练员的进出国门,提供了畅通无阻、舒适便捷的交通条件;京通快速路为做好"平安奥运行动"各个阶段的工作,实现北京市委、市政府关于奥运"大事不出、小事减少、管理严格、秩序良好"的目标,确保高水平、高标准完成服务奥运、保障奥运的各项工作,结合首创京通快速路管理分公司日常经营管理工作,制订了"平安奥运行动"工作实施计划,公司各部门组成了协调小组和协调办公室,各部门按照各自分工,以服务奥运、保障奥运工作促进经营管理,以提高经营管理水平、员工素质服务奥运,具体工作抓得严、抓得细、抓得实,实现了"平安奥运行动"服务保障目标。

经过北京市交通委各级部门和全市交通企业的共同努力,圆满完成了北京奥运会、残奥会的交通服务保障工作,受到国务院和北京市各级表彰。北京奥运会、残奥会交通运行中心等4个单位,时任北京市交通委主任刘小明等7人,分别被中共中央、国务院授予北京奥运会、残奥会先进集体和先进个人。交通部表彰北京市路政局等3个单位和北京市交通委员会副主任李建国等3人为奥运交通保障工作先进集体和先进个人。北京市委、市政府表彰北京市首都公路发展集团有限公司等5个单位为北京奥运会、残奥会先进集体,时任交通委员会副主任周正宇等人为北京奥运会、残奥会先进个人。

第二节　重大节假日高速公路免费通行

2012年7月24日,国务院发布《重大节假日免收小型客车通行费实施方案》。针对免费通行政策的首次实施,北京市交通委制定了《国庆假期收费公路免费措施细则》,确定北京市域内所有收费公路对7座以下(含7座)小型客车免收通行费,免费时间为9月30日零时至10月7日24时,以车辆驶离出口收费车道时间为准;免费通行期间仍然实行所有车辆入口取卡、出口收卡的模式(没多久便根据情况取消取卡),不停车收费车道显示通行费金额为零。车流高峰时段,各收费站开道率保证100%,必要时将正常收费车道临时降级使用;收费站发生严重拥堵无法通行时,将在就近收费站进行分流,引导至其他道路。

北京市交通委路政局按照"四个不降低"和"四个不发生"的标准,会同北京市公安交管局、市旅游委等单位制订了北京市重大节假日免收小型客车通行费总体方案、路政保障工作方案;建立了7条收费公路"一线一对接"的通行保障机制;与周边省市和相关部门加强协调联动,保证信息互通共享。这成为此后北京市高速公路重大节假日免收小型客车通行费(以下简称"免费通行")保障机制和措施的基础。

按照方案,免费通行期间,各高速公路运营公司广大干部职工坚持免费不免责、放行不放假,坚守岗位,北京市高速公路运行势态良好,免通工作达到了"务求完胜、做出表率"的要求。北京市路政局以及各高速公路公司在首次免费通行之后,不断完善保障机制,丰富保障手段,使得历次免费通行期间高速公路运行平稳。

在2012年首轮免费通行服务保障期间,首发集团为了将免费通行服务保障工作做细做实,根据各节假日不同的通行特点,充分结合运营工作实际,每经历一次免费通行服务保障工作,便组织各运营单位研究调整完善保障方案,使之更加切合实际——从收费技术支持、发卡程序、内外部联动、桥梁安全、疏堵工作、道路保洁、清障救援、服务区氛围、食品安全、预案演练、志愿者服务等方面对节日保畅工作进行了详细安排,并要求相关单位提高认识,落实责任,全力做好"黄金周"高速公路通行保障工作。

首发集团所辖高速公路主线收费站及小型客车流量大的重点匝道站设置免费专用通道,专用通道统一设置于入口左侧;其他匝道站不设免费专用通道。在设置免费专用通道的收费主站及匝道站前1000m、500m路侧安装提示标志。

在ETC车辆通行方面,首发集团通过调整ETC车道系统软件功能,实现小型车辆免费通行,其他车型车辆按正常交费通行 ETC 车道;如果收费站车流过大,小客车驾驶员可选择最右侧 ETC 车道免费通过。

针对车流量加大可能带来的拥堵,要求各收费站在车流高峰时段保证开道率达到100%,必要时将正常收费车道临时降级使用,并适时启动复式收费、复式发卡措施,保障车辆快速通过。在"两节"期间,信息中心及各路段监控中心将加强收费站区、沿线道路、特别是沿线桥梁、隧道的动态监控,增加道路监控巡视频率,实现巡视覆盖面最大化。此外,节日期间首发集团重点加大道路巡查力度,提前检查各路路况,重点检查各大桥区、站区和匝道出入口,及时发现道路通行安全隐患,修复路面坑槽及沿线撞损设施,保证路面平整,保障车辆安全通行。同时,养护单位提前设置救援点,安排清障救援车辆,协同交警及时免费清运故障车辆,保障节日道路畅通。

免费通行期间,华北高速公路股份有限公司为了保证站区安全有序,针对可能出现的车流量井喷,收费公司制定了《站区拥堵预案》《主路拥堵预案》《恶劣天气保障预案》等10项应急预案,在各站口设置诱导标志、限高架;安排收费站发放传单,利用站区显示屏做好提示工作,并对收费员进行了操作培训,确保了免费、收费相关工作的安全平稳有序地进行。养护公司以"道路维护到位、预案落实到位,节日值守到位"的"三到位"原则为车主提供优质服务,保障高速公路的安全顺畅。通过全面启动"节假日免费通行模式",华北高速公路股份有限公司圆满完成了首次小型客车免费通行安全保障工作,受到行业主管部门和广大出行者的认可。

为了做好免费通行服务保障工作,京通快速路从组织、制度方面抓好落实。京通快速路管理分公司专门制订了实施方案,并印发节假日免费通行保障工作手册,还针对各节日的不同特点,制定了各节日免费工作操作指南,将该项保障工作纳入标准操作的范畴。

在组织保障方面,成立了京通快速路免费通行工作组,由总经理担任组长,成员包括收费管理部经理、路产管理部经理、养护管理部经理、监控中心主任、设备管理部经理办公室主任收费管理部副经理。按照实施方案,工作组成员及所在部门责任明确,以收费部为例,其主要负责对站区收费员的安排,确保通过站区的车辆快速通行,同时结合历年交通流量情况,安排两个匝道站(会村、双桥)所有车道全部保持开放状态,高峰时段两个主站车道全开,抬杆放行。各节日车辆免费期间,安排当班一线收费员轮流值班,并做好交接日志记录。监控中心则负责统一下达免费通行的开始、结束时间,为避免矛盾,京通快速路在规定基准时间的基础上,免费起始时间提前10分钟,结束时间延后10分钟,模糊处理收费与免费放行的时间界定问题。在免费通行的首日和最后一天,由分公司领导带领全体保障组成员到岗值守,切实做到了"四个不发生"和"四个不变"为工作目标,按照"一路一方案、一线一对接的工作要求",统一协调、分级管理、分层负责、突出服务,确保了免费通行工作的万无一失。

经过几次免费通行的服务保障工作考验之后,各方面积累了大量实际工作经验,也发现了很多亟待完善之处。4个免费节假日,通行特点各有不同,各公司细致分析"十一"免费通行保障特点,发挥成功经验,确定了每个节假日的重点保障路段和站点,发布道路诱导信息,引导车辆合理安排出行路线;针对免费通行开始前车辆停留站区等待免费问题,加强与交通管理部门的沟通,并通过可变情报板、广播、电视、网络等媒介,加大宣传力度,劝导车辆快速通行。华北高速公路股份有限公司通过首次免费通行,在 G2 京沪高速北京段全线建立了标准化、规范化、长效机制的高速公路路容站貌环境管理模式,从而推动了 G2 京沪高速公路北京段环境的全面改造和整体提升。

在首次免费通行的基础上,北京市交通委和相关部门、单位研究分析了节日期间部分高速公路拥堵问题,并逐一剖析重点节点和路段症结,在之后免费通行保障中综合采用了工程改造、秩序引导等措施,加快实施了高速公路实时运营状况图,服务市民出行和管理决策,从而提高了高速公路通行综合服务保障能力。同时,还对免费通行期间高速公路各项运行数据进行深入分析论证,为此后服务保障工作提供了支持。

基于历次免费通行保障工作的经验,北京市交通委和各公司通过固化体制机制,完善相关措施,确定了以下基本工作面:一是制订专项保障工作方案,交通、公安交管、高速公路经营企业等相关单位建立对接机制,明确各路段、节点责任人;二是加强高速公路服务保障,落实站区秩序引导和服务,及时发布道路通行、景区游览和拥堵绕行等信息;三是在主线站和有条件的匝道站设置小型客车专用通道,保证主线站专用通道数量;四是设立免费专用通道诱导标志,实行不发卡抬杠放行,加强对主线站和交通量大的匝道站的管理。这些基本工作面的落实保证了重大节假日免收小型客车通行费这一政策的圆满实施,成为北京市高速公路提升综合服务保障能力、展示行业形象的又一典型案例。

第三节　APEC 北京峰会

2014 年的 APEC 北京峰会是该峰会时隔 13 年后再一次在中国举办。可以说,这是中国截至当时举办的最受世界瞩目的一次国际会议。

APCE 峰会的级别高,对北京市的交通服务保障要求也高。北京市交通部门按照"一丝不苟、滴水不漏、安全无误、万无一失"的标准,出色完成了会务交通保障工作。北京市交通委组建了 2014 年北京 APEC 领导人会议周交通运输服务保障运行调度指挥中心和 4 个会上交通运行服务调度分中心、3 个外围交通保障分中心、8 个交通服务团队,各中心的机构、人员、职责、机制迅速到位,全程高效运转、全力保障。共为参会的各国领导人、经济体代表、工商界人士、残疾人代表、媒体记者及中方办会人员6个群体约2万余人提供交通运输服务。

北京市交通委路政局根据APEC会议交通运输服务保障工作安排,开展了城市道路(会议驻地、会场途经路线)、公路(抵离京路线)和轨道(驻地、会场周边站点设施)三个方面的道路(轨道)及附属设施病害的排查修复,在重点保障地区为APEC会议组建专项应急保障队伍,做好应急保障。在交通环境整治方面,各高速公路公司完成了高速公路等道路保障工作,全面开展了相关高速公路道路、桥梁、设施的排查整治和养护工作。期间,北京市70万交通人放弃休假,全力奋战在会上保障、社会面保障的一线,以高度的责任意识和使命感,聚精会神、全力以赴,完成APEC会议周期间的交通运输服务保障工作,展现了北京筹办重大活动的"北京服务"精神和风采。

在保证全市管养道路设施正常运行的基础上,北京市交通委路政局组建了10支应急保障队伍,并储备了抢险机械、车辆、沥青等应急抢险物资。APEC会议期间,北京市交通委路政局还增加了道路巡查频次,对涉及的道路、桥梁、通道设施一日两巡,针对城市道路安排50个巡养一体作业班组上路。在道路突发事件应急处置方面,将进一步加强与相关部门、属地政府协调联动;在治超工作上,组成联合督查组,通过多部门联合治理形成合力,为APEC会议顺利圆满召开提供公路交通保障。

在高速公路硬件设施保障方面,一是完成了五环路重点大修保障工程38km,S11京承高速公路、G6京藏高速公路(进出京方向)、G4501六环路外环等高速公路大修工程72km;二是完成了G1京哈高速公路、G2京沪高速公路、G4京港澳高速公路、G6京藏高速公路等10条高速公路的交通标志设置工作,新增交通标志94面。

为保障APEC会议,首发集团建设的APEC会议交通保障重点工程黄楼路准时完工,全长约6.5km。黄楼路工程按着"特事特办、急事急办"的原则,通过明确责任、理清事项、限定时间、强化考核等手段,强化合同管理工作,有效推动了立项、变更、拆迁合同等事项的时效性管理,短期内实现了项目开工,并完成全部地上物拆除及管线改移工作,为按期通车提供了保障,工程如期完成,充分体现了北京高速人敢打敢拼、能打硬仗的精神。

作为京承高速公路联络线的黄楼路工程西起京承高速黄港立交,向东分别与国展联络线、京密路、康营东路相交,设计速度为50km/h,主路布置在机场南线高架桥下,双向四车道,车道宽16m。2012年,京承高速公路怀柔出口已经建成一条11.9km的会都路,以全程高架方式直通雁栖湖北岸,这次黄楼路的建成则进一步完善了APEC会址与首都机场的快速连接,与此前竣工的会都路高架桥共同形成雁栖湖—京承高速公路—机场南线—首都机场的快捷通道。在雁栖湖参加完会议的人员可从会都路直接驶入京承高速公路,再从黄港立交出来走黄楼路,大约300m后就能从匝道进入机场南线直达首都机场,实现从APEC会址25分钟即可抵达首都机场。

在交通服务保障方面,相关高速公路公司制订了专项运营服务保障方案,以首善标准,高于奥运的标准,尽全力为APEC峰会提供了有力保障。通过提前着手、提早谋划、加强沟通、强化管理,首发集团统筹安排了京承高速公路、京藏高速公路和五环路维修整治工作,全面提高了设施服务水平。方案将2014年7—11月作为重点保障时段;将京承高速公路(三环路至怀柔城区出口)、京藏高速公路、京密高速公路、机场北线、京平高速公路(黄港桥至管头桥)、六环路(西沙屯至马驹桥)、京新高速公路、五环路作为重点保障路段;将清河主站、上清东出站等13个站作为重点保障收费站;制订了京承高速专项运营服务保障方案,选派优秀服务人员,增加重点路段巡视频次,加大会议涉及路段的养护保洁投入。着力强化应急保障能力建设,完善应急管理体系,加强信息共享和内外部联动,推进应急状态下扁平化现场指挥体系建设,增设应急备勤点,抢险队伍24小时备勤,提高了应对突发事件和风险的能力。

APEC限行时间(11月3日—11月12日,10天),相关高速公路累计交通量817.81万辆次,保障APEC免费车辆共计6317辆次,减免通行费约169375元;共出动各类车辆3067车次、出动各类巡查、养护、抢险人员16589人次,圆满完成了交通服务保障工作。

第四节 纪念中国人民抗日战争暨世界反法西斯战争胜利70周年纪念活动

2015年9月3日,北京市天安门地区举行的纪念中国人民抗日战争暨世界反法西斯战争胜利70周年阅兵式,是新中国历史上第15次大阅兵,是进入21世纪以来第2次大阅兵,同时也是第一次在非国庆节举行的大阅兵。在此之前,北京市还在举办国际田联世锦赛,在如此繁忙的城市交通之下,如何保障阅兵的交通需求,成为一个挑战服务保障能力、考验应急协调智慧的问题。

期间,北京市交通委作为牵头单位,以交通保障组形式组织公安、铁路、阅兵联指等14家单位,建立了交通保障组织体制和战时四级指挥体系,历时7个月,做到交通保障工作启动日期最早、持续时间最长、结束时点最晚。北京市交通行业70万干部职工以高昂的政治热情、高度的工作使命感和责任感,在世锦赛、抗战胜利70周年纪念活动、实行交通管制等多重保障任务相互叠加的情势下,不辱使命、圆满完成了抗战胜利70纪念活动的交通保障工作。

在高速公路交通保障方面,在北京市交通委的统一指挥下,集结了强大的交通保障力量,包括14个高速公路保障组备勤,分别设在京藏高速公路(北安河驻地)、京新高速公路全线(太平庄驻地)、六环路(马池口驻地)、京承高速公路(土沟驻地)、五环路(京津高速台湖驻地)、五环(香泉桥)、双横桥工区、辛庄村工区、西坨工区(进京)、西坨工区(出京)、宛平桥工区、于家务工区、泗上村工区、八里庄办公区(京通快速);7个收费站快速通行保障组,包括双横站、沙阳站、京新沙河主站、清河主站、杜家坎主站、京承主站、石门营站;14个观察点,包括双横站、沙阳站、沙阳站、京新沙河主站、清河主站、杜家坎主站、京承主站、石门营站(均为进出京双向)。

为了做好"两大安保"(国际田联世锦赛、阅兵)期间交通服务保障工作,北京市交通委员会、路政局和各公司建立了重大活动保障工作机制和阅兵保障工作例会制度,创新运营保障联动工作机制,加强了收费、养护、路产内部联动,强化了突发事件应急处置调度,重点加强了现场保障、应急演练、设备巡检、信息服务、安全维稳等方面的工作,确保了期间高速公路运营管理高水平,圆满完成了各项服务保障工作。据统计,阅兵筹备及保障期间,仅首发集团便投入保障人员7.7万人次、保障车辆近两万车次、保障阅兵车辆近1.9万辆次。

养护方面,各相关单位编制了符合管养道路实际情况的保障实施方案,对重点路段采取加密机械清扫频次、增加人工捡拾保洁力量等措施,以定点、定人、定路线等管理方式全力做好沿线道路保洁工作。同时,为确保沿线道路洁净美观,采取水车冲洗、洗地车精洗等方式对重点路段沿线进行路面清洗工作,对沿线设施进行定期擦拭,并重点清除非法小广告等死角。严格执行每天至少两次道路养护巡视、每两周对辖区桥梁进行一次全方位检查工作,重点检查桥下空间等部位,全力确保活动期间沿线道路桥梁的安全运营。全面加强规范化管理,积极部署保障措施,确保道路安全畅通,保障客户便捷出行。

收费管理方面,行业各单位全面贯彻收费站快速通行保障组安排,做好相关通行方案的落实工作,同时强化安全保障落实工作。认真部署,在收费站区、集宿地组织拉网式排查,杜绝安全隐患;强化道路畅通落实工作,组织管理人员、收费班组长成立特殊时期保障小组,采取集中上岗保障的方式,加强岗中值守,现场指挥,及时妥善地处理突发事件,确保车辆安全、快速通行;强化优质服务落实工作,在做好站区卫生清理维护、通行保障工作的基础上,践行优质服务理念,进一步做好延伸服务,努力为客户提供整洁、温馨的通行环境。

京通快速路方面,根据北京市交通委路政局阅兵服务道路保障组工作安排,结合京通快速路的实际情况,早在2015年7月,首创京通快速路管理分公司便下发《京通快速路纪念抗日战争胜利70周年阅兵演练和阅兵期间保障工作方案》,明确了保障期间的指挥体系、职责分工、运转体系、阶段工作安排和工作要求。根据此方案,北京首创股份有限公司京通快速路管理分公司将道路塌陷、积水、道路事故救援等突发事件的应急处置作为保障重点,营造了整洁、清新、优美的高速公路路域环境,提升了快速通行保障能力,为阅兵各项活动的顺利进行提供了优质服务保障。

北京首都高速公路发展有限公司精心准备,层层落实安全、维稳和运营保障预案,层层落实,全面开展安全自检自查,排除一切安全隐患,全面保障首都机场高速公路全路及各站点通行秩序良好。

第五节　首都机场高速公路

首都机场高速公路被称为"国门第一路",是国内外政治、经济、文化、科技交流的纽带,承担着迎送各国贵宾的政治任务,是重大活动保障的最前沿。可以说,这是我国重大活动交通服务保障工作最频繁、任务最重、级别最高的高速公路。

自1993年通车以来,首都机场高速公路运营管理方全力做好重大活动的交通保障工作,提供了安全、顺畅的通行服务,圆满完成了远南运动会、第四届世界妇女大会、中非合作论坛北京峰会、北京奥运会、上海合作组织峰会、APEC峰会、国际田联世锦赛等一系列国际会议和赛事活动的交通保障工作。同时,还出色完成了每年"两会"、1999年新中国成立50周年国庆阅兵、2009年新中国成立60周年国庆大阅兵和2015年中国人民抗日战争暨世界反法西斯战争胜利70周年纪念活动等国内重大活动的交通保障工作。

首都机场高速公路的运营管理单位本着为中央服务、为国际交往服务、为科技发展服务、为北京市民服务、为国民经济建设服务的宗旨运营管理好"国门第一路"。据统计,截至1998年12月,该路便已经为1亿辆次车提供了安全、顺畅的通行服务,圆满地完成了1679次迎送国家元首级贵宾的特勤任务,并多次为重要国际会议提供了通行服务。自1995年以来,首都机场高速公路先后被交通部、团中央、北京市政府、市总工会、团市委、交通委(局)等授予"示范窗口单位""青年文明号""工人先锋号""行内建设先进单位""规范化服务示范单位""首都文明单位"等称号,做到了时任交通部部长黄镇东提出的"代表国家形象、首都形象、交通形象"的要求。

之后,随着我国在国际经济、政治舞台上的地位日渐提高,经贸往来和双边、多边交往的日渐频繁,在首都北京举办的国际性会议和活动也不断增多。近年来,伴随着首都机场客货吞吐量的迅猛增长,机场高速不仅承担着巨大的交通流量压力,同时还作为一条政治路承担着每年400次以上的勤务通行保障任务。据统计,到2007年底,该路共为6000余次勤务车队提供了安全、通畅和快捷的通行服务。

对于"国门第一路"而言,重大活动保障已成为日常性的工作。通常而言,首都高速公路发展有限公司会根据活动的不同性质、主管部门的要求,迅速制定一套完整、可行的工作方案,并快速、高效地执行,从而一次次地圆满完成各项保障和服务任务。

以影响最大的2008北京奥运会、2014年APEC北京峰会和2015年中国人民抗日战争暨世界反法西斯战争胜利70周年阅兵活动为例,首都高速公路发展有限公司的相关工作,赢得了活动主办方、参与方的高度认可,向国内外宾朋展示了首都高速公路的良好形象,也展示了北京市高速公路行业在重大活动保障方面的能力和水平。其具体保障措施如下。

一、落实高水平服务,确保各项服务措施落实到位

在APEC会议通行保障期间,在岗收费员以规范的着装,饱满的精神状态,亲切自然的话语,以及百分百微笑服务和百分百使用文明用语为客户提供优质服务。收费班长加强站区巡视和交通疏导,遇有站区拥堵情况,及时采取复式收费、渠化车道和导流分流等措施缓解拥堵。遇有会务车辆通行时,岗亭外的员工一律要行注目礼。以实际行动确保运营安全稳定,确保高水平服务,确保队伍维稳,保障机场路畅通、安全、快捷的通行环境,维护好"国门第一路"的品牌形象。

APEC会议国宾车队安全通行是这次保障工作的关键任务。为此,公司落实责任制、严把服务细节关。监控中心启动"全天勤务工作模式":对交通监视制定了每3小时轮换人员实时巡视制度,要求记录路况、国宾车队通行情况、路上可变情报板显示状态、夜景照明开闭情况、路侧悬挂的APEC会议旗帜检查,并根据交通状态及时改变情报板提示信息。情报板改变信息后,通过道路摄像机检查发布信息内容及显示完整性,同时,每天早6:30分,机电维修人员上路检查情报板显示状态,路产巡视员多次上路巡视时反馈情报板显示状态。按照要求提前设置夜景照明开闭时间,并加强巡视检查,所有工作切实做到"专人负责、反复检查、分工明确",确保了工作万无一失。

APEC会议期间,机场高速公路开道率达到100%、人员到位率达到100%、服务投诉事故率为0。广大运营人员用实际行动践行了"服务人民、奉献社会"的行业宗旨,充分展现了机场路作为政治路、形象路的功能定位,树立了企业良好的社会形象。

二、开展演练,稳步推进保障任务

在奥运会通行保障期间,首都机场高速公路严格按照上级单位"平安奥运行动"的统一部署和要求,以"大事不出、小事减少、管理严格、秩序良好"为中心目标,明确了"一切围绕奥运、一切为了奥运"的工作思路,深入落实高水平服务标准,根据"平安奥运行动"三个阶段的要求,严格做到了"组织领导、制度预案、协调配合、自检监督、折子工程、安全工作六个落实",在首都高速公路发展有限公司全体员工的共同努力下,圆满完成了北京奥运会和残奥会通行保障重大任务,实现了"两个奥运"同样精彩的总体目标。其中,"平

安奥运行动"重点工作折子工程,包括机场高速21项、机场北线18项。各部室、各保障组在此基础上还细化了专项折子工程。在"严格整治、严格防范、严格控制"三个阶段的每次转段时,公司"平安奥运行动"指挥协调领导小组对各保障组折子工程完成情况进行了拉网式督导检查,共计派出督查人员64人次,发现整改各类隐患16个,指挥协调领导小组严格按照"平安奥运行动"督查工作通知书规定做好了复查、回查工作。奥运会前,共组织开展了"平安奥运机场周边高速公路交通导改综合演练""防汛演练""奥运车辆快速通行机场高速公路天竺收费站"等各类演练10次。通过认真推进落实折子工程,确保奥运保障工作按计划统筹稳步推进。

三、扎实做好安全工作,确保行动平安

组织奥运安保培训。通过开展"安康杯""安全生产月""百日安全无事故"等活动,利用板报、横幅、讲座、知识竞赛等方式,对全体员工进行安全教育活动,组织了8次奥运安保培训,使员工牢固树立了"安全重于泰山"的思想,层层落实了安全生产责任制,建立健全了安全三级网络管理体系。

据统计,2008年北京奥运会期间,从7月31日外宾集中达到,至8月26日重要外宾离京,共有175位重要外宾到京,为此首都机场高速公路作为2号警卫常备线路,同时还是奥运物流中心的重要保障路线。

自2008年7月1日起,首都机场高速公路实行了奥运期间安保人员与管理人员双值班制度,安全质量部的值班人员每天对公司各重点部位、安防监控系统及保安员备勤情况进行检查,保证各项安全措施落实到位,备勤人员坚守岗位;加油站作为重点安全部位,按照市环保局和安监局的要求,在奥运前进行了油气回收改造工程,确保了安全;从8月2日起,天竺办公区增加四名保安员进行24小时不间断巡视,密切关注公司进出人员,确保了内部治安安全;为做好奥运车队及勤务保障工作,天竺奥运专用通道增加了6名保安员,对站区奥运车辆、社会车辆进行疏导,保安员冒着高温酷暑,发扬不怕苦、不怕累的精神,按照各级勤务的不同要求,及时开闭中央通道栏杆,使用隔离拉链渠化交通,并配合交警做好站区车辆疏导及治安保卫工作,确保了奥运专用车辆的顺利通行。

2015年中国人民抗日战争暨世界反法西斯战争胜利70周年阅兵活动运营保障期间,北京首都高速公路发展有限公司精心准备,全面落实安全、维稳和运营保障预案,机场高速公路各站点通行秩序良好。9月1—5日,机场高速公路保障"阅兵活动"各国元首和政要的高密度、高频次勤务通行共计62次,圆满完成了道路保障工作任务。"阅兵活动"保障期间,机场高速路公司出动巡视、养护、抢险作业车辆10车次/日,应急值守8341人次,放弃休假1380人次,累计巡查里程1.7万km。在"阅兵活动"保障期间,机场高速公路未发生突发事件。

总之,在各项重大活动服务保障期间,首都机场高速公路严格落实各项工作要求,全体业务人员比业务、赛服务,积极投身于服务保障工作中,同心协力、甘于奉献,保障了首都机场高速公路的和谐运转,提供了安全、畅通、文明、优质的通行服务,充分展现了"国门第一路"的品牌文化和首都高速公路行业的良好形象。

第六节 G6 京藏高速公路北京段

作为著名的政治路、经济路、旅游路,G6 京藏高速公路北京段(俗称八达岭高速公路)是北京城区通往八达岭长城的最重要的通道,而八达岭长城是重要的外事活动地;同时,G6 京藏高速公路还连接北京奥运村地区、回龙观社区、海淀科技园区、航天城等近郊区大型社会活动区域,是北京城北地区人们出行关注的热线,因而 G6 京藏高速公路北京段的相关工作也是北京市高速公路重大活动保障工作的重要典型之一;加上这一条高速公路是北京市西北大通道的主干线,连接重要的生活区和景区,日常运营管理压力,特别是重大节假日期间的压力巨大,也使得该路的重大活动保障工作更加引人瞩目。

作为来访的国际友人、国内游客、国家领导人前往八达岭长城、明十三陵等景区游览和进行国际交往的必经之路,根据相关统计,近 5 年来,京藏高速公路每年接到的各级勤务保障任务平均在 170 次以上,每年"黄金周"期间到八达岭长城游览的游客达 37 万人。从 1996 年 G6 京藏高速公路北京段(当时的八达岭高速公路)一期工程通车,到 1998 年二期工程完成全线贯通,再到 2015 年 6 月,G6 京藏高速公路先后为 127 位国家元首去往八达岭长城参加外事活动和参观长城提供了交通服务保障。

为此,八达岭高速公路的运营管理单位积极配合外事车辆通行服务工作,制定相应的保障预案和流程,把服务保障工作程序化、规范化,在北京市交通主管部门的领导下,通过配合交警部门的交通管理措施,从而一次次出色完成了外事活动的交通保障工作。

G6 京藏高速公路北京段的运营管理者——首发集团八达岭分公司(以下简称"八达岭分公司")始终坚持稳中求进的发展总基调,拓宽工作思路,狠抓工作落实,夯实基础业务,创新管理方法,提升服务水平,较好地完成了各项保障任务,在北京奥运会公路自行车赛、铁人三项赛、重大节假日小客车免费通行等方面的服务保障工作十分出色,赢得了公众的高度认可。

一、为奥运赛事创造良好通行环境

2008 年,北京奥运会的公路自行车比赛途经八达岭高速公路的部分路段和出京方向的八达岭隧道、石佛寺 2 号隧道、石佛寺 1 号隧道以及弹琴峡隧道。为了向世界友人展现北京高速公路舒适优美的行车环境,同时为各国参赛选手提供最佳的比赛场地,监控中心提前着手、积极准备,加强设备实施的维护维修力度,并根据八达岭路及六环路收费设备设施损坏及污浊情况,制定7项分公司奥运专项工程。合理安排工期,严把工程质量关,在不影响收费工作的情况下,保证了所有工程在规定时间内按期完工。赛事开始前,根据比赛实际情况,结合"好运北京"国际公路自行车国际邀请赛的需求,拆除车道编号牌、收费岛开启雾灯、摘除车道交通灯报警装置,为各国运动员提供最好的比赛环境。

作为奥运公路自行车赛的重点保障路段,隧道的安全工作尤为重要。监控中心隧道分中心对八达岭隧道的外观以及隧道内的照明系统、摄像系统、道路情报板系统进行维护维修。同时,为了确保奥运会公路自行车比赛的顺利进行,隧道分中心相关工作人员经过5个日夜的努力,完成了八达岭高速公路4条隧道约700块水泥盖板的更换工作,并将全部水泥盖板进行了粉刷,为奥运会公路自行车比赛提供优质的比赛环境。隧道分中心还安排部署工作人员每周对消防器材及消防水池逐个进行检查,决不允许出现任何问题,保证隧道内所有消防设施全部灵敏、有效。同时,机电人员每周对隧道内所有机电设备、供电线路进行检查,排查隐患,多次针对改造中的机电设备进行巡检,发现问题及时联系云星宇公司设备改造人员进行维修。2008年8月1日前,机电人员已对隧道内的多有照明线路整修完毕,并更换维修隧道照明灯,保证奥运期间隧道内供电照明系统的正常运转。

为了使隧道内的赛道符合国际自行车比赛赛道的规定,监控中心隧道分中心配合奥组委在石佛寺2号隧道和八达岭隧道内加装奥运照明灯,并于2008年7月2—4日进行隧道奥运灯光照明测试。测试中隧道保障人员积极同设备相关人员检查设备运行状况,记录、分析运行数据,对测试发现的设备问题及时联系设备工程师维修,分析容易发生问题的设备,落实了备品备件工作。为确保正式比赛时,奥运照明灯的正常启动和达到亮度要求,隧道保障人员和相关设备人员,每周对奥运照明灯进行一次亮灯测试,并对备用市电专路电源质量和开关操作进行检查。

二、高度重视小客车免费通行保障任务

2012年"十一"黄金周是全国高速公路免收小型客车通行费的首个节假日。八达岭分公司在前期多次召开专题研讨会,对所辖路段的通行形态、车辆分布时间、流向与流速等各方面,做了大量的调研与分析,提前预判可能出现的各类突发情况。在保障期间,相关领导班子划分保障区域,收费所实施重点站口负责制,特别加强34个重点站口的保障力量,加强免费开始与免费结束临界点的人员值守。黄金周期间,分公司共计安排加班人员3627人次。

在科学研判的基础上,八达岭分公司制定了细致的《八达岭路分公司重大节假日小型客车免费通行实施方案》,编制了操作性强的《高速公路节假日免费通行期间收费员操作手册》,同时对山区、隧道等特殊路段制订了独立的保障方案。从黄金周期间道路交通情况来看,道路通行状态与前期预判基本相符,节前制订的保障工作预案的科学性、有效性得到了有力验证。

考虑小客车免费放行后,预计出现新的车流量特点和拥堵情况,分公司针对所辖路段制定了21项保障措施,设立了16条小客车专用通道,设置了62块交通导流提示牌。保障期间,分公司辖区路段共采用了入口变出口逆向分流车辆、隧道入口临时截流、出口渠化车道、路段监控盲区保障等12项疏堵措施,充分与路产、养护部门、周边高速队等单位联动,避免了由于特殊情况造成的车辆拥堵情况,做到应对突发事件发现快、到位快、处理快。

分公司在各主线站及重要站点设置了志愿服务站13个,参加志愿服务工作的志愿者1175人次,提供志愿服务5188次。志愿者向客户发放了1万张"京藏高速公路'重大节假日'行车指南"CD光盘,印制了3000册"便民服务指南"和1万张导流路线图,同时为客户准备了药品、饮用热水、针线包、交通事故快速处理单等各类便民物品。此举得到了多家媒体的正面报道和广大客户的一致好评。

2013年,配合交警采取了分流、限流、截流等措施,在重点保障站区,采取了渠化车道、U转掉头、开启应急出口、摆放入口提示牌等措施,有效缓解了主路通行压力,避免了站区车辆拥堵。积极开展志愿服务,在重点站口设置了志愿服务台11个,向客户提供饮用水、应急药品、车辆故障简单处理等延伸服务项目10余类,发放交通导流图、温馨提示卡等6万份。在全员的共同努力下,分公司深化了免费保障工作长效机制,为全面做好今后免费通行保障工作提供了有力保证。

2014年,八达岭分公司首次使用了限高"龙门架"。"龙门架"的使用,在实现车型分离、提升车道通行能力、减少逃费现象、节省人员成本等方面发挥了重要作用。继续开展志愿服务活动,拓宽延伸服务内容,"十一"期间,向客户发放导流图9000余份、信息服务提示卡700余张、周边景点示意图1000余张、便民服务手册100余本、涌现好人好事200余件,充分展示了分公司良好的服务风采,对打造首发服务品牌起到了积极的作用。

第二章
重大活动保障工作经验

北京市高速公路系统对于一系列重大活动的成功保障,是北京市委、市政府城市治理能力和保障能力不断提高的体现,也是北京市交通主管部门以及相关单位服务保障能力不断强化和提升的体现。这得益于城市管理者的超前谋划、统筹协调和周密部署以及重大活动保障的制度安排,得益于高速公路各部门、各单位全面落实高速公路各项保障工作制度,得益于长期以来北京市交通系统的科技支撑,特别是交通信息化、智能化建设的支撑,更得益于高速公路系统全体职工的共同努力和无微不至的工作。

为做好各重大活动服务保障工作,充分展示首都高速公路良好形象,相关部门、单位高度重视,精心策划,结合实际情况,明确重点路段,完善细化保障方案,多措并举做好保障准备工作。在各重大活动举办过程中,S50 五环路、S11 京承高速公路、G6 京藏高速公路、G2 京沪高速公路、S28 首都机场高速公路等高速公路形成了一个快速交通网,尤其是专用通道的设置,提供了畅通无阻、舒适便捷的交通条件;G4501 六环路与 G6 京藏高速公路、S11 京承高速公路等放射线高速公路连接,作为市区外围快速交通主干线,担负着市区外围交通和截流、疏导跨区交通的重任,改善了市区的交通与自然环境,减少了噪声与污染。高速公路系统广大干部职工克服困难,恪尽职守,连续奋战,开展安全隐患排查整治等工作,加大检查力度,彻底排查隐患,各重大活动高速公路交通运输保障取得了良好的效果。相关经验总结如下。

一、思想高度统一,体制机制顺畅

按照中央的相关工作安排,北京市立足于"四个服务"的城市职责,为了保障各项重大活动的顺利进行,先后于 2005 年 9 月出台了《北京市大型群众性活动安全管理条例》《北京市大型社会活动安全管理条例》,2012 年发布《关于全力做好重大活动服务保障工作的意见》,2014 年 11 月对外公布并实施了《北京市实施国家重大活动保障措施的若干规定》。一系列重大活动方面的顶层制度设计和政策措施,为北京市重大活动服务保障工作提供了制度保障。

在北京市委、市政府领导下,在市级统筹的保障机制的体系中,北京市交通部门思想高度统一,牢固树立政治意识、大局意识、服务意识、责任意识和首善意识,按照做好"四个服务"的要求,以体制机制建设为基础,以服务队伍建设为重点,以统筹服务资源为依托,以强化服务手段为根本,全面提高重大活动的服务保障水平。坚持资源统筹、科学规划、分类管理、分级负责的原则,坚持"求实、创新、节俭、高效"的原则,促进跨部门之间、交通行业内部单位之间的协调配合和横向联动,有效发挥各企事业单位的服务资源优势,建立科学合理、专业高效的交通服务保障工作的体系。

北京市高速公路行业在市交通委员会的统一领导和协调下,健全服务保障工作领导体制和工作机制,通过服务资源的有效调配,建立覆盖面广、实效性强的交通服务资源共享平台,实现高速交通服务保障工作的科学化、系统化、专业化和规范化。通过建立并培养服务保障工作队伍,形成指挥统一、便于协调、职责明确、运转高效的工作组织体系,全面提升了全市重大活动期间高速公路服务保障工作的整体水平。

在重大活动服务保障任务期间,北京市交通委成立临时性交通服务保障工作领导小组。为进一步加强重大活动服务保障工作组织领导,充分发挥统筹协调作用,参照目前北京市服务保障工作运行体制,结合重大活动服务保障工作实际需要,在重大活动服务保障工作启动时,由交通委员会或者牵头单位发起成立临时性"北京市重大活动交通服务保障工作领导小组",主要职责是:在市委、市政府领导下,按照交通服务保障工作的实际需求,统筹调配本市重大活动交通服务保障工作资源,建立健全重大活动交通服务保障工作体系;规划完善重大活动服务保障工作的综合服务机制;指导交通各部门、各单位完成服务保障工作,协调解决工作中出现的重大问题和难点问题;协调与上级机关、重大活动主办方等有关部门的关系;督办各部门、各单位任务落实情况;完成市委、市政府交办的其他事项。领导小组的组成结合相关领导同志工作分工,依托现有行政管理体制和各相关单位,成员由市交通委根据各部门、各单位承担任务量的多少和职能情况确定。领导小组下设办公室,作为临时办事机构,设在交通委或牵头单位。

按照重大活动交通服务保障工作领导小组要求,由市交通委牵头组织交通服务保障责任部门、各高速公路公司,对在京举办的国际、国内重要会议或论坛,非商业性质的大型展览会、赛事、庆典和有关政务活动的特定场所和区域,按照主办方指定的时间和工作范围,实施交通运输、市场秩序监管、特种设备监管和安全生产监管等保障工作;对出席重大活动的特定人员开展交通服务保障工作。

交通服务保障领导小组办公室的主要职责:执行重大活动交通服务保障工作领导小组的决定,统一组织、协调、指导和检查全市重大活动的交通服务保障工作;负责与活动主办方的协调联系;收集分析交通服务需求信息,发布工作任务;制订完善重大活动交通服务保障工作期间的各项规章制度、流程、标准等;定期向市重大活动服务保障工作领导小组报告工作进展情况;组织协调有关重大活动交通服务保障的培训工作;完成市委、市政府和领导小组交办的其他事项。

交通服务保障责任单位的主要职责:制订具体工作方案和应急预案;配合做好协调工作,密切与服务对象的联系沟通,及时准确地了解工作需求,积极推进各项服务工作的有效落实;妥善解决工作中出现的矛盾和问题,及时上报服务保障工作中出现的重大问题和难点问题等。

二、高效的指挥机制和规范的工作流程

在指挥机制方面,一般是由北京市交通委主要领导担任重大活动交通服务保障工作领导小组总协调人和总指挥,牵头单位有关负责同志协助,协调重大活动交通服务保障工作。总协调人、总指挥主要负责应对重大活动服务保障工作的统筹协调工作。协调机制涉及的各项具体工作,由临时成立的重大活动服务保障工作领导小组办公室负责落实。

在工作流程方面,通常在接到任务后,交通服务保障工作按照制订工作方案、部署工作任务、推动工作落实、组织事前检查、组织事中保障和组织收尾工作的程序逐步开展。以上流程中涉及的各项具体规范,由临时成立的重大活动服务保障工作领导小组办公室负责落实。

高速公路作为交通服务保障工作的重要组成部分,通常情况下,各高速公路公司属于责任单位,需要按照领导小组办公室的要求,制订相应的工作方案和预案;成立相应的领导机构和指挥协调领导小组,按照各公司的组织结构,下设不同职能的保障组,领导小组成员分别担任各保障组的组长,并建立层级目标化管理机制。以2008年北京奥运会交通服务保障期间首发集团的工作为例,首发集团成立了"平安奥运行动"指挥协调领导小组,制订《平安奥运行动保障方案》,下发"平安奥运行动"重大工作折子工程,与各单位签订了目标责任书,建立例会、信息报送、应急预案演练和督查等工作制度,为实现本集团做好奥运交通保障工作提供了组织和制度保障。

同时,根据不同服务保障任务的目标要求、实际范围、规模规格、特点属性等不同要素,分层级制订科学合理、内容翔实、分工明确、措施有力的工作方案和应急预案,围绕各项既定目标,有针对性地开展服务保障工作。比如,在2008年北京奥运交通服务保障工作中,明确了高速公路保障重点、保障方式、路容路貌的保障标准,微笑服务、双语服务,下发了"平安奥运行动"重点工作折子工程,与各单位签订了目标责任书,建立例会、信息报送、应急预案演练和督查等工作制度;制订了《突发事件应急救援预案》,设立70条"奥运快速通道",将17个重点奥运保障站口列为"高水平优秀服务示范站",选派业务精、能力强、服务好的四星以上收费员上岗,全面实现了平安奥运目标。加大对收费站点、收费岗亭、消防器材、车辆(特别是班车)、隧道等重点部位的检查力度。各分公司根据首发集团奥运保障的总体要求,制订完善了《道路通行保障工作方案》《奥运期间设施保障方案》《维稳保障工作方案》《宣传信息保障工作方案》《奥运期间突发事件应急预案》《安全生

产隐患排查治理工作实施方案》等,形成了具有各公司特点的"平安奥运行动"工作方案体系。通过安全制度、运营制度、维稳制度、设施维护制度、信息制度、财务制度、后勤保障制度的严格落实,全力做好"平安奥运行动"服务保障工作。

三、全面到位的保障措施,细致入微的精细化落实

(一)超前谋划,全面做好准备工作

各高速公路公司以落实精细化养护标准为重点,切实做好基础养护工作,加强桥梁等构筑物的巡查和日常养护,及时进行危桥加固改造,不断强化防汛除雪能力建设,保持道路设施良好的技术状况,确保道路的通达性和便利性。

在做好日常养护和专项工程的同时,围绕重大活动加强人力、物力的组织和调配,加大重点时期重点部位巡视力度,严格挖掘占路施工现场监管,加强桥下空间管理,确保道路通行环境有序和路产安全,对气候变化、道路病害、路面遗撒、交通事故等原因引起的通行不畅,以最快的速度修复和排除障碍,以最短的时间恢复正常通行。

各服务区、收费站区进一步加强环境整治,做到整洁一新,环境舒适。在服务区充分发挥窗口功能、服务功能和经济功能,努力改善环境,提高服务水平,为过往车主提供便捷、卫生、经济、舒适的服务环境。

以举办重大活动为契机,不断拓展服务领域,延伸服务内涵,把高水平服务推向新的更高的水平。从制度上保证高水平服务,将高水平服务规范作为员工日常管理的重要组成部分,加强领导,严格考核,认真评比,实现高速公路运营服务的标准化、精细化和常态化。从宣传上弘扬高水平服务,多渠道、多方式对员工进行宣传教育,使关注细节、快速反应、服务至上的理念深入员工内心,营造爱岗位、讲奉献、重服务的浓厚氛围。从机制上鼓励高水平服务,通过严格评选,对表现突出的员工给予相应的荣誉和鼓励,发挥典型引导作用。广大员工把服务重大活动当成展示高水平服务的最好舞台和最佳机遇,用真诚的微笑、文明的用语、周到的服务,展示了北京良好的精神风貌,赢得了一致好评。

通过开展"安康杯""安全生产月""百日安全无事故"等活动,利用板报、横幅、讲座、知识竞赛等方式,对全体员工进行安全教育活动,组织安保培训,使员工牢固树立安全意识,层层落实安全生产责任制,建立健全了安全三级网络管理体系。

(二)应对突发,强化应急联动和演练

随着高速公路运营管理工作不断复杂化,工作难度显著提高,需要各专业之间配合完成的工作越来越多,联动在其中所能发挥的作用越发突出。分级强化联动机制,提前确定联动重点,适时组织联动演练,及时分享工作信息,不断加强收费、机电、养护、路产巡视、

服务区的内部联动,深化与交管、路政、城市执法及相邻省市运营部门的外部联动,最大限度释放联动活力。

为做好重大活动交通保障工作,检验突发事件处理预案和工作机制,确保保障工作万无一失,扎实推进各项工作,举行交通保障演习和隧道火灾应急抢险演习,检验了重大活动交通保障、隧道火灾应急抢险等突发事件处理的相关预案和运行机制,加强了各级指挥人员的指挥协调能力,提高了处理突发事件的实战能力,锻炼了一线队伍,增强了安全意识,为完成重大活动交通保障任务提供了重要保障。

为全面提升重大活动期间应急处置能力,制订重大活动应急保障预案,成立24小时应急抢险队伍,同时在沿线重点路段设置清障救援备勤点和绿地火灾防控救援备勤点,高标准做好应急抢险队伍备勤站点、人员、物资储备工作。为有效梳理应急事件处置流程,各相关单位进行了事故清障、涂鸦清除、遗洒清理、除雪工作、绿地火灾救援等演练工作,确保遇突发事件能够快速响应、处置。

(三)周密部署,出色完成保障任务

在历次重大活动服务保障工作中,北京各高速公路公司始终贯彻深化"高水平服务"的宗旨,强化服务意识,以提高通行效率、打造服务品牌为工作重点,进一步加强收费站、服务区、养护等方面的工作,统一收费站区配套设施布设标准,提升服务区服务水平,展现出北京良好的窗口形象。及时规范业务流程,深入开展"车队快捷通行"服务,设立"专用通道",做好重大活动的交通导流绕行保障,努力改善通行环境,圆满完成了重大活动通行保障工作。

各层级方案的落地最终要靠各高速公路分公司的业务部门的执行。各业务部门通过开展各种形式的宣传教育活动和广泛深入的思想发动,使全体员工意识到重大活动服务保障工作的意义和重要性,激发员工积极参与的热情,形成良好的重大活动服务保障氛围,从思想认识、服务意识、安全意识上做好充分的思想准备,为服务保障工作提供了思想保障。

为做好重大活动的保障工作,对保障工作的组织程序、环境布置、安全保卫、紧急事件处理、对外联动等各环节进行了详细周密的安排。签订目标责任书,层层落实责任,确保将安全责任落实到每名员工,将各项工作措施落到实处。召开动员部署会议和安全、维稳、运营、网络安全等专题工作布置会议,认真做好各专项预案的责任分解,责任到岗、到人。广大高速公路员工不畏艰辛,加班加点,为各重大活动创造了良好的通行环境。

各业务部门通过开展一系列的活动,提升了员工的服务技能,形成了比技能、比服务、比奉献、争优创先的气氛,鼓舞了员工服务保障的热情,提升了员工窗口服务意识,激发了员工遵守职业道德的自觉性和主动性,营造了各高速公路服务保障的工作氛围。同时,还通过自检、监督、检查使各项保障工作达到了最佳状态,以先进的运营管理状态实现了各条高速公路的"迎宾"风采。

首发集团各分公司和业务部门通过对收费员的业务水平、服务质量、文明服务进行测试和星级评比,组织召开高水平服务标兵表彰大会和事迹报告会,通过网站、报纸、橱窗、微信等形式大力宣传,充分发挥"标兵窗口"的模范带头作用。

为了发挥典型的引导和带动作用,成立高水平服务示范团队,确定由示范团队成员值守的高水平服务示范车道,并在示范车道安装高水平服务示范通道、微笑服务通道、和谐服务通道等展示牌,将首都高速公路高水平服务的理念通过收费现场展示给社会公众,在全系统推广收费服务"四部曲",从收费员"一个微笑、两句问候、三种目光、四步动作"的服务细节入手,进一步规范服务程序,在细节中彰显窗口行业服务水平。首发集团还加大教育培训力度,使"微笑是最好的礼仪""快速是最好的服务"等服务理念得以深入人心。以此在重大活动服务保障工作中努力建设"服务型"高速公路,打造"高水平服务"品牌。

当然,在所有的重大活动服务保障工作中,从收费员、路政员,到监控员、现场指挥员,从养护管理岗位到路产保护岗位,每一个岗亭都是最高水平服务的平台,每个员工都是高水平服务的实践者,他们以高度的责任心和使命感,用踏实的工作、真诚的微笑、文明的用语、周到的服务,展示了"精细管理、无痕服务"的理念。全体高速公路人尽职尽责、默默奉献,以细致入微的服务和最高的工作标准,以耐得住寂寞、扛得住高压的最好精神状态和良好的服务保障工作成效,赢得了公众的肯定和尊重。

四、重视科技应用,智能交通发挥支撑作用

"十一五"以来,北京交通不断加大信息化建设力度,建成了以路网监测管理、运输指挥调度、大型活动服务和信息综合应用4个方面为架构的智能交通体系。高速公路不停车电子收费(ETC)系统、综合性交通信息服务网站、市政交通一卡通工程等智能交通技术广泛应用于交通各个领域,交通智能化运营服务水平明显提高,这些也为举办2008年北京奥运会、国庆60周年活动、APEC北京峰会、纪念中国人民抗日战争暨世界反法西斯战争胜利70周年阅兵式等重大活动交通保障任务提供了技术支撑。

2004年,北京市高速公路信息中心建成,其中包括路网协调指挥控制中心和为社会公众出行提供24小时语音服务的呼叫中心。信息中心是首发集团公司的职能部门之一,对首发集团所属的高速公路网实行24小时全天候监控及信息服务工作,是高速公路应急值守、联网收费、监控、通信的总中心,具备路网系统运行管理控制、日常道路视频监控和联网收费数据统计的职责。首发集团编制了高速公路联网收费、联网监控、信息安全及机电设备运营与维护管理标准,按照标准将收费监控系统、养护指挥系统、路产指挥系统整合建设在高速公路信息化平台中,解决了高速公路系统技术标准、信息资源的统一性与一致性的问题,并融合了 ETC、GPS、3G 和物联网等新技术,开创了高速公路智能化建设的新局面。

2010 年 10 月,首发集团六里桥高速公路指挥中心投入运营,成为北京高速公路的调度指挥和监控、通信与信息中心。该中心建立了安全可靠的通信网络,除承担全市高速公路决策指挥调度和实时路况信息采集发布任务外,也是全市联网收费结算系统和清账业务系统。

2011 年,在高速公路指挥中心的基础上,以整合、接入、共享为基础的北京市交通运行协调指挥中心(TOCC)成立,该中心下设路网运行、运输监管、公交安保三个分中心,是北京市交通行业数据共享交换中枢、综合运输协调运转中枢、信息发布中心,在紧急情况下还将成立交通安全应急指挥中心。

指挥中心通过高速公路信息化平台的对外服务接口,为行业主管部门的信息化平台提供全路网视频图像、交通监测、道路事件等信息资源。高速公路信息化平台实时获取交通行业信息资源,提升了高速公路运营管理的处置和服务水平。此外,该中心与交通主管部门共同编制平台运行规则、明确管理职责与沟通机制,制订了应急保障预案。平时指挥中心由企业负责日常监控与设备运营与维护,重大活动或者应急情况下由行业主管部门启动应急工作模式。

指挥中心整合了全市 30 余万路视频图像资源,实现了"点、线、面"全方位的社会面掌控,还整合 2 万余路重点资源,涉及主要场馆、天安门、鸟巢、地铁、北京西站、北京站、首都机场高速公路及各高速路进出境路口的画面,都可以第一时间调取。指挥中心还实现了北京市委、市政府与应急系统和水、电、气、热等多个相关部门 IP 视频会议系统的互联互通,可以同时与 60 多个部门一起开视频会。作为集轨道交通、地面公交、出租车等综合运输方式及城市道路、高速公路监控调度、统计分析、气象保障和应急指挥于一体的新一代综合交通运输管理系统,TOCC 实现了全市综合交通运输的统筹、协调和联动,建立了常态化综合交通运输协调管理体系,为缓解拥堵、提高交通运行效率、重大活动交通运输服务保障等提供了重要技术保障。

五、传承宝贵经验,在历练中不断强大

历次重大活动交通服务保障工作,不仅是一时的临时服务保障,它们给北京市的高速公路运营管理带来了丰富的遗产。从硬件设施的进一步完善加强,到服务品牌的不断树立,再到应急管理水平的日渐提升,重大活动服务保障工作锻炼了高速公路运营管理队伍,督促整个高速公路系统不断改进、完善交通服务保障方案及收费站、隧道、桥梁、道路、防汛等应急处置预案,形成了更加规范化、标准化和科学化的管理理念和方法。这些经验的积累,为此后其他重大活动积累了宝贵的经验。

以首次重大节假日免费通行为例,北京市高速公路主管部门通过数据分析比对,认真总结各节假日的车流量特点和公众出行规律,不断改进服务保障工作方案和措施,使得优秀经验转化为工作模式,为历次重大节假日免费通行期间的服务保障工作打下了基础。以下是重大节假日免费通行的相关规律。

(一)节假日车辆免费通行特点

"十一"黄金周历来是节假日旅游出行最集中的假期,出行方式较为多样,长途自驾游出行主要集中于首尾两日,但受郊区短途游的逐年火爆和免费通行政策的双重影响,2012年的"十一"、中秋节与国庆节重合,"三节叠加"吸引了大批公众假期出行,高速公路交通量大幅上升,道路承载能力严重不足,尤其是景点周边站点车流集中,高峰时段集中通行,交通事故频发,致使京开高速公路、G4京港澳高速公路等路线的个别路段出现了长时间、长距离的交通拥堵。车流高峰日出现在第五日,各日车流量呈现波浪形起伏,说明"十一"保障时段已逐渐向全假日扩展。

与"十一"黄金周旅游出行不同,民众春节前后的出行目的主要是回家过年和返程,进出京流量很大,但受提前休假、滞后返京等因素影响,通行时间较为分散,很多远途车辆并不会为了享受优惠政策而选择在春节假期回家。春节期间,民众出行多为走亲访友,去往各村镇或乡镇主干路的车辆较多,免费政策吸引了大量小型客车通行高速公路,部分原辅路车辆也进入主路通行,相关收费站流量明显增加,较免费政策落实前,同期交通量增幅较大,但受务工人员返乡、节假日旅游出行等因素影响,交通量仍低于平日水平。部分路段出现了主路车辆行驶缓慢而辅路畅通的现象,民众对初次免费通行仍处于盲目享受阶段。

经历了"十一"、春节两个长假期后发现,长假期通行情况呈现出两个共同点:其一,同比增量都在182万辆左右,基本持平;其二,即使流量大幅增长,但流量变化趋势与往年同期基本相同,且后期增幅明显。

相比"十一"、春节,清明节期间高速公路通行情况变化较大。随着近几年祭扫时间逐渐分散,清明祭扫高峰已经从清明期间逐步提前至节前一至两周,清明节期间部分车主祭扫活动已经结束,出行目的主要为短途旅游,这部分车与清明祭扫车辆相互叠加,进一步加大了重点保障路段的通行压力,增加了保障难度。车辆通行呈现陵园、景点周边站点车流集中,高峰时段集中通行,部分站点出现长时间拥堵,以短途出行车辆为主的特点。客户对免费通行期间的服务工作有了更高的要求,尤其对车辆快速通行的期望更加强烈。

在经历了"十一"、春节、清明节免费通行保障工作后,各高速公路公司对免费通行工作有了更深刻、清晰的认识,面对"五一"免费通行保障工作有了较为充分的准备。"五一"是节假日旅游出行的黄金时期,主要为自驾车短途旅游,高速公路交通量大幅上升,道路承载能力严重不足,尤其景点周边站点车流集中,高峰时段集中通行,局部拥堵情况较多,"五一"是免费通行保障工作的重中之重。

清明节、"五一"短途出行车辆较多,同比增幅基本一致。从近3年的日趋势分析上看,"五一"交通量三天呈连续下降趋势,而清明节交通量规律不明显。对比4个节假日,各路流量具有一定共性,即长假日均流量少于短假,"五一"日均流量高于其他节假日;春节流量远低于其他节假日。比较特殊的是G6京藏高速公路"十一"、清明节日均流量持平;而通燕高速公路受扫墓影响,清明节车流量与"五一"持平。

(二)各主要路段通行特点

大部分路段在小型客车免费期间的交通量增幅较大,其中G4501六环路、S32京平高速公路影响尤为明显,春节期间,六环路交通量增幅达到105.15%。G6京藏高速公路、G4京港澳高速公路、G45大广高速公路京开段、S11京承高速公路等主要放射线高速公路,日常流量较大,高峰交通量已超出道路承载能力,免费通行期间道路长时间处于饱和状态。

"十一"、春节期间,主要路段进出京流量趋势完全一致,节假日第一天是出京高峰日,出京流量比例达58%以上,之后出京比例逐日递减,节假日最后两天是返京高峰日,G45大广高速公路京开段、G4京港澳高速公路尤为明显。清明节、"五一"期间,首日出京车流量高于进京车流量,其后两天基本持平。受短途游较多影响,上午出京方向较拥堵,下午进京车流量较大。

(三)小时流量变化特点

对比4个节假日每天各时段流量分析,发现各时段流量趋势变化与往年基本保持一致,且免费期间每日8时至16时流量同比增幅为40%~60%,其他时段同比增幅为60%~80%。某些路段因小客车返程流量过大,造成节假日最后一天临近午夜时段流量同比增幅显著,京开高速公路进京方向为典型代表。

(四)道路交通事故特点

受免费通行政策的影响,重大节假日高速公路车流量大幅增长,车多导致交通事故发生率上升,同比增长141.9%。事故路段主要集中在京开高速公路、京港澳高速公路、京承高速公路、六环路,一般为追尾事故,现场处理较快,人员伤亡不大。

2012年"十一"黄金周首次实行免费通行政策,车辆骤增,交通事故频发,造成伤亡人数较多;在之后重大节假日期间,公众对免费政策和路况加深了了解,安全行车意识有所增强,伤亡情况大幅下降。

4个免费节假日,通行特点各有不同,各高速公路公司细致分析了"十一"首次免费通行的保障特点,及时总结和发挥成功经验,确定了每个节假日的重点保障路段和站点,发布道路诱导信息,引导车辆合理安排出行路线;针对免费通行开始前车辆停留站区等待免费的问题,加强与交管部门沟通,并通过可变情报板、广播、电视、网络等媒体加大宣传力度,劝导车辆快速通行,一轮免费通行后站区等待免费车辆已基本消失。当免费政策被民众熟悉和适应后,民众的关注点从享受免费政策转移到享受高速服务上,北京市各高速公路公司将目标转移到进一步贯彻"高水平服务"理念、提高服务水平上,创新服务,将通行服务做在客户需求之前,提升了高速公路的服务形象。

与重大节假日小汽车免费通行期间的交通服务保障类似,北京市高速公路管理部门和各高速公路公司针对不同类型的重大活动制订了不同的实施方案、及时总结出相关规律和特点,不断提升高速公路服务保障能力,为历次重大活动的顺利进行提供了强有力的支撑。

与此同时,奥运会、APEC会议等重大活动的成功举办,也使首都高速公路的各项工作站在了一个新的起点上。总体而言有以下5个方面:一是建立了一整套灵活有效的沟通协作机制,协调配合的意识和能力都有较大提高;二是形成了一套群防群治、群策群力抓好安全工作的有效方法;三是增强了广大员工的民族精神和大局意识,培养了高度负责的工作态度;四是锻炼了一支甘于奉献、敢打硬仗的员工队伍;五是检验、完善了重大活动的保障预案,积累了实战经验。深入总结了重大活动保障过程中好的经验做法和有益启示,进行认真研究、总结、梳理;将成功经验纳入制度、融入工作,运用于实践中,并长期坚持;加强制度的执行,做好日常工作,实现高水平服务的"标准化、精细化、常态化",将首都高速公路的运营管理水平推向新的高度。

Record of Expressway Construction in
Beijing
北京高速公路建设实录

第六篇
高速公路建设管理地方法规

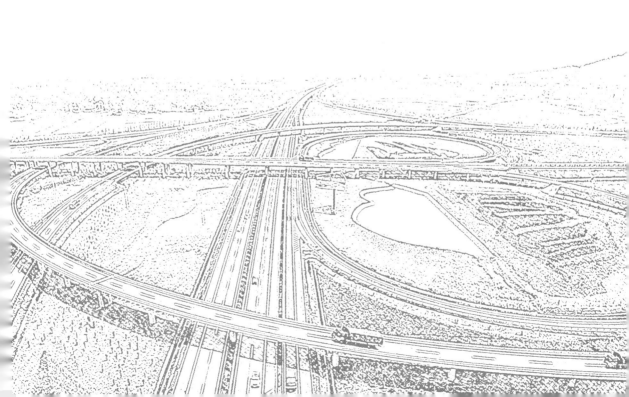

篇 首 语

"八五"以前,由于高速公路建设处于探索起步阶段,北京市高速公路建设管理主要参照普通公路建设管理的模式,依据规范性文件和政府规章进行管理。进入20世纪90年代之后,随着社会经济进一步发展、国家法律法规体系日益完善以及高速公路建设规模的不断扩大,行业管理的制度需求日渐增强,北京市人大、市政府从全局出发,在基础设施建设方面出台了一系列地方性法规和政府章程,其中许多条款涵盖和适用于高速公路建设管理。

2003年交通委成立后,北京市交通行业快速成长,交通立法重点从行业管理转向社会公共事务管理。在此之前,2000年10月1日,交通部颁布的《公路建设四项制度实施办法》开始正式实施。在此前后,为进一步规范高速公路建设管理,北京市高速公路行政管理部门在地方和行业法规、规章的基础上,结合北京市高速公路建设行业管理和发展实际,逐步建立起以政府规章和行业标准为主的交通法制管理体系,先后制定了《北京市公路工程质量监督规定》等规范性文件。内容涉及与高速公路建设相关的投融资、建设程序、规划及环境保护、招标与投标、勘察设计、建设监理、安全生产管理、费用管理、工程质量管理、合同管理、法律责任、运营管理等方面的地方性法规、规章,为高速公路行业管理提供了法律依据和制度保障。

2007年7月27日,《北京市公路条例》由北京市第十二届人民代表大会常务委员会第三十七次会议审议通过,于同年10月1日起施行。该条例是北京市第一部对公路进行全面规定的地方性法规。为贯彻落实《北京市公路条例》,市路政局制定了一系列配套的规范性文件,包括《北京市路政局公路养护工程招投标管理办法》《北京市路政局公路养护大中修工程作业信息公示监督管理办法》《北京市收费公路运营监督管理办法》等。

在加强高速公路相关行业立法的同时,北京市高速公路行政管理部门以国家、地方管理法规、标准为依据,结合交通系统职能调整和行政执法主体变化实际,在全行业、全市范围内开展法规、标准宣传和培训,规范交通行政执法,落实行政执法监督,稳步推进行业行政执法工作。先后组织对《北京市公路条例》等条例、标准实施情况进行评估检验,通过评估,摸清法规、标准实施的基本情况、经验做法和存在的问题,推动法规、标准更好地发挥作用,在依法治路方面取得了辉煌成就。

第一章
市级相关法规制度

截至目前,主要由北京市政府和市人大出台相关办法、条例等共计28部,主要有北京市政府颁布的《北京市建设征地补偿安置办法》、北京市人大(含常委会)颁布的《北京市公路条例(2010修正)》等(见本书"附表"部分的表6-1-1)。这些办法和条例是根据国家有关法律、法规规定,结合北京市实际情况制定的,涉及高速公路建设前期工作、工程项目管理等多个流程,涵盖路线规划、环境影响评价、土地预审、节能评估、水土保持、地质灾害、文物调查、项目筹资、征地拆迁、勘察设计、招投标、监理、施工现场管理、资金管理等多个环节。这些地方性法规制度,不仅解决了国家相关法律在高速公路建设管理中的适用问题,也为北京市高速公路建设管理提供了法规依据和制度保障。

1988年交通部、财政部、国家物价局联合发布《贷款修建高等级公路和大型公路桥梁、隧道收取车辆通行费规定》。为了进一步推动这一政策的落地,北京市于1992年9月发布实施《北京市实施〈贷款修建高等级公路和大型公路桥梁、隧道收取车辆通行费规定〉细则》(1997年修改部分条款),这在高速公路起步发展阶段极大地推动了北京市高速公路建设发展的速度。

2005年,为了规范城市基础设施特许经营活动,扩大融资渠道,保证公共产品和服务的质量,保护特许经营者的合法权益,北京市实施《北京市基础设施特许经营条例》,以此积极鼓励和引导民间资本进入基础设施领域,从而促进了高速公路建设的投融资模式多元化,通过PPP、BOT、BT等融资方式建成一批高速公路。

对高速公路行业影响最大的是2007年7月颁布的《北京市公路条例》。作为北京市交通委员会起草的第一部公路管理的地方性法规,该条例于同年10月1日起实施。新的公路条例得以颁布实施,源于两方面原因:一方面是在2006年之前,北京市公路事业有了很大发展,但与首都经济社会形势要求相比,还存在一定的差距和问题,如公路规划体系与国家公路网规划、城际区域公路网规划和综合交通运输发展规划衔接不够,公路养护市场机制不完善、管理不规范,特别是乡村公路和收费公路管理相对薄弱,公路应急管理体系和应急处置机制不健全,公路安全管理存在制度隐患等;另一方面是从2004年,北京市在公路管理方面进行了一系列改革,探索出一些成功的管理制度及经验,需要通过立法确立下来。新的公路条例属于地方性法规,结合北京市实际情况对国家的一些法规进行了细化,结合北京市特点确定了北京市公路发展的基本原则,理顺了市区两级公路管理的体制,建立了养护的机制,规范了北京市的收费行为。这些内容涵盖公路规划、建设、养护、运营和路政管理等方方面面的同时,明确了地下管线与公路同步规划、同步建设的原则,增加了保障公路养路费征稽的有关规定,对公路突发事件应急管理进行了特别规定。2010年12月,北京市交通委根据市第十三届人民代表大会常务委员会第22次会议《关于修改部分地方性法规的决定》,对《北京市公路条例》进行相应修改,取消了原条例中涉及公路养路费收费管理的相关内容。

第二章
建设市场管理相关法规制度

截至目前,建设市场管理相关法规制度共计16个,见本书"附表"部分的表6-2-1。绝大部分由北京市交通委员会路政局颁布实施,重点涉及建设市场信用管理、招投标管理和资质管理。下面对典型法规制度予以简介。

第一节 信 用 管 理

信用是建设市场不可缺少的元素,在已颁布的有关法规制度中,北京市对建设市场从业单位和从业人员各方面均有规定。北京市结合公路建设行业实际和特点,以信用管理为手段,以规范公路建设从业单位和人员行为为目的,通过加强行政监管、行业自律和社会监督,建立了相对完备的公路建设市场信用体系。

一、北京市公路建设从业单位信用奖惩办法

2009年5月11日,北京市交通委路政局印发了《北京市公路建设从业单位信用奖惩办法》,经过两年实施,取得了较好的效果。公路建设从业单位进入北京市建设市场,纳入了局信用信息管理系统。通过确定信用等级的奖惩措施,进一步规范了公路建设市场秩序,使得从业单位在投标、履约和过程管理中越来越重视本企业的信用信息。《北京市公路建设从业单位信用奖惩办法》对公路建设市场信用信息系统的建立、合理使用发挥了积极的引导、促进作用。2011年8月5日,下发了修订后的《北京市公路建设从业单位信用奖惩办法》,对制定依据、适用范围、信用等级评定、企业信用得分计算以及不同信用等级的奖惩措施等予以了明确规定。

二、北京市公路施工企业信用评价实施细则(试行)

按照党中央、国务院关于加快建设社会信用体系的总体要求,结合公路建设行业实际和特点,以信用管理为手段,以规范公路建设从业单位和人员行为为目的,通过加强行政监管、行业自律和社会监督,加快建立公路建设市场信用体系。2009年交通运输部发布了《公路施工企业信用评价规则》,2010年建立了"全国公路建设市场信用信息管理系

统",在全国范围内统一了评价标准和评价程序。《北京市公路施工企业信用评价实施细则(试行)》,就是根据部文件的要求,在交通运输部《公路施工企业信用评价规则》的基础上重新拟写的。

本细则的主要依据是:《关于建立公路建设市场信用体系的指导意见》(交公路发〔2006〕683号)、《公路建设市场信用信息管理办法》(交公路发〔2009〕731号)、《公路施工企业信用评价规则》(交公路发〔2009〕733号)、《关于运行全国公路建设市场信用信息管理系统的通知》(厅公路字〔2010〕119号)。

三、北京市公路项目主要从业人员信用评价实施细则(试行)

按照党中央、国务院关于加快建设社会信用体系的总体要求,结合公路建设行业实际和特点,以信用管理为手段,以规范公路主要从业人员行为为目的,通过加强行政监管、人员自律和社会监督,加快建立公路建设、养护市场信用体系。进一步完善北京市公路建设、养护市场诚信体系,规范公路项目主要从业人员的执业行为和信用管理,提高项目管理水平。

本细则的主要依据是:《关于建立公路建设市场信用体系的指导意见》(交公路发〔2006〕683号)、《公路建设市场信用信息管理办法》(交公路发〔2009〕731号)、《公路施工企业信用评价规则》(交公路发〔2009〕733号)、《关于运行全国公路建设市场信用信息管理系统的通知》(厅公路字〔2010〕119号)、《公路水运工程监理信用评价办法》(交质监发〔2009〕5号)、《关于进一步加强公路水运工程工地试验室管理工作的意见》(厅质监字〔2009〕183号)。本细则所称公路项目主要从业人员包括参与北京市公路项目且具备从业资格的土建、交通、机电、绿化工程的施工企业项目经理、项目技术负责人、项目试验检测负责人(工地试验室主任)和监理企业总监理工程师、项目试验检测负责人(工地试验室主任)等人员。

四、北京市公路监理企业信用评价实施细则(试行)

按照党中央、国务院关于加快建设社会信用体系的总体要求,结合公路建设行业实际和特点,以信用管理为手段,以规范公路建设从业单位和人员行为为目的,通过加强行政监管、行业自律和社会监督,加快建立公路建设市场信用体系。2009年交通运输部发布了《公路水运工程监理信用评价办法》,本次制定的《北京市公路监理企业信用评价实施细则(试行)》,就是在交通运输部《公路施工企业信用评价规则》的基础上重新拟写的。

本细则的主要依据是:《关于建立公路建设市场信用体系的指导意见》(交公路发〔2006〕683号)、《公路建设市场信用信息管理办法》(交公路发〔2009〕731号)、《公路水运工程监理信用评价办法》(交质监发〔2009〕5号)、《关于运行全国公路建设市场信用信息管理系统的通知》(厅公路字〔2010〕119号)。

五、北京市公路设计企业信用评价实施细则(试行)

为进一步完善北京市公路建设市场诚信评价体系,提高设计企业服务质量,增强诚信履约意识,促进行业自律,根据《中华人民共和国公路法》《公路建设市场管理办法》及《公路设计企业信用评价规则(试行)》,结合北京市实际情况,制定本细则。其目的是开展设计单位信用评价,即对公路项目设计过程、设计质量、后期服务等方面进行科学、客观的评价,通过设计单位信用评价系统为设计单位的选择提供参考,同时督促设计单位增加对设计质量的控制及对设计后期服务的投入力度。

本细则的主要依据是:交通部《关于建立公路建设市场信用体系的指导意见》(交公路发〔2006〕683号)、交通运输部《公路建设市场信用信息管理办法》(交公路发〔2009〕731号)、《公路设计企业信用评价规则(试行)》(交公路发〔2013〕636号)及国家、行业相关道路设计工作的法律、法规和制度标准。

第二节 招投标管理

招标与投标是从程序上保障建设市场公平公正公开进行的重要一环。北京市先后颁布实施了《关于在公路建设项目招投标中实行合理低价法的通知》《北京市公路工程招标投标行政监督管理规定(试行)》《北京市公路工程施工招标文件范本(试行)》《关于在工程招标中告知废标原因等事项的通知》《关于转发九部委〈关于印发贯彻落实扩大内需促进经济增长决策部署进一步加强工程建设招标投标监督工作意见的通知〉的通知》等数个规章制度。一系列法律规章及规范的执行,有力地控制了高速公路工程的造价和投资,促进了北京市高速公路建设市场的"公开、公平、公正",有力地保证了各项高速公路的工程质量,并有力地防止了高速公路工程相关的职务犯罪。

一、关于在公路建设项目招投标中实行合理低价法的通知

为贯彻交通部《关于贯彻国务院办公厅关于进一步规范招投标活动的若干意见的通知》(交公路发〔2004〕688号),进一步加强公路建设项目招投标管理,规范招投标活动,在北京市公路新建、改建、扩建项目招标投标中,除技术特别复杂的特大桥和长大隧道工程等工程外,实行合理低价法。这有效地避免了招投标过程中的行政干预、人为干涉以及套骗标底等问题。

二、北京市公路工程施工招标文件范本(试行)

2012年1月1日正式实施的《中华人民共和国招标投标法实施条例》对招标文件的

编制有更严格的要求,结合北京市公路工程项目编制招标文件的实际要求,以招标投标法律、法规、规章、相关规范性文件和最新的方针、政策、规定及其对工程规模、性质、特点、工期、质量、安全、技术、建设、工期等要求,2012年12月28日,颁布《北京市公路工程施工招标文件范本(试行)》,对此后编制招标文件有一个统一标准。

本范本的主要依据是:国家九部委《标准施工招标资格预审文件》(2007年版)、《标准施工招标文件》(2007年版),交通运输部《公路工程标准施工招标资格预审文件》(2009年版)、《公路工程标准施工招标文件》(2009年版),以及招标投标法律、法规、规章、相关规范性文件和最新的方针、政策、规定。

三、北京市公路工程招标投标行政监督管理规定(试行)

2006年4月21日,为进一步加强北京市公路工程招标投标活动的行政监督,依据《中华人民共和国公路法》和《北京市招标投标条例》等有关法律、法规,结合北京市实际情况,颁布本规定。本规定适用于北京市行政区域内从事公路(含高速公路)的新建、扩建、改建以及公路建设项目的施工、监理以及重要设备和材料的采购、配套的交通工程、绿化工程的招标投标活动。

四、北京市评标专家库专家管理细则

2009年9月4日,为加强北京市评标专家队伍的管理和建设,根据《北京市评标专家库和评标专家管理办法》和北京市专业技术人员管理有关规定,制定本细则。本细则适用于北京市评标专家库专家的审核、认定、聘用、培训、考核等管理。本细则对入选北京市评标专家库的专家申请和认定、聘任管理、权利和义务、培训与考核等方面给予了说明。

五、关于印发依法加强本市政府投资项目招投标管理工作的意见的通知

2005年1月26日,为依法加强本市政府投资项目招投标管理工作,根据《中华人民共和国招标投标法》《北京市招标投标条例》及配套规定,北京市发展改革委、市建委、市规划委、市交通委、市水务局、市商务局、市监察局和市审计局共同制定了《关于依法加强本市政府投资项目招投标管理工作的意见》。该意见为加强本市政府投资项目招投标管理工作,严格规范政府投资项目招投标活动,依据《中华人民共和国招标投标法》《北京市招标投标条例》及配套规定所提出。其中包括以下几条主要意见:严格执行招标方案核准制度、严格执行招标公告发布制度、建立政府投资项目中标候选人公示制度、严格执行招投标情况书面报告和中标合同备案制度、建立政府投资项目招投标信息全过程公开制度、切实加强对政府投资项目招投标活动的监督执法等。

第三节 资质管理

加强对公路建设项目法人的资格管理,是规范公路建设项目管理行为,提高公路建设项目管理水平的重要方式。在资质管理方面,北京市严格执行交通部于2001年9月30日颁布实施的《公路建设项目法人资格标准(试行)》(交公路发〔2001〕583号)以及于2011年下发的《关于进一步加强公路项目建设单位管理的若干意见》(交公路发〔2011〕438号)等各项规章制度和文件精神。为此,北京市还出台实施了《北京市公路项目建设单位资格标准(试行)》等规范性文件。

第三章
公路工程项目管理

截至目前,项目管理相关法规制度有54个,见本书"附表"部分的表6-3-1,绝大部分由北京市交通委员会及交通委路政局颁布实施。主要涉及质量与安全管理、勘察设计管理、综合管理等几个方面。

第一节 质量与安全管理

一、北京市公路工程施工标准化指南(试行)

2011年,交通运输部下发了《关于开展高速公路施工标准化活动的通知》(交公路发〔2011〕70号)。其目的是为了加快推行现代工程管理,促进公路建设"发展理念人本化、项目管理专业化、工程施工标准化、管理手段信息化、日常管理精细化",提升工程质量、安全管理水平,树立行业文明施工形象。为贯彻交通运输部的要求,北京市交通委员会2011年下发了《关于开展北京市公路工程施工标准化活动的通知》(京交工程发〔2011〕278号),要求调研、总结北京公路市场的施工工艺和施工管理行为,编写北京市公路工程施工标准化指南,提高北京市公路工程施工质量和管理水平。

为有效防治当前公路、桥梁、隧道施工中常见的质量通病,规范公路、桥梁、隧道工程施工,提高管理水平,保证施工质量安全,结合北京市公路、桥梁、隧道施工的实际情况,编制《北京市公路工程施工标准化指南(试行)》。本指南的主要依据是:交通运输部《关于开展高速公路施工标准化活动的通知》和北京市交通委员会《关于开展北京市公路工程施工标准化活动的通知》要求,以及当时实行的所有公路工程设计规范、标准;施工技术规范、标准;验收规范及标准。本指南共五册,分别为:工地建设、路基工程、路面工程、桥梁工程、隧道工程,适用于高速公路和一般公路重点建设项目。

二、北京市交通路政行业安全生产监督管理办法

为加强北京市交通路政行业安全监管工作,明确安全监管单位的职责和制度,防止和减少交通路政行业安全生产事故,保障人民群众生命和财产安全,制定本管理办法。其依

据是:《中华人民共和国安全生产法》以及《北京市安全生产条例》《北京市交通行业安全生产监督管理办法(试行)》等相关法律法规。

三、北京市公路工程生产安全事故应急预案

为切实加强北京市公路工程生产安全事故应急管理工作,建立和完善应急管理机制和体制,提高突发事件的预防和应对能力,最大限度地减少人员伤亡、财产损失及社会影响,增强应急保障能力,北京市交通委路政局结合北京市交通路政行业的实际,修订本预案。

本预案修订的主要依据是:《中华人民共和国突发事件应对法》《北京市实施〈中华人民共和国突发事件应对法〉办法》等法律法规,《公路交通突发事件应急预案》《北京市突发事件总体应急预案》和《北京市交通路政行业突发事件总体应急预案》及国家、行业相关专项预案、部门预案及保障预案。本预案共9章,分别为:总则、事故分级、应急组织机构及职责、应急响应、应急结束、后期处置、应急保障、宣传教育和演习、应急预案管理。

四、北京市公路工程安全生产监督管理办法

按照国务院、交通运输部和北京市交通委的相关文件要求,为加强北京市公路工程安全生产监督管理工作,保障人身及财产安全,通过明确公路工程安全监管单位、建设单位、监理单位、施工单位、勘察单位、设计单位及其他相关单位的安全生产责任,强化行为管理、行业自律,达到规范公路建设从业单位安全生产行为以及对其实施的监督管理的目的,制定本管理办法。

本管理办法的主要依据是:《中华人民共和国安全生产法》《建设工程安全生产管理条例》(国务院令第393号);《公路水运工程安全生产监督管理办法》(交通部令2007年第1号);《北京市公路工程平安工地标准》(京交路安发〔2011〕160号)、《北京市交通路政行业安全生产监督管理办法》(京交路安发〔2011〕228号)。

五、关于在道路建设、养护工程项目中治理超限超载运输的暂行规定

为确保道路运行安全,落实北京市治超工作领导小组《北京市治理车辆超限超载专项行动方案》(市治超字〔2011〕10号)及《北京市路政行业治理超限超载车辆专项行动方案》有关要求,做好北京市道路建设、养护工程项目中治理超载超限运输工作,结合北京市实际情况,制定本暂行规定。其主要依据是:《北京市治理车辆超限超载专项行动方案》(市治超字〔2011〕10号)、《北京市路政行业治理超限超载车辆专项行动方案》及《交通运输部 公安部 国家发展改革委员会关于进一步加强车辆超限超载集中治理工作的通知》。

第二节　勘察设计管理

勘察设计是工程建设的前提和基础,是工程建设的灵魂。公路工程勘察设计工作的质量,直接影响公路的使用功能和寿命、环境保护、行车安全和工程造价等。近年来,北京市交通主管部门和公路建设从业单位,认真贯彻国家有关法律、法规和建设程序,按照公路勘察设计新理念的要求,积极引进和开发应用新技术,大胆创新,勇于实践,有力促进了北京市高速公路勘察设计水平的提高,为北京市高速公路发展提供了可靠保证。

北京市在高速公路勘察设计管理方面,认真贯彻《建设工程勘察设计管理条例》《公路工程设计施工总承包管理办法》《公路工程勘察设计招标投标管理办法》《公路工程设计变更管理办法》《公路工程基本建设项目设计文件编制办法》等法规,以及交通运输部《关于进一步加强公路勘察设计工作的若干意见》(交公路发〔2011〕504号)等相关文件精神。同时,北京市还出台了一些勘察设计的指导意见,比如《北京地区公路下凹式桥区雨水泵站系统设计指导意见》《公路建设项目绿化设计指导意见》等规范性文件。

在以上制度保障的基础上,相关建设单位严格依照相关法律法规履行基本建设程序,勘察设计招标进程重点环节严格把控、优化进程,保障了各高速公路工程项目勘察设计的质量。

第三节　项目后评价

由于建设速度加快、设计周期不足和设计理念陈旧等原因,公路勘察设计暴露出一些突出问题。开展公路建设项目设计后评价工作,对公路项目设计过程、设计质量等进行科学评价,可以不断总结设计经验,推广好的设计成果;同时,还可以找出设计容易出现问题的地方,分析工程造价变化原因,吸取以往设计教训,为后续项目的设计和管理提出针对性的指导意见和改进方法。为此,交通运输部在全国范围内开展了旨在提高公路设计质量的典型示范工程活动,并于2009年9月颁布了《加强重点公路建设项目设计管理工作若干意见》,进一步加强全国重点公路建设项目设计管理工作,从严把设计质量关、严把文件上报关、提高审查工作质量和建立项目后评价制度等方面提出了要求。

依据交通运输部的文件精神,2012年1月19日,《北京市公路建设项目设计质量后评价办法(试行)》颁布实施。该办法的实施,增强了设计单位提高设计质量的内在动力和约束机制,为落实设计单位信用评价制度和进入退出机制打下了工作基础。

Record of Expressway Construction in
Beijing
北 京 高 速 公 路 建 设 实 录

第七篇
高速公路建设科技成果与应用

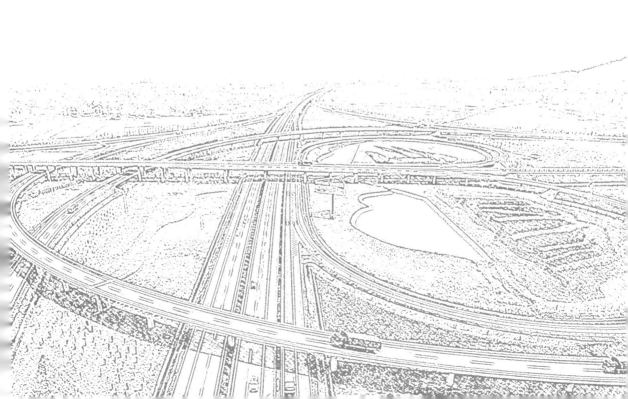

篇首语

　　1978年改革开放以来,北京市公路交通事业建设取得了巨大成就,公路交通科技发挥了十分重要的作用。在科技创新的支撑下,北京市高速公路基础设施规模快速扩大,服务水平明显提高,安全保障服务能力显著增强,促进了综合运输体系建设,有力地支撑了北京市经济社会的发展。

　　长期以来,科技创新作为推动首都高速公路发展的重要力量,北京市交通委员会、路政局以及相关企业十分重视高速公路科技的创新发展,通过大力推进公路科技创新,加快提高自主创新能力,大力推广和应用新技术、新产品、新材料、新工艺,全面提升了科技创新对首都高速公路发展的支撑能力。特别是"十一五"以来,随着北京市提出"人文北京、科技北京、绿色北京"发展理念,以及交通运输部提出"科技兴交""科技强交"战略,科技研发创新也成为北京市高速公路行业发展的重要领域。

　　2009年,北京市交通委员会首次召开了全市交通科技创新大会,大力推进创新型交通行业建设和智能交通技术的应用,制定了《关于大力推进交通科技创新的意见》和《北京市交通科技创新规划(2010—2015年)》,明确了"城乡统筹、注重应用、突出重点、远近结合、稳步推进"的思路,加快了交通科技创新体系建设。为此,北京市高速公路行业也提出了"科技高速"的发展理念,全面推进高速公路科技创新,促进可持续发展,让科技渗透到建设、运营、经营、安全、管理等各个领域,不断提高科技创新能力,以科技促发展,使高速公路行业的发展质量和效益不断提高。

　　多年来,北京市在高速公路领域实施了一系列科技专项攻关,成功取得了一批具有自主知识产权的重大科研成果。一系列"四新"技术得到了广泛应用,高速公路建设的品质不断提升,通行环境变得更舒适、更安全,高速公路建设和运营管理的科技含量及智能化管理水平明显提高,基础信息技术得到了广泛应用,运营管理水平和应急处置能力不断提升,公共服务能力取得了突破,有力地支撑了高速公路领域的快速、优质、高效发展。

第一章
科技创新概况

一直以来，北京市高速公路科技工作者始终坚持科技是第一生产力，面向首都高速公路主战场，特别是紧密结合高速公路建设、养护、管理中的关键技术问题，集中力量、联合攻关、勇于创新，有效地推动了高速公路科技创新，促进了高速公路科学发展，取得了突出成绩。对北京高速公路事业的快速发展，特别是高速公路的规划、建设、养护、管理等工作水平的提升，提供了必要的技术保证。

在建设技术创新方面，北京市高速公路行业始终以科技创新为核心，充分利用首都的技术资源优势，围绕重点领域和项目，加大科技创新力度，推进高速公路信息化、职能化建设，全面提升高速公路建设的科技含量。积极开展科研项目管理，促进科技成果转化，加强"四新"技术推广应用，切实提高工程质量。特别是"十一五"之后，各高速公路建设和运营单位为了提高道路建设和运营管理的科技含量，专门制定了"科技高速"建设方案，对自主研发、新技术引进和应用、科研经费的投入等，制订了明确的目标和具体的措施，让科技应用到建设、运营、管理等各个领域。在桥梁转体施工、悬浇技术、改性沥青混凝土路面铺筑、温拌沥青混凝土、双连拱隧道施工、智能交通等领域，取得了较好的成果，提高了工程质量和运营服务水平，显示了科技创新在高速公路建设和管理中的作用。

多年以来，北京市高速公路科技进步和创新水平取得了显著提升，相关单位参与完成的众多科技成果获得国家级、省部级奖项（获奖情况详见本书"附表"部分的表 7-4-1）。其中，"京津塘高速公路工程建设成套技术"获得国家科技进步一等奖（1997 年）；"国家高速公路网运行监管与服务关键技术及应用"（2014 年）等科技成果获得国家科技进步二等奖；"国家高速公路安全和服务技术开发与工程应用示范"等科研课题列入国家科技支撑计划；"高速公路综合管理系统示范工程"等科研创新应用列入国家"十五"科技攻关项目；"电子不停车收费标准体系及成套检测技术"获得中国公路学会科学技术奖特等奖（2009 年），"北京市沥青路面典型结构及可靠性研究""橡胶沥青及混合料筑路成套建设技术研究与示范应用"等科技创新成果分别获得 2010 年度、2011 年度中国公路学会科学技术进步奖一等奖，"高等级公路综合系统关键技术及示范工程"等 5 项科技创新成果获得中国公路学会科学技术进步奖二等奖，"废胎胶粉改性沥青应用研究"等 3 项成果获得中国公路学会科学技术进步奖三等奖；LJ-150 型沥青混凝土搅拌设备、"转体法施工的曲线斜拉桥关键技术研究"获得北京市科学技术奖一等奖,"高速公路多通道自助计费系统"等4项科技创新成果获得北京市科学技术奖二等奖,"城市桥梁抗震设计研究及已建桥梁抗震能力分析"等项目获得北京市科学技术奖三等奖。此外,还有众多项目获得北京公路学会科学技术进步奖等其他奖项。"北京市高速公路养护与管理资金需求""北京市高速公路智能交通(ITS)规划""八达岭高速公路进京段安全改造关键技术研究"等软科学研究成果有力地支持了决策的科学化与管理的现代化;《国家高速公路网命名和编号规则》《废胎橡胶沥青路用技术要求》《电子不停车收费系统电子标签应用技术规范》等的颁布实施,标志着北京市高速公路在以上领域处于国内同行业领先水平,促进了建养技术的提升。各项成果的取得大大提高了北京市高速公路行业的整体技术水平,为北京市高速公路事业由加速发展步入良性发展、实现和谐发展提供了坚实的技术支撑和保障。

第一节　科技助力高速公路建设

在北京市高速公路建设的各个阶段,新技术、新材料、新工艺、新设备在北京高速公路建设领域的利用,有力地支持了高速公路建设的快速、高质量发展,有效提高了工程质量、保证了工程进度、控制了工程造价,保护了环境。

一、"四新"破解桥隧建设技术难题

桥隧建设是工程建设过程中的难点和重要控制节点,解决桥隧建设中的技术难题,推动工程建设具有重大的现实意义,北京在这方面投入了大量精力,进行了多项技术攻关。

在高速公路建设发展早期,八达岭高速公路建设时,断面采用五心圆扁担拱形式,单洞开挖宽度约15m,为我国三车道公路隧道修建积累了经验。之后,随着高速公路建设规模和难度的加大,北京市高速公路建设单位在如下技术方面进行了创新:一是开展转体法施工的曲线斜拉桥关键技术研究,成功解决了设计和施工中的技术难题。"转体法施工的曲线斜拉桥关键技术研究"课题荣获北京市科学技术进步一等奖。此项技术的代表性工程有五环路跨石景山电气化铁路编组站转体斜拉桥和六环路跨丰沙铁路转体斜拉桥。五环路转体斜拉桥主跨95m,转体箱梁长168m,桥梁转体重量1.4万t,转体到位仅用68分钟,创造了单铰转体重量世界纪录;六环路转体斜拉桥主跨105m,转体箱梁长182m,采用桥梁主墩墩顶布设转体系统,转体重量1.5万t,转体到位后,完成主塔、梁、墩的固结体系。两座大跨度转体法施工的斜拉桥不仅将施工对铁路运营的影响降至最低,且节省了大量工程投资。二是采用变截面预应力钢筋混凝土连续钢结构形式设计和悬臂浇筑混凝土施工工艺,高质量地完成了京承高速公路三期大跨度高墩桥施工。三是进行桥梁顶进

全过程内力动态检测与控制研究,并通过监测进行高精确度信息化施工,解决了顶进施工桥体产生环裂的通病。京新高速公路(六环路—德胜口段)四孔顶进框架桥与铁路斜交角度52°,是当时北京地区顶力最大的小角度斜交地道桥,沿铁路方向桥长80m,自重1.5万t,设计顶力2.3万t,经工后检测,桥体无裂缝,且轴线前后绝对偏差平均仅5mm,高度偏差仅10mm,达到了行业先进水平。四是在建设中广泛应用大跨度钢混结合梁,采用体外预应力技术,较好地解决了预应力钢束养护、更换的问题。五是首次引进旋挖灌注扩头桩技术。桩长比常规减短6~8m,单桩极限承载力提高了1.4倍以上,降低造价约20%。六是参与研发了用于超前地质预报的先进陆地声呐技术,在德胜口、大岭后等多座隧道的建设过程中进行了应用,有效预防了施工地质灾害的发生,并为开挖方案的选定提供了可靠的地址依据。七是开展北京地区软岩大跨度公路隧道关键技术研究。提出了在国内公路隧道尚未使用过的"洞桩组合套拱法"的概念,对北京地区软岩大跨度隧道的设计与施工具有较大的借鉴意义,该项研究获北京市公路学会2010年度科学技术一等奖。这些新技术、新工艺的研发和广泛应用,破解了工程技术难题,在保质量、促进度、控成本方面起到了极大的助推作用,填补了北京市桥隧建设史上的多项空白。

二、"四新"打造品质工程

为了提高工程建设水平,积极进行了"四新"技术引进。一是广泛应用冲击压实、夯扩挤密桩等加固新技术,有效解决了建筑垃圾填埋路段与平原低洼区路段的路基加固问题,减少了工后沉降和不均匀沉陷,保证了路基质量。同时,在重点路段和典型地质区段开展了施工期和工后变形规律及预测方法的研究,通过分析不同填高、不同地基加固方式的路基沉降趋势,评价各种加固方式的实际效果,为设计和施工积累了路基加固经验。二是应用土工格栅技术,解决了六环路膨胀土路段边坡稳定问题和京承高速公路三期桥头及高填方路基边坡加固问题,并减少了土地占用。三是引进路面新技术、新材料。在新建和大修工程中广泛应用 Superpave 技术、沥青温拌技术、ATB 材料、橡胶沥青、抗车辙剂等,既提高了工程质量,有效解决了沥青路面早期破损、使用寿命短的通病,又节能减排,也改善了施工作业环境;挤压成型小混凝土构件的应用使抗冻融能力和耐久性得到显著增强。四是进行路面基层结构优化设计组合,强化材料生产和施工质量控制,有效防止了沥青路面发射裂缝的出现,延长了道路使用寿命。五是研制了国内最高防撞等级的加强型防撞栏,并应用在六环路三家店水库等重点防坠落路段。该成果经专家鉴定达到了国际先进水平。六是在高速公路山区路段除按规范设置交通标志、施划交通标线外,还增设了太阳能发光导向标、车速自动提示装置等,在六环路划了隆声警示带,提高了通行安全性。

三、"四新"引领绿色高速

在高速公路建设、运营、养护过程中研发、应用了大量新材料、新技术,充分贯彻了科技高速、绿色高速理念。一是在服务区、管理区运用地源热泵和太阳能技术、新型污水处理及循环利用技术,节省了运行和维护费用,实现了零排放、无污染。二是在大修施工中利用现场热再生和厂拌沥青再生技术,降低了养护成本,节约了资源;应用温拌沥青混合料,显著降低了生产能耗及拌和成本,减轻了沥青混合老化,改善了路用性能;应用橡胶沥青既循环利用了废弃轮胎,又使路面获得了更高的强度和抵抗反射裂缝的能力,为道路照明系统的安全、稳定、经济运行提供了可靠的保证。经北京市节能中心实地抽样检测,机场南线和东六环照明工程节能系统综合节电率分别达到31%和37%。四是进行裸露植被恢复综合技术研究。提出了不同类型裸露边坡植被建植模式、喷播材料生产技术和边坡植被养护技术体系及质量评价体系,为在高速公路裸露坡面建造自然植被群落提供了技术支撑,该项目获北京市2005年度科学技术一等奖。五是研究城市绿化节水技术。在立交桥区绿地及中央隔离带建立了技术示范区,将生物节水、工程节水、非工程节水与管理节水有效融合,实现了城市绿地节水关键技术的突破,研究成果获北京市科学技术二等奖。六是通过京承高速公路三期工程边坡综合防护及治理技术研究试验示范工程的实施,为大面积的裸露边坡防护工作进行了探索和实践,形成了技术指南,为相关工程的顺利实施提供了可借鉴的工程经验。

第二节 科技创新支撑运营管理

北京市各高速公路运营管理单位将现代科技手段应用到高速公路运营管理和养护中,保持了高速公路畅通无阻,提高了高速公路的通行能力和服务水平,使之能更好地为经济建设服务。

面对越来越高的公众通行需求和治理交通拥堵的需求,采用新技术、新材料和新设备提高作业效率,最大限度地降低养护对交通的干扰,有效降低养护成本,在提高养护科技水平方面做了大量工作。全行业不断探索、深入践行,加快推进北京市高速公路养护管理工作。坚持以保障高速公路完好畅通为基本出发点。牢固树立建设是发展,养护管理也是发展的思想,把高速公路养护管理工作推向新的发展阶段。坚持"统一领导、分级管理",进一步深化高速公路管理体制改革。坚持树立"以人为本"的服务观念,切实加强行业管理,着力引导高速公路养护工作向专业化、机械化、市场化方向发展,提高养护资金使用效益和高速公路养护质量。坚持科技兴路,加强技术创新,提高高速公路行业的整体技术水平,大力推进高速公路管理信息化进程。坚持实施可持续发展战略,合理使用、节约和保护资源。积极推进绿色通道工程建设,强化安全行车保障,加强环境保护。

具体而言,一是养护作业科技含量和机械化水平不断提升。配置了大量具备较高科技含量的养护作业机械设备、路况数据采集设备和应急抢险设施,在作业中应用快硬高强混凝土、改性沥青灌缝材料、路面再生剂等新材料,提高了效率,减少了对交通的干扰。二是质量通病得到有效治理。对车辙、裂缝、沉陷等典型病害机理进行调查、分析,并从设计方案、材料配比、施工工艺、后期跟踪等诸多方面开展综合研究,解决了桥面渗漏、路面推移、拥包等实际问题。三是践行全寿命周期养护理念,积极推行预防性养护工作。相继应用微表处、雾封层、稀浆封层等技术,有效延长了大修周期,提高了路面使用寿命,降低了养护成本。四是加强养护信息化建设。应用全球定位系统、无线网络通信、多媒体、数据融合等多项技术,建成并试用了养护智能信息管理平台,初步实现了养护指挥的可视化、信息采集的数字化、业务管理的智能化。五是养护管理体系不断完善。编制完成了运营手册等养护技术管理文件,在全国率先制定了高速公路养护和机电维修定额,初步形成了养护精细化实施方案和工作标准。科学化养护和精细化养护的稳步实施,满足了社会公众通行需求。

发展智能交通是现代交通业发展的必然趋势,而实施电子不停车收费系统(ETC)应用是高速公路收费领域发展的主流方向。北京市 ETC 系统是国内第一个按照电子收费国家标准建设的电子收费系统,起初缺乏可用的细化的应用技术规范作为工程建设的技术指导。电子收费核心设备存在兼容互换的问题,工程应用缺乏开发、测试依据。

北京 ETC 项目工程设计组,通过半年多的工程实践,在国家标准的基础上进行了全面地细化和完善,制定了北京市高速公路电子收费系统《OBE-RSE 交易流程规范》《用户 IC 卡及 PSAM 卡数据格式规范》《ICC-PSAM 交易流程规范》《RSU 工程安装及调试规范》等十多项技术规范,其中的近十项技术规范被采纳为交通部颁布的《高速公路区域联网不停车收费示范工程暂行技术要求》系列技术规范。这些规范的设计和编制使国标 ETC 的工程应用具有了基本完备的规范基础。

20 世纪 90 年代初期,在京津塘高速公路首次采用了光纤数字传输系统(PDH),这是我国第一个技术较先进、网络较完整的高速公路专用通信系统,标志着我国高速公路专用通信网技术水平进入了新的发展阶段。1996 年,通过引进美国厂商的技术,北京在首都机场高速公路开通了两条 ETC 车道;此后,又陆续在八达岭高速公路等一些路段试验过欧洲等国家和地区的主流电子不停车收费技术,但未能实现大规模应用。

2003 年 10 月 20 日,在交通部的协调和主导下,京沈高速公路联网收费示范工程建成,全长 658.7km,跨两省两市的京沈高速公路成为我国第一条实现跨省联网收费的高速公路,主线收费站由 7 个减少到 3 个,大大提升了效率、方便了公路的使用者。

2007年5月,北京市高速公路电子收费系统开始建设,2008年4月进入测试运行阶段,2008年12月20日进入试运行阶段,2009年5月1日进入正式运行阶段,成为交通运输部京津冀高速公路联网电子收费示范工程的重要组成部分。

2010年9月28日,京津冀两市一省实现ETC系统互联互通,覆盖了北京15个条段、天津6个条段、河北20个条段高速公路。三地的ETC用户在这41条段高速公路实现了一卡通行,并享受9.5折优惠。

到2014年底,北京、天津、河北、山西、辽宁、上海、江苏、浙江、安徽、福建、江西、山东、湖南、陕西14个省市成功实现了高速公路ETC联网运行。截至2016年,电子标签发行量已达到230万个,电子收费流量预计达到收费总流量的40%左右,为缓解站区拥堵、提高运营效率发挥了重要作用。在引导车主选择电子付费方式的同时,北京切实做好了系统运行、产品供应、客户服务等工作,提高了系统的稳定性、安全性,减少了设备故障,确保了收费准确。还采取多种吸引客户的措施,增加速通标签发售量,力争速通标签客户持续增长,更好地发挥电子收费系统在提高通行效率、缓解站区拥堵、减少尾气排放、节省能源等方面的作用。

北京市始终将科技高速的理念贯彻到工程建设、运用服务、养护维修、经营管理等各个领域,以科技促发展,逐步提高发展质量;广泛应用"四新"技术,提高高速公路质量,延长使用寿命,使通行更安全、更舒适;加快高速公路智能化、信息化建设步伐,使高速公路服务功能更加完善,运营水平有新的提升。通过科技工作者的不断努力,高速公路科技工作得到了长足发展,但科技工作还需进一步改进和加强,满足高速公路事业快速发展对科技的巨大需求。

第二章
重大科研课题

在不同发展阶段,北京市高速公路系统立足于本地高速公路发展的特点,紧跟国际、国内高速公路科技发展前沿,按照"以需求为导向、以应用为根本、以创新为核心"的要求,组织实施了一系列涉及高速公路建设、运营关键技术的科技项目和重大科技专项研究,攻克了许多关键技术,取得了一批重大科研成果(见本书"附表"部分的表7-2-1),推广了大批先进、适用的科技成果,并开展了典型示范应用。

以"京津塘高速公路工程建设成套技术""改性沥青和SMA路面技术""北京市高速公路Superpave技术应用研究""八达岭高速公路进京段安全改造关键技术研究""转体法施工的曲线斜拉桥关键技术研究""京新高速上地斜拉桥关键技术研究""双连拱隧道综合技术研究""桥梁整体置换技术的研究与应用""废胎胶粉改性沥青应用研究""工业钢渣在公路工程中的综合应用"等为代表的重大科研课题很好地支撑了北京市高速公路的发展。

一、京津塘高速公路工程建设成套技术

(一)完成单位

交通部、京津塘高速公路联合公司等。

(二)项目背景

在20世纪70年代初期,交通部就开始做建设京津塘高速公路的准备工作。当时,国内还没有高速公路,这方面技术也是空白。要在一张白纸上画出最美丽的图画,画好第一笔最重要;要画好京津塘高速公路这第一笔,关键是组织大型科技攻关,解决一系列技术难题。当时,为了建设好京津塘高速公路,交通部先后调集了千余名全国优秀公路科技工作者进行通力攻关,攻克了一系列高速公路重大基础理论和技术难题。

(三)项目简介

这一整套技术主要是应用性科技成果,也含有应用基础研究、软科学研究、科技服务类项目的开发和研究,包括高速公路项目管理技术、勘察设计技术、工程施工技术和工程

监理技术。课题研究中的大型生产型试验工程达75项,仅取得的现场试验和实测数据就近200万个,最终形成的12项关键技术和理论成果如下(详见本书第九篇第二章G2京沪高速公路部分):

(1)论证、制定了我国第一部高速公路工程技术标准。

(2)高速公路软土地基沉降与稳定双控技术。

(3)高质量路面修筑综合控制技术。

(4)在国内首次创跨省市高速公路项目建设管理技术。

(5)在国内高速公路项目首次实行业主责任制。

(6)开创了完整的工程监理技术。

(7)创立了全新的公路勘察设计体系。

(8)提出了科学、实用的现场控制技术。

(9)高地震烈度地区桥梁设计和施工技术。

(10)互通立交匝道出入口通行能力验算技术。

(11)磁性通行券数据处理及防作弊收费控制技术。

(12)车流状态及行车条件信息实时采集自动判断处理技术。

(四)应用推广

正是这些技术的支撑,京津塘高速公路才成为我国建造的第一条赶超世界先进水平、按现代化标准建设的大型公路工程。时任交通部副部长王展意如此评价这一技术:"成套技术的创立为建设第一条高速公路提供了蓝本,也成为我国高速公路发展奠定了理论与技术基础"。

二、JL-150型沥青混凝土搅拌设备

(一)完成单位

北京市政机械厂、北京市沥青混凝土厂。

(二)项目背景

沥青混凝土搅拌机是城市道路与公路建设的关键设备,特别是高速公路,对沥青混凝土的性能指标要求非常严格,老式的沥青混凝土搅拌机远不能满足要求。当时,适应高速公路建设使用的沥青设备多是进口,价格高昂。该设备是根据北京市政工程局"七五"科技发展规划和建设部1989年建设机械新产品研制计划研制的设备。

(三)设备简介

该设备全部由国内制造配套,使用重(渣)油作燃料、强制搅拌、二级除尘装置,微机

控制,造价仅相当于同类进口设备的60%左右。该设备自1990年8月27日试运行以来,连续为亚运会工程生产各种沥青混凝土1.2万余吨,其质量完全符合交通部部颁标准。设备的主要技术经济指标,经有关机构检测,全部达到《沥青混凝土搅拌设备通用技术条件》(JT 3128—1987)整机性能技术要求。

这是我国自行研制、全部国产化的第一台大型成套的沥青混凝土搅拌设备,填补了国内制造业的空白。该设备具有以下优点:冷料供料的自动计量系统配比精确,优于国内现有的进口设备;烘干滚筒吸取了国内外先进技术,并结合多年的实践经验,在烘干筒内部结构、传动方式和卸料方法等方面有所创新,实现了提高热效率、降低尾气温度、延长烘干滚筒的使用寿命,热效率达到82%~83%;环保系统测试粉尘排量为19mg/Nm^3。

(四)应用推广

该设备自1990年8月27日试运行之后,连续为亚运会工程生产各种沥青混凝土1.2万余吨,其质量完全符合交通部部颁标准。之后又应用于济青高速公路。

三、改性沥青和SMA路面技术

(一)完成单位

北京市公路局。

(二)项目背景

20世纪60年代中期,德国建造了第一条SMA路面。到20世纪80年代初,SMA已经在北欧的瑞典、芬兰等国得到了广泛应用,并很快推广到全欧洲。沥青马蹄脂碎石混合料路面具有非常好的高温抗车辙能力、低温抗变形能力,且构造深度大,抗滑性能好,耐老化性和耐久性较其他路面性能都有较大的提高,因而被广泛应用。

(三)项目简介

1991年,北京市公路局结合欧美的研究和使用状况,对SMA混合料进行了试验研究,采用NOVOPHAL技术并用聚乙烯PE和热塑弹性体材料SBS的符合改性沥青,同时使用石棉纤维稳定剂。该研究的SMA级参照美国SMA级配,着重研究改性沥青的性能、应用及由改性沥青组成的SMA混合料的高温稳定性和低温抗裂性,同时对其施工工艺进行研究探讨,并于1992年应用于首都机场高速公路表面层,这是我国首次使用SBS改性沥青和SMA技术,并取得了良好的效果。1996年,八达岭高速公路再次利用NOVOPHAL改性沥青技术铺筑了SMA试验路段表面层,采用PE+SBS改性普通沥青和0.4%石棉纤维,且工程使用状况良好。八达岭高速公路全面采用了SBS改性沥青和SMA的新技术。

与首都机场高速公路不同,八达岭高速公路既是重要的旅游干线,又是山西煤炭出口的干线公路,承受着特大交通量,大型车、超载车辆的比例在当时很高。因此,路面结构做了相应的调整。底面层为8cm的AC-25Ⅱ型沥青混凝土及中面层6cm的A-25Ⅰ的沥青不改性,表面层为4cm的SMA-16沥青玛蹄脂碎石混合料,改性用的基质沥青采用普通改性沥青,改性剂为4% PE + 2% SBS 或者 5% PE + 1% SBS 综合改性,混合料加入矿物纤维0.4%,粗集料采用玄武岩铺筑。

(四)推广应用

1999年建成通车的京沈高速公路(北京段)以及刚刚建成通车的京开高速公路(北京段)沥青路面表面层也相继采用了改性沥青技术。同时,在这几条高速公路沥青路面中还采用了SMA(沥青玛蹄脂碎石混合料)技术。另外,在交通量比较大的京石公路一、二期路面大修中也采用了改性沥青。

四、北京高速公路 Superpave 技术应用研究

(一)完成单位

北京市首都公路发展集团有限公司、北京奥科瑞检测技术开发有限公司。

(二)项目背景

随着交通量迅速增长,车辆大型化、严重超载,车辆渠道化等问题接踵而来,沥青混凝土路面经受着严峻的考验,并出现了各种各样的破坏形态。工程实践发现即使严格地按照现行规范设计沥青混合料,且其各项性能指标完全满足规范要求,所铺筑的沥青路面在设计年限内甚至是使用初期仍然会出现车辙、剥落、泛油、低温开裂和反射裂缝等病害。沥青路面发生早期破坏,除了施工工艺与质量控制方面的原因之外,沥青混合料设计不当,或者缺乏一个比较规范的混合料设计方法也是主要原因之一。

我国传统的沥青混合料设计方法——马歇尔设计方法经过半个世纪的应用,对沥青混合料设计和沥青路面铺筑做出了许多的贡献。但是随着新材料、新结构、新工艺的不断涌现,这个带有经验性质的方法逐渐显出越来越多的局限性。马歇尔设计方法属于经验设计法,试验测定的参数与实际野外性能相关性不强,更多地依赖于以往对沥青路面的经验性认识,因而存在诸多局限性,如不能精确地判断不同交通量对沥青混合料技术指标的要求、与路面设计不挂钩、不能预防路面早期破坏、试件成型方法不能模拟压路机实际压实状况等。为此,我国道路工作者引进了国外沥青路面的先进技术(如 Superpave——高性能沥青路面技术等),旨在提高我国沥青路面使用质量延长其使用寿命。

(三)项目简介

本项目结合北京市高速公路工程建设特点,对 Superpave 技术从原材料特性、混合料级配设计、混合料配合比设计方法等方面进行了系统和深入的研究,并与马歇尔设计方法进行了对比和联系,提出了适合北京地区工程实际的 Superpave 沥青混合料拌和楼生产、混合料运输、摊铺和碾压、施工质量等各环节的控制要求与方法。主要技术内容如下:

(1)机料、沥青的技术指标要求:根据北京地区高速公路交通的实际情况,提出适合的 Superpave 的集料(包括矿料)技术标准,并提出适合于北京地区高速公路 Superpave 的胶结料 PG 等级要求。

(2)北京地区高速公路交通条件下的 Superpave 配合比设计方法:提出一套完整的目标配合比设计方法及相应技术要求。

(3)Superpave、AC 等结构室内试验的性能比较研究:从高温抗车辙性能、低温抗裂性能、抗水损害性能、抗疲劳性能等方面进行对比研究。

(4)Superpave 路面施工工艺研究:对拌和楼生产和控制、高性能沥青混合料运输、摊铺和碾压等施工工艺进行研究。

修筑 Superpave 试验路,进行定期观测,比较该结构在北京地区高速公路重交通条件下的实际路用性能。项目组针对北京市高速公路工程建设特点,运用 Superpave 设计方法指导思想,从原材料特性、混合料级配设计、混合料配合比设计方法等方面进行了系统和深入的研究,并与马歇尔设计方法进行了对比和联系,提出了 Superpave 沥青混合料生产与施工各环节的控制要求与方法。

(四)效益分析

Superpave 设计方法将基于沥青材料特征的性能同设计的环境条件结合起来,通过控制车辙、低温开裂和疲劳开裂来改善路面性能。结合交通量、工程实地的气候条件等,进行材料的选择和混合料的配合比设计,真实地反映了材料配比、结构设计和现场施工条件等因素,并考虑了包括温度变化、含水率、交通量及荷载组成在内的各种因素的临界特征和数值,提高了沥青混合料路用性能。

实践证明 Superpave 沥青混合料较 AC 型混合料油石比降低 0.1%～0.2%,降低材料造价 170 万元,同时提高了沥青混合料路用性能,项目提出了科学合理、全面系统、切实可行的 Superpave 沥青混合料设计、生产和施工控制技术方案,提高了工程质量,延长了路面使用寿命,降低了建成通车后的养护维修费用。

(五)应用推广

项目研究成果在北京市京平高速公路、京津高速公路中面层、底面层上得到了成功应用,室内试验结果表明,沥青混合料高温抗车辙、抗水损坏等性能优于 AC 型沥青混合料,现场检测结果表明,压实度、平整度、渗水系数等各项指标满足设计要求,通车以来,各项路用性能良好。项目研究成果通过在北京市高速公路上的实施,提高了工程质量,降低了工程造价,对今后北京市高速公路建设具有推广意义。

五、八达岭高速公路进京段安全改造关键技术研究

(一)完成单位

交通部公路科学研究所、北京市首都公路发展集团有限公司。

(二)项目背景

改革开放以来,公路运输在综合运输体系比重逐步提高,至 21 世纪初已占据主导地位,特别是 70% 以上的群死群伤等恶性交通事故都发生在山区公路长大下坡路段,影响重大,受到社会广泛关注。为系统解决这一难题,以名列"十大死亡谷"之首的八达岭高速公路进京段作为典型路段来进行技术突破更有代表意义。八达岭长城与明十三陵等北京重要景区每年都接待上千万游客与许多国家元首,八达岭高速公路是连接这些重要景区的必经路,是旅游路、政治路,因此保障八达岭高速公路交通安全对提升北京形象乃至国家形象都有着极为重要的现实意义。然而自其开通以来,进京段连续长下坡 5km 路段 4 年发生重特大事故 32 起,伤 62 人,死亡 49 人,平均每公里有 10 人失去性命,社会影响巨大,成为公安部重点督办的 38 条危险路段之首。

(三)项目简介

"八达岭高速公路进京段安全改造关键技术研究"项目由北京市交通委员会立项,北京首都公路发展集团有限公司自筹资金 2000 多万元。

本项目创造性地提出了危险等级判别与路侧护栏强度选定方法,首次开发了基于冲击弹性波的护栏立柱埋深快速无损检测设备(属原始创新),有效地解决了连续长大下坡路段护栏检测、设置等关键技术。通过试验研究制动片温升模型,分析坡度、曲线半径与速度关系,首次提出了集路侧危险等级判别与路侧护栏强度选定、线形连续性评价、制动失效量化分析、事故黑点分析于一体的多级、系统性评价方法(属集成创新),形成了连续长大下坡科学、系统分析技术。通过仿真模拟设计并进行实车碰撞检验,国内首次开发并应用了双层三波加强型护栏,经过多次设计修改和设置试验,系统地研究了避险车道设置原则、结构参数、配套安全设施和运营管理养护方法,形成技术指南,在这些基础上首次提出并实施了集货车降温池、延展停车检修区、避险车道、速度反馈系统、三波加强型护栏等

人性化安全设施设计为一体的多级、综合安全治理模式(属自主创新),形成了解决连续长大下坡安全问题的综合、系统、有效技术方法。成果在八达岭高速公路进京段安全改造示范工程中进行了成功应用。

本项目有力地促进了长大下坡交通安全治理技术深入发展,从根本上解决了我国长大下坡安全治理难题,研究成果主要应用于高速公路安全保障技术领域。项目研究持续3年,取得了丰硕的成果,发表论文10篇,申请发明专利3项(授权1项,审查中2项),授权软件著作权1项,开发产品2项,转化形成国家标准2项,行业标准、规范、指南5项。与欧美国家(ARRB、TRL、TRB、NHTSA)所开展的研究及形成的技术对比,项目研究成果在"危险等级判别与路侧护栏强度选定、检测方法与技术""连续长大下坡的多级、系统性评价方法与多级、综合安全治理模式"超过国外同类研究水平;"避险车道设置技术""三波护栏与方柱护栏设计""标志设置技术"达到国外研究同类水平。

本项目属国内最早结合实际工程研究连续长大下安全治理技术的项目,在理念、理论与技术方法均处在同行领先水平。整体而言,本项目根本性地解决了连续长大下坡安全分析与治理技术难题,提出了众多创新技术与方法,整体达到了国际先进水平。本项目获2008年中国公路学会科学技术奖二等奖。

(四)效益分析

八达岭高速公路进京段经安全改造后,取得了重大的经济效益,具体表现为以下几个方面:

(1)改善了公路服务质量,提高了北京市整体旅游形象。八达岭高速公路是通往八达岭长城的必经之路,作为中国奇迹的长城,每一年都有国外元首和无数中外游客前来参观。在改造之前,事故频发,严重性大,是公安部要求进行安全监管整改的重点路段之一,"12·4"特大交通事故造成的社会影响更是巨大。应用研究成果进行改造后,进京路段重大事故发生率大幅下降,死亡事故未再发生,数据统计发现,4年间八达岭高速公路进京段严重事故率平均下降了98%,改善了高速公路服务质量,保障了安全、快捷、舒适出行和货物安全运输,提高了行业服务形象和北京首都形象。

(2)广泛推广应用,效益重大。八达岭高速公路进京段安全改造的成功,表明一系列用于有效治理连续长大下坡路段安全问题技术成果的形成。就八达岭项目实施本身而言,2006年后无死亡事故发生,相对于避险车道、标志、护栏等安全设施4000余万元的投资而言,统计计算年节约直接经济损失约500万元。技术成果具有普遍性,可广泛应用到我国公路交通安全治理领域。项目评价、治理设计等部分成果在北京市G108、G109等公路安全治理中应用,整体成果已经在多个省份的连续长大下坡路段大规模应用,大幅减少了这些路段严重事故的发生率,大规模减少了人民生命财产损失,社会效益重大。

(3)形成技术规范,有力地提高了公路行业交通安全治理水平。该技术的广泛使用,必将推动我国公路安全治理水平的整体提升,促进交通行业服务质量改进,保障人民群众生命和财产安全,对于构建和谐交通、建设和谐社会,产生的社会效益巨大而深远。

(五)应用推广

连续长大下坡问题在我国这样一个多山国家的山区公路网中普遍存在,所引发的安全问题也受到广泛关注。八达岭进京段安全改造关键技术研究项目是首次针对我国连续长大下坡路段安全问题开展的一次系统、综合、科学的研究工作。项目取得了多个国内首创创新,突破了国外在连续长大下坡路段安全治理上的技术框架,创造性地发展形成了可根本解决我国连续长大下坡路段安全问题的多项适用技术。

项目研究成果对八达岭高速公路进京段进行安全改造后,重特大事故发生率大幅下降,死亡率降低为零,效果显著,经济社会效益重大,受到当地政府、行业主管部门和社会公众的高度评价。项目多项成果已在全国相关领域大规模推广应用,简述如下:

货车降温池、延展停车检修区、避险车道、速度反馈系统、三波加强型护栏等人性化安全设施设计的多级、综合安全治理模式及相关技术,已在广东、福建、广西、云南、甘肃、河南、河北等地的连续长大下坡路段大规模应用。云南元磨高速公路、广东京珠北高速公路、福建漳龙高速公路、广西百色高速公路等都引进了综合治理模式,设置货车降温池、避险车道、加强型护栏,给予综合治理。

集路侧危险等级判别与路侧护栏强度选定、线形连续性评价、制动温度分析、事故黑点分析于一体的多级、系统性评价方法,已在科研单位及设计单位对连续下坡设计及评价领域中广泛应用,同时也编入《公路安全保障工程技术实施指南》作为评价连续下坡路段安全的方法。路侧危险等级判别与路侧护栏强度选定方法、制动温度分析方法、线形连续性评价方法也已经作为交通部行业标准《公路工程技术标准》《公路线形设计规范》《道路交通标志标线》与《公路项目安全性评价指南》等修订的参考依据。

基于冲击弹性波的护栏钢管立柱埋深检测技术与设备,已经批准列入2008年国家标准编写计划《钢质护栏立柱埋深冲击弹性波检测仪》(GB/T 24967—2010),所开发形成的产品已经在全国公路全国交通工程抽检及项目验收中使用。

六、转体法施工的曲线斜拉桥关键技术研究

(一)完成单位

北京市首都公路发展集团有限公司、铁道专业设计院、中铁大桥局集团有限公司。

(二)项目背景

五环路转体斜拉桥位于五环路石南编组站咽喉相交处。由于该桥下铁路客、货运交通及调车、编组作业十分繁忙,同时需要上跨编组站 7 股电压高达 27.5kV 的电气化铁路线,并预留 2 股电气化铁路线。为安全地在电气化铁路战场上架起高架桥,又不干扰或尽量少干扰正常的铁路运输,首发公司组织参建各方结合工程的迫切需要,开展了"转体法施工的曲线斜拉桥关键技术研究"课题的研究与技术攻关。

(三)项目简介

该桥全长 245m,采取平行于铁路线搭设支架,现浇斜拉桥的主塔、墩和 168m 长梁体,通过张拉斜拉形成受力合理的平衡转动结构,仅用了 68 分钟就将桥梁质量达 1.4 万 t 的主体结构平转到位,使五环路全线按期贯通。该项目施工工期仅 8 个月,创造了单铰转体法施工桥梁重量 1.4 万 t 的世界纪录。它既是北京市第一座斜拉桥,又是第一座转体桥,其斜拉索单索应力达 1000t,它的建成填补了北京市建桥史的空白。本项目经费来源于五环路工程项目概算研究试验费,总费用为 60 万元。

大桥荣获 2004 年度中国铁路工程总公司优秀工程设计一等奖和北京市科学技术一等奖,所在的五环路工程获得了 2005 年度建设部优秀工程设计一等奖、2006 年度国家优秀工程设计金奖。

(四)效益分析

该项目应用于北京市五环路与石南编组站咽喉相交处。该项目的成功应用,节省工程建设费用约 2600 万元,降低了对国家铁路运输的干扰,减少铁路运营损失费 960 万元以上,同时缩短了建设周期 6 个月。

七、北京市六环路斜拉桥关键技术

(一)完成单位

中铁工程设计咨询集团有限公司。

(二)项目背景

既有的转体桥均采用墩底转体的方式,但当桥墩较高或桥墩体量较大时,采用墩底(基底)转体方式会导致转体重力大大增加,球铰、上下转盘体量也相应增大,基础尺寸和主跨跨径也相应增大。墩顶转体具有如下优点:转体时少了桥墩的重力,转体重力显著减小,降低了球铰、转体结构的设计难度,能够有效提高结构可靠性;转体结构布置于墩顶,承台和桩基结构尺寸较小,便于桥跨布置,有利于减小主跨跨径和转体长度,造价较低。

初步设计中对采用墩顶与墩底转体施工方案作了比较,本桥主墩高21.5m,采用墩顶转体可以减小转体重力;采用墩顶转体施工方法,主跨跨径取100m就能跨越铁路,转体重力15万kN,主墩(3号墩)基础距铁路路堤坡角线最小距离为2.65m,左中墩(2号墩)基础距铁路路堤坡角线最小距离为0.96m,基础施工不影响路堤。本桥若采用墩底转体施工方法,增加了21m高桥墩的重力(约3万kN),转体重力将达18万kN,这又会加大转体结构尺寸,导致增加主跨跨径,主跨跨径115m才能跨越铁路。现有的加工设备还不能直接生产18万kN球铰,必须升级设备,升级费用比一个球铰价格还多。在墩顶设置平转体系,沿铁路线北侧搭设支架现浇斜拉桥的主塔和约182m长梁体,张拉斜拉索后就形成了受力合理的平衡转动体结构,能在很短的时间(90分钟)内将结构平转到最终桥位,这就是墩顶转体斜拉桥的方案构思。

经反复论证,六环路丰沙转体斜拉桥采用了墩顶转体法施工的子母塔预应力混凝土曲线斜拉桥设计方案,通过新技术、新工艺的应用,确保铁路运输安全和畅通,从而取得了良好的社会效益和经济效益,降低了桥梁造价,在建设中充分体现了"科技北京"的指导思想。

(三)项目简介

六环路丰沙转体斜拉桥位于门头沟区三家店水库东侧,六环路上跨丰沙铁路,相交角度为40°,全长263m,为四跨连续子母塔单索面的预应力混凝土部分斜拉桥,墩高21.5m,整幅桥面总宽30.26m。本桥采用墩上转体,转体箱梁长度为182m,转体重量达1.58万t,是我国第一座采用墩顶转体施工的桥梁,是世界上墩顶单铰转体吨位最大的桥梁。

六环路丰沙铁路分离式立交主桥的设计与施工在墩顶转体施工工艺及重量、转体长度、卵石土地区深埋沉井基础等方面有重大技术突破,集双圆柱主塔、大悬臂W形主梁、六边形花瓶式桥墩、墩顶转体、卵石土区沉井等多项新技术、新工艺为一体的子母塔预应力混凝土曲线斜拉桥,与三家店水库及其山地背景相呼应,已成为2009年9月12日通车运行的六环路标志性建筑。

该桥结构形式新颖独特,受力行为非常复杂,施工过程体系多次转换,是一座科技含量高、技术复杂、施工难度大的大跨度桥梁,是集墩顶大吨位单铰转体、大悬臂宽桥面板斜腹板箱梁、卵石土区沉井基础等多项技术为一身的高技术大桥。

科研成果"北京市六环路斜拉桥关键技术"荣获2010年度中国铁路工程总公司科学技术一等奖和北京市科学技术三等奖。该桥荣获2010年度中国中铁股份公司优秀工程设计一等奖,2011年度第十五届北京市优秀市政工程设计一等奖。本项目获"单索面W形腹板截面索梁锚固区结构""桥梁墩顶转体定位装置""一种桥梁墩顶转体球铰定位装置"三项发明专利。

(四)效益分析

通过应用本研究成果,相比墩底转体施工方法,主跨减小15m,建安费减少2100万元;仅用8个月就实现了2008年奥运会之前完成大桥转体的目标;完成的墩顶转体重量1.5万t,转体悬臂长92m,曲线半径950m研究成果,综合指标居世界同类型桥梁的首位,有效地减少了大桥主跨跨度和施工期间对铁路运营干扰,缩短了施工工期,取得了良好经济和社会效益。住房和城乡建设部组织了验收,认为研究成果总体上达到国际领先水平。

(五)应用推广

大悬臂W形主梁结构,具有传力途径明确、构造简洁的特点,可推广应用于双线、四线铁路预应力混凝土铁路斜拉桥的设计;六边形花瓶式桥墩与墩顶转体技术可在不增大跨径、基本不改变梁部结构的条件下将节段悬臂灌注施工的预应力混凝土连续梁改为转体法施工,在跨越高速铁路、高速公路时具有极好的推广应用前景。

八、京新高速上地斜拉桥关键技术研究

(一)完成单位

中铁六局北京铁建有限公司、中铁工程咨询设计集团有限公司、北京市首都公路发展集团有限公司、大连理工大学。

(二)项目背景

京新高速公路上地斜拉桥为京新高速公路(五环路—六环路段)上的一座特大桥,大桥小交角度跨越既有京包铁路及城铁13号线,要求在满足国铁及城铁正常运营和安全的条件下,结构要新颖、造型要同周边景观协调。经过方案论证,大桥采用顶推法施工的(46+46+230+98+90)m独塔单索面预应力混凝土曲线斜拉桥,工程技术难度极大。为了保证工程的顺利实施,项目组针对顶推法施工的大跨度曲线预应力混凝土斜拉桥技术开展系统研究。

(三)项目简介

该课题破解了多项设计和施工的技术难题。运用该技术,既有效地保证了京包铁路和城铁13号线的正常运行,又保证了大桥主梁安全、精准就位,成功地建成了世界上第一座复杂曲线顶推施工的大跨径混凝土斜拉桥。该桥的桩基深度、基础混凝土体积、桥梁跨径、桥塔高速、斜拉索长度、顶推重量和长度均创北京建桥史之最。

研究成果获得7项国家实用新型专利,发表相关技术论文10余篇及1本专著。该桥荣获北京市第十七届优秀工程设计一等奖和中国中铁股份公司优秀工程设计一等奖,"顶推法施工的大跨度曲线预应力混凝土斜拉桥技术研究及应用"荣获2013年度北京市科学技术二等奖。

顶推法施工的大跨度曲线预应力混凝土斜拉桥技术主要创新点有:根据桥梁跨越京包铁路、城铁13号线的场地条件设计的水滴形独塔单索面曲线混凝土斜拉桥,采用曲线单点顶推法施工,结构新颖,有创新性;提出的混凝土复杂曲线箱梁顶推施工新方法,优化了顶推轨迹,简化了滑道和限位装置的设计;采用的两点限位方法纠偏,受力明确,效果良好;首次系统分析了混凝土梁与导梁结合部的钢与混凝土的界面行为,钢—混凝土过渡段变形协调、应力分布均匀,设计合理;首创斜拉索灯具套筒式安装装置,解决了大跨度斜拉桥亮化灯具易于产生风振的技术难题;设计的新型主塔及拉索检查维修系统,满足了运营养护的需要。

(四)应用推广

研究成果成功应用于上地桥,相比转体施工方法,减少了主跨跨度20m和征地拆迁1万m^2,建安费减少1700万元;仅用20个月便建成通车;完成了单点顶推重量2.5万t、梁宽35.5m复杂曲线混凝土主梁安全、精确就位,其综合指标居世界同类型桥梁的首位,有效地减少了施工对铁路运营的干扰;桥型与周边环境协调一致,整座主塔酷似天上落下的水滴,已成为北京市中关村科技园区的新地标。京新高速公路上地桥箱梁顶推实现精准就位,创造了国内单点曲线顶推箱梁重量之最;高性能混凝土的应用、塔柱爬模施工技术、大体积混凝土降温措施、超长大吨位斜拉索的安装与张拉及平安工地建设的经验,为今后的公路桥梁建设提供了可借鉴的经验。

九、双连拱隧道综合技术研究

(一)完成单位

北京国道通公路设计研究院、北京市首都公路发展集团有限公司、中铁瑞威检测公司、中国中铁二局集团有限公司。

(二)项目背景

京承高速公路三期黑古沿隧道位于北京市密云区太师屯镇黑古沿村东北,为双向四车道连拱隧道,全长164m,属公路短隧道。隧址区岩性单一,主要为全风化—微风化片麻岩层。结构为双连拱形式,开挖跨度达29.4m,在北京公路建设历史上是首次,在全国公路建设中也不多见,随着公路建设的高速发展,连拱隧道结构形式也将成为不可缺少的形式,其最大优点是双洞轴线间距可以较小,可减少占地,便于洞外接线,因此双连拱隧道主要应用在500m以下的隧道居多。

本课题针对黑古沿连拱隧道,重点研究连拱隧道直中墙顶防水工艺;施工开挖方法、拆撑纵向长度及衬砌施作时间的改变与中墙稳定性关系。课题成果将为黑古沿隧道的支护结构设计与防排水设计、施工决策提供科学依据,对以后类似工程的建设也具有积极的指导、借鉴意义。

(三)项目简介

京承高速公路三期黑古沿隧道开展双连拱隧道综合技术研究。重点研究连拱隧道直中墙顶防水工艺;施工开挖方法、拆撑纵向长度及衬砌施作时间的改变与中墙稳定性关系。

传统的连拱隧道采用整体直中墙结构一直存在中墙顶漏水问题,在交通部课题"连拱公路隧道综合修建技术研究"中提出的解决办法是采用复合式曲中墙结构,使两侧结构防水各自形成独立体系,与分离式隧道防水设计一致。这样做加厚了中墙,造价较高。此研究主要基于浙江、福建、广东、重庆等地的工程实践。

北京地区属缺水城市,山岭隧道主要受到地表水的影响,通过改进中洞顶防排水工艺可以达到防水要求。防水工艺改进主要体现在四个方面:改变传统中洞顶回填方式,改原来两侧回填灌浆方式为两侧封闭、纵向分段泵送混凝土回填,此方法可有效解决拱顶回填不密实的问题;改变中洞顶节点连接方式,改原来的"个"形连接为"丫"形连接,改变排水途径;加强中墙顶两侧主体结构施工缝防水措施;加强中导洞拱顶径向加固注浆。

(四)效益分析

黑古沿隧道采用传统整体式直中墙结构形式较复合式曲中墙结构,墙体厚度约0.8m(中洞高约9m),两隧道中线间距离约1.1m。这样隧道采用整体直中墙结构可节省1180m^3开挖及1180m^3钢筋混凝土及相应的初支钢架、二次衬砌结构配筋;同时,不需要在洞口外设渐变段,不会引起桥梁变宽而使桥梁工程费用增加。这样工程费用可节省约210万元。本隧道南口外为天然林地,北口外为当地居民种植的果树,采用直中墙可节省土地约1500m^2,征地拆迁费用可节省约15万元。本项目可产生的直接经济效益合计约225万元。

我国人口众多,人均耕地、林地面积少,山区耕地、林地资源更加宝贵;我国公路等基础设施相对薄弱,大规模建设还会持续一段时间,公路建设不可避免地需要占用农业用地和林地,公路建设增长和用地紧张的矛盾比较突出,一方面征地拆迁费用有逐年增加的趋势,同时因征地拆迁也产生了一些社会问题。采用本项目的新工艺,在降低工程造价的同时减少了占地,产生了一定的社会效益。

(五)应用推广

在京承高速公路三期黑古沿隧道中已采用。通过加强中导洞拱顶径向加固注浆及优化中墙顶混凝土回填、灌浆工艺,中墙顶回填密实度有效提高,中墙受力得到改善。通过施工工艺调整和细部结构优化,按传统方法施工易发生渗漏的中墙顶衬砌接缝防水效果达到防水标准。

我国北方大部分地区降雨量较小,多缺水,而公路连拱隧道多修建于山岭重丘区埋深不大的丘陵地区,一般受地表水影响。对于受地下水影响小的公路连拱隧道,该工艺可在其他地区推广使用。

十、桥梁整体置换技术的研究与应用

(一)完成单位

北京市路政桥梁管理养护集团有限公司、北京市交通委员会路政局、北京市市政工程设计研究总院有限公司、北京市交通委员会路政局昌平公路分局、北京正远监理咨询有限公司、北京路桥瑞通养护中心有限公司、北京中交桥宇科技有限公司。

(二)项目背景

桥梁整体置换技术是以西关环岛桥梁改造工程为依托进行的,是经北京市政府批准的一项重点改造工程。桥梁整体置换技术的技术原理是采用驮运架一体机,依靠变形控制、精确定位等技术,完成桥梁上部结构整体提升、运输、卸落、安装等一系列工序。全过程连续进行,用时很短,只需短时间间断断行主路,对交通的影响很小,实现了快速改造施工的目的。

发达国家在2000年以后相继开展了桥梁快速施工技术的研究和应用。国外多家世界著名大型机械制造商依托其强大的研发和生产能力,研发大型专用驮运设备,承揽大型设备、物资的海陆运输,并承接大型工程项目,进行了多座桥梁的改造工程,经济和社会效益明显,欧美各国应用日益广泛,尤以美国应用最多。美国自2004年开展该技术的研究,2007年开始进行应用,至2011年底已完成100多座桥的施工改造。国内尚没有该项技术的应用工程实例。

西关环岛改造工程由于其特殊的交通地理位置而备受北京市委市政府重视,大力支持使用新技术新设备,最大限度地降低对交通的影响。经过专家、设计、施工、监理等单位共同研讨,设计改造方案是将原病害上部结构更换为新建钢箱梁并叠合环氧沥青混凝土桥面,并最终设计制造出了符合技术要求的千吨级驮运架一体机。以此设备为核心,对旧桥上部结构进行快速拆除,再用将预先建造完成的新桥上部结构整体运至桥区就位,在数小时内完成桥梁上部结构的整体置换。该方案的优势在于技术水平国际领先,国内首次使用。其核心设备由多个单元化模块串并联组成,采用液压驱动,在中央控制系统指令下,各单元模块协调运动,成为一个有机的整体,各轮胎在坑洼不平的路面上可以自行升降,始终使车身保持一个平面,且转向模式多样,整机运行灵活,适应各种复杂苛刻的现场条件,以此设备对旧桥进行整体拆运,并对新桥进行整体运输、安装,达到快速施工的目的。

作为一个集众多难点于一身的工程,除了技术攻坚克难外,管理以及观念上的更新更是决定其是否能够成功实施的关键,需要政府部门、设计单位、监理单位、施工单位及其他协作部门等各相关部门的和谐配合,才能有效保障施工顺利进行。

西关环岛桥梁改造工程是桥梁整体置换技术的一次有益尝试。用整体置换代替传统改造方法,实现桥梁施工速度的有效提高,最大限度地缩短施工占路时间,解决桥梁施工与交通相互制约的难题,实现二者兼顾的和谐关系,大大提高了我国大型施工专业设备的制造水平,提升了相关产业的竞争力。

(三)项目简介

本项目研究属交通运输领域,以西关环岛桥梁改造工程为依托。桥梁受交通荷载和自然因素的多重因素影响,会逐渐出现不同病害,结构持续劣化,需要进行维修改造,严重的则需要更换上部结构或拆除重建,以保证行车舒适和社会交通的安全。

传统的旧桥改造方式是将旧桥原地拆除之后再进行重建,往往受到交通和场地的限制,施工时需要采取临时限行甚至断路措施,占路时间长,且对社会和交通影响极大。同时,由于施工组织的限制,施工过程中结构受扰动较大,工程质量难以满足要求。除了上述施工过程存在的困难外,传统的旧桥改造方式还存在种种弊端。因此,采取新型技术降低对交通和社会的影响,提高施工速度,越来越受到有关各方的重视。

桥梁整体置换技术是一种桥梁快速改造的施工方法,是实现桥梁上部结构整拆整建的一种最高效、最快捷的创新技术,可以实现桥梁上部结构的拆除、运输和安装全过程的整体操作,有效地提高桥梁施工速度,最大限度地降低施工对交通的影响,解决桥梁施工与交通相互制约的难题,实现二者兼顾的和谐关系。以西关环岛改造工程为例,传统施工断路至少需要90天,而采用整体置换技术,仅断路12次,累计用时96小时,节省工期达96%。另外,采取分段施工,异地加工主梁等措施,使得桥区改造现场规模小,减少了扰民,对周围环境影响小,经济社会效益明显。同时,采用该技术施工可以有效减少对环境的破坏,提高整体工程质量,降低桥梁生命周期内的维护费用,提高施工现场的安全性,综合提高社会效益,引领桥梁改造翻开崭新的篇章。

该技术的核心设备是千吨级驮运架一体机,该设备可实现双车同步并行,负载爬坡,确保梁体不变形,对场地要求不再苛刻,优于国外同类设备,达到世界领先水平,形成了多车并行技术、自动巡迹技术、精确定位技术、变形控制技术四项关键技术。

为了更好地实现桥梁整体置换技术,配合具体工程特点及施工需求,同时开展了绳锯切割旧梁、同步顶升系统解除约束并顶升、快速提降梁系统、低温条件下环氧沥青铺设等先进配套措施的研究,丰富和延伸了国外类似技术,为旧桥改造提供了新思路、新方法。

桥梁整体置换技术于西关环岛桥梁改造工程成功实施后,取得了6项实用型专利,公开发表了8篇论文,还获得了全国优秀工程勘察设计行业奖二等奖,北京市第十七届优秀工程设计,北京市政公用工程设计综合奖一等奖,第四届欧维姆预应力技术奖三等奖,2014年度北京公路学会科学技术奖特等奖。

(四)效益分析

采用桥梁整体置换技术进行桥梁改造,可以最大限度地减少施工占路时间,以西关环岛为例进行分析,采用该技术相较于传统施工技术可以减少施工占路约95%。以一般性工程正常工期为9个月计算,使用该技术可以节省8个多月的占路时间,因其而节约的车辆油耗和磨损折合人民币达2000万元以上。另外,采用传统工艺,9个月的断路施工将给京藏高速公路带来的收费损失达到千万元以上,因而本项目的开发与应用在间接经济效益上十分显著,具有广阔的前景。

桥梁整体置换技术是解决施工与交通和提高施工速度的有效途径,有利于建立施工与环境的和谐关系,符合我国社会发展的趋势。该技术的成功应用对全国具有示范作用,能有效地带动全国范围内的推广和应用。新技术采用后能极大地降低施工噪声,扬尘少,产生的尾气排放也少,对周围居民和过往行人的影响最小,社会效益明显。

采用该技术施工可以最大限度地减少对交通的影响,百姓出行受影响小,减少了施工扬尘和噪声,环境友好。同时,减少了因拥堵导致的汽车尾气排放,有利于大气清洁,解决了交通与施工的相互制约难题,使得因交通制约而难以改造的危病桥得以改造,促进了城市交通提级,缓解了交通拥堵。

(五)应用推广

对于"北、上、广、深"等一线大城市,交通干道断路施工几乎是不可能的,进行类似的桥梁改造工程存在着巨大的交通压力,桥梁整体置换技术在西关环岛的成功实践,为推动桥梁改造或新建领域快速施工技术的深入发展提供了思路和方法,积累了经验。在此基础上,北京市将进一步对其他桥梁采用整体置换技术进行改造,以寻求更为严谨、更为广泛的施工经验和应用效果,以便将此项技术进行完善和推广。

2015年11月,北京三环路三元桥(跨京顺路)大修改造工程采用该技术。这是国内首次在大城市重要交通节点应用此技术,引起了世界范围内的关注。该工程成功运用千吨级驮运架一体机实现了1350t桥梁整体换梁,创造了大吨位整体换梁新技术范例,创造了新的北京速度。

十一、预应力施工配套机具的研制

(一)完成单位

北京市建筑工程研究院。

(二)项目背景

高效预应力钢筋混凝土结构技术被列入我国国民经济和社会发展十年规划和第八个五年计划纲要,发展高效预应力钢筋混凝土技术是我国的一项重大技术政策,这项技术已在我国高层建筑、厂房、桥梁、大跨度工业建筑等领域得到了广泛应用。随着这项技术的日益推广与应用,对预应力施工总体质量提出了更高的要求。

虽然我国于1993年制定了《预应力用液压千斤顶》(JG/T 5028—1993)和《预应力用电动油泵》(JG/T 5029—1993)行业标准,但预应力张拉用千斤顶及油泵的设计、生产、使用仍然没能走出十几年一贯制的传统产品套路。

北京市建筑工程研究院立足研制高效实用的张拉、组装、预紧、切断等预应力施工机具,以点代面地推出了一系列预应力更新换代产品。

本次研制系列机具设备主要以北京市建筑工程研究院多年研究成果和已大量应用的BUPC、B&S锚固体系为基础,兼顾国内使用量最大的OVM、QM锚固体系。克服门户之见,逐项解决好现存的技术问题,使施工设备基本配套。

(三)项目简介

自1995年以来,经过三年的设计、试制、考核、改进,研制成功预应力张拉千斤顶5种(YCN150、YCN150Z、YCN23Y、YCN23Z、YC10)、油泵两种(BZ2.5-63D、BZ2.5-63M)、其他预应力配套施工机具六种(BQY-7群锚预紧机、BJL-60挤压机、BJQ-15液压剪切机、BJX-25紧楔机、BD-5A镦头机、BZJ23A液压顶压转角器),锚具三种(挤压式固定端锚具、铸造式固定端锚具、先张法单孔工具锚),获国家批准专利十项。

(四)效益分析

该系列机具其产品性能及技术指标均达到国际先进水平。该项目研制出的配套机具具有很高的实用价值,大幅度提高预应力施工质量和施工效率。

(五)应用推广

该项目成果已应用在八达岭高速公路陈庄立交桥有黏结预应力大梁等工程中。

十二、北京市高速公路养护与管理资金需求

(一)完成单位

北京市首都公路发展集团有限公司、北京奥科瑞检测技术开发有限公司。

(二)项目背景

2006年5月,交通部在山东济南召开了五年一度的全国公路养护管理工作会议。会议在全面总结"十五"养护管理工作成就、分析形势和存在问题的基础上,提出了"更好地为公众服务"的新价值观,确定了"六个一"的工作目标和"四个更"的工作新要求,实现这些目标的工作任务既繁重又复杂,各级公路交通部门面临着严峻挑战。其中,最严峻的挑战是养护资金不足的问题。当时,公路事业在资金政策环境上还面临着诸多不稳定因素,诸如燃油税改、二级收费公路撤站、农村公路管养等问题。鉴于以上考虑,交通部公路司在对济南会议确定的各项工作任务进行分析、梳理和细化分解的基础上,提出了"十一五"前期需要重点开展的7项基础性研究专题,并于2006年在内蒙古呼和浩特召开的全国公路局长会议上对这项工作进行了专门部署。为了实施"十一五"国民经济和社会发展,第十一个发展纲要明确提出,燃油税改革方案的实施必将对现有养路费的征收和使用机制产生影响。费改税后燃油税征收专题被置于七项专题之首,并决定成立由江苏省公路局牵头,山东省公路局、内蒙古自治区公路局、河南省公路局、云南省公路局、青海省公路局、北京首发公司、天津高速公路投资建设发展公司、山西省高管局和甘肃省高等级公路运营管理中心等单位参加的专题研究小组,集中行业力量,开展联合攻关。北京市高速公路作为分课题之一参与该项目的研究。该研究是一项涉及行业长远发展的基础性研究,必将对公路行业未来的发展及各项政策的制定产生重要而深远的影响。

本项目是企业(北京首都公路发展集团有限公司)为了配合交通部的项目研究自筹资金投入的软课题研究项目,由首发集团养护管理部负责,开始于2006年10月,结束于2007年8月,最终成果是形成了《北京市高速公路养护管理资金需求分析报告》,研究结果凝练的两篇学术论文发表于2008年中国乳胶沥青技术和路面维修养护技术大会——第二届ISSA(中国)技术交流会,并获得了2008年度北京市公路学会二等奖。

(三)项目简介

本项目主要结合北京市高速公路的管理体制和养护机制,选取北京市首发集团管养

的 8 条高速公路养护和管理资金的实际支出,对北京市高速公路养护与管理资金需求进行了详细分析。

资金需求的研究分为小修保养、大中修工程、预养护工程和高速公路养护事业费等章节,小修保养费用中包括路面养护、路基养护、桥涵隧道养护、沿线设施养护、绿化养护、防汛、除雪、补坑和灌缝、道路桥梁检测和不可预见费,通过分析北京市高速公路的交通组成、交通量、路况和天气状况等相关影响因素,形成了小修保养费用的计算公式。

通过分析北京市高速公路检测数据,依据北京市京哈高速公路和京石高速公路大修的经验,提供了北京市高速公路大中修工程的费用计算模型,并且依据现有的研究成果,将预防性养护纳入了养护费用考虑的范畴。

依据北京市高速公路的管理机制,高速公路的路产管理由北京市首都公路发展集团有限公司负责,通过对人工、车辆以及各项费用的估算,考虑科研、养护技术开发和教育经费需求、交通量调查费用的需求得出了高速公路养护事业费用。

该项目的实施促进了全国公路养护与管理资金需求报告的完成,通过对北京市高速公路养护与管理资金需求的研究,针对公路养护与管理资金面临的形势,提出了相应的对策建议。研究结果不仅满足了燃油税改对养护资金需求的需要,同时为北京市养护资金的调配和划拨提供了依据,必将促进公路养护工程的发展。

(四)效益分析

该项目有利于应对有关税费改革的问题,以及费改税后燃油税征收税率、税基以及资金分配机制的确定。该项目研究结果将为燃油税改工作提供基础数据,同时为养护单位养护资金的划拨提供依据。

(五)应用推广

本项目按照交通部相关要求完成了北京市高速公路养护管理资金分析报告,同时作为为首发集团公司每年养护资金预算投入计算的基础,使得首发集团高速公路养护费用的估算更加科学化。

十三、路面废旧材料再生循环利用研究及推广应用

(一)完成单位

北京市政路桥建材集团。

(二)项目背景

该项目根据低碳经济和节能减排的要求,针对北京地区高速公路、各种等级道路维修中产生的废旧材料,以实现资源再生循环利用为目标,避免过度开采天然砂石,减少沥青使用量,降低政府资金投入。

(三)项目简介

项目自 2001 年立项后,技术人员全面分析了沥青路面 4 种再生技术的优缺点,提出了在北京市推行沥青路面再生的总体原则,以及在不同等级公路、城市道路的使用范围和北京市沥青路面再生的典型结构等。通过对回收沥青路面材料性能的研究,提出了 RAP 变异性指标及对再生混合料性能的影响规律;开展了 SBS 改性沥青再生的研究,突破了国际上 SBS 改性沥青不能再生利用的观念,开发了 SBS 改性沥青再生技术,并在工程中得到成功应用。2011 年,该项目获得首届"中国资源综合利用协会科学技术奖"一等奖。

(四)应用推广

该项目先后在长安街、南六环等大修工程中得到应用。经检测,使用状况良好。该项目对资源综合与循环利用具有重大意义,具有明显的环境、社会、经济效益,推广应用前景良好,整体达到国际先进水平。

十四、废胎胶粉改性沥青应用研究

(一)完成单位

北京市路政建材集团有限公司、交通运输部公路科学研究院。

(二)项目背景

轮胎是一种难以降解的高分子化工材料,埋入地下数百年也不能降解,污染地下水。这些"黑色垃圾"无论采用堆放、填埋还是采用焚烧的方法处理都将带来新的污染,不但污染环境、占用土地资源,而且容易通过蚊虫传播疾病。将废轮胎加工成橡胶粉是世界上公认的废轮胎橡胶无害化、资源化的处理方法,其中在公路行业中将废轮胎橡胶粉用于制作沥青改性剂是废轮胎资源化、无害化利用的主要途径之一。

(三)项目简介

本项目主要的研究内容包括以下几个方面:

一是全面评价橡胶沥青的黏度性能,为制定橡胶沥青的技术指标奠定基础。由于橡胶沥青的特性,现有的重交沥青和改性沥青的技术指标不能全面评价其技术性能,本项目参照国外有关橡胶沥青的技术规范,结合我国沥青和橡胶粉特点,提出以黏度为主要控制指标的橡胶沥青技术指标体系。采用旋转黏度计进行了几十种不同情况橡胶沥青的黏度试验,取得了全面的试验数据。同时,总结提出了橡胶沥青的黏度试验方法。结合工程情况,提出了橡胶沥青现场黏度检测的试验方法,并建立室内外黏度检测数据的回归关系。

二是结合北京地区的石料特点,提出橡胶沥青混合料级配构成的方法。根据橡胶(粉)沥青混凝土采用断级配混合料的特点,本项目根据北京地区沥青路面常用的玄武岩石料、石灰岩石料和钢渣对 10 型、13 型、16 型、20 型和 25 型橡胶(粉)沥青混合料的级配进行了较为深入地研究和分析,提出了相应的骨架级配的构成方法和检测手段,为橡胶(粉)沥青混合料的使用奠定了基础。

三是修筑试验路段、验证橡胶沥青混合料在北京地区的应用效果,同时确定了橡胶沥青路面的典型结构。本项目先后修建了两条试验路段:一条是顺平辅线试验路,另一条是门头沟南雁试验路。这些试验路段的修建一方面为了验证室内试验的研究成果,另一方面通过试验路的实施,总结、完善橡胶沥青及混合料的施工质量的控制方法和施工工艺,为制定相应的技术指标做准备。顺平辅线还委托中国科学院声学所进行了橡胶沥青混凝土降噪效果的监测。

四是编制了我国第一部地方性橡胶沥青及混合料设计施工技术指南。作为以上研究工作的总结,为北京市今后开展橡胶沥青及混合料的推广应用,本项目编制了我国第一部地方性橡胶沥青及混合料设计施工技术标准《北京市橡胶沥青及混合料设计施工技术指南》。该指南包括路用橡胶粉的技术指标、橡胶沥青的技术标准和橡胶粉混合料的设计指南以及相应的施工技术要求。

(四)效益分析

橡胶沥青混合料的应用为废旧轮胎的无害化处理提供了新的途径,可以说废胎胶粉在道路行业的推广应用利国、利民、利路,具有广阔的应用前景。从材料费对比看,橡胶沥青混合料与 SBS 改性沥青混合料价格相当。但是,橡胶沥青混凝土适用于新建及老路改建工程,对减少路面的发射裂缝、提高路面的整体承载能力都十分有利,使用橡胶沥青混合料可以延长道路的使用寿命。

根据中国科学院声学研究所测试结果,橡胶沥青路面比 SBS 改性沥青路面具有明显的降噪功能,噪声减少 2~3dB,相当于减少 30%~45% 车流量产生的噪声。作为城市道路,橡胶沥青路面给道路两侧居民带来更安静、更和谐的居住环境,是发展环境和社会友好型城市道路的最佳选择。

(五)应用推广

橡胶沥青混合料已经在北京市的顺平辅线、孔兴璐、辛樊路、南雁路等公路中相继得到应用,机场南线高速公路是橡胶沥青在高速公路中首次应用,在四环路看丹桥、京通快速路的应用中收到良好的效果,展西路空中隧道等奥运工程中的应用使得橡胶沥青的降噪效果得到充分体现。

十五、工业钢渣在公路工程中的综合应用

(一)完成单位

北京市政路桥建材集团有限公司。

(二)项目背景

在运用科技创新,让废旧沥青"重新上岗",让废旧轮胎"降噪节能"的同时,一个又一个工业废料——首钢炼钢剩余的钢渣、房山区煤矿生产过程中产生的废渣煤矸石等被发现。首钢年产钢渣近百万吨,加上几十年的积累,成千上万吨钢渣作为工业废料分散堆积,占用了大量的空间。同时,渣粉漫天飞扬,粉尘污染成为影响首都环境的首要污染源。关于"工业钢渣在公路工程中的综合应用"项目的研究随即展开。

(三)项目简介

该项目旨在满足高等级公路对石料的需求,节约天然原材料,大规模利用工业废料,减轻环境污染,节省筑路资金。2005年底,经国内专家鉴定,成果达到国内领先水平,为大规模、高效能利用钢渣提供了技术支持。

煤矸石是我国排放量最大的工业固体废弃物之一,我国煤矸石每年的排放量相当于当年煤炭产量的10%左右,当时已累计堆存30多亿吨,占地约1.2万公顷。这些废石堆由于具有排放量大、易自燃、淋溶、稳定性差等属性,从而带来了大量堆放侵占土地、严重污染环境等一系列的环境问题。国家发改委、国家环保总局等7部委联合下发《关于加快煤炭行业结构调整、应对产能过剩的指导意见》,鼓励国内企业积极开展对煤矸石进行综合利用的科研项目。

(四)效益分析

该项目研究成果可逐渐恢复和保护植被,改善现有生态环境,在治理环境、发展循环经济方面做出了贡献。

(五)应用推广

在政府的号召下,开展了"矿山废弃物资源化利用"的研究,经过多次试验,煤矸石的利用找到了一条新途径——代替石灰岩碎石用于沥青混合料生产。2007年7月,组织在樱花西街铺筑了北京市第一条煤矸石沥青凝土试验路,效果良好。北京市发改委、北京市资源综合利用协会、北京市公联公司等部门领导亲临现场,对积极开展煤矸石综合利用给予了充分肯定。此后,为了促进煤矸石的综合利用,北京市政路桥建材集团与房山区南窖乡政府合作,建成了煤矸石碎石综合利用基地。

十六、北京市高速公路智能交通(ITS)规划

(一)完成单位

北京市首都公路发展集团有限公司、北京工业大学。

(二)项目背景

本课题根据《中国智能运输系统体系框架》《公路水路交通信息化"十一五"发展规划》和《北京市交通行业"十一五"交通科技信息化规划》等上层规划中关于高速公路的总体规划,结合北京市高速公路信息化和智能化需求,围绕北京市"十一五"总体规划,以"数字北京"和"2008年北京奥运会的成功举办"为契机,针对北京市高速公路的智能化进行详细规划,旨在从整体上指导和把握北京市高速公路智能交通系统规划和建设的步伐,有步骤、有系统地推进高速公路运营管理的信息化和智能化,促进北京市高速公路交通系统的建设运营走上可持续发展的道路,实现北京市高速公路"快速、安全、舒适、畅通"的运营管理目标,逐步提升高速公路运营的服务层次和水平,更好地服务首都经济建设和方便百姓出行,首发集团于2008年立项开展北京市高速公路智能交通系统规划研究。

(三)项目简介

本课题研究以北京市高速公路系统为研究对象,围绕智能交通系统建设规划展开,通过对系统调研和需求分析,建立北京市高速公路智能交通系统的规划框架。课题研究内容包括:高速公路智能交通系统建设基础和发展趋势分析;北京市高速公路信息化需求分析;高速公路智能交通系统建设总体规划研究;高速公路信息系统建设框架体系研究;高速公路重点建设项目及保障措施研究等。

本课题荣获了2006年度北京市科学技术奖二等奖。

(四)效益分析

本课题研究成果可以为北京市开展高速公路智能交通系统建设和运营提供指导性、纲领性的依据,从整体上指导和把握北京市高速公路智能交通系统规划和建设的步伐,有效整合和利用现有信息系统和资源,全面推进高速公路信息化水平的不断提升,有步骤、系统化地推进高速公路运营管理的信息化和智能化。

（五）应用推广

本课题研究成果已经成为首都公路发展集团智能交通系统建设的重要理论依据，为今后制定首都高速公路智能交通系统建设方案提供支持。

十七、高速公路智能化管理系统的构建与实施

（一）完成单位

北京首创股份有限公司京通快速路管理分公司。

（二）项目背景

近几年来，北京市汽车数量不断增加，虽然北京市政府出台了各种限购措施，但汽车保有量增长趋势不减，随之带来了日益严重的交通拥堵和空气污染等问题。由于京通快速路是北京东长安街的延长线，是北京主城区与东部地区的主要通道之一（其中四惠桥到大望桥路段为国家迎宾线），特别是五环以内路段按政府要求实行免费通行，近年来车流量增长十分迅速，高峰时段道路拥堵情况十分严重，道路承载能力和安全运行面临极大挑战。鉴于京通快速路的实际运行状况，为保证道路安全畅通，最大限度地发挥京通快速路的社会交通效益，同时配合政府要求实现安全运营、节能减排、绿色出行，提供安全、快捷、舒适的通行环境，满足北京市交通委员会、路政局及北京市公安局交通管理局等政府行业主管部门及时准确掌握京通快速路的道路运行状况，把京通快速路融入北京市大交通网络的工作需要，逐步建立和完善智能化交通系统，构建京通快速路智能化管理系统是实现这一工作目标的有效手段。

（三）项目简介

2013年，京通快速路是根据北京市交通委员会、路政局的相关工作要求，并结合京通快速路的实际运营情况，按照北京市《高速公路交通运行监测和信息服务总体技术要求》，率先启动了高速公路智能化系统建设，包括全路监控模块、断面流量检测模块、车辆识别模块、气象模块、信息发布模块、大屏幕控制模块等子模块的开发。系统的建设及应用获得了较好的实际效果，在技术、管理、服务等方面有明显提升，使领导和工作人员在办公室通过计算机屏幕就能实时了解道路运行状况，及时发布相关指令，大大地提高了京通快速路的智能化管理水平。

京通快速路智能化管理系统的构建与实施，由原来各模块的单一应用改为应用集中管理，大大减少了京通快速路在管理上的时间和成本，使京通快速路的整体管理水平得以持续提升，在缓解拥堵、节能减排及便捷出行等诸多方面创造了较好的社会效益和经济效

益。主要特点体现在如下几个方面：

(1) 构建京通快速路综合信息库,实现智能化管理。京通快速路智能化管理系统的建设集成了多个模块,形成了以道路监控、车流量智能分析、气象数据、过往车辆智能识别等数据为核心的京通快速路综合信息库,京通快速路各种运营数据完整度大幅提升,极大地提高了工作效率,增加了工作针对性,收到明显工作效果,为京通快速路做出科学决策、实现科学管理提供了有力支持。

(2) 通过车辆识别模块,建立逃费车辆稽查新机制。为解决逃费较多这一难题,京通快速路在智能化管理系统建设中,增加了车辆识别模块,通过对一定时期内的逃费车辆进行自动化统计记录,建立了京通快速路黑名单数据库,首次实现系统自动识别报警与各收费站区人员查堵联动,为减少通行费流失和保证站区车辆安全有序通行提供了有力保障。

(3) 实现信息资源共享,推动政府行业管理与企业信息化建设协调发展。京通快速路通过高速公路智能化管理系统建设,数据完整性和准确率大大提升,达到了北京市交通委员会 TOCC 数据接入的相关要求,成为首批实现断面流量监测数据和道路监控视频接入交通委 TOCC 的两家市属高速公路企业之一,为行业管理部门提升高速公路的运营管理总体水平做出了贡献。

(4) 监控设备辅助判断车流量状况,弥补交调设备不足。考虑到严重拥堵时,交调设备如微波、超声波均可能造成车流量、车速判断有较大误差,京通快速路在相关断面检测位置安装云台进行监控,这样确保在交调设备出现误差时,可以采用云台监控进行辅助判断,从而提高断面流量监测数据的准确率。

(5) 充分考虑扩展需求。根据当时国家智能化高速公路发展的趋势,以及对数字化信息系统的发展需求,京通快速路在智能化管理系统建设中为未来的发展预留了足够的可扩展空间。

2014 年,该项目荣获"北京市第二十九届企业管理现代化创新成果二等奖"。

(四) 效益分析

高速公路智能化管理系统为公众出行提供了有力保障和高质量服务,树立了京通快速路的新形象,充分展示了智能交通建设成果,为节能减排作出了重要贡献;实现了单一应用变为应用集中管理,避免了重复建设成本,减少了资源浪费;实现了企业内部的资源共享和信息联动,进一步提高了各部门工作效率及服务水平,提升了公司运营管理。

第三章
主要标准规范及指南

公路工程建设、养护、运营管理的地方标准规范是地方的重要技术法规,是进行基本建设工程勘察、设计、施工、验收和养护工作的依据,是衡量工程质量的重要尺度。作为一项十分重要的基础性技术工作,它对开展和加强工程建设技术管理,提高经济效益,促进技术进步,保证工程质量,都起着重要作用,做好标准规范的制修订,对于实现公路交通又快又好发展具有重要意义。

多年来,针对北京市高速公路建设、运营的具体情况,北京市高速公路行业管理单位,制定了大量地方标准、技术指南(见本书"附表"部分的表 7-3-1),大大提升了北京市高速公路的现代工程管理水平,提高了高速公路建设管理和运营管理水平。

第一节 地方标准和技术指南

一、《高速公路命名和编号规则》

2012 年 11 月 15 日,由北京市交通委员会组织编写的《高速公路命名和编号规则》正式发布,于 2013 年 1 月 1 日开始实施。

这是继 2010 年国家高速公路统一更名后,北京首次规范高速公路名称和编号,以解决高速公路"一路多名、编号不一"的问题。命名规则根据不同的地域、道路用途、位置而有所不同,总的目的是为了出行者方便。高速公路编号不仅可以让出行者辨别道路等级,还可以分辨方向。同时,电子地图也逐渐增加了高速公路的"数字名"。

《高速公路命名和编号规划》资料翔实、论证充分,符合国家和行业相关技术标准;内容着眼于公众出行需求,体现了北京市路网结构特点;借鉴了国内外相关标准的成果,吸取了北京市国家高速公路网命名编号工作的成熟经验,具有较强的可操作性。另外,《高速公路命名和编号规则》的制定有利于规范北京市高速公路的公共标识、信息处理和信息交换,方便行业管理和社会应用,对解决高速公路"一路多名、编号不一"的现状,发挥高速公路的路网功能,提高高速公路的服务水平具有重要意义。

二、《电子不停车收费系统电子标签应用技术规范》

根据《北京市地方标准管理办法》和北京市交通委《交通标准化工作规则》的有关要求,由北京市交通委组织编制的北京地方标准《电子不停车收费系统电子标签应用技术规范》,在满足现行国家标准和交通运输部技术要求的基础上,结合北京市的应用需求、特点和实践经验,对电子标签的通信链路、设备应用要求和测试模式等方面进行了细化,有利于提高电子标签产品的一致性和标准化水平,具有较强的可操作性;技术规范的制定规范了北京市电子不停车收费系统电子标签的技术要求,为电子不停车收费系统的可靠性和大规模推广应用提供了技术保障。

本标准规范了北京市电子不停车收费(ETC)系统中对车载电子标签产品的性能参数、数据接口、人机交互界面、工作环境等方面的要求,适用于北京市高速公路、停车场电子不停车收费系统等应用中的车载电子标签设备,城市道路机动车限流收费等应用可参照使用。

三、《电子不停车收费系统路侧单元应用技术规范》

2015年6月1日,由北京市、天津市和河北省共同组织制定的《电子不停车收费系统路侧单元应用技术规范》地方标准正式发布。该标准的出台将提高京津冀区域ETC系统的兼容性、可靠性和通行效率,从而加速三地之间资源要素的流动。这也是京津冀三地发布的首个区域协同地方标准。

据介绍,《电子不停车收费系统路侧单元应用技术规范》地方标准的实施将解决邻道干扰和跟车干扰的问题,提高系统对外地标签的兼容性,改善用户体验,同时还新增远程监控功能、网络监控功能等。另外,由于统一了数据接口,有助于工程安装,降低养护成本。

新标准不仅适用于收费公路电子收费系统,同时还适用于停车场收费系统,有助于拓展ETC系统的应用领域。也就是说,今后持有ETC卡的用户进入停车场,系统通过识别车辆号牌就可直接完成收费。

四、《废胎橡胶沥青路用技术要求》

由北京市交通委组织编制的《废胎橡胶沥青路面技术要求》于2013年7月1日起开始实施。标准适用于新建和改建道路工程的结构层和路面功能层(包括防水黏结层、应力吸收层、黏层等),机场道面可参照执行;规定了道路工程的废胎橡胶沥青、橡胶沥青混合料、热洒布式橡胶沥青防水黏结层的技术要求。

我国开展这方面的研究已有20多年的历史。废胎橡胶沥青在长安街大修、110国道改建、北京奥运城市道路建设等重大工程中得到成功应用。每吨废胎橡胶沥青比SBS改性沥青低200～600元,每年可节约建设成本2000万元以上;可延长养护维修周期3年以上;可降低轮胎或路面噪声3dB(A)以上。

标准的发布实施对于规范北京市废胎橡胶沥青及其混合料的制备,保证废胎橡胶沥青路面的质量,推动废胎橡胶沥青在北京市道路建设中的应用具有重要意义,有利于废轮胎的环保再利用。

五、《高速公路边坡绿化设计、施工及养护技术规范》

2014年8月18日,由北京市首发天人生态景观有限公司为主要起草单位起草的北京市地方标准《高速公路边坡绿化设计、施工及养护技术规范》由北京市质量技术监督局正式发布。

2012年10月,经北京市园林绿化局批准,《高速公路边坡绿化设计、施工及养护技术规范》地方标准的编制工作开始。标准编制小组由首发生态公司、北京林业大学、北京市园林科学研究院及相关设计、施工和养护单位的专家组成编写组。2014年5月顺利通过北京市质量技术监督局组织的专家评审会,8月18日由北京市质量技术监督局正式发布。

《高速公路边坡绿化设计、施工及养护技术规范》的出台对于裸露坡面的生态恢复及土壤修复有进一步的推动作用,将为我国生态建设的发展提供技术保障,改善整个行业乃至全国的生态环境质量,填补我国裸露坡面的生态恢复理论体系空白。

该规范的制定提高了高速公路边坡植被恢复的施工质量及规范性养护标准,填补了北方地区植被恢复行业的空白,为推动边坡植被恢复科学化、标准化和现代化提供依据,对于规范北京市高速公路边坡绿化工程设计、施工及养护技术,保障公路边坡绿化技术领域的健康有序、科学高效发展具有重要意义,为我国生态文明建设发展提供了技术保障。

六、《北京市废胎胶粉沥青及混合料设计施工技术指南》

橡胶沥青是一种新型的路面材料,用于沥青路面可改善路面使用功能,延长使用寿命,减轻废轮胎带来的环境压力,符合我国当前建设节约型社会和发展循环经济的政策。北京市交通委员会立项开展了"废胎胶粉改性沥青的应用研究"课题的研究,在北京市铺筑了试验路,取得了成功的应用经验。为了推动橡胶沥青的应用,现编制"北京市废胎胶粉沥青及混合料设计施工技术指南",供北京市使用者参考。

本指南的主要内容包括:橡胶粉、沥青和橡胶沥青的材料要求;橡胶(粉)沥青混合料的配合比设计方法;橡胶(粉)沥青混合料和橡胶沥青防水黏结层的施工工艺技术要求;橡胶(粉)沥青混凝土的施工质量管理和验收等。

本指南参考国外相关的路用橡胶粉、橡胶沥青的技术标准、规范和我国的国标及橡胶工业的相关标准制定。在橡胶粉、橡胶沥青的技术标准和橡胶（粉）沥青混合料的配合比设计、橡胶沥青用量等方面充分考虑我国的特点,在大量试验路经验和研究资料汇总的基础上编制,可供有关单位使用。在使用过程中,未尽事宜可参考公路、城市道路和化工部门颁布的现行的有关技术规范或标准执行。

第二节 主 要 专 著

专著是总结北京市高速公路建设、运营管理经验和科技创新成果的重要形式。在30多年的发展过程中,北京市交通行业,特别是高速公路系统形成了近40部主要专著(见本书"附表"部分的表7-3-2)。其中,包括以《京津塘高速公路建设丛书》(共4册)为代表的建设方面的相关专著,以《高速公路运营管理手册》(共9册)为代表的运营管理方面的相关专著,以及部分体现高速公路重大活动服务保障工作的《北京奥运交通丛书》(共5本)。从这些专著中,我们可以读出北京市高速公路发展的脉络。

一、《京津塘高速公路建设丛书》

该丛书是由《京津塘高速公路建设丛书》编审委员会主编,由陕西科学技术出版社出版,丛书共包括四册：《京津塘高速公路工程监理》《京津塘高速公路论文集》《京津塘高速公路工程施工》《京津塘高速公路项目准备》,涵盖高速公路项目准备、施工、监理及关键技术、科研课题等方面,系统总结了我国高速公路建设初期的成果和经验。其中,《京津塘高速公路工程监理》分监理组织与职责、技术管理概论、路面工程的现场监理、工程质量缺陷处理等21章,系统介绍了我国高速公路初次引入监理制度的执行情况;《京津塘高速公路工程施工》分概述、路基工程、桥梁工程、顶进地道桥和U形钢筋混凝土结构引道工程、路面工程、施工管理等章节,系统总结了"菲迪克"条款下,高速公路施工及管理的情况;《京津塘高速公路项目准备》则共分6章24个附件,涵盖了技术准备、初步设计、施工图设计、招标文件编制的全过程。

二、《高速公路运营管理手册》

该书是由首发集团公司组织、编制的关于高速公路运营管理的丛书,作为科学性、实用性、通俗性兼具的指导书,既对运营管理工作起到指导作用,又为相关管理人员提供了更为精细化、标准化、规范化的管理流程,对北京市高速公司运营管理工作规范化、系统化起到了积极的指导作用。《高速公路运营管理手册》共分9个篇章,包括基础篇、法规篇、服务区篇、收费篇、桥涵篇、隧道篇、路产篇、绿化篇和养护篇。

第三节 主要发明专利

发明专利是体现科技创新成果和水平的重要方面,北京市高速公路相关的企业、科技工作者集合高速公路建设、运营的研发创新实践,形成了大批发明专利(详见本书"附表"部分的表 7-3-3,详细信息在中国知识产权局网站查询)。

第四节 主要工法

一、SPMT 工法

(一)完成单位

北京市政路桥养护集团等。

(二)工法背景

SPMT(Self-Propelled Module Transporters 的缩写,即千吨级驮运架一体机工法)工法,是近年来国内外研发应用的一种桥梁快速施工新技术。2011 年,北京市政路桥养护集团自主创新研发的 SPMT 工法成功应用于北京市昌平区西关环岛桥梁改造工程,开创了这一具有国际先进水平的工法在我国自主研发及应用的先河,创造性地颠覆了桥梁改造的传统模式,以仅间断断行 112h 的完美成绩,实现了高速公路非全天断行施工的突破,大大减少了桥梁改造的占道时间,最大限度地降低了对社会交通的影响。

(三)基本情况

根据专业检测机构近年来对该立交桥 1、2、11 号桥结构的病害检测结果,确认该桥梁已经存在严重的安全隐患,评定为四类桥(危桥),需进行改造,北京市交通委员会路政局决定对这 1、2、11 号桥进行改造施工。

西关环岛立交桥为京北的重要交通枢纽,北京市领导对西关环岛桥梁改造工程十分关注,要求管理、设计及施工各方开阔思路,力争工程设计施工达到国内领先水平,充分体现北京市桥梁改造技术水平。考虑到传统改造施工将对京藏高速公路的交通产生较大影响,经过缜密的方案论证,北京市交通委员会路政局确定北京市政路桥养护集团将自主研发的具有国际先进水平的 SPMT 工法应用于西关环岛桥梁改造工程,以最大限度地提高工效、缩短工期,减小对京藏高速公路交通的干扰和影响。

西关环岛桥梁改造工程项目首次应用SPMT工法,其技术、社会意义重大,影响深远。项目实现了技术的集成、创新和提高,研发了千吨级驮运架一体机,配套研发了分离自行式900t提梁机、三维液压桥梁定位系统,采用绳锯切割、同步顶升技术进行辅助施工,丰富并拓展了国外工法的应用;在低温环境下成功完成了环氧沥青施工,突破了环氧沥青施工的温度禁区;提高了整体工程质量,降低了桥梁生命周期内的维护费用;项目大大降低了工程对交通的影响,降低了对环境的破坏程度,大大提高了社会效益。

(四)应用推广

SPMT工法既可用于危旧桥梁改造快速施工,也可用于各类新建桥梁的整体快速架设施工,未来的应用前景极为广阔,在我国市政及公路桥梁建设、养护工程行业具有巨大的推广价值。

二、橡胶沥青混凝土施工工法

(一)完成单位

北京市公路桥梁建设集团有限公司、北京市政路桥建材集团有限公司、交通部公路科学研究院。

(二)工法背景

我国的气候环境复杂,重载交通显著,橡胶沥青混凝土能够改善沥青路面承受重交通的能力;橡胶粉沥青混凝土在降低路面噪声,延缓反射裂缝,减薄沥青路面厚度,抵抗重交通和不良气候方面都有明显的优势。对于公路建设来说,还可以节约建设投资,对我国当前在有限的财力和物力下修建出优质沥青路面来说是一种很好的可选方案,具有良好的应用前景。为了响应国家建设"资源节约型、环境友好型"社会的号召,2007年,交通部开展了"材料节约和资源循环利用"专项行动计划,将在公路工程中应用废胎胶粉作为主要的推广项目之一。

本项目是在北京市公路桥梁建设集团有限公司、交通部公路科学研究院、北京市政路桥建材集团有限公司多年研究成果和工程实践的基础上完成的,项目成果在北京市展西路和机场南线高速公路项目上进行了应用。本项目获得了2008年度交通部公路工程工法。

(三)基本情况

本项目研究了橡胶粉在沥青混凝土中的作用机理,并针对橡胶粉在沥青混合料中的作用特点,提出橡胶沥青混合料的级配设计方法、橡胶沥青混合料的配合比设计方法和设计标准,最后充分考虑橡胶粉的在沥青混合料中对混合料施工工艺的影响,提出了橡胶沥青混合料的拌和工艺、运输工艺、摊铺工艺和碾压工艺。2008年5月在北京市展西路施工中为了降低噪声,建设单位和设计单位采取了相应的技术措施,此次降噪路面采用的是双层橡胶沥青路而,上、下面层分别用橡胶沥青混合料ARAC-13、ARAC-16。2008年4月应用于机场南线高速公路,为提高沥青路面的使用性能,降低路面行车噪声,机场南线高速公路沥青路面表面层采用橡胶沥青玛蹄脂碎石混合料。两个工程经过验收均符合规范及验收标准的要求。本项目获得了2008年度北京市工程建设工法。

橡胶沥青混凝土工艺是将橡胶粉用于沥青混凝土中,主要有干拌工艺和湿拌工艺。干拌工艺是将废胎胶粉与沥青、矿料一起投放到拌和楼里拌和,生产橡胶沥青混合料的生产方法。湿拌工艺是先将废胎胶粉和沥青加工形成橡胶沥青后,再与矿料拌和生产橡胶沥青混合料的生产方法。本项目针对橡胶粉在沥青混合料中的作用特点,提出橡胶沥青混合料的级配设计方法及橡胶沥青混合料的配合比设计方法和设计标准,最后充分考虑橡胶粉的在沥青混合料中对混合料施工工艺的影响,提出了橡胶沥青混合料的拌和工艺、运输工艺、摊铺工艺和碾压工艺。该成果可用于橡胶粉在道路工程中应用的技术指导。

废胎胶粉在沥青混合料中的应用,有利于减少废轮胎对环境污染,促进可循环资源的再生利用,同时,有利于改善沥青路面的使用性能、节约建设、养护成本。橡胶沥青混凝土用于道路工程,能够改善沥青的高低温性能、抗老化性能、抗疲劳性能,起到减薄路面、延长路面使用寿命、延缓反射裂缝、减轻行车噪声、使路面具有优良的冬季柔性等性能。

(四)应用推广

本项目分别应用于北京市展西路道路工程、机场南线(京承高速公路—东六环路)高速公路工程和顺义区右堤路工程。

通过以上工程验证,将橡胶粉掺入沥青后生产的橡胶沥青能够显著改善沥青的抗高温、抗低温和抗老化性能。研究表明,橡胶沥青用于路面工程能够改善沥青路面承受重交通的能力和抗高温车辙能力,显著降低沥青路面的行车噪声。橡胶沥青用于应力吸收层中能够减少路面裂缝的产生,改善层间黏结和结构防水,从而显著提高路面使用寿命。而且废旧轮胎的循环利用符合我国当前建设节约型社会和发展循环经验的策略,因此橡胶沥青在我国道路工程中应用前景良好。

橡胶粉在公路行业中的应用不仅能解决废旧轮胎带来的环保问题,符合我国发展循环经济和建设节约型社会的政策,同时降低行车噪声,具有显著的社会效益,而且能够改善路面的使用性能、延长使用寿命,在道路运营过程中显示了较大的社会经济效益。可以说,废旧轮胎橡胶粉在公路行业的应用是一件利国、利民、利路的好事。

北京市展西路道路工程南起车公庄大街,由展览路向北经西外南路至高梁桥路,全长约2.5km。降噪路面采用的是双层橡胶沥青路面,上、下面层所用橡胶沥青混合料为ARAC-13、ARAC-160。该工程共使用橡胶沥青1.62万t,使用厂办橡胶沥青的单价为4400元/t。

右堤路位于北京市顺义区潮白河西岸,全长12km,属城市次干路,设计速度40km,路基宽29~36m。为提高沥青路面的使用性能,降低路面行车噪声,沥青路面表面层采用AC-13型橡胶沥青混凝土。该工程共使用橡胶沥青1.89万t,使用厂办橡胶沥青的单价为4400元/t。

机场南线(京承高速公路—东六环路)高速公路工程西起京承高速公路黄港立交,东至东六环路,主路全长18.2km,按高速公路标准建设。该工程共使用橡胶沥青4.73万t,使用厂办橡胶沥青的单价4400元/t。

三、橡胶沥青加工工法

(一)完成单位

北京市公路桥梁建设集团有限公司、北京市政路桥建材集团有限公司、交通部公路科学研究院。

(二)工法背景

废胎胶粉在沥青混合料中的应用,有利于减少废轮胎对环境污染,促进可循环资源的再生利用,同时,有利于改善沥青路面的使用性能、节约建设、养护成本。橡胶沥青混凝土用于道路工程,能够改善沥青的高低温性能、抗老化性能、抗疲劳性能、减薄路面、延长路面使用寿命、延缓反射裂缝、降低行车噪声等作用。为了响应国家建设"资源节约型、环境友好型"社会的号召,2007年,交通部开展了"材料节约和资源循环利用"专项行动计划,将在公路工程中应用废胎胶粉作为主要的推广项目之一。本项目是对交通部公路科学研究所、北京市公路桥梁建设集团有限公司、北京市政路桥建材集团有限公司等单位多年研究成果和工程经验的总结。

(三)基本情况

本项目于2007年7月应用于北京市顺义区潮白河西岸右堤路,为提高沥青路面的使用性能,降低路面行车噪声,沥青路面采用AC-13型橡胶沥青混凝土。本项目于2008年4月应用于机场南线高速公路,为提高沥青路面的使用性能,降低路面行车噪声,机场南线高速公路沥青路面表面层采用橡胶沥青玛蹄脂碎石混合料,通过验收,符合设计、规范及相关验收标准的要求。成果获得2008年度交通部公路工程工法。

本项目在参考国外同类研究成果的基础上,针对我国的橡胶粉生产状况、基质沥青和橡胶沥青的应用状况开展的。其采用的橡胶粉技术要求、基质沥青的技术性能要求和提出的橡胶沥青指标都是针对我国交通环境和我国的工艺状况提出的,其加工工序和工艺特点、储存等方面的要求,也是充分考虑我国当前施工的水平和拌和楼的状况提出的,并充分结合了近些年国内外的研究状况,对某些工艺参数进行了优化。

本项目提出了加工橡胶沥青使用的原材料的技术要求,包括基质沥青的技术要求、路用橡胶粉的技术要求,并在多年研究成果积累的基础上,提出了橡胶沥青配方设计方法以及成品橡胶沥青应达到的技术标准。根据橡胶粉与沥青的作用特点,该成果介绍了橡胶沥青加工过程中配方设计、工序流程、反应温度、搅拌方式、存储和现场检测方式。

橡胶沥青是将废胎胶粉与沥青(有的掺加一定比例的添加剂)按一定比例加工而得到的满足相关技术指标要求的产物,其中废胎胶粉的掺量不小于15%(内掺)或17.6%(外掺)。该成果提出了加工橡胶沥青使用的原材料的技术要求,包括基质沥青的技术要求、路用橡胶粉的技术要求,并在多年研究成果积累的基础上,提出了橡胶沥青配方设计方法以及成品橡胶沥青应达到的技术标准。本项目可用于橡胶沥青加工和生产的技术指导,包括橡胶沥青加工过程中配方设计、工序流程、反应温度、搅拌方式、存储和现场检测方式。

(四)应用推广

机场南线(京承高速公路—东六环路)高速公路工程西起京承高速公路黄港立交,东至东六环路,主路全长18.2km,按高速公路标准建设。为提高沥青路面的使用性能,降低路面行车噪声,机场南线高速公路沥青路面表面层采用的是橡胶沥青玛蹄脂碎石混合料,集料的最大公称粒径为13mm,厚度为4cm。该工程使用厂办橡胶沥青的直接经济效益为84.21万元。

从材料成本角度分析。由于橡胶沥青的加工主要采用搅拌方式,比一般SBS改性沥青的加工方式简单,同时橡胶沥青加工过程中对反应温度和时间要求比较严格,因此可以认为橡胶沥青与以SBS为代表的改性沥青相比,加工成本基本相当。从橡胶沥青与SBS改性沥青材料成本对比看出,每吨橡胶沥青的材料成本比SBS(50% SBS掺量)改性沥青平均降低19.2%~22.2%,具有明显的经济效益。

橡胶沥青在公路行业中的应用不仅解决废旧轮胎带来的环保问题,符合我国发展循环经济和建设节约型社会的政策,而且改善沥青弹性性能、拓宽沥青的温度域,能够改善路面性能、延长使用寿命,在道路运营过程中显示了较大的社会经济效益。

四、热洒布式改性沥青(橡胶沥青)防水黏结层施工工法

(一)完成单位

北京市公路桥梁建设集团有限公司、北京市政路桥建材集团有限公司、交通部公路科学研究院。

(二)工法背景

改性沥青防水黏结层的主要作用是封闭表面细小裂缝,阻止水侵入路面进而损坏基层与路基。橡胶沥青防水黏结层于20世纪60年代中期开始使用,以其优良的使用性能被美国、南非及澳大利亚等国家广泛用于道路表面性能恢复、应力吸收层、路面及桥面防水等工程。

20世纪80年代末,改性沥青应力吸收层的应用技术被引入我国,先后在广东惠州试验路(1986),正定试验路(1988)使用。目前改性沥青防水黏结层作为应力吸收层、防水黏结层广泛用于沥青路面新建与改建、沥青混凝土桥面铺装、水泥混凝土路面沥青加铺等工程。本项目是充分总结国内外多年的研究和应用成果,参考国外的碎石封层的设计机理,并充分考虑我国的高等级公路建设中遇到的早期损坏(水损坏)和反射裂缝等的问题,针对我国公路建设的需要进行设计并总结出来的施工经验,可以广泛用于我国路面建设中的功能层的设计和施工指导。

(三)基本情况

本项目提出的各种材料要求、施工工序安排和施工工艺要求、施工设备的技术要求等都充分考虑了我国当前施工管理水平和相关的施工硬件设施状况,适用于我国的热洒布式防水黏结层的施工。

该工法的主要工艺流程是在对下承层进行清洁、干燥后,通过洒铺一层不同功能的沥青起到层间黏结、应力吸收或结构防水的目的。然后撒布碎石提供对沥青的保护,也给行驶车辆提供行驶平台。根据沥青的洒布量确定碎石粒径,以保证碾压后碎石嵌入沥青深度达50%~70%,同时不能铺满碎石,以免形成软弱夹层。最后根据结构设计需要铺设上层结构。本工法对改性沥青和橡胶沥青防水黏结层的原材料要求、下承层的处理、沥青洒布的施工(洒布量和洒布工艺)、碎石撒布(撒布量和撒布工艺)以及碾压、成型等环节的关键技术和施工工法进行了描述,可用于当前道路建设的防水黏结层的施工技术指导。

该工法的应用大大推迟了沥青路面早期病害的出现,提高了沥青路面的使用期限,降低了桥梁路面的养护费用。同时提高了路面的通行质量和行车的舒适性,提高了车辆通

过量,缓解了交通的通行压力,产生了一定的社会效益。

(四)应用推广

2008年5月施工的京新高速公路京密引水渠桥、西山口分离式立交桥、南涧路互通式立交主线桥、虎峪沟1号桥等桥面防水采用的是热洒布式改性沥青防水黏结层。2007年9月施工的机场南线高速公路,公路桥面防水采用的是热洒布式改性沥青(橡胶沥青)防水黏结层。两个工程经过验收均符合规范及验收标准的要求。该项目已获得2008年度北京市工程建设工法。

第四章
主要获奖情况

在高速公路建设业主单位、建设施工单位、监理单位的共同努力下,在科技创新的支撑下,北京市高速公路工程项目的建设质量得到了有力保证,70余个工程项目获得国家级、省部级等各级别奖项,为高速公路行业的可持续发展奠定了坚实的基础(见本书"附表"部分的表7-4-1)。其中,获得2个国家优质工程奖银质奖、1个国家优质工程设计金奖、2个鲁班奖、2个詹天佑土木工程大奖、5个交通部优质工程一等奖、若干北京市优质工程奖,特别是G4京港澳高速公路北京段永定河大桥工程获得国家优质工程奖银质奖;京石一期、二期、三期,首都机场高速公路、京津塘高速公路获得全国公路工程优质工程一等奖;京石项目四期获得交通部优质工程奖;G2京沪高速公路北京段(京津塘高速公路)获得"改革开放以来'全国十大公路工程'""改革开放以来对国内外有重大影响的'全国最佳工程设计特等奖'""建国60周年公路交通勘察设计经典工程"等荣誉奖项;五环路获得第六届詹天佑土木工程大奖、2005年度国家优质工程奖银质奖、"国家优质工程奖30周年经典(精品)工程";G6京藏高速公路北京段潭峪沟隧道获得鲁班奖,G6京藏高速公路北京段(八达岭高速公路)二期工程获得詹天佑土木工程大奖。这些优质工程成为各阶段北京市高速公路建设成就以及科技创新与成果应用的典型代表。

Record of Expressway Construction in
Beijing
北 京 高 速 公 路 建 设 实 录

第八篇
高速公路文化建设

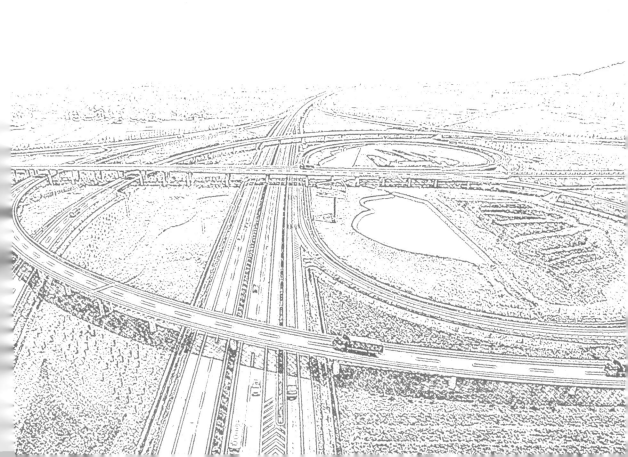

篇 首 语

　　文化建设是高速公路行业发展的重要内容和重要保证,在推动高速公路快速发展、高效发展、安全发展、绿色发展中具有不可替代的重要作用。长期以来,北京市交通行业在抓好物质文明建设的同时,结合交通行业的自身特点,始终把文化建设放在突出位置,精神文明方面坚持两手抓、两手硬,双文明建设取得了丰硕成果。

　　改革开放以来,作为公路行业工作的重要组成部分,北京市高速公路行业的文化建设工作一直与北京市公路行业整体的创建紧密结合。在秉承公路行业文化建设优秀成果、优良传统的同时,北京市高速公路行业不断探索行业自身文化建设的路子,广泛深入地开展了群众性的精神文明创建活动,把行业文化建设不断推向前进,为北京市高速公路事业的快速健康发展打下了坚实的思想基础、文化基础。

　　到21世纪初,北京市高速公路实现市场化快速发展后,特别是"十一五"期间,高速公路迅速连线成网、形成巨大的规模效益后,高速公路行业文化建设也逐步呈现出自身的特色。特别是"十一五"末期和"十二五"期间,在文化建设过程中,北京市高速公路运营管理单位突出了"服务"主题,实事求是,以品牌创建为抓手,取得了突出的成绩。

第一章
高速公路行业精神文明建设

第一节　行业精神文明建设情况

改革开放以来,北京市公路从业者在继承和发扬"铺路石"精神的同时,又在行业的发展过程中,不断注入了"改革创新"的时代精神。1984年,昌平路的修建以及之后京石路的高标准建设,都成为行业开创精神的体现。20世纪80年代中后期,随着高速公路建设实现的不断突破,北京市高速公路建设开始逐步提速,带动了整个公路行业,乃至市政道路的技术革新和理念更新,为综合交通运输体系和社会出行开启了一种全新的形式。到20世纪90年代特别是进入21世纪以来,北京市高速公路建设取得了跨越式的发展,迅速成网的高速公路,使行业的发展理念、运输体系的综合发展以及社会出行形态发生巨大改变,这些,都深刻地影响着公路行业、综合交通运输体系以及社会出行等各方面。

北京市高速公路建设发展成就是有目共睹的,这些成就的取得离不开行业精神文明建设以及在整个发展过程中不断发展的行业文化。

北京市高速公路发展的历史不长,但是30多年来,北京市高速公路行业精神文明和文化建设的成果已成为北京市交通行业,乃至整个北京市精神文明建设和文化建设领域的杰出代表。高速公路作为公路行业发展最快、技术最先进、服务手段最全面的典型,代表着北京市公路行业最先进的生产力水平,也代表着公路行业服务经济发展和社会公众出行的最高水平。北京市高速公路行业的精神文明创建和行业文化建设的水平,成为社会公众和媒体关注的焦点,也成为公路全行业管理水平、服务水平的代表。

北京市高速公路发展初期,行业发展植根于公路行业,精神文明建设方面也处于萌芽状态,主要以贯彻中央、北京市以及全国交通行业、北京市交通行业精神文明建设的部署为主。行业先后在推进建设"四有"职工队伍(有理想、有道德、有文化、有纪律)、"创争"活动(创建文明单位、争当文明职工)、"两学一树"活动(学雷锋、学严力宾、树行业新风)、"三学"活动(学包起帆、学华铜海、学青岛港)、"三学一创"活动(学包起帆、学"华铜海"轮、学青岛港,创建文明行业)等活动方面,取得了优异的成绩。

"八五"期间,全国城乡的公路客货运输快速发展,结合文明创建和行业纠风工作,交通部提出公路交通行业的工作重点是:抓好"窗口"行业和有关单位的精神文明建设。这一时期,随着京石、京津塘、首都机场等高速公路的相继通车,这对行业服务水平提出了更高的要求。这一时期,随着高速公路客运的兴起,结合行业"窗口"建设和精神文明建设,北京市公路行业文明创建和品牌建设取得了多项成果。

进入"九五"时期,北京市交通行业积极落实1996年交通部提出的"用10～15年时间将全国交通行业建成文明行业"和北京市委、市政府提出的建设"文明城市"等一系列工作安排,通过制定《创建文明行业"九五"规划》和《文明行业标准》等发展规划、文件,并在建立和完善精神文明建设运行机制上下功夫,建立健全了"四个体系",即组织领导体系、目标标准体系、考核验收体系、社会监督体系,从而使精神文明建设逐步走上任务工程化、目标程序化、管理科学化的轨道,把精神文明建设落到了实处。

北京市交通系统提出要以高速公路创建文明行业为龙头,以规范化服务达标为基础,以争创文明单位为载体,组织动员广大干部职工,将行业逐步建成奉献社会、服务人民的文明行业。经过首都精神文明建设委员会组织的考核验收,北京市的5条高速公路——首都机场高速公路、京津塘高速公路、八达岭高速公路、京石高速公路、京哈高速公路被首都精神文明建设委员会命名为全市首批6个创建文明行业规范化服务达标行业之一。

在此基础上,北京市高速公路管理部门着手探索符合行业特点、发挥形势的精神文明建设模式。在高速公路服务方面,首次把服务的意识和理念引入高速公路管理。即高速公路管理的最终目的就是为使用者做出最好的、全面的、高水平的服务,一切要为用户着想。为此,各窗口单位都提出了对社会公开承诺的服务条款,自觉地为社会提供优质服务,并建立了考核奖励办法。为了兑现各项服务承诺,最关键的是每个人的思想素质和业务技术素质的提高,"以人为本"的理念渐渐成为北京高速公路人的共识。首先,全体职工的工作思路放在为过往车辆和人的服务上,进行换位思考。收费人员的微笑服务、大型指路图板、免费电话和茶水、路政救援及时到位、加油站主动服务等都受到了过路人的好评。其次,全面提高全体人员的素质,建设一支思想好、能吃苦、业务能力强、掌握现代化管理技能的管理队伍。下功夫提高文化水平,加强技术业务练兵,学习英语对话,学习使用计算机,开发计算机办公系统和道路桥梁管理系统,这一切在当时都走在了前面。加强政治教育,全体人员每年军训一次,以加强组织纪律性。开展各项文体活动,寓教于乐,绿化美化环境,加强精神文明建设,这一切都收到了很好的效果,逐步形成了积极奉献、乐于进取、亲情友爱、团结互助、争创一流的"高速精神",为能够作为"高速人"而感到自豪。

进入21世纪之后,随着北京市高速公路发展的市场化、企业化的不断推进,北京市高速公路发展迎来巨大跨越,行业精神文明也取得了新的发展。在交通行业主管部门的指导下,高速公路企业通过积极推进"三学四建一创"活动(学包起帆、学"华铜海"轮、学青岛港,建设"交通基础设施优质廉政工程"、建设"交通行政执法素质形象工程"、建设"交通运输通道文明畅通工程"、建设"交通运输企业安全效益工程",创建文明行业)的开展,强化"学树创"活动(学先进、树新风、创一流)、"学树建创"活动(学先进、树新风、建体系、创一流)以及"创先争优"活动的效果,提升了行业精神文明建设水平,赢得了社会的肯定和赞扬。

"十五"期间,北京市高速公路管理部门和企业结合行业精神文明建设工作,结合自身路段的实际和特点,开展了丰富多彩"窗口"建设和精神文明创建活动。期间,结合向"公路建设者的楷模"——曹广辉同志学习、"首都文明服务示范窗口"和"首都文明服务明星"评选、"迎奥运、讲文明、树新风、促发展""平安奥运志愿服务行动""深化'品牌服务'"等活动,北京市高速公路行业的服务品牌建设初具效应,同时企业文化建设也进入全新阶段。

"十一五"以来,北京市高速公路行业以创树优质文明品牌为高速公路精神文明建设的主题,通过加强职工队伍思想建设、强化一流服务品牌意识、推树先进典型、开展多种服务活动等形式,使文明服务深入人心,取得了重要进展与显著成效,全行业文明程度持续提升,公共服务能力和水平显著提高,行业凝聚力和影响力明显增强,实现了精神文明建设的阶段性目标,并涌现出了一大批爱岗敬业、勇于创新、品格高尚、业绩突出的先进模范人物和模范集体。

以北京奥运会交通保障工作为代表,北京市高速公路行业以热情、周到、细致、安全、快捷的服务给各界朋友留下了深刻的印象,"秋子服务""劳模岗亭""党员志愿者"等一系列服务品牌被人们深知熟记,共同诠释了北京高速公路行业精神文明建设的内涵。获得了众多市级以上荣誉称号:"全国青年文明号""交通运输行业文化品牌""首都文明单位""首都文明单位标兵""为人民服务,树行业新风"示范窗口、"首都文明行业示范单位""青年志愿者杰出集体""文明收费站""青年文明号"等,这些荣誉标志着北京市高速公路行业在精神文明建设方面取得的巨大成就。

"十二五"期间,北京市高速公路系统在精神文明创建活动中脱颖而出,特别在提升服务水平方面,成为公路全行业的代表,取得了突出的成绩。2015年4月14日,交通运输部发布《关于公布交通运输文化品牌名单的通知》,公布了交通运输十大品牌以及获得提名的18个品牌单位,其中北京市首都公路发展集团有限公司高速公路行业的品牌——"适需服务畅行高速"榜上有名。

北京市高速公路系统十分重视职工的思想建设和综合素质的提升,而这正是行业精神文明建设的主要内容。行业通过不断加大对员工礼仪、行为规范、业务技能、思想道德的培训,使员工普遍形成了以服务促效益,树立良好高路形象从自身做起的思想,为促进文明服务的开展提供了思想保障。通过在员工中推出先进典型的方式,极大地促进了员工积极参与和服务的自觉性。例如,首发集团京沈路分公司在市委打造"北京服务"品牌的号召下,打造了"首发品牌",推出"秋子服务"品牌工程,实施劳模岗亭"三步走"战略,通过设立"劳模岗亭",进行岗位交流、经验学习,建立系列特色服务岗亭,总结提炼《秋子服务》手册》,编制"秋子服务"系列教材,组建了一支以北京市劳动模范方秋子为核心的"秋子团队",使"秋子服务"理念渗透到服务工作中,扩大和释放先进典型的模范效应,努力打造具有特色的"秋子服务"品牌。如今,"秋子服务"品牌得到了社会及媒体的充分肯定,为广大驾乘人员提供了畅通、安全、舒适、美观的优质服务。

为营造"劳动光荣、知识崇高、人才宝贵、创造伟大"的良好氛围,首发集团公司通过在网站开设"向劳模致敬"版块,集中展示该公司全国劳模、省部级劳模和模范集体的事迹风采。在精神文明创建中还以抓好、抓实载体活动的开展为突破口。首发集团所属各单位根据首发集团公司的总体部署和安排,先后开展了评选文明单位、先进班组、先进工作者、岗位标兵和先进基层党组织、优秀党员等活动,利用"党员志愿者""党员先锋岗""党员巡视车""文明就在我身边""文明建设从我做起"等一系列行之有效的活动载体掀起了争先创优的热潮,同时也引导员工对照先进找差距,营造出学习先进、赶超先进的良好氛围,帮助员工克服枯燥工作中的浮躁情绪,更好地服务人民、服务社会。

华北高速通过建设"善行正道"的企业文化,将培育职工正能量作为企业精神文明建设的主旋律,制订了"工作业绩好""服务作风好""团队精神好""遵章守纪好""安全生产好"的"五好班组创建"目标,激发了广大员工的积极性和创造性,为公司的发展奠定了坚实的保障。在此基础上,华北高速通过选树先进典型,积极倡导华北高速人的价值观和行为规范,围绕创建"文明窗口""青年文明号",争当"青年岗位能手"等活动载体,精神文明建设取得了优秀的成绩。

总体而言,北京市高速公路行业精神文明建设工作具有四个方面的经验值得肯定:一是领导重视。做到了体系健全,责任明确。二是教育深入。通过各项有特色的活动,把员工凝聚在行业发展周围。三是载体丰富。既有传统的载体,也有结合实际创新的载体,生动活泼,有实效。四是效益明显。通过创建活动开展,实现了社会效益和企业经济效益的丰收,得到了上级部门、主管部门、人民群众的认可(部分集体和个人荣誉见本书"附表"部分的表8-1-1、表8-1-2)。

随着北京市高速公路系统各种精神文明载体活动的不断开展,系统内员工在工作中始终保持良好的精神状态,以优质文明的服务打造了良好的北京高速公路形象。

第二节　高速公路服务品牌建设

改革开放以来，人民生活水平不断提高，尤其是北京处于国家政治文化中心和国际化大都市的特殊地位，人民生活服务需求的范围更广、标准更高、需求更多。高速公路建设快速发展，为百姓日常出行提供了极大便利，但是近年来，机动车保有量迅猛增长，使部分高速公路陷入承载能力饱和状态，交通拥堵成了城市顽疾。随着拥堵的不断加剧，百姓对享受高水平通行服务的需求更加迫切。为了满足社会公众对高速公路多层次、全方位的服务需求，北京市高速公路行业通过打造服务品牌为核心的文化品牌，作为推动首都高速公路行业发展，促进首都社会发展的重要抓手。其中，以首发集团的"适需服务，畅行高速"的文化品牌表现最为突出。

2015年4月27日，在交通运输部召开的"交通运输行业精神文明建设暨新闻宣传工作会议"上，"适需服务，畅行高速"文化品牌获得"交通运输文化品牌"称号。

"适需服务，畅行高速"文化品牌是一种服务理念、一种价值取向，阐释的是企业与员工、车户与社会之间的密切关系。服务的主体是万余名首发员工；服务的对象是广大车户；服务的措施就是为车户提供力所能及的帮助，"群众所需即我所想"；服务的目的就是保证北京高速公路"畅行无阻，畅行无忧"。"适需服务，畅行高速"文化品牌既立足于履行高速公路快速通行的属性，又着眼于客户的通行需求，体现了以人为本、服务为先，致力于不断满足经济社会和人民群众日益增长的交通运输需求。北京高速公路以热情、周到、细致、安全、快捷的服务给各界朋友留下了深刻的印象，"秋子服务""劳模岗亭""党员志愿者"等一系列服务品牌被人们深知熟记，共同诠释了首发文化品牌的内涵。

一、高速公路客户的"移动秘书"

通过"移动秘书"信息化手段，为"适需服务，畅行高速"文化品牌搭建互通平台。"用声音塑造公司形象、用诚心解客户之忧"是"96011"的承诺。"用专业打造服务品牌、用行动展现高水平服务"是"96011"的目标。从2012年开始，高速公路24小时服务热线正式开通，采取人工服务与自动声讯服务相结合的方式，通过电话、传真、短信平台、电子邮件等形式，为向市民提供高质量、高效率的高速公路信息服务，接受求助、咨询、投诉。2014年，首发集团正式开通微信公众平台，服务号名称："北京首发集团"。微信服务平台向所有公众微信车户提供便捷高效的高速公路信息服务。通过微信关注"北京首发集团"，轻敲对应按键或发送关键字，即可十分便捷地获取实时路况、施工、气象、电子不停车收费业务等各类高速公路信息服务。微信平台与服务热线"96011"相辅相成，实时发布高速公路动态信息,增强高速公路信息联动,提升高速公路出行公众信息服务体验。

二、快速便捷的"速通天下"

电子不停车收费系统(Electronic Toll Collection,简称ETC)的成功研发和广泛使用,大幅提高了通行效率,真正实现了"适需服务,畅行高速"文化品牌的根本目的。北京市高速公路系统积极推广电子不停车收费系统,实现了ETC系统收费站点的全覆盖。ETC系统有效地实现了数据集中共享,进一步提升了高速公路运营信息化水平和服务能力。

三、高速公路的"安全卫士"

在北京高速公路上遇到困难,拨打"96011"服务热线,安畅分公司"党员巡视车"会第一时间赶到现场提供力所能及的帮助。这是对"适需服务,畅行高速"文化品牌内涵的最有力诠释。长期以来,他们始终肩负着"保护路产、维护路权、文明服务、安全畅通"的神圣职责,坚持"尊重客户要真心,文明服务要热心,助人为乐要诚心,排忧解难要细心,化解矛盾要耐心"的"五心"标准,主动向社会公开"您的满意是我们追求的永恒目标,您的意见是我们改进工作的方向,您的需要是我们义不容辞的责任"的服务承诺。通过文化品牌创建活动,使优秀文化品牌扎根于基层,成为有力推动首都路产管理、树立窗口服务形象的一项创新实践。

四、温馨美好的"秋子服务"

首发京沈分公司在"适需服务、畅行高速"文化品牌的引领下,以服务社会为出发点,以树立北京高速公路行业形象为目标,努力使企业文化建设富有实效、落地生根,经过不懈努力,塑造了"秋子服务"品牌。

京沈分公司将"干负责任的事业,做负责任的人"的企业精神融入运营工作中,将企业文化内容融入"秋子服务"品牌建设里,总结提出了"打造首都高速公路服务品牌,突显首都高速公路大窗口作用,从单一的收费管理向品牌经营转变,从被动服务向主动服务转变"的指导思想,制定了《"秋子服务"品牌建设实施纲要》,同时推出了"三步走"战略,即第一步:设立"劳模岗亭",引导全员崇尚劳模,学赶先进;第二步:完善体制机制,开展岗位学习实践,培养骨干队伍,建立"秋子团队";第三步:打造"秋子服务"品牌,设立"秋子服务示范岗""秋子服务示范班""秋子服务"示范站,最终实现品牌化战略目标。

为进一步推广"秋子服务"品牌建设,京沈分公司在现有品牌建设的基础上进行了全面的拓展,2008年2月,将岗山收费站打造成为"秋子服务示范站"。通过示范站的设立,进一步扩大品牌的受众面,增强品牌的社会影响力,为快速、舒适、和谐的高速公路高水平服务树立标杆。

五、人性化的"精品驿站"

服务区作为高速公路的重要附属设施,承担着重要的社会服务功能,是体现"适需服务,畅行高速"文化品牌的最直接环节。首发集团始终以"为顾客提供功能完善、设施齐全、环境整洁、商品丰富、质量上乘、服务细致的休息和消费环境"为目标,不断提升服务区服务能力和服务水平,努力打造"精品服务区",强化企业品牌建设。

结合各服务区实际情况和顾客需求,对服务区进行改扩建,使服务区面貌焕然一新,实现了标识、外观、定价、管理和服务标准的"五统一"。通过加装自助路况查询机、手机自助充电终端、增加LED电子显示屏、覆盖WIFI无线网络等,加大服务区现代化建设,逐步完善和扩大服务功能。引进北京知名品牌餐厅制作北京特色小吃,努力传承和传播北京文化,挖掘营销潜力,提升服务质量。为经常往返北京的车户设置休息、消费场所,使枯燥的旅行变成愉快的回忆。在重大节假日和特殊天气期间,服务区工作人员在服务区搭建统一的志愿服务岗,为过往车户提供饮水、指路、药品、修理工具等延伸服务。遇到突发事件时,员工能够充分发挥才智,较好地为顾客解决高速公路上遇到的实际问题,救助突发疾病老人,为没油的汽车送油,帮助忘带钱包的顾客垫付油款等,真正做到了及时服务、贴心服务、温暖服务,赢得了社会口碑,促进了企业发展,彰显了北京高速公路服务区的风采。

六、追求更优更精的"党员养护路段"

首发养护公司将党员养护路段提升为"双示范路",深化党建创新和精细化养护管理,为"适需服务,畅行高速"文化品牌提供保障基础。围绕高速公路养护,确定企业文化实施层级,明确实施主体和责任,扩展全路网范围内15条道路的品牌建设,达到"点、线、面"的有效结合,形成文化管理创新和养护管理一次实质性的同步飞跃,实现精细化养护管理阶梯形发展。安装"党员养护路段"标识,接受社会监督,落实细化管理措施,制定养护"七全"图谱和道路"八无"养护标准,规范作业,提升标准,创建养护服务的文化品牌。设置"党员清扫车"子品牌,组织补坑比赛、设施焊接、机械驾驶、交通导改等技术比武,以月度和年度之星的评比、日常考核与年度考评争夺流动红旗等方式,深化岗位立功,引领员工进步,使养护高水平服务的理念深入人心,转化为实际行动。

结合内部资源整合,加强基层文化建设,新的机制带来新的生机与活力,并通过环境大整治、应对防汛、排水设施升级、中央隔离带硬件改造、集中清理"路面泥饼"等措施,不断加强道路养护的经济和技术管理,提高养护质量,提升养护品牌效应,不断实施养路育人,并以"出人才、出队伍、出成果、出标准、出经验"为表现形式,激发养护人员的工作热情,培养高科技、高技能人才队伍,打造更加畅通、安全、舒适、优美的高速公路行车环境,更好地为社会提供优质服务。

七、旅游热线上的"党员志愿服务队"

按照"适需服务,畅行高速"文化品牌的基本要求,首发八达岭分公司扎实深入开展企业文化建设,坚持以"服务人民、奉献社会"为宗旨,以文明窗口为重点,开展了以"党员志愿服务队"为代表的品牌活动。京藏高速公路是北京北部地区的旅游热线,交通流量大,社会关注度高。分公司党委以"黄金周"疏堵保畅为重点,主动走进周边居民社区、公交车队、景区管理处,征求客户的意见和建议,强化预先服务,完善服务内容。连续9年,坚持在八达岭长城动物园收费站成立党员志愿服务队,免费为过往游客提供饮用水、外用药、针线包、实时路况查询等服务,为游客的出行提供方便。在主线站、重点站区、服务区设立党员志愿服务台,免费发放导流行车图、"黄金周"行车指南CD光盘、便民服务手册等,得到过往客户的好评和赞扬。

针对企事业单位的大型活动、民间结伴自驾游等集体出行活动,推出了"车队快捷通行便民服务"举措。通过提前预交、一次办理后期结账、上门办理、现场办理、AA制集中通行5种方式,避免了客户站口相互等待,实现了站口不停车通行,打破了传统的收费方式,变个体交费为集体交费,现场交费为预约交费,并在北京高速公路中推广应用。针对区域车流量大,社会关注度高等情况,研究实施了"匹配高效复式收费法",通行能力提高了20%。

第三节 各方面先进人物事迹

理想信念始终是每一个人的世界观在奋斗目标上的集中反映,始终是每一个人做事立业的精神支柱和精神动力。在高速公路事业中,一代又一代的建设者们,忠于职守、艰苦创业、勇于进取、乐于奉献,将坚定的理想信念作为自己的精神支柱,默默地坚守着。高速公路建设者们就是以这样深沉的爱路情怀、强烈的责任意识、忘我工作的高尚品格,创造了北京市高速公路史上一个又一个里程碑。

一、筑路大军"兵团司令"——姜善智

谈到北京高速公路的发展史,一个人的名字必定要被提起,那就是姜善智。这位负责北京交通工作长达12年的老局长,成功主持过多项在北京高速公路发展史上具有里程碑意义的工程,可谓北京高速公路发展的见证者。

姜善智,北京市交通运输局原局长、书记,曾被市领导称之为筑路大军的"兵团司令",大名如雷贯耳,他种过地、做过工、当过兵打过仗、炼过钢、干过铁路。1980年市里决定让他去搞交通,从此,他就和北京的公路结了缘,一干就是12年,直到1992年66岁离

职,1994年离休。

他曾是京石路工程常务副总指挥。有一次,他来到工地,对在场的干部说:"何为领导?一是领头,二是疏导。领头就是身先士卒,疏导就是疏通引导。这年头有人说'大团结'最灵,可我说'大团结'有'大团结'的用途,更重要的还是脑袋瓜子。作为领导,要明确你的任务以及任务的标准、关键和完成的时间。"

在姜善智等建设者的辛苦拼搏下,1987年11月,京石路一、二期工程竣工通车,原计划4年建成,实际仅用19个月,这件事对全市人民、对全国交通战线都有很大的震动和鼓舞。这段从六里桥到长辛店的14.4km的京石快速路的通车揭开了我国公路史的新篇章。

我国第一条利用世界银行贷款的京津塘高速公路也是第一次在高速公路项目上执行"菲迪克"条款。由于传统观念的根深蒂固,推行起来简直是困难重重。于是他提出"严格监理热情服务"的口号,大会小会反复强调,发挥着这个问题的辩证法:严格监理是热情服务的核心,严格监理必须以热情服务为出发点。具体来说就是要出题目,做文章。对于外国的先进东西,比如"菲迪克"条款要老老实实地学……

有人说,世界上最伟大也最沉重的进步是从零向一的迈进。

在推行监理制的初期,姜善智曾力主倒掉不合格的30t沥青,面对求情,姜善智斩钉截铁地说:"听监理的!拉走,倒掉。这30t沥青铺在路上带来的损失是无法估计的。"看着30t沥青混凝土被倒在路边的大坑里,几个直接责任者泪水汪汪。

姜善智很动感情地说:"只要监理说得对,我们就要百分之百地执行。不能叫外国人指着我们的鼻子说我们无能。中国的筑路工就是有骨气,我们就是要用'菲迪克'的牙来啃京津塘这块硬骨头,还要啃出中国的特色来。否则我们就会被世行列入黑名单!以后就永远没有资格承接世界上任何一个国家的高速公路工程。"后来,这件事轰动了施工全线,承包人积极推行"菲迪克"条款,京津塘高速公路的工程质量得到外国专家的好评。在世界银行派驻的外国监理撤走之后,通过合同管理,把国际监理模式移植到京石公路三、四期工程,有中国特色的监理制度再一次取得成功。

英国造桥专家埃德·斯隆先生由衷地说:"你们的施工完全达到了国际先进水平。这说明即便没有外国监理,中国照样干得很出色。"

在经历了风风雨雨、酸甜苦辣的12年筑路生涯之后,不负市政府委托,凭借着坚强的意志托出沉甸甸的硕果:昌平路、京石路、京榆路、通黄路、京津塘路、西南三环路、机场高速公路……每条路都有他的足迹,有他的口号,有他的心血,也有他的笑声。

"自我牺牲,主动出击,勇于改革,讲究实效。"这是姜善智总结的京石路精神,他自己也为这种精神身体力行。

二、割不断的路缘——李道辅

路漫漫,常相思;路之情,难分离。这,便是北京市公路局局长李道辅。其人,对名利淡泊如水;其人,对公路一往情深。

屈指算来,他与公路共度了整整33个春秋。有人说,他命中注定要与公路结缘,不然,为何连名字也有个"道"字呢?

北京市公路局现有13800余名职工,李道辅身为局长,带领这万余名筑路大军横刀立马,南征北战,为北京的公路建设事业付出了许多艰辛。

1962年7月,李道辅作为安徽交通学院的首届本科毕业生,出乎意料地被分配到北京市公路管理处(北京市公路局前身),做技术工作。当时,他正赶上修建延庆至白河堡的山区公路,后调入密云县公路管理所,任技术组长,在密云一待就是21年。1978年,李道辅已是技术科科长。当时,全国第一条一级公路——京密路重新上马。工程一开工他便全身心投入进去。1984年李道辅升为密云公路管理所主任。此前从1975年起,由于他工作出色,年年被评为县、市级先进工作者。1984年被授予北京市劳动模范称号。1989年荣获交通部"双文明劳动模范"称号。

1986年10月,李道辅到北京市公路管理处上任,此后被任命为书记兼处长。转眼几年过去了,1991年4月1日北京市公路局成立,他出任第一任局长。家大业大,北京的公路建设事业飞速发展。那时,京石高速公路一、二期开工不久,多少事等着他去做。他很快进入了角色。其实,他早已在角色之中。

修建一条高标准的汽车专用路是李道辅多年的心愿,他每天和同行跑现场,随时掌握工程进度和质量。一年后,我国第一条全封闭、全立交的高速公路终于建成了。交通部领导视察后称之为"中国公路的新起点"。李道辅说:"可别小看这14.04公里的高速公路,原两个多小时才能走完的路现在只用十几分钟。这是我们公路职工的骄傲!"

严谨的工作作风,科学的工作态度是李道辅一贯坚持和提倡的。他常说:"咱是修路的,上为政府分忧,下为百姓解难。职责不能含糊,大局不能动摇。工程建设百年大计,质量第一。"

京石高速公路一、二期进行罩面养护工程时,负责施工的某工程处因拌和料不合格,路面平整度未达标准,监理工程师要求返工,施工单位很不情愿,双方僵持不下。正值李局长巡视到此,施工处的领导要他出面讲情解围。局长问清原委,表态说:"我是局长,但在施工现场要听监理的,严格执行'菲迪克'条款,返工吧"。400多米长,9m宽的路段被铲除重铺。对工程质量隐患,他也毫不放松。在道路隔离带栽种草坪时他亲自检查土壤,用钢钎扎几下,发现不合格的地方就要求重来。

李道辅本人担任过多少工程指挥已数不胜数。包括京张路,京石路一、二期,京榆路,京开路等。进入"八五",又新建扩建了京塘、京石、机场高速公路等高等级公路。他常说,别以为修路的事情简单,其实融合了许多高新科技成分,为此人才是一个关键问题。为了培训人才,他不惜千金,每年拨款四五百万元用于教育。他说:"有现代人才去掌握、管理现代化的先进设备,加之吃苦耐劳的作风,就是企业的实力。"就是靠这种实力,北京市公路局这支队伍事先在国内取得了获世界银行认可的、可以参加国际上任何高等级公路施工、监理的投标资格证书。

修路千难万难,资金是第一难。李道辅是条汉子,牙打掉了往肚里咽,表面还显得很平静。为筹措资金,他十八般武艺都用上,四处化缘,找银行贷、向社会发行债券、引进外贸、盘活固定资产。

1993年,同时进行的京石高速公路和机场高速公路两项重点工程进入关键时刻,资金吃紧,大有搁浅之危。

李道辅翻开京石指挥部的账本,上面只趴着五六万元钱。还不如一个富裕家庭的存款!

十万火急!情急中,他忽然想到了职工。对,发动群众集资,最后一招了。很快市里批准了他的方案。不到一星期共集资5000万元!这5000万元包含着职工置死地而后生的信心和勇气,包含对企业的责任感,也包含着对领导的理解。或许,还包含着对他们局长的怜悯。李道辅望着这5000万元,"心曲千万端,悲来却难说"。

京石路拿走2500万元,机场高速公路拿走2500万元,施工现场又龙腾虎跃起来。

历尽艰苦的拼搏,淋浴了风风雨雨。一项项工程告竣,一项项被评为市、部、国家的优质工程。只有在这时,李道辅才由衷地开怀笑了。只有在这时,职工们才发现他们的局长也居然会笑,还会饱含感情,用他那浑厚的男中音唱上一段:"悠悠岁月,欲说当年好困惑"。

(摘编自《中国公路》1995年第4期,作者:顾希波　张云栋)

三、全国勘察设计大师——沈小克

沈小克,北京市勘察设计研究院董事长兼院长,全国勘察设计大师。他爱岗敬业,有创新的工作思路,做事计划性强、效率高、讲质量,在每个岗位上都做出了突出的业绩。当工程项目主持人,负责严谨,主持的每项工程都很有特色;给总工当助手,踏踏实实,协助完成长篇技术专著;任课题组长,刻苦钻研,带领全组成员完成了达到国际先进水平的"北京工程地质信息系统";担任副总工程师,一丝不苟的工作态度和深厚的技术功底深受新老技术人员的敬佩;出任副院长,兢兢业业不负众望,得到全院干部职工的一致肯定。他正直谦逊,乐于助人,善于团结各种不同性格的同志一起融洽地工作,平和地探讨问题。有较高的思想品格和精神境界,从不计较个人得失,从不畏惧工作的困难和挑战。曾亲自主持或指导一批国家、地方重大工程建设的专业技术工作,项目成果获得国家级优秀勘察设计金奖4项、银奖5项、铜奖5项,获得省部级优秀工程勘察设计奖20余项次。显著的业绩使其入选北京市突出贡献人才和新世纪百千万人才工程,享受国务院特殊津贴,获得第四批中国工程勘察设计大师、全国先进工作者、首都楷模。

沈小克在几十年的工作中为工程建设做出了积极贡献,领导和指挥的各类项目先后获国家及行业奖几十项。有效提升了信息技术在我国工程勘察行业中的应用水平,开辟了我国综合利用工程地质数据资源的新领域,获得了国际同行高度评价。发表学术文章20余篇,编写专著1本(《地下水与结构抗浮》,2013)、译著1本(《地震中的地面运动与土的液化》,1988,与张在明合译),参编专著1部(《深基坑支护技术指南》,2011,CISMGE)。作为项目负责人,承担并组织开展多个重点项目(课题)研究,获得省部级科技进步一等奖1项、二等奖3项、三等奖3项;主编建设部行业标准2部、北京市地方标准1部,作为副主编、编委参与多部国家标准、行业标准和地方标准及行业专项规划的制定工作,为行业和技术的进步做出了积极贡献。同时他积极投身行业建设,担任着中国建筑学会常务理事及工程勘察分会副理事长、中国土木工程学会土力学及岩土工程学会副理事长、中国勘察设计协会副理事长等重要职务。

四、具有突出贡献的设计专家——倪士聪

倪士聪,北京市政工程设计研究总院教授级高级工程师。1958年毕业于东南大学(原南京工学院),参加工作后,一直从事市政工程设计研究工作,足迹遍及河北、山东、广东、海南、福建等地,1965—1967年赴越南从事公路设计2年。在院内先后任技术员、工程师、高级工程师、教授级高级工程师,行政管理职务曾任科长、技术管理室副主任、第一设计所所长等职。一生中参加和主持领导工程设计项目百余项,他主持领导了北京市二环路、三环路的大部分工程设计任务及京石高速公路设计等;先后担任过首都机场高速公路、八达岭高速公路、石家庄市二环路等设计总负责人。由于他工作认真负责、刻苦钻研、深入调查研究,优选设计方案,创出许多一流设计,他所主持领导的许多设计项目如二环路、京石高速公路、首都机场高速公路等设计获北京市或建设部优秀设计奖,为北京市城市建设做出了很大贡献。由于他工作成绩突出,1992年被北京市规划委员会授予"首都市政建设突出贡献设计专家"称号,1993年被《半月谈》杂志第19期誉为半月新闻人物。1995年获北京市先进工作者称号。先后发表的论文有:《首都机场高速公路的规划设计》《八达岭高速公路的规划设计》《土工布在市政工程建设中的应用》等。曾任北京市政工程设计研究总院一所顾问等职务。

五、为黑色路面材料"添绿"——柳浩

全国劳动模范柳浩参加工作20年来,一直在做与沥青路面材料相关的工作,她的工

作始终与北京的道路建设、与绿色环保的梦想紧密联系在一起。

1994年,长得白白净净、忽闪着一双大眼睛的柳浩,从西安公路学院研究生毕业,来到北京市公路局公路设计研究院科研室,当时还不满25岁。一同分来的几位研究生,都去环境舒适的局机关工作了,只有她,唯一的女性,坚持留在基层单位。

几年后,她便肩负起科研室主任的担子。那一年,交通部立项进行"沥青玛蹄脂碎石混合料性能及指标"的研究,柳浩作为该项目北京地区的负责人,主要针对八达岭高速公路、京沈高速公路等几个市重点工程,开展材料、添加剂、混合比设计方法等方面的研究。上述研究项目取得成功,并获得了中国公路学会科学技术进步二等奖。同时,她参与编写的适合我国国情的《公路沥青玛蹄脂碎石路面技术指南》也出版发行了。

在柳浩的努力下,七八年间,她在沥青路面材料研究方面喜获硕果,在业内崭露头角,北京市许多相关方面的项目都由她负责。

当北京市获得2008年奥运会举办权后,决定对二环路进行改造,相关单位希望她能尽快拿出二环路路面材料配合比设计方案。在考虑路面结构和材料设计时,既要保证沥青混合料有较好的黏结力,又必须具有较强的高温稳定性和耐久性。

她经过近一个月的连续奋战,终于完成任务,确定了路面施工工艺。当黑色的沥青混凝土路面摊铺完成后,路面性能良好。2013年10月,她甚至走出了国门,对刚果(布)1号公路的建设提供材料配合比设计等相关服务。

柳浩率队研发的废钢渣、废轮胎、煤矸石等再利用的新技术、新产品都得到了推广,应用到奥运工程、长安街大修等重点工程建设中,并因此获得了一系列殊荣——"北京市优秀青年知识分子""北京市总工会经济技术创新标兵""中国百名优秀工程师""中国公路学会青年专家委员会委员""全国劳动模范";她负责完成的"长安街大修工程勘察设计"荣获国家优质工程银质奖、"固体废弃物循环利用新技术及其在公路工程中的应用"荣获国家科学技术进步二等奖,"矿山废弃物资源化利用技术及其在市政基础设施工程中的应用"研究荣获北京市政府颁发的科技进步二等奖。

六、质量是工程的生命——周绪利

作为一名专家型干部,面对北京市的道路发展形势,北京市道路工程质量监督站站长周绪利一直强调"质量是工程生命"这一主题。

从1987年12月京津塘高速公路开工建设,到现在北京市高速公路总里程达到1008km,这期间蕴藏着周绪利的许多往事。周绪利长期工作在公路工程建设和科学研究一线,作为工程质量监督、检测负责人参加了北京所有高速公路项目的建设管理。2011年起被聘任为教授级高工(专业技术二级),近几年获省部级科技奖7项,为北京市公路科技创新、工程质量安全保障和路况水平位居全国前列做出了突出贡献。

他学识渊博、成果丰硕,在现代公路工程质量安全管理技术、试验检测技术、沥青路面材料与性能等方面具有较高的理论水平、科研能力和丰富的实践经验,是相关领域的全国知名专家、科研学术带头人。参加了交通运输部《公路工程(交)竣工验收办法》等20余项法规的制定,是《公路工程质量检验评定标准》《公路路基路面现场测试规程》等主要起草人,《公路工程施工安全技术规范》《公路路基施工技术规范》的主审人,以及《沥青路面设计规范》等30余项国家、行业标准的编审专家,形成了系统性工程监管理论、提出并讲授"6V目标管理法",在道路工程质量安全监管中应用。

他勇于创新、成绩优异,完成了一系列创新研究、解决了工程技术难题,提出了沥青路面稳定性及平衡设计理论、基于变化规律及成因分析的桥梁群监测系统理论、工程质量指数体系等,研发路面基层强度现场检测、砂当量及棱角性试验等方法和设备,开展桥梁检测评估与维护改造关键技术研究、长寿命沥青路面关键技术研究等10余项部市级科研攻关课题,著有《公路施工质量检查与验收手册》等,编审了《公路工程试验检测技术》等教材,发表了"沥青路面预防性养护及其实施"等论文30余篇。

他善于带动、成效显著,发挥出色的技术业务、组织能力,运用和推行科学管理理念,积极推广应用新材料新技术。提出"打造专家服务型创新团队"目标,创建了新材料新技术鉴定中心、博士后科研工作站、重点实验室和创新工作室等科技创新平台,长期主持与法国布莱思-帕斯卡大学等合作研究和学生培养项目,组织开展统计过程控制、桥梁结构耐久性、沥青路面长期性能、预防养护和主动控制、节能减排和循环利用新材料新技术等先导性研究,为北京市道路建管养和安全环保提供了有力技术支撑。截至2014年,成果用以指导桥梁检测评定、加固改造桥梁290余座,节约资金近1.4亿元;使用温拌沥青混合料约230万吨,节省燃油410万升、减少CO_2排放1.11万吨;旧路沥青材料回收利用率达95%以上,环保效益明显。

七、"秋子服务"品牌带头人——方秋子

方秋子,女,1987年10月出生,中共党员,2005年4月参加工作,现为北京市首都公路发展集团有限公司京沈高速公路分公司"秋子服务"品牌带头人、机场南线收费所"秋子精英团队"负责人,收费班长。先后多次被所属分公司、集团公司评为"先进生产者""岗位能手""岗位标兵""高水平服务标兵""优秀党员";2008年被北京市委、北京市政府、北京奥组委授予"北京奥运会、残奥会交通保障先进个人"荣誉称号,2010年被北京市人民政府评为"北京市劳动模范",2013、2014年连续两年荣获"感动交通年度人物"称号,2014年荣获"国企楷模·北京榜样"荣誉称号;在2015年全国劳动模范评选中,方秋子成为交通行业首位获得"全国劳动模范"荣誉称号的收费员,同时获得了"全国交通运输系统劳动模范",她所在的机场南线收费所获得了"北京市模范集体"荣誉称号。诸多荣誉

的获得,正是方秋子十年如一日的工作积淀"浇灌"着成绩的绽放。自2005年参加工作以来,方秋子把自己的青春、热情以及全部精力都倾注在高速公路平凡的岗位上,塑造了良好的窗口形象,在工作中取得了突出的成绩,她用真爱温暖人,用真诚感化人,以自身行动诠释了劳模精神,抒发出了"交通人"的心声。

从2010年北京市交通行业首个"劳模岗亭"成立,到打造"秋子服务"品牌,她一直将创新服务作为自己不断前行的最大动力,不断提高服务质量,为广大员工起到了模范带头作用,带领"秋子服务示范班"的所有员工展现风采,塑造了北京市高速公路的服务品牌。

平均每天2000多次的接钱、递票,2000多次的"您好、再见"。日复一日,年复一年,千万次的问候,千万次的微笑,如春风化雨,让越来越多的过往车户留下了一份感动,留下了对北京高速公路服务的一份美好印象。

八、交通行业劳模花——田迎

田迎,女,八达岭分公司马坊收费所副班长,先后荣获2012年度北京市高速公路收费员职业技能竞赛第一名、2012年度集团公司岗位标兵称号;2013年度全国交通技术能手称号、2015年度集团公司十佳青年荣誉称号、2015年北京市劳动模范等荣誉称号,并在2015年被评为享受政府特殊津贴技师。

田迎称:"想为车户提供优质、快速的通行服务,没有别的办法,只有苦练基本功。"下了班,她就去活动室练点钞,回宿舍也拿着一沓点钞纸练习。赶上倒休好不容易回趟家,她又手痒痒了,于是自己从网上买了4000张点钞纸继续练。后来点钞纸磨旧了,田迎又买了四五次,有2万张。

在练习点钞时,田迎的手指多次被点钞纸割伤,伤口红肿,疼痛难忍,但为了不影响点钞比赛成绩,她拒绝使用创可贴,手上磨出了厚厚的茧子,最终练就了"先捻、后弹、侧分层"快速点钞技巧。经过她不懈的努力,现金差错率达到0.003%,每分钟点钞600张左右,单车收费速度5秒,比高水平服务标准的8秒还少3秒,是其他车道通行速度的1.6倍,过硬的技能也让她赢得了全国交通技能大赛冠军。

作为一名收费副班长,她通过分析每名员工的服务状态和指标数据,了解班组员工的业务和服务情况,有针对性地开展管理和帮助。在她的带动下,班组成员业务成绩提升了10%以上。

"以友爱之心迎过客,以满腔热忱对路人",这是她青春的宣言。田迎用勤恳无私的敬业精神、刻苦钻研的学习精神,为北京高速公路服务行业树立了良好形象。

第二章
高速公路路域文化

在高速公路路域文化建设中,北京始终坚持和谐共生理念,坚持把以人为本,人、车、路、环境、文化及社会和谐共生作为最高追求目标。坚持以科技作为支撑,以确保结构安全、路面平整、运营安全为龙头,以植入和展示公路历史文化和地域文化为特色,以提高公路的品质、品位及综合服务水平为目标,在工程实践中予以统筹协调。

高速公路路域文化建设不仅可以改善当地经济和促进社会发展,而且可以极大地丰富沿线的景观,充分挖掘道路的旅游潜力。随着北京交通事业日新月异的发展和高速公路网的形成,北京借助高速公路展现地方经济文化特色,促进地域经济、文化及旅游业的发展,呈现出了丰富多彩的路域文化特色。

第一节 路与自然共生共荣

随着经济的不断发展,以高速公路为主体的快速交通网络建设突飞猛进,但高速公路的快速发展,就像一把双刃剑,一方面为社会创造了极大的经济效益,改变了人们的时空观念和生活方式;另一方面,它的发展也带来了资源破坏和环境污染等问题。随着人们环境保护意识和可持续观念的深入人心,对高速公路的生态文化提出了更高的要求。"绿色高速"的追求已贯穿于北京高速公路设计、建设、运营的全过程。北京高速公路始终坚持"人与自然相和谐,树立尊重自然、保护环境"的理念,坚持"不破坏是最大的保护、最大限度的保护、最小限度的破坏、最强有力的恢复"的原则,确保工程建设生态环保目标的实现。

一、生态绿化成效显著

按照高速公路的自然环境、使用性质、乘驾人员心理特点、功能要求和经济状况等因素,北京营造了一个具有鲜明时代特征和独特艺术风格的多层次绿化空间,体现了以人为本,因地制宜地进行植物造景。

随着京开高速公路(G106京广线北京部分路段)、五环路、六环路、机场南线、机场北线、京平高速公路、京津高速公路等陆续建成通车,一条条"绿色项链"和一道道"绿色屏障"为北京增添了靓丽风景。

西六环绿化工程属于《北京市城市总体规划》中重点建设的第二道绿化隔离区的一部分。考虑到沿线主要为农田、村落、水体等郊野景观,绿化方案采用了"郊野自然、舒展开阔"的风格,通过大型混交林和景观苗圃建设,与原有植被中的杨柳槐松、农作物、果树等融为一体,形成了和谐统一的自然景观。

高速公路建设中,尽可能地保留原有植被,避免或减少砍伐树木。五环路、八达岭高速公路立交原有的火炬、黄栌、洋槐、垂柳片林,机场立交原有的毛白杨片林,六环路京密路立交原有的油松、桧柏、洋槐片林,京承路来广营立交近10万m^2绿地等,都被充分保护利用。

作为北京绿化系统建设的一部分,高速公路绿化以宏大、简洁、特色为基础,避免园林化的过度雕琢。绿化方案的选择上,坚持多树种、多林种、多层次、多数量、多色彩,加大乔木比重,增加混交片林,减少非林地下草坪面积。高速公路绿化还合理利用立交桥区、边角地绿地发展景观苗圃、经济苗圃,为高速公路绿化提供充足的苗木资源。

二、在设计中将生态前置

把握设计关键,在实施工程建设和生态绿化建设中尽量保留原有的自然和人文景观,把对生态状况的干扰和破坏降到最低。根据实际地形特点,因地制宜布设线位,尽量使道路断面布置与地形相协调;避免大开大挖,防止绿化植被遭到破坏,保持自然生态;在高速公路、桥梁、隧道结构选型和位置布设时特别注意利用有利的地形、地势和地质条件,避免基础施工对自然地貌的大规模破坏。

八达岭高速公路沿途的地形地貌差异很大,包含了平原、丘陵、山岭地区,施工难度很大,为更好地使公路沿线构筑物与周围自然环境相协调,并尽量节省投资,设计为横断面为三上三下的六车道公路。此设计有效解决了八达岭风景名胜区自然环境保护难题,促进了本地区旅游业的发展,并构建了天人合一的自然景观效果。

三、创新添新绿

利用新技术、新材料,为高速公路增添一份绿。在修建高速公路过程中,不可避免地会对周围环境造成破坏,山体被开凿、树木被伐除,造成山体坡面裸露,缺少植被保护。由于开凿后的山体表面缺少植物生长的土壤条件,仅通过自然环境影响而恢复植被,将是一个漫长的过程,不利于环境保护,并且影响高速公路周围的景观效果。通过采用生态环境系统、客土喷播和厚层基材喷射护坡等技术,不仅让裸露的边坡很快披绿,还起到了生态固坡的作用,在短期内达到了生态修复的效果,形成了与周围环境相和谐的多自然型生态。

京平高速公路大岭后隧道边坡防护工程是北京市高速公路建设中首次采用鑫三角生

态环境工程系统技术进行边坡生态修复治理工作，苗木成活率得到了保证，在完工后2个月进行了成活率统计工作，苗木成活率达到了90%以上，并且坡面生长了各种野生草本，绿化覆盖率达到了100%，很好地实现了生态护坡效果。

京承高速公路三期工程穿越密云区的库南粮果生态区、库东果牧生态区、密云水库水资源保护区和司马台生态旅游区，沿线生态恢复尤为重要。首发集团为此开展了多项专题研究，如基于安全和环保要求的边坡分类标准、不同类型边坡防护技术适应性、边坡生态防护植物选择及组合配置、植被建植技术、边坡景观综合协调技术等。最后，通过采用"鑫三角生态袋绿化防护"、厚基材喷播、客土喷播等技术手段，最大限度地恢复了高速公路沿线的生态环境。

为防止高速公路建设产生新的污染，破坏生态环境，北京还着重做好高速公路建设项目的环境影响评价工作，提出环境保护措施，并对其进行经济、技术论证。位于山区和丘陵区的高速公路，对隧道、特大桥梁，通过水库和不良地质地段，进行水土保持评估，提出水土保持措施；针对高速公路建设对沿线居民可能造成的影响，采取加装声屏障、增建人行通道等措施，使高速公路建成后对当地居民生活或耕作的干扰降至最低。

北京十分注重对高速公路节能减排绿色环保技术的应用：橡胶沥青有效利用废弃轮胎，并降低行驶噪声；照明工程应用节能灯和数字化节能控制系统，部分路段利用太阳能为机电设备提供电源；服务区、管理区、养护工区等房建工程应用地源热泵技术、新型污水处理和循环利用技术；利用立交桥区、高架桥下空地建蓄水池，收集雨水作为绿化用水……资源节约型和环境友好型的发展思路，已经渗透于北京高速公路建设、养护、运营的各个环节。

类似的绿色环保新材料、新技术在北京高速公路工程中随处可见。北京高速公路被打造成了生态走廊，不仅发挥着服务经济社会发展和公众便利出行功能，还展示着北京地域风光之美。

第二节　让安全与人们一路同行

北京市高速公建设运营始终把安全摆在与资源、环境同等重要的位置，突出强调"坚持安全第一、预防为主、综合治理、完善安全生产体制机制、法律法规和政策措施，加大投入、落实责任、严格管理、强化监督、坚决遏制重特大事故"，制定和层层细化安全管理制度，切实落实各项安全防范措施，定期检查和解决安全管理工作中存在的问题。通过完善的制度，防范各种安全事故发生。不断打造具有时代特色的安全文化，有力地促进了安全工作理念管理体制和机制的创新。

一、加强安全文化教育

在安全文化教育上始终保持清晰的工作思路,把安全生产放在第一位,使安全制度落到实处,不断加强和改进安全管理,逐步形成安全生产的长效机制;倡导"精细化"管理,注重全员"细节意识"的养成,从思想观念上构筑全员安全思想防线,形成自我教育、互相教育的浓厚安全文化氛围,使人人都具有科学的安全观、安全行为规范等,力求实现零隐患、零事故和零违章的安全目标。

认真开展安全培训教育,并按照不同工种、不同岗位,有针对性地细化教育培训,提高全员的安全素质,从本源上减少和杜绝安全事故。坚持开展丰富多彩的安全文化活动,增强全员凝聚力,培养安全意识。以"安康杯"竞赛、"安全隐患督查""平安北京建设""安全生产月"和"百日安全无事故"等活动为契机,利用板报、横幅、标语、录像、讲座、知识培训、演练等多种形式,对全员进行安全文化教育,进一步提高了全员的安全管理文化水平,强化了全体员工的安全意识及综合素质,消除安全隐患,营造了安全生产的良好氛围。

2012年,首发集团确定了"弘扬安全文化,促进安全发展"的活动主题,精心组织开展了6项主题突出、内容丰富、形式多样的安全文化教育活动,包括"安全文化下基层""高速公路隧道突发事件应急救援演练""驾驶技能大比武""弘扬安全文化,争创国优工程""安全咨询日""运营安全风险防范演讲比赛"等。此外,各单位结合工作实际,在"安全月"活动期间,组织开展了安全征文、知识讲座、安全答卷、应急演练、技能竞赛等安全活动54项。

通过开展安全生产月活动,进一步强化了高速公路公司安全生产工作力度,夯实了安全管理基础工作,提高了安全意识和防范能力,营造了"关爱生命、关注安全"的浓厚氛围。

二、建立健全相适应的制度和机制

建立健全安全生产规章制度和机制,是有效预防事故,保障安全生产的基本措施。安全制度的建设、完善和执行是安全工作中的重要组成部分,是在长期实践过程中不断总结出来的结果。以首发集团为代表的北京各高速公路公司,在长期的生产实践中积累了较为完善的安全管理经验和制度,并随着国家安全、消防、职业卫生等法律法规的修订、调整以及企业的发展、内部环境和生产条件的变化,及时进行补充和完善,先后制定了《首发集团安全保卫管理办法》《安全生产一票否决考核办法》《安全生产领导责任追究规定》《安全事故上报规定》和《防范危及安全稳定重大事件工作方案》等规章制度,基本涵盖了安全生产管理工作的方方面面,通过适应范围、落实主体责任、细化管理内容、制定工作标志、严格考核奖惩,使安全生产的每一个环节都有章可循、有依有据。通过制度建设形成了一个较为完善的安全管理体系,使安全生产从经验管理向规范管理、从分散管理向体系管理跨越,逐步实现安全管理的制度化。

三、打造安全工程

安全管理工作是一项长期的系统工程,不能因眼前工程状态的平稳就出现忽略、轻视、麻痹等思想意识,需要时刻保持警惕性,提高危机意识,始终贯彻"安全第一、预防为主、综合治理"的方针,从制度、部署、检查、活动等全方位开展安全管理工作,并切实做到"坚持"二字,使安全管理工作得以有序进行。

从2010年开始,交通运输部开展了"平安工地"建设活动,对高速公路工程建设的安全管理规范化、标准化水平提出了更高的要求。2010年9月,京新高速公路(五环路—六环路段)工程被北京市交通委员会确定为"平安工地"创建示范工程,京包项目管理处以此为平台,深入学习《北京市公路工程平安工地标准》的各项要求,完善并添加了相应的管理制度和工作内容,同时与项目处的实际管理工作相结合,形成了一套较为完整和标准的安全管理体系。在京新高速公路上地铁路分离式立交斜拉桥施工的安全管理工作中,严格落实平安工地管理标准,开展全方位创建平安工地活动,确保工程自始至终未发生安全事故,有效保障了工程的顺利进行。2011年12月,京新高速公路工程以96.4分的优异成绩通过了北京市交通委员会路政局的"平安工地"达标验收。

第三节　传承地域文化

随着技术的进步,地域文化逐渐被削弱,失去了自身的可识别性和人们对地域文化所具有的心理归属感。高速公路建设正处于高峰期,参建各方关注的重点在工期和工程质量,忽略了路线经过地域的潜在文化特征和区域特色,对文化造成了一定程度上的损害,而这些地域文化特别是非物质文化一旦流失,造成的影响将是不可逆的。因此,在高速公路建设中,对地域文化的传承和保护尤为重要。

北京历史悠久,文化底蕴深厚,是拥有世界文化遗产数最多的城市。在弘扬和传承北京地域文化,推动地方经济全面发展上,高速公路起到了至关重要的作用。北京以高速公路为载体,努力打造文化长廊,使高速公路成为展示北京历史和民俗风情的流动文化路。它们就像是一个纽带,将人们与宏伟景观、深厚的文化历史内涵连接在了一起。本节选取部分代表性工程呈现北京高速公路在传承地域文化方面做出的努力和发挥的作用。

一、天竺收费站——国门第一路上的"国门"

1992年,在北京机场高速公路动工之初,北京市领导就提出要建一座具有民族特色的"国门"收费站,让中外宾客一进出机场,就能感受到古老中国独特的文化气息。于是,在"国门第一路"上,天竺收费站采用北京最有代表性的明清建筑风格,以雄伟壮观、古朴典雅的现代仿古气派,向人们展示中国的开放、繁荣、和谐、友好。

天竺收费站总宽88m,总进深16m,双向共16条车道,如果传统设计,需要68根大柱,但收费站的功能要求柱子要尽量少、尽量细,以减少工作人员的视野盲区。为了满足这一要求,设计者在设计中利用钢网架结构体轻、整体性强和延伸组合方便等优点,大胆采用减柱法,将88m的正面分成五大跨,16m进深做成单跨,四周仅用12根柱子撑起总面积为1408m^2的大天棚,天棚内没有一根柱子,实现了大跨度、大空间。在华板透雕图案的设计中,设计者选择了"连心卷草"图案,象征世界人民心连心和友谊长存,月季花和菊花是北京的市花,以表示"北京人民欢迎您",以莲花表示"祝您幸福吉祥,一路平安"。"国门"的设计建筑雄伟壮观,古朴典雅,造型优美,运用了东方民居建筑装饰的技巧手法,既弘扬了中华民族的传统文化,又突出了古都北京的风貌。设计采用取长避短,嫁接联姻把传统与现代结构融为一体,从建筑外观看是地道的明清式建筑风格,其内部却是现代的轻钢网架结构。

1993年8月27日,单士元、杜仙洲等20多位古建筑专家考察了"国门"。考察后,专家们留下了这样的评语:该建筑设计合理,施工精细,充分体现了民族形式与现代化的完美结合。

二、八达岭高速公路(京藏高速公路)——世界文化遗产的展示窗

1987年,长城被列为世界文化遗产名录,成为我国第一个入选名录的文化遗产。有"玉关天堑"之称的八达岭长城,自古便是重要的军事战略要地,以深厚的文化历史内涵著称于世,先后有尼克松、里根、撒切尔、戈尔巴乔夫、伊丽莎白、希思等外国首脑和众多的世界风云人物,登上八达岭长城观光游览。

随着时间的推移,越来越多的人想目睹它的风采,但经济的发展、交通量的增加,堵塞了通往八达岭长城的路,严重制约了这一地区旅游经济的发展和文化的传承。

1993年,北京市决定修建八达岭高速公路。建成后的八达岭高速公路大大缓解了北京西北方向交通拥挤的状况,带动了沿线经济的发展,促进了八达岭长城旅游发展;为晋煤外运提供了一条安全、快捷的运输线。特别是从长城底下穿过的八达岭隧道和潭峪沟隧道的开通,使八达岭长城游览区的旅游交通与过境交通分离开,车辆与游人分离极大地缓解了八达岭城关地区车辆堵塞、游人拥挤的状况。

更重要的是,八达岭高速公路成为展示长城这一世界文化遗产的文化走廊,为北京文化、中国文化打开了一个便捷的高速窗口。据统计,仅2000—2009年间,共有500余名世界各国的国家元首、政府首脑或执政党领袖经由八达岭高速公路登上八达岭长城。通过

八达岭高速公路,抵达居庸关长城、八达岭长城等景区的国内外游客更是数不胜数。

三、京承高速公路——北京最美景观高速公路

京承高速公路北京段(六环以外路段为 G45 大广高速公路)贯通朝阳、顺义、怀柔、密云四区县,间接联系昌平、平谷两区县,沿途风景秀丽、景点众多,是北京重要的旅游路线。其中,沿线有以下主要景观:国家级自然保护区雾灵山(燕山山脉高峰之一,有"天然植物园""绿色宝库""天然物种基因库"之称);古北水镇(背靠中司马台长城,坐拥鸳鸯湖水库,是京郊罕见的山水城结合的自然古村落,典型的北方旅游度假小镇);张裕爱斐堡(哥特式城堡、地下大酒窖、欧洲小镇、张裕百年历史博物馆)以及潮白河大桥等人文景观。

此外,京承高速公路三期通过边坡生态恢复技术的应用,对裸露岩体的绿化,利用植物的根系固土、固石,有效减少了滑坡、泥石流等人为破坏后易发生的自然灾害。岩体绿化时专门选取乡土树种,主要有油松、侧柏、刺槐、臭椿、金枝国槐、连翘、丁香等。苗木成型后与周围原有环境融为一体,尽可能减弱对环境的人为干预,统一中融入多种变化,以形成色彩丰富、层次分明的景观效果,使整条路散发着天人合一的氛围,形成优美的风景线。

四、京昆高速公路——京西南风景线

京昆高速公路(北京段)因途经北京市房山区多处人文资源、矿产资源、旅游资源、地热资源丰富的景区,被认为是名副其实的"旅游路",成为京西南的风景线。

京昆高速公路途经世界文化遗产之一的北京猿人遗址(周口店镇),国家4A级旅游景区、全国重点文物保护单位云居寺,释迦牟尼佛骨舍利出土圣地天开寺,中国北方最大的岩溶洞穴群石花洞,被誉为"北京小桂林"的十渡,华北地区最古老的原始次生林上方山国家森林公园等景点。同时,沿途依山傍水,风景秀丽,可观赏到沃野平原和山地、丘陵三种地貌特征。另外,高速公路出口周边还可到达房山自然资源宝库。

第三章
媒体眼中的北京高速公路

在发展的各阶段,各级媒体对北京市高速公路发展的成就、速度和效益,给予了高度关注。众多媒体的宣传报道和相关文章,对北京市高速公路的快速度、高质量、大规模发展,起到了鼓与呼的作用。这些新闻报道和相关文章是北京市高速公路发展的记录者、推动者和见证者,它们为高速公路建设运营提供了良好的舆论环境,并为后人留下了诸多行业记忆和印记。下面选取不同阶段的重要文章予以呈现。

第一节　建设方面的相关报道

一、靠改革带来高速和节约

一段可容4~6条车道,时速百公里的车辆毫无颠簸之感,被称为京津冀最佳的公路,在北京西南郊已完成95%的工程量。

这段位于京广深(圳)干道最北端的京石公路,路基路面已告竣工,目前正紧张地安装路中防撞隔离墙和两侧钢板护栏等设施。

日通车能力可达5万辆的这段快速公路,仅一、二期工程的14km路段,就建跨河大桥、立交桥和人车通行的涵洞近30座。为避免公路频繁开挖,施工中把所有电缆和管线一次埋入地下。还修建了一系列行车港湾和一系列服务管理设施。如此复杂而又大型的工程,原计划到1989年底完工,而实际上今年国庆节即可通车,节约工时一半以上。工程资金消耗大幅度下降,仅第二期主体工程,就节约800万元。辅助工程和一期工程都有大量节约。

"谁能干,就让谁干。"工程指挥部克服以往把利多影响大的好活全留给本部门施工队的保护主义,选择了交通部、铁道部、北京、天津、石家庄等部门和地区的最优施工队组成建设队伍。

从公司至班组和个人层层责权利挂钩。企业和部门之间,一律推行百元产值工资含量经营承包责任制。有些工程还实行单项承包。由于多劳多得,各工程队竞相多揽活、快干活,建设速度加快。

不称职者,请出领导岗位;多余干部,下放基层;领导干部改变过去"坐车转转、下车看看"的一般化工作方法。有的公司将科室干部精简一半。许多领导干部成天在第一线现场办公,解决生产和职工生活中的问题,大大提高了工效。

节约也是靠改革。一期工程实行概算包干,超额不补,节约归己,避免了以往修路"预算超概算,决算超预算"的浪费现象。

(选自1987年9月26日《人民日报》,作者:武培真,原标题为"靠改革带来高速和节约——京石公路北京段工程快又省")

二、京津塘高速公路开工

1987年12月10日,京津塘高速公路开工典礼在北京市大兴县举行。

京津塘公路是我国"七五"期间的重点建设项目之一,也是我国利用世界银行贷款通过国际竞争性招标的第一条高速公路。在招标中,共有12个国家和地区的32家承包商参加投标,最后由中日、中法联合体中标。

高速公路起点位于北京市四环路东南角十八里店附近,并同四环路相连,终点在天津塘沽区小新滩附近,同河北路相交,全长142.69km。它将建成为一条全封闭、全立交、收费式的高速公路,计划在1990年建成。届时,行车速度每小时可达120km。

(选自1987年12月10日《人民日报》)

三、北京市公路学会举办"高速公路建设技术学习班"

我国公路建设正在蓬勃发展,但高速公路建设在我国刚起步。有几条高速公路已开工建设;有的正在筹备之中。建设高速公路是一项新课题,在设计、施工、招标、投标、交通工程设施、养护技术等方面,我们都缺乏经验。因此,北京公路学会举办了"高速公路建设技术学习班"。学习班于4月6日开始,历时半个月。20个省、自治区、直辖市公路建设部门的78位工程技术人员参加了学习和研讨。

交通部公路局杨盛福出席并讲了"中国公路发展问题",介绍了我国公路发展远景规划,对学员们鼓舞很大。学习班上共安排专家讲了"如何在中国修建高速公路""高速公路国际招标的技术性问题""高速公路建设合同条款""高速公路施工中的监理工作""钢筋混凝土桥梁设计规划的应用""广东省洛溪大桥设计与施工""高速公路沥青混凝土路面施工""高速公路水泥混凝土路面施工""乳化沥青在高速公路路面施工中的应用""京津塘高速公路桥梁设计""高速公路上的交通工程设施""关于软地基处理技术""京津塘高速公路的设计"等内容。

学会组织学员参观了我国第一条全封闭、全立交的快速道路——京石公路北京六里桥至赵辛店段,参观了北京至昌平一级公路和八达岭过境山区二级公路。北京市政设计院王肇甚、姚正怀工程师向大家介绍了京石公路一、二期工程设计,京石公路总指挥部工程师介绍了施工情况,参观了卢沟新桥和收费站设施。

(选自 1988 年《公路》第 6 期,作者:王可信)

四、首都机场高速公路通车

被誉为"国门第一路"的北京首都机场高速公路已胜利建成,8 月 14 日正式通车(应为 9 月 14 日,编者注),李鹏总理为通车典礼剪彩。一条平坦的现代化高速公路把北京和全国各大城市以及世界许多大城市联结起来,全面地改善和提高了北京航空港的疏港能力。

旧机场路始建于 1958 年,它曾为中外宾客做过重要贡献,但它毕竟已服务了 30 多年,许多设施已经陈旧;而且原来的标准就比较低,路面宽仅 7~9m,交叉口多且绝大多数是平面交叉,服务水平低。近几年首都机场已发展成为我国最大的航空港,这条路已无力承担日益繁重的交通流量。车辆拥挤、道路堵塞,20 多公里路程常常要行驶一个多小时。为了适应新的形势,北京市政府在 1991 年决定修建一条现代化、高标准的高速公路。市政府和交通部领导要求,这条国门路要达到国际一流水平,要反映出我国公路建设现代化水平。

从三元桥起,只需十几分钟便可轻松地到达机场候机大楼前。首都机场高速公路是目前我国已建高速公路中标准最高的,仅在 2 年时间内就高标准、高质量地建成,受到国内外专家和各界人士的赞誉,也标志着我国公路建设的新水平。

在这条高速公路建设中,充分吸收了国内外经验,采用了许多先进技术。例如,主线收费站的房、棚等工程采用了民族形式和现代化的钢结构,既轻盈又壮观;沥青路面工程引进奥地利橡胶改性沥青新技术,提高了沥青的温度稳定性,增强耐磨能力,降低噪声,延长使用寿命;桥梁伸缩缝采用德国的"毛勒缝"并改进了施工工艺,从而大大减轻桥头跳车,改善了行车舒适性。高速公路上举足轻重的安全设施采用了一系列先进技术:护栏是带托架的变截面波形梁;护网是涂塑的钢板网;标志是用大型封闭式折边铝材和美国 3M 公司生产的高强级、钻石级的反光膜;标线采用热熔反光涂料。

这条高速公路的建设融汇了各方面的力量,由京津塘高速公路公司北京市公司和中国公路桥梁建设总公司合资组成首都高速公路发展公司,对首都机场高速公路实行"筹资、建设、经营、还贷"的管理方式。在建设中,承担安全设施工程的中国公路工程咨询监理总公司所属华科公司和华纬公司、江苏无锡交通设施厂、张家港特殊玻璃钢厂、河北武安交通工程设备厂、淮安末广交通安全设施有限公司、上海万里达特种钢材制品厂、郑州彩达交通设施厂等公司和厂家做出了很大努力和贡献。

(选编自 1993 年《公路》第 10 期,作者:夏传荪)

五、八达岭上通高速公路

八达岭高速公路是经国家计委批准立项的重点基建项目,南起北京北三环马甸桥,北经昌平至八达岭,全长62km。马甸—昌平段一期工程采用合资兴建。该路全长31.2km,双向六车道,全封闭、全立交。

八达岭高速公路是北京西北方向的重要放射干线,是通往闻名中外的八达岭长城、明十三陵的重要通道,是110国道(北京—银川)的一部分。该路段最早是1958年修建的石板路,后经两次改造建成一级路,但仍无法满足晋煤外运、旅游等日益增长的交通需要,1995年底,日通车量已经达到7万辆次,为从根本上解决该路交通拥挤状况,北京市委、市政府决定修建八达岭高速公路。

该路的建设采用了招投标、监理工程师及合同管理制度。施工中,工程指挥部采用高度集中的组织领导手段,适时调集先进机械组织专业化生产,采用了奥地利改性沥青技术、土工网格加新型防腐材料高新技术,提高了路面整体标准。根据施工情况,先后设立阶段工期奖、阶段工程质量奖,将工程质量提到中心位置,并通过加强监理队伍,加大监控力度,工程一次性验收合格率达到93.7%,工程优良率达到92.9%,路面综合平整度值达到0.86mm,大大优于部颁标准。同时,把绿化工程当成高速公路建设的重要组成部分,边施工,边绿化,做到了公路未通车,绿树已成荫。指挥部始终坚持文明施工,树立环境意识,做仁义之师。指挥部领导还多次沿线考察,在人口密集的地方适当增建桥梁,全线平均每500m就建有一座桥梁,极大地方便了沿线居民出行。

该路由北京市公路局等6个施工单位参与建设施工,22支施工队伍承建,共投入人员近万名,施工机械1500余台。仅用了10个月,就优质高效地完成了施工任务。

一期工程的建成通车,不仅可以有效地缓解北京西北部的交通压力,而且对沿线的清河、沙河、昌平等卫星城镇,上地高新科技产业开发区、西三旗建材城、昌平工业园,北郊农场副食基地等的飞速发展起到了促进作用。

(选自1996年《中国公路》第12期,作者:吴龙飞)

六、车辆进出北京不堵了

北京东、西、南、北四面都拥有高速公路。如今,车辆进出北京城,终于告别了堵车的历史。以高速公路为骨架的公路网将北京与祖国各地紧密联结在一起。

北京作为我国的首都,是全国的政治、经济、文化中心。以前由于交通紧张,进京车辆在进出口堵车成为常事。改革开放以来,围绕发展首都经济,密切北京与祖国各地联结的中心任务,北京公路建设大大加快了步伐,以高速公路为骨架的公路网将北京与祖国各地紧密联结在一起。目前北京拥有京石、京津塘、京哈、首都机场、八达岭、京沈(北京段)6

条高速公路,总里程达216km。北京东西南北四个方向均有高速公路通道进出,缓解了北京市主要进出口的交通拥堵问题。

据介绍,北京市公路密度达到0.81km/km²,居全国之首。目前北京市已经形成了以高速公路为龙头、国道主干线为骨架、县乡公路为支脉的公路网,还率先在全国实现了村村通公路、乡乡通油路。公路事业的发展,缓解了首都行路难问题,为现代化大都市增添了光彩。

(选自2000年12月20日《人民日报》第002,作者:林红梅、张晓松,原标题为"高速公路网紧密联结,车辆进出北京不堵了")

七、"首发"速度快在哪

京石高速公路42km,前后用了6年时间;京开高速公路也是42km,只用了14个月。北京首都高速公路发展有限责任公司成立2年来完成了过去7年的工作量。

(一)引人注目的"首发"速度

京开高速公路北京段全线贯通、六环路通(县)黄(村)工程竣工、八达岭高速公路三期工程竣工、北五环一期工程通车……跨入21世纪的头一年,一条条新通车的高速公路,犹如一道道美丽的彩虹,让北京的老百姓看花了眼。

作为北京城市基础设施投融资体制、工程建设和运营机制改革的重要措施,首发公司2年完成过去7年的工作量,融资140多亿元,仅2001年一年,就实现高速公路通车100km,开工100km,而主管工程建设的人员只有27人的良好开端。

(二)瓶颈是这样打破的

首发公司负责人解释说,过去,修高速公路只能靠政策性收费投入以及部分银行贷款,在10多年的时间里,平均每年只能修建约20km,远远不能满足北京发展的需要。要打破制约北京高速公路发展的瓶颈,根本出路在于对旧的高速公路建设、管理体制进行改革。

首发公司领导告诉记者,按照原先北京建设发展总体规划,到2010年,北京高速公路将达到600km,需要投资300亿元,其中政府投入资本金100亿元,另外200亿元需要首发公司自筹。申奥成功,让这一进程提前了5年。这就意味着在今后4年时间里,首发公司必须完成融资200亿元。"等、靠、要"肯定行不通,必须转变观念,开辟多元化、完全按市场运作的融资渠道。

按照这一思路,首发公司首先加强了银企合作。2年来,利用公司良好的资产信誉,先后取得银行贷款140多亿元,解决了公路建设的资金急需。

为降低财务成本,首发公司利用京石高速公路优良的经营性资产,经过重组、改制,发起组建了北京首发实业股份有限公司,目前已基本完成了上市前的各项准备工作。首发公司还取得了以京开路、通顺路、通黄段二期和八达岭高速公路三期等项目申请发行企业债券的资格。

(三)"让一切处在阳光下"

质量、成本、工期是衡量工程建设管理是否成功的三项硬约束。首发公司恰恰在这三点上,取得了不平凡的业绩。在日前召开的交通部工作会议上,只用14个月便建成通车的京开高速公路荣获全国交通系统优秀项目法人称号。

"秘诀"其实很简单,用宁伟总经理的话说,就是充分竞争并"让一切处在阳光下"。宁伟以建筑市场上最容易出现问题、也是一切隐患根源的招投标为例,向记者展示了首发公司的建设管理程序。

首先是业主标的产生,必须做到报价合理、严守秘密。每个项目开标前,首发公司都成立独立于公司高层的专门小组,采取封闭式、流水线式的工作模式,采集各项数据,最后由组长汇总。在开标前一天深夜12时,召开公司招标领导小组会议,提交报价,征求意见。开标当天早晨8时,领导小组最后确定业主标的,并递交公证人员。这样,确保责任到人,杜绝了泄密事件的发生。

在评标原则上,首发公司采用了复合标的模式即报价作为商务得分,在总分中占40%左右;技术得分占50%;另外10%(为减少人为因素,该项得分已减少至5%)是资信分。为减少偶然性因素的干扰,最高、最低报价不列入复合标的计算,而是采用其他投标人平均报价与业主报价的平均值。

由于所有的评标原则与程序都事先在网上发布,并在评标委员会专家选择上严格执行有关规定,首发公司真正将自己置于各界的严格监督之下。充分竞争,确保了首发公司能选择到质量最优、实力最强、信誉最好的施工单位。

竞争机制还延伸到工程实施的全过程。项目开工后,严格的目标管理随即展开,通过质量、工期、安全、文明施工等方面的合同履约评定,首发公司对每一项工程都开展最佳项目经理、最佳总监办、最佳监理工程师等评选,除去经济奖励外,还将这些评比列入企业信用记录,作为招投标的考虑因素。

在工程管理上,首发公司舍弃了大而全、小而全的模式,在工程前期和施工管理等环节,都聘请有实力、有资质的中介咨询机构,承担大量的研究和管理工作。通过利用社会中介机构,工程建设管理人员压缩到27人,控制了管理费用,加快了运作速度,提高了工作质量。

（四）"四大支柱"打造首发品牌

在首发公司采访,记者多次听到"四大支柱"的提法,首发公司负责人解释说,"四大支柱"即工程建设管理是关键、运营管理是基础、筹融资管理是重点、多种产业开发是根本,这也是成立首发公司的"四大任务"。在运营上由行政管理向经营管理转变,是首发公司的基础。公司对日常运营管理费实行"计划控制、比例考核",引入了"收支比"的管理指标,这在北京高速公路运营管理历史上是第一次。多种产业开发是首发公司开展各项工作的根本。"市政府授权公司经营的高速公路资产,不只包括收费,沿线广告经营权、土地开发、加油站建设、上下游产业开发等,公司同样有责任经营好。"首发公司负责人告诉记者,除去上面讲的几个方面,公司还在着手开发生产有关建筑材料,研制、开发有关交通工程的设施和技术,开发绿化、园艺经营项目特别是公路绿化经营项目,开展公路旅客运输等,另外,研究、规划公路物流配送系统,也将是公司今后发展的重点之一。

（摘编自2002年1月14日《人民日报》第12版,作者:王政）

八、引入BOT融资模式

在刚刚过去的2002年,北京高速公路建设创造了新的辉煌,北京新增高速公路128km,创历史最好水平,使本市拥有高速公路里程达到444km。而从北京市首都公路发展有限责任公司传出的最新消息是,2003年北京市还将有6项高速公路工程上马,年内五环路将全线建成。其中,从京原路至京津塘路的五环路四期工程全长38km,预计年内即可竣工。全长100km的五环路全线贯通,不仅使北京道路建设的一个重大阶段性目标如期实现,也将兑现北京对国际奥委会的承诺。计划于年内开工的还有长2.5km的京承路三环至四环段,大石桥路和杏石口路局部改造工程,长20km的六环路温泉至八达岭高速公路段也列入了今年的建设计划。为最大限度地发挥环城高速公路的作用,一批联络线也在酝酿之中。

修高速公路需要投入大笔资金。首发公司继与中国工商银行北京市分行签订116亿元的贷款合同及成功发行15亿元公路建设债券之后,今年本市还采取更加开放的思路融资修路,其中之一是在高速公路建设中引入全新的BOT融资模式。据介绍,首发公司已考虑在京承路二、三期工程中引入外资或国内有实力的企业集团,共同成立项目公司,由项目公司负责贷款融资,建成后的高速公路经营权也将归其所有。目前已有两家香港公司就此事与首发公司接洽。此外,首发公司还争取用五环路和京承高速公路发行第二期和第三期公路债券,并力争上市,以加速融资进度,如期建成规划中的全部630km高速公路。

（选自编2003年1月3日《北京日报》,作者:王刘芳、马文晓,原标题为"北京高速公路高速发展")

九、引入社会资本 打造高速公路投资建设和运营管理新模式

11月3日,市交通委、首发集团分别与中铁建股份有限公司联合体在首发大厦签署了兴延高速公路投资协议、出资协议,标志着兴延高速公路建设实质性启动,这是本市修建高速公路首次采用PPP模式,吸引社会资金98亿元。据悉,兴延高速公路年内率先启动隧道建设,预计于2018年底全线通车。

兴延高速公路位于京藏高速公路以西,呈南北走向,南起西北六环路,北至京藏高速公路营城子收费站以北,总投资131亿元,为2019年延庆世界园艺博览会和2020年北京冬奥会重要交通基础设施之一。

北京西北方向目前有京藏、京新两条高速公路,兴延高速公路开通后将再增加一条快速通道,缓解延庆县及昌平北部山区车辆进出中心城区交通拥堵,北京市西北方向也将实现客货分流,将缩短北京中心城与河北张家口时空距离,带动京津冀周边区域协同发展。

兴延高速公路计划于2018年底赶在世园会开幕前竣工通车,施工时间只有约40个月,工期相当紧张。兴延高速公路全长42.4km,约有25km位于山区,设置隧道5处,3km以上长隧道3处,最长一条隧道是石峡隧道,全长5700m。

当前国家鼓励和支持通过政府与社会资本合作模式吸引社会资金参与投资基础设施,兴延高速公路在投资大、工期紧张情况下尝试采用政府与社会资本合作PPP模式引入社会资本,有助于项目高效推进。

(选编自2015年12月14日《首都建设报》第005版,作者:李博)

第二节 运营方面的相关文章

一、京石高速公路的自动计费系统

北京市公路局京石分局于1988年开始对国内外收费系统进行了全方位的技术调研,并与国家"863-409"高技术办公室、航空航天部103所,合作开发了高速公路多通道自动计费系统,1992年5月8日该系统通过专家鉴定,并获得了国家专利,达到了实用目的。

国内外高速公路收费系统因收费情况不同各有所长,但都未能完全解决依收费标准对车辆自动分类识别的问题。大多数系统采用人工识别、计算机统计的方式,仍存在着人为因素。因此,在制订高速公路自动计费系统的方案时确定以下基本原则:按收费标准采用计算机自动识别统计,不加入任何人工干预;完全在自然连续车流的情况下,对车辆进行自动分割识别;系统正确识别率大于99%。

我国车辆种类繁杂（几乎包括了世界上各种车型），改装车辆甚多，同时车辆的客货量与车型、底盘、轮距尺寸相脱节，车况差，行驶不规范。而京石高速公路收费标准档次多、流量大，采用单一的收费车型识别方式达不到对车型的正确识别，这就大大增加了高速公路自动计费系统的设计难度。因此联合课题组通过调研决定采用车型识别与轮距、底盘判别相结合的方式，来弥补单一识别方式的缺陷，提高系统的正确识别率。该系统采用积木式结构，由主机，红外探测器，前端机，减免费识别器，逃费车牌登录，通信、供电、监视设备和地图板等子系统构成。当自然连续车流通过收费站时，安装在隔离岛入口方向的红外探测器，适时地采集车辆信息，对车辆进行分割、识别、分类计费，同时将计费值发送主机存档且通过语音报价器和显示板，提示驾驶员和收费员应交的过道费额。再由主机可将收费额和交通量定时发传至地图板进行显示，并可对收费额、交通量等各种数据进行统计，以图表的形式输出。

京石高速公路自动计费系统的开通，杜绝了收费员直接作弊现象的发生，从目前系统试运行阶段的结果来看，收费额大幅度上升，社会效益与经济效益显著。

（选编自1993年《华东公路》第2期，作者：李舜范、庄存培、高士华、朱燕民、白榕榕，原标题为"高速公路自动计费系统的介绍"）

二、关于ISO 9000在高速公路管理中的探讨

ISO 9000系列标准是总结世界各国特别是工业发达国家质量管理经验的基础上产生的，目前已有100多个国家成为其成员，并建立了认证机构。可以说，ISO 9000系列的证书已成为世界各国之间进行交流贸易的一张"护照"。

为更好地满足客户需要，北京市高速公路管理处（简称"高速处"）向客户提供一流的服务，根据《质量体系 生产、安装和服务的质量保证模式》（GB/T 19002—1994·ISO 9002—1994）标准，从1996年起开始筹建文件化的质量体系，实施质量保证。本文拟从高速公路管理实际出发对如何执行ISO9000作部分讨论。

（一）引用标准和适用范围

根据《质量体系 生产、安装和服务的质量保证模式》（GB/T 19002—1994·ISO 9002：1994）编写；适用于北京市高速公路管理处；高速处同时参考GB/T 19004.2—1994·ISO 9004—2：1991（质量管理和质量体系要素）第二部分"服务指南"中质量体系原则的内容。高速处强调客户是质量体系三个关键方面的核心环节，为客户提供安全、快速、优质的服务是我们的宗旨。只有当管理者职责、人员和物质资源及质量体系结构三者相互配合协调时，才能保证客户满意。

（二）定义

根据 ISO 9002 第 3 条有关基本术语对高速公路的定义如下：产品：活动或过程的结果，高速处的主要产品是收费、养护、路政和服务区等的服务。客户：产品或服务的接受者。高速处的客户是行驶在京津塘高速公路北京段的车辆和驾乘人员；不合格品即不满足规定要求的产品，指达不到标准的服务。

（三）管理职责

根据 ISO 9002 第 4.1 条提出高速处的管理职责：质量方针——高速处是北京市公路局管理京津塘高速公路的直属单位，其质量方针为"采用国际管理规范，为客户提供安全、快速、优质的一流服务"；质量承诺——高速处按照 ISO 9002 质量保证模式标准建立文件化质量体系，以指导各职能部门的工作；高速处已设立质量管理办公室，以保证质量管理诸条款的执行和所有质量体系文件的制定、发送、修改和管理；质量目标——客户的满意和信赖是高速处的质量目标。收费所质量目标——快速、准确、安全、畅通、文明、热情。管理所质量目标——保障高速公路的畅洁绿美。服务中心质量目标——使客户得到周到的加油、汽修、餐饮、住宿和停车等服务。

（四）组织

职责和权限（详细内容略）：处长；副处长；处办公室（质量办）主任；收费所主任；管理所主任；服务中心主任等。

（五）资源

高速处配备了经过培训的能胜任的管理人员，并配备了先进的服务设施，采用计算机管理系统。各部门均选定 1~2 名有工作经验和文化水平的人员经过内部审核员培训，作为质量推进员，负责本部门的质量专职工作。定期进行的管理评审和内部质量审核将为资源配备提供保证。

（六）质量体系

根据 ISO 9002 第 4.2 条对质量体系分述如下：
（1）总则。
（2）高速处内部质量体系文件包括三层文件：第一层为质量手册，阐述高速处质量方针、描述质量体系概况及各部门的职责，内容覆盖了国际标准 GB/T 19002—ISO 9002 的要求，文件由处长签发；第二层为质量程序，内容是描述为实施高速处质量方针和质量体系要素所涉及的各职能部门的活动，作为质量手册支持性文件，各程序文件分别由高速处处长或管理者代表签发,质量体系程序全面包含了高速处服务规范和质量控制规范等内容,并制定了落实规范的有效措施;第三层为运作文件,包括各职能部门和岗位的工作标准、作业指导书、一些详细作业要求所产生的质量记录。它规定了各部门为保证服务质量所应尽的职责、采取的方法和措施等,具有法规性、可操作性和可检查性。

(3)高速处主要管理活动包括收费管理、养护管理、路政管理、服务区管理、编制相关计划和做出质量改进等。

(七)合同评审

根据 ISO 9002 第 4.3 条,合同评审泛指供方和顾客之间以任何方式传递的、双方同意的要求。高速公路合同评审包括以下几方面内容:高速公路入口标识、高速公路封路条件、特殊车辆通过条件、收费通行规范、土地管理经营权。

除以上 7 部分以外,还涵盖了文件和资料控制、采购、产品标识和可追溯性,过程控制、检验和试验,不合格品的控制、纠正和预防措施,搬运、储存、包装、防护和交付,质量记录的控制,内部质量审核,培训,服务,统计技术等方面。

建立质量体系是高速公路管理走向规范化、科学化的重要步骤,也是高速公路管理走向法制轨道的内部保证。此外,还可以提高企业的竞争力,企业文化是企业的无形资产。由于ISO 9000是强调以人为核心的管理,因此,有助于企业文化及企业道德建设。ISO 9002 的要素规定了生产的全过程质量控制,而高速公路管理所提供的产品是服务。

(节选自 1997 年《广东公路交通》增刊,作者:张明超、胡兴安)

三、联网收费:京沈高速公路开始为全国示范

(一)京沈高速公路:只留两个收费站

据新华社北京 10 月 20 日电,20 日 10 时 30 分,北京至沈阳高速公路全程联网收费正式开通。记者乘坐汽车从北京出发,看到天津宝坻主线收费站、河北玉田主线收费站已经不复存在,山海关和万家主线收费站两站合一。这些收费站是在今年 9 月 1 日开始拆除的。

公路收费站点过密过多,成为近年来社会各界反映比较突出的问题。2002 年,国务院办公厅印发通知,要求对收费站点进行清理整顿。公路收费站点收了多少钱?收到什么时候停止?没有哪条路向公众做过明明白白的说明。如今,随着(北)京沈(阳)高速公路联网收费示范工程开通,公众的期待初露曙光。

(二)收费站点过多过密是多年"顽症"

到 2002 年底,我国高速公路通车总里程突破 2 万 km,跃居世界第二位。但是,在我

国上千公里的国道主干线上,有若干个利益主体设卡收费,将高速公路分割成一段、一段。

京沈高速公路收费站点多只是全国高速公路管理状况的一个代表,中国高速公路收费站点过多过密成为一道独特的"风景"。收费站点过密降低了通行效率,每到黄金周,国道主干线上的收费站点前,车辆都排起长队;交纳的通行费过高致使运输成本过高,跑运输的人亏本,阻碍了货物在全国范围内的自由流动;收费站点多还限制了公路上车辆的增多。北京至郑州600多公里的路程却要交纳200多元过路费,比火车硬卧价格还高。

2002年,国务院办公厅印发通知,要求除省际通道外,在高速公路主线上不允许设立收费站。1999年交通部对全国公路收费站点进行了清理整顿,核发统一制式的收费站牌,使收费站点规范化,随意设点收费现象被制止。交通部明确规定,收费还贷公路还清贷款即停止收费。尽管年年整顿,全国收费站点数量只增不减,因还完贷款被撤销的收费站点寥寥无几。

(三)让各方利益主体对利益放心

在今年初的全国交通厅局长工作会议上,交通部部长张春贤明确提出,要下决心向收费站点林立"顽疾"开刀。他指出:"这件事情难度很大,不是难在技术上,而是难在相关省区市统一认识上。"清理整顿收费站点开展多年成效不明显的背后原因,涉及各方面的利益,协调困难。以京沈高速公路为例,据交通部公路司公路管理处处长李华介绍,交通部公路司2001年8月就召开了北京、天津、河北、辽宁四省市有关部门的协调会,筹划联网收费,但四省市都表现出维持原有收费方式的想法。2002年10月和11月,交通部又召开了两次联网收费协调会,有关部门对撤并哪些收费站等问题仍存在较大分歧。涉及的问题主要有:不由我设卡收费,钱能收到吗?现有收费系统、设备、人员怎么办?

为解决问题,京沈高速公路成立了结算中心,收取的通行费进入结算中心的指定银行账户。然后,按照车辆通行距离进行拆账,银行根据结算中心的命令,将钱划到原来各个利益主体的账户上。为了让各利益主体放心,各路段都派人参加结算中心的工作,所有数据都对各利益主体公开,可以随便查询,以保障各自的利益。交通部公路科学研究所拿出了"小修改"技术方案,在联网收费系统中最大限度地保留原有设施。

京沈高速公路沿线四省市交通主管部门的领导和各路段业主,一致选择了整体利益和长远利益,2003年3月,终于就联网收费达成共识。

(四)联网收费:通行费一清二楚

京沈高速公路联网收费示范工程的实施,给公众带来什么?

在联网收费的背后,显现出整个高速公路管理由分割管理向综合管理转变的美景,全国统一的高速公路通行网正向公众走来。交通部副部长冯正霖宣布,交通部将在全国大力推进高速公路联网收费,我国横贯东西南北的"两纵两横"三条重要路段高速公路大通道是主要目标。届时,公众驾车从南到北、从东到西,都可实现快速通行。

交通部副部长冯正霖指出,交通主管部门和公路管理机构要由方便管理者转变为方便使用者,尽可能地为道路使用者提供周到的服务。京沈高速公路联网收费就是一个示范,改掉自己原有的收费方式是麻烦,但方便了车辆通行者。

(选编自2003年10月21日《新华每日电讯》第4版,作者:林红梅)

四、首发打造"适需服务　畅行高速"服务品牌

驱车行驶在北京高速公路上,无论是经过收费站岗亭、通过收费站区,还是在服务区停留,您都会在停留的片刻时间里感受到首发员工倾心提供的优质服务。当前,首发集团着眼于满足社会公众对高速公路多层次、全方位的服务需求,打造"适需服务　畅行高速"服务品牌。首发集团有关负责人介绍,"适需服务　畅行高速"是一种服务理念,就是围绕客户需求,为车户提供力所能及的帮助,保障北京高速公路畅通畅行。

(一)着眼客户需求

首发集团于两年前开通了高速公路24小时服务热线,采取人工服务与自动声讯服务相结合的方式,通过电话、传真、短信平台和电子邮件等形式,为市民提供高质量、高效率的高速公路信息服务。客户服务呼叫中心目前开设了16个受理座席,日受理能力接近4000余件,实现了对全市高速公路视频图像实时监控和高速公路路况信息的联动,成为通行高速公路客户移动路况秘书。今年首发集团开通了微信公众平台,为所有公众微信车户提供便捷高效的高速公路信息服务。通过微信关注"北京首发集团",轻敲对应按键或发送关键字,即可获取实时路况、施工、气象等各类高速公路信息服务。

车户需求日益多样化,不再满足于畅行、微笑等基础服务,首发集团不断研究客户需求,并以此为基点不断创新拓展服务领域、服务方式、服务内容,搭建民众满意的立体服务平台。

首发经营管理公司有关负责人介绍,北京高速公路路段7个服务区与北京老字号合作,在服务区便利店引进了全聚德烤鸭以及京味点心等许多特色商品,以打造首都服务区的地域特色。首发集团还通过加装自助路况查询机、手机自助充电终端、增加LED电子显示屏、覆盖WIFI无线网络等,逐步完善和扩大服务功能,通过及时服务、贴心服务、温暖服务,将服务区打造成车户的温馨"驿站"。

(二)聚焦道路畅行

近年,北京机动车保有量迅猛增长,部分高速公路陷入了承载能力饱和状态。而车户对高速公路通行服务管理要求也越来越高,首发集团负责人认为,对于高速公路服务而

言,首要的就是让车户在高速公路上享受畅行的感觉,不仅让车户"走得了",还要"走得快""走得好"。

开车经过北京西南部的人都知道杜家坎收费站,因为逢高峰必堵的脾气,曾被市民戏称为"杜大爷",有着极高的知名度。全长 4.58km 的京港澳高速公路五环至赵辛店立交段,于 1987 年开通运营,当时建设标准较低,成为京港澳高速公路北京段最窄路段,每逢平日早晚高峰、节假日容易形成车流堵塞,杜家坎收费站也成为车户的"堵车坎"。

三年前,首发集团投资 5 亿多元对京港澳高速公路"瓶颈"动了"大手术",将双向 4 车道的路面将拓宽为 6 车道,增建 10 条收费车道,随着改造工程竣工,北京高速公路的大堵点——杜家坎收费站也摘掉了"杜大爷"的帽子。

位于城市北部的京藏高速公路是进出京一条咽喉要道,但每天车流量却远远超出了设计承载能力。每逢节假日,首发集团各级领导都要坐镇现场指挥,因为他们知道"畅通关乎民生,畅行比什么都重要"。

面对驾驶员对交通环境的需求与有限道路资源之间的矛盾,首发集团各重点收费站都在主动寻找疏堵妙招,复式收费法便是疏通道路的招法之一。

京藏高速公路清河收费主站,10 条车道收费岗亭前均设有一个简易岗亭,被称为"复式岗亭"。复式收费的操作是这样的:一条收费车道出现四五辆车排队时,立即启动复式收费,站在岛头的收费员引导第一辆车驶入收费岗亭,第二辆车驶近复式岗亭,第三辆车停在岛头位置,这在一条车道就形成了三个点位,可同时通行 3 辆车,使得单车道通行能力提升了 20%。

为给通行车辆多节省一分一秒的时间,首发集团高速公路收费站还为婚礼等车队提供了预约服务,"没有提前预约,婚礼车队到收费站要排长龙等候,也加剧了收费站拥堵,通过提前预约,收费站工作人员在当天将车队引导入指定车道,让车队快速通过收费站区。这些都是适需服务的体现。"首发集团有关负责人说。

首发集团还借助 ETC 提升收费站通行能力,缓解交通拥堵。测算分析表明,1 条 ETC 收费车道相当于 4~6 条人工收费车道通行能力,北京市现有 412 条 ETC 收费车道,使路网收费处理能力每小时增加 24 万辆,高峰时段 ETC 使用率接近 45%,与人工收费车道相比,单车通过 ETC 车道的平均延误减少 58s 秒,2008—2013 年,所有 ETC 用户总延误减少约 890.56 万小时。

(选编自 2014 年 09 月 01 日《首都建设报》第 5 版,作者:李博)

第四章
北京高速公路众人谈

一、修建京石高速公路势在必行

京石路北京段原为京周、京保路的一部分。这一带自古以来就是北京通往南方各省的咽喉要道。800年前，在永定河上修建的中外驰名的卢沟桥，虽风光独秀，光彩照人，但早已超期服役，作为古迹保护。新中国成立后修了一条新的路桥，但只有八九米宽，承受不了大于200t(2000kN)的压力，且路面已坏，成了低标准的二级公路。随着国民经济的发展，这条路已满足不了需求，高峰时，汽车、马车、摩托车、自行车和行人混在一起，排成三四公里的长队，一堵就是几小时。十几里的路程，要走两个多小时，且事故不断。

另外，北京西部资源丰富，尤以矿产资源突出；旅游资源得天独厚，有北京猿人遗址、云水洞、云居寺、"卢沟晓月"等，又有石化总厂，因此往来车辆多，这些都增大了对公路的要求。北京市领导曾多次表示："一定要打通四个大门，缓解城乡接合部的交通拥挤。"因此，打通西南大门，修建京石高速公路势在必行。

京石路一、二期工程虽然只有14.4km，但完全是按高速公路的标准设计和施工的，影响很大。1987年9月6日，香港《文汇报》报道，中国第一条全封闭公路即将建成。1987年11月12日，《北京日报》报道，被誉为"中国公路建设的新起点"的京石路一、二期工程完工，原计划4年建成，实际仅用19个月。1988年1月26日，新华社记者高建新、陈新的"飞车京石路——大陆第一条汽车专用线"的报道，被《中华日报》等4家报纸采登。这段从六里桥到长辛店的14.4km的京石快速路的通车揭开了我国公路史上的新篇章。

1987年11月，京石路一、二期工程竣工通车，对全市人民、对全国交通战线都有很大的震动和鼓舞。当时市人大、市政协及一些省区市交通厅、局的领导都纷纷来参观指导。这条路是全封闭、全立交，没有红绿灯、没有平交道口、没有警察、没有慢车上路，速度不得小于40km/h，完全按照高速公路的等级标准建设的。

1987年，辽宁省副省长彭祥松和交通厅厅长连承智、交通局局长及设计院的同志，在参观京石高速公路后，回去也把沈大全线改为全封闭、全立交的高速公路。（作者：姜善智）

二、暂时的支付　长远的效益

高速公路与一般公路相比，具有很大的优越性，它具有4个以上的车行道，设中央分隔带,采用立体交叉并控制出入,有完善的安全防护设施,专供快速车辆行驶,是一种高速、安全、舒适的现代化新型公路。

高速公路的产生和发展,是一个国家和地区的国民经济发展到一定阶段,人民生活水平提高到一定程度的客观需求和必然产物。它是客观经济规律的反映,而不是人们主观意识的产物。

高速公路的造价,比一般公路、高等级公路都高,但世界各国对高速公路的建设,都注入了极高的热情,技术、管理水平也日益提高,国际上也成立了相应的组织,以进行学术、技术交流。世界高速公路的里程增长很快,技术发展很快。据了解,目前世界上修建高速公路的国家和地区,不仅有经济发达的国家和地区,也有发展中的国家和地区;不仅版图大的在发展,版图小的也在发展;不仅技术先进的有,技术落后的也有。尤其是近年来一些发展中国家也十分重视发展高速公路。匈牙利已修建了8条汇集于首都布达佩斯的高速公路,全长约1600km。朝鲜在1978年建设了从首都平壤至元山的180km长的高速公路,还建设了从平壤至南浦的高速公路。印度也修建了从首都新德里至各地300km长的高速公路。

世界各国对高速公路早就有客观、公正、一致的评价,对高速公路的巨大作用,有不少国家做了很好的说明。

有人说,只有在欧洲建成四通八达的高速公路网,才能说建设起了真正的欧洲。

日本人称高速公路网"是对国家兴亡关系重大的道路""是国土均衡发展基础的骨架"。

美国联邦公路总署出版的一份材料把美国的公路网称为"影响到每个美国人的生命线"。

比利时全国公路运输联合会的一位先生说:"公路就是比利时的'国民经济大动脉'。"

对于正在建造中的南北欧国际高速公路,人们称它是"通向未来之路"。

有位从美国回来的朋友谈起美国的经济时说:"从某种意义上来讲,没有美国的高速公路,就没有美国的一切"。

世界各国为何如此重视发展高速公路?除了为适应交通运输迅速发展的迫切需要,必须采取既有高效能,又有安全保障的途径之外,还因为高速公路能大大提高运输效率,促进经济发展。

美国政府估计,洲际公路网总投资约900亿美元,但1956—1980年的24年间,在节约汽车燃料、降低轮胎消耗、减少交通事故和提高运输效率等方面,获益达1390亿美元,几乎是造价的1.5倍。

美国联邦公路总署测算,在洲际公路网使用期内,每1美元的投资,可以给使用者带来2.9美元的效益。

日本高速公路10年的直接经济效益为对公路投资的3倍。1983年日本工厂选址在高速公路20km以内的占50%~80%。

德国每年死于交通事故的,高速公路仅占7%,一般公路占55%,城市道路占38%。日本高速公路上的行车事故率,仅为一般公路的1/10。

美国1987年出版的《我们国家的公路》一书中,对1967—1985年的运量和死亡事故做了分析:1967年运输量为4亿车英里(1英里=1609.344m),以1985年为7亿车英里,增长75%;同期的死亡人数,则由51000人下降为44000人,下降14%。在死亡人数中,一般公路的死亡人数与高速公路的死亡人数相比,高1~1.2倍。

过去从法国巴黎到里昂,汽车需要走9个小时,修建高速公路后,现在只需4个小时。高速公路创造了成千上万的工作岗位,单是专门服务于高速公路的餐馆,就有近百个,维修站近200个,高速公路每50km有一座旅馆,沿线还出现了很多新的村镇等。

以我国台湾省修建的基隆至高雄高速公路为例,其经济效益也十分明显。该路修成后在其周围地带,已经形成了大片地区的经济繁荣。通车一年仅车辆营运费就能节约新台币56.71亿元。

我国尚处于社会主义初级阶段,属发展中国家,尽管我国经济尚不发达,财力也十分有限,但稳步地发展高速公路是十分必要的。支付是暂时的,效益是长远的。从京津塘高速公路的修建来考察,高速公路不可避免地将在我国发展,特别是商品经济发达地区,大城市出入口地段,必将率先发展。

目前北京市已经具备了一个以9条放射性干线和一个联络环路为骨架,辅以一般干线,县、乡公路的初具规模的公路网,但是还有不少问题:

公路数量少。截至1986年,总里程只有8849km,其密度为每平方公里仅有公路0.62km,与一些发达国家或发展中国家的首都相比,差距较大。

公路质量差。高级路面仅占总里程的1.7%,低级路面却占50.5%,还有6%的土路。由于路面恶化,超期服役,桥梁的结构性和功能性缺陷,表现在所能承担的交通量、承载能力、服务水平不相适应。

北京市公路的发展与机动车增长的速度不同步,后者的增长速度大于前者。由于公路里程与机动车的增长不同步,也是造成交通拥挤、堵塞的原因之一。

近10年来,北京市公路建设为解决向心性交通、过境交通和"出城难",对9条放射性干线中的重要路段,新改建为一级公路、汽车专用公路和山区二级公路。随着交通量的增长,人们时间观念的增强,公路建设的标准、设施等,正在向更高的服务水平发展。这说明重要干线公路已由量的发展,转移到质的提高。要求有更大的交通容量,适应车辆的顺畅通行,从内涵上尽可能地发挥干线公路的最大功能。

在我国修建高速公路能否像国外那样获得良好的效益呢?根据京津塘、沪宁和广深高速公路的可研性报告,用贴现的方法,将使用期内高速公路的总投资和高速公路使用者得到的总效益进行比较,其总效益与总成本之间比值分别为2.23、3.12、1.96,其内部利用率分别为 11.3%、19.2%、19.5%,也就是说高速公路的造价虽高,但效益更大,足以弥补造价昂贵的不足;而交通量越大,其经济效益就越高。

京津塘高速公路建设的经济效益也是多方面的,尤其是北京,受益更高。

在效益计算中,仅按一级公路、用货币计算的直接效益,包括车辆行驶费用的节约、旅客时间节约、交通事故的减少等因素,全部工程的投资回收期为 10 年。在建成投产使用第一年,因线形舒畅、运行快捷、解除拥挤,可节省汽油、柴油 2.9 万 t,轮胎 1.3 万只。使用 20 年,可节省汽柴油 70 万 t,节省轮胎 41 万只,汽车运输成本估计可以降低 20%以上,再加上交通事故的减少、合理分担铁路短途运输、促进国际交往等,直接、间接经济效益都十分显著。

京津塘高速公路工程项目的意义,不仅在于项目本身的效益,还在于它对我国高等级公路、高速公路的影响,还在于项目本身将培养一批人才、锻炼一支队伍,还在于对北京市有着特殊的意义。

修建高速公路,国家将付出一定的代价,将要投入一大笔投资,但是,我确信这只是一种暂时的支付,效益将是长远的。

(原载 1989 年 4 月 19 日《中国交通报》,作者:夏传荪,原标题为"暂时的支付　长远的效益——我对修建高速公路的基本看法")

三、交通建筑须做两篇文章

目前,北京进城难与出城难已经缓解,高速公路里程已突破 100km,这在全国各省、自治区、直辖市中是最多的。除已建成二环快速路之外,明年还准备把三环路建成又一条没有红绿灯的环城快速路。然而,北京的城市交通仍面临困难,没有红绿灯的二环路上也常因车辆太多而堵塞,而旧城区内的堵塞状况更为严重。专家们指出,要彻底改变这种状况,必须做好两篇文章,一是规划,二是资金。

面对现代都市交通和古都保护的矛盾,专家们建议,正在进行的北京市旧城改造,必须从规划上考虑城市功能的适当外移,应积极发展新区,疏散城区人口,避免在旧城区兴建过多的商业中心。

专家们指出,在旧城区内兴建过多的商业中心,会进一步加剧旧城区的交通拥挤状况,而为改善交通又必须成段成段地大规模改建道路,直接威胁旧城的历史景观。更为重要的是,在旧城区兴建商业中心和改建道路耗资甚巨。据了解,由于旧城区拆迁量大,有的工程的拆迁费已占了工程建设资金的一半。在旧城区花费这么多钱还会带来如此众多的问题,为什么不能拿这些钱去建设更多更好的新区呢?

就如何解决交通建设资金紧张问题,专家们提出对策:城市基础设施建设必须从单纯由政府投资开发福利型经营,走向以企业为主体的商业性开发、多种投资方式并存的产业化经营,这是建立社会主义市场经济体制的必然要求。

有人说,大城市的干道和立交桥是用人民币铺成的。此言不虚。投资10亿元的北京西厢道路工程的道路面积50万m^2,如用10元一张的人民币来铺,还要铺2层多。道桥建设投资巨大,目前却缺少固定的投资来源。

从1980年起,各城市的道桥建设国家不再给投资,固定的资金来源只有一个——城市建设维护税,而该税担负着道桥建设等各项建设费用的开支。据了解,北京市近几年的道桥建设投资都在10亿元左右,而城市建设维护税每年只能收3~4亿元。

为了有足够的资金突破交通"瓶颈",专家建议,除进一步完善税制之外,应积极借鉴发达国家的经验,采取道桥、地铁建设与房地产物业开发相结合的方式,以肥补瘦、以半补欠;或者采取国际上通用的BOT方式引进外资,即根据开发商的投资量,允许其有偿经营一段时间再收回。

专家们还进一步指出,基础设施的开发与经营一旦进入商业领域,将会把价格体制改革从下游产业引向上游,从而给国家宏观经济体制改革以强有力的推动力。据介绍,北京市已在这个方面出台了一系列措施,成立了首都高速公路发展公司,该公司贷款修建了首都机场高速公路,以收取过路费还贷,滚动发展。此外,已有美国、英国、法国、意大利、荷兰、日本、瑞士等国家以及我国的香港、台湾地区共上百家企业,前来进行基础设施投资洽谈,并有数十家企业与北京市有关部门签订了投资协议,有的项目已正式签约。

基础设施的商业时代已浮现曙光。

(节选自1993年《瞭望周刊》第51期,作者:王军,原标题为"迈向国际大都市的挑战")

四、北京需要现代高速公路网

改革开放以来,在市委、市政府、交通部的关怀和支持下,北京的公路建设发生了重大变化,取得了可喜成就。到1988年底,北京市的公路总里程已达12498km,其中高速公路176km。

十一届三中全会以后,公路局根据上级批示精神,抓住机遇、集中力量、区别缓急,阶段性地新建、扩建了一批标准高、质量优的主要干线公路,如京昌、京开、通黄等公路,特别是京石、京津塘、首都机场、京哈、八达岭(一、二期)等几条高速公路的相继建成,不仅打开了京城的东、西、南、北大门,解决了进出城难这一历史性问题,而且把北京的公路建设推进到了现代化、网络化阶段,几代筑路者的梦想终于变成了这样一个现实:一个以高速公路为支脉的四通八达的放射型的路网已经形成并在不断发展和完善中。

北京公路建设虽然发展很快,但是高速公路的发展和发达国家相比,无论是总量还是密度都有较大差距,远远不能适应国民经济发展的需要,尤其是北京作为全国的政治中心、文化中心和国际、国内交往中心,更需要有与之相适应的发达的现代化高速公路网络,更好地服务中央、服务全国。据此,北京市把进一步完善路网结构、提高服务水平、加强科学管理、确保重点工程,作为"十五"期间公路建设的主要任务,积极发展国道和国道主干线高速公路网络,形成以主要放射线加公路环线为骨架的快速大容量的网状公路系统,逐步联结市内所有10万人以上的卫星城(含县城)主要建制镇、主要风景名胜区和有一定生产规模的工业区。到今年(1999年)9月底,京沈高速公路北京段、东四环路、顺利路改造工程、顺平路二、三期工程等相继竣工,到2000年,北京将相继完成公路一环、二环、京开高速公路、八达岭高速公路三期工程、京密高速公路等工程,北京市的高速公路有望达到620km。届时,北京境内的国道主干线、主要的市级以上干线公路,以及连接10万人以上城镇和居民点的公路都将实现高速化,从而在北京形成一个布局比较合理、服务水平较高的高速公路网络。目前,公路局的万余名筑路职工正在发扬着"无私奉献、顽强拼搏"的筑路精神,把争创公路文明行业作为"两个文明"建设的载体,朝着公路发展的目标阔步前进。

(原载于1999年《中国公路》第19期,作者:李道辅,原标题为"展望北京公路的未来")

五、北京收费道路评价

北京市现有收费道路主要是高速公路,依次为首都机场高速公路、京哈高速公路北京段、京沈高速公路北京段、京津塘高速公路北京段、京石高速公路北京段、八达岭高速公路、京通高速公路及京开高速公路北京段,京承高速公路、六环路正在建设之中。

至此,北京市已经形成了以城区城市快速路、快速路连接线、交通主干道、北京市周边郊区的高速环路、放射线高速公路为主体结构的路网格局。目前,城区路网结构已经基本形成,城郊区东西南北四个方向也均有高速公路通道进出,现有总长约525km高速公路的建成,初步解决了城市主要进出口的交通拥堵问题,而且也改善了北京市路网结构,提高了公路运输效益和服务水平,促进了北京地区经济的发展,产生了巨大的经济效益和社会效益。

根据《北京城市总体规划》对北京市公路建设战略布局的要求,北京市在2008年之前,还将建成八达岭高速公路(三期)、京密高速公路、六环高速公路等项目,还将开辟首都机场第二高速通道,使北京高速公路总里程达890km左右。这些高速公路建设项目的实施,意味着北京市将有一个连接通畅、体系完整、格局均衡、功能合理的高等级公路网,综合交通运输体系将从此迈向崭新的历史时期。

北京市高等级收费道路网对北京市城乡经济社会发展发挥了重要作用,但是从总体上看,国家与社会斥巨资修建的高等级公路远没有发挥它应有的作用,收费道路传统的收费管理运营模式已经成为这些高等级公路充分发挥其效能的最为主要的障碍,具体表现在以下几个方面：

(1) 现行收费道路服务目标与北京市总体发展规划、城乡一体化建设的总体目标不一致

北京城市规划实施"以新城、重点镇为中心"的城镇化战略,其中绝大多数新城与边缘集团都处于北京高等级公路网的沿线或附近,道路的收费运营管理人为地增加了交通成本,降低了这些地区人口与产业的吸引力,客观上扩大了城乡差别,造成城市总体结构失衡,制约居民机动车消费,不利于整个城市的可持续发展。

(2) 收费道路收费站设置数量多,分布密

在现有的收费道路中,收费站多达 800 余个,大大超过国内的一般水平,直接降低了这些公路的服务水平,造成了收费成本的巨大浪费。

(3) 道路资源没有得到充分的利用

这首先表现为收费路网的交通量在整个路网流量结构中明显偏小。由于收费的原因,大量的交通量流失到收费道路的辅路或者其他相关道路上去,一方面造成一些收费道路资源的严重浪费,另一方面又造成辅路或其他相关道路的超负荷运转。

(4) 道路功能正在发生转变

北京市城市总体快速发展还将持续一段时间,收费道路的交通需求也会随着城乡一体化建设速度的加快进一步增加,放射线外围的流量也可能会大幅度上升。各收费道路不仅具有道路运输的功能,还将具备城市道路的功能,构成城市一体化的路网格局,在整个城市大交通中协调发展。

(选自 2005《中国科协学术年会分论坛中国公路学会学术年会论文集》,作者:张岚、荣建、陈来荣)

六、北京高速公路:22 年从无到有的快速发展

北京高速公路发展起步于 1986 年,1999 年进入快速发展阶段。从最早的京石路一期一条高速公路到现在的成网络化分布的格局,全市高速公路总里程达到 762km,北京的高速公路建设和管理者,用辛勤的汗水为首都写下辉煌一页。

1986 年可以说是北京高速公路建设的起点。京石高速公路(北京段)全长 45.6km,是北京最早建设的高速公路,也是中国大陆第三条开工建设的高速公路。1987 年 11 月 12 日,《北京日报》头版头条向北京市民通报了喜讯:全封闭、全立交式快速公路——京石路一期完工通车。这条 14km 长的从六里桥至赵辛店的道路被誉为"中国公路建设的新起点",虽然当时没能享有"高速公路的正式头衔",但至今仍作为京石高速公路的重要组成部分,承载着南来北往的车流,是国内建成年代最早并依然在运行的高速公路。这条高等级公路,让当时的北京人感到格外新奇与兴奋。驾驶员也头一次体验到没有红绿灯、没

有平面交叉路口,一路风驰电掣的惬意。

原北京市公路局局长、原北京市公路学会理事长李道辅深有感触,据他介绍,当时京石高速公路的修建在国内还存在一些争议。有人提出,国内修建这样的高速公路不符合中国国情,而且如何施工也没有先例可以借鉴;但也有人认为在改革开放的年代,为了国民经济快速发展,必须公路先行。为促进北京的发展,经过研讨,交通部和相关专家研究决定修建京石路。

李道辅告诉记者,北京另一条不得不说的高速公路是1987年12月开工的京津塘高速公路。作为我国第一条利用世界银行贷款修建和管理的高速公路,该路也成为首次引进"菲迪克"条款(国际通用的工程招标和监理模式)用于高速公路的建设,丹麦人也成了中国高速公路最早的境外监理人员,当时外国人从招标选择施工单位到材料选用和操作规范,都异常严格,这让很多北京业内专家都有些不适应,比如监理人员必须单独用餐和乘车,这些在现在很正常的事情,在当时都觉得很新鲜。那时的施工环境与现在有天壤之别,早期的施工人员居住的是最简易的板房,现在的职工宿舍可以安装空调和取暖设备,保证施工人员生活,而那时修路工人夏天别说空调了,就连电扇也是难觅踪影,到了冬天只能自己生煤炉取暖。由于当时施工标准很高,这些严格的规程也为北京公路建设注入新的活力,成为后来公路建设的典范。

随着国民经济的快速发展,到20世纪末,交通基础设施的建设成为政府关注的重要问题。为此在1999年成立北京首发集团负责北京高速公路的建设与管理运营的任务。这种企业行为使投融资体制发生变化,北京的高速公路发展因此进入了一个快车道。2000年开工建设的京开高速公路(北京段)成为京珠线的重要组成部分,形成了北京通往南部地区的又一条高速公路,而同年进行的八达岭高速公路(三期)建设和八达岭一、二期高速公路收费系统的改造也加速了京北地区高速公路路网的建设和完善。进入21世纪,奥运会申办成功也有力地促进了北京高速公路的发展,五环路、六环路,包括机场线的完善和机场二通道的建设,都是北京为奥运会提高高速公路运营里程和交通运行能力的保障。

从京石高速公路开始,北京高速公路建设步伐不断加快,22年来已形成环绕京城四通八达的高速公路网,从五环、六环两条环线高速公路到京石、京开、京津塘、八达岭等放射线高速公路,北京市的高速公路建设走过了不平凡的发展道路。1993年北京高速公路通车里程仅为100km,到2000年这一数字变成268km,2004年突破500km,而截至今年(2008年)通车里程近800km,随着在建线路的逐步完工,预计到2012年北京高速公路有望突破1000km。北京高速公路的快速发展大大缩短了市中心与各郊区区县之间、各郊区区县之间以及首都与周边省市之间的时空距离,加快了区域间人员、商品、技术、信息的交流速度,对加快首都和谐社会首善之区的建设,统筹城乡和区域发展,促进京郊旅游、农业发展、房地产开发,方便市民出行,都发挥了重要作用。

(原载于2008年12月19日《首都建设报》第10版,作者:谢峰)

七、高速公路服务品质不断提升

"十一五"期间,北京公路行业按照"四个服务"的工作要求,以奥运筹办和国庆60周年保障为主线,积极探索、勇于创新,不断加大养护管理力度,倾心打造"服务、科技、管理、发展"首都公路文化,北京公路设施承载能力不断提高,综合服务水平大幅提升,重大活动保障能力也显著增强,为调整城市发展格局,推动经济社会较快发展,做出了终要贡献。

(一)高速公路服务保障能力显著提升

推行标准化管理,创建品牌服务。颁布实施了《收费(高速)公路服务质量评价体系》,实现了全市高速公路服务标准的统一化、标准化,规范化和科学化。进一步修订完善了《北京市收费公路服务区规范化管理规定》,从服务区功能、文明经营等管理方面提出了明确要求,定期对服务区经营管理情况进行检查,各高速公路公司以为客户提供高品质的交通服务为根本出发点,积极改善环境卫生、规范服务标准、完善服务设施、加大培训力度,使"高水平服务"常态化,服务满意率显著提高,首发集团公司先后提出了"阳光服务""适需服务"等服务理念,实施星级考核评比,提升了服务水平。华北高速公路公司积极倡导微笑服务,借鉴"桂柳"经验,开展民航式服务,提高了服务品牌的知名度和影响力。

建设科学高效的高速公路管理信息平台。2004年北京市高速公路信息中心投入运营,实现了行业管理部门、交管部门与高速公路公司信息、图像的共享,形成了高速公路的信息管理网络。

不断强化应急保障能力。各高速公路公司按照《北京市桥梁突发事件应急预案》《北京市道路突发事件应急预案》要求,建立了完善的应急抢险预警机制,成立了应急处置组织机构,建立了完善的应急预案体系,设置了专业的抢险队伍,对公路突发事件处置做到准备充分,组织有力,快速反应,处置得当,最大限度降低灾害损失。

(二)高速公路养护管理水平进一步提高

全面加强日常管理,各高速公路公司不断建立健全规程制度,积极实施精细化养护,按照交通流量、路段位置重车比例等因素划分养护等级,核算养护费用,细化养护作业项目和验收标准,促进养护由粗放型向精细化转变,严格执行高速公路养护巡查制度,在恶劣天气、特殊地段和重大活动期间增加巡视人员和频率,及时发现并消除道路隐患,保障高速公路的安全畅通。各高速公司高度重视桥梁养护管理,每年安排专项资金实施桥梁的经常性检查和定期检查。利用高速公路桥梁管理系统,对桥梁实行动态跟踪管理,及时消除安全隐患。目前,北京市高速公路无四、五类桥梁。

实施大修、预防性养护等专项工程,提高路况服务水平。在高速公路公司定期检测路况的基础上,建立了政府检测评价机制。路政局每年安排专项资金对高速公路路况进行检测,形成养护维修评价报告,并对路况不达标路段提出养护维修指导意见,各高速公路公司加大对养护的投入,养护投资预计达到39.3亿元,年平均每公里日常养护投入近8万元,全面贯彻"无痕服务"理念,积极采用新材料、新工艺和路面快速修补技术,采取不断路施工、夜间施工等方式降低对公众出行的影响,相继实施了京沪高速公路、京港澳高速公路、京藏高速公路、机场高速公路等大修工程,高速公路路况保持优良水平。

(三)大力推广电子不停车收费系统

积极推广使用进电子不停车收费系统,作为京津冀电子不停车收费区域联网示范工程城市,北京市成立了电子收费专营公司,专门从事符合国家标准的京津冀区域联网电子不停车收费系统的建设与管理,初步建成了京津冀不停车收费网络,截至2010年底,市域内建成365条不停车收费车道(ETC),覆盖了北京市所有收费站点,ETC标签用户超过38万户,通行量占高速公路总通行量的20%。车辆通过时间缩减至3s,大大提高了通行效率。

"十一五"期间,北京公路发展环境不断优化,体制改革不断深入,管理水平不断提升,队伍建设不断加强,为公路事业的长足发展奠定了坚实的基础。站在新的起点上,北京公路将在交通运输部和北京市委市政府的正确领导下,坚持以科学发展观为指导,全面贯彻落实交通运输部《"十二五"公路养护管理与应急保障发展规划》,牢牢把握首都交通事业发展新形势、新特征、新需求,抓住机遇,集中精力,埋头苦干,为推动北京公路事业的科学发展、协调发展、快速发展,为把北京建设成为具有中国特色的世界城市做出更多贡献!

(原载于2011年《中国公路》第10期,作者:孙中阁,原标题为"转变发展提升服务")

八、周正宇:2017年京津冀路网无断头路

京津冀协同发展,交通先行,路通成为交通部门的首要任务之一。昨日,北京市交通委主任周正宇宣布,今年,将加快推动密涿高速公路、京秦高速公路开工建设。算上去年底开工建设的京台高速公路,三地之间高等级公路网建设全面启动。到2017年,京津冀三地之间再无"断头路"。

在疏通大路同时,三地交通部门已经启动了普通干线公路的规划对接。同时,三地在交通运输部的牵头下共同研究加快推进首都地区环线高速公路建设。

(一)六环路直通秦皇岛

京秦高速公路是一条国家级高速公路,编号为 G1N。这条高速公路西起北京六环,东至河北秦皇岛,全长 208.3km。2012 年,这条高速公路在河北界内约 47km 段建成通车。前几天,随着京秦高速公路在天津境内的最后一座跨京哈铁路大桥成功转体,其天津段施工也逐渐接近尾声。

未来,随着这条高速公路开通,北京通往东北地区将开辟一条新的快速通道,天津北部、唐山、秦皇岛与北京的交通将直接连通,对促进京津冀区域经济发展具有重要作用。专家坦言,这条路相当于为北京东部打开了一扇新大门,对更好地发挥天津滨海新区及天津自由贸易区辐射带动作用、促进京津冀一体化进程有着深远影响。

(二)首都地区环线高速路分流货运

根据功能定位,首都地区环线高速公路的作用在于疏解非首都功能、引导过境交通通行、完善华北至津冀港口的货运功能。在交通运输部的领导下,京津冀三地共同研究加快推进首都地区环线高速公路建设。如今,这个环的部分路段——密涿高速公路可能引入京内。

关于首都地区环线高速公路线位规划设置,有关交通业内人士表示,真正的首都地区环线应该全线绕出北京市域,这样才能真正起到疏解作用,还能更好地兼顾东北、西北货运入港的需求。中国科学院院士、中国工程院院士、著名建筑学与城市规划专家吴良镛在接受采访时曾经表达了这样的意思——北京已经不适合围绕六环路再建传统意义的七环路,而是应该通过规划让七环外扩,连接起北京和外围城市,摆脱"发达的中心城市、落后的腹地"的局面。

如今,密涿高速公路的线位走向经过了几次调整。交通部门介绍,其最早规划从京承高速公路密云的一个点为起点向南经平谷、三河、通州、大兴进入河北省廊坊连接涿州。随着国家高速公路网规划的确定,这条路又成为首都地区环线的部分路段,起点已不在北京密云境内,北段将绕出北京境内,目前,北京市已经加快启动密涿高速公路南段大兴—通州段首都地区环线替代线前期及建设工作。

首都地区环线高速公路将连接京秦、京哈、京津、京沪、京台、大广、京港澳、京昆、京藏、京新共 10 条高速公路,成为一条货运大通道。

(三)京台高速直通新机场

去年底,京台高速公路北京段启动招投标,这是《国家高速公路网规划》中涉及的 7

条首都放射线中最后一条启动建设的高速公路。规划显示，京台高速公路北京段道路设计起点位于现京沪高速公路与京开高速公路之间，104国道与南五环路相交点东侧约300m处，与蒲黄榆快速路相接。交通部门介绍，京台高速公路是国家高速公路网规划的一条纵向主干线，编号为G3，从北京到台北。截至目前，山东段、江苏段、安徽段、浙江段已通车，河北段、天津段、福建段已动工，京台高速公路廊坊段桥涵工程全部完工，路面工程完成95%。随着京台高速公路的建成，《国家高速公路网规划》中涉及的7条首都放射线将全部建成。这7条高速公路分别是京哈高速公路、京沪高速公路、京台高速公路、京港澳高速公路、京昆高速公路、京藏高速公路和京新高速公路。目前，除了京新高速部分路段和京台高速公路外，其余均已建成通车。京台高速公路北京段通车后，将为北京城区到新机场以及京津间空港接驳提速。

（原载于2015年6月29日《北京日报》，作者：刘冕）

Record of Expressway Construction in
Beijing
北京高速公路建设实录

第九篇
高速公路建设项目

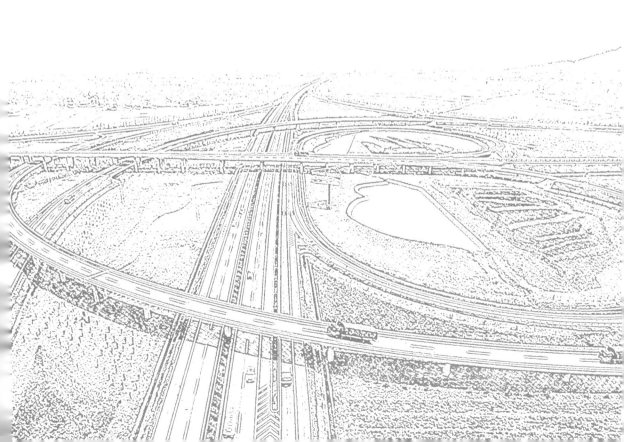

第一章
G1(京哈高速公路)北京至哈尔滨高速公路北京段

G1(京哈高速公路)北京至哈尔滨高速公路北京段起于北京市朝阳区东四环四方桥,止于通州区大沙务(市界),全长39.891km,于1998年7月31日开始分段施工,1999年9月30日通车。2010年国家高速公路网统一命名、统一编号规划之前,此段为京沈高速公路北京段(以下采用该名称)。2010年之后,京沈高速公路更名为"G1"(原京哈高速公路改为"通燕高速公路")。该段工程起点为朝阳区南磨房乡,经王四营、黑庄户和通州区台湖、张家湾、郎府、西集等11个乡镇,过京冀交界大沙务后,连接G1京哈高速公路河北廊坊段。京沈高速公路建成后,形成了一条新的东北三省出入关快速通道,与同三(同江至三亚,后改为G15沈海高速公路)高速公路、京沪(北京至上海)高速公路、京珠(北京至珠海,后改为G4京港澳高速公路)高速公路等国道主干线连为一体,是沟通东北与华北、华南的交通运输大动脉。

第一节 项 目 概 况

一、基本情况

京沈高速公路工程(北京段)是当时国道规划网中的"两纵两横三个重要路段"中的一部分,是国家"九五"计划的重点工程建设项目之一。同时,京沈高速公路北京段也是当时北京市总体规划中东南方向的一条重要对外放射线。京沈高速公路从1996年起,按照地域进行分段建设,分为北京段、河北省廊坊段、天津段、河北省宝山段和辽宁省沈山段。

北京段除6.9km按照城市快速路标准建设之外,其余按照平原高速公路标准建设。其中,东四环至通惠灌渠东路段设计速度为100km/h,通惠灌渠东路至终点段设计速度为120km/h。该工程行车道和硬路肩采用沥青混凝土,主线收费作为水泥混凝土;建设大桥3座/1608m,中桥9座,小桥144座,通道21道,涵洞122座,互通式立交6座,分离式立交3座,主线收费站1处,匝道收费站5处,服务区1处。

工程开工日期为1998年7月31日,竣工日期为1999年9月30日,总工期为1年零2个月。

二、决策过程

京沈高速公路是北京至沈阳的国道主干线,途经天津宝坻、河北唐山和秦皇岛、辽宁省锦州市等地。之所以建设京沈高速公路,有四点理由:一是修建京沈高速公路是交通运输发展的需要,尽快建成京沈高速公路,可满足东北方向的货运需求;二是修建京沈高速公路对促进沿线地区的社会、经济发展将起到很大的推动作用,同样对北京市的经济发展也会带来积极影响;三是根据北京市及道路沿线区域经济增长速度,预测2019年北京东南扇形区域内通道交通总量约为19.13万puc/d,京沈公路交通量最大路段将达到约9.63万pcu/d,这样大的交通量,如果只靠当时的公路承担是难以适应的;四是京哈公路河北段将与北京市界接线位置定在大沙务村南、凌家务村北。因此,北京段有必要与全线同期实施并贯通,以发挥京沈公路的整体效益。综上所述,修建京沈高速公路南线方案不仅必要,而且合理。

1993年6月,交通部在山东召开的全国公路建设工作会议上提出了公路建设的新目标。其中包括在2000年前建设连接华北、东北地区的交通干线——北京至沈阳的高速公路,并将其列为重点工程项目,要求抓紧进行前期工作。同年10月,由北京市市政管理委员会主持审议通过了京沈高速公路京冀交界接线点方案,接线点为京境大沙务村以南、冀境凌家吴村以北。该路的测设及实施计划原则上与河北省同步。

三、主要参建单位

本工程主要参建单位详见表9-1-1。

京沈高速公路北京段工程参建单位表 表9-1-1

监督单位			北京市公路工程质量监督站
建设单位			北京市京沈高速公路工程指挥部
设计单位			北京市市政设计研究总院、北京市公路局设计研究院
		K16+500段道路桥梁结构工程	北京市市政工程设计研究总院
		K16+500至市界段道路桥梁结构工程	北京市公路局设计研究院
监理单位			北京市高速公路监理有限公司
施工单位	1号	11+600~13+900	北京市道桥总公司第五分公司
	2号	13+900~16+500	北京市道桥总公司门头沟分公司
	3号	16+500~18+600	北京市道桥总公司第二分公司
	4号A	18+600~20+400	北京市道桥总公司平谷分公司
	4号C	20+400~21+400	北京市道桥总公司顺义分公司
	5号A	21+400~22+800	北京市道桥总公司第三分公司
	5号B	22+800~24+800	北京市道桥总公司房山分公司

续上表

监督单位		北京市公路工程质量监督站	
施工单位	6号	24+800~26+149	北京市道桥总公司怀柔分公司
	7号	26+149~27+700	北京市道桥总公司第一分公司
	8号	27+700~31+200	北京市道桥总公司第四分公司
	9号	31+200~34+450	北京市道桥总公司密云分公司
	10号	34+450~39+684	北京市道桥总公司通州分公司
	11号	0+899.66~1+500	北京市城建集团第三分公司
	12号	1+500~2+401.23	北京市城建道桥有限责任公司
	13号	2+401.23~3+120	铁道部十八局五处
	13号A	辅路铁路顶进箱涵	北京市铁路工程总公司
	14号	3+120~4+350	北京市第一市政工程公司
	15号A	4+350~5+600	北京市道桥总公司昌平分公司
	15号B	5+600~6+900	北京市道桥总公司第四分公司
	16号	6+900~9+000	北京市道桥总公司平谷分公司
	17号A	9+000~10+300	北京市道桥总公司大兴分公司
	17号B	10+300~11+600	北京市道桥总公司第五分公司
	18号	0-600~0+899.66	交通部一局五公司
	18号A	0-600~0+899.66	北京市道桥总公司京石分公司

第二节 建 设 情 况

一、准备阶段

（一）立项审批

1993年6月,在全国公路建设工程会议上,京沈高速公路被确定为"九五"期间全国公路建设新目标。

1994年年初,北京市公路局委托北京市城市建设规划设计研究院编制京沈高速公路北京段工程可行性研究报告及规划方案。

1995年8月,首都规划建设委员会办公室以《关于京沈高速公路北京段规划方案的批复》(首规委办规字〔1995〕第280号),原则同意设计规划方案。10月,北京市公路局委托北京市市政设计研究总院和北京市公路局设计研究院进行京沈高速公路北京段的初步设计。

1997年,交通部以《关于京沈公路北京段可行性研究报告的批复》(交计发〔1997〕

159号),批复了京沈高速公路的建设规模、技术标准和总投资。同年,交通部以文件《关于京沈公路北京段可行性研究报告的补充批复》(交计发〔1997〕160号),重新确定了工程的总投资,即将原批总投资控制在26亿元以内,重新定位控制在28亿元(含贷款利息4.38亿元)以内。并在1997年以《关于报审京沈高速公路北京段(东四环路至市界)初步设计的请示》(京交公字〔1997〕第426号)同初步设计文件报审,1998年2月交通部以文件《关于京沈公路北京段初步设计的批复》(交公路发〔1998〕127号)批准了京沈公路北京段的初步设计。

按照交通部对初步设计文件的审批意见,在施工图阶段,对初步设计中不合理的地方又进行了修正,使之完善。施工图设计由北京市市政工程设计研究总院和北京市公路局设计研究院分段负责,施工图设计与初步设计同为一个单位。

京沈高速公路北京段招标文件经交通部组织专家审查,于1998年4月16日印发了《关于京沈高速公路北京段招标文件的批复》(公建字〔1998〕64号文件),原则同意所报招标文件内容,同时提出了一些修改意见。同年6月8日,市公路局以文件《关于京沈高速公路招标文件中"合同条件"的批复》(京路计字〔1998〕第032号),结合交通部公建字〔1998〕64号文对招标文件的批复精神,对京沈高速公路指挥部上报的招标文件进行了修改。7月3日,交通部批准了京沈高速公路的开工报告。1998年9月,北京市计划委以文件《关于通州区滨河路改扩建工程项目建议书(代可研)的批复》(京计能字〔1998〕第1112号),同意市交通局的滨河路改扩建工程的请示[《关于报送"通州区滨河路改建工程项目建议书"的请示》(京交公字〔1998〕394号文)]。

(二)资金筹措

本项目概算投资为34.6亿元。最后投资约33亿元,总投资的60%引进外资,利率按8%计;总投资的40%来自国内商业贷款,利率按15.12%计。北京段由业主单位投资建成,业主单位在公路通车后,成为收费的利益主体单位,并承担本段高速公路的还贷责任。

(三)招投标

依据交通部批准的京沈高速公路招投标文件,按照交通部《公路工程施工招投标管理办法》的有关规定程序,采取邀请投标方式,择优选出与工程建设规模特点适应的施工队伍。京沈高速公路北京段共划分22个标段,其中,通州区12个合同段,朝阳区10个合同段。每个合同段均包括路基、路面、桥梁、排水设施构造物等。

1. 招标

(1)编制招标文件

按照部《关于京沈高速公路北京段招标文件的批复》的意见,重新对合同条款、技规范进行修改补充,使它便于操作,更具有法规性。为在施工中提高工程的建设质量、管理水平,进行合同管理奠定了基础。招标文件包括投标预审邀请书、投标须知、合同通用条件、合同专用条件、技术规范和工程量清单说明。

(2)资格预审

京沈高速公路北京段工程指挥部按照交通部《公路工程施工招标资格预审办法》的有关规定,编制了预审文件和资格评审规则及成立了资格预审委员会。在资格预审文件中,除了交通部要求的对施工企业资质、资信能力的审查以外,结合本条路的建设特点又增加了两条作为符合性资格条件。一是为了推动北京公路行业的质量水平的提高,提出了投标申请人必须取得 ISO 9000 认证或已与 ISO 9000 咨询公司签订合同,证明质量认证工作已开始运作,否则将取消投标资格;二是必须满足合同规定的关于网络计划管理系统和工程管理系统的软硬件要求,使用计算机管理,按要求及时准确地向指挥部传递有关资料。

根据北京市公路系统单位人员设备齐、资质信誉好、施工能力强的特点,在征得部公管司同意的情况下,本段招标被邀请的资格预审申请人均为公路系统的单位。资格预审委员会依据各申请人的资质业质、施工能力、技术水平、履约表现,按交通部规定预审程序和要求的内容,对各合同号的申请者进行了公平、公正、客观、准确的评审,通过预审的才可购买相应的标书。

2. 招标选择施工队伍

京沈高速公路北京段工程指挥部于 1998 年 5 月 26 日向通过资格预审的投标单位发售通州区段 1 号~10 号合同招标文件。并按时组织投标者勘察现场和召开标前会。本次投标共有 16 个单位参加,收到投标书 57 份,有约投标合同号达 9 个投标人,最少也有 4 个,朝阳区段的 10 个标,京沈高速公路北京段工程指挥部分两次在当年 11 月份向通过资格审查的投标申请人发售招标书 33 份,并按有关程序要求内容当众开标。

京沈高速公路北京段评标委员会按照交通部《公路工程施工招投标管理办法》的有关规定和程序,根据投标人的报价,参照标底,评标规则综合评分,经过 3 次评审,最后确定了 22 个合同号的 22 家中标单位,并向中标单位发中标通知书,随后与各中标单位签订施工合同。

(四)征地拆迁

京沈高速公路北京段路线经过朝阳、通州两区。经市规划委同意(规地意市政字〔1998〕0026 号、规地意市政字〔1998〕0023 号),该工程共征地 460.74 万 m^2。其中,在通州区台湖至西集征用地 333.02 万 m^2,朝阳区(南磨房—黑庄户)征用土地 127.72 万 m^2。其中,朝阳区段约 12km。地上、地下物,房屋,各类管线需拆迁的数量较大,况且涉及的部门、单位较多,在短时间内很难完成。而通州区的 28km 基本上路线经过的是稻田耕地,地上物拆迁量较小。因此京沈高速公路北京段工程指挥部决定京沈高速公路整个工程分两步实施,先期工作重点放在通州区段,经过多方努力,拆迁征地工作已经得到逐步落实,6 月下旬中标单位陆续进驻通州区段施工现场,做施工准备工作,又经过 4 个多月的拆迁准备工作,到 1998 年年底朝阳区段的施工单位陆续开工。

2000 年 11 月,市国土局对京沈高速公路(一期、二期)工程占地范围内是否压覆重要矿床进行核查,经核查认定,该两处占地范围内均无已勘察探明的重要固体矿产资源,并出具了不压覆重要矿产资源的审查批复(京国土房管储函〔2000〕42 号)。

二、实施阶段

(一)工程建设管理

1. 工程质量控制

(1)京沈高速公路质量目标要求达到国优,结构工程在重视混凝土强度等内在质量的同时,注重控制混凝土的外观质量、道路工程控制路基密实度和路面平整度,并结合交通部开展公路质量年活动的要求,注意克服质量通病。

(2)施工队伍人员素质的要求:项目经理必须具有二级以上项目经理资质,技术人员及技术工种的配备要与承担的工程相适应。施工队伍进场后还要检查其主要负责人是否与资格预审时所报的人员相符,防止有挂名虚设。

(3)京沈高速公路北京段工程指挥部根据工程的进展,分阶段组织人员对施工单位进行全面工程质量检查。根据各阶段的施工特点,针对检查出来的质量问题,及时总结经验。并限期纠正以提高全员的质量意识,消除质量隐患,避免质量事故的发生,提高后期的工程质量。

(4)控制主要工程项目的施工工艺。对道路结构层,要求严格按规范采用摊铺机施工,并需先做试验段,各种检测试验数据符合规定才能进行后续工作;对于技术要求高、施工难度大的桥梁构造物,施工前请专家会审其施工方案,并在实施中加强检查力度,确保工程质量。

2. 工程进度管理

(1)目标管理:按照总的工期目标要求,根据工程进展情况。将总目标分解为阶段目标,制订阶段目标计划,按阶段目标要求通过检查控制管理整个工程进度,以保证工程进度总目标的实现。

(2)控制性工程项目:京沈高速公路北运河大桥和六处大型互通立交工程为全线控制性工程,京沈高速公路北京段工程指挥部加大检查、管理力度,协调各方面关系,保证控制性工程的顺利施工,在施工过程中,注重控制好关键环节,摆正质量与进度的关系,始终把质量放在第一位,不以降低质量要求来换取进度。对于个别单位,在施工中盲目抢进度或忽视质量标准,造成项目施工达不到质量要求的,工程指挥部坚决要求返工,并给予批评及其经济处罚。

(3)进度保障措施:一是请各类专业设计人员进驻指挥部现场办公,与施工单位密切配合,尽快解决施工中出现的与设计有关的问题。二是增加拆迁人员,加大拆迁工作力度。工程指挥部与当地政府及有关单位密切配合,对于影响进度的事盯着不放。按轻重缓急合理安排拆迁工作,以保证工程有序进行。三是强化例会制度,指挥部每周定期召开项目经理会,了解本周内施工的进度,质量保证情况,对于影响工程的有关问题责成有关部门负责解决,以保障工程的顺利进行。

3. 执行合同情况

(1)工程指挥部按照与各方签订合同协议要求的内容,认真履行其职责,负责组织协调有关部门相互配合,解决施工中产生的各种问题,为满足工程建设需要服务。

(2)付施工单位工程费用,按照监理程序及有关规定办理设计变更、工程洽商及索赔事项。

(3)指挥部与区负责征地、拆迁的部门配合解决施工中的民扰问题,协助施工单位处理扰民及民扰问题,尽最大努力避免或减少施工单位受征地拆迁的影响。

1998年10月7日,交通局传达了国办发〔1998〕15号文件精神,并提出了具体措施,随即京沈高速公路北京段工程指挥部召开了项目经理会传达文件,提高认识摆正进度与质量的辩证关系,认真分析了开工以来的质量情况,认为国办文件是及时的,是符合现实情况的。会后各项目经理部分别召开了施工段队质量专题会、现场会,总监办召开了驻地监理的质量分析会,制定具体措施,严把质量关,明确质量否决办法,使工程质量管理达到一个新的水平。指挥部还注重运用社会舆论监督力量,与各新闻单位密切联系、充分合作,及时地将工程情况通过各新闻媒体向社会公开,引起社会各界对工程的关心,达到全社会对工程质量的关心与监督作用。

1999年4月12日至17日,质监处对京沈高速公路全线工程从工程质量、工程管理等方面进行了一次全面检查。为此指挥部召开了专题质量会,要求各施工单位项目经理和单位行政一把手参加,全会议通报了检查情况,对在检查中存在质量问题的单位提出严肃批评。要求施工单位认真查找原因,总结教训,按照交通部《关于开展公路建设质量年活动的通知》的要求,进行自检自查自纠。进一步检查落实质量责任制,要有质量否决权,要把住质量关。在工程质量方面,要严格按照合同、规范、程序办事。

(二)重大设计变更

应当地政府要求,京沈高速公路在通马路和郎府两地点设进出口,经市首规委、规划局审批,施工图设计时增加了两处互通式立交,将有关变更手续报送交通部审批。

1999年,根据项目实施过程中发生的实际情况,市交通局对路基、路面、交叉、沿线设施等工程进行调整和完善,考虑到实际征地拆迁等费用增加因素,向交通部提出了调整概算的要求。2002年,交通部根据市交通局提供的请示文件及相应调整概算文件、补充文件,经研究同意了(交公路发〔2002〕183号)京沈高速公路北京段的初步设计调整概算,并做出批复。工程在以下部分做了调整:对路基填方掺入8%石灰,对朝阳区段11.8km的路基填方采用天然砂砾换填的处理措施;将原预留的通马路互通立交同步实施;将郎府分离式立交变更为互通式立交;全线增加人行通道18座,以满足沿线村民出行、耕作等实际需要;因通马路、郎府已调整为互通式立交,相应增加2处收费站,核增建筑面积3000m^2;调增土地、青苗等补偿费和安置补助费。

对原报调整概算做了以下调整:调整概算将工程造价增长预留费全部核减,并根据实际物价上涨和已完成的工程量计入相应的分项工程中;预备费核定约为200万元;勘察设计费核定约1849万元;核定建设期贷款利息约9059万元;各项费用调整后,京沈公路北京段初步设计总概算核定为34.61亿元。

(三)交工验收

1999年10月京沈高速公路北京段通车后,建设单位分别汇同设计、监理、施工及接管单位对工程逐合同段进行检查验收,内容包括外观检查、实测实量和内业资料检查。于2001年7月18日,对京沈公路(北京段)进行了交接验收。北京市公路局质量监督处依法对验收过程进行了监督。

京沈高速公路工程(北京段)23个土建合同、18个安全设施合同及2个收费大棚合同,经施工单位自检和监理单位对工程全过程监督检查、验收评定及监督单位的认真监督评定,均达到了合同规定的质量检验评定标准的优良级。

根据京沈高速公路(北京段)的实际情况,鉴于此时京沈高速公路已投入使用1年零8个月,施工单位已将缺陷工程基本修补完成,承包单位缺陷责任期于交工验收之日同时终止。其余工程遗留问题由公路局与首发公司协商费用,并由首发公司负责处理。

第三节 科研成果

京沈高速公路北京段沥青路面表面层相继采用了改性沥青技术,同时在高速公路沥青路面中还采用了SMA(沥青玛蹄脂碎石混合料)技术。京沈高速公路北京段建设中首次采用了MR美加瑞尔桥梁伸缩缝的现场工艺试验工作,为解决高速公路不中断交通情况下更换桥梁伸缩缝养护工作积累了经验。

美佳瑞尔直轨胶封式桥梁伸缩缝是继板式橡胶伸缩缝、GQF-MZL伸缩装置、橡胶条形伸缩装置、钢板叠合型伸缩装置、GQF-MZL-ZX重型伸缩装置以及德国产品毛勒缝之后的又一种新型伸缩缝。由于材料质量、安装工艺以及随着交通量增加、轴载提高等原因，大部分普通伸缩缝损坏后的维修更换工作量很大。而美佳瑞尔直轨胶封式桥梁伸缩缝是引进新加坡技术，可应用于高速公路中小桥的一种桥梁伸缩缝，适用于高速公路桥梁（伸缩缝）的维修或在原毛勒缝上安装，它能承受50~120mm的水平位移，并能保证行车安全、舒适的现代公路建设要求。

第四节　运营管理

一、运营管理机构

目前，该段高速公路管理和养护单位为北京首都公路发展集团有限责任公司京沈高速公路分公司。2005年1月1日，安畅分公司正式接收京沈高速公路路产管理工作。为加强路产管理，分公司报请分公司批准增设了路产管理部，具体负责路产管理业务，下设京沈高速公路生产队。

二、运营管理情况

（一）收费站设置及管理

该路段收费管理由首发集团京沈分公司负责，共设置白鹿、台湖、张家湾、漷县、郎府、西集、香河共7个收费站，其中，白鹿和河北香河为主线收费站。以上收费站的更多信息见本书"附表"部分的表4-2-1。

该路段自2003年实行联网收费，成为我国第一条实现跨省联网收费的高速公路。京沈高速公路联网收费的实施，打破了过去高速公路分割式管理体制，使不同利益主体跳出各自管理的小圈子，"化零为整"，建立联网收费结算中心，进行统一、协调管理，是中国高速公路管理体制上一个很大的转变。2003年9月1日，京沈高速公路联网收费系统试运行。2003年10月20日，京沈高速公路联网收费系统及联合结算中心正式运行。由于收费站的减少，使过往高速公路的通行效率大大提高。

京沈高速公路联网收费的主要技术特点包括：一是利用京沈高速公路各路段既有收费系统、土建、管道、设备的基础上，仅对部分车道设备（IC卡读写器和IC卡等）和路段收费管理设备（服务器、路由器等）进行改造，采用跨平台的数据传输中间件软件技术，实现了在异构的软、硬件平台上建立非标准化收费系统的互联;二是采用面向过程的系统描述方法建立了跨省市联网收费系统框架体系的物理结构和逻辑结构,打破分割式管理体制,解决了国道主干线高速公路联网收费与省(区、市)区域联网收费的体系关系问题;三是采用接口界面信息交换透明化、标准化和系统集成技术,使不同厂家的硬件设备、不同软件操作平台可以按一定的标准集成起来,实现了不同品牌IC卡读写器的互读与兼容,形成统一的联网收费平台。

京沈高速公路作为跨省第一条高速公路联网收费项目示范,其信息系统的建设成功,除了成功应用了高科技,还有很多其他因素,缺一不可。

首先,从业主单位来看,交通部领导对项目高度重视,统一认识,提出交通行业不仅要能建设一流的高速公路网,同时也要能应用现代信息技术、现代服务理念,实现高速公路的管理创新。并且,交通部主要领导亲自抓,组织机构健全,人员落实到位,形成有效的协调机制,各路段业主在利益上求大同、存小异,紧密配合。

其次,项目部工作人员具有认真负责的敬业精神与很强的专业技术能力,依靠科技进步,解决联网收费的核心难题。项目部严格管理、严把支付关,确保把每一分钱都花得掷地有声。

再次,根据工程现状,不采用全盘否定的观点,而是重点用一些中间件进行系统改造,在需要建设的收费点采用"业主招标采购设备、总包商进行集成"的管理模式,避免设备档次参差不齐,确保新购设备的质量。并且,在网络管理、网络安全、数据传输的实时性上均给予了充分考虑。

京沈高速公路联网收费的成功经验,为不同省之间、省内不同城市之间甚至全国高速公路的联网收费提供了一个好的方法,具有借鉴意义及推广价值。

2010年9月28日,京津冀区域高速公路联网不停车收费正式开通仪式在京哈高速公路(此时已经更名)香河收费站举行。

(二)服务区建设及管理

京沈高速公路北京段设有田家府服务区(双侧,详见本书"附表"部分的表4-2-2),该服务区于2000年开通。2007年,成立北京市首发高速公路经营管理有限公司负责管理该服务区。2008年3月,田家府服务区对外公益性卫生间开始实施装修改造。此次公共卫生间改造外观设计以白色墙体配红色屋顶,简洁大方,内部设计考虑节能、环保、通风、清洁、无味以及无障碍设施和低位盥洗条件等,增设服务区公共卫生间指示标志,充分体现公厕整洁、方便、实用,真正做到为人服务。2013年,田家府服务区率先开通免费WiFi服务,信号覆盖服务区广场、餐厅和便利店。这为广大乘客营造了更加快速、便捷、周到的出行环境,解决了驾乘人员途中收发邮件、查询信息、交流互动不便的问题。2015年,该服务区被交通运输部评为"全国达标服务区"。

(三)养护管理

该段高速公路由首发养护公司负责养护。自建成通车以来进行过两次大修,分别在2004年和2010年。

1. 2004年大修

京沈高速公路北京段K27+200~K39+000位东段,修建时因地基不良,表面层沥青混合料未铺筑。1999年竣工通车后,经过多年行车,路基基本稳定,因此于2004年加铺沥青混凝土表面层。

此次罩面工程(K27+737~K39+041)全长11.3km,路基宽度34.5m,路面宽度30m,双向六车道。单向车道宽3~3.75m,中央分隔带宽3m,左侧路缘带宽0.75m。硬路肩宽3.0m,土路肩宽0.75m。进京、出京方向外侧车道车辙深度超过3cm的路段,铣刨5cm后铺筑5cm厚的AC-20I中粒式改性沥青混合料,行车道全断面再加铺5cm厚的SMA-16改性沥青玛蹄脂碎石混合料;硬路肩加铺3~5cm厚的AC-16普通沥青混凝土。伸缩缝主要为美佳瑞尔MR-60和普通美佳缝。交通工程主要为15cm宽的6~9线、20cm宽的边缘线及交叉出入口的导流线。该工程2004年7月15日开工,9月20日完工,分前期病害处理、表面层沥青混凝土摊铺两阶段实施。本工程由北京市首发高速公路建设管理有限公司负责建设,采用招投标方式选择监理单位和施工单位。由北京逸群工程咨询有限公司负责监理;北京城建三建设发展有限公司负责路面摊铺施工;交通导改和前期路面病害处理由北京万方共创养护公司负责实施;标线施划由北京市高速公路交通工程公司负责实施。

2. 2010年大修

京沈高速公路北京段自1999年竣工通车,通车运营至2010已近10年,交通流量日益增加,日交通流量逾2.6万辆,高峰日流量逾3.2万辆。随着经济的快速发展,交通量增长迅速,该路段车流量日趋加入,特别是重型车、超载车辆的增多,造成部分路段麻面、桥面出现拥包、龟裂、桥头跳车等病害,严重影响了路面的使用性能,因此于2010年进行大修。

本次大修施工,对京沈高速公路进出京四环路~K16+000、K16+000~K17+000;出京K16+000~K22+500、K22+500~K28+000、K39+000~K39+891段路面进行了病害处理。

本次大修施工范围有:一是对京沈高速公路出京方向K0~K27+750、进京方向K17+500~K0、进出京双向K39~K39+890进行局部路面病害处理及全幅罩面施工。二是伸缩缝,将原有破坏严重的伸缩缝改为毛勒缝,损坏不严重的用原材料修补。三是将损坏的路缘石、方砖、防撞墩进行修复。

此次大修工程中,有大约3km路段的道路面层使用了乳化沥青冷再生技术。该产品是首次应用于城市道路大修工程,不仅可以大面积提高废旧材料的再生循环利用比例,使得道路铣刨下来的旧料重复利用率达90%,而且在节约能源、降低排放、减少环境污染等方面具有较大优势。

本工程由北京市首都公路发展集团有限公司负责建设。由北京正宏监理咨询有限公司负责监理;北京首发兴业公路养护工程有限公司负责施工;北京奥科瑞检测技术开发有限公司负责设计。工程自2010年4月19日正式开工,工期为70日历天(4月19日—6月28日)。

第二章
G2（京沪高速公路）北京至上海高速公路北京段

G2（京沪高速公路）北京至上海高速公路北京段,起于北京市朝阳区南四环十八里店桥,经马驹桥、史村、牛坊、南北辛店,于柴厂屯乡老凤河出境与河北省段相接,全长35km。京沪高速公路北京段是原京津塘高速公路起始段,工程于1987年11月25日开工,1990年8月底基本完工,并于次年1月15日通车运营。2010年之后,根据《公路路线标识规则和国道编号》的规定,原京津塘高速公路北京段、河北段、天津泗村店段共计54km纳入京沪高速公路。在本章中,为尊重历史,当提及原京津塘高速公路全线时,则仍使用其历史称谓"京津塘高速公路",京沪高速公路的北京段称为"京津塘高速公路北京段"。作为跨省份共建的高速公路的一段,对北京段建设的记录不能完全背离原京津塘高速公路建设的历程,比如共同的决策过程、统一的世界银行贷款、一致的监理制度等。

京津塘高速公路全长142.69km,连接京、津、冀两市一省,起于北京市朝阳区十八里店乡,途经北京市大兴县(现在的大兴区)、通县(现在的通州区),河北省廊坊市,天津市武清县(现在的武清区)、北辰区、东丽区,止于天津市塘沽区河北路。

京津塘高速公路北京段建成后,减少了京塘公路的车流量,缓解了北京东南方向出城难的问题。1993年9月京津塘高速公路全线通车,使京、津、冀和华北地区相互之间及对外经济贸易往来长期存在的港口疏运不畅、铁路压力过大等问题得以解决。

值得关注的是,京津塘高速公路在实施过程中,在项目管理、勘察设计、工程质量和科学技术等方面都取得了显著的成绩。1993年被交通部授予改革开放以来"全国十大公路工程"称号;1994年被建设部评为改革开放以来对国内外有重大影响的"全国最佳工程设计特奖";1995年被交通部评为"公路工程优质工程一等奖";1996年获"中国建筑工程鲁班奖(国家优质工程)""交通部科学技术进步特等奖";1997年12月,京津塘高速公路工程建设成套技术获"国家技术进步一等奖"。获奖单位有京津塘高速公路联合公司,交通部第一、第二公路勘察设计院,北京市公路桥梁建设公司等10个单位。北京市交通局和市公路局从士杰、董平如、张明超等作为该项目的主要完成人获个人一等奖。在此之前,该项目还获交通部科技进步特等奖,主要完成者还包括赵大信、刘云鉴等。2000年5月30日,京津塘高速公路荣获首届"中国土木工程(詹天佑)大奖"。2000年10月,京津塘高速公路采育互通式立交工程获北京市优秀设计三等奖。

京津塘高速公路北京段是当时全国唯一获得中国建筑工程鲁班奖的公路。运行6年后,该工程特别是路面仍保持了原设计的施工水平,国家验收委员会认为该工程总体水平在国内领先。1997年,京津塘高速公路北京段还被评为"北京市文明建设样板路"。

第一节 项目概况

一、基本情况

京津塘高速公路是经国务院批准的我国"七五"至"八五"期间的重点交通工程项目,也是我国大陆论证最早的第一次使用世界银行贷款、第一次按照国际项目管理模式("菲迪克"条款)组织修建的第一条跨省市高速公路。

该段设计速度为120km/h,连接线的设计速度为80km/h;最大纵坡为1.2%,路基宽度为26m,路基的平均填土高度为3.2m,路基为沥青混凝土;设计使用年限为20年,设计标准轴载为100kN,桥涵的设计荷载为汽车—超20级,挂车—120;路面净宽为34.5m;共建设11座桥梁,其中大桥1座,中桥8座,小桥2座;共建设通道32道,互动式立交2处,分离式立交6处,跨线桥6座,涵洞和倒吸虹148座,服务区1处,收费设施3处。

二、决策过程

党的十一届三中全会以后,国家对外开放和对内搞活的国民经济发展战略决定交通运输高速发展势在必行。早在20世纪70年代,1972年,交通部公路局主管建设的王展意在视察国内港口和公路时,意识到要解决港口的货物集散和公路混合交通的落后状况,必须借鉴国外公路发展经验,大力修建高标准公路。

京津塘高速公路的论证和建设规划之所以提上日程,是因为当时北京至天津港的京塘公路、京津铁路等难以满足天津塘沽港疏港运力需求。承担疏港重要任务的京塘公路,全长166km。在旧路的基础上经多次改造,仍7次与铁路交叉,公路平交路口达一百多处,穿越大小城镇十多个,30%的路段已"街道化",混合交通严重,事故多、伤亡重,年平均伤亡人数约500人。从北京到塘沽港行车需4个多小时,已不能适应京津地区国民经济发展的需要,因此迫切需要建设一条新的快速通道。

针对当时天津塘沽口集装箱大量压港现象,交通部安排交通部第二公路勘察设计院对京塘公路进行调查。1973年进行补充经济调查。1977年,时任交通部叶飞部长安排交通部公路规划设计院及交通部第一、第二公路勘察设计院组成调查组再次进行补充调查,并研制京塘高速公路技术标准与勘测设计规定。1978年春,叶飞部长率代表团访问荷兰等北欧国家,参观了鹿特丹等港口后,深感现代化港口如无高速公路相连接进行集疏运输,港口的现代化是不可想象的。为此,叶飞部长曾设想用两三年的时间建成京塘高速公路,积累和总结经验,促进我国公路交通现代化。同年,交通部以〔78〕交计字1331号《关于新建京津塘高速公路的报告》发文报国家计委,提出建设京津塘高速公路的设想。同时,组织部属设计院成立测设领导小组,由第一、第二公路勘察设计院进行测设,年底完成了初步设计文件。

在论证京津塘高速公路项目时,我国大陆尚无建设高速公路的先例,当时,对中国大陆是否需要修建高速公路,各方认识不一,有人持反对或怀疑态度。

为了提高对高速公路的认识和理解,交通部领导和部分专家除了通过新闻媒体和内部简报等途径进行积极宣传外,中国交通运输协会、中国公路学会和交通部也多次召开有关公路交通发展战略研讨会、高速公路学术研讨会等会议,对公路交通的发展战略、高速公路的基本知识及其经济效益和社会效益等广造舆论,深入人心。继续做好京津塘高速公路建设技术储备工作的同时,1979—1981年,交通部专门研究了高速公路勘察设计技术标准,开展多学科、多课题科技攻关。为规避高速公路名称敏感的问题,1983年起交通部以一级公路后又以汽车专用公路向国家计委呈报《京塘公路建设项目可行性研究报告》。此时,我国已恢复了世界银行与国际货币基金组织合法席位,有了利用外资建设高速公路的渠道。1984年1月,国务院批准京津塘高速公路作为世界银行贷款备选项目;1984年7月,交通部和两市一省联合向国务院请示,拟将批准修建的汽车专用公路改为高速公路;10月,国家计委正式批复原批设计任务书规定的汽车专用公路改为高速公路。1984年10月和1986年5月,时任国务院副总理李鹏先后两次召集国家计委、交通部、财政部等有关部委和两市一省的有关负责人开会,专门研究京塘高速公路的建设问题,明确一定要建设好这条高速公路。1986年7月,国家计委批准京津塘高速公路设计任务书。7月底,交通部在京召开了有关省、市和部门负责同志及专家参加的京津塘高速公路修正初步设计审查会。9月,交通部批准京津塘高速公路修正初步设计。

从20世纪70年代初京津塘高速公路论证开始,经过多次激烈的论战,先后进行了6次大规模现场勘察,3次编报设计文件和可行性研究报告。直至1984年国务院批准立项;再到国家计划委员会正式下达设计任务书,京津塘高速公路建设项目历经10余年前期准备才尘埃落定。

北京市同步参与京津塘高速公路全过程的筹备工作。在高速公路线位规划、用地调查、取土点确认、沿设施标准和桥涵通道位置,配合设计单位做了大量调查和确认手续,公路部门还参与了高速公路路基路面材料结构的研究和应用。1986年京津塘高速公路北京公司的成立,开始了京津塘高速公路北京段建设的实质性运作。

三、主要参建单位

主要参见单位见表9-2-1。

京津塘高速北京段工程参建单位表　　　　　表9-2-1

建设单位	京津塘高速公路北京分公司	
勘察单位	交通部第二公路勘察设计院	
设计单位	北京市城市建设设计院	
	北京市市政设计所	
监理单位	丹麦金硕公司	
施工单位	K0+500～K14+500	北京市公路工程公司
	K14+500～K27+500	交通部第一公路工程总公司
	K27+500～K35+000	中国公路桥梁工程公司
	施工技术咨询	日本西松建设株式会社

第二节　建　设　情　况

建设期间，由交通部、财政部和两市一省的主管领导共同组成"京津塘高速公路工程领导小组"，组织建设、协调各方关系和外部环境，以及筹措建设资金、检查监督工程进度和施工质量，研究解决工程建设重大问题等。京津塘高速公路项目的具体实施由两市一省成立的京津塘高速公路联合公司负责，该公司是京津塘高速公路的建设单位，按项目法人责任制承担筹资、建设、管理、运营和还贷责任。两市一省还分别设北京市、天津市、河北省京津塘高速公路公司，负责落实各段项目实施过程中的具体事宜。同时，两市一省分别成立北京市京津塘高速公路指挥部、天津市道路工程指挥部、京津塘高速公路河北省领导小组，解决京津冀三段的征地、拆迁、线外工程、连接线工程、协调区县关系、筹措地方建设资金、检查监督工程执行情况和帮助解决工程出现的困难问题等。北京市京津塘高速公路指挥部由市政府指派市管委主任任总指挥，北京市交通局、市政府相关局委办、沿线区政府领导组成，指挥部办事机构设为京津塘高速公路公司。

按照世界银行的规定，凡是接受该行贷款修建的项目，都要通过国际竞争性招标确定施工单位，并按"菲迪克"条款实行监理工程师制度。中标承担国际监理职责的是丹麦金硕公司。交通部承担京津塘高速公路总监理工程师的职责，交通部工程管理司司长杨盛福为总监理工程师。交通部还在工程现场设总监理工程师代表处，使工程项目能够严格地按照"菲迪克"条款进行全方位的科学管理和质量控制。北京段组建驻地监理工程师，负责日常工程监理。

一、准备阶段

(一)立项审批

京津塘高速公路项目严格遵守基本建设程序,前期工作各阶段的审批文件完整齐全。本节仅选取了从汽车专用公路设计任务书的批复到修正初步设计的批复这一阶段的主要审批文件的内容摘要。

1984年1月7日,国家计委以《关于京塘汽车专用公路设计任务书的复函》(计交〔1984〕035号文)批复京塘汽车专用公路设计任务书。其主要内容如下:"京塘公路设计任务书业经国务院批准。同意建设一条北京至天津塘沽的汽车专用公路。全长151.6km,其中北京左安门至天津张贵庄120km为新建,张贵庄至塘沽31.6km为老路扩建。全部工程争取于1988年建成。全线投资控制在5亿元以内。所需投资,一部分按交通部与两市一省商量的比例分摊,其余3亿元由交通部向国外贷款,收取过路费偿还。"

1984年7月,交通部、北京市人民政府、天津市人民政府、河北省人民政府联合向国务院上报《关于建设京塘高速公路有关问题的请示》,提出将原批准修建汽车专用公路,改为修建高速公路;10月20日,国家计委以《关于建设京塘高速公路有关问题的复函》(计交〔1984〕2124号文)对建设京塘高速公路有关问题做了批复,明确要把"原批设计任务书规定的汽车专用公路改为高速公路",建设资金则由世界银行贷款、两省一市自筹、过路费偿还三种方式解决;10月25日,国务院研究京津塘高速公路建设问题,并以国阅〔1984〕61号文下发了《关于研究京津塘高速公路建设问题的会议纪要》,明确"要下决心把这条路修好""原则上同意拟采用的高速公路技术标准,即设计速度120km/h、四车道、外加两股备用道,全宽26m""公路建成后,实行收费制"。建设资金筹集改为由世界银行贷款、两市一省自筹、国家资金三个方面解决。

1984年11月,交通部组织专家会审,通过了初步设计方案,并于12月向国家计委以交计〔1984〕2446号报送了《关于报送京津塘高速公路初步设计审核意见的报告》,初步设计项目"起点为北京四环路,终点为天津市塘沽区河北路。全部新建,长度约143km,其中:北京段35km;河北段7km,天津市段101km。北京市左安门至四环路4.4km,天津市塘沽区河北路至港区跃进路7.6km按城市道路,作为高速公路连接线列入本项目中"。

1985年,交通部京津塘高速公路测设指挥组按照审核意见对设计进行了修改,并于当年年底完成了北京至塘沽高速公路的施工设计图。

1986年初,京津塘高速公路测设指挥组将修改意见上报交通部公路局,各测设单位于当年完成了修正初步设计的工作。修正意见主要着眼于解决路基、路面、立交互通、沿线设施等的施工技术问题。

1986年5月17日，国务院召开会议研究京津塘高速公路建设问题，并以国阅〔1986〕49号文下发了《关于研究京津塘高速公路问题的会议纪要》。其主要内容如下："京津塘高速公路，是我国（大陆，编者注）第一条高速公路，一定要建设好。"要求"成立统一的工程领导小组"；建设和管理可"组成一个联合公司，两市一省分别成立分公司"。

1986年7月21日，国家计委以计交〔1986〕1283号文件对京津塘高速公路设计任务书进行了批复。对新建京津塘高速公路的路线和技术标准进一步明确为："主线从北京市四环路十八里店至天津市塘沽区河北路，全长142.19km。其中：十八里店至塘沽区宁车沽路139.9km按高速公路标准建设，宁车沽路至河北路2.29km按一级公路标准建设。北京市十八里店北至机场路14.7km、西至京开路12.5km及天津市塘沽区河北路至港区跃进路7.6km，为高速公路连接线。高速公路设计速度120km/h，路基宽26m，双向四车道，高级路面；桥涵设计车辆荷载为汽—超20级，挂车—120；一级公路计算行车速度100km/h，双向四车道。"

1986年9月6日，交通部以〔1986〕交公路字673号文对京津塘高速公路修正初步设计进行了批复。

1987年9月，我国政府代表与世界银行签订京津塘高速公路项目贷款协议。

1989年9月，京津塘高速公路联合公司委托交通部天津水运工程科学研究所牵头，协同交通部环境监测总站、天津市环境影响评价中心、北京市环境保护研究所等单位开展了京津塘高速公路环境影响评价，历时1年完成《京津塘高速公路环境影响报告书》。

（二）资金筹措

京津塘高速公路建设资金历经几次变化。最初1984年和1986年设计任务书和修正初步设计核定概算9.4亿元人民币；1990年调整概算为12.56亿元人民币；1992年重新核定修正概算为22.7亿元人民币。其中，主线工程费由交通部车辆购置附加费及利用世界银行贷款1.5亿美元；征地拆迁、线外工程和连接线工程费由两市一省自筹。

1986年修正初步设计核定概算，京津塘高速北京段投资为1.77亿元人民币；1990年交通部批复的调整概算，京津塘高速北京段投资为2.93亿元人民币；1992年交通部重新核定修正概算批复，京津塘高速北京段投资为4.49亿元人民币。根据和世界银行签订京津塘高速公路项目1.5亿美元贷款协议，京津塘高速北京段获得贷款比例21%，即3268.5万美元。

（三）招投标

京津塘高速公路为世界银行贷款项目，须通过采用国际竞争性招标，按世界银行的要求必须遵守国际咨询工程联合会（"菲迪克"条款）的要求编制国际招标文件和实施工程项目管理。招标文件由合同、技术规范、招标格式及附件、工程量清单、设计图纸和参考资料组成。工程招标的程序为：招标文件编制、包商资格预审、现场考察、公开招标、标书评定、谈判、发放中标通知和承包人签订协议等内容。

1986年初，在世界银行帮助下，利用澳大利亚政府增款和技术援助，由澳大利亚的工程咨询公司同京津塘高速公路测设指挥组共同编制招标文件。先后邀请了各类专业的专家及19位外籍专家与我方工程技术人员合作，经过1年多的努力，在已批准的初步设计基础上，以施工图设计资料为依据，于1986年11月底完成了招标文件中、英两个版本编制工作。全线招标文件按5个合同编制，其中4个为土建合同，即：第一合同为北京、河北段，长41.84km；第二合同为天津西段，长43.75km；第三合同为天津东段，长52.84km；第四合同为天津宜兴埠至徐庄子高架桥段，长4.26km；第五合同为全线监控、通信、收费、照明合同。京津塘高速公路招标文件编制过程，系统引进了国际招标文件组成及内容，博采国际先进技术之长，紧密结合我国国情，洋为中用。招标文件的成功编制，为推动我国公路市场规范建设起到了引领作用，为我国高速公路建设与国际接轨创造了重要条件。

交通部公路局世界银行贷款办公室委托国际招标总公司中国技术进出口公司（ITC）作为业主代理人，负责京津塘高速公路的国际招标工作。1986年9月11日和14日，在中国日报及联合国开发论坛报、商业报刊登广告，邀请世界各国承包商参加京津塘高速公路招标资格预审。最终共有100多家购买了资格预审文件。来自20多个国家和地区的51个公司或联合体参加了竞争性投标。1986年11月底，由交通部工程管理司、国际招标公司、京津塘高速公路联合公司（含北京、河北、天津各公司）组成资格预审领导小组，负责此项工作的领导、组织、协调诸事宜。工作人员包括道路、桥梁和筑路机械等专业的工程师、经济师、会计师、商贸翻译人员，分3个小组对申报资格预审的单位进行审查。由相关省、市公路业务部门负责工程技术方面的审查，交通部工程管理司和国际招标公司负责商务工作以及与世界银行和各投标人的联系等组织协调工作。同时进行表格登记，比较分析，最后写出了评估报告。当时世界银行规定，没有高速公路施工资质的施工企业不能申请投标。为此，我国的施工企业均与外国的施工企业组成联营体申请投标。经过资格预审共有40家承包商，获得投标资格。

1987年5月12—14日，京津塘高速公路联合公司和中国国际招标公司共同组织通过资格预审的中外承包商约80人到京津塘现场进行考察，并组织了海关、公安、商务、法律等有关部门参加的专家答疑会。1987年6月25日，进行公开开标并录像，共有通过资格预审的16个联合体参加了京津塘高速公路一号合同投标。其中，中国公路桥梁建设总公司（北京市公路局、河北省公路工程局）、北京市公路工程公司、交通部公路工程总公司和日本西松建设株式会社组成的联合体在一号合同开标前递交降低标价函。中国国际招标公司及两市一省京津塘高速公路分公司共同成立评标小组，初选5名，并就施工方法、配备情况及经历等由各联合体分别答问。1987年7月23日,向世界银行代表通报了评标情况。1987年7月24—25日,在天津胜利宾馆召开领导会议,研究评标事宜。1987年8月13日,国家招标委员会召开会议,研究讨论评标结果,参加会议的有国家计委、经委、机械委、交通部、财政部、外贸部、两市一省分公司等。1987年9月16日,两市一省分公司与招标公司代表赴华盛顿向世界银行总部通报评标情况。1987年10月6日,经有关领导部门和世界银行同意,由中国招标公司颁发中标通知书。一号合同京津塘高速公路北京、河北段由中国公路桥梁建设总公司(北京市公路局、河北省公路工程局)、北京市公路工程公司、交通部公路工程总公司和日本西松建设株式会社组成的联合体中标。1987年10月16—18日,北京市、河北省与第1号合同中标承包商联合体在怀柔签订承包合同,并签订附加执行合同。1987年10月23日,在北京长城饭店举行第一、第二、第三、第四号合同签字仪式,时任国务院副总理李鹏了出席签字仪式。至此京津塘高速公路的招标工作即告结束。

二、实施阶段

(一)工程建设管理

京津塘高速公路是由国务院批准,我国大陆第一条利用世界银行贷款,实行国际竞争性招标,采用国际惯例"菲迪克"条款和工程监理制度建设而成的。自1990年9月陆续分段通车以来,项目管理、工程质量、投资造价、经济效益、社会效益等方面大大超出了预期,受到国内外各界广泛好评。

1. 坚持推行工程监理制度

根据世界银行对贷款项目的规定,京津塘高速公路实施中外联合监理。经与世界银行、计委、财政部及两市一省商议,监理工作主要由交通部公路局局长担任,外国咨询专家和我国工程技术人员共同组成工程监理机构。

值得注意的是外方监理人员采用国际有限竞争招标的方式选择,即由国际著名咨询公司投标,但不公开登报,而是由业主向在世界银行注册的8~9家成员国发出邀请信,邀请各公司按工程项目的内容,提出监理方案、有关设施、工作方法、名单表、参加人员经历及支援事项与费用等,使业主评估。最后确定的中标单位为丹麦金硕国际咨询公司。外国咨询公司选定后,由其派出具有高速公路施工经验的高级工程师和我国的驻地工程师一起组成监理机构,按照合同与施工规范进行施工监理。联合监理机构包括213名中方监理和5名外方监理人员。其中,北京段实际配备监理人员53人。

京津塘高速公路监理机构是采用三级监理结构形式:

(1)总监理工程师(交通部公路局局长兼)及其代表处为最高监理机构。总监理工师决定财务及法律的事务,包括承包商违约、时间延迟、索赔和纠纷、最后证书、变更命令、同意付款和决定事宜、协调和指导四个合同普遍存在的问题、设计和工程监理的最后责任。

(2)北京、河北、天津的高级监理工程师办公室。高级驻地监理工程师是总监理工程师在工地的执行代表,监视和督促工程进行,试验和检查材料与操作工艺的质量,澄清各合同文件之间的不一致,补发图纸,批准施工计划,向总监理工程师推荐延长时间,防止索赔发生或将此减至最低,研究索赔要求向总监理工程师推荐。

(3)驻地监理工程师办公室。工地监理工程师执行高级驻地监理工程师的指令和交办的任务,对施工进行旁站处理,确认中间交工证书,严把质量关,负责工程计量,每月根据承包商付款申请提出付款证书,处理工地上一般性技术问题。

实践证明,三级监理在工程质量、计量支付、保证进度及重大的技术问题上起了控制和促进作用,从而全面完成了工程任务,为我国公路建设提供了一个现实的示范模式。

2. 实行"菲迪克"合同管理

按照国际惯例,京津塘高速公路引进世界银行规定的土建工程管理办法。其监理制度执行的"菲迪克"条款,是一套完整而有效的国际土木合同管理办法。北京市作为交通部确定试行监理制度京津塘高速公路项目的执行单位之一,在公路工程施工监理制度试行中率先进行了尝试。

"菲迪克"条款是指国际咨询工程师联合会制定的施工合同条件,是国际上通用的土木工程合同条款。它汇集了世界各国工程建设管理的经验,详细规定了施工中承包商、业主和监理工程师的责任、义务、权利。它是目前世界上土建工程最先进、最科学的合同管理模式,是对整个工程进行全方位科学管理和严格质量控制的依据,内容包括招标、投标、合同管理和严格的监理制度等各环节。

"菲迪克"所建立的是一种业主、监理、承包商三足鼎立的施工模式,各项指标细化、量化,弹性的东西较少,人为的因素降低到最低限度,从而以最合理的投入换取最大值的产出。它明确规定三个方面的职责是:在施工中业主的主要任务是向承包商提交施工现场的使用权和工程价款的按期支付,以及委托监理工程师监督承包商执行其与业主形成的契约。这里的委托是一种契约关系。监理工程师是受业主委托或通过招标选定的专职监督承包商的公司或机构,它的任务是监督承包商按照招标文件的内容全面完成工程项目。承包商即施工单位,是通过公开招标选中的公司或机构,它的任务是按照合同条款、技术规范的要求,保质、保量、按期完成工程项目的建设。

由于业主、监理、承包商三方面之间的经济利益不同,往往会出现违反契约的事,这就需要有一个"法",正是靠"法"的保证,政府不能参与合同管理,业主和承包商之间不能直接联系,只有这样,建设监理才能发挥其有效作用。

"菲迪克"条款的结构科学地把技术、经济、管理、法律结合起来,即把施工技术规范、工程计量与支付决算用具有法律效力的合同条款制约下来,它不只是约束承包商,也约束了业主与监理工程师三方面缔约人的权力。法律用合同条款来制约,经济用工程量清单和结算来制约,技术用施工规范和设计图纸来制约,各方面都是公平对等的相互制约,但又是在一个共同"标的"即工程项目下互相促进的。

监理工程师制度之所以行得通,就是基于建设单位和承建单位之间有明文合同,并以此为准绳监督双方执行合同。在京津塘高速公路项目执行过程中,监理工作的发展经历了两个阶段。在建设初期主要是监理及监理方式与现行的工程建设管理程序和方式的矛盾;建设后期是传统的施工工艺和高标准的高速公路施工规范的矛盾。这两个阶段实际上反映的是同一个问题,即是否按合同管理来执行这个项目。

京津塘高速公路坚持"严格监理、六亲不认"的指导原则,严格执行"菲迪克"条款。京津塘高速公路的 A 合同文件约 30 万字,包括投标人须知、合同专用条件和共同条件、技术规范、工程清单、图纸、参考资料等,这也就是"菲迪克"条款的全部内容。

"菲迪克"条款在实用时制定普通条款 72 条,可大致分为:工程师(此处工程师指监理工程师,以下仿此的职责与权限);保障执行合同的法规;质量检查与验收;计量与支付;工程进度控制。

使用这些条款的优点是对各方都具有公平性、竞争性,且标价合理、风险分担,便于与国际惯例接轨,易于被世界银行承认。完全照搬"菲迪克"条款,在我国目前还有不适应之处,因此还须编写有针对性的合同专用条款,一般由业主根据工程项目所在国和地区情况,对照合同通用条款,修改其不适应部分,换上与本项目适应的内容,对不具体的,也可在专用条款的对应条文中加以详细阐述或补充。京津塘高速公路第 1 号合同在特殊条款内修订了普通条款 37 条,又补充增加 9 条,这就把适合我国国情的技术标准、施工规范及国家的法律、法规揉到"菲迪克"条款中去。当然,对世界银行贷款项目修订通用条款的专用条款必须得到世界银行的同意。合同管理的特点,是突出监理工程师的独立地位,它既不属于合同关系的甲方,也不属于合同关系的乙方,他有财务的支付权与质量的认可权。没有监理工程师的签认,计划不能实行,支付不能成立,工程得不到认可,因此他能督促合同的甲乙双方全面地履行合同,公正地解决如违约、索赔等合同纠纷,协调双方的合同关系,既能处理日常的质量、进度、计量支付、工程变更等合同管理事务,又能对双方起到约束作用。承包商在施工中,只与工程师打交道,不直接与业主往来,除非遇到重大问题如停工、驱逐承包商及监理工程证明承包商严重违约这些须由业主发布命令外,工程项目日常管理工作,全部由工程师办理。

3. 中国特色的监管模式

根据当时中国的具体情况、国家体制、人们的认识水平和当时存在的具体问题,指挥部不仅有存在的价值,而且还应该是一个坚强有力的、有权威的、说话算数的机构。它不是承包商、业主和监理的领导,更不是障碍,它是为工程建设协调和服务的机构。这就是中国特色的指挥部,这是"菲迪克"条款暂时还不能完全代替的。

中国特色的指挥部和中国特色的监理,还要并存一段时间。主要原因是由于我国是以公有制为主,商品经济还不发达,在施工中遇到的许多问题,单靠业主一方解决是难以按时完成任务的。比如京津塘北京段35km的路段,要穿过3个行政区县、7个行政乡,涉及的具体问题既多又复杂。由于利益关系,在拆迁、占地、取土、排灌等问题上,承包商和业主意见很不一致,影响了工程进度。这项工作由代表北京市委、市政府的工程指挥部来协调就方便多了,因为指挥部的成员中有相关区县的领导参加,涉及哪个区县就请哪个区县的领导出面做工作。他们有双重身份,工作起来很有成效。

中国的承包商之所以需要指挥部,不全是传统的习惯,而是指挥部能帮助解决他们难以解决的问题。比如北京公路工程公司联合体是低价中标,由于支付周期长、材料涨价、三材来源困难,造成了资金周转困难。工程指挥部就在内部采取协调资金、调剂使用的办法,把国内配套资金通过银行转贷给施工单位,以解燃眉之急。

为此,北京市政府决定,在原有组织机构之外,京津塘高速公路北京段仍然成立工程指挥部,吸收地方行政领导参加,并建临时党委。指挥部不会改变"菲迪克"监理体制的职权,决不干涉监理工程师行使质量、支付等的认可权与否决权。指挥部总指挥由北京市长助理、市政管委主任黄纪诚兼任,常务副总指挥仍由北京市交通局时任局长姜善智担任,副总指挥由从士杰、高德龙担任。有关的委、办、局、院、总公司及区县的领导等也参加,下设拆迁、工程、技术、材料、安保、办公室。临时党委书记由北京市交通局党委书记王鼎铭兼任,马培武任京津塘高速公路联合公司常务副总经理、北京公司总经理。

北京工程指挥部为了保证"菲迪克"条款顺利执行,向全体职工提出了是"团结奋斗,为国争光"的战斗口号;提出要"按合同、按规范、按程序"办事。党组织的思想工作要围绕"三按"要求来落实,起监督保证作用。

不仅如此,为适应我国国情,世界银行推荐的"菲迪克"条款也在不断地修改。1987年版修改的菲迪克条款,比起京津塘高速公路执行的1984年版又有了很大的改进,特别是在一些模糊的地方,责任更明确,同时突出了业主在项目执行中的主导作用。需要特别指出的是,"菲迪克"条款脱胎于私有经济,其要求并不适用于我国国有企业,因此在京津塘高速公路的具体编制过程中,只借鉴了其先进的管理方法和技术。

比如,"菲迪克"条款的一个主要特点是政府不能参与合同管理,业主和承包商之间不能有直接联系。因此按"菲迪克"条款国际惯例,业主承包商和监理不能有所谓"隶属"或"血缘"关系,但是京津塘高速公路的这三方都是在各省市交通主管部门领导下的公路单位抽调出来的。有的监理就是承包商或业主的下级,这就给监理工作造成了无形的压力,他们按合同执行"菲迪克"条款就比较困难。

针对这个问题,京津塘高速公路各方举行一次"菲迪克"条款的再学习,北京工程指挥部的部分人员还出国培训过。指挥部对北京段业主机构进行调整,使之成为指挥部的职能机构(对外仍是公司,对内是指挥部的生产调度中枢),并对承包商员工进行培训,以增强执行"菲迪克"条款和监理制度的观念。

北京段的监理机构编制26人,监理人员选有经验的、能处以公心的、执法严谨的工程师(冯仕诚、马文汉、陈立群等)担任。由指挥部赋予他们职权,为他们配备先进的检测仪器和交通工具;树立他们的威信,支持他们为工程严格监理,"六亲不认";支持他们为工程按合同、按规范、按程序办事;支持他们贯彻钱永昌部长提出的"严格监理、热情服务"的好作风。同时,指挥部要求各部门各单位,都要按合同、按规范、按程序办事,严格执行监理要求。

监理工作有一套特定的工作程序,承包商的每一道工序都必须有监理的签字批准。凡是没有按程序办的工程,监理一律不予受理或批准,更拿不到支付款;存在质量问题的,责令限期返工,铁面无私,不徇私情;有争议的,由监理组织专家论证。有一次,北京第一分指挥部施工单位的灰土没达标(只差0.3%),监理不签收;最后,第一分指挥部不得不返工。

京津塘高速公路的建设,由于承包商的认真负责,且实施了"菲迪克"条款,整个工程建设实现全方位的科学管理和质量控制,受到国内外专家的一致好评,被誉为是设计水平最高、工程管理制度最完善、施工质量最好的高等级公路。京津塘高速公路1993年被交通部授予改革开放以来"全国十大公路工程"的光荣称号,被建设部评为"最佳设计特等奖"。

(二)重大工程变更

施工过程中全线共发生变更设计288项,变更令实际完成金额约3.66亿元,占工程总概算的16%。其中第一合同北京段共变更设计86项,变更令实际完成金额4060万元。

施工阶段,京津塘高速北京段的主要设计变更情况及京津塘高速全线(包括北京段)其他变更情况如下:

(1)K0+500~K1+500段原设计为一座跨线桥和一座顶进铁路地道桥,K0+600~K1+450间为隔离路堑地下水而设计为连续钢筋混凝土路面,两侧采用钢筋混凝土扶壁式挡墙,设泵排除雨水和地下渗水。工程实施期间,北京市拟在该地区建设货流中心,并利用K0+550处跨线桥作为通道桥,因此跨线桥满足不了使用要求,必须重新设计;另外,由于铁路地道桥处地下水丰富,且水位较高,分离的挡土墙和钢筋混凝土路面解决不了地下水的渗透问题。故决定变更设计,采用钢筋混凝土U形槽,其上铺筑沥青混凝土路面,设泵站排除雨水。

(2)京津塘高速公路原设计管理控制中心位于十八里店,工程在实施时,其位置与北京市规划的十八里店仓储区和绿化区发生干扰,且十八里店附近缺乏电力、通信、交通、供水等必要的基础设施等,京津塘高速公路联合公司以京津塘联字[87]第1号文向交通部请示将管理中心由十八里店移到方庄。交通部以交函公路字316号文同意变更位置。

(3)京津塘高速全线变更设计情况。

①京津塘高速公路原设计设置公共汽车站5处。京津塘高速公路联合公司根据有关专家的意见,以京津塘联字[89]第1号《关于取消沿线公共汽车停靠站的通知》决定取消5处公共汽车停靠站。

②其他变更设计情况还包括:路基土石方增加372.41万m^3;中桥减少61.30m/2座;小桥减少29.7m/1座;涵洞增加25道;通道增加22道;跨线桥增加345.32m/1座等。

除了以上论述的主要设计变更的原因外,其他设计变更有以下几种原因:地表下沉增加土方工程数量。地形、地貌发生变化,使涵洞、通道位置、长度、角度变更,增加通道的数量和净高;通道低于原地面过多,雨水不能自排,需增设泵站。杨北公路下穿高速公路,未考虑大件运输要求,净空不足。京津公路等4条干线公路跨线桥增加宽度,以适应等级公路的发展需要。路面结构采用石灰粉煤灰,由于粉煤灰供量不足,而改为水泥稳定级配碎石。适应经济发展和科学技术提高的要求。比如:将4孔通信管道改为6孔,梳形板桥梁伸缩缝改为德国毛勒—索尼公司生产的桥梁伸缩缝,极大地改善道路整体平整度和提高伸缩缝技术性能;增加桥头搭板长度,减小桥头沉降跳车现象;在保证安全度的情况下,修改钢护栏技术规格,全线节省钢材2000t;软土地基处理的塑料排水板替代袋装砂井,节约工程造价等。

第三节 科 研 成 果

京津塘高速公路工程建设取得了重大科技成果,推动了我国公路行业的科技进步。在取得的成果中,依托京津塘高速公路项目完成的"京津塘高速公路工程建设成套技术"科研成果,代表了我国高速公路建设和管理的先进水平,带动和促进了我国公路交通科学技术进步的发展,为我国高速公路发展奠定了理论与技术基础。

一、京津塘高速公路工程建设成套技术

这一整套技术主要是应用性科技成果,也含有应用基础研究、软科学研究、科技服务类项目的开发和研究,包括高速公路项目管理技术、勘察设计技术、工程施工技术和工程

监理技术,其形成的12项关键技术和理论成果有:

1. 论证、制定了我国第一部高速公路工程技术标准

19世纪70年代初,结合京津塘高速公路项目,开始了我国高速公路建设的技术准备,从高速公路的通行能力、交通量预测、可行性研究,到路线、路基、路面、桥梁、互通立交、交通工程设施,以及建设、运营管理等专业安排了一系列技术课题,经过深入研究和反复论证,于1978年制定出适合我国国情的《京津塘高速公路工程技术标准》和一套先进、实用、经济、可行的勘察设计关键技术。1981年我国正式将高速公路列入《公路工程技术标准》,填补了我国高速公路标准、理论与技术的空白。

2. 高质量路面修筑综合控制技术

在京津塘高速公路建设过程中,研制出了高速公路半刚性基层沥青路面厚度计算技术,路面各结构层、混合料类型及配合比设计技术,面层防滑、耐磨、抗裂、热稳性设计技术,半刚性基层材料的高强、水稳性、抗疲劳性设计技术以及高速公路路用石油沥青研究技术,创新了半刚性路面设计体系。施工中研制开发了底基层、基层材料工厂化生产及机械化摊铺技术,轮式滑板高精度沥青混凝土路面铺筑技术;沥青面层材料及混合料的蠕变、车辙、低温、抗老化、抗水损害性能试验与研究技术。通过对5864个试件进行24680项次试验,首次在我国有效地解决了控制路面裂缝、提高路面整体强度和平整度、预防车辙等关键技术难题。经过6年运行检验,路面未出现收缩与温度裂缝。根据交通部公路工程检测中心跟踪3年检测所采集的558249个数据证明,路面弯沉值、平整度、摩擦系数等重要指标达到国际标准。

3. 在国内首创跨省市高速公路项目建设管理技术

项目开创了"统一建设、统一管理、统一收费、统一还贷"的建设管理模式,将中央和地方、省市之间的经济权益和行政关系有机结合,对投资规模、建设里程、实际成本、收益分配、管理体制等复杂因素进行综合评价,从根本上改变了按行政区划设站收费的管理模式,为在全国高速公路网的跨省市运行中实行"一票制"提供了可靠的应用技术。

4. 在国内高速公路项目首次实行业主责任制

全面采用国际竞争性招标文件制技术。制定出适合中国国情的合同条款、技术规范、工程量清单与设计文件等全套招标文件,推行业主、监理工程师、承包商项目管理制,实现了我国高速公路项目管理同国际惯例接轨,使京津塘高速公路利用国际金融组织贷款取得成功。

5. 开创了完整的工程监理技术

首次运用法律、经济和技术手段,开创完整的工程监理技术。编制适合我国高速公路的"菲迪克"合同条款及专用条款,并运用现代管理理论和系统工程理论将分项、分部工

程质量、施工工艺、资源配置、修改设计、工程条件变更、价格浮动、合同文件和技术规范变化等复杂因素有机地结合,制定出准确处理工程支付、工程变更、延期、索赔等合同事宜及重大技术难题的科学管理方法。该技术探索总结出的具有中国特色的工程监理模式,为我国基本建设行业推行工程监理制度做出了突出的贡献。

6. 创立了全新的公路勘察设计体系

运用现代高新技术,创立全新的公路勘察设计体系。研究并成功地运用了红外测距、遥感、电子、通信、计算机辅助设计等高新技术,首次研制了高速公路大地控制网技术;卫星图片、航测图片判识地理信息优化路线方案技术;路线、桥梁、互通立交、软土地基等综合设计程序技术,监控、收费技术等,彻底改变了公路传统勘察设计方法,为高速公路的勘察设计提供了可靠的技术支撑。

7. 提出了科学、实用的现场控制技术

运用系统工程理论,形成对建设投资、施工周期、工程质量的现场控制技术。综合采用现场工序控制、原材料及成品抽样检查、试验频率控制和试验数据数理统计等方法总结出监理工作流程80个、图表260种,对监理单位的确定、监理依据、监理阶段划分、监理工程师职权和相关关系,以及质量监理、进度监理、计量与支付等一系列的关键问题,提出了科学、实用的现场控制技术。所形成的工程监理技术专著,在国内外产生重大影响。

8. 高地震烈度地区桥梁设计和施工技术

京津塘高速公路沿线穿越唐山地震带,基本烈度高达Ⅷ度~Ⅸ度。为此,对京津塘高速公路桥梁结构物抗震设计进行研究。提出了基于反应谱理论的桥梁柔性墩台地震荷载计算设计技术;为解决高速公路行车的安全与舒适性,研制了无缝或少缝连续体系桥梁设计技术;在编制的14套通用图设计中提出了各向异性斜板桥梁的抗剪设计修正公式,采用了斜交铰接板理论计算分析,半刚性基础和基础管壁共同受力设计理论;施工中创造的高速公路桥梁伸缩缝施工新工艺,保证并提高了桥面的平整及其整体性。

9. 互通立交匝道出入口通行能力验算技术

在国内首次运用通行能力确定匝道横断面组成。结合国情制定了我国互通式立交设计标准、指标、参数和基本公式。

10. 磁性通行券数据处理及防作弊收费控制技术

按照我国国情研制的磁性通行券信息处理技术,采用了三级计算机网络,提高了收费效率,减少操作差错,防止作弊和漏收,并进行实时监控,攻克了跨省市运行统一计费的技术难题。

11. 车流状态及行车条件信息实时采集自动判断处理技术

采用光纤数字通信技术和电子技术,进行实时采集交通流数据、自动判断交通异常、监测气候等信息，建立的交通实时监测控制处理系统，保证了行车安全、舒适、快速，提高了公路通行能力和服务水平。

京津塘高速公路工程建设成套技术中的重要内容先后被交通部纳入部颁《公路工程技术标准》《公路路线设计规范》《高速公路交通安全设施设计及施工技术规范》《公路软土地基路堤设计及施工技术规范》《公路工程施工监理规范》等20余本标准、规范之中。京津塘高速公路监理技术中的变更、支付、计量、价格调整、保险等条款内容被财政部制定的《世界银行贷款项目招标采购文件范本》引用。

此外，勘察设计模式和技术标准、通用设计图、工程施工技术和工程监理技术被国内高速公路项目采用。

二、重大课题成果

在京津塘高速公路完成的科研成果中，其中有3个课题上报了世界银行，分别是：

1. 公路建设资金筹措的研究

由于公路网扩建、改善、重建和养护所需财力不断增长，有必要进行一项研究以帮助确定20世纪最后10年中在我国发展公路事业所需财力的可能来源。这项研究是由交通部公路科学研究所和京津塘高速公路联合公司于1990—1991年期间进行的。研究组的主要成员在此期间访问了墨西哥和美国，考察了这些国家的公路财务和习惯做法。1991年6月提出研究报告。报告对当前筹措道路资金的办法和今后的财务需要提出了一套内容广泛的资料，报告的主要结论和建议是公路方面的大部分收入应该来自征收燃料税。

世界银行鉴于当时我国的客观情况，并考虑到筹措公路资金主要是省、市的责任，决定在世界银行贷款的广东省公路项目下继续在省一级进行筹措公路资金问题的研究。

2. 使用国产沥青铺筑高等级公路路面可能性的研究

这项研究主要是对所选择的几个炼油厂用不同特性的原油生产出来的沥青进行综合性试验，研究国产沥青的质量能否改善到与进口沥青相同的水平，以便减少修建高等级公路路面所需的沥青进口数量。

此项研究于1987—1991年由交通部公路科学研究所和京津塘高速公路联合公司共同进行。研究中对单家寺、欢喜岭和克拉玛依炼油厂从重原油中得出的国产沥青的性质与阿尔巴尼亚、日本、新加坡和英国从各种原油中生产的沥青的性质进行比较。还在一些现场对由国产沥青和由进口沥青铺筑的沥青路面性能进行了比较，并完成了对京津塘高速公路、沈大高速公路、沪嘉高速公路使用国产沥青的可行性调查。

研究报告提供了国产沥青和进口沥青的物理和机械特性，确认由国产重原油提炼的沥青与进口沥青的特性非常相似。只不过耐久性例外，但在许可的限度内。研究的最终报告于1991年6月完成,结论是少量国产沥青技术性能指标可以满足高等级公路路面的要求,对进口沥青的依赖可以减轻,但在数量上远远不能满足中国修建高等级公路的需要。要想满足高等级公路发展需要的国产高质量沥青,还需要进行很大的努力和大量的投资。

3. 京津塘高速公路组织管理体制的研究

在项目正式提出时,我国对收费高速公路的运营和养护还没有经验。这项研究的主要任务是确定一个管理京津塘高速公路的合适的组织机构。此项研究于1990—1992年由京津塘高速公路联合公司自行完成,是通过研究有广大收费公路国家的公司组织结构,并结合我国的条件、要求和规章来进行的。1991年10月提出了研究报告,那时京津塘高速公路联合公司的与实施有关的组织结构已经设妥。因此,报告主要涉及京津塘高速公路运营方面的管理,包括:组织结构和管理责任;收取通行费策略和收费标准;财务管理;管理程序和规定。报告经审查后,交通部和世界银行都认为所建议的人员配备数量过多,京津塘高速公路联合公司于1992年5月又提出了一个补充报告,对公司的组织结构和人员配备都做了修改。

这项研究对制定京津塘高速公路联合公司的组织结构和职能是一项很重要的工作。为京津塘高速公路的实施和运营而成立的公司,按照我国的经济管理体制,是一个具有独立的法人资格的企业,摆脱了传统的管理方式和国家计划经济体制下的地区分隔模式。合理地管理京津塘高速公路的建设,并为京津塘高速公路的运营和养护管理做了妥善的准备。世界银行对这项研究工作认为完成得较为满意。

三、其他创新

(一)计算机辅助管理

计算机是执行"菲迪克"条款的重要辅助管理手段。1988年10月,京津塘高速公路联合公司北京分公司开始计算机辅助管理程序课题研究。1989年3月,计算机辅助管理软件投入使用,利用DBASE-3数据库管理软件和BASIC高级语言,采用IBM单人机并打印输出,完成难度较高的条形图和曲线的绘制工作,得到国内外有关专家的好评。

(二)桥面毛勒缝

桥面接缝不好是高速公路跳车的一个主要原因。一般桥梁接缝,因锚筋与钢板之间焊接不牢,强度不一致,使接缝钢板脱落,发生跳车渗水等病害。京津塘高速北京段工程在全国首先采用了德国进口的毛勒缝装置,效果较好,基本上解决了桥梁接缝病害这个老大难问题。

毛勒缝的主要结构,是在预留槽内安装纵向平行排列的梁(即间梁),并垂直于行车道的中心线。间梁系用刚性固结在横向支承梁(即横梁)上,横梁两端安放在预留槽两边凹进去的钢室(即控制箱)的活动支座上,其下为弹性垫块。横梁位移就在控制箱内进行。间梁之间的横向缝隙内,牢牢地装进不透水的弹性密封氯丁橡胶条,不管是直角歪扭或曲线变形,都能承担,它能伸能缩,不会破裂,工作范围为60mm,保证不透水。在汽车横过接缝时,振动轻微;平稳通过时,无颠簸现象。

毛勒缝能适应桥梁温度表化,结构弯曲、支座压缩的多方向变位和位移,能防水,可保证桥梁支座和梁端不受渗水腐蚀,可提高桥面使用质量,减少养护工作和成本,改变目前采用的桥梁伸缩缝在安装质量、使用性能上的某些不足,能够满足高速公路行车平稳、舒适的要求。北京段全线有大中桥10座采用了毛勒缝。

(三)软基处理

京津塘高速北京段从永定新河至塘河北路中有38.3km为软土地基,地表坑洼,苇塘密布,渠道纵横,土的含水率高且含盐,孔隙大,压缩性高,渗透性小,承载力低,抗剪能力差。这些特殊地质条件,给设计和施工带来了很多困难,为了解决这个问题,在设计上采用了不同类型的处理方法:包括预压路堤砂垫层、塑料排水板加预压路堤、挤实砂桩、反压护道加预压路堤、塑料排水板、土工布反压护道加预压路堤。由于软土地基处理在国内刚开始,没有规范可循,国外资料也少,不系统,且各地软土的成因、性质、厚度也不相同,因此京津塘高速北京段于路基正式施工前先修建各种上述类型共长380m的试验路。

修成后从1987年初到1991年5月,进行长达4年多的沉降观测,证明了双曲线能比较好地反映该路段软基的沉降规律,以预压路堤砂垫层的效果较好。即利用路堤自重,使软土地基通过砂垫层排水固结,经过设计的预压期,达到要求的工后沉降。京津塘高速北京段的软土路段约有60%以上采用了这种方法。

(四)新工艺和设计

京津塘高速北京段施工中采用的新设计和新工艺主要有几个方面,简述如下:

1. 平面线形设计

高速公路的平面线形设计是安全、舒适,快速行车的关键。该平面线形设计合理,基本上由10个曲线组成,最大曲线半径20000m,最小曲线半径3000m。一个正曲线接一个反曲线,行车流畅,视野开阔,中间的直线段不超过2km,此项设计在全国当属上乘。

京津塘高速北京段全线两端,用联络线连接市区,正线在市外,减少行车事故与噪声干扰。

2. 互通式立交桥的设计

高速公路的桥梁设计是关键问题。其一,因为它耗资巨大;其二,大型桥梁往往是高速公路上工期最长的项目,是重点工程。京津塘高速北京段中的高架桥工程中,京津塘高速北京段的桥梁种类繁多,如互通式立交桥、分离式立交桥(跨线立交桥)、跨河桥、铁路顶进桥,大、中、小桥共有近30座之多。其中有3座互通式立交桥:十八里店立交桥、大羊坊立交桥及马驹桥立交桥,均为控制性工程。

(1)形式的选择:在京津塘高速北京段设计中,根据各个互通式立交处各个方向的交通量,结合地形、地物、当地交通条件等综合考虑,不收费的大羊坊互通式立交采用菱形,其余互通式立交分别采用了喇叭形或半苜蓿叶形。

(2)变速车道设计:京津塘高速北京段互通式立交中减速车道多为直接式。减速车道起点处设置1/25的出口角度,在分流端部设置路缘石。为使误入减速车道上的主线车辆能够容易地返回原来的车道上,还在主线和匝道间设置侧向余宽。减速车道一般长100m,三角渐变段不小于70m。

加速车道一般采用平行式。为有足够的加速长度,设计采用加速车道长200m,三角渐变段长70m。驾驶人员在加速车道操作中不得不向后看以寻找合适的间隙,或借助汽车后视镜,或扭头。因此,匝道高程相当或高于高速公路高程的纵面线形即可获得较好的视线。

另外,变速车道的设计除按上述规定的长度要求外,还结合主线和匝道的设计速度、交通量、大型车所占比例等对变速车道长度进行验算,按实际情况确定其合理的长度。

(3)互通式立交跨线桥:互通式立交跨线桥多为弯、坡、斜桥,设计复杂,施工麻烦,且造价较高。但桥型的选择要注重美观,且与整个互通式立交协调。

京津塘高速北京段位于华北平原,其中地势平坦,缺少路基填料。考虑到主线路基宽(26m),而被交道等级多为二级或二级以下公路,为减少填方,降低工程造价,互通式立交桥设计均考虑次线(匝道及被交公路)上跨高速公路。

为满足匝道线形美观、舒顺,一般是桥梁平、纵线形服从于路线。为减小桥梁高度,设计时尽量降低主线与次线的路基高度以及桥梁建筑高度。其具体做法为:一是在满足主线设计各种通道及涵洞小型构造物条件下,尽量将交叉处的路基高度控制在最小填土高度上;二是次线纵坡采用3%~4%,竖曲线采用较小值;三是采用在主线中央分隔带上设一个薄壁式中墩,缩小跨径,上部构造采用4孔连续结构,既降低了桥梁建筑厚度,又得到了桥梁轻型美观的效果。

京津塘高速北京段互通式立交设计,首次运用通行能力的概念检验互通式立交匝道出入口、连接道路与被交叉公路平交口的设计通行能力,进而优选参数,确定匝道断面组成,确定了互通式立交设计的基本内容、方法、步骤以及设计标准、指标、参数、基本模式与图例。

3.通道设计

因为高速公路是全封闭的,对沿线农民的交通、耕种、收获均带来了一些问题。需要设计好通道把这一矛盾解决好。原计划约每2000m建一个高2m的通道,地方要求每500m建一个通道,通道高度2.5m,这将给纵断面设计及全线景观带来了诸多不利。经与地方多次协商,最终决定全长35km的北京段共修32座人行通道,平均1000m多修1座。通道的尺寸有两种:一种为高2.2m,长4m;另一种为高3m,长6m。而且人行通道均为凹形横断面,即通道最低点在通道底板,两端乡间路均高出底板1~3m。为在雨季时不积水,在通道出口处增加了柴油泵站。

第四节 运营管理

一、运营管理机构

1991年1月15日,京津塘高速公路北京段、河北段和天津杨村段通车试运行,鉴于当时土建合同尚未竣工,第五号合同有待开工,原负责建设的高速公路公司和各地指挥部无暇顾及运营管理事宜。北京、天津、河北三地交通主管部门分别成立高速公路管理处。1990年12月14日,北京市高速公路管理处成立,负责京津塘高速公路北京段的营运和养护管理。张明超任处长。下设养护、收费和服务中心3个基层单位,开通了大羊坊、马驹桥两个收费站。京津塘高速公路省界之间不设收费站,跨省运营一票到底,这对按行政区划管理中的收费管理是难点,特别是面临世界银行贷款偿还时间期工作繁杂局面。因此在1991年4月召开的京津塘高速公路工程领导小组第四次会议,建议强化京津塘高速公路联合公司的职能,调整加强干部力量,承担京津塘高速公路全线建设管理和养护管理工作。从1991年京津塘高速公路北京、河北和杨村段试运行,到1993年10月京津塘高速公路全线通车,三省市高速公路管理处是京津塘高速公路产权单位,负责行政区域内路产管理和养护及日常通行费收取。最京津塘高速公路联合公司负责京津塘高速公路尚未履行结束的基本建设程序,第五号机电合同的实施和运营管理及代表二市一省偿还世界银行贷款。

1998年5月18日,国务院办公会议决定,从投融资体制改革入手,选择效益好的收费公路项目,按照现代企业制度模式,发起设立股份公司并发行股票,筹建高速公路发展建设资金。7月,时任交通部副部长李居昌主持召开两市一省领导会议,确定由华建交通经济开发中心、京津塘高速公路天津市公司、京津塘高速公路北京市公司、河北省公路开发有限公司以共同投资的京津塘高速公路作为主营资产,工商注册成立华北高速公路股份有限公司,通过向社会公开募集设立股份制上市公司,股权比例定为华建交通经济开发中心38%,京津塘高速公路天津市公司37.96%,京津塘高速公路北京市公司19.5%,河北省公路开发有限公司4.54%。经中国证监会审核批准,华北高速公路股份有限公司股票于1999年9月在深圳交易所挂牌上市交易,股票代码000916。至此,京津塘高速公路产权、运营管理及日常通行费收取,世界银行债务划转华北高速公路股份有限公司管理。

京津塘高速公路上市之前,为深化城市基础设施建设投融资体制和企业运营机制改革,盘活存量国有资产,进一步提高公路及交通枢纽建设能力,北京市首都高速公路发展有限责任公司正式组建。负责由北京市政府投资的国有资产的高速公路经营任务,包括京津塘高速公路。同年11月,华北高速公路股份有限公司与京津塘高速公路北京市公司签署移交协议,原京津塘高速公路北京段人员、资产整建制划转华北高速公路股份有限公司。

二、运营管理情况

北京市公路局京津塘高速公路管理处存续期间,根据管理所、收费所及服务中心三个基层单位所担负的任务与职能,制定出相应的措施,采用了目标承包管理形式,通过对量化的指标完成情况的检查督促帮助各基层单位搞好工作,收到了很好的效果。管理处对管理手段现代化方面的工作着重抓了计算机的应用与开发,其中收费系统已于1993年初投入运行。计划、管理、行政、机务、经营、绿化、财务、人事、劳资、档案管理等开发项目工作于1993年底完成,为该处实现办公自动化打下了坚实的基础。1993年,北京市公路局高速公路管理处着手建立了道路、桥涵、交通设施、服务设施、养护设施、交通量、气象状况等大小共50个数据库,以便为高速公路管理提供量化的指标。根据高速公路的特点,北京市公路局高速公路管理处还建立了路面评价系统和桥梁评价系统、交通工程评价系统。另外,该处还在提高人员素质方面也做了大量的工作,进行了多方位、多层次的政治和业务培训。

华北高速股份有限公司成立后,调研了原隶属两市一省公路管理部门属事业体制的管理处机构设置、人事、财务各方面情况,根据上市公司财务特点和适应现代企业运作模式,于2001年2月成立华北高速公路股份有限公司收费管理分公司、养护管理分公司和产业开发办公室。2003年12月成立华北高速公路股份有限公司管理控制中心。2014年4月,由原公司运营管理中心、收费管理分公司、养护管理分公司、华正公司服务区、公司信息技术部设备维护及公司安委会办公室等部门职能整合后建立京津塘运营分公司。运营分公司本部设置7个部室,下设5个收费站(行政站)、3个养护所(包括2个服务区)。分公司业务包括收费、养护、清障救援、应急服务以及服务区管理等。收费业务主要是通行费征收的组织、管理和协调工作；养护业务主要是高速公路路基、路面、桥梁、构造物、绿化、沿线设施等进行日常巡视检查与养护维修；清障救援与应急服务主要是协助高速交警部门清理事故现场，确保道路及时开通，以及故障车的拖运和遗撒物的清除工作；服务区管理主要是监督经营单位的餐饮、超市、汽修厂、加油站等的日常经营管理，同时做好服务区环境卫生和秩序维护工作等。

（一）通行费收取制度

最初，京津塘高速公路的通行费由国家物价局于1991年1月确定。受偿还世界银行贷款压力，1994年在国家计委协调下，并经京、津、冀三省市物价部门报请省、市人民政府批准，从1994年7月1日起对京津塘高速公路通行费标准和车种分类进行调整，调整后的车种分类和通行费收费标准为：

1998年10月，国家计委下达调整京津塘高速公路通行费标准的通知，各车种通行费上调35%。自1998年12月执行。

2011年12月底，北京市、天津市和河北省人民政府分别签发文件，决定自2011年1月5日起对京津塘高速公路全线调整车辆通行费标准，对客运车辆在适当降低收费标准的基础上仍实行按车型分类收费，对货运车辆实行计重收费。

京津塘高速公路通行费收取标准，始终维持全国高速公路通行费收取标准最低标准。

（二）收费站设置

1. 大羊坊收费站

大羊坊收费站位于京津塘高速公路K5+500处，地处大兴区与通州区的交界处，可通往五环路、四环路、三环路（通州、顺义、平谷、昌平、怀柔、密云、延庆），是去往北京市区、北京国际机场、北京经济技术开发区的重要出口。通过环线路，可以连接京沈高速公路、京通快速路、机场高速公路、京承高速公路、京昌高速公路、京石高速公路、京开高速公路等。

2. 马驹桥收费站

马驹桥收费站位于京津塘高速公路K12+900处，与六环路紧紧相连，东站出口跨桥左行可以到达大兴区、京开高速公路和京石高速公路，右行可以到达通州区、顺义、平谷区、昌平区、京沈高速公路、京津公路、京哈高速公路和八达岭高速公路。西站出后垮桥左行可以到达通州区、顺义区、平谷区、昌平区、京沈高速公路、京津公路、京哈高速公路和八达岭高速公路，右行可以到达大兴区、京开高速公路和京石高速公路。

3. 采育收费站

采育收费站位于京津塘高速公路K27处，是京沪高速公路（G2）北京界最南边的一座收费站,地处大兴区采育镇东庄村东,自站出口向东是通往通州区和河北香河、大厂的重要通道,向南2km与104国道相连接,可直达廊坊市和廊坊经济技术开发区,出口向西是去往104国道、大兴采育镇的通道。

以上收费站更多信息见本书"附表"部分的表4-2-1。

(三)服务区建设及管理

该段现在共有一对服务区,即马驹桥服务区(双侧,详见本书"附表"部分的表4-2-2),于1990年投入使用,占地65713m^2,建筑7636.18m^2。目前,由北京首发投资控股有限公司负责运营。

(四)养护管理

1. 养护管理机构

华北高速公路股份公司负责京沪高速北京段的养护工作。隶属于华北高速股份有限公司的养护管理分公司具体负责养护工作。分公司实行一级财务核算。分公司经理对公司总经理负责,接受公司职能部门和业务部门的指导和监督。分公司设立养护管理所。

华北高速公路股份公司养护管理分公司主要负责京沪高速公路北京段的路基、路面、桥梁、涵洞的维护与保养;交通设施的保洁与维修;绿化抚育、保值以及清障服务。

2. 养护工作

1998年,按照"GBM工程"的要求,京津塘高速公路北京段交通设施标准化,公路绿化做到了点、线、面结合,并与周围景观相协调。保护公路沿线景观、文物,桥梁、护墙设计与沿线景观结合,取得了良好效果。

2001年1月,华北高速股份有限公司提出关于京津塘高速公路北京段落实北京市"进京第一印象"工程方案的实施意见;10月10日、11日,由交通部和各省市有关专家组成的全国高速公路检查团对京津塘高速公路进行了内业与外业检查,对华北高速股份有限公司在养管方面取得的成绩予以充分肯定。

2002年5月—10月,京津塘高速公路路面热再生工程开工,全年完成北京三环至四环连接线上下行、天津上行线K107~K138处行车道、北京K0~K35上下行行车道、廊坊K35~K42下行行车道约58万m^2的热再生加铺。10月17日,京津塘高速公路年度沥青路面面层热再生工程结束,工程总量56.8万m^2,工期175天。

2003年11月27日,北京市人民政府和天津市人民政府高速公路通道建设座谈会纪要签字仪式举行。两市决定新建京津塘高速公路南北两通道。不仅如此,现有的京津塘高速公路也将进行全面拓宽改造。其中北京到天津间将由双向四车道拓宽至双向八车道,天津到塘沽间拓宽至双向六车道。

2008年7月16日,华北高速股份有限公司成立华北高速清障救援队,同时配备大型专业设备,加强高速公路交通事故快速处理能力。自2008年下半年开始,华北高速有限公司与地方路政、交警等执法部门配合,组织研究并实施多项措施劝阻超限超载车辆进入京津塘高速公路。同时,为防止超载车辆对高速公路桥梁的危害,开展了全线桥梁检测工作。

2009年,京津塘高速公路北京段自1990年开通至2009年,已连续运营超过18年,路面破损严重。5月6日,京津塘高速公路北京段出京方向路面及桥梁大修工程正式进入施工阶段,主要对本市境内28km路段的破损路面进行挖补、重新摊铺新的沥青混凝土。6月8日,京津塘高速公路北京段出京方向维修工程完工。7月29日,正式开始进行进京方向的路面维修,其中表面层维修面积22.4万m^2,中面层维修面积$8400m^2$。8月31日,京津塘高速公路北京段进京方向路面维修工程顺利完工。至此,京津塘高速公路北京段路面维修工程全部完成。

2012年8月9日,由科技部高新技术发展及产业司、交通运输部公路局组织召开国家科技支撑计划"重特大道路交通事故综合预防与处置集成技术开发与示范应用"项目之课题三"国家高速公路安全和服务技术开发与工程应用示范"的技术验收会议在华北高速股份有限公司召开。华北高速股份有限公司是该课题的主持单位,课题涉及道路主体安全、设施防护安全、运营安全及安全信息服务等内容,共分为4项任务、17项专题,初步构建了国家高速公路安全和服务关键技术支撑体系。

2015年1月20日,北京市交通委员会路政局对公司负责运营的京沪高速(京津塘高速北京段)开展了运营管理规范化年终检查。路政局相关职能部门围绕养护、安全、规划、收费运营等方面的内业和外业进行了规范化管理检查。

2015年,华北高速运营分公司积极采取举措,开始进行节前的桥梁安全保障工作。一方面布置各管理所对所辖段内的桥梁设施开展安全排查,同时加大日间、夜间巡查力度,及时消除排查中发现的安全隐患。另一方面对全线重点关注的9座桥梁进行了集中检查,对养护管理所排查中新发现的桥梁结构重点病害进行跟踪、复核,对桥梁安全技术状况进行评估,确保桥梁处于安全状态,保障京津塘高速公路的安全运营。

2015年3月,京津塘高速公路2015年维修加固工程项目已由华北高速公路股份有限公司审批,并批准建设。本次项目包括施工、监理、沥青混凝土混合料采购招标,其中施工、沥青混凝土混合料采购分为第一标段(北京段)和第二标段(天津段)两部分同期招标。该工程中所需的沥青混凝土混合料由招标人另行招标采购,其余工程内容为:①标段号桩号范围工程内容BJSG北京段K0+000~K4+300、K13+000~K35+0001,标段范围内路面工程,包括应寺综合检查站出入口路面;②标段范围内13座桥梁的病害维修工程。

2015年4月28日,华北高速有限公司安委会对"五一"节前安全准备情况和路面桥梁维修工程进行专项检查。公司安委会各成员单位组织对大羊坊收费站、马驹桥管理所等单位"五一"小长假期间免征小客车通行费安全保畅措施、2015年度防汛准备工作和专项工程施工安全进行了集中检查。各成员单位参检人员根据分工检查了各站所的准备情况,华北高速安委会还对基层单位一些因经费、技术、流程等因素未能及时解决的安全隐患进行了协调和布置。

第三章
G3（京台高速公路）北京至台北高速公路北京段

G3（京台高速公路）北京至台北高速公路北京段，起于北京市大兴区南五环的旧宫新桥，止于大兴区田家营村（京冀界），全长26.6km。工程于2014年12月底开工，2016年12月9日正式通车。该路与蒲黄榆快速路相接，路线自起点向南沿凉风灌渠布置，经瀛海镇规划中心区西侧后与六环路相交，之后沿北野场灌渠向南，下穿京山铁路与京沪高铁，向南经大渠村西侧至终点，在田家营村（京冀界）与京台高速公路廊坊段相接。

作为首都"国高网"7条放射线的收官之作，京台高速公路北京段也是落实交通部提出的打通"最后一公里"的具体举措，进一步完善了"五纵五横"运输大通道的路网规划。至此，《国家高速公路网规划》中涉及的7条首都放射线全部实现。京台高速公路北京段开通不仅方便京冀两地居民出行，全线贯通后会成为从北京到天津的第三通道，有助于分流京沪高速公路和京津高速公路的车辆。

第一节 项目概况

（一）基本情况

设计速度为100km/h和120km/h（从设计起点至主收费站采用设计速度为100km/h，主收费站至设计终点采用设计速度为120km/h），双向八车道。全线设互通式立交6座、特大桥1座、通道桥13座、主线收费站2座，线路全部位于大兴区内。该工程的桥梁设计荷载为公路—Ⅰ级；该段设置主线收费站2座，管理养护工区2处，加油站1处。

该段工程的主要工程量：路基土石方（填方671.8万m^3，挖方168.0万m^3）；路面工程方面，二灰底基层137.3m^2，二灰基层103.8万m^2，水稳基层114.3万m^2，底面层90.8万m^2；中面层131.5万m^2，表面层131.5万m^2；桥梁工程方面，共建桩基5714根，1324座承台/系梁，1366根墩柱，157座桥台，盖梁163个，跨钢箱梁8跨，混凝土箱梁175联，小箱梁预制、安装片374片，桥面铺装37.4万m^2，防水层41.5万m^2，混凝土防撞护栏44.5km；伸缩缝184道；

排水及防护工程方面,建设排水主涵121道,排水沟106195m;交通工程方面,安装护栏板8.62万m,交通标志783套,划标线4.63万m²;绿化工程方面,该工程绿化面积达48万m²。

（二）决策过程

在此之前,除京台高速公路北京段之外,《国家高速公路网规划》中涉及的7条放射线中的其他6条均已全部建成,京津冀交通一体化实施之后,消除京津冀三地高速公路网中存在的断头路,成为高速公路发展的重中之重,京台高速公路北京段建设提上日程。

（三）主要参建单位

该项目主要参建单位见表9-3-1。

京台高速公路北京段主要参建单位　　　　表9-3-1

序号	参建单位名称	备注
一	监督单位	
1	北京市道路工程质量监督站	
二	建设单位	
2	北京市首都公路发展集团有限公司	
三	设计单位	
3	北京市市政工程设计研究总院有限公司	
四	勘测单位	
4	北京市勘察设计研究院	
5	北京城建勘测设计研究院有限责任公司	
五	监理单位	
6	北京市首发高速公路建设管理有限责任公司	土建第一监理合同段(K0+533.813~K12+700)
7	北京正宏工程咨询有限公司	土建第二监理合同段(K12+700~K27+160)
8	北京天智恒业科技发展有限公司	机电工程监理
9		房建工程监理
六	施工单位	
10	北京城建远东建设投资集团有限公司	土建1号合同(K0+533.813~K2+998.013)
11	北京城建集团有限责任公司	土建2号合同(K2+998.013~K6+400)
12	北京市政建设集团有限责任公司	土建3号合同(K6+400~K8+850)
13	北京城建道桥建设集团有限公司	土建4号合同(K8+850~K12+700)
14	中铁十四局集团第三工程有限公司	土建5号合同(K12+700~K15+500)
15	中铁六局集团有限公司	土建6号合同(K15+500~K18+450)
16	中交一公局第五工程有限公司	土建7号合同(K18+450~K22+800)
17	北京市市政二建设工程有限责任公司	土建8号合同(K22+800~K27+160)

续上表

序号	参建单位名称	备注
18	北京市政路桥股份有限公司	路面1号合同(K0+533.813~K12+700)
19	北京城建道桥建设集团有限公司	路面2号合同(K12+700~K27+160)
20	北京市高速公路交通工程有限公司	交通安全设施合同(K0+533.813~K27+160)
21	北京市京石园林绿化有限公司	绿化合同
22	北京市高速公路交通工程有限公司	收费天棚合同
23	北京市高速公路交通工程有限公司	声屏障合同
24	江西方兴科技有限公司	机电合同
25	江西方兴科技有限公司	照明合同
26	北京市市政四建设工程有限公司	房建合同

第二节 建设情况

一、准备阶段

(一)立项审批

2009年,北京市规划委下发《北京市规划委员会关于京台高速公路北京段道路工程设计方案的批复》(市规函〔2009〕497号),随后下发《北京市规划委员会关于京台高速公路北京段配套设施工程设计方案的批复》(市规函〔2009〕789号);市环保局下发《关于京台高速公路北京段工程环境影响报告书的批复》(环审〔2009〕420号);市水利局下发《关于京台高速公路北京段工程水土保持方案的复函》(水保函〔2010〕217号);市地震局下发《对京台高速公路北京段工程场地地震安全性评价报告的批复》(中震安评〔2009〕35号)。

2011年,北京市交通委下发《关于京台国家高速公路北京段可行性研究报告的审查意见》(交函规划〔2011〕26号)。之后,北京市规划委又下发《北京市规划委员会关于京台高速公路北京段配套设施用地选址规划方案的批复》(市规函〔2011〕504号)。

2013年,国家发改委下发《国家发展改革委关于北京至台北国家高速公路北京段项目可行性研究报告的批复》(发改基础〔2013〕1465号)。

2014年,交通运输部下发《交通运输部关于北京至台北国家高速公路北京段工程初步设计的批复》(交函公路〔2014〕273号);北京市交通委员会路政局下发《关于京台高速公路北京段施工图设计文件的批复》(京交路建函〔2014〕520号);北京市规划委下发《建设用地规划许可证》(2014规地市政字0073号)。

（二）资金筹措

本工程总概算96.58亿元，其中建筑安装及设备费共44.25亿元；拆迁费共43.63亿元；监理费0.86亿元；其他费用3.33亿元（含建设项目前期工作费、研究试验费、专项评估费、建设期贷款利息等）；预备费4.51亿元。其中，共批复建安费43.42亿元，预计结算金额为40.32亿元，节概3.1亿元。

（三）招投标

本工程项目的招投标工作情况详见表9-3-2、表9-3-3。

京台高速公路北京段勘察、设计单位招标情况　　　　　　　　　　表9-3-2

招标项目	公 开 招 标	专 家 评 标	开始公示时间
勘察	2009年8月31日—2009年11月20日	2009年10月27日	2009年11月4日
设计单位	2009年8月4日—2009年10月18日	2009年9月17日	2009年9月22日

京台高速公路北京段施工、监理单位招标情况　　　　　　　　　　表9-3-3

招 标 项 目	发布招标公告	发售招标文件	公 开 开 标
土建1号~8号合同	2014年9月24日	2014年10月25日	2014年11月25日
土建监理合同	2014年10月24日	2014年10月25日	2014年11月25日
招 标 项 目	完成评标	发中标通知书	签订施工合同
土建监理合同	2014年10月24日	2014年10月25	2014年11月25日
跨河桥护砌合同	2015年2月13日	2015年3月5日	2015年3月13日
房建施工合同	2015年9月11日	2015年9月25日	2015年10月26日
房建监理合同	2015年9月14日	2015年9月25日	2015年10月26日
机电、照明及监理合同	2016年5月12日	2016年6月1日	2016年6月29日
路面1号、2号合同	2016年7月14日	2016年7月29日	2016年8月18日
绿化合同	2016年6月2日	2016年6月22日	2016年7月15日
交通工程合同	2016年3月15日	2016年4月6日	2016年5月3日
收费大棚合同	2016年3月14日	2016年4月6日	2016年5月3日
声屏障合同	2016年10月14日	2016年10月25日	2016年11月8日

（四）征地拆迁

2014年8月20日，首发集团公司与大兴区政府签订了《京台高速北京段征地拆迁工作框架协议》。2014年10月，大兴区组织召开了拆迁工作动员会，标志着京台高速公路北京段征地拆迁工作正式启动。

京台高速公路工程共涉及8个乡镇、27个行政村的征地拆迁工作。按照规划设计共需征(占)用土地4147.7亩❶(其中林地598.04亩);全线拆除非住宅89户,公房7户,宅基地15户,地上物拆迁共计817户;伐移植林地树木47274株;沿线共需改移输电线路18条,其中冀北电力公司线路4条,市属线路14条。需新建塔基73基。沿线需改移10kV、通信、国防军缆、工业管道、低压、供水、灌溉等各种行业管线211处。

京台高速公路工程拆迁工作在大兴区政府及相关部门的大力支持下,全部主线地上物拆迁于2015年12月完成。在拆迁工作实施过程中,拆迁人员本着"底数清楚、政策熟悉、作价合理、措施得当、确保稳定、和谐拆迁"的原则,并提出了"先易、后难""先重点、后一般""先线内、后线外"的拆迁工作基本程序。在实际工作中,为配合区拆迁指挥部和各镇拆迁办开展拆迁工作,主要采取如下措施:

一是将拆迁工作人员分成管线、土地、房屋树木及农田地上物三项工作,依据岗位职责开展相关工作,在配合区拆迁指挥部和各镇拆迁办做好拆迁工作的同时,加强与各专业对口部门和产权单位的协调和沟通,及时办理并取得征地拆迁的各项批复手续和证件。

二是实行例会制度。每周一召开全体拆迁人员工作碰头会,将各镇的目前动态和下一步的计划进行沟通和交流,梳理目前存在的问题和难点,通过集体研究讨论,制定解决问题的思路和措施。同时,结合工程建设需要,部署本周的拆迁工作任务和重点。另外,根据实际情况,不定期地召开专题研讨会,对拆迁过程中出现的疑难问题和个性问题进行专门研究讨论,个性问题,个案解决。

三是实行联动机制。加强与区指挥部、各镇等各单位和部门的沟通。对拆迁过程中涉及工程和技术方面需要优化的问题,及时请相关部门到现场研究解决。根据工程部提出的各标段需先期进地施工的控制性工程地段,及时以情况说明或函件的形式报区拆迁指挥部,督促区指挥部和各镇侧重点地进行拆迁补偿工作,调动各施工单位的主动性,积极办理交接地手续,为控制性工程的先期进地施工创造条件。通过与各相关单位和部门的积极配合,形成条块结合、上下联动、各司其职、密切协作的工作格局,形成了强大的工作合力,为拆迁工作的实施和工程建设的顺利进行提供有力的保障。

四是加强拆迁合同签订及拆迁资料的收集整理工作。完成制订详细拆迁工作计划(含征地拆迁及管线拆改);同时按照征地拆迁工作进度及时签订合同,文本合规、条款清晰、费用合理;每月上报征地拆迁(含管线拆迁)合同台账;对相关的征地拆迁档案资料(包括各种调查基础资料、收发文件、会议纪要、合同谈判记录、管线方案优化过程记录、

---

❶ 1亩=666.67m²。全书同。

合同预算等)已进行收集、整理、归档,做到规范、清晰、齐全。

二、实施阶段

(一)工程建设管理

1. 项目管理机构设置及职能

在工程建设管理方面,实行首发集团、首发建设和项目管理处三级管理模式。

首发集团工程建设管理部负责工程项目的前期准备,工程实施阶段的监督与检查,工程后期的验收和项目后评估等项工作。建设公司负责建设项目实施阶段的组织、控制和协调工作,负责组建项目管理处,并对项目管理处的工作进行检查、监督和考核。项目管理处负责建设项目实施阶段现场的管理工作。工程完工通过交工验收后,移交给集团公司运营管理部。

根据公司的组织管理制度成立了京台高速公路(北京段)工程项目管理处,组织机构设置为两部一室,项目总经理对项目目标进行全面组织管理,下设一名副总经理负责工程现场管理工作,一名总工程师全面负责技术管理工作。

项目管理处组织分工如下:

总经理全面负责工程建设管理工作,副总经理负责工程现场管理工作;总工程师全面负责技术管理工作;综合办公室负责项目的行政管理工作;拆迁部负责工程征地拆迁工作;工程管理与安保部负责工程进度、质量、技术、安全、合约、设计、监理管理以及工程组织协调工作。

本工程实行一级监理管理制度,设2个土建总监办、1个机电总监办和1个房建总监办。两个土建总监办分别负责 K0+533.813~K12+700、K12+700~K27+160 段除机电、照明工程以外的监理工作;机电总监办负责全线机电和照明工程的监理工作;房建总监办负责两个配套设施的监理工作。

2. 质量控制措施与效果

为确保京台高速公路做到优质工程,项目管理处总结以往工程建设管理经验和教训,针对本工程的特点,严把工程质量关,重点采取了以下质量管理措施:

制定了"创市优、争国优"的工程质量目标。认真落实交通运输部《关于严格落实公路工程质量责任制的若干意见》的要求,实行工程质量实名登记制,项目管理处成立工程质量管理工作领导小组,建立健全了质量保证体系,实行质量"零容忍"。做到职责清晰、务实有效。本项目单位工程共计87项,分部工程共计420项,分项工程共计19525项。按照交通部《公路工程质量检验评定标准》(JTG F80/1—2004),监理工程师进行了质量评定,分部工程合格率100%,分项工程合格率100%,单位工程合格率100%。工程质量总体处于受控状态。

全面推进标准化施工。项目管理处依据《招标文件》，制定了《京台高速公路北京段工程"施工标准化"实施办法》，成立"施工标准化"活动组织机构并制定工作职责，在工程施工中大力推行标准化施工。标准化活动涵盖施工标准化和工地建设标准化，开工前，项目处组织监理、施工单位对实施办法进行培训、交底，明确标准化施工的要求，推动标准化活动的有序开展。同时，根据工程进展实际情况，项目管理处每季度对各合同段的标准化执行情况分重点进行检查，将标准化工作真正落到实处。

切实提高混凝土外观质量：为切实提高混凝土结构外观质量，落实交通运输部施工标准化的有关要求，京台项目处制定了《混凝土结构外观质量分级评定实施方案》，对验收合格的混凝土结构物的外观、保护层、实体质量等内容分级评定。评定内容包括桥梁墩柱、重力式桥台、现浇箱梁等。对于评价为优良的混凝土结构给予奖励。

积极开展质量通病防止工作：积极开展混凝土质量、保护层厚度等通病防治工作。结合路政局、监督站相关要求，开展"精品路、精品桥"示范工程，4号合同段杨大路主线桥、8号标 K25+414～K25+708 段路基纳入市路政局"精品桥"示范工程。项目管理处高度重视此次示范工程的开展工作，督促有关单位结合示范工程方案，制定"精品路、精品桥"专项施工方案，施工过程中严格按专项方案开展施工工作，圆满完成了施工任务。

加大勘察、设计现场服务力度。工程开工前，项目管理处组织监理单位、施工单位对施工图进行了系统的学习，存在的问题以图纸会审记录的形式上报，项目管理处邀请设计单位按专业、分阶段进行了设计交底。结合工程进展情况，设计单位派出了工地代表进行现场服务，随时解决施工中存在的问题，并对重点工作进行了严格控制。

开展试桩工作。在去年试桩成果的基础上，项目管理处本年继续在4号、7号标进行了两次试桩工作。进一步验证了地质勘查资料中的设计参数，为科学合理地优化桥梁桩长提供依据，同时也为大兴地区后续新建的新机场高速、新机场北线等工程勘察设计工作提供借鉴，具有重大的经济和社会效益。

加大了对试验检测规程、数据及资料的检查监督力度。通过采取定期检查、日常不定期抽查、出现问题追查等手段，加大检查监督频率。检查中对可疑的数据通过查找规范、规程以及技术参数，找出可能出现问题的节点，并分析数据是否可靠，将可疑或不合规的数据遴选出来，作为下次检查的重点。

加强对过程控制的检查、监督。一是严格"首件验收制"，针对桥墩、桥台、现浇箱梁等外露混凝土结构，组织施工方案研讨会，方案经批准后进行首件施工。首件验收合格后召开总结会，确定标准施工方案，进行大规模施工。二是实行"样板工程先行制"，针对填方路段、半填半挖路段、挡墙、边沟等施工项目，通过修建试验段，建立样板工程，组织学习交流，树立精品意识，提升工程质量。三是加强日常现场巡视，对易出现或反复出现问题的部位,加强过程控制和重点管理,如钢筋加工、骨架绑扎、模板质量等。

加强路用原材质量的监管力度。项目管理处成立质量抽查组,通过监理、施工单位和质量抽查组加强对混凝土原材、配合比和混凝土质量进行严格抽查和管控。重点对石料、钢筋等原材进行检查,不合格或手续不全的原材料一律不得进场。所有原材料进场前、后均按批次、频率进行抽检,不合格材料均按规定不许进场和退场处理。对工程建设过程中发现的不合格工序进行信息通报;对工地实验室的检测数据进行监测管理;同时对外委试验进行旁站,提高试验的可靠度。

严格资料管理工作。开工项目管理处约请城建档案馆、集团公司资料相关人员对全线参建单位的资料人员行了系统的培训,对过程中及工程完工后档案资料的收集、整理、归档、移交等工作进行了系统的交底。施工过程中,项目管理处定期对施工资料进行检查和指导,保证工程资料与现场施工进度同步,保证了资料管理工作能按规定的要求和时间完成。

本工程未发生重大及以上质量事故,工程质量始终处于受控状态。

3. 安全生产管理情况

为确保京台高速公路北京段工程在施期间能够正常顺利开展,京台项目管理处在集团公司和建设公司领导下、在北京市道路质量监督站的监督指导下,坚持以人为本、安全生产的工作理念,坚持以"安全第一、预防为主、综合治理"的方针,坚持标本兼治、重在治本的原则,以落实企业安全生产主体责任为重点,以有效防范和坚决遏制重特大事故,促进安全生产工作进一步规范、有序、高效开展和创建"平安工地"达标活动为目标,排查安全隐患和薄弱环节,全面提高安全生产监督管理水平,制定完善的应急预案,保障在本项目工程建设期间能够正常安全生产。

4. 进度管理情况

本工程征地拆迁涉及乡镇多、征占林地多、被拆迁户情况复杂,征地拆迁进度严重滞后,且各镇拆迁进展有快有慢,各合同段进地范围和进地时间不同,且不能实现连续进地。各参建单位施工水平存在较大差异,导致各合同段工程进度参差不齐,致使工程的组织管理难度极大。项目管理处按照既定的阶段目标,积极开展各项管理工作,促进工程建设全面展开,在科学合理的进度计划的基础上,克服了拆迁进展不平衡、"7.20"自然灾害等的不利影响,结合实际情况,采取措施,及时对进度计划进行调整,保证总体进度目标的实现。

京台高速公路(北京段)工程于2014年12月底开工,2016年11月全线完成交工验收。建设过程主要分为四个阶段。

第一阶段:2014年12月—2015年5月31日。

全线道路填方完成30%；土建1号～3号标：桥梁基础（桩基、承台）完成80%，桥梁下部结构完成50%；土建4号～8号标：桥梁基础完成100%，下部结构完成70%；跨河桥主体全部结束，具备度汛条件；土建6号标：完成箱涵顶进及涉铁路工程。

第二阶段：2015年6月—2015年11月15日（冬季施工前）。

全线道路填方完成95%，道路底基层完成90%，土建附属工程完成70%（道路护网全线封闭）；桥梁结构主体全部完成；土建6号、7号标完成泵站及泵站管线施工。

第三阶段：2015年11月—2016年5月31日。

全线完成道路基层及土建附属工程，具备沥青路面施工条件；桥梁工程除伸缩缝外全部完成；全面提供绿化工程施工作业面（2016年3月陆续开始绿化工程，本阶段完成80%）。

第四阶段：2016年6月—2016年11月底。

完成土建、路面、机电、交安、绿化、照明、环保、收费大棚等附属工程的全部工作内容，并于11月底前完成交工验收。

根据阶段目标，项目管理处要求施工单位制订了详细的阶段计划、月计划及周计划，通过倒排施工工期，并组织监理及施工单位研究计划的可行性，制订了详细的计划和有关措施上报监理单位审批。同时在施工过程中要求监理单位督促施工单位严格落实计划，经过各方的共同努力和施工单位的精心组织、合理安排，圆满地实现了既定的工期目标。

（二）工程变更

本工程严格执行集团公司、建设公司工程变更管理办法，按相应权限与程序办理工程变更。本工程共发生变更265份（设计变更143份，施工变更100份，数量变更22份），费用共增加43122万元。其中变更费用增加198份，金额共44876万元，费用减少共34份，减少金额1754万元，费用不变共33份。

在工程管理过程中严格执行招标文件及合同条款，通过清单核算、变更管理、索赔管理、现场确认管理、土方戴帽图等方面控制工程造价，项目管理处下发了变更、索赔、现场确认的管理流程，规范承包人及监理行为，最终达到有效控制工程造价的目的。

管理过程中严格执行公司的变更立项审批程序，通过费用测算掌握变更的费用增减情况，为变更的审批决策提供依据，在技术与经济相结合的情况下审批变更。本工程共发生变更265份（设计变更143份，施工变更100份，数量变更22份），费用共增加43122万元（其中变更费用增加198份，金额共44876万元，费用减少共34份，金额共-1754万元，费用不变共33份）。

（三）交工验收

交工验收由集团公司工管部组织，成立由集团公司、建设公司、项目管理处、设计单位、施工、监理单位、各运营单位组成的联合验收小组,对工程现场进行检查。项目管理处积极配合交工验收工作,根据现场施工进度,组织施工单位完成自检、监理单位初验后,邀请集团公司交工验收小组对工程进行了交工验收,针对交工验收检查中发现的问题,要求施工单位立即整改,并由总监办负责监督、检查。本工程交工验收发现的问题全部都得到了整改与落实。工程交工验收前各项工作均已基本完成,满足交工验收条件,本工程无遗留问题。

第三节　科研成果

一、低成本环氧沥青应用技术研究

环氧沥青作为一种高性能路面复合材料,其性能强度高、刚度大、韧性好,有优良的抗疲劳性能和良好的温度稳定性,同时具有良好的耐腐蚀性,是一种新型的绿色环保材料。经研发人员多次试验,用于本项目的环氧沥青,较传统环氧沥青材料,降低成本30%～60%,经济效益显著。

二、无支座自复位桥梁抗震、减震技术研究与应用

该课题设计目标是不仅桥梁在大地震时不倒,而且确保震后桥梁结构性能,使震后桥梁能够快速修复,保证震后交通生命线的畅通提出的新型桥梁结构体系,其主要设计原理是通过桥梁墩柱摇摆转换地震动能量,并局部附加阻尼装置耗散地震能量,震后桥梁能够自复位、并避免延性设计中墩柱塑性铰破坏产生的残余变形。

三、驮桥车钢梁安装

工程实施中受高压线拆迁影响,无法采用传统吊车安装方案实施。该方案采用神驼设备(驮桥车)进行顶升安装,具有组装灵活,载质量大的特点,并能实现90°转向,走位方便,梁体吊装时不受高度条件限制。

四、水泥改良粉性土

水泥改良土是指粉碎的粉土、水泥和水的混合物,经压实产生的一种改良性路基填料,属于外掺材料稳定类型。改良土具有良好的水稳定性、温度稳定性,同时具有一定的强度及刚度,CBR值及弯沉指标也能得到很大的提高。

五、"不粘轮"乳化沥青

以往工程使用的乳化沥青黏层油类产品,均存在轮胎黏附,导致施工车辆对黏结层的

破坏、对周边道路的污染等常见现象,继而影响路面层间黏结状态。京台项目路面施工采用的黏层油为首发奥科瑞公司开发的不粘轮改性乳化沥青产品,该产品高温条件下剪切能力强,施工时快速破乳,节约施工时间。固化后对车辆轮胎不黏附,避免出现常见的施工车辆对黏结层的破坏现象,同时杜绝施工车辆黏附的沥青对周边道路、标线的污染现象。

六、工程管理即时监控系统

为丰富管理手段,加强现场控制,提高管理效率,京台高速公路北京段利用"工程管理即时监控系统",即现代信息技术,通过在重点施工区域设置监控摄像头,对施工现场全天候监控,以掌握工程进展情况;以及对主要监理人员配备手持设备,对各工序进行检查验收、现场录入和信息传递等,进一步规范了工程管理行为。该课题软件著作权获得国家版权局著作权证书。

七、推行钢筋集中加工

在桥梁施工过程中,推行钢筋集中加工,钢筋弯曲采用数控钢筋加工设备,桩基钢筋笼加工采用滚焊机施工工艺,大大提高了工作效率和工程质量。

第四节 运 营 管 理

一、运营管理机构

目前,该段高速公路管理单位为北京市首都公路发展集团有限公司京开高速公路分公司,养护单位为首发养护公司,路产管理单位为安畅分公司。

二、运营管理情况

(一)收费站设置及管理

G3 京台高速公路北京段收费管理由首发集团京开分公司负责,共设置青云店、魏善庄、安定、佃子、礼贤共 5 个收费站。其中,青云店和礼贤为主线收费站。具体信息见本书"附表"部分的表 4-2-1。

(二)服务区建设及管理

本路段没有设置服务区,但设有京台加油站,位于京台高速大兴段(K13 + 200),为进出京双向加油站,单侧占地面积约 5000m², 建筑面积 286m², 加油站罩棚投影面积 572m², 单站设有 4 个 50m³ 埋地油罐(3 个汽油罐一个柴油罐),6 台 4 枪加油机,可满足 20 辆小型车辆同时加油。为顾客提供 95 号汽油、92 号汽油、根据季节变化提供 0 号、-10 号、-20 号柴油。分别在进出京加油站设置了便利店,公共卫生间(男、女厕各设有 10 个坑位),20~30 个停车位,并预留了充电桩充电车位。

(三)养护管理

该段高速公路由首发养护公司负责养护。

第四章
G4(京港澳高速公路)北京至澳门高速公路北京段

G4(京港澳高速公路)北京至澳门高速公路北京段,起于北京市丰台区六里桥,止于房山区琉璃河(市界),全长45.6km,自起点经丰台、良乡、窦店到终点。2010年国家高速路网统一命名、统一编号规划之前,此段为京石高速公路北京段(以下采用该名称)。工程于1986年起分段施工,共分为4期:1986—1987年完成一、二期工程(14km),一期工程以京石公路扩建工程立项,建成后称为"汽车专用公路";1991年完成三期工程(13.8km);1992—1993年完成四期工程(18km)。一、二期工程以京石公路(北京段)扩建工程立项,从三期工程开始以京石高速公路(北京段)立项。2010年之后,京石高速公路北京段纳入G4(京港澳高速公路)。1993年11月,该路段全线建成通车,设计速度80~120km/h。

京石高速公路北京段全线为全立交、全封闭道路。除大宁水库段受地形限制为双向四车道加连续停车带外,其余路段均为双向六车道,另加港湾式停车带,路基宽37.5m,路面宽2×12.25m,全线设置齐全而明显的交通设施和完备的通信服务网点。

京石高速公路北京段工程规模大,标准高,任务紧。仅路基挖填土方达705万m^3,铺筑路面145万m^2,互通式立交12座,分离式立交14座,跨河桥7座(其中特大桥2座),铁路地道桥6座,通道桥64座,人行天桥1座,桥梁总长约4600m,埋设公路专用通信管道40km,安装隔离栅96km,钢板护栏80km,以及安装配套的交通工程等。同时,还建设了管理用房、综合服务区、收费亭、站,道路监控系统,桥区高杆灯照明和排水泵站等,并完成了沿线绿化、美化工作。该工程征用土地5635亩,拆迁房屋74257m^2,移伐树木3.78万株,安置农民4590人,改迁电缆272条。工程总投资约9.5亿元,其中主体工程及配套工程为6.5亿元,征地拆迁费3亿多元。

第一节 京石公路(北京段)扩建一、二期工程

一、项目概况

(一)基本情况

京石公路扩建一期工程于1986年4月正式开工,二期工程于1987年4月15日开工,

1987年11月11日通车,总工期19个月。京石公路北京段扩建一期工程,起自交通堵塞最为严重的赵辛店至西道口段(全长7.33km),二期工程西道口至六里桥段(全长6.71km)与一期工程同步施工,同期完工,全长14.04km。

本工程永定河以西为双向四车道,路基宽25m;永定河以东为双向六车道,路基宽26.5m,全线全立交、全封闭,设置了适应汽车高速行驶的必要设施,为满足慢车行驶和小区域交通的需要,新建或者利用旧路为辅道,并设置了横穿京石公路的通道天桥。本工程设置的公路、铁路立交桥有赵辛店立交桥、杜家坎立交桥、四机床厂立交桥、阆东路立交桥(分东、西两桥)、西道口铁路顶进三处四桥七洞(下穿京广、丰沙和驼峰三条线)、西道口立交桥、永定路立交桥、岳各庄立交桥(东、西两座)、六里桥立交桥,共计12座,468延米。设置人行天桥1座,建设32道涵洞、通道,收费设施3处。

该工程跨越"三河一渠一堤",即大兴灌渠、永定河、永宁堤、小清河、小哑叭河。修建了1120m的永定河大桥,该桥下部结构为纵向Y形墩、扩大基础;上部为预应力钢筋混凝土连续箱梁,跨越小清河和小哑叭河为二联,每联5孔,每孔35.5m;跨永定河为四联,其中,三联每联4孔,四联每联5孔;跨越大兴灌渠的为一联,其跨径为30m、40m和30m,跨永定河堤为20m T梁。桥面宽25.5m,南北桥为两个独立受力的箱梁。荷载标准:南桥为特载—挂540t,北桥为汽车—超20,挂—120。永定河大桥是当时北京市最长的公路桥梁。

京石公路一、二期工程路基土方164万m^3;中央隔离墙,防护栏网和钢板护栏总长37km;排水方沟设管道22km;24~36孔电缆管道12km;路灯12km;自来水输水管道加固长530m;煤气管道加固10处,长770m;交通标志299面。

(二)决策过程

京石公路是北京市经石家庄通往广州的国道107线的一段,也是北京西南方向的重要放射性干线。该段起自北京市广安门外六里桥,经卢沟桥、良乡至房山区琉璃河出市界,全长52km。该路虽然经过多次改建,但因标准低(原为二级公路),路面宽仅8~12m。改革开放以后,随着经济日益发展,交通量猛增,据不完全统计,1986年该路日交通量近1.5万辆,交通堵塞十分严重,交通事故时有发生。这不仅危及行车安全,同时对生产、工作和人民生活造成一定影响。道路不畅,也大大地限制了丰台、房山两个地区的经济发展。为此,在交通部的支持下,北京市政府经过反复论证,决定新建一条全封闭、全立交的高等级公路,彻底解决北京西南方向出城难的大问题,以促进沿路地区的经济发展。根据首都城市建设总体规划,北京市人民政府决定从1986年起对京石公路进行分期修建。

(三)主要参建单位

京石公路(北京段)扩建一、二期工程参建单位详见表9-4-1。

京石公路(北京段)扩建一、二期工程参建单位表 表9-4-1

监督单位	北京市工程质量监督总站		
建设单位	北京市京石公路扩建工程指挥部		
设计单位	北京市市政设计院		
设计测量单位	北京市测绘院		
勘察单位	北京市勘察院		
监理单位	工程指挥部监理办公室		
施工单位	第1号合同	北京公路工程公司第四分公司	一期 0+000~3+805.5
	第2号合同	北京公路工程公司直属队	一期 0+000~3+805.5
	第3号合同	北京水利局机械施工队	一期 1+040~3+780
	第4号合同	交通部第一公路工程总公司第五工程公司	一期永定河;二期岳各庄桥、六里桥
	第5号合同	北京公路工程公司第一分公司	一期大宁水库
	第6号合同	北京公路工程公司第二分公司	一期 4+931~7+328.25;二期 3+700~6+015
	第7号合同	北京公路工程公司第三分公司	一期 3+600~805.5;二期 3+700~4+416
	第8号合同	铁道部第三工程局四处	一期西道口2号、3号铁路立交
	第9号合同	石家庄市政工程公司	一期西道口1号铁路立交
	第10号合同	北京公路处工程经理部	二期 0+000~3+300
	第11号合同	北京丰台排水工程指挥部	一期西道口—丰草河排水工程
	第12号合同	北京市公安交通管理局设施大队	一、二期交通标志和标线
	第13号合同	北京路灯处施工队	一、二期照明工程

二、建设情况

(一)准备阶段

1. 立项审批

1985年12月26日,北京市计划委员会批复市交通运输总公司的《关于扩建京石公路西道口至赵辛店段工程计划任务书》,同意先对该段进行扩建。

1986年3月20日,北京市召开会议讨论京石公路北京段的扩建工程问题。会议决定全线分两期建设,同意北京市市政工程设计院和交通运输总公司公路处提出的线路走向和设计方案;资金问题主要靠养路费和银行贷款解决;同意成立京石公路(北京段)扩建工程指挥部。1986年4月4日,北京市城乡建设委员会和北京市市政管理委员会共同批复京石公路西道口至赵辛店段改建工程的初步设计。同月11日,北京市城市规划管理局下发《关于京石公路一期工程初步设计的意见》。1986年5月14日,北京市计划委员会下发《关于京石公路西道口至赵辛店段改建工程列入一九八六年基建技措计划的通知》。1987年1月14日,北京市政府召开京石公路北京段二期扩建工程会议,会议决定同意市政设计院和交通运输总公司的初步设计;拆迁工作要执行"谁的孩子谁抱"的政策等。

1987年2月12日,北京市城市规划管理局下发《关于京石公路永定河大桥结构形式的意见》,同意市政设计院推荐的现浇预应力混凝土等截面箱型连续梁、Y形桥墩的方案。1987年5月20日,首都规划建设委员会办公室和北京市市政管理委员会下发《关于京石公路二期扩建工程(不含六里桥立交)初步设计的批复》。

2. 资金筹措

本工程总投资2.951亿元,其中工程费用为1.68853亿元,拆迁费用为1.26277亿元。资金问题主要靠养路费和银行贷款解决,其中各自比例为:养路费占总投资额的43.74%,国内银行贷款占总投资额的47.7%。

3. 招投标

当时尚没有招投标的程序规定,在指挥部的组织形式下,以投资大包干及投标的方式选择施工单位,从而大大降低了工程造价,提高了工程质量,确保了工程进度。但是这一阶段也进行了一些市场化的探索,比如二期工程中的3个立交桥是5个施工单位投标竞争选择的施工单位,节约了工程款800万元。通过招标和承包,积极稳妥地引进了竞争机制,打破地方和行业保护主义,通过这种方式择优选择施工队伍,收到了一定效果。

4. 征地拆迁

本工程成立拆迁工作组,拆迁组在指挥部的领导下,依靠当地政府,在地方征地拆迁部门主持和密切协作下,按照"拆迁法"严格掌握政策,有始有终地完成。拆迁工作从1986年1月底至1987年9月围绕工程分三个阶段开展。本工程共征用农村土地1501.19亩。其中,一期办理征地735.47亩,二期办理征地549.69亩,六里桥征地216.03亩。一、二期共办理征地农转非4044人,其中一期办理1465人,二期办理1974人,六里桥工程办理605人。一、二期工程农转非人员共安置转工2307人。同时,对征地后超龄人进行了安置。该工程共拆迁房屋建筑面积78438.69m^2。一、二期工程拆迁费用共计1.26亿元,其中,一期为0.39亿元,二期为0.69亿元,六里桥工程为0.18亿元。

(二)实施阶段

1. 工程建设管理

本工程由北京市政府成立了北京市京石公路扩建工程指挥部,北京市市政管理委员会主任黄纪诚任总指挥,市政管理委员会总工徐继林、交通运输总公司经理姜善智任常务副总指挥,交通运输总公司副经理从士杰、公路处副处长陈悦海任副总指挥,徐继林兼任总工程师。指挥部内设办公室、工程技术组、物资组、财务组和政工组。工程技术组内设质量监督组,同市质量监督总站第四奋战联合监督本工程质量。指挥部负责全部工程的组织、指挥、协调、监督、服务工作。

(1)工程质量管理

本工程采用施工单位自检,指挥部抽查以及工序质量验收和市建筑工程质量监督总站的重点部位核验三级质量管理系统。业主单位每月凭质量检查合格的工程数量清单,按照合同款向施工单位付款。

本工程制定了技术、质量管理办法,隐蔽工程采用了验收制度,由质量监督员负责实施。1987年,北京市工程质量监督总站第四分站成立并开展工作,指挥部质量监督组和第四分站成立了联合组,对京石扩建一、二期工程实施监督。开展质量监督工作对施工单位提高工程质量起到了促进作用,尤其是绝大部分隐蔽工程的验收,对主体工程的内在质量起到保证作用。

(2)工程进度管理

根据要求,整个工程要在1987年全部完成,力争提前。为此,指挥部制定了全局问题的综合计划,定期召开生产协调会。采取了集中力量打歼灭战的方针,抓紧时间及时早开工,并精心设计施工,十分严格认真地关注质量,对工程质量严格把关。同时本着先征地拆迁,后工程;先地下工程,后地上工程;先施工控制性工程,后一般工程;边施工边通行,修好一段通行一段;全面铺开,分散突击,并在统筹安排的前提下,密切合作,充分发挥各施工单位积极性,严密组织,精心施工,按照计划有步骤地进行,全力保证工程进度。

2. 交工验收

一、二期工程总工期于1987年11月11日建成通车。自此,我国第一条全立交、全封闭的半幅高等级公路诞生了。通车后交通事故明显减少,社会效益显著,受到用户及社会各界的好评。建设速度和工程质量得到国内外专家的认可,总体质量达到优质水平,先后获得"交通部全国公路工程优质工程一等奖""国家优质工程奖银质奖""北京市第四届优秀设计一等奖"等奖项。

三、科研成果

在当时,本工程技术标准高、工期紧,在施工过程中普遍采用了先进的生产工具和手段,大大提高了工程质量和速度,主要有:

(1)土方工程基本实现了机械化施工,采用了土方机械、碾压机械、平地机和沥青混凝土搅拌设备、摊铺机和水泥混凝土搅拌运输机械及大型吊装设备。

(2)路面基层材料全部使用工厂化的无机结合料稳定砂砾,配比是:石灰:粉煤灰:砂砾 = 4:8:88,砂砾为机械破碎,最大粒径为32mm。

(3)沥青路面采用防滑式粗面料,最大粒径为13mm,沥青用阿尔巴尼亚100号沥青与盘锦石油沥青掺配,配比为3∶7或者5∶5。

(4)大体积水泥混凝土由拌和楼集中生产,罐车运输,水泥混凝土泵车浇筑。

(5)铁路顶进桥均用顶进法施工,预制箱体,液压千斤顶顶进桥,机械挖方,顶进一个箱体最快用4.5天。

(6)永定河大桥下部结构为纵向Y形墩、扩大基础;上部为预应力钢筋混凝土连续箱梁,南北桥为两个独立受力的箱梁。荷载标准:南桥为特载—挂540t,北桥为汽车—超20,挂—120。永定河大桥是当时北京市最长的公路桥梁。

(7)另外还设置了多种比较齐全的交通设施,比如钢筋混凝土中央隔离器,是仿美国新泽西州高速公路形式,这样能有效防止撞车事故。防撞栏杆为轧制钢质波形板,设在高填方路段。

(8)全线配套了一些服务设施,建成照明系统。

(9)为建设收费设施,在永定河大桥西侧建成大型收费站,包括水泥混凝土路面收费亭等设施,建设了完善的报警系统及通信检测系统。

(10)部分水泥混凝土栏杆和金属路灯杆上采用了热喷涂铝新技术。

第二节　京石高速公路(北京段)三期工程

一、项目概况

(一)基本情况

京石高速公路(北京段)三期工程从丰台区赵辛店起,经房山区良乡镇阎村东止,全长13.88km,于1991年3月5日动工,11月底建成通车,历时9个月。按全封闭、全立交的高速公路标准修建,设计速度为120km/h,双向六车道加港湾停车带,中央隔离带10m,路基全宽37.5m;桥涵设计荷载为汽车—超20、挂车—120,全线设置了齐全、标准的高速公路交通设施。

本期工程与早期建成的一、二期工程连成一条长约28km的高等级公路。东端与广安门大街和西三环路相接,直达京津塘高速公路,西南段与京保公路的良乡、京周公路的阎村相通,中部通过京良公路与京开公路连接,构成北京西南和东南一带的快速公路系统。彻底解决了赵辛店至良乡段的交通阻塞和拥挤现象,为沿线地区的经济腾飞创造了良好的交通条件。

京石高速公路三期工程数量巨大,路基填方205万 m^3,新建桥梁39座;路面约

40万 m^2，生产路面基层材料59万t、沥青混合料14万t。此外还有33km波形钢板防撞护栏、28km隔离栅网及照明、排水、交通标志、标线等配套工程。全部工程征用土地1753亩，拆迁集体单位13个，拆除民房10857m^2，砍伐或移植树木近2万棵，安置农民转居民590人，迁移输水管线15km，电缆66条，供电电杆264根及沿线的配电室、变压器等。

（二）决策过程

1987年11月建成的我国第一条全封闭、全立交的高等级公路——京石公路（北京段，六里桥至赵辛店）一、二期工程，是北京至深圳的国道107线的一部分，长14.04km。通车几年来，发挥了明显的经济效益和社会效益，交通事故也大大减少，日通过汽车1.5万～2.0万辆，高峰日交通量超过3万辆，缓解了北京西南方向出城难的问题。为了适应深化改革、扩大开放的形势，早日贯通我国南北高等级公路，彻底解决北京市西南方向交通拥挤、阻塞现象，在交通部的支持下，北京市政府决定修建京石高速公路三期工程。

（三）主要参建单位

本工程的主要施工单位详见表9-4-2。

京石高速公路（北京段）三期工程参建单位表　　　　表9-4-2

管理单位	北京市公路局		
设计单位	北京市市政设计研究院		
设计测量	北京市测绘院和市政测量队		
勘察单位	北京市勘察院		
监理单位	北京市京石公路扩建工程指挥部监理工程师办公室		
施工单位	第10号合同	北京市公路局门头沟分局	K9+860～K12+000
	第11号合同	交通部公路一局五公司	K12+000～K13+224〈K0+000〉
	第3号合同	北京市公路局房山分局	K0+000～K1+050
	第4号合同	交通部公路一局五公司	K1+050～K1+650
	第5号合同	北京市水利局机械施工处	K1+650～K3+650
	第5(B)号合同	北京市公路工程公司	5号标K1+650～K3+650面层
	第6号合同	北京市公路工程公司	K3+650～K4+850
	第7号合同	北京市公路工程公司	K4+850～K7+600
	第8号合同	北京市公路局平谷分局	K7+600～K9+950
	第9号合同	交通部公路一局五公司	K9+950～K10+542
	第13号合同	上海佳艺冷弯型钢厂北京交通运输科技服务公司	全线防撞钢板护栏
		石家庄市市政工程公司	K6+943.6京广铁路立交排水泵站
	未执行合同管理	石家庄市市政工程公司	K6+943.6南岗洼立交桥
	未执行合同管理	交通部公路一局五公司	K8+150九子河桥

二、建设情况

(一)准备阶段

1. 立项审批

1988年4月28日,北京市计划委员会下发《关于京石公路三期工程开展前期准备工作的通知》,同意京石公路三期工程开展前期准备工作。

1989年3月4日,北京市计划委员会批复市交通运输总公司的《关于送审京石公路三期(赵辛店至鱼儿沟)工程计划任务书的报告》,原则同意该项工程的计划任务书,并就工程主要内容及规模、工程总投资及投资来源做了批复。

1991年1月22日,北京市计划委员会批复市交通运输总公司的《1991年公路基本建设工程项目计划》,同意扩建京石公路三期工程,并列入本市1991年其他固定资产投资计划,按首都规划委批复的建设标准实施。

2. 资金筹措

京石高速公路三期工程计划投资工程总概算24970万元,其中工程费1970万元,征地拆迁费7000万元。工程决算23721万元,降低工程成本5%。除商请交通部专项补助3000万元(并借给该项工程1000万元)、商请北京铁路局对铁路立交主体结构予以投资外,其余均由北京市征收的养路费安排。各单项工程须通过招标确定工程费数额及施工单位,实行投资包干。前期工作所需费用200万元由养路费列支。

3. 招投标

京石公路改扩建工程指挥部负责工程招标、议标工作。指挥部根据京石公路一、二期工程招标、议标及施工过程中发现的问题,吸取京津塘高速公路国际招标的有用经验,根据实际编制了一套新的标书,按照发出投标邀请书、出售标书、组织投标人进行现场考察、召开投标人答疑会、公开唱标、评标和揭标并发出中标通知书等程序。根据工程短、任务重的特点,指挥部将全部土建工程分为9个合同,以后又增加了波型钢板防撞护栏和隔离栅网两个合同。投标单位竞争十分激烈。最后中标的单位除有北京市公路局所属的公路工程公司及平谷、房山、门头沟公路分局外,还有交通部公路一局五公司、石家庄市政工程公司和北京市水利局机械施工处。在附属设施的招标中,一些外地厂家分别中标:如上海、天津和沈阳等地的厂家。实践证明,通过招标、投标,工程造价可降低10%左右,有的工程降价更多。同时,施工企业通过竞争,尽可能地提高施工质量、保证工期,以提高本企业在业主面前的信誉。

4. 征地拆迁

1991年12月19日,经北京市人民政府研究,同意北京市交通运输总公司因修建第三期京石公路工程,征用房山区粮田地820.57亩,果园地56.1亩,国有地65.54亩,共计942.21亩,涉及良乡、长阳2个镇、14个村(队),5处国家单位。为解决征地后农民生产生活问题,将良乡镇二街大队第二生产队59名农业户口转为非农业户口,其中31名劳动力由房山区负责安排工作。

1992年3月16日,良乡地区办事处就有关良乡段排水、修路问题与京石高速公路指挥部进行协商,本着互惠互让、集体负担、国家补偿的原则,决定由京石高速公路指挥部给良乡地区办事处拨款50万元,作为补偿,其中修路补偿30万元,疏通排水补偿20万元。至此,京石高速公路良乡段三期工程遗留的修路排水问题已全部解决。

(二)实施阶段

1. 工程建设管理

北京市京石公路扩建工程指挥部(以下简称"指挥部")负责组织和实施京石高速公路三期工程的建设任务。在京石高速公路三期工程建设中,指挥部将交通战备工作与施工生产"双向纳入",以交通战备促进施工生产,在施工生产过程中进行国防教育,取得了较好的效果。

(1)工程质量管理

经指挥部研究后从三期工程开始,决定借鉴京津塘高速公路的经验,采用国际上通用的"菲迪克"条款,结合我国和北京市的实际,制定一套切实可行的管理制度。在指挥部的领导下设立了监理工程师办公室(简称"监理办"),明确其职责范围和工作任务。监理办主要负责审批施工组织设计,下达开停工令,按合同、图纸和规程对每道工序进行全过程的现场监理,重要工序实行全过程旁站监理。指挥部根据监理办的月底支付单向承包单位拨付工程款。从工程开工准备到竣工验收,从原材料的选购到产品的成型,监理工程师均需层层负责。监理办建立了一定规模的实验室,拥有相当完备的现代化检测手段,严格把关,保证了工程质量。为保证工程正常进行和按程序办事,指挥部设立了监理工程师办公室。监理办是在指挥部领导下的一个独立的工程管理执法机构。赋予较大的权力:审查分包单位的资格、审批施工组织设计、开工报告及原材料等,施工质量的检查和验收,确定每月的工程费用的支付直至竣工质量评估、竣工文件的编制等。

实行工程质量监理制度后,工程质量有很大提高。据监理工程师办公室统计,本工程共对263项目进行测试,检测试验总次数达58605次,其中一次试验合格率为86.8%,经修理、返工后最终合格率达96.5%,超过优质合格率85%的要求。其中反映路面、桥梁结构强度的合格率均达到100%,标明路面施工质量的各项、指标也都达到较高水平;路面平整度,标准规定不超过1.6mm,实测结果0.693mm;整体弯沉值,设计标准小于0.325mm,实测0.081mm;摩擦系数,标准不小于0.52~0.55,实测0.59;纹理深度,标准为 0.6~0.8mm,实测 0.69mm;128 根混凝土灌注桩经无破损检验,全部合格。

(2)工程进度管理

市政府要求京石高速公路三期工程1991年底建成通车。根据工程量大、工期紧的特点,指挥部将全部工程分为9段,各施工单位分段包干,为了使工程统一完整,对最后的沥青路面面层选择最优秀的两个单位统一铺筑。在工程安排方面将总体工程分为四大阶段,第一阶段为3月5日—6月15日雨季前,要求完成路基土方的80%,桥梁的下部构造及地下建筑全部完成;第二阶段为6月16日—8月20日,路基工程基本完成,桥梁主体工程完成,全线贯通;第三阶段为8月21日—10月底,完成全部路面工程;第四阶段为收尾阶段,完成路基整修、交通设施、照明、排水工程等全部工程。由于各施工单位能按总体计划进行施工,在施工中,指挥部对大型机械设备统一调度,全部工程按原计划顺利进行。

(3)交工验收

三期工程于11月底建成通车。工程质量较一、二期工程有较大提高。本工程采用招标方式选择施工单位,施工中实行合同管理和监理制度,广泛采用机械化作业,应用科技新成果,整个工程符合设计标准,施工技术和工艺水平先进,路面平整度和桥梁外观质量达到较高水平。京石高速公路三期工程在交通部1992年度公路"三优"工程评选中荣登榜首,被评为优质工程一等奖。

2. 重大工程变更

该期工程涉及6号京良立交、4号机场路立交、5号哑吧河桥、T梁预应力钢束改钢绞线和京周立交施工便线管涵采用简易做法以及5号、7号合同追加费用等104个变更事项。

三、科研成果

京石高速公路三期工程需建桥梁39座,其中13座大中桥梁成为控制性工程。这些桥梁要浇筑超过5万多立方米水泥混凝土,各施工单位普遍采用了清华大学最新科技成果。在水泥混凝土中掺入 NF-2 速凝早强剂,使水泥混凝土3天就达到设计强度,大大加快了施工进度;门头沟公路分局采用了钢筋锻压焊新技术,由于不需要电源,在停电的时候也照样可以焊接钢筋,焊接强度完全符合设计要求;京良路立交桥处于水位很高的软弱地基上,桥台的基础加固十分困难,负责施工的北京市公路工程公司采用了铁科院研制的水泥土旋喷桩新技术,制服了软基。这座桥梁的桥台采用了土工聚合物加筋土新技术,可节省水泥380t,木材33m^3,节省工程费10%。

沥青路面里混合料中的沥青含量是一项重要指标,沥青用多了,通车后易发生路面软化,出现拥包现象;沥青含量不足则易造成路面松散。在本工程中采用了最先进的沥青快速抽提仪,仅用40min就可以出结果,保证了当天生产的沥青混合料的质量。在沥青路面的施工中,核子密实度测定仪发挥了重要作用,把它放在路面上,15s 就能准确地显示路面密实度的指标,有效地防止了路面碾压不足或碾压过度的现象。

沥青路面施工中,采用了目前国际上先进的沥青混凝土摊铺机并用多机联合作业方法施工,每天铺筑沥青混凝土 2000 余吨;可铺筑单幅路面约 2.0km,减少了路面纵向和横向的接缝,保证了路面平整度和工程进度。

路面基层材料用量大、用料时间集中,工地上的先进路面基层材料拌和机发挥了巨大的作用,使用当地的砂石料,掺加少量的水泥和水拌出强度高、稳定性好、优质的筑路材料,一台机械日产量达 3000t,满足了工程要求。

第三节 京石高速公路(北京段)四期工程

一、项目概况

(一)基本情况

京石高速公路扩建四期工程于 1992 年 4 月 5 日开工,1993 年 11 月 3 日完工,自此京石高速公路北京段全线建成通车。京石高速公路北京段扩建四期工程起点为房山区阎村,终点为市界,全长 18.5km。

四期工程设计速度 120km/h,横断面形式为双向六车道加港湾式停车带,中央分隔带宽 10m,路基全宽 37.5m,桥涵设计荷载为汽—超 20、拖挂—120。在互通式立交区设有高杆灯照明,建有排水泵站 2 座,雨水管线 9300m;安装钢板护栏 56.69km,防护栏网 37.64km;拆迁房屋 14596m²,占用土地 3325 亩。该工程共计建设通道 15 处,互通式立交 4 处,简易立交桥 10 座(其中跨线桥 2 座),铁路顶进桥 2 座,跨河桥 2 座,收费设施 6 座。

(二)决策过程

自京石高速公路扩建一、二、三期工程通车以来,行车秩序良好,车速明显提高,车辆阻塞、拥挤情况得到解决。为加强市区与其西南部及河北省的联系往来,满足客货运交通的需要,促进房山区的经济发展,在交通部的支持下,北京市政府决定修建京石高速公路四期工程。

(三)主要参建单位

主要施工单位详见表 9-4-3。

第九篇
高速公路建设项目

京石高速公路(北京段)四期工程参建单位表　　　　表 9-4-3

管理单位	北京市公路局		
监督单位	北京市京石公路扩建工程指挥部监理工程办公室		
建设单位	北京市京石高速公路指挥部		
设计单位	北京市市政设计研究院		
监理单位	北京市高速公路监理有限公司		
施工单位	_窦店至琉璃河市界_		
	第 19 号合同	北京市公路局京石分局	1+443.85~2+750 道路工程;榇河桥桥梁工程;1+869~2+688 通道桥工程
	第 18 号合同	北京市公路局第四工程施工处	12+750~4+000 道路工程;3+538 琉杨路立交桥工程;3+085 通道桥工程
	第 17A 号合同	北京市公路局房山分局	4+000~5+400 道路工程;4+287 通道桥工程
	第 17B 号合同	交通部第一公路工程总公司第五工程公司	4+852 琉璃河 1 号桥梁工程;5+048 琉璃河 2 号桥梁工程
	第 16 号合同	北京市公路局第一工程施工处	大石河桥梁工程;大石河桥南北堤通道桥工程;5+400~6+620 大石河桥两端道路工程
	第 15 号合同	北京市公路局第二工程施工处	6+513.5~8+400 道路工程;7+415 立庄桥梁工程;8+245 通道桥工程
	第 14 号合同	北京市公路局第二工程施工处	8+400~10+280 道路工程;9+880 丁各庄立交桥工程;9+000、9+220、9+523 通道桥工程;窦店立交道路排水工程
	第 13 号合同	石家庄市市政工程公司	石家庄市市政工程公司
	第 12 号合同	北京市公路局第三工程施工处	北京市公路局第三工程施工处
	第 11 号合同	北京市公路局门头沟分局	北京市公路局门头沟分局
	第 20 号合同	京石指挥部	京石指挥部
	第 21 号合同	上海佳艺冷弯钢型厂	上海佳艺冷弯钢型厂
	第 22 号合同	石家庄市市政工程公司	石家庄市市政工程公司
	阎村至窦店		
	第 1A 号合同	交通部第一公路工程总公司第五工程公司	9+500~10+310 道路工程;阎村立交 2 号桥梁工程;阎村立交道路排水工程
	第 1B 号合同	北京市公路局第一工程施工处	阎村立交 1 号桥梁工程
	第 2 号合同	铁道部第三工程局第四工程施工处	阎村铁路立交桥
	第 3 号合同	北京市公路局第二工程施工处	7+300~8+700 道路工程、8+700~9+500 道路工程;肖炒路立交桥、元武屯跨线桥;阎村立交道路排水工程

续上表

	第4号合同	北京市公路局第四工程施工处	5+800~7+300 道路工程；5+885、6+320、6+500、6+999 通道桥工程
	第5号合同	北京市公路局京石分局	4+300~5+800 道路工程；紫石路立交桥梁工程；5+661 通道桥工程
	第6号合同	北京市公路局房山分局	2+900~4+300 道路工程；4+010 桥梁工程；2+927、3+270 通道桥工程
施工单位	第7号合同	北京市公路局门头沟分局	11+800~12+900（2+900）道路工程；11+850 望楚立交1号桥、12+208.9 望楚立交2号桥；0+021.64 通道桥工程；望楚立交排水工程
	第9号合同	上海佳艺冷弯型钢厂	阎村—窦店钢板护栏工程
	第8号合同	各施工单位	阎村—窦店隔离栅工程
	第10号合同	丰台区水利局施工处	阎村立交排水泵站

二、建设情况

（一）准备阶段

1. 立项审批

1990年8月27日，北京市计划委员会批复市交通运输总公司的《关于请予审查京石公路四期（鱼儿沟至市界）工程预可行性研究报告的报告》，批准建设京石公路四期工程。之后，北京市计划委员会批复工程许可。

1992年1月15日，北京市计划委员会批复市交通局的《关于请组织审查京石公路四期（鱼儿沟至市界）工程设计方案的报告》，同意京石公路四期工程起始点、立交及附属设施的设置及道路横断面的安排等设计。

2. 资金筹措

四期工程总造价为4.6亿元，其中工程费3.65亿元，征地拆迁费0.95亿元。工程费用除商请交通部专项补助及商请北京铁路局对铁路立交主体结构予以投资外，其余均由北京市征收的养路费安排。

3. 招投标

除交通工程和照明工程没有经过招标，由市公安交通管理局工程二队和房山区供电局施工外，指挥部对全部道路、桥梁、排水和安全防护工程进行招标，中标的施工单位有：北京市公路局第一、二、三、四工程施工处，京石分局，房山分局，门头沟分局；铁道部三局四处；交通部公路一局五公司；石家庄市市政工程公司；上海佳艺型钢厂；中国重型机械公司;北京市艺海实业公司;铁道部紫荆关金属结构厂;丰台区水利工程公司等。在招标过程中,指挥部从发投标邀请书、出售标书、组织投标人进行现场考察、召开投标人答疑会到公开唱标、评标和发中标通知等,都严格按招标文件中的规定进行。通过招标,降低了工程造价,提高了工程质量。中标标价一般比现行的北京市市政工程概算定额计算标准降低5%左右。对于小的单项工程、购买建筑材料和外加工工程,指挥部用货比三家的方法确定中标单位。由于造价、计量和支付方法是在开工前以合同形式明确的,所以施工单位要获得利润,就必须加强管理,在避免返工、减少浪费和保证工期上下功夫,这对整个工程建设来说是非常有利的。

(二)实施阶段

1. 工程建设管理

由于四期工程规模大,为了有效地利用公路建设资金,充分发挥新建公路的经济效益和社会效益,本着建成一段、通行一段的原则,将四期工程分两阶段修建,1992年建成阎村至窦店段,1993年建成窦店至市界段,1993年11月3日京石高速公路北京段全线建成通车,并与河北段贯通。

(1)工程质量管理

指挥部总结了京石高速公路三期工程实行合同管理和工程监理制度的经验和教训,在四期工程中进一步加强了此项工作。指挥部在要求施工单位认真执行监理制度的同时,要求和帮助监理工程师办公室不断提高监理和服务水平,不断提高驻地监理人员的素质,增强按程序及时检查、及时验收、及时发现问题和解决问题的能力和责任心。

实行工程监理制度,工程质量有了保证。首先是把好材料关。京石高速公路四期工程所使用的原材料需经监理工程师办公室检验合格后方可使用,这样可避免使用伪劣假冒商品。其次是把好工序关。每道工序不经驻地监理检查验收,不得进行下道工序施工,对一些关键工序实行驻地监理全过程旁站监理,避免了工程隐患。第三是把好工程外观质量关。外露部分和混凝土浇注全都由监理工程师办公室的领导亲自检查,合格后方可浇筑;道路表层面施工时,监理工程师办公室专门成立监理小组,在现场实行全过程旁站监理,使京石高速公路四期工程的桥梁混凝土外观质量和道路表面层质量明显优于一、二、三期工程。

监理工程师办公室对京石高速公路四期工程的分项工程和工序进行了认真的检验,共取得现场检验数据68609个,实验室数据10983个,合格率为97.8%。通车前用XLPY-11型连续式路面平整度仪测定,阎村至窦店段路面平整度偏差值$\sigma=0.92\mathrm{mm}$,窦店至琉璃河路面平整度偏差值$\sigma=0.90\mathrm{mm}$。京石高速公路四期工程达到了交通部优质工程标准。

(2)工程进度管理

在1992年初和年底,指挥部对1992年度和1993年度要完成的工程分别提出了施工总体安排,各施工单位按照总体安排制订各自的详细施工计划。针对本期工程规模大、工期短、质量标准高的特点,指挥部决定采用化整为零,先控制性强、难度大的工程,后一般工程的施工方案。将1992年计划完成的8km路分成6段,设7个合同(道路、桥梁工程),将1993年计划完成的10.5km路分成8段,设9个合同,分别进行设计和招标。在制订施工进度计划时,根据施工工序和工程受气候的影响程度,将整体工程施工进度划分成三个阶段来完成。对于京石高速公路三期工程存在的桥头接缝处跳车、路面材料混入中央绿化带、局部混凝土方砖与路面链接不平等问题,指挥部明确提出京石高速公路四期工程中不得再次发生。

2. 控制性工程

大石河特大桥,由上下行两座660m长的桥梁组成,该桥共44孔,220多根混凝土灌注桩,桩径1.2m和1.4m,桩长40m,30m跨径352片预应力T梁。

京石高速公路四期工程7+415处的立庄立交桥,由上、下行两座独立的桥梁组成,上部构造为预应力简支T梁,斜跨20m,交角66°。下部构造为桩基承台,双排桩,每个承台8根桩,桩径1m,桩长25m,系摩擦桩。中间隔离带为变截面重力式挡墙,墙宽8m,大基础。桥头填料为砂砾石,高5m。该桥在施工中发现中间挡墙下沉,挡墙在变截面处开裂,同时发现路基下沉,桥头的石灰、粉煤灰稳定砂砾层产生0.5~1.5cm宽的横向开裂,桥台向桥孔方向推移,橡胶支座受剪切变形。为此,指挥部委托铁科院土工室进行调查研究。

铁科院采用现场轻型静力触探和取样试验,发现地面以下1.0~3.5m(平均厚2.5m)为新近沉积的淤泥质黏土,天然含水率为35%~60%,塑性指数为20.2,平均承载力为$7t/m^2$,与原勘测单位提出的承载力$12t/m^2$有较大出入,这是病害的主要原因。据此,铁科院提出若干方案进行治理,经研究决定采用超载预压方案。单位面积预压总重为设计荷载的150%,预压15天,路基各测点实测总沉降量为12~13cm,主沉降量已完成,达到了预期的目的。桥间挡墙预压后南、北墙分别沉降5cm和6cm,大部分沉降已完成。各桥台也发生纵向水平相对位移,随着时间推移,已逐渐趋于稳定,桥台没发现垂直位移。

北京市政设计院对此十分重视,经反复分析和验算,提出为防止桥台继续位移,在南北桥台间增设支撑梁,每孔桥2片,最后将整座梁顶起,更换已损坏的橡胶支座,修复桥间挡墙。

三、科研成果

(1)京石高速公路四期工程在预制钢筋混凝土T梁时,采用了最先进的速凝强添加剂和蒸汽养生法,使常规需要28天才能达到的强度,提前13天就能达到设计强度,加速了模板的周转,既加快了施工进度,又节约了钢材和资金。

(2)在测定沥青混凝土的沥青含量时,采用了先进的沥青快速抽提仪,使常规要1天才能取得的结果,只需40分钟就能得到。

(3)在检测沥青混凝土面层密实度时,采用了核子密实度测定仪,在路面铺筑过程中,只需15秒就能显示出路面的密实度,有效地防止了路面碾压不足或碾压过度的弊端。

(4)对于水泥混凝土灌注桩,除浇筑时以外,由驻地监理实行全过程旁站监理浇筑后进行无破损探伤检测,检测率为100%。

(5)京石高速公路四期工程在窦店村东与京广铁路相交,新设计的窦店铁路顶进桥为3个并立的单孔箱体框架,该桥斜度大(45°00′00″),单孔跨度大(25.101m),地基较软弱,顶进难度大,工期紧,京石高速公路四期工程(窦店至市界段)中的两个重点工程之一,直接控制着工期。承担施工的石家庄市市政工程公司突破常规的分次顶进方法,采用新颖的三单孔箱体斜向同步顶进技术方案,采取了有效的技术控制措施,解决了当前顶进施工中的斜箱体纠偏、软基扎头、大跨度结构变形等难题,做到铁路运营安全、顶进偏差不超标。从开挖工作坑到箱体顶进就位,所用时间不足4个月,为后续工程争得了时间。

(6)大石河桥是京石高速公路上的特大桥,该桥由上下行两座660m长的桥梁组成,下部结构为混凝土灌注桩,上部结构为30m跨径352片预应力钢筋混凝土T梁。施工采用现场预制、铺装铁轨由轻型机车牵引运梁、大型龙门吊垂直运输和架桥机安装就位的方法,日安装T梁8片。此吊装方法比该施工单位前一年在首都机场高速公路温榆河大桥施工时采用卷扬机牵引桥梁运梁、架桥机安装就位的方法,提高工效一倍以上,得到了交通部及市领导的赞扬。

(7)为解决桥梁伸缩缝处跳车问题,在京石高速公路四期工程中改变了以往先做伸缩缝后铺路面的施工方法,采用先铺路面、再把伸缩缝处路面打开安装伸缩缝的方法。施工前由监理工程师办公室对预留槽、预留填料、摊铺沥青混凝土表面层、切缝、清除填料、安装伸缩缝、焊接、浇筑混凝土等项工作做出明确规定和要求。由于采用了先进的施工工艺和施工单位的精心施工,京石高速公路四期工程桥梁伸缩缝处一点跳车感觉都没有,从而提高了整个路面的平整度。

第四节 运营管理

一、运营管理机构

1987年12月,京石汽车专用路一、二期工程完工后,北京市公路处设立京石公路管理所,为市公路处直接管理高速公路的机构,按高速公路管理收费,下设养护、工程、机械段和收费站。1991年4月,北京市公路局正式成立,下设京石分局负责京石高速公路北京段的运营管理。1995年北京市公路局为偿还贷款将该段公路50%的收费权转让给北京市财政局以折抵借款,后由北京市公路局京石公路分局负责管理。

1999年,首发公司成立之后,该段归首发集团京石分公司运营管理,养护管理由首发养护负责。

二、运营管理情况

（一）收费站设置及建设

目前,G4京港澳高速公路北京段共设置杜家坎、杜家坎匝道、赵辛店、京良路口、良乡机场、闫村、窦店、琉璃河、琉璃河南9个收费站,其中杜家坎、琉璃河南（与河北省共管）为主线收费站。具体收费站的信息详见本书"附表"部分的表4-2-1。

1989年初,北京市公路管理处京石公路管理所与国家863—409高技术办公室合作,研制高速公路单通道自动计费系统。在此基础上,北京市公路管理处与航天部103所合作继续开发高速公路多通道自动计费系统。该系统集声、光、电综合技术为一体,主要由主控系统、红外系统、前端机系统、防逃系统、通信系统、电子牌照系统、监视系统、供电系统和大型信息板9个子系统组成。完全利用计算机代替人工判别计费,提高收费准确性,杜绝收费中的种种弊端。

该系统在京石高速公路北京段杜家坎收费站连续使用,工作稳定可靠。通过北京市市政管理委员会组织的技术鉴定,认为自动计费系统在国内领先,总体技术达到国际先进水平,获得国家专利。获1992年北京市科技进步二等奖。

2001年,经北京市政府批准,调整了八达岭、京石（北京段）、京哈（北京段）等部分高速公路通行费收费标准,统一了通行费车型划分标准。G4北京段由分段收费调整为计程收费。

（二）服务区设置及建设

目前,该段设置了窦店服务区,详见本书"附表"部分的表4-2-2。

（三）养护管理

该段高速公路由首发养护公司负责养护。自建成通车以来进行过3次大修,分别在2005年和2011年。

1. 2005年大修

随着交通量的逐年增加,路面老化和桥涵损坏日益严重,单板受力的通道桥危桥逐年增多。为彻底消除安全隐患,满足高速公路快速、安全、舒适的行车要求,经北京市交通委批准,首发集团分两年对京石高速公路实施大修。2005年完成三环路六里桥至赵辛店段(进出京双向)和赵辛店至市界段(出京单方向)的大修任务。本次大修对道路起点六里桥至市界进、出京45.6km的路面及桥梁出现的病害、交通设施等进行大修。同时因抗日战争胜利60周年纪念活动的要求,对六里桥三环至五环路段同时实施辅路大修及绿化工程。

2. 2010年大修

本次大修完成了进京单方向窦店至六环路段的大修工程。

3. 2011年大修

本次大修主要是对大石河桥至市界部分,施工路段总长度为11km,分为两个阶段进行:起点为K41+500~市界K45+600,进出京双方向长约9km;进京方向六环路K29~良乡K27单方向长为2km。两阶段施工内容为原路面病害处理等。

第五章
G5(京昆高速公路)北京至昆明高速公路北京段

G5(京昆高速公路)北京至昆明高速公路北京段,起于北京市房山区大苑村,止于北京市房山区镇江营(市界),全长40.36km。2010年国家高速路网统一命名、统一编号规划之前,此段为京石二通道北京段,于2011年11月开工,2014年12月竣工。该段与G4(京港澳高速)北京段基本平行,位于北京市房山区中部,自起点,经青龙湖镇、城关镇、阎村镇、窦店镇、石楼镇、韩村河镇、周口店镇、长沟镇、张坊镇及大石窝镇至终点市界(京冀界),与京昆高速河北段相接。该高速公路的建设对完善北京市高速公路系统、完善国道主干线及国家公路网具有重要意义,同时对缓解北京市西南方向客货运交通压力,对带动京冀两省市的区域经济发展,满足京冀两省市长距离运输需求具有重要意义。

第一节 项 目 概 况

一、基本情况

该路段双向六车道,设计速度120km/h,路基宽度35.5m,红线宽度80m,概算总投资125亿元。全线共设互通立交12座,分离式立交11座,跨河桥22座,通道26座,占地7800.5亩。

京昆高速公路北京段共有配套设施3处,分别是六环东管理区、主线服务区及北拒马河管理区。其中,六环东管理区位于京石二通道与六环路东北角,由监控通信分中心、主线收费站管理设施、匝道管理设施、交警管理用房及原规划西六环路管理所组成,用地面积3.5公顷,建筑规模127000m^2。主线服务区位于主线K26+030处,由服务区、养护工区组成,总用地6公顷,建筑规模5500m^2。北拒马河管理区设置在京石二通道K48+600处,由监控通信站、主线收费站管理设施、匝道管理设施、进京公路综合检查站组成,该工程建筑规模8800m^2。京昆高速公路北京段工程量如下:填方817万m^3,挖方678万m^3;建设桩基4362根,扩大基础159个,承台827个,墩柱1450根,桥台270座,现浇箱梁121

联,T梁/小箱梁安装4053片;隧道开挖及支护6255m,二衬6808m;路面基层122万m^2,底面层117万m^2,中、表面层172万m^2;安装防撞墩42326m;桥面铺装48万m^2;涵洞228座,绿化124万m^2。

二、决策过程

在G5北京段立项建设之前,北京市西南方向的公路通道功能主要由G4承担。随着经济和社会发展的进程,G4北京段的客货运交通压力日益加大。为了完善北京市高速公路系统,加快国家高速公路网的建设,北京市发展和改革委员会、北京市规划委员会立项建设该工程。

三、参建单位

本项目各参建单位见表9-5-1。

京昆高速公路北京段参建单位名单　　　　表9-5-1

监督单位		北京市道路工程质量监督站
建设单位		北京市首都公路发展集团有限公司
勘察单位	K1+728.6~K10+600	中航勘察设计研究院
	K10+600~K23+000	北京城建勘测设计研究所有限责任公司
	K23+000~K34+000	北京市地质工程勘察院
	K34+000~K49+482	北京市勘察设计研究院
设计单位	K1+400~K23+000	国道通公路设计研究院股份有限公司
	K23+000~K49+472	北京市市政工程设计研究总院有限公司
监理单位	一总监办(K1+400~K10+600)	中国公路工程咨询集团有限公司
	二总监办(K10+600~K23+000)	北京正宏监理咨询有限公司
	三总监办(K23+000~K35+700)	北京逸群工程咨询有限公司
	四总监办(K35+700~K49+472)	北京正远监理咨询有限公司
	机电监理(K2+600~K49+472)	北京天智恒业科技发展有限公司
施工单位	土建1标(K2+600~K1+700)	中铁十三局集团第一工程有限公司
	土建2标(K1+700~K4+000)	北京鑫畅路桥建设有限公司
	土建3标(K4+000~K7+500)	中铁六局集团有限公司
	土建4标(K7+500~K10+600)	中铁十八局集团第五工程有限公司
	土建5标(K10+600~K12+450)	江苏中瑞路桥建设有限公司
	土建6标(K12+450~K15+050)	中铁十六局集团第一工程有限公司
	土建7标(K15+050~K19+450)	中铁五局集团有限公司
	土建8标(K19+450~K23+060)	中铁二十局集团第一工程有限公司
	土建9标(K23+000~K26+600)	天津城建集团有限公司
	土建10标(K26+000~K29+200)	北京市市政一建设工程有限公司
	土建11标(K29+200~K33+100)	北京市海龙公路工程公司

续上表

施工单位	土建12标（K33+100~K35+700）	北京市市政二建工程有限责任公司
	土建13标（K35+700~K39+700）	中交三公局第二工程有限公司
	土建14标（K39+700~K44+300）	北京鑫实路桥建设有限公司
	土建15标（K44+300~K46+800）	中交一公局桥隧工程有限公司
	土建16标（K46+800~K49+482）	中铁十九局集团第三工程公司有限公司
	路面1标（K1+400~K10+600）	北京鑫畅路桥建设有限公司
	路面2标（K83+740~K100+300）	北京城建道桥工程有限公司
	路面3标（K100+300~K114+100）	北京城建远东建设投资集团有限公司
	路面4标（K114+100~K129+895）	北京鑫实路桥建设有限公司
	交安绿化1标（K2+600~K49+472）	北京市高速公路交通工程公司
	交安绿化2标（K2+600~K49+472）	北京云星宇交通工程有限公司
	交安绿化3标（K2+600~K49+472）	北京路桥海威园林绿化有限公司
	交安绿化4标（K10+600~K35+700）	北京市京石园林绿化有限公司
	交安绿化5标（K35+700~K49+472）	北京金五环风景园林工程有限责任公司
	机电工程（K2+600~K49+472）	北京云星宇交通工程有限公司
	照明1标（K2+600~K23+060）	北京云星宇交通工程有限公司
	照明2标（K23+000~K49+472）	北京申安投资集团
	环保工程（K2+600~K49+472）	北京市高速公路交通工程公司
	收费大棚1标（K2+600~K1+700、K46+800~K49+472）	北京城建远东建设投资集团有限公司
	收费大棚2标（K1+700~K46+800）	北京市高速公路交通工程公司

第二节　建　设　情　况

一、准备阶段

（一）立项审批

京昆高速公路北京段以京石二通道立项，高速公路项目严格遵守基本建设程序，前期工作各阶段的审批文件完整齐全。

详细立项审批过程如下：

2009年7月21日，北京市规划委员会以《关于京石二通道（北京段）高速公路工程规划方案批复》（市规函〔2009〕1209号文）批复该项目规划方案。

2010年4月8日，房山区环保分局以《关于京石第二通道（大苑村—市界段）高速公路工程建设项目环境影响报告书的批复》(房环保审字〔2010〕143号文)批复该项目环境影响评估报告。

2010年4月27日,北京市国土局房山分局以《关于京石第二通道(大苑村—市界段)高速公路工程建设项目用地预审意见》(京国土房预〔2010〕11号文)批复该项目用地预审情况;5月31日,北京市规划委员会以《关于京石二通道(北京段)高速公路工程设计方案的批复》(京规函〔2010〕830号文)批示该项目工程设计方案;7月16日,中国地震局以《对京石二通道(大苑村—市界段)工程场地地震安全性评价报告的批复》(中震安评〔2010〕87号文)对该项目工程场地地震安全性评价予以批复;北京市国土资源局以《京石二通道(大苑村—市界段)高速公路地质灾害危险性评估报告本案登记表》(京地灾评〔2010〕198号文)对该项目地质灾害危险性评估报告予以备案;8月26日,北京市发展和改革委员会以《关于京石二通道(大苑村—市界段)高速公路工程可行性研究报告的批复》(京发改〔2010〕1518号文)对该项目可行性研究报告做出批示。

2011年3月8日,北京市规划委员会以《京石二通道(京昆高速)(大苑村—市界段)用地选址意见书》(〔2011〕规选市政字0031号文)对该项目用地选址做出批示;6月28日,北京市规划委员会和北京市发展和改革委员会以《关于京石二通道(大苑村—市界段)道路工程初步设计的批复》(市规函〔2011〕1103号文)对该项目初步设计做出批复;10月20日,国土资源部办公厅以《关于京石二通道(大苑村—市界段)高速公路控制性工程先行用地的复函》(国土资厅函〔2011〕946号文)对该项目先行用地做出批示。

2012年4月26日,北京市规划委员会以《京石二通道建设用地规划许可证》(〔2012〕规地市政字0017号文)对该项目建设用地做出批复;4月29日,北京市发展和改革委员会以《关于抓紧开展京石二通道(大苑村—市界段)建设项目前期工作的批复》批示项目前期工作情况。

(二)资金筹措

京石二通道(大苑村—市界段)高速公路工程按国内贷款、交通部补助及业主自筹三种方式筹款。本项目概算投资125.27亿元。截至2014年11月21日,共申请资金112.41亿元,其中银行贷款92.04亿元,资本金20.37亿元。截至2014年11月21日,工程实际支付112.05亿元。其中,开工预付款2.08亿元,建安工程费40.51亿元,征地拆迁费60.04亿元,建设单位管理开支7738万元,工程监理费6827万元,勘察、设计及研究试验费1.76亿元,筹资费用(银行贷款)6.19亿元,印花税201万元。

(三)招投标

1. 设计单位招标

共划分为2个标段:第1标段,京良路联络线及K17+000~K34+000;第2标段,正线 K34+000～K59+200。投标申请人需具备行政主管部门核发的设计行业（公路）设计甲级资质的法人或其他组织，并有类似高速公路工程项目的工程设计经验。

设计招标委托华杰工程咨询有限公司代理。2009 年 8 月 4 日，在主管部门进行招标登记并在北京市建设工程信息网上发布招标公告；8 月 5—11 日出售资格预审文件；8 月 18 日接收资审文件；8 月 19 日邀请评标，8 月 27 日下发资审结果通知书。8 月 28 日出售招标文件；9 月 1 日现场踏勘及标前会；9 月 25 日上午接收招标文件并在纪检和主管部门监督下公开开标，第 1 标段 2 个标段拟推荐的中标候选人如下：中标候选人为北京国道通公路设计研究院，第 2 标段为北京市市政工程设计研究总院。将招投标资料上报北京市勘察设计与测绘管理办公室备案，并进行公示。

2. 施工单位招标

该工程土建施工，委托华杰工程咨询有限公司代理招标，经过一系列法定程序，于 2011 年 2 月 16 日发出中标通知书，中标总价为 46.66 亿元。服务区、六环路管理区、北拒马河管理区施工和监理招标方式均为公开招标，委托国信招标集团股份有限公司代理招标，经过一系列法定程序，于 2013 年 2 月 18 日发出中标通知书，2 月 25 日签订施工、监理合同。

照明施工招标方式为公开招标，委托北京逸群工程咨询有限公司代理招标，经过一系列法定程序，于 2013 年 3 月 21 日发出中标通知书，4 月 16 日签订施工合同；机电施工招标方式为公开招标，委托北京国际贸易公司代理招标，经过一系列法定程序，于 2013 年 4 月 22 日发出中标通知书，5 月 16 日签订施工合同；交通安全设施和绿化施工招标方式为公开招标，委托北京逸群工程咨询有限公司代理招标，经过一系列法定程序，于 2013 年 5 月 3 日发出中标通知书，5 月 16 日签订施工合同。路面施工招标方式为公开招标，委托北京逸群工程咨询有限公司代理招标，经过一系列法定程序，于 2013 年 7 月 3 日发出中标通知书，7 月 18 日签订施工合同；环保施工招标方式为公开招标，委托北京逸群工程咨询有限公司代理招标，经过一系列法定程序，于 2013 年 7 月 31 日发出中标通知书，8 月 23 日签订施工合同；收费大棚施工招标方式为公开招标，委托北京逸群工程咨询有限公司代理招标，经过一系列法定程序，于 2013 年 8 月 23 日签订施工合同。

伸缩缝和隔离栅比选采用邀请入围方式，委托北京逸群工程咨询有限公司代理比选，经过一系列法定程序，于 2013 年 4 月 8 日发出补选结果通知书；沥青混合料比选采用邀请入围方式，委托北京逸群工程咨询有限公司代理比选，经过一系列法定程序，于 2013 年 4 月 19 日发出比选结果通知书。

3. 监理单位招标

京石二通道（大苑村—市界段）高速公路工程监理，委托华杰工程咨询有限公司代理招标,经过一系列法定程序,于 2011 年 2 月 16 日发出中标通知书,中标总价为 5250 万元;工程机电监理招标方式为公开招标,委托北京国际贸易公司代理招标,经过一系列法定程序,于 2013 年 4 月 22 日发出中标通知书,5 月 6 日签订监理合同。

(四)征地拆迁

2011 年 1 月 30 日,首发集团公司与房山区政府签订了《京石二通道征地拆迁工作框架协议》。2 月 19 日,房山区组织召开了拆迁工作动员会,标志着京石二通道征地拆迁工作正式启动。在拆迁工作实施过程中,拆迁人员本着"底数清楚、政策熟悉、作价合理、措施得当、确保稳定、和谐拆迁"的原则,并提出了"先易、后难""先重点、后一般""先线内、后线外"的拆迁工作基本程序。

地上物调查工作自 2011 年 2 月 22 日开始,历时 22 天,至 3 月 15 日结束。该工程共涉及 10 个乡镇 52 个行政村征地拆迁工作,按照规划设计共需征(占)用土地 7800.54 亩。拆除住宅房屋 233 户(面积 4.79 万 m^2);集体企业房屋 299 户(面积 42.34 万 m^2);国有企业房屋 33 家(面积 14.32 万 m^2);地上物大棚 115.37 万 m^2;采伐移植苗木涉及 2898 户(共 928.61 万株);迁坟 4896 座;改移各类管线 423 处(其中涉及华北电网 500kV 输电线路 3 处,市供电局 35~220kV 输电线路 15 处,燕山石化 110~220kV 输电线路 4 处,国防线缆 16 处等主要管线)。另外,本工程还涉及河北省涞水县石亭镇许家磨、义和庄两村的飞地约 12.49 亩。

京石二通道工程拆迁工作在房山区政府及相关部门的大力支持下,全部地上物拆迁于 2014 年 9 月 24 日完成。

二、实施阶段

(一)工程建设管理

1. 工程质量管理

京石二通道(大苑村—市界段)高速公路工程项目建设实行三级管理,即:北京市首都公路发展集团有限公司(集团公司)→北京市首发高速公路建设管理有限责任公司(建设公司)→项目管理处。集团公司负责项目策划、资金筹措及还贷、运营管理、资产的保值增值等;建设公司负责征地拆迁、工程建设实施组织与管理;项目管理处负责各自工程建设项目的具体实施与日常管理。根据公司的组织管理制度,成立了京石二通道(大苑村—市界段)高速公路工程项目管理处,组织机构设置为五部二室,项目总经理对项目目标进行全面组织管理,下设 2 名副总经理分管 1~8 和 9~16 合同段的土建及附属工程施工管理工作,1 名副总经理分管征地拆迁工作,总工程师全面负责技术管理工作。

工程质量管理方面制定了"创部优、争国优"的工程质量目标,认真落实交通运输部《关于严格落实公路工程质量责任制的若干意见》的要求;积极推行标准化建设施工,作为北京市标准化试点单位,该项目成立了工地标准化、路基施工标准化编写小组,编写了标准化文件,推进了标准化建设;严格实行"首件验收制"和"样板引路制";总结施工经验,有效预防了桥头跳车等普遍通病;严格执行材料保荐制度;加大勘察设计单位的服务力度。从而保证了该项工程的质量。

京石二通道(大苑村—市界段)高速公路工程建设管理工作依托监理进行开展。本工程实行两级监理管理制度,设4个总监办和16个驻标组。总监办协助项目管理处负责工程的全面管理,驻标组负责工程实施过程中的具体监理的工作。

2. 工程进度管理

京石二通道(大苑村—市界段)高速公路工程于2011年11月开工,2014年12月底交工。为保证工期目标顺利实现,项目管理处将本工程项目分解为五个阶段进行组织管理。2011年11月1日—2012年12月31日为第一阶段;2013年1月1日—2013年6月30日为第二阶段;2013年7月1日—2013年12月31日为第三阶段;2014年1月1日—2014年6月30日为第四阶段;2014年7月1日—2014年9月15日为第五阶段。

根据阶段目标,项目管理处要求施工单位制订了详细的阶段计划、月计划及周计划,通过倒排施工工期,并组织监理及施工单位研究计划的可行性,制订了详细的计划和有关措施上报监理单位审批。同时在施工过程中要求监理单位督促施工单位严格落实计划,经过各方的共同努力和施工单位的精心组织、合理安排,圆满地实现了既定的工期目标。

(二)工程重大变更

本工程严格执行集团公司、建设公司工程变更管理办法,按相应权限与程序办理工程变更。本工程共发生变更615份(设计变更299份,施工变更316份)。

三、交工验收

2014年12月京昆高速公路北京段通车后,建设单位分别汇同设计、监理、施工及接管单位对工程合同段进行检查验收,内容包括外观检查、实测实量和内业资料检查。北京市公路局质量监督处依法对验收过程进行了监督。

本项目单位工程45项,分部工程464项,分项工程共计24902项。按照交通部《公路工程质量检验评定标准》(JTG F80/1—2004),监理工程师进行了质量评定,分项工程合格率100%,分部工程合格率100%,单位工程合格率100%。

第三节 科 技 成 果

为了提高北京市高速公路建设质量,落实科学发展观和建立节约型社会和强化"以人为本"的理念,在建设过程中结合本工程的具体情况,采用了"四新"技术,达到了预期的效果,并可为将来在公路建设中大面积应用提供了技术数据和施工方法。

一、壳牌特种沥青和 Thiopave 的应用

壳牌特种沥青是特别加入了特殊改性剂和添加剂的壳牌专利配方沥青产品,专门配合 Thiopave 改性剂共同使用,大幅度提高沥青混合料的高温抗车辙性能、抗压强度和回弹模量,以及水稳性能。与普通沥青混合料和改性沥青混合料相比,在相同的路面结构中使用 Thiopave 与特种沥青,可以显著提高道路结构整体承载能力,延长道路使用寿命。由于 Thiopave 在拌和时可以显著降低特种沥青的黏度,使特种沥青混合料更加容易拌和、摊铺和碾压,其拌和温度一般在 130～135℃,比 SBS 改性沥青混合料的温度降低了 40～50℃,减少了生产时的燃油消耗,具有显著的节能减排的特点。

二、GFT80-160mm 断型伸缩缝的应用

GFT80-160mm 模数式桥梁伸缩装置,采用了具有我国自主知识产权的宽 80mm、高 130mm 的大型中梁钢,比宽 80mm 和 120mm 的仿毛勒小型中梁钢强度更好,增强了产品的性能及质量。同时,自主设计了更加合理的圆形截面压强控制弹簧以及布置在支承吊架外侧这一更合理的技术,不同于以往的位移控制方式,可有效地控制型钢之间的间隙,提高了伸缩装置的运营水平。另外,吸取了国内外伸缩装置的优点,尤其是总装中的成功工艺,保证了伸缩装置的运营功能和安全性。

三、单元式多向变位梳形板桥梁伸缩缝的应用

单元式多向变位梳形板桥梁伸缩缝装置主要由多向变位铰、跨缝板、伸缩梳齿板、锚固结构等组成,具有优越的水平、竖向转动能力以及抗震、防滑、防水、防病害性能。装置沿桥宽方向每米一组,自成模块,化整为零,每一单元相对独立,维修更换时无须全幅封闭交通。装置采用全寿命设计,综合运营成本仅为模数式装置的 1/5。具有改善行车舒适性、降低维修概率、减少交通影响等优点。

四、圆盘承插式支架的应用

圆盘承插式支架采用 $\phi 60mm \times 3.2mm$ Q345 钢管作主构件,支架构配件表面处理

工艺为热浸镀锌,耐磨、使用寿命长(20年以上)。克服了传统碗口式支架容易生锈、使用后钢管管壁变薄有安全风险、使用寿命短等不足;同时,由于圆盘承插式支架采用低合金高强度钢,承载能力高,使支架具有很好的稳定性。另外,圆盘承插式支架施工布局较普通碗扣式支架间距大,因此具有材料用料少,安装快捷、简便、效率高,环保、节能等优点。

五、大跨径连续刚构桥支架现浇施工技术

京石二通道高速公路工程大石河桥跨越大石河,原设计上部结构为51m+92m+53m预应力混凝土连续刚构,采用挂篮悬臂施工。为确保汛期前主工程完工,经多方论证改为支架现浇施工,上部结构共用时101天,比挂悬臂施工连续刚构缩短工期184天。

六、预应力防撞护栏在中央开口带的应用

本工程部分中央开口带采用预应力防撞护栏,该种防撞护栏采用数节钢管桁架及两个桁架端头组成。钢管桁架设上中下双排6根钢管横梁,钢管内均有预先施加了应力的预应力钢绞线,钢管桁架通过连接构件与锚固端头连接成整体。相较传统的插拔式、伸缩式、推拉式、折叠式等活动护栏,具有防撞等级高、外观美观、防盗效果好、灵活性高、后期维护费用低、应用广泛等特点。

七、蜂巢约束系统材料的应用

本工程六环立交绿化区园区路采用蜂巢约束材料系统,此种材料是由高强度的HDPE或PP共聚料宽带,经过强力焊接或铆接而形成的一片网状格结构。它伸缩自如,运输时可缩叠起来,使用时张开充填土石或混凝土料,构成具有强大侧向限制和大刚度的结构体。可用作垫层,处理软弱地基增大地基的承载能力,也可铺设在坡面上构成坡面防护结构,还可以用来建造支挡结构。具有生态环保、节能、工艺简单、工期短、造价较低、后期易拆除、易维护等特点。

八、风光互补发电系统的应用

本工程道路监控摄像头采用风光互补发电系统,该系统主要由风力发电机组、太阳能光伏电池组、控制器、蓄电池、逆变器、交流直流负载等部分组成,该系统是集风能、太阳能及蓄电池等多种能源发电技术及系统智能控制技术为一体的复合可再生能源发电系统。相较单独风力发电或光伏发电,风光互补发电有系统稳定性和可靠性较高、储能蓄电池容量低、不需启动备用电源、社会效益和经济效益较好等特点。

第四节 运营管理

一、运营管理机构

2014年12月25日,京昆高速公路北京段正式开通运营。北京市首都公路发展集团京开高速公路管理分公司为京昆高速公路北京段的运营单位。首发集团下属路产、养护、绿化和收费公司与北京市交管局高速支队、房山交通支队为京昆高速公路北京段的运营执法机构,启动路警联动执法模式。

二、运营养护管理

(一)收费站设置及管理

该路段共设置大件路站、京周路站、夏村站、襄驸马站、韩村河站、皇后台站、长沟站、张坊站、镇江营站9个收费站,具体收费站的信息详见本书"附表"部分的表4-2-1。其中,镇江营站为北京和河北共管主线收费站。

(二)服务区建设及管理

该路段设置韩村河服务区(具体信息详见本书"附表"部分的表4-2-2)。

(三)养护管理

为实现无缝接养,首发集团养护公司第三养护管理中心按照相关部署,先期介入、积极行动,由中心负责人带领相关技术人员从2014年10月24日开始,历时5天,对京昆高速公路K15+150~K49+472(7~16标段)路段共计34.322km开展了接养预验收工作。

为全面掌握接养路段的道路技术状况,中心验收人员全程徒步行走,秉持"留心、细心、用心"的"三心"理念,细致入微地进行了全面调查,对发现的路面、路基、路面排水、沿线设施缺失等问题进行了详细记录,并与京昆项目管理处负责人员进行了及时沟通,双方将本着协调顺畅、责任明确的原则共同努力解决问题,确保京昆高速公路顺利通车运行。

养护公司第三养护中心将做好养护驻点相关配套设施完善及缺陷调查整改工作。同时,齐心协力,以扎实的前期工作和专业化、科学化的养护水平,全力以赴做好京昆高速公路养护工作。

运营执法方面,京昆高速公路北京段路警联动执法模式提出,高速执法部门与高速公路经营管理企业密切配合,实现资源共享。首发集团已在京昆高速公路北京段全线安装了摄像头,在路产巡视车上安装了车载音视频系统,为路产巡视人员配备了移动智能终端、3G 现场勘察记录仪等装备,实现了对该路段的 24 小时无缝监控管理。

路警联动执法新模式启动后,占用应急车道行驶、抛撒物品、超速驾驶和行人上路等交通违法行为将被上述监控设备随时记录下来,反馈至高速执法部门处理。同时,由于全程监控的实现,今后发生雨、雪、雾等恶劣天气时,首发集团将在第一时间配合交管部门采取封路措施,根据天气变化及时解除封路,最大限度保障市民行车安全,降低伤亡事故。

第六章
G6(京藏高速公路)北京至拉萨高速公路北京段

G6(京藏高速公路)北京至拉萨高速公路北京段,起于北京市朝阳区北三环马甸桥,止于延庆区康庄(市界),全长69.98km。2010年国家高速公路网统一命名、统一编号规划之前,此段为八达岭高速公路(以下采用该名称),于1994年开始建设,2001年全线建成通车。路线起点三环路马甸立交,经昌平、八达岭长城,止于京冀界,与G6河北段对接。八达岭高速公路分三期建设,一期工程始建于1994年8月,于1996年11月完工通车;二期工程(昌平—八达岭段)于1998年11月完工通车;三期工程(主线:西拨子—康庄;联络线:营城子—110国道)于2001年9月完工通车,见表9-6-1。八达岭高速公路的建成有效缓解了北京西北方向交通拥挤的状况,带动了沿线经济的发展,促进了旅游发展,为晋煤外运提供了一条安全、快捷的运输线,特别是从长城底下穿过的八达岭隧道和潭峪沟隧道的开通,使八达岭长城游览区的旅游交通与过境交通分离开,车辆与游人分离,极大地缓解了八达岭城关地区车辆堵塞、游人拥挤的状况。

八达岭高速公路建设情况一览表　　　　　　　表9-6-1

项 目 号	项 目 名 称	里程长度(km)	建 设 时 间
1	马甸—昌平	31.14	1994年8月—1996年11月
2	昌平—八达岭	30.67	1997年9月—1998年11月
3	西拨子—康庄	8.11	1999年11月—2001年9月
	营城子—莲花池	11.46	

第一节　一期(马甸—昌平)高速公路项目

一、项目概况

(一)基本情况

马甸至昌平高速公路是八达岭高速公路的一部分,路线起自北京北三环马甸立交桥,经清河、沙河,止于昌平西关环岛,全长31.14km。主路为三上三下,机动车道宽25m。中央分隔带宽2.5m。沿主路两侧各建一条辅路,路面宽10.5~12m。本路配套设施齐全,建有雨水、污水、上水、电信等工程,附属设施及交通工程设施齐全。其中,马甸至西三旗段由于处于城市规划区内,按城市快速路标准设计,两侧无连续停车带,设计速度为80km/h。西三旗至昌平西关环岛段按高速公路设计,设计速度为100km/h,特殊困难路段为80km/h。该工程于1994年8月开始建设,1996年11月14日竣工通车。

本期主要工程数量:道路工程总面积为176.42万m^2,路基填方近150万m^3,铺筑基层材料128.66万t,面层材料55.76万t,其中改性沥青面层16万t。全线共建成大小桥梁54座,总面积13.32万m^2,其中立交桥11座,跨河桥4座,过街通道1座,人行天桥18座。全线共栽种树木54万株,培植草皮30万m^2。新建跨路桥和高架桥10座、跨河桥3座,改建跨河桥1座,桥梁总面积为13.79万m^2、沥青混凝土路面82.7万m^2、水泥混凝土路面1.25万m^2、各类防护网52km、防撞护栏93.69km、热塑标线42447m^2、各种标志604套、紧急电话46部、监控设施11处。服务设施方面设有加油站2座、服务区1处。管理设施方面,设主路收费站1处、匝道收费站5对、收费岛50个和管理控制中心1处。

工程南段马甸桥至西三旗地处城市规划区内,按城市快速路的标准设计;北段西三旗至昌平西关环岛按高速公路标准设计。本工程为全封闭、全立交、双向六车道。其平曲线最小半径为600m,最大纵坡为3%,设计速度80~100km/h。横断面布置为两幅,上、下行车道间设有2.5m宽的中央绿化分隔带。车道宽为3.75m,清河北车行道右侧断续设有3m宽的紧急停车带。此外,路面内侧边缘设0.5m宽的混凝土缘石。马甸至清河段的路面宽为12.25m,清河至昌平西关环岛为14.75m。路面标准横坡为1.5%。跨主路桥的桥下净高为5.0m。桥涵荷载标准汽车—超20级,挂车—120。

设计上道路的布线基本原则是,在确保符合城市快速路与高速公路标准的前提下,充分利用旧路。为尽量保留旧路两侧的绿化带,少伐树、少拆房和少迁移地下管线,以节省投资,局部新路的施工中线相对旧路的中线做了适当的左右移动。因地制宜确定交叉口的形式,主路上跨相交路处,主要采用菱形立交和环形立交;相交道路上跨主辅路处,主要采用半苜蓿叶形立交与辅路相接;巩华镇采用了高架桥。此外,将明代建筑朝宗桥改为辅路桥,既使物尽其用,又使文物得到了保护。

结构上,桥梁上部结构主要是现浇预应力钢筋混凝土连续梁或预制预应力钢筋混凝土简支T梁及连续桥面。下部结构为简支梁T形墩,连续箱梁中墩为矩形柱或圆形柱,桥台为U形重力式或加柱间墙;基础为钻孔灌注桩基及承台。路基:为防止新、旧路基结合处发生开裂,进而影响沥青路面,采用布设尼龙土工网格的方法,以增强新、旧路基间的连接。路面:为防止旧水泥混凝土路面的板缝反射到沥青路面上,一般情况下都采用加厚铺装层,少数直接在旧水泥混凝土路面上铺筑沥青路面的地段,在水泥混凝土板缝处布设了耐高温塑料网格栅。一般路面结构组合如下:表面层为5cm厚的MSA-16型改性沥青玛蹄脂碎石;中面层为7cm厚的AC-25(Ⅰ)型粗粒式沥青混凝土(西三旗以南采用改性沥青);底面层为8cm厚的AC-30(Ⅱ)型粗粒式沥青混凝土;基层为31~36cm厚的石灰粉、煤灰稳定级配砂石;底基层为30cm厚的石灰土;路面总结构层的厚度为81~86cm。

一期工程的建成通车,不仅可以有效地缓解北京西北部的交通压力,而且对沿线的清河、沙河、昌平等卫星城镇,上地高新科技产业开发区、西三旗建材城、昌平工业园等地区的发展有推动作用。

(二)决策过程

八达岭高速公路原来的线路是110国道(北京—银川,该段称为"京张路")的一部分,也是北京西北方向的重要放射干线,是通往闻名中外的八达岭长城、明十三陵的重要通道。

该路段最早是1958年修建的石板路,20世纪70年代至80年代,当时北京公路局(原公路处)曾对当时的京张路进行过两次大的改扩建。1979年,对京张路昌平镇至延庆镇进行了改建,使之从昌平镇经大宫门、德胜口、西三岔、西二道河至延庆镇。全长38.9km,二级路标准。1984—1985年,对京张路德胜门至昌平镇段进行改扩建,全场34.2km,一级路标准。京张公路经过这两次改建,形成八达岭高速公路开工前的公路状况。

由于旧路为过境线,交通量较大,已超过当时道路的最大日交通能力,处于饱和状态,且全线平交道口较多,造成道路交通不畅、拥挤堵塞。此外,该路还是晋煤外运通道,煤车超载运行造成路面结构的严重破坏,道路虽经改扩建,仍不能满足日益增长的交通量需要和沿线经济的发展,1995年底,该路段的日通车量已经达到7万辆次。为从根本上解决该路交通拥挤状况和首都旅游事业的发展,展示北京这个国际大都市的风貌,北京市政府决定修建北京至八达岭高速公路。

(三)主要参建单位

该路由北京市公路局等6个施工单位参与建设施工,22支施工队伍承建,共投入人员近万名,施工机械1500余台。仅用了10个月,就优质高效地完成了施工任务。该段工程的参建单位详见表9-6-2。

八达岭一期工程参建单位一览表　　　　　表9-6-2

质量监督	北京市公路局质量监督处
建设单位	北京市八达岭高速公路工程指挥部
勘察设计单位	北京市市政工程设计研究总院(马甸—百葛路,26.7km)
	北京市公路局设计研究院(百葛路—本工程终点,5.4km)
监理单位	北京市高速公路监理公司

续上表

施工单位	1号A	北京市公路局平谷分局	路基、路面、桥梁
	1号B	北京市公路局京石分局	路基、路面
	2号A	北京市公路局通县分局	路基、路面
	2号B	铁道部十六局一处	桥梁
	3号A	北京市公路局门头沟分局	路基、路面
	3号B	北京市公路局平谷分局	收费站
	4号A	北京市城建集团道桥公司	路基、路面、桥梁
	4号B	北京市第一水利工程处	桥梁
	5号	交通部公路局一局一公司	路基、路面、桥梁
	6号	北京市公路局房山分局	路基、路面、桥梁
	7号	北京市公路局怀柔分局	路基、路面、桥梁
	8号A	北京市公路局顺义分局	路基、路面
	8号B	北京市公路局施工一处	跨线桥
	8号C	北京市公路局密云分局	跨线桥
	9号A	北京市公路局密云分局	路基、路面
	9号B	北京市公路局施工四处	跨线桥
	9号C	北京市公路局通县分局	路基、路面、桥梁
	10号A	北京市公路局大兴分局	路基、路面、桥梁
	10号B	北京市公路局延庆分局	跨线桥
	10号C	北京市公路局施工一处	跨线桥
	11号A	交通部公路局一局五公司	路基、路面、桥梁
	11号B	北京市公路局第一工程处	路基、路面、桥梁
	12号A	北京市公路局施工二处	路基、路面、桥梁
	12号B	北京市公路局京石分局	跨线桥
	12号C	北京市公路局平谷分局	路基、路面、桥梁
	13号A	北京市公路局施工五处	路基、路面、桥梁
	13号B	北京市公路局顺义分局	跨线桥
	14号A	北京市公路局施工四处	路基、路面、桥梁
	14号B	北京市公路局施工三处	跨线桥
	14号C	北京市水利一处	桥梁
	15号	北京市公路局昌平分局	路基、路面、桥梁
	表1号	北京市公路局施工四处、昌平分局	路面
	表2号	北京市公路局密云分局、顺义分局	路面
	表3号	北京市公路局房山分局、怀柔分局	路面
	表3号	北京市公路局通县分局、门头沟分局	路面

此外,交通安全、监控、通信和收费设施等工程由北京路通公司、北京诚达公司和北京云星宇公司中标。北京市园林局承担了部分绿化工程。

二、建设情况

(一)准备阶段

1. 立项审批

八达岭高速公路一期工程设计始于1993年,首先由北京市公路局于1993年2月委托北京市公路局公路设计研究院和北京市城市规划设计研究院交通所进行国道110线北京段工程可行性研究工作,工作范围为马甸桥至昌平。在调研分析的基础上,于同年6月提出了《国道110线北京境马甸桥至昌平西镇段公路工程可行性研究报告》。

随后由北京市公路局委托北京市规划院进行规划方案设计工作,于同年8月提出了《京张高速公路(马甸桥至昌平西关环岛)改建规划方案》,并于11月提出了《京张公路交通量调查分析报告》。在以上工作的基础上,受北京市公路局委托,两院从8月开始进行施工图(含初步设计)设计工作。首先组织设计人员进行现场详细勘察,进行主路及辅路的定线工作。1994年,首规委办、市政管委、绿化委和市有关领导,听取了设计单位的汇报,同意了设计方案。两院根据审查会所确定的设计原则及批复意见正式开展设计工作。指挥部要求两院于1994年6月底完成辅路工程的全部设计施工图,7月进行工程招标,8月辅路全线开工。辅路拆迁于6月15日全面展开,同时要求设计单位立即着手施工图设计,从7月底起由马甸开始向北陆续出施工图,9月底全部完成。国家计委计投资〔1995〕309号文批准同意马甸至昌平道路改扩建工程开工建设。

2. 资金筹措

本工程总投资196155万元,主要建设投资来源为养路费(占建设投资总额的59.7%)和国内贷款(占总投资额的33.1%)。

3. 招标工作

本工程采用招标方式,择优选用信誉好、标价合理的投标单位承包施工。通过资审和评标,土建工程最后由北京市公路局、交通部第一公路工程总公司、北京市城建集团、铁道部第十六工程局和北京市水利工程局等单位的下属单位中标。

4. 征地拆迁

本工程的征地、拆迁工作涉及朝阳、海淀和昌平两区一县(现昌平区当时为昌平县)的有关街道、乡镇。到1995年底,西三旗至昌平二毛环岛21km的西侧辅路工程全部完成,主路施工期间的分流路线立汤路改扩建工程也竣工通车。西三旗以北主路九座跨线桥工程完成全部桥梁下部工程,沙河高架桥开工,拆迁工作完成全部拆迁量70％,为八达岭高速公路全面开工打下了基础。

主要拆迁项目包括房屋、地上地下电力、电信设施、伐树和地下给排水管道等。因征地、拆迁与被拆迁的单位或个人的利益密切相关,通常是一项比较难做的工作,既要执行有关法规和政策,又要把被征地、拆迁群众安置好,还要满足各项工程的开工需求。为此,指挥部成立了征地、拆迁部,有关区、县也成立了相应的办事机构。在征地、拆迁工作方面,指挥部的指导思想是充分发挥当地政府的作用。具体做法是:首先根据各项工程的设计边线确定征地、拆迁范围,接着由指挥部的拆迁部、各区县的征地、拆迁办或房地产局、有关乡镇政府与被拆迁的单位或个人共同测定征地的数量、从拆迁各类房屋的数量。在此基础上根据征地、拆迁的补偿规定计算补偿价款,然后签订征地、拆迁协议。实际操作时三个区、县稍有区别,海淀区和昌平县(现为昌平区)由指挥部对区、县政府实行大包干,指挥部不直接对被拆迁单位或个人,征地、拆迁协议由区、县政府与相关单位或个人签订。指挥部将补偿款拨给区、县政府,由区、县政府负责执行协议。朝阳区是由房地产局作价,指挥部与被拆迁单位或个人共同认可后签订协议执行。对需要拆迁的电信、电力设施和地下给排水管道,经核定数量后,先与产权或主管单位商定迁移方案,然后编制迁移工程预算与协议实施迁移。各项迁移工程价款,按北京市建行预算审查出审定的金额执行。本期工程共征地2784亩,其中朝阳区220亩,海淀区291亩,昌平县2273亩。拆迁各类房屋3.82万m^2,其中朝阳区$6300m^2$,海淀区$2700m^2$,昌平县$29200m^2$。伐、移各种树木共11.13万棵。此外,还迁移了电力、电信设施和给排水管道216条/km。总征地拆迁费用为4.73亿元。

(二)实施阶段

1. 工程建设管理

本工程的管理系统及组织机构:经北京市政府批准成立了北京市八达岭高速公路工程指挥部,全权负责工程的建设工作。本工程施工阶段全面实行了合同管理和监理制,而且是在北京市公路局质量监督处的有效监督下施工的。

(1)工程质量管理

本工程的质量管理控制系统完善,创优目标明确。三层质量管理控制系统是施工单位内部的质量控制系统、施工监理的质量控制系统和代表政府的质量监督系统。在正式开工前,各施工单位都确定了创优目标,并制定了实现目标的各种技术措施。

用于永久性工程的材料,使用前必须按规范的要求进行质量检查,报监理审查批准后方能使用,对二灰稳定级配砂石、水泥混凝土和沥青混凝土等混合材料,在配合比设计资料审查合格后,方能投产。在日常施工中还要对各种材料的质量按规定的频率和标准抽验,发现问题及时解决。

施工监理实行"三全"质量控制,即全过程、全方位和全天候控制工程质量。对钻孔灌注桩,关键部位的混凝土浇筑、预应力钢筋张拉和沥青路面的铺筑等主要分项工程实行全过程旁站。更重要的是,在施工过程中,各施工单位采用了以下施工方法,保障了工程质量和速度。

①采用机械化施工

所有工程项目,凡能用机械施工的尽量用机械施工,而且用较先进的机械设备施工。挖方路基或基槽开挖,采用液压式挖掘机;填筑路堤采用推土机摊铺、平地机找平;压实采用振动压路机碾压。路面工程,基层用的石灰土采用宝马路拌机拌和。基层用的石灰粉煤灰稳定级配砂石全部强制式拌和机由拌和厂生产。各种类型的沥青混合料用"帕克"或"玛连尼"拌和机拌制。二灰稳定级配砂石和沥青混合料全部用自卸汽车运送。二灰稳定级配砂石和沥青混合料都用自卸汽车运送。二灰稳定级配砂石的摊铺以平地机为主,推土机为辅。沥青混合料使用 ABG411 型和 UÖGELE 类的摊铺机铺筑。各路面结构层的碾压以各类振动压路机为主,其他种类的压路机辅助。由于使用了上述先进、配套的机械设备,为确保工程质量、按时完成任务奠定了坚实的基础。

②实行专业化施工

对指挥部而言,从招标时的资质审查到确定中标单位,尽量做到用其所长,善铺路的让其铺路,善架桥的让其架桥。对各中标单位来说,在配足各种机械设备的基础上,选派了施工经验较丰富的管理人员加强施工管理,同时选派技术熟练的工人组成专业班组施工。实行专业化施工是创造优质工程的关键。

③实行预制化,工厂化施工

桥涵和挡墙等人工构筑物的部件,凡可预制的尽量预制,凡有专业厂生产的尽量由专业厂加工生产。二灰稳定级配砂石和沥青混合料全部由专业厂生产,水泥混凝土的绝大部分也都是由专业厂生产的。此外,防撞护栏、防护网、交通标志牌、桥梁伸缩缝,监控和通信设施等都是由相关专业工厂加工成成品或半成品,运到现场安装而成。这也是工程质量和进度计划得以保证的重要原因。

(2)工程进度管理

建设项目的实施必须根据工程的特点进行部署。本工程的主要特点有:一是征地、拆迁量大而复杂。不仅有地上拆迁物,还有地下管线拆迁。二是工程量大、工期短;主路 14 座桥,其中巩华镇高架桥长 1267m 和 83 万 m^2 的五层路面结构,要在 1 年的时间内完成。三是要维持交通,对施工的干扰大。据此,指挥部统观全局,首先就工程实施顺序做了如下部署:为把交通引出主路施工场地,对同一路段确定先修辅路后修主路。根据拆迁量大小和难易,确定了先修北段后修南段。根据工程量的大小和难易程度,确定了先开工期长的控制性工程,后开一般工程。在保证如期完成建设任务方面,指挥部采取了下列措施:

将全部土建工程分为31个合同段施工,大大缩短了各合同段所需施工时间。对各合同段的具体工期安排,均以铺筑沥青路面为核心,实行倒排工期。即确保铺筑沥青路面在适宜的季节和足够工期的前提下,安排其他单位工程和分项工程的施工时间。同时还采用了集中力量确保关键工程按时完成;巩华镇高架特大桥,一分为二,由两个单位于1996年1月1日同时开工,2月中旬北段(西三旗至昌平)开工,5月初南线(马甸至西三旗)开工,全部沥青路面的铺筑于9月26日完成,并于11月16日全线正式放行交通。

根据施工情况,先后设立阶段工期奖、阶段工程质量奖,将工程质量提到中心位置,并通过加强监理队伍,加大监控力度。同时,把绿化工程当成高速公路建设的重要组成部分,边施工,边绿化,做到了公路未通车,绿树已成荫。指挥部始终坚持文明施工,树立环境意识,做仁义之师。指挥部领导还多次沿线考察,在人口密集的地方适当增建桥梁,全线平均每500m就建有一座桥梁,极大地方便了沿线居民出行。

2. 设计变更

本工程的设计变更、洽商虽然比较多,但一项项均按照要求执行。

3. 控制工程

巩华镇高架桥是八达岭高速公路工程主路工程的一部分,位于巩华镇内,在原昌平公路上进行改建。本段南起八达岭高速公路主线桩号K19+598.48,北止K20+219.35,全长620.87m。由8孔(7×27m+22m)预应力简支T梁及12孔预应力箱形连续钢架组成。连续钢架分3联,每联4孔,其中两边联跨径为27m+3×35m,中联为4×35m,分别位于平面直线段、圆曲线段及缓和曲线段上。连续钢架梁高1.6m,为现浇。简支T梁梁高1.4m,为预制。

桥梁中墩在简支梁部分及简支梁与钢架相接处为T形墩,每半桥设一个。在连续钢架中墩处为矩形柱与主梁固结,并在柱顶端设有假盖梁。中墩基础为钻孔灌注桩上设承台。桥台墙身下设双排钻孔灌注桩加承台基础。

在桥南有474m引道,其中274m为高填方挡墙段。挡墙为挟壁式挡墙,下设挡墙基础,挡墙基础下需进行基底处理,其中有一段为加桩的复合基础。

原昌平公路是交通干道,同时又是旅游线,施工中不能断道。虽然在两侧已修建了辅路,由于主桥比原主路宽,需占用部分辅路,沙阳路口还需维持交通,这样给施工带来的交通干扰相当严重。地下管线中有四道水管横穿全路,另外有一道电信、电缆方沟位于第10排墩柱,影响桩基的施工。

4. 交工验收

严格按验收程序施工,对各分项工程施工单位必须按规定的频率和标准进行自检,合格后报请监理验收,监理审核合格后方能进行下一工序或分项工程的施工。

质量检验评定情况：在整个施工过程中监理人员对主路工程质量共检验6275点（组）。其中优良点（组）为5812。优良率为92.65%。本工程分为31个合同段施工，主路的路基、路面和桥梁等共54个单位工程。按《公路工程质量检验评定标准》（JTG F80/1—2004）检验评定，全部54个单位工程均达到优良等级，单位工程的优良品率100%。北京市政工程质量监督站按《市政工程质量检验评定标准》核验，相应的54个单位工程中符合合格标准的7个，符合优良标准的47个，单位工程优良品率为87%。工程一次性验收合格率达到93.7%，工程优良率达到92.9%，路面综合平整度值达到0.86mm，大大优于部颁标准。

三、科技创新

（一）采用改性沥青

本工程采用了奥地利费尔辛格公司的改性沥青技术，沥青路面的表面层采用了新型沥青混合料SMA-16型改性沥青玛蹄脂碎石，对改善沥青路面的高温稳定性和低温抗裂性具有显著的作用。

（二）采用"返挖法"施工工艺安装桥梁伸缩缝

沥青混凝土桥面磨耗层的铺筑，以前都是在伸缩缝安装完成以后进行，其特点是沥青路面的厚度或高程受伸缩缝顶面高程制约，通常不太好控制，伸缩缝前后路面平整度往往欠佳。"返挖法"工艺是先在伸缩缝处填砂石料，待沥青路面铺完后，将该处的路面和下边的砂石挖出，最后安装伸缩缝；特点是以伸缩缝两侧的路面高程确定伸缩缝顶面的安装高度，较易控制，该处路面的平整度也比较理想。

（三）采用了尼龙土工网格和塑料网格栅

在新旧路基结合处，为防止发生分离开裂，采用了布设尼龙土工网格的方法，以增强新旧路基的整体性，在旧水泥混凝土路面上直接铺沥青路面的地段，为防止板缝反射到沥青路面上，在板缝处布设了耐高温的塑料网格栅。

第二节　二期（昌平—八达岭）高速公路项目

一、项目概况

（一）基本情况

二期工程起点自一期工程的终点——昌平西关环岛，经南口、南站村至居庸关南

800m处,在此高速公路上、下行车道分离下行线沿现二级旅游路至青龙桥,经新建1085m长的八达岭隧道穿越长城后,至延庆县(现已为延庆区)境内的岔道城;上行线自岔道城通过新建3455m长的潭峪沟隧道再次穿越长城后进入潭峪沟,沿沟而下,经新建居庸关隧道至关沟,与上行线会合,全长30.67km。

该路双向行驶路段路基宽28.5m,为三上三下六车道,设计速度80~100km/h。单向行驶路段在山岭地区,路基宽为13.5m,设三条行车道,设计速度60~80km/h,均为全封闭、全立交。

全线道路工程总面积共75.5万m^2,需填、挖土石方404万m^3。全线共修建大小桥梁60座,总面积为8万m^2。全线新建隧道9座,改建一座,总长度为6161m,全线共修建涵洞153道。防护工程浆砌石方25万m^3,用于河道防护水泥混凝土沉排2.8万m^3,排水管道4000m。沿线建有主收费站1处、匝道收费站3处、隧道控制中心2处。配套设施工程建有通信管线46km。

二期工程处处展现着现代化交通工程标志,建有较完善的交通工程设施,包括隧道照明、通风、消防、监控、通信、检测、供水供电等设施。其中隧道安装风机46台、照明灯1798盏、摄像机47台、消防管道5145m。通信系统安装紧急电话45台,护栏、护网、防眩板、轮廓标等设施齐全。

整个工程中,八达岭大桥最为壮观,桥长995m,桥高28m。共有31座桥墩和80根灌注桩,傲然挺立在关沟古河道中。217片工字梁飞架旅游区上空,一跨35m长的钢梁,二次跨越铁路,三次跨越公路、关沟古河道,像一条S形缎带,飘落在崇山峻岭之中,填补了北京当时历史上没有钢管拱结构桥梁的空白。新建的潭峪沟隧道,从长城底下穿过。全长3455m,宽13.1m,高7.3m,单向三车道,其隧道之长,宽度之大,在当时亚洲三车道以上的公路隧道中居第一位,世界排行第五位。

另外,为方便非机动车、农用运输车的通行,在昌平至南口段主路两侧各修建一条辅路,南口至八达岭段利用旧八达岭路作为辅路使用。

(二)决策过程

作为丹东至拉萨国道主干线的一部分,八达岭高速公路是北京西北方向重要的放射性干线,又是北京最繁忙的旅游路线,也是北京市委、市政府为人民群众办实事的重点工程项目。一期工程建成后,为更加有效地缓解北京西北方向的交通拥挤状况,加快推动北京西北地区及沿线的经济发展、旅游开发,促进八达岭旅游区的旅游交通与过境交通分离,更加有效地缓解八达岭关城地区车辆堵塞、游人拥挤的状况,北京市决定加快二期工程的实施。

（三）主要参建单位

本工程的参建单位详见表9-6-3。

八达岭二期工程参建单位一览表　　表9-6-3

质量监督	北京市公路局质量监督处
建设单位	北京市八达岭高速公路工程指挥部
勘察设计单位	北京市市政工程设计研究总院
	北京市公路局设计研究院
监理单位	北京市高速公路监理公司
施工单位	北京市公路局
	交通部公路一局
	铁道部第十六工程局
	铁道部第十八工程局
	铁道部隧道局
	北京市水利局
	北京路通公司
	北京诚达公司
	北京云星宇公司
	北京市路安交科公司
	北京市园林局

二、建设过程

（一）准备阶段

1. 立项审批

在八达岭高速公路一期工程进行的同时，二期工程设计始于1996年，由北京市公路局委托北京市公路局公路设计研究院和北京市城市规划设计研究院交通所进行该段工程可行性研究工作，工作范围为西关环岛至西拨子。在调研分析的基础上，当年提出了该段公路工程可行性研究报告。

随后由北京市公路局委托北京市规划院进行规划方案设计工作，随后提出了建设规划方案。在以上工作的基础上，受北京市公路局委托，两院随即开始进行施工图（含初步设计）设计工作。首先组织设计人员进行现场详细勘察，进行主路及辅路的定线工作。而后，首规委办、市政管委、绿化委和市有关领导，听取了设计单位的汇报，同意了设计方案。两院根据审查会所确定的设计原则及批复意见正式开展设计工作。指挥部要求两院于1997年7月底完成工程的全部设计施工图，8月进行工程招标，9月全面开工。

2.资金来源

本工程总投资 20.6 亿元,由养路费和贷款组成。

3.招标工作

本工程采用招标方式,择优选用信誉好、标价合理的投标单位承包施工。通过资审和评标,土建工程最后由北京市公路局、交通部第一公路工程总公司、北京市城建集团、铁道部第十六工程局、北京市水利工程局等单位的下属单位中标。

4.征地拆迁

本阶段工程征用昌平区昌平镇北郝庄村粮田 11.78 亩,其他土地 14.59 亩;邓庄菜地 11.51 亩,粮田 23.65 亩,其他土地 8.77 亩;旧县村粮田 46.5 亩,果园地 5.43 亩,其他土地 5.77 亩。征用昌平区南口镇雪山村果园地 5.99 亩,其他土地 2.25 亩;七间房村粮田 5.71 亩,果园地 5.38 亩,其他土地 3.57 亩;陈庄村粮田 4.9 亩,其他土地 4.97 亩;红泥沟村其他土地 61.22 亩;龙虎台村粮田 31.65 亩,其他土地 12.77 亩;南口镇村粮田 30.51 亩;龙潭村粮田 22.35 亩;南口村菜地 53.78 亩,粮田 61.19 亩,果园地 11.1 亩,其他土地 76.56 亩;居庸关村粮田 31.81 亩,其他土地 116.87 亩;羊台子村粮田 120.13 亩,果园地 50.62 亩,其他土地 75 亩。使用国有土地 294.42 亩。其中原昌平县供销合作联合社其他土地 2.03 亩;原昌平县菜蔬公司其他土地 1.54 亩;原昌平县商业贸易总公司副食品公司其他土地 1.10 亩;国有荒山 248.89 亩,国有河道 40.86 亩。

总计征地 1210.75 亩。其中粮田 390.18 亩、菜地 65.29 亩、果园地 78.52 亩、其他土地 676.67 亩。

(二)实施阶段

1.项目管理

二期工程有三分之二的工程量在山区,工作面窄,填挖方量大,砌石方量大,开山爆破方量大。此外桥涵多、隧道多、与铁路交叉及汇合处多,并且施工不断交通,同时还要保护当地人文景观和自然景观,因此施工组织和施工难度相当大。

本工程由"北京市八达岭高速公路工程指挥部"全权负责工程的建设工作。本工程施工阶段全面实行了合同管理和监理制,且在北京市公路局质量监督处的有效监督下施工。这为整个工程的质量和进度管理提供了强有力的组织和系统保障。

(1)工程质量管理

本项目的质量目标是国优,指挥部要求所有施工单位的工程质量必须达到交通部颁布的《公路工程质量检验评定标准》(JTJ 071—94)优良等级。为此,各施工单位必须按照技术规范进行施工,按照试验规程进行试验,按照评定标准进行检测、评定。

建设中,工程指挥部采取了招投标方式,择优选取优秀施工队伍承担建设任务,并继续采取全方位的工程监理制度,建立一系列质量保障体系,采取众多质量保障措施:首先,本工程的质量管理控制体系完善,创国优目标明确。同时,采用并改进一期工程的三层质量管理控制系统,即施工单位内部的质量控制系统、施工监理的质量控制系统和代表政府的质量监督系统。在正式开工前各施工单位都确定了创国优的目标,并制定了实现目标的各种技术措施。其次,严把材料质量关。用于永久性工程的材料,使用前必须按规范的要求进行质量检查,报监理审查批准后方能使用,对二灰稳定级配砂石、水泥混凝土和沥青混凝土等混合材料,在配合比设计资料审查合格后,方能投产。在日常施工中还要对各种材料的质量按规定的频率和标准抽验,发现问题及时解决。再次,施工监理实行"三全"质量控制,即全过程、全方位和全天候控制工程质量。对钻孔灌注桩,关键部位的混凝土浇筑、预应力钢筋张拉和沥青路面的铺筑等主要分项工程实行全过程旁站。

在二期工程建设过程中,各施工继续采用机械化施工、专业化施工、实行预制化和工厂化施工。

(2)工程进度管理

在指挥部的统一要求下,各项目经理部根据指挥部的总体部署和对工期的要求,编制季、月施工进度计划和旬、日作业计划,经总监办和指挥部批准后执行。在施工过程中如发现进度滞后,指挥部、监理和施工单位一起随时分析原因,采用有效措施,将迟后的进度及时补上。此外,指挥部通常用"碰头会"或召开专题会的方式及时研究解决施工中出现的各类问题,以免延误宝贵的工期。

为了保证质量,保证按时贯通,恢复旅游车辆正常运行,指挥部还决定:在铺沥青时,先铺底中层沥青混凝土,待其自然沉陷后,再铺改性沥青表面层。

2. 控制工程

(1)潭峪沟隧道

八达岭潭峪沟隧道全长3455m,由北京市市政设计研究总院设计,由铁道部十六局四处负责施工,工期近4年,总投资约3.3亿元人民币。主隧道为单向三车道,其隧道之长,宽度之大,在亚洲三车道以上的公路隧道中居第一位,世界排行第五位。(相关信息详见本书第十篇)

(2)八达岭隧道

八达岭隧道位于军都山山地关沟西侧,地貌为侵蚀构造中低山区,海拔高度580～680m,相对高差为100m,山脉形成受区域构造控制。沟谷走向多与区域方向一致,为SE170°～180°,大多数冲沟沿断层破碎带侵蚀发育,冲沟狭窄,切割较深,横断面多呈"V"形,风化侵蚀作用强烈,山顶平缓,山坡坡度一般为30°～40°,坡角较陡,隧道北部傍山,为傍山越岭式隧道。

隧道进口位于八达岭青龙桥附近,出口位于长城滚天沟沟口,起点里程为K10+220,终点为K11+305,全长1085m。隧道分4个作业面(进口、1号横洞、2号斜井与出口)。

八达岭隧道属山岭重丘高速公路隧道,设计速度为60km/h,交通流量为4212辆/h,单向三车道,每车道宽3.5m,路缘带宽0.25m,检修道宽为0.75m,限界高度为5m。

隧道起始段位于平曲线,半径为2000m,其余洞身均处于直线上,纵向坡度为2.3%,横向坡度为1.5%,断面采用五心圆式圆拱曲墙式断面,净宽为13.1m,净高7.3m,衬砌结构为复合式。施工采用新奥法。初期村砌为主要承载结构,二次衬砌为装饰和安全储备作用。

3. 设计变更

本工程的设计变更、洽商虽然比较多,但每一项均按照要求执行。

4. 交工验收

经验收,各标段工程均达到《公路工程质量检验评定标准》(JTJ 071—94)优良等级。2002年,该工程获得詹天佑土木工程大奖。

三、科技成果

科学施工贯穿了工程建设的全过程,相继采用了改性沥青混凝土、高填方路基冲击辗压工艺、软弱路基补强施工法、在混凝土路面上摊铺沥青混凝土、多机联合摊铺沥青混凝土、在两山之间运用架设钢管拱结构桥梁、导向缘石、紧急撤离车道等新设计、新技术、新工艺、新方法。八达岭高速公路可以说是高科技的结晶,从路面开挖到路面摊铺每一道工序都有现代化的机械、技术和工艺得到应用。

(1)设计选线将上、下行线分开,分线设在潭峪沟、关沟中,下行线利用原二级路进行改造。通过合理布设桥隧,尽量少挤占河道和破坏植被,取得了良好的环境效果。

(2)沿河浸水挡土墙大量采用浅基混凝土沉排防护,减少了施工的路基工程量,对防止冲刷沉降有较好的防治效果。对于高填方路基,在国内首次采用南非冲击压实机(25kJT3)进行施工,减少了高路基的工后沉降,提高了路基的稳定性。

(3)在路面面层材料选择上表面层采用了耐磨防滑、性能优越的沥青马蹄脂碎石混合料(SMA)。极大地增强了路面的抗滑能力,并具有强度高、防水性能好、温度稳定性好和路面使用寿命长等优点。石料就地取材,首次采用北京门头沟产辉绿岩碎石。采用辽河、胜利、大港国产沥青生产改性沥青,使国产沥青能广泛地应用于高速公路。

(4)以潭峪沟隧道为重点,隧道工程的设计本着达到"国际先进、国内领先"的要求,以新奥法理论为基础,研究开发了针对三车道大跨度隧道的先进隧道监控设计系统,实现了隧道结构的动态设计,在设计技术上达到了国内先进水平。

(5)设计施工中还采用了大量的新技术新工艺,如导向平缘石、紧急撤离坡道、钢纤维混凝土桥面等,解决了山区修建高速公路中遇到的技术难题。

第三节　西拨子—康庄高速公路
（联络线：营城子—110国道）

一、项目概况

（一）基本情况

八达岭高速公路(三期)工程由北京市首都公路发展有限责任公司成立的八达岭高速公路(三期)项目管理处负责组织实施,该工程分为主线和联络线。主线西拨子—康庄段是丹东—拉萨国道的组成部分,是北京市总体规划中一条重要对外放射线,是通往延庆的主干线,担负着八达岭高速公路与延庆县城及110国道的连接任务。

八达岭高速公路三期工程的建成,对于西部开发建设,逐步实施、完善高速公路网结构,发展三个功能层次的公路网系统,促进周边地区与其他各地区之间的旅游业、交通运输业,以及拉动区域总体经济的发展和提高地区生产总值均有十分重要的意义。

主线起点为八达岭高速公路二期工程终点,向西经岔道村、西拨子火车站、营城子、外炮村、国家粮食储备仓库、康庄铁路、康庄镇、88604部队至市界与河北段终点相接。全长8.11km。采用设计速度为100~120km/h,上、下行四车道,路基宽度28m,中央设置连续隔离带,全立交、全封闭的高速公路标准。主要构造物有营城子和康庄互通式立交桥两座,分离式立交桥1座,铁路立交1座,跨河桥6座,通道8座。另沿线设有收费站、管理中心、养护中心等管理服务设施。主要工程量为:土方130.5万 m^3,沥青混凝土路面24.6万 m^2,桥梁面积2.18万 m^2。

联络线起点为营城子立交,向北经京张铁路大浮坨村、南菜园村、南关环岛至莲花池与110国道相接,全长11.46km,本工程是在原有八达岭至延庆的二级公路的基础上改建为一级公路,线路只对旧路不能满足一级公路标准的路段的平面线形进行了调整,其余路段均在旧路的西侧加宽。设计标准为平原微丘区一级公路,设计速度为100km/h。横断面为4块板,设中央隔离带、主辅路隔离带,路基宽度为33.5/31.1m。主要构造物桥梁9座,铁路顶进桥1座,主要工程量为土方52.2万 m^3。沥青混凝土路面面积28.3万 m^2,桥面面积1.14万 m^2。

工程于2000年11月1日正式开工,2001年10月1日完工。

(二)决策过程

1997年4月3日,北京市公路局委托北京市公路局设计研究院,对丹拉国道主干线北京段(延庆西拨子—市界)进行工程预、工可行性研究。

1998年11月30日,交通部以规划发〔1998〕725号《关于延庆西拨子至康庄(京冀界)公路可行性研究报告的批复》批准了本项目。而后有关部门对工可提出了调整意见。

2000年1月20日,北京市规划委以市规委〔2000〕17号文,审查通过调整方案;5月6日,交通部以交规划发〔2000〕286号文,批准了该调整方案;5月29日,北京市首都公路发展有限责任公司,以建管设字〔2000〕04号文委托北京市公路局设计研究院,对八达岭高速公路(延庆西拨子—康庄)及延庆联络线工程进行道路、桥梁、排水工程的初步设计和施工图设计;7月17日,交通部以交公路发〔2000〕368号文批准了本工程的初步设计。同月,北京市公路局设计研究院完成了施工图设计,并由首发公司委托中国公路工程咨询监理总公司对施工图进行了审核。

2001年3月,北京市环境保护局以京环保监督审字〔2001〕40号文对本项目环评报告书预审批复。7月,国家环境保护总局以〔2001〕121号文对本项目环评报告书给予批复。

(三)主要参建单位

该项目参建单位详见表9-6-4。

八达岭高速公路(三期)参建单位详细表 表9-6-4

监督单位	北京市道路工程质量监督站	
建设单位	北京市首都公路发展有限责任公司	
设计单位	北京市公路局设计研究院	
设计单位	道路工程	北京市公路局设计研究院
	1号B合同铁路桥工程	铁道部专业设计院
	绿化工程设计	中外园林建设总公司
	收费站大棚设计	中国建筑北京设计研究院
监理单位	北京市高速公路监理有限公司	
施工单位	第1号合同	北京市市政工程总公司
	第1号A合同	北京市公路桥梁建设公司(延庆分公司)
	第1号B合同	北京铁路工程总公司
	第2号合同	中国人民武装警察交通第一总队
	第3号合同	北京城建三建设工程有限公司
	第4号合同	北京市公路桥梁建设公司(四分公司)
	第5号合同	路桥集团第一公路工程局第二工程公司
	第6号合同	北京市公路桥梁建设公司(京石分公司)

续上表

施工单位	第 L1 合同	中外园林建设总共公司
	第 L1 合同	北京五环风景园林建设公司
	第 J1 合同	北京市高速公路交通工程公司
	第 J2 合同	北京市高速公路交通工程公司
	第 J3 合同	北京云星宇有限公司
	第 9 号合同	北京东方路建轻体房有限公司
	第 10 号合同	北京飞虹网架制造中心

二、建设情况

(一)准备阶段

1. 立项审批

该工程最早于1997年4月3日,由北京市公路局委托北京市公路局设计研究院对丹拉国道主干线北京段(延庆西拨子—市界)进行工程预、工可行性研究。于1998年11月30日经交通部规划发〔1998〕725号文批复了可研报告,随后历经有关部门对报告的调整,于2000年1月20日经北京市规划委员会通过。2000年5月6日,交通部交规划发〔2000〕286号文批准了可研调整方案。2000年5月29日,首发公司委托北京市公路设计研究院对该工程进行初步设计及施工图设计,并于2000年7月17日经交通部交公路发〔2000〕368号文批准了该初步设计。随后该设计施工图经中国公路工程咨询监理总公司进行审核并通过。

2000年3月该项目启动环评工作,首发公司委托交通部公路科学研究所承担环评报告的编制工作,4月环评大纲获国家环保局批复。2001年3月,北京市环保局对该项目环评报告做出预审批复,7月获得国家环保总局批复。

2. 资金来源

该项目资金来源为银行贷款及交通部补贴。总投资8.25亿元,其中,主线总投资5.15亿元。

3. 招标工作

八达岭三期工程从2000年6月开始着手编制资格预审和招标文件,并于2000年7月27日在中国交通报发布招标信息;到2000年9月22日发中标通知书为止。先后举行了现场考察会、标前会、开标会等一系列招投标活动,严格遵照《中华人民共和国招标投标法》的有关规定,最终选定6家施工企业为中标单位,同时确定了一家监理公司,并与一家监督单位签订了质量监督委托协议。

4.征地拆迁

2000年8月,项目处按国家项目建设规定报批程序申办并得到了征占用地、树木伐移等项手续,随后对36万余株树木进行了伐移。与管线的权属单位就相关线路的拆、改、移共同协商实施方案,并分段实施。确保工程具备进场条件。

(二)实施阶段

1.项目管理

该工程计划施工时间为2000年11月1日—2001年10月1日,历时11个月。工程指挥部划分了三个目标阶段。

第一阶段目标:2000年10月25日—2000年12月31日,完成总土方量的20%,完成地面以下的结构工程;第二阶段目标:2001年1月1日—2001年5月31日,主线路基土方、天然砂砾底基层全部完成,桥梁完成主体工程,恢复排水系统;联络线完成中层面,桥梁工程全部完成,恢复排水系统;第三阶段目标:2001年6月1日—2001年8月25日,完成各合同段工作内容,基本完成竣工资料整理工作。

自2001年1月1日起,包括公路、水运以及交通支持系统等国家重点交通基础设施建设,除了要签订工程合同之外,还必须签订廉政合同,以确保建设资金的安全和有效使用。11月4日开工的北京八达岭高速公路三期和公路二环通黄段,成为全国率先签订廉政合同的两项工程。《廉政合同》的内容包括:甲方为项目法人,乙方为施工单位和监理单位,合同双方按照国家法律、法规和政策应该履行的廉政行为;各方在廉政建设中的权利、义务和责任;各方的违约责任;合同履行情况的监督单位及进行检查的方法、标准及时间约定等。

2.控制工程

该工程的控制性工程为辅路铁路顶进桥工程,工程按时完工。

3.工程变更

共下发工程变更通知单150份,涉及变更金额约1250万元,其中大部分为设计变更。

第四节 运营管理

一、运营管理机构

目前,G6京藏高速公路北京段由北京市首都公路发展集团有限公司八达岭高速公路管理分公司负责收费管理;安畅分公司八达岭路产队负责该路段的路产管理工作;北京市首发高速公路经营管理有限公司负责服务区管理工作;北京首发兴业公路养护工程有限公司负责养护管理工作。

二、运营管理情况

(一)收费站点设置

根据总体布局,起初该段高速公路采用分段均等的收费方式,2001年,经北京市政府批准,调整了八达岭、京石(北京段)、京哈(北京段)等部分高速公路通行费收费标准,统一了通行费车型划分标准。八达岭高速公路由分段收费调整为计程收费。

目前,该高速公路共设22个收费站点,其中,主线收费站2个(其中1个为省界共管),其他为匝道收费站,具体收费站的信息详见本书"附表"部分的表4-2-1。2006年八达岭高速公路清河主站、清河北站、上清站、回龙观站、西三旗站、昌平南环站6个站点设立不停车电子收费系统。2014年,实现ETC全国联网。

(二)服务区设置

本段高速公路设置了百葛服务区(见本书"附表"部分的表4-2-2)。该服务区于1999年投入使用,拥有餐厅、便利店、加油站、综合休息厅、公共卫生间等服务设施,可容纳150余辆车同时停放。服务区还设置了免费WiFi热点以及多媒体查询系统,方便驾乘人员查看北京市交通路线和道路通行信息。

2016年,首发高速公路经营管理有限公司对该服务区进行了升级改造。之后,服务设施更加多元、完备,服务项目更加丰富、适需,环境舒适度、人性化水平也相应提升,比如,服务区增设了母婴室、团队用餐区以及室外休息区。此外,服务区还新设了一个夜间女士专用停车位,以保障女驾驶员在夜间的安全。此外,改造过程中还凸显高速公路服务区的北京特色和首都特色。

(三)养护管理工作

自建成通车以来部分路段进行过大修,规模比较大的有以下几次:

2007年,通车10年的该公路出京方向昌平西关至岔道城段日交通流量近1万辆。由于重车和超重车流量过大,部分桥涵出现了早期损坏。经专业检测,该路段出京方向桥涵中,5座桥涵已认定为危桥,31座相似结构的桥涵存在安全隐患。9月17日起,36座桥梁进行为期8天的大修。这次桥梁大修,开启了该段高速公路为服务北京奥运会进行大修的序幕。自此至2008年4月,出京方向居庸关至岔道城大修工程实施,共修复路面21km,修复后的路面平整度良好。本工程为北京奥运公路自行车比赛做好了准备。此外,西关环岛至市界段也完成了大修。

2009年,北安河至昌平西关环岛段大修工程完工。此次大修首次尝试沥青现场再生试验,并使用橡胶改性沥青、温拌沥青等新技术。其中,橡胶改性沥青为废轮胎加工而成的橡胶粉末的沥青混合料,既节约资源,又保护环境,与传统沥青路面相比,提高汽车行驶舒适性,降低道路噪声。温拌沥青可以降低沥青混合料拌和温度,减少资源消耗,降低废气排放,有利于减少大气污染。在此次大修中的温拌沥青混合料试验段,为以后大面积推广使用奠定了实践基础。

2011年4月,该段高速公路再次进行大修,主要针对69km路面病害进行处理及罩面。

第七章
G7(京新高速公路)北京至乌鲁木齐高速公路北京段

G7(京新高速公路)北京至乌鲁木齐高速公路北京段,起于北京市海淀区五环路箭亭桥,止于延庆区张山营镇甘子堡(京冀界),自起点分别经过海淀、昌平、延庆三区,南起北五环路箭亭桥南约1.5km处,向北经万泉河、清河、上地南路、京包铁路、轨道交通13号线、东北旺北路、北清路、玉河南路、西北铁路环线、北沙河、上庄北路、池口镇楼自庄村、马池口镇、南口镇、十三陵镇、大榆树镇、张山营镇等地,最后接京新高速公路河北段。2010年国家高速公路网统一命名、统一编号规划之前,此段按京包高速公路北京段(以下采用该名称)规划建设。该段路包括五环路—六环路段、六环—德胜口段、国道110一期高速公路项目(德胜口—延庆县城,后改为延庆区)、延庆—京冀界等项目。截至2016年底,五环路—六环路段、六环—德胜口段已经建成通车;国道110二期高速公路项目(德胜口—延庆县城,后改为延庆区)在建;延庆(米家堡)—京冀界段建成通车。本章以各个不同路段为单元,重点介绍五环路—六环路段、六环路—德胜口段和国道110二期高速公路项目(德胜口—延庆)的建设情况。

第一节 京包高速公路北京段(五环路—六环路)

一、项目概况

(一)基本情况

京包高速公路(五环路—六环路段)工程位于海淀区和昌平区,道路南起北五环路箭亭桥南约1.5km处,终点与京包高速公路(六环路—德胜口段)相接,线路长19.88km。设计速度为100km/h,路基宽度为34.5m,道路红线宽度为60~100m,车道数为三上三下六车道;建设有3座通道桥,5座跨河桥;共建设互通式立交、分离式立交各8处;桥梁的设计荷载公路—I级;建设桥梁面积31.4万m^2,道路总面积84万m^2。该项目于2009年11月开工建设。五环路到北清路于2011年12月31日开通,全线于2014年5月24日开通。

（二）决策过程

为提高北京市西部区域交通通行能力，分流 G6 京藏高速公路的交通压力，2007 年 6 月 5 日，经第 161 次市长办公会议审议通过，同意由北京市首都公路发展集团有限公司组织实施京包高速公路（五环路—六环路段）工程。

（三）主要参建单位

本项目主要参建单位见表 9-7-1。

京包高速公路北京段（五环路—六环路）参建单位一览表　　表 9-7-1

序号	参建单位名称	备注
一	监督单位	
1	北京市道路工程质量监督站	
二	建设单位	
2	北京市首都公路发展集团有限公司	
三	设计单位	
3	北京国道通公路设计研究院	
4	中铁咨询设计研究有限公司	
5	中国公路工程咨询监理总公司	
四	勘测单位	
6	北京市勘察设计研究院	
7	北京城建勘测设计研究院有限责任公司	
8	北京市地质工程勘察院	
9	北京市测绘设计研究院	
五	监理单位	
10	北京市高速公路监理有限公司	土建第一监理合同段
11	北京逸群工程咨询有限公司	土建第二监理合同段
12	北京天智恒业科技发展有限公司	机电工程监理合同
六	施工单位	
13	北京市公路桥梁建设集团有限公司与北京翔鲲水务建设有限公司联合体	土建 1 号合同
14	中铁十八局集团有限公司	土建 2 号合同
15	中铁六局集团有限公司	土建 3 号 A 合同
16	中铁十四局集团第三工程有限公司	土建 4 号合同
17	北京市海龙公路工程公司	土建 5 号合同
18	北京鑫旺路桥建设有限公司	土建 6 号合同
19	北京城建远东建设投资集团有限公司	土建 7 号合同

续上表

序　号	参 建 单 位 名 称	备　注
20	北京市市政二建设工程有限责任公司	土建8号合同
21	中交一公局第五工程有限公司	土建9号合同
22	北京市政建设集团有限责任公司	土建10号合同
23	中铁六局集团有限公司	土建3号B合同
24	北京鑫实路桥建设有限公司北京翔鲲水务建设有限公司联合体	土建11号合同
25	北京城建道桥建设集团有限公司	土建12号合同
26	北京城建远东建设投资集团有限公司	路面1号合同:本次交工
27	北京城建道桥建设集团有限公司	路面2号合同:本次交工
28	北京市高速公路交通工程有限公司	交通安全设施合同:本次交工
29	北京市京石园林绿化有限公司	绿化1号合同:本次交工
30	北京天华绿化工程有限公司	绿化2号合同
31	天津市政公路设备工程有限公司	收费天棚1号合同
32	北京市高速公路交通工程有限公司	收费天棚2号合同
33	北京世纪泰宝交通防噪科技发展有限公司	声屏障1号合同:本次交工
34	北京市高速公路交通工程有限公司	声屏障2号合同:本次交工
35	北京东方郎德环保科技有限公司	声屏障3号合同
36	北京云星宇交通工程有限公司	机电合同:本次交工
37	北京云星宇交通工程有限公司	照明1号合同:本次交工
38	北京市市政六建设工程有限公司	照明2号合同

二、建设情况

(一)准备阶段

1. 立项审批

2007年7月9日,北京市发展和改革委员会以京发改〔2007〕1171号文件,发布了《关于京包高速公路(五环路—六环路段)工程项目建议书的批复》。

2008年3月14日,北京市文物局以京文物〔2008〕325号文件,发布《关于京包高速公路(五环路—六环路段)工程通过汉城遗址意见的复函》;12月4日,再次以京文物〔2008〕1753号文发布《关于京包高速公路(五环路—六环路段)工程穿越清河汉城遗址的复函》;10月23日,北京市发展和改革委员会以京发改〔2008〕1751号文件,发布了《关于京包高速公路(五环路—六环路段)工程可行性研究报告的批复》。

2009年4月14日,北京市规划委、发改委以京规发〔2007〕575号文件,发布了《关于京包高速公路(五环路—六环路段)道路工程初步设计的批复》。

2. 资金筹措

投资规模及资金来源:项目总投资控制在64.15亿元以内(工程投资37.95亿元,征地拆迁费26.15亿元)。其中,35%资本金由申请交通运输部补助和北京市首都公路发展集团有限公司自筹等方式解决;65%由国内银行贷款方式解决。

本工程批复总概算56.32亿元。其中,建安费27.78亿元,拆迁费22.71亿元,建设单位管理费0.248亿元,其他费用4亿元(包括设备购置费、项目前期管理费等),预备费1.58亿元。35%资本金(即19.71亿元)申请交通运输部补助和首发集团自筹等方式解决,65%资金(即36.61亿元)由国内银行贷款方式解决。

3. 招投标

(1)勘察、设计单位的招标,2005年12月7—28日,公开招标,当年12月29日通过专家评标,2005年12月31日—2006年1月9日公示。设计单位为2005年12月19日—2016年1月10日公开招标,2006年1月11日专家评审之后,于2006年1月12—17日公示。

(2)施工和监理单位招标情况:土建1号、2号、4号~12号合同于2009年4月7日发布招标公告,4月28日发售招标文件,6月2日公开开标;土建3号A合同于2009年11月13日发布招标公告,11月16日发售招标文件,12月25日公开开标;土建3号B合同于2009年4月30日发布招标公告,5月7日发售招标文件,6月2日公开开标;机电合同于2009年12月21日发布招标公告,12月25日发售招标文件,2010年1月28日公开开标。

(3)路面工程合同招标情况:于2011年4月2日发布招标公告,4月11日发售招标文件,5月6日公开开标;交通工程合同于2011年3月28日发布招标公告,4月1日发售招标文件,4月27日公开开标;照明及绿化1~4号合同于2011年4月2日发布招标公告,4月29日发售招标文件,6月22日公开开标;收费大棚及声屏障合同于2011年4月18日发布招标公告,4月22日发售招标文件,6月2日公开开标。

(4)土建监理合同于2009年4月7日发布招标公告,4月15日发售招标文件,5月26日公开开标;机电监理合同于2009年12月21日发布招标公告,12月25日发售招标文件,2010年1月25日公开开标。

4. 征地拆迁

工程共征用土地2843.76亩、国有企业19家(面积51143m^2)、集体企业52家(面积19.62万m^2)、民宅192个院(面积5.1万m^2,昌平段未统计)、农田大棚30个(面积14.67万m^2)、树木伐移436.78万株。北清路以南段拆迁工作于2009年11月初开始,2011年10月完成拆迁。

(二)实施阶段

1. 工程建设管理

(1)项目管理机构设置及职能

在工程建设管理方面,实行首发集团、首发建设和项目管理处三级管理模式。

首发集团工程建设管理部负责工程项目的前期准备,工程实施阶段的监督与检查,工程后期的验收和项目后评估等项工作。建设公司负责建设项目实施阶段的组织、控制和协调工作,负责组建项目管理处,并对项目管理处的工作进行检查、监督和考核。项目管理处负责建设项目实施阶段现场的管理工作。工程完工通过交工验收后,移交给集团公司运营管理部。

项目管理处在开工初即组织进行管理办法的修改和完善,管理办法中健全了岗位责任制,进行了岗位描述。在进行每周重点工作安排时,强调各管理人员的责任和调动管理人员的积极性,收到了很好的效果。

完善管理规划。要求各部室根据工程实际情况和工期计划措施,制定部门管理规划,工程管理部门倒排工期计划、突出质量管理重点、拆迁部门明确拆迁阶段计划、控制目标、安部部门落实安全管理重点,并在拆迁到位的情况下,按管理工程的规律及时进行计划管理。

加强工作考核,结合公司考核办法完善项目管理处考核管理办法,每季度进行考评,部门工作成绩和个人工作成绩相结合,达到通过考核促管理的目的。

加强思想政治工作和阳光工程建设。项目管理处历来重视思想政治工作,每月组织全员学习和教育,经理办公会及时传达党中央和上级的指示和要求,配合集团公司和建设公司参加廉政建设参观和学习,让每位管理人员都知晓廉政建设和"阳光工程"的具体要求和措施,力争落实到位。

(2)质量控制措施与效果

在总结以往工程建设管理经验和教训的基础上,针对本工程的特点,重点采取了以下措施,工程质量处于受控状态:

审查人员资质和持证上岗。对监理单位、施工单位的人员进行履约检查,凡无相应资质的人员不得上岗。严格实施材料准入制。为从源头抓工程质量,对重要材料严格实行材料准入制。供货商应有相应的工程业绩,经业主、监理和施工单位联合对供货商进行考察,才能获得准入资格。材料进场后进行严格的抽查和检测,检验合格后方用于工程实体。

加强过程控制。重点针对雨季路基填筑、基层施工、混凝土浇筑、桥面防水施工、伸缩缝施工,加强日常巡视、抽检工作,尤其是对上地斜拉桥实行专人现场盯控。沥青混凝土施工过程中对原材料供应、摊铺碾压及成活质量进行检查,保证沥青混凝土施工质量。

开展质量月活动。为确保工程质量受控,提高质量管理水平,项目管理处结合质量监督站督察以及工程阶段考核情况,在工程实施期间开展了两次质量月活动。在质量月活动中,重点抓好了混凝土外观、路面基层及沥青路面的施工质量。通过质量月各项活动的开展,使工程质量有较大幅度改善和提高。

加强对监理单位的管理。施工中不定期对现场监理旁站情况进行检查,并对监理指令的落实情况进行跟踪,尤其对质量管理重点环节均要求监理单位加大了管理力度。

引入第三方检测工作。委托国家钢铁产品质量监督检测中心对全线钢箱梁原材及焊缝质量进行检测;委托大连理工大学对3号A合同上地斜拉桥进行施工全过程监控;委托奥科瑞公司建立项目管理处中心试验室,以加强施工现场检测和地试验室的管理。

坚持首件验收和样板引路的工作思路。为树立精品意识、加强质量控制、提高工程质量,各分项工程均按照《首件验收管理办法》的要求,对工程质量进行控制。阶段考核时评比树立样板工程,有效推动了质量工作的开展。

2. 控制性重点工程

(1)互通式立交主线桥的建设

全线共设置互通式立交8座,由南向北分别为五环路立交、上地南路立交、东北旺北路立交、邓庄南路立交、北清路立交、玉河路立交、沙阳路立交及上庄北路立交。

(2)上地分离式立交桥工程概况

京包高速公路(五环路—六环路段)上地铁路分离式立交桥工程,为京新高速公路(五环路—六环路段)工程(原为京包高速)的一部分,工程地址位于北京市海淀区,起点里程为K2+880,终点里程为K3+390,上跨有京包铁路、城铁十三号线,与既有京包铁路相交处铁路里程为K22+756,公路里程为K3+55.703,相交角度19°。全长510m,采用46m+46m+230m+98m+90m五跨连续独塔单索面预应力钢筋混凝土斜拉桥。详细情况参见第十篇。

3. 遗址保护

2011年11月29日,由首发集团公司主持召开了京包高速公路(五环路—六环路段)汉城遗址保护工程协调会,参会单位有集团公司工程建设管理部、技术质量部、京包项目管理处和市文物研究所,共同研究议定事项如下:

(1)由于道路已基本建设完成,按照文物部门要求,适当增加汉城遗址与道路之间的宽度,具体解决办法为在保证道路排水和路基的稳定前提下,将道路护网和边坡适当退建,增建装饰挡墙,并对汉城遗址保护环境进行整治。

(2)保护方案由北京市文物建筑保护设计所负责设计,道路设计单位、项目管理处配合,根据现场的实际情况共同研究落实保护方案,待方案报请有关部门审定后,由项目管理处负责组织实施。

4. 交工验收

2013年11月29日,京包高速公路(五环路—六环路段)进行了交工前验收。验收工作由集团公司工管部组织,集团公司技质部、运营部、建设公司、八达岭分公司、安畅分公司、养护公司、设计单位、监理单位和施工单位参加了验收。在对工程实体验收后,对存在的问题进行了汇总,责成各相关单位按期进行整改。京包高速公路验收工作除未完工的几处节点外,基本完成。

三、科研成果

京新高速公路(五环路—六环路段)工程在施工过程中,开展了一系列"四新"技术(指新技术、新工艺、新材料、新设备)的研究与应用。

(一)新旧桥梁混凝土链接技术研究

京包高速公路五环路立交桥H2、E1匝道桥与现况五环路箭亭桥相接,由于五环路交通不能封闭,新旧桥连接处混凝土受五环路车辆运行而产生扰动,对混凝土质量将产生影响。为减少扰动影响,确保连接段混凝土结构质量,开展了新旧桥梁混凝土链接技术研究。该研究通过采用高强度等级快硬混凝土技术,缩短混凝土初终凝时间,有效地保证了连接段混凝土的质量。

(二)上地斜拉桥新技术应用

(1)主塔、主梁采用C55高性能混凝土。为保证该混凝土的质量,开展了相关技术研究工作。该研究从原材料,特别是聚羧酸减水剂选择、优化配合比设计、施工中混凝土质量动态控制等方面,很好地保证了高性能混凝土的质量。

(2)桥梁主跨段采用顶推法施工,顶推距离213m,总质量约2.5万t。经过参建各方的共同努力,攻克了混凝土曲线现浇箱梁单点连续顶推精准就位的关键技术。

(3)主墩承台为大体积混凝土施工,一次性浇筑方量达11243m^3,其裂缝控制难度更大,通过采用在承台内部埋设冷却水管和无线传输测温传感器的技术,对混凝土的温度进行实时监测,实现对混凝土裂缝的有效控制。

(4)主塔塔柱采用液压爬模施工技术。中塔柱为大倾角爬模,上塔柱为双曲面爬模,通过对爬模系统的合理设计、爬升中的有效控制,保证了主塔中、上塔柱工程质量和施工效率。

(三)使用建筑废弃物填筑路基技术

工程沿线拆迁后产生大量建筑废弃物,建筑废弃物的堆积不仅占用土地资源,还会造成扬尘等环境问题。在京新高速公路项目中,通过对建筑废弃物材料进行特性分析,明确填筑路基的粒径大小与使用范围,采取冲击碾压的施工工艺,共使用了约3万 m^3 建筑废弃物用于路基填筑,取得了较好的环境效益和经济效益。

(四)采用新型路面结构材料

秉承环保理念,该工程路面表面层采用橡胶沥青改性技术,不仅减少了施工过程中碳排放,也提高了道路使用舒适性,具有较好的社会效益。

(五)照明广泛采用LED节能灯具

相对于传统钠灯照明灯具,LED 灯具具有耗能低、使用寿命长的特点,全线照明使用 LED 灯具,既提高了工程的科技含量,又节约了能源和运营成本。

第二节 京包高速公路北京段(六环路—德胜口)

一、项目概况

(一)基本情况

京包高速公路(六环路—德胜口)工程南起昌平区楼自庄,向北与六环路相交后折向东北,与京包铁路相交,从北汽集团用地的西北角穿过,在北汽集团北侧跨过京密引水渠,线路从昌平卫星城和百泉庄生态林地北侧与水南路相交后继续向北,与高压走廊相交后,线路沿11万伏高压走廊东侧布置,路线在与规划四路和规划五路相交后,与八达岭高速公路相交,并在西山口村南侧折向西北,跨过虎峪沟支流后折向西北方向,路线跨过虎峪沟后,在北京大学分校西侧折向北,进入小虎峪沟后开凿隧道,穿山后与国道110(德胜口—西五里营段)道路工程衔接,全长17.5km。该段设计速度为80~100km/h;路基宽度为28~34.5m,红线宽度为60~100m;共建设跨河桥13座,长隧道1座,铁路顶进箱涵2座;通道8道,涵洞17道;互通式立交4处,分离式立交6处;桥梁荷载标准为公路—Ⅰ级,建设桥梁面积为17.8万 m^2,道路面积43.6万 m^2。

(二)决策过程

为进一步完善区域路网结构,实现110国道与六环路的快速连接,形成北京市西北方向货运交通走廊,建设京包高速公路十分必要。

为提高本市西北部区域交通通行能力,分流八达岭高速公路交通压力,经2007年6

月5日第161次市长办公会议审议通过,同意了北京市首都公路发展集团有限公司《关于京包高速公路(五环路—六环路段)工程预可行性研究报告的请示》(京首公建管字〔2006〕294号)。

(三)主要参建单位

本段的主要参建单位见表9-7-2。

京包高速公路北京段(六环路—德胜口)参建单位一览表 表9-7-2

序号	参建单位名称	备注
一	设计单位	
1	北京国道通公路设计研究院	道路、桥梁、排水、交通工程设计
2	北京景观园林设计有限公司	绿化工程设计
3	中国公路工程咨询管理总公司	收费广场预留、收费大棚、预埋管线、照明设计
二	施工单位	
4	北京市公路桥梁建设公司	1号合同
5	北京鑫实路桥建设有限公司	2号合同
6	北京鑫畅路桥建设有限公司	3号合同
7	北京城建三建设发展有限公司	4号合同
8	中铁六局集团有限公司	5号合同
9	北京市政建设集团有限责任公司	6号合同
10	中铁二局股份有限公司	7号合同
11	中铁五局(集团)有限公司	8号合同
12	北京城建三建设集团有限公司	路面施工1号合同
13	北京市公路桥梁建设公司	路面施工2号合同
14	北京市京石园林绿化有限公司	绿化工程3号合同
15	北京金五环风景园林工程有限责任公司	绿化工程2号合同
16	北京天华绿化工程有限公司	绿化工程3号合同
17	北京华纬交通工程有限公司	交通工程1号合同(标志、标线)
18	海南中咨泰克交通工程有限公司	交通工程2号合同(护栏、防混凝土板)
19	北京云星宇交通工程有限公司	交通工程3号合同(护栏、防混凝土板)
20	北京云星宇交通工程有限公司	机电工程
21	浙江珍琪电器工程有限公司	照明工程
22	北京路毕透环保技术有限公司	路障
23	北京城建国际建设有限公司	收费大概
三	监理单位	
24	北京逸群工程咨询有限公司	土建工程总理(土建1号~6号)
25	北京逸群工程咨询有限公司	土建工程7号、8号监理

续上表

序 号	参 建 单 位 名 称	备 注
26	北京事业华城技术信息咨询有限公司	交通、机电工程监理
四	勘察单位	
27	北京市地质工程勘察院	1号~6号合同
28	中航勘察设计研究院	7号~8号合同
五	监督单位	
29	北京市道路工程质量监督站	
六	检测单位	
30	北京市公路工程质量检测中心	

二、建设情况

(一)准备阶段

1. 立项审批

2005年12月22日,取得北京市规划委员会《关于京包高速公路(六环路—德胜口段)道路工程设计方案批复》(市规函〔2005〕1567号);当月31日取得北京市发展和改革委员会《关于京包高速公路(六环路—德胜口段)工程项目建议书的批复》(京发改〔2005〕2796号)。

2006年2月17日,取得中华人民共和国水利部《关于京包高速公路(六环路—德胜口段)工程水土保持方案的复函》(水保函〔2006〕92号);2月21日取得北京市环境保护局《关于京包高速公路(六环路—德胜口段)项目环境影响报告书的批复》(京环审〔2006〕125号);4月27日取得北京市发展和改革委员会《关于京包高速公路(六环路—德胜口段)工程可行性研究报告的批复》(京发改〔2006〕653号);3月8日取得北京市国土资源局《关于京包高速公路工程建设项目用地预审意见的函》(京国土市预〔2006〕263号)。4月19—20日,北京市规划委员会组织专家审查通过京包高速公路初步设计;8月21日取得北京市规划委员会、北京市发展和改革委员会《关于京包高速公路(六环路—德胜口段)工程初步设计的批复》(市规函〔2006〕1052号)。

2007年6月18日,取得北京市规划委员会规划意见书(〔2007〕规市政意字0512号);6月20日北京市交通委员会同意京包高速公路工程提前开工建设(北京市交通委员会会议纪要第232期)。7月31日取得北京市规划委员会《中华人民共和国建设用地规划许可证》(2007规地市政字0049号)。

2008年1月7日,取得北京市路政局《关于京包高速公路(六环路—德胜口段)道路、桥梁、排水和隧洞主体工程施工图设计的批复》(京路建发〔2008〕19号)。

2.资金筹措

本工程道路、桥梁、隧道、雨水、交通工程、通道、照明、绿化、环保等工程的初步设计概算为31.38亿元。其中,35%资本金由交通部补助和首发集团自筹等方式解决;65%由国内银行贷款方式解决。

3.招投标

(1)设计单位招标情况

京包高速公路工程勘察、测量、设计经市路政局批准,于2005年12月7日—2006年1月9日,分别进行了公开招标、专家评审、网上公示等程序。京包高速公路工程设计中标单位为北京国道公路设计研究院。其余工程的设计未进行招标,采取直接委托形式。

(2)施工单位招标情况

土建工程分8个标段,其中7号、8号标段(隧道工程)于2006年2月10日在中国采购与招标网上公开发布了招标公告,中标的2家施工单位;于2006年7月1日签订合同协议书。1号~6号标段分别有6家施工单位中标,于2007年3月25日签订合同协议书。路面工程分2个标段,分别有2家施工单位中标,于2008年3月26日签订合同协议书。交通安全设施工程分3个标段,于2008年1月28日发布了施工招标公告,中标的3家施工单位,于2008年3月26日签订合同协议书。照明施工工程为1个标段,于2008年3月10日发布了施工招标公告,中标的1家施工单位,于2008年5月8日签订合同协议书。绿化施工工程分3个标段,于2008年2月25日发布了施工招标公告,中标的3家施工单位,于2008年5月5日签订合同协议书。机电施工工程为1个标段,于2008年1月28日发布了施工招标公告,于2008年4月30日签订合同协议书。收费大棚施工工程为1个标段,于2008年3月10日发布了施工招标公告,中标的1家施工单位,于2008年5月8日签订合同协议书。隔音屏施工工程为1个标段,于2008年3月25日发布了施工招标公告,中标的1家施工单位,于2008年5月27日签订合同协议书。

(3)监理单位招标情况

土建工程共分2个施工监理标段。其中7号、8号标段隧道工程,于2006年2月10日在中国采购与招标网上公开发布了招标公告,中标的1家监理单位,于2006年3月17日签订合同协议书。1号、6号标段工程,于2006年8月11日公开发布了招标公告,中标的1家监理单位,于2006年12月27日签订合同协议书。

机电工程为1个施工监理标段,于2008年1月28日在中国采购与招标网上公开发布了招标公告,2008年2月1日前发售施工监理招标文件;3月25日进行公开开标;经专家评审委员会综合评审,中标的1家监理单位,于当日签订合同协议书。

绿化工程监理、路面工程监理未进行招标,直接委托给土建施工监理单位完成,其中绿化监理费为40万元,路面监理费采用费率形式,结算价为路面工程结算价的1.2%。交通工程、照明工程、收费大棚、隔音屏工程施工监理未进行招标,直接委托给机电工程施工监理完成,监理费费率采用机电工程中标费率(2.33%)。

4. 征地拆迁

本工程占地2372.29亩,住宅房屋拆迁105户(2.61万 m^2)。非住宅房屋拆迁100户(16.27万 m^2),线外25m。拆迁37户(6000m^2),树木苗木550万株,改移高压线路9条9路136基塔,改移低压管线230条、通信光缆75条。本工程征地拆迁工作在2006年7月开始,主要进行德胜口隧道(南涧路—德胜口)征地拆迁工作,其余征地拆迁工作未开始。

2007年底,全线主线进地约13km(不含隧道3km),约占全线的90%。住宅共105户全部签订协议,拆迁住宅95户(2.4万 m^2),占总面积的92%;拆迁非住宅98户(13.31万 m^2),占总面积的82%;伐移树木540.16万株,占总株数的99%;弱电管线拆改完成20%。

1号~6号合同征地拆迁和高压改移工作于2008年6月基本结束。

京包高速公路拆迁工作启动时间晚、工期紧,业主单位高度重视,与当地区政府领导定期召开协调会,项目管理处建立与区主管部门和各乡镇的拆迁工作良好协调关系,同时加大力度协调解决遗留的拆迁问题和新增的25m线内拆迁工作,在各相关职能部门的配合下,征地拆迁工作于2008年6月基本完成。

本工程面临的巨大困难之一是高压塔改移,全线有10条高压输电线均穿越高速公路需要改移,而且线路互相交叉、改移时间先后不一,需改移130余座基塔,拆除多处房屋。尽管建设公司和项目管理处及早就开始运作、协调工作。北京市交通委赵文芝主任和周正宇副主任亲自主持召开与北汽集团、京密引水管理处的协调会,解决高压输电线改移问题,首发集团领导亲自过问、直接与昌平区政府和电力部门领导协调,建设公司分别带队组织拆迁部全体人员,其他项目管理处拆迁人员共10余人专门负责高压改移。

京包高速公路山区段拆迁工作得到了市有关部门、昌平区政府及相关部门和集团公司各级领导的高度关注和大力支持,多次协调解决了拆迁中的疑难问题,山区段拆迁工作自2006年6月开始,受各种原因制约拆迁进度严重滞后,2006年底前仅完成了拆迁调查,经多方协调,南洞口实现了局部开工。2008年6月,山区段和平原段拆迁工作基本上同期完成。2009年主要解决了8号合同25m线外4户村民房屋拆迁问题,隧道监控所增加征地协调完毕后,房建工程正在施工中。

(二)实施阶段

1. 工程建设管理

(1)工程质量管理

工程伊始,首发集团、首发建设公司和项目管理处就组织对原有项目管理制度进行修改完善,项目管理处根据集团公司和公司的管理制度,编制完成《工程建设管理办法实施细则汇编》,包括项目管理处、廉政建设、考核、进度、计划统计、质量、合同、技术、内业资料、首件验收、交工验收、文明安全施工、行政后勤等。完善的项目管理制度,对于指导项目管理处管理人员的工作起到了很大的作用,使项目管理工作更加符合规范,程序符合要求,达到了预期的目的。

在工程建设管理方面,实行公司、首发建设公司和项目管理处三级管理模式。根据工程建设计划的总体安排,首发集团负责前期工作,首发建设公司和项目管理处负责工程实施过程中的管理工作。

首发集团公司工程建设管理部负责工程项目的前期准备,工程实施阶段的监督与检查,工程后期的验收和项目后评估等项工作。首发建设公司负责建设项目实施阶段的组织、控制和协调工作,负责组建项目管理处,并对项目管理处的工作进行检查、监督和考核。项目管理处负责建设项目实施阶段现场的管理工作。工程完工通过交工验收后,移交给首发集团公司运营管理部。项目管理处在开工初即组织进行管理办法的修改和完善,管理办法中健全了岗位责任制,进行了岗位描述。在进行每周重点工作安排时,强调各管理人员的责任和调动管理人员的积极性,通过完善管理规划、加强工作考核、加强思想政治工作和阳光工程建设等举措,收到了很好的效果。

本工程建立了建设单位对工程质量负总责及政府监督、社会监理、企业自我保障的质量保证体系。根据相关规定,明确建设、监理、施工各方的质量责任,建立健全各自的质量保证体系,制定相应的质量责任制和管理办法。

(2)工程进度管理

项目管理处制定了以下措施保证工期:一是重点部位抢工"三班倒",通过组织夜查、每周生产调度会通报检查结果;二是严格落实责任制,凡事涉及重点难点问题,影响工期的问题,都要有专人抓落实;三是每天与建设、施工单位责任人召开现场碰头会,及时沟通协调,使建设和施工单位与项目管理处心往一块想、劲往一块使;四是对于工力不足的问题,要求施工单位领导积极协调,加大人力投入;五是要求监理单位增加驻地监理人员,"双开班",土方填筑等影响工程进度的重要工序,在确保验收质量的前提下,全天候24小时验收;六是重点工序施工要分级别现场监督,确保工程质量;七是提前准备二灰、沥青等建筑材料,确保不影响工期;八是确保安全生产;九是重视附属设施建设速度,避免因此拖延进度。

2.控制性重点工程

此段最主要的控制性工程为德胜口隧道工程。隧道为左右线分离式断面,左右线隧道合计长3341m,进出京线之间设置人行横洞4个,车行横洞2个,变压器横洞2个,左右线隧道开挖线间最小距离8.31m。

出京线隧道:起止里程YK33+737~YK35+407,全长1670m;其中明洞长度15m,暗洞长度1655m;其中Ⅲ级围岩944m,Ⅳ级围岩726m。

进京线隧道:起止里程ZK33+760~ZK35+431,全长1671m;其中明洞长度27m,暗洞长1644m;围岩主要为Ⅳ级围岩和Ⅲ级围岩。

三、科研成果

(一)框架桥顶进内力变化动态监测技术的应用

邓庄四孔顶进框架桥是京包高速控制性重点之一,公路铁路斜交52°,顺铁路方向79.57m、自重14846t,设计顶力23200t是目前北京地区顶力最大的小角度斜交地道桥。本工程利用北京交通大学关于桥涵内力变化实时动态监测新的研究成果,精心调校顶进中框架结构受力状态,就位后检测结果显示桥体无环裂,较好地解决了该工法下的质量通病问题,精准程度高,轴线前后绝对偏差平均5mm,高程偏差在10mm以内,比规范规定值提高了10倍以上。

(二)关于滞水层人工挖孔扩头桩技术的研究应用

受高压铁塔改移滞后和工期紧迫的双重影响,京包高速公路邓庄立交桥区100多根桩需采用人工成孔、桩底高程位于砂卵石中并在水量丰富的滞水区内,经勘察单位、设计单位、施工单位各方专家详细论证,在完善成孔的质量控制及扩头的施工安全技术措施的基础上,可以在滞水临界区应用扩头桩技术提高桩体承载力,经北京市三检所利用基桩承载力自平衡法(在桩体内埋设千斤顶)对试验工程桩进行试验检测,在1.5倍设计荷载情况下,桩基沉降小于5mm,满足设计要求,该技术不仅降低了工程成本,而且为后续结构施工赢得了宝贵时间。

(三)钢箱梁悬拼施工关键技术的研究应用

京包高速公路与京密引水渠斜交30°,设计为178m三跨连续钢混叠合梁桥。其中78m主跨一跨过河,两侧配跨各50m。全桥钢箱梁分5段制作,最大起吊重量103t。原计划采用传统工艺,搭设临时支架,先简支后连续成桥工法施工。后因行政审批水源保护及配合费用等问题,对施工方案进行调整,取消河道中的临时支架,采用悬拼技术过河。该桥外悬臂长度超过21m,具有一定的挑战性。方案经北京工业大学、北京建筑工程学院、北京市政专业设计院、北京国道通设计研究院等专家教授的多次论证,对体系转化中的内力位移等进行了理论计算,获得审批。实施中埋设应力应变片进行了悬拼过程的量测。对于大跨径钢梁桥悬拼关键技术的研究和应用,就该桥而言,不仅大大地降低了施工的配合费用,而且减轻了对河道的污染。同时,就桥梁结构设计选型来说,对于顶推、悬拼、转体等工艺的选用拓宽了结构方案比选的空间。

（四）加筋土挡墙在高速公路上的推广应用

京包高速公路在百泉庄以北至北郝庄处穿越十三陵林场的苗圃,路基高度8~14m,设计采用了英国坦萨土工格栅挡墙,减少了土地的占用及苗圃的补偿费用。施工中就地基处理、模块的砌筑、挡墙的蠕变、格栅与墩柱的衔接、多层格栅重叠的处理及墙体平整度的控制等,多次与设计院、坦萨供应商等进行研讨,摸索出一套较为可行的工法、该处挡墙线形顺适、坡度规整达到了设计和技术规范的要求。

（五）科学合理利用渣土垃圾

对于路基填前碾压区内的渣土垃圾,传统做法是挖除、弃运、换填。本工程对6号合同段内清表后的渣土垃圾处置进行了尝试,首先请勘探部门对场地土进行动探判定,满足设计要求的碾压后直接填方,达不到要求的挖出来进行选料分层回填。由于缺乏相应成熟质量控制办法及验评标准,经论证后采用双控法,首先应用了功效原理由监理旁站控制压实遍数,到达原地面高程后,再次进行工程动探,由勘察部门二次评定地基承载力。数据显示处置后渣土地基应力显著提高,该处路基填方与其他正常段完全一样。由于减少了渣土的弃量和新的挖填工程量,不仅降低了工程造价,而且体现了绿色环保理念。

（六）用精密观测沉降法控制填石路基施工质量

对填石路基的工艺控制和质量评定进行了初步研究。7号、8号合同主要是隧道工程,有大量的弃渣,如果能部分地用于路基填筑,不仅可降低工程成本,而且可减少弃渣对生态环境的影响。本工程采用了精密观测沉降法来控制填石路基施工质量,经与规范要求的水袋法进行了对比,工程质量完全达到了规范要求。

（七）沥青转运车在底面层摊铺中的应用试验

京包高速公路由于重载交通的原因,采用9cm ATB-25底面层设计。ATB底面层由于集料粒径大,在摊铺过程中易产生离析现象。采用转运车可以减少离析现象的发生。

本工程路面工程 2 号合同在底面层摊铺时采用了美国 ROADTEC SB2500C 沥青混合料转运车,进行了摊铺试验。它可以储存和运输来自运料货车的热沥青混合料,以保证摊铺的连续进行,它配置的抗离析螺旋搅拌器可以在沥青混合料进入摊铺机以前重新将其混合。通过实际摊铺效果来看,采用转运车后,由于二次搅拌,明显改善了混合料的集料离析。此外,由于转运车消除了运料卡车与摊铺机之间的顶推作用和碰撞接触,改善了摊铺机牵引状况,使其能够保持稳定的作业速度,因此极大地提高了铺筑路面的平整度。从经济效益上来看,由于转运车有储料功能,因此可以减少运料货车在铺筑现场等待及卸料时间,因此可以减少运料货车的数量,在工程量较大时可以降低施工成本。

(八)运用陆地声呐法超前地质预报技术

与中国铁道科学研究院钟世航教授共同合作,对陆地声呐法超前地质预报技术进行了成功运用。在对德胜口隧道工程全部 46 次的预报中,对地质断层、交叉断层组及其走向都做出了非常准确的判定,为科学合理地确定施工技术方案起到了有力的保障作用。

(九)采用毫秒光面爆破先进技术

在隧道掘进施工中,对Ⅲ级及Ⅲ级以上围岩采用毫秒光面爆破的先进技术。炮眼残留率达到了 70% 以上,较好地控制了超欠挖的质量通病,对于Ⅳ级及Ⅴ级破碎岩体采用弱爆破预裂技术,确保了生产安全和岩体稳定,杜绝了恶性塌方事故。

(十)创造性应用双十字法进洞技术

隧道北洞口进京线位于冲洪沟内,一侧是山体,另一侧是冲泥,给安全进洞带来极大挑战。经反复研究,并请专家论证,对原 CRD 法进行了变通,首先通过地表垂直注浆,对冲泥加固,而后进行长导管水平注浆,构成洞顶的双向加固;掘进时,在短台阶法基础上,进行了垂直支撑和水平支撑,形成洞内的双向加固,该方法原理与 CRD 法相同,但给施工带来了极大的方便,且减少了多次爆破造成对围岩的扰动,实现了安全快速进洞。

(十一)温拌沥青路面材料的推广采用

温拌沥青路面材料是在沥青中添加了表面活性剂,可以有效地降低沥青混合料的拌和温度和摊铺碾压温度,经专家测算,可以使温度下降 30℃ 左右,从而降低各项能耗在 25% 以上。更令人惊喜的是,这种材料挥发出的沥青有害烟雾明显减少,极大地改善了作业环境,特别是隧道内沥青路面施工时,更是受到了工人的一致称赞。

(十二)采用电伴热技术保障消防水管顺利过冬

由于隧道工程使用水消防设施,昌平地区冬季温度较低,为防止消防水管冻溃,采取了电伴热技术,使用较低的电力给水管加热,是在消防系统的一次有效尝试。

第三节　国道110(昌平德胜口—延庆下营)改建一期工程

一、项目概况

(一)基本情况

国道110线起点为北京,终点为银川,称京银公路,在北京境内称为(北)京张(家口)公路。昌平德胜口至延庆二道河(K42+000~K65+000)段属山岭重丘地形,路基宽10.5m,路面宽9.0m;延庆二道河至延庆下营(K65+000~K96+500)段属平原微丘地形,路基宽14~16m,路面宽12~15m;其中延庆县城段(K69+310~K75+250)已经在2002年改建为一级公路。

根据国家发展和改革委员会的项目核准文件,本项目起点为昌平德胜口,经南台子、西二道河、勒家堡、张山营,止于延庆西五里营,全长约47km,其中山区段(起点至老银庄)全长约17.4km,平原段全长(老银庄至终点)全长约29.7km。

本项目采用一次规划设计、分期实施方案。一期工程建设起点至老银庄段(即山区段)进京方向一幅18km,老银庄至终点段(即平原段)29km进、出京方向全幅双向四车道;其中山岭重丘段设计速度为60km/h,平原微丘段为100km/h;最大纵坡为4%,最小纵坡为2.5%;昌平德胜口至延庆二道河段的路基宽度为10.5m、路面全宽9m,延庆二道河至延虎下营路基宽度为14~16m、路面全宽12~15m;路面及结构类型为沥青混凝土;桥涵设计荷载为公路—Ⅰ级;建设大桥14座,中桥15座,铁路顶进框架桥1座,隧道8座,涵洞120道。

(二)决策过程

国道110和八达岭高速公路两条公路共同担负着北京市西北方向的交通运输任务,是联络北京市、河北省、山西省、宁夏回族自治区的主要道路。由于八达岭高速公路在延庆县境内经过举世闻名的八达岭风景区,所以部分控制货运交通。大部分重载货运交通即由国道110来承担,据国道110延庆段2001年3个间隙观测站交通量昼夜24小时调查,张山营检查站年混合交通量平均折算数达到了36614辆。近年来交通量以及运输车辆的载重能力均大幅度增长,现况国道110二级公路的通行能力及服务水平已不能满足需求,拥堵现象时有发生,严重影响北京市西北部的交通运输,阻碍省市间的物资运输,进而影响沿线地区的经济发展,为解决北京市西北部的交通运输困难,所以对国道110(昌平德胜口至延庆下营)进行改建。

（三）主要参建单位

该项目由北京市道路工程质量监督站组织进行全线质量检测，整体工程质量达到了优良工程标准。该路段主要参建单位见表9-7-3～表9-7-5。

国道110一期（昌平德胜口—延庆下营）公路改建工程参建单位一览表　表9-7-3

序　号	勘察设计工作名称	勘察设计单位名称
1	交通工程设计	北京交科公路勘察设计研究院有限公司北京国道通公路设计研究院
2	全线主体工程勘察设计	北京国道通公路设计研究院
3	下穿大秦铁路地道桥设计	中铁工程设计咨询公司
4	重载沥青路面材料设计技术服务	交通部公路科学研究院
5	莲花滩管理中心建设工程勘察	中国建筑技术集团有限公司
6	（道路拨地）勘察	北京市测绘设计研究院
7	延庆县张山营、姜家台、莲花滩房建测量	北京延庆测绘勘察所
8	姜家台服务区东区园林绿化设计	北京市城美绿化设计工程公司
9	姜家台服务区东区园林绿化设计	北京市城美绿化设计工程公司
10	莲花滩管理中心中水处理站园林绿化设计	北京市城美绿化设计工程公司
11	莲花滩管理中心园林绿化设计	北京中联环建文建筑设计有限公司
12	市界收费站园林绿化设计	北京中联环建文建筑设计有限公司
13	姜家台、市界房建地质勘察设计	中国建筑技术集团有限公司

国道110一期（昌平德胜口—延庆下营）公路改建工程各类施工单位汇总表　表9-7-4

序　号	标　段	单 位 名 称
一		土建工程
1	0	中铁二局第五工程有限公司
2	1	中铁十八局集团第四工程有限公司
3	2A	中铁十八局集团第二工程有限公司
4		中铁十八局集团第二工程有限公司/中铁西北研究院
5	2B	中铁十七局集团有限公司
6		中铁十七局/中铁西北研究院
7	3	中铁十五局集团第五工程有限公司
8		中铁十五局/中铁西北研究院
9	4	中铁一局集团有限公司
10		中铁一局/中铁西北研究院
11	5	北京市公路桥梁建设有限公司
12	6	北京鑫实路桥建设有限公司

续上表

序　号	标　段	单 位 名 称
13	7	中铁十五局集团第五工程有限公司
14	8	保定申成路桥有限责任公司
15	9	中港第二航务工程局
16	10	北京鑫实路桥建设有限公司
17	11	中星路桥工程有限公司
18	12A	中铁十五局集团有限公司
19	12-2	中铁十八局集团第二工程有限公司
20	M(0~4标)	北京市市政一建设工程有限责任公司
21	顶进	中铁六局太原铁建公司（大秦铁路）
二		交通工程
22	T1	山西运城路桥有限责任公司
23	T2	山西长达交通设施有限公司
24	T3	北京汉威达交通运输设备有限公司
25	T4	北京路安交通科技发展有限公司
三		绿化工程
26		河南翰墨园林工程有限公司
27		北京园景园林工程有限公司
28		土方清理换填合同书
29		河南翰墨园林工程有限公司
30		河南翰墨园林工程有限公司
四		机电（照明）工程
31	机电	安徽皖通科技发展有限公司
32	现金传输	广州瑞创机电设备安装工程有限公司
五		交通管线工程
33	G1	北京云星宇交通工程有限公司
34	G2	山西交研科学实验工程有限公司

国道110一期（昌平德胜口—延庆下营）公路改建工程监理单位汇总表　　表9-7-5

序　号	工 作 名 称	单 位 名 称
1	J-01合同段监理	山西省交通建设监理公司
2	J-02合同段监理	北京华通监理公司
3	J-03合同段监理	北京正宏监理咨询公司
4	J-04合同段监理	北京顺通监理公司
5	0标合同段监理	北京顺通监理公司
6	绿化工程监理(0~12标)	北京铭正洋林绿化工程监理有限公司
7	机电工程项目监理	北京兴通交通工程监理有限责任公司

续上表

序号	工作名称	单位名称
8	国道110莲花滩管理中心房建工程监理	北京安华建设监理有限责任公司
9	国道110姜家台服务区房建工程监理	北京安华建设监理有限责任公司
10	国道110市界收费站房建工程监理	北京安华建设监理有限责任公司
11	姜家台服务区停车广场及联络线工程监理	北京同发建设工程监理有限责任公司
12	姜家台服务区停车广场及联络线工程监理	北京政泰隆工程监理咨询有限公司

二、建设情况

(一)准备阶段

1. 立项审批

2003年,北京市规划委发布《关于110国道(石牌坊—市界)道路改建工程方案设计的批复》(市规发〔2003〕1621号)。

2005年,交通部发布《关于国道110线昌平(德胜口)至延庆(西五里营)公路一期工程建设项目核准意见》(交函规划〔2005〕263号);国家发改委下发《国家发展改革委关于北京昌平(德胜口)至延庆(西五里营)公路一期工程项目核准的批复》(发改交运〔2005〕2058号);国家环境保护总局下发《关于国道110(德胜口—京冀界)改建工程环境影响报告书审查意见的复函》(环审〔2005〕203号);国土资源部下发《关于国道110线昌平(德胜口)至延庆(下营)公路改建工程项目用地的初步审查意见》(京国土规科〔2005〕19号);北京市文物局下发《关于110国道(德胜口—市界)道路改建工程文物保护有关问题的复函》(京文物〔2005〕242号)。

2006年,北京市规划委员会、北京市发改委下发《关于国道110(一期)道路工程初步设计的批复》(市规函〔2006〕508号)。

2007年,北京市发展和改革委员会下发《关于京包高速公路(五环路—六环路段)工程项目建议书的批复》(京发改〔2007〕1171号)。

2008年,国家发改委下发《国家发展改革委关于国道110线西五里营至下营村(京冀界)公路项目核准的批复》(发改交运〔2008〕1343号);北京市发展和改革委员下发《关于京包高速公路(五环路—六环路段)工程可行性研究报告的批复》(京发改〔2008〕1751号)。

2009年,北京市人民政府下发《关于国道110线(延庆段)公路工程建设用地的批复》(京政地字〔2009〕178号)。

2. 资金筹措

项目一期工程建设批准概算总投资为19.979亿元,全部采用公司自筹及银行贷款方式解决。该项目已于2005年10月18日取得了国家发改委的核准。

3. 招投标

根据交通部《公路建设市场管理办法》和《公路工程施工招标投标管理办法》的规定，北京国投公路建设发展有限公司根据工程规模、复杂程度确定合适的招标方式，建设项目主要采取公开招标的方式进行招标。通过资格预审的投标单位均是近5年施工业绩好，管理水平高和履约能力强的公路一级以上资质的施工单位。总之，通过工程施工、监理招标，选择了施工业绩好的施工和监理队伍，为项目的顺利实施和完成奠定了坚实的基础。

4. 征地拆迁

本项目线路长，拆迁工作量大。拆迁工作涉及2个区县，6个镇，33个自然村，近万户居民(林木、土地、房屋等)，同时还有与110国道平行几十公里的电力、网通、歌华公司的线路拆改，在区县政府拆迁办的主持下，全线共征用各类土地2928亩，拆迁建筑物2.4万 m^2，拆迁电力、歌华等公司的线路12万延米。

(二)实施阶段

1. 工程管理

(1)建立健全管理部门岗位职责，落实岗位责任制，完善各项规章制度

北京国投公路建设发展有限公司下设一个工程部，一个监理部，一个技术部，一个合同部。监理部成立伊始，及时编制了《国道110工程监理工作程序》，公司人事部编制了《北京国投公路建设发展有限公司岗位职责》《工程质量监理人员管理办法》《工作人员岗位责任制》《廉洁自律制度》等相关规定，以加强管理，明确措施，形成了工作制度化、目标责任化的管理体系，有力地保障了项目的顺利开展。

(2)工程质量控制

①建立健全各项规章制度，增强质量意识，明确质量控制程序。在项目开工前，北京国投公路建设发展有限公司根据交通部公路建设质量管理办法的有关工程质量管理规定，制订了《国道110改建工程监理工作程序》《国道110改建工程质量监督人员管理办法》和质量控制例会制度。北京国投公路建设发展有限公司以专文形式层层明确了工程质量责任人、建立了严格的"政府监督、社会监理、企业自检"三级质量管理体系。

②加强质量工序抽检，增加试验检测频率，消灭工程质量隐患。北京国投公路建设发展有限公司定期召开项目管理会议，不定期召开工地现场专题会议。及时处理工程中存在的技术难题，解决环境问题，通报施工质量及工程进度，严格按合同要求的工期进行奖罚，确定阶段性目标任务。逐一分解落实。

③开工伊始，一是加大对到场人员、设备的检查力度，要求施工单位加大资源投入，设

备投入到位,只有保证一定数量设备才能确保工程任务的落实,尤其是技术管理人员要求素质高、技术能力强;各单位要建立健全自检质量保证体系,监督检查体系的正常运行;二是针对技术复杂,施工任务重的特点,监理部、工程部、技术部等相关部门与高驻办一起联合办公,及时解决工地变更等事宜;三是对沿线地质不良路段,地下水位高,层间水丰富路段,采用新技术、新工艺进行处理,增加了纵向盲沟,铺筑了土工布,对于路床高程 60~80cm 含水率偏大的路段均采用天然砂砾逐段进行换填,消除了质量隐患;四是对沿线构造物与质监站共同进行了破坏性检查,要求返工挡土墙及涵洞 7 处,对压实度不足的路段返工 4 处,并制定相应的整改措施;五是对桥梁结构物从始至终树立"百年大计,质量第一"的高度责任心;六是抓好重点环节的质量控制工作。确保关键环节万无一失。

④加强工程期间的程序管理,确保工程实施质量,要求各施工单位、驻地办严格履行合同承诺,认真执行合同文件,严格控制设计变更,对于施工中涉及设计的不完善和错漏现象,北京国投公路建设发展有限公司制定了国道 110 公路工程变更管理规定权限,业主、高驻办都能认真执行。

⑤为了进一步提高工程质量,在保证质量的前提下。还特别注重桥涵构造物的外观质量,树立样板工程,选择构造物外观比较差的典型和外观比较好的样板工程,组织全线各施工单位项目经理、技术负责人、监理人员召开质量现场专题会议,由外观好的施工单位介绍经验。同时,责令差的施工单位拆除重做。在施工工艺上下功夫。做到措施到位,保证外观质量。同时公司每月配合市质量监督站对全线各标段逐一进行质量抽检(从施工质量、内业资料、监理抽检资料、监理记录等进行检查),坚决杜绝质量事故的发生,将质量问题消灭于萌芽状态,确保工程顺利开展。通过严格的质量控制,国道 110 总体工程质量符合设计及施工规范要求。

(3)工程进度控制的执行情况

为使开工初期施工单位能在短期内走向正轨,根据合同文件要求,同监理工程师一起,逐个标段组织检查主要人员、机械设备进场情况及施工组织设计的落实情况。针对查出的问题,限期改正,使机械设备和工作人员基本达到标书要求,工程很快进入正轨。

根据工程总体计划,下达年度计划,各合同段按工期要求和下达的年度计划,做出月施工计划,报监理工程师审批执行,为保证各施工单位在合同工期内完成施工任务,克服了行车干扰大、季节不利、工期紧等困难,公司在行业主管部门、区县政府的积极支持和帮助下,全力以赴,努力克服,积极推进工程建设。

(4)工程费用控制

为了严格控制投资,北京国投公路建设发展有限公司制订了严格的工程计量支付和变更费用控制程序。建立了施工单位工程计量支付和变更费用台账。工程伊始,就要求承包人和监理对合同段的工程设计数量进行认真统计复核,并报批;复核后确认的数量在未产生设计变更时即作为工程结算的最终数量。施工过程中不得再做变化。在计量支付时,要求各承包人应附经监理工程师签认的计量凭证和实验质检资料、未附相关试验质检资料的不予计量支付;试验质检资料不合格者,不予计量支付。坚持尊重设计、变更设计严格按照审批程序,逐级把关,严加控制。工程管理过程中,为了减少工程投资,节省每一笔费用,对工程资金进行了严格的控制。一是认真细致地对待每次支付,严格审核,做到了每支付一项费用,原始资料齐全真实,有根有据;二是严格管理变更设计,防止产生漏洞,实行了施工单位、监理、业主联合现场办公,大小变更,业主必须深入现场一杆插到底,制定变更方案,核定工程数量,审批上再严格把关,变更工程完成后,三方再到现场具体量验;三是精打细算,坚持建设标准不降低;四是为了保证到位资金全部用于此项目,防止施工单位资金调用于其他工程,规定各施工单位为本工程项目建立专用的银行账户,大额资金及材料款的拨付受业主的直接监督,以保证业主提供的资金能专款专用,保证建设项目顺利进行。

2. 工程变更

本项目发生大小变更 696 项,其中桥类变更 234 项,隧道类变更 103 项。但工程费用仍控制在批准预算以内。

第四节 国道 110(昌平德胜口—延庆县城)二期高速公路项目

2010 年,北京市规划委员会下发《关于国道 110(昌平德胜口—延庆县城)二期工程设计方案的批复》(京规函〔2010〕1038 号)。

2011 年,北京市发改委下发《关于国道 110(昌平德胜口—延庆县城)二期高速公路项目核准的批复》(京发改〔2011〕1465 号),对该项目予以核准;北京市国土资源局下发《关于国道 110 二期工程建设项目用地预审意见的函》(京国土市预〔2011〕001 号),批准用地。

2012 年,北京市规划委员会和北京市发展和改革委员会下发《关于国道 110(昌平德胜口—延庆县城)二期工程初步设计的批复》(京规函〔2012〕723 号)。

国道 110 项目二期(G7 京新高速公路北京昌平德胜口至延庆县城)位于北京西北部,途经昌平、延庆两区县,为首都放射线北京至乌鲁木齐高速公路(京新高速)的重要组成部分。二期全长约 35.3km,路线总体呈西北—东南走向,起点与德胜口衔接已建京包高速公路,至张伍堡与已建国道 110 一期工程衔接,路线长 25.329km;封闭、完善段由张伍堡起,至延庆县城北,路线长 10km。全线设置特大、大中桥 38 座,隧道 13 座,路基土石方约 144 万 m³。设计速度 80~100km/h。工程建设总投资超过 35.6 亿元。此项目原计划于 2017 年 12 月建成通车，但是由于一些原因至 2017 年底，尚未建成通车。

第五节 运营管理

一、运营管理机构

目前，G7（京新高速）北京至乌鲁木齐高速公路北京段（五环—德胜口）由首发集团八达岭分公司运营管理，国道 110 线昌平（德胜口）至延庆（下营）改建工程（国道 110 新线）由北京国投公路建设发展有限公司运营管理。工程交工之后，八达岭分公司对各部位人员进行培训指导，明确岗位职责，捋顺工作流程，确保以良好的精神风貌践行高水平服务；依照《高速公路收费站区配套设施布设标准》，对新建收费站区的标志标识、设备设施进行了统一布设，确保了收费站区的规范化管理；以"优秀收费站区"为标准，对集宿地、站区卫生环境进行清理，营造整洁、优美的通行环境；制作并发放温馨提示卡，帮助客户了解行车路线。

二、运营管理情况

（一）收费站设置及管理

五环—德胜口段收费管理由首发集团八达岭分公司负责，共设有沙河站、沙阳站、西坨站、百泉庄、十三陵、西山口、太平庄 7 个收费站。其中，沙河为主线收费站。国道 110 新线的收费由北京国投公路建设发展有限公司负责，与国道 110 线共用莲花滩收费站。以上收费站的信息详见本书"附表"部分的表 4-2-1。

（二）养护管理

截至 2016 年底，五环路至德胜口段和国道 110 新线自建成通车以来未进行大修。

第八章
G45（大广高速公路）北京至广州高速公路北京段

G45（大广高速公路）北京至广州高速公路北京段，起自北京市密云县司马台（市界），止于大兴区固安桥（市界），自起点经黑古沿村、太师屯、大城子、后焦家坞、穆家峪、沙峪沟、小黄垡、西瓮庄、景家场、黄各庄、求贤村等地，在市界与大广高速公路河北段相接，全长218.5km（含G4501北京绕城高速公路的84.17km）。该路段绝大部分是2010年国家高速公路网统一命名、统一编号规划之后，由已建路段整合而来，整合的路段为北京市境内S11京承高速公路的G4501北段以北（62.65km的京承高速公路三期段、46.7km的京承高速公路二期段）、大广高速公路（酸枣岭桥东—酸枣岭桥中心桩，700m）、G4501（六环路的酸枣岭桥—双源桥段，84.17km）、京开高速公路（双源桥—固安桥段，24.28km）。

本章不单独设立章节记录该段高速公路的修建过程，京承高速公路三期段、京承高速公路二期段的建设情况见本篇的第十三章内容，六环路段的建设情况见本篇的第九章，京开高速公路段见本篇的第十二章。

第九章
G4501 北京市六环路(酸枣岭桥—酸枣岭桥)

G4501 北京市六环路是国家高速公路网规划中纵线 G45 大广(大庆—广州)高速公路的北京市绕城高速公路。在 2010 年国家高速路网统一命名、统一编号规划之前,此段曾被称为北京市公路二环——1993 年 10 月的《北京城市总体规划(1991—2010 年)》中被规划为高速公路,后改为北京市六环路(以下采用该名称)。2010 年之后,按照规划,成为 G4501,其中酸枣岭桥东至双源桥(84.17km)被划为 G45 大广高速公路。六环路由北京市首都公路发展集团有限公司负责修建,距北京市中心 20~30km,穿过 9 个区,连接顺义、通州、亦庄、大兴、房山、门头沟和昌平 7 个新城,是一条联系北京市郊区卫星城镇和截流、疏导城市过境交通的重要环线高速公路。

北京市六环高速公路全长 187.6km,从酸枣岭立交按顺时针方向,依次连接京承高速公路、大广高速公路、京平高速公路、京哈高速公路、通燕高速公路、京津高速公路、京沪高速公路、京台高速公路、京开高速公路(G106)、京港澳高速公路、京昆高速公路、京新高速公路、京藏高速公路 12 条对外放射高速公路,以及 G101、G103、G104/G105、G107、G108、G109、G111 等所有国道放射线。

北京市六环高速公路主要技术指标:双向四至六车道;设计速度为 80~100km/h;路基宽度为 26~28.5m;桥涵设计荷载为汽车—超 20 级,挂车—120。

工程建设桥梁 270 座,其中,特大桥 4 座,跨河桥 58 座,通道桥 47 道;大型隧道 1 座,互通式立交 44 处,分离式立交 133 处;绿化面积 402 万 m^2,拆迁房屋 110 万 m^2。

按照《北京城市总体规划(1991—2010 年)》,六环路的主要功能有 3 个:作为国道主干线及国家高速公路网大(庆)广(州)线的重要组成部分,具有国家干线功能;作为顺义、通州、亦庄、大兴、房山、门头沟和昌平 7 个新城之间的重要联系纽带,为新城发展提供快捷的联系通道;连接京承、京平、京哈等 12 条主要放射线及 101 国道等所有放射线国道,具有截流、疏导过境交通,减轻中心城交通压力,均衡各主要放射线交通负荷等作用。

六环路的建设单位为北京市首都公路发展集团有限公司;主要设计单位为北京市市政工程设计研究总院、北京国道通公路设计研究院、北京市城市规划设计研究院;监督单位为北京市道路工程质量监督站。

六环路的建设创造了北京高速公路建设时间最长、里程最长的新纪录,其里程占目前北京市高速公路里程的近20%。公路六环路线的地理位置适中,居城市规划区的中心,沿线经9个区,即大兴区、通州区、顺义区、昌平区、海淀区、门头沟区、丰台区及房山区。

六环高速公路的建设对提高北京市公路网结构层次和网络整体性起到了重要作用,六环路建成通车,标志着北京高速公路网构架基本建成,路网整体功能得到较大提升,对城市、社会经济发展的支持能力增强。六环路建成后,在未来20年内,预计静态效益为1845亿元,是工程总投资的10倍多。

六环高速公路始建于1998年12月,根据交通需求和公路网建投资计划,分七期逐段立项审批和开工建设,历时11年,分7期建设,依次为西北六环(寨口—西沙屯)、东北六环(西沙屯—胡各庄)、东南六环(胡各庄—马驹桥—孙村—大庄)、南六环、西六环(良乡—寨口),项目总投资181亿元。第一期工程于2000年10月竣工投入使用,全线于2009年9月建成通车。

由于该段(北京市六环高速公路)在建设时期,按照立项和建设时序,分别属于不同的建设项目(表9-9-1),本节将以各个不同的项目为单元,实录各项目建设全过程。

G4501 北京六环路项目组成表　　表9-9-1

项 目 号	项 目 名 称	里程长度(km)	概算总投资(亿元)	建 设 时 间
1	马驹桥—胡各庄	25.22	13.46	1998年12月—2000年10月
2	马驹桥—孙村	14.2	5.34	2000年5月—2000年11月
3	大庄—孙村	7.55	5.68	2000年10月—2001年8月
4	胡各庄—西沙屯	59.5	35.93	2001年8月—2002年10月
5	良乡—黄村(大庄)	23.77	19.14	2004年3月—2004年12月
6	西沙屯—寨口	19.6	16.69	2004年3月—2006年12月
7	良乡—寨口段	38.28	84.6	2007年1月—2009年9月

第一节　六环路(马驹桥—胡各庄)

一、项目概况

(一)基本情况

北京市六环路马驹桥—胡各庄段,是国家高速公路G45国家高速公路中的一段,路线起自G2京沪高速公路(京津塘高速公路)通州区马驹桥互通立交,经台湖,止于通州北的胡各庄乡,接G1京哈高速公路。

北京市通州区地处永定河、潮白河水系冲积平原,地势平坦、自西北向东南缓缓倾斜。

通州区属暖温带大陆性季风气候、冬冷夏热四季分明,1月平均气温5.3℃,7月均温25.3℃,春季干旱少雨,雨量集中在夏季,多年平均降水量588.9mm,无霜期185天,光、热、水、土等自然条件比较好。

六环路(马驹桥—胡各庄段)新建路线经过地区有凉水河、北运河、运潮减河,土质为粉质亚黏土;另外通州区境内还有潮白河、温榆河、通惠河等河流,为工程可提供相当数量的建筑材料,通州以北的昌平、怀柔两区,盛产石料,现有的采石企业生产能力,产品规格可满足本工程的需要。

六环高速公路马驹桥—胡各庄段工程,连接京津塘、京沈、京哈三条高速公路。该路段的建成将大大促进京东地区经济发展。本工程于1999年4月开工,2000年9月25日竣工。

该工程的主要技术指标:设计速度100km/h,双向四车道,平均坡降1%;路基宽26m。工程路基共填方420万 m^3,路面82万 m^2;建设桥梁21座,其中特大跨河桥1座,铁路立交2座,通道桥14座,大型立交桥3座。

(二)决策过程

本项目以马驹桥为起点向东折北至胡各庄,全长约26.15km。它不仅是联系北京市郊区卫星城镇和疏导市际过境交通的公路干线,也是通州地区的主要干道。当时,随着京津高速公路、京哈汽车专用路等一些高等级放射路的建成,使外省市过境交通的疏导问题日渐严重,亟须解决,因此公路二环的建设势在必行。1990年,京津塘高速公路向西的联络线马驹桥—黄村道路已经建成但自马驹桥向东却无出路,所以本项目的实施作为京津塘高速公路向东联络线及马黄路的延长线是十分必要的。

公路二环建设的前期工作早在1990年已开始筹划,北京市城市规划设计研究院对公路二环全线进行了路勘,编制《公路二环规划方案》确定了路线的基本走向。

1992年北京市公路局委托北京市市政工程设计研究总院编制《公路东南二环道路工程预可行性研究报告》。

此前,马驹桥—胡各庄段建设项目曾列入"八五"计划,但由于多种原因,"八五"期间未能实施。此后,北京公路局将该项目的建设列入"九五"计划中。

为缓解北京市东郊地区入京的交通紧张状态,以保证该地区的经济文化事业的发展,满足交通运输的需要,并配合京沈高速公路的修建,连接京津塘、京哈等公路,逐步实现北京市六环路的规划,北京市公路局再次委托北京市市政工程设计研究总院对公路东南六环(马驹桥—至胡各庄段)进行工程预可行性研究报告的编制工作。

(三)主要参建单位

主要参建单位见表9-9-2。

六环路(马驹桥—胡各庄段)参建单位一览表　　表9-9-2

建设单位	北京市首都公路发展有限责任公司	
勘察设计单位	北京市市政工程设计研究总院	
监理单位	北京市高速公路监理有限公司、北京市仕邦监理有限公司	
施工单位	202号合同段(16+100~17+100)	北京市公路局昌平分局
	203号合同段(K15+125.6~K16+100)	北京市公路局第二工程施工处
	204号合同段(K11+000~K13+325.7)	北京市公路局第二工程施工处
	205号合同段(K8+000~K11+000)	北京市公路局通州分局
	206号合同段(K6+200~K8+000)	北京市公路桥梁建设公司门头沟分公司
	207号合同段(K4+900~K6+200)	北京市公路桥梁建设公司房山分公司
	208号合同段(K2+100~K4+900)	北京市公路局第三工程施工处
	209号合同段(K0+600~K2+100)	北京市公路桥梁建设公司大兴分公司
	210号A合同段道路工程(K0+100~K1+253.92)	北京市公路局通州分局
	210号B合同段	北京市公路局延庆分局
	211号合同段(K18+764.887~K18+894.887)	中铁十八局五处
	212号合同段(K18+890~K20+630)	北京市公路局平谷分局
	213号合同段、北运河特大桥(K20+636.5~K21+536.5)	北京市公路桥梁建设公司第一分公司
	214号合同段(K21+540~K23+160)	北京市公路局通州分局
	214号B合同段(K24+640~K25+250)	北京市公路局通州分局
	215号合同段、京哈公路立交(K24+310~K24+650)	北京市公路桥梁建设公司怀柔分公司
	216号合同段(K23+160~K23+980)	北京市公路局昌平分局
	217号合同段(K23+982~K24+306)	北京市公路桥梁建设公司顺义分公司

二、建设情况

(一)准备阶段

1．立项审批

1997年1月,《北京市公路二环(马驹桥—胡各庄)道路工程预可行性研究报告》完成。根据对远景交通量的预测,并考虑该路的性质为北京市公路环线,且公路六环已在逐步建设,预可行性报告指出:"为满足远景交通量的需求,适应社会政治、经济的发展,也为与公路二环的标准保持一致,本路按一级汽车专用公路标准设计,计算行车速度为100km/h,道路的其他技术指标也依此确定。根据交通量推算,如按二上二下双向四车道计算,可以满足交通量需要,故本工程道路断面定为二上二下四车道形式,路基宽度定为

24.5m。"

根据路网布设状况,结合工程的具体情况,预可行性报告提出了二种建设方案:一是分两阶段进行建设,第一阶段由马驹桥至京津公路,主要是考虑建设资金短缺的情况,此段的建设已与京津塘高速公路及京津公路连通,且结构物相对较少;第二阶段由京津公路至胡各庄,此方案宜于建设资金的周转。另一种方案为一次建成,在建设资金允许的前提下,一次实施,使其发挥更大的作用。

根据预可行性报告,新建的六环高速公路马驹桥—胡各庄段西起京津塘高速公路马驹桥立交,按规划方案,经京沈公路、京津公路、京秦铁路,于胡各庄附近京哈路止。公路用地规划红线为100m,为减少建设投资,此次暂按40～50m考虑。由于该路与4条国道和国道主干线连接,直接按高速公路标准建设。全线接双向四车道加连续停车带设计,中央分隔带2m,路幅宽度2×10.5m,西侧各有0.75m的路肩。

本工程的投资估算是以交通部〔1996〕交工发611号通知公布的《公路工程投资估算编制办法》及交通部〔1996〕交工发611号通知公布的《公路工程估算指标》为编制依据。本估算计入物价上涨因素,工程总投资为13.04亿元,其中拆迁占地费2.07亿元,土建工程费为6.66亿元,本路平均每公里造价5171万元,若从起点即马驹桥到与京津公路相交处工程总投资约为8.61亿元,此段每公里平均造价约为4783万元。

1997年4月22日,北京市交通局出具预可行性报告的专家评审意见,同意路线走向按规划路线修建,起于马驹桥(京津塘高速路立交处),止于胡各庄附近(京哈路)。原则同意推荐的技术标准,设计速度100km/h,建设近远期结合,平面线形等按高速公路考虑。专家评审建议,要在报告中要应进一步明确收费等方案。原则同意投资估算13.04亿元,应进一步明确落实资金筹措的方案。并建议在预可行性报告的基础上,进行工程可行性研究报告的编制。

1997年5月6日,北京市交通局向交通部提交了《关于报送北京市公路二环(马驹桥—胡各庄)工程项目建议书的请示》(京交公字〔97〕第232号),并附《北京市公路二环(马驹桥—胡各庄)工程项目建议书》《北京市公路二环(马驹桥—胡各庄)道路工程预可行性研究报告专家评审意见》《北京市公路二环(马驹桥—胡各庄)道路工程预可行性研究报告》。

此后,交通部下发《关于北京市公路二环马驹桥到胡各庄段项目建议书的批复》(交计发〔1997〕464号),同意建设北京市公路二环马驹桥—胡各庄段公路,并对该道路的项目建议书进行了批复。批复明确该项目"路线起自京津塘高速公路马驹桥互通立交,经台湖,止于通县胡各庄,接京哈公路,全长约25km"。但考虑到"该路与4条国道和国道主干线连接,应直接按高速公路标准建设为宜"。

在批复中,交通部同意该路采用分期建设,一期建设马驹桥至京津公路段约18km;二期建设京津公路至胡各庄段约7km。工期各两年。该项目的批复建设总估算投资为13亿元,其中一期为8.6亿元;二期为4.4亿元。建设资金来源主要由北京市自筹解决,交通部"可用车购费适当安排,具体数额在审批该路的可行性研究报告时确定"。

根据工程项目报建表,该项目建设规模及技术标准为:路线长25.43km,双向六车道(初期实施双向四车道),路线红线宽80m,新建桥梁20座、互通式立交5处(包括京沈路立交为6座),分离式立交8座,公铁立交2处,高速公路标准,桥梁构造物设计荷载汽车—超20级、挂车—120,征地2496亩。

1998年10月13日,交通部以交计发〔1998〕423文,批准了该工程的工可报告,确定估算投资为14.13亿元,建设资金来源交通部投资1.05亿元,贷款5.5亿元,其余为养路费和自筹。计划1998年投资3亿元,1999年投资4.4亿元。

2. 资金筹措

本项工程决算总投资为13.46亿元,资金来源为交通部投资、银行贷款、公路养路费及自筹资金。工程支付严格执行合同条款,基本保证按工程进度支付。为保证资金的专款专用,指挥部财务部根据国家有关规定和各项财务管理制度结合本工程制定了财务管理办法和工程拨款办法,并进行跟踪审计,防止工程资金挪用。在管理费开支上严格控制,严格履行开支手续,按经费计划开支。积极筹措资金,保证支付及时,确保工程顺利实施。

本项目建设资金来源拟有以下几项:北京市养路费收入投入部分资金;向交通部申请补助部分资金;向国内外银行贷款或由北京市政府筹措部分资金。

3. 招标工作

本工程实行招、投标合同管理制度。面向社会,公开招标。按道路里程、工程规模及工程性质合理划分标段,共分为21个合同。招标前由指挥部编制了资格预审文件及招标文件(合同条款、技术规范、工程量清单等),并对参与投标的承包商进行严格的资质、资信审查,尤其对直接负责工程实施的项目经理部进行重点检查,包括项目经理及总工程师的任职资格、经理部的资源配置、质量自控体系、近五年来所完成的工程评价及履约资信等。招标过程做到公正、公平、公开,并采用商务标与技术标相结合的原则,在技术标通过的前提下(有专家委员会审定),按合理标价确定中标单位。本工程特别强调合同履约的严肃性,中标单位在合同签订前需交纳履约保证金或提交履约保函。

4. 征地拆迁

为便于征地拆迁工作和协调地方关系,本工程采取费用包干形式,由通州区人民政府成立六环路工程拆迁指挥部,全权负责通州区的征地拆迁工作。指挥部拆迁部对沿线占地、拆迁范围进行认真按照拆迁土地性质进行划分,并根据相关法规、政策提出拆迁方案,经与通州区拆迁指挥部协商包干费用,并负责监督专款专用及拆迁总协调。

(二)实施阶段

1. 工程建设管理

本工程实行项目法人制。成立了工程指挥部,下设工程计划部、规划设计部、拆迁协调部、安全保卫部、财务部、行政办公室、计算机控制中心共7个部门。指挥部成员均为多年从事高速公路建设的业务骨干,对本工程全权负责。

本工程实行政府监督、社会监理、承包商自保的三级质量管理体系。政府监督部门为北京市公路质量监督站,并设常住代表。监理部门为北京市高速公路监理公司和仕邦监理公司,监理工程师均具备高速公路工程监理资历。承包商为通过资格预审、投标竞争并有多年高速公路施工经验的一级施工企业。以上体系的建立,为本工程优质、按期实施,提供了组织保障。

本工程在实施过程中,建立了各项管理制度,包括工程例会制度、统计报表制度、监理工地会议制度、工程洽商、设计变更管理制度、施工程质量检查制度、资料管理制度、微机联网管理制度等。

本工程实行进度目标责任制,指挥部根据总体计划制定出各阶段工期目标,并与各承包商签订阶段工期目标责任书,会同总监办监督实施,在保证工程质量的前提下,严格按照工期目标实施并制定相应的奖罚措施。各承包商根据工期目标制定相应的月度计划、旬计划,重点部位甚至要制订日进度计划,指挥部委托驻地监理工程师监督执行。通过一年的工程进展情况来看,该项制度具有较强的实用性及可操作性,工程各阶段目标均按期或提前实现。从而确保了整个工程按期完工。

2. 控制性工程

北京市公路二环为设计速度100km/h的高速公路,根据规划中线位置,一期工程马驹桥—胡各庄段,是以通州区马驹桥立交桥为起点,该处原有的立交桥是按照地方性道路上跨京津塘高速公路而修建的跨线桥。为此需要按照公路二环的技术标准及使用要求,使其改建成两条高速公路交叉的立交桥。由于是在桥上桥下交通不能中断的条件下进行旧桥的拓宽改建,因而难度较大,其主要关键技术是新旧桥梁结构的整体连接以及旧桥的抗震加固。

京津塘高速公路马驹桥原有立交桥,于1990年建成通车。该桥上部结构为等截面钢筋混凝土连续箱梁,跨径为 15.4m + 20m + 20m + 15.4m。横向由3个单箱组成,箱梁底宽2.8m,中距5.8m,梁高1.2m,外侧悬臂板长2.15m。桥梁下部结构为 ϕ100cm 钢筋混凝土圆柱式中墩,每根柱直接支承一根箱梁;钢筋混凝土桥台为半埋置式空间框架结构;墩台

基础均为 $\phi 120cm$ 钻孔灌注桩。

新建马驹桥(立交桥)位于六环路 K62+445 处,跨行京沪高速公路。全桥长86.88m,宽21.5m,桥下净高5m,车行道宽19m,桥面高程约32.28m,荷载等级为公路Ⅰ级,桥梁平面面积为 $1650.72m^2$,主桥结构形式为箱梁,桥跨组合: $1×15.4m+2×20m+1×15.4m$,下部结构形式为重力式桥台,多柱式桥墩,基础形式采用桩基础+现浇混凝土承台,毛勒伸缩缝,板式橡胶支座。设计荷载:汽车—20级,挂车—120。地震动峰值加速度系数:0.20、0.30或8度。

该工程于1999年5月开工,2000年5月竣工。其设计单位是北京市市政工程设计研究总院,施工单位是北京市公路局延庆分局,监理单位是北京市高速公路监理公司。

三、科技成果

由于通州地区地势较低,地下水丰富,且沿线多为稻田、苇塘、鱼池、沟渠等,地基承载力较低,为此,指挥部确定了以填土为主的路基施工指导方针,既减少了路基沉降的可能性,又减低了工程造价。但对软基及鱼池、沟渠的处理没有丝毫放松,组织勘察部门对全线逐段勘察,对路基及构造物全部进行了基础处理,单就此项工作就增加投资近1500万元。为保证混凝土的外观质量,本工程现浇混凝土均采用大模板拼装(每块面积不小于 $2m^2$)。混凝土采用商品混凝土并严格控制外掺剂(如粉煤灰等),从已完成的结构物外观看,效果较好。

鉴于北京市桥梁近几年来损害严重的状况,本工程所用混凝土除常规技术指标外,对混凝土碱含量进行了严格控制,并强调工序;沥青路面表面层采用沥青马蹄脂改性沥青,材料使用玄武岩,施工采取多机联合摊铺,在接缝处理、摊铺碾压等环节上狠下功夫,通过检测,路面平整度达到 $0.6\sim0.7mm$。

积极推广新技术、新工艺,例如为防止路基的不均匀沉降和产生裂缝,在构造物与路基的连接处、路基加宽处及高填方护坡处均采用了进口 TANSA 土工格栅处理;为达到环保要求,边坡采用三维植被网喷洒草籽,不但降低了工程造价、减少了冲刷,而且具有较好的观赏性;马驹桥旧桥加固采用爱牢达及洗立得等先进技术,以保证加固质量,满足新的使用要求。

马驹桥主桥改建的工程实践表明其设计切实可行,经济合理,并积累了一些有关旧桥改建加固的经验:

(1)在跨越不中断交通的高速公路上建桥,采用钢箱混凝土板联合连续梁结构,可方便施工加快工期,是中等跨径桥梁的优选方案。

(2)化学锚栓、切底式锚栓和环氧树脂粘胶,可解决桥梁改建加固中常用材料和构造措施不易处理的技术难题,有广泛的应用前景。

(3)采用"黏结钢套"方法提高钢筋混凝土立柱的承载能力;采用沿桩身周围加小直径(ϕ40cm)钻孔灌注短柱,可作为旧桥中墩墩柱及基桩抗震加固的结构措施。

第二节 六环路(马驹桥—孙村)

北京市六环路马驹桥—孙村段改建工程位于通州区及大兴区境内,起点为通州区马驹桥镇,向西经马驹桥镇、大兴区太和乡、垈上乡,终点为孙村乡,全长14.2km,概算总投资5.34亿元。项目于2000年5月开工,2000年11月建成通车。

一、项目概况

(一)基本情况

六环(马驹桥—孙村)高速公路以马驹桥—胡各庄段与京津塘高速公路交点向西800m为起点,桩号为K0+800,经过通州区境内的马驹桥镇、大兴区境内的太和乡、垈上乡至孙村乡为本期终点,桩号为K15+000,全长14.2km。六环路马驹桥—孙村段项目为旧路改建工程。设计标准:主路横断面为两上两下四车道,路基全宽26m;主路计算行车速度为120km/h,辅路为60km/h。主要工程量:建设桥梁15座,主线上跨桥5座,支线上跨桥4座,跨河桥4座;通道1座,主路涵洞40道,辅路涵洞53道,倒吸虹17座;收费站3处,填方数量157.45万m^2;主路、辅路路面工程量分别为34.89万m^2和19.66万m^2。

(二)主要参建单位

各标段参建单位分布情况见表9-9-3。

六环路(马驹桥—孙村段)段参建单位一览表　　　　表9-9-3

监督单位	北京市道路工程质量监督站	
建设单位	北京市首都公路发展有限责任公司	
勘察设计单位	北京市公路局设计研究院	
监理单位	一总监办(K0+800~K7+000)	北京顺通公路交通技术咨询公司
	二总监办(K7+000~K15+000)	山西省交通建设工程监理总公司
施工单位	一标(K0+800~K3+800)	北京公路桥梁建设公司
	二标(K3+800~K7+000)	北京市第三市政工程公司
	三标(K7+000~K10+200)	北京城建股份有限公司
	四标(K10+200~K13+000)	交通部第一工程总公司第二工程公司
	五标(K13+000~K15+000)	铁道部隧道工程局、北京城建三建设有限公司、北京市市政工程总公司、北京市高速公路交通工程公司、北京路安交通科技发展有限公司、北京云星宇交通工程有限公司和北京华纬交通工程公司

二、建设情况

(一)准备阶段

1. 立项审批

1999年11月15日,北京市城乡规划委员会批复该工程的规划方案;

2000年1月7日,北京市计划委员会批复该工程的项目建议书(代可研性报告);1月24日,首都规划建设委员会办公室、北京市城乡规划委员批复工程初步设计方案;3月6日,北京市规划委员通过该工程初步设计调整方案;5月19日,国土资源部耕地保护司《关于北京市公路二环改建工程的单体工程先期用地复函》(国土资耕函〔2000〕024号文)批准本工程的先期用地;11月29日,北京市政府下发《关于北京公路二环通黄段(马驹桥—孙村段)改扩建征地的批复》(京政地〔2000〕第136号)。

2. 招标工作

本工程于2000年3月开始编制监理和施工资格预审文件,在北京市建筑市场签证发布招标信息;同年3月17日对各资格预审申请单位进行了资格预审;3月25日发售招标文件;4月1日举行了标前会;4月15日施工、监理公开开标,在开标会上同时宣读投标人报价及业主标底,其评标标底采用复合标底;4月17—18日,组织了由北京市建委专家库随机提取的5人专家小组评标;4月21—22日召开业主对投标单位质询会;4月25日,北京市建委召开了北京市公路六环(马驹桥—孙村段)改建工程施工动员会;4月29日向北京市招标投标办公室报送监理及施工单位招标的评标报告;4月30日向本工程中标单位发出监理及施工单位中标通知书。至此,土建工程招标工作顺利完成。

3. 征地拆迁

在投招标工作进行的过程中,项目处不失时机地抓紧拆迁工作,于2000年3月23日召开了该工程项目的第一次大型拆迁配合会,并提出了年底通车的目标,要求通州区和大兴区拆迁指挥部积极配合。

2000年11月29日,北京市政府下发《关于北京公路二环通黄段(马驹桥—孙村段)改扩建征地的批复》(京政地〔2000〕第136号),"同意该工程征用通州区马驹桥镇5个村土地6.29公顷(合94.3亩),大兴区黄村镇、青云店镇、瀛海镇15个村土地22.84公顷(合342.6亩),以上合计29.13公顷(合436.9亩),其中耕地17.33公顷(合260亩)"。根据批复,该项目征用耕地由北京市首都公路发展有限责任公司按政府有关规定缴纳耕地开垦费,大兴区政府负责实施耕地占补平衡。该项目用地使用权按划拨方式取得。

为配合公路六环的建设,通州区及大兴区政府成立了通黄高速公路拆迁指挥部,负责配合工程拆迁工作。至此工程前期的立项、规划、设计和用地等手续已经完成。

(二)实施阶段

1. 工程建设管理

为实现本工程优质、高效、文明、合规的目标,在京开高速公路项目处的统一领导下,结合本工程项目的特点,在工程建设的管理体系上采用了以下的方法:

(1)贯彻有关管理办法和规章制度

通黄高速公路项目管理处是京开高速公路项目管理处的组成部分,因此在马驹桥—孙村段改建工程的管理机构模式上,采取抽调相应人员组成通黄高速公路项目管理处,并按三部一室(即工程计划部、质量技术部、合同造价部、综合办公室)的工作职责开展工作,由专人负责,统一指挥、统一协调工程的各项管理工作。

在开展工程项目的前期工作时,通黄高速公路项目管理处根据工程特点、工程合同文件和工程技术标准,及时下发了各种管理文件,贯彻执行了京开项目管理处一套行之有效的管理办法,并召开了各种专题性工程管理工作会议。特别是制定了《通黄高速公路工程目标管理办法》及实施细则,将整个工程实施划分为三个阶段,对施工单位和监理单位的工程进度计划、质量完成情况等目标实行量化考核,并对全面、认真、合规履行合同义务,完成或超额完成既定计划目标,达到质量优良的施工单位和监理单位给予适当的奖励,充分体现优质优价、优监优酬的市场准则。

(2)建立五大管理体系

在工程实施过程中,通黄高速公路项目管理处高度重视施工单位和监理单位的五大体系(质量技术管理体系、进度计划管理体系、合同计量管理体系、信息资料管理体系和文明施工管理体系)的建立和管理情况,定期或不定期地采取不同形式对施工单位、监理单位五大管理体系的运行情况进行检查,对那些不能履行合同招标文件的违规现象或违反施工技术要求和监理规程的做法坚决予以纠正。特别是对工程技术要求高、难度大的关键工程项目,从方案制定到实施过程中的每道关键工序,通黄高速公路项目管理处都召开了专题性的讨论会、现场交流会和审查会,确保了工程项目的工程质量。另外,通黄高速公路项目管理处坚决贯彻执行业主组织、政府监督、社会监理和企业自保的质量管理体系,积极支持配合北京市公路工程质量监督站对本工程项目的政府监督工作,并从合同履约、质量、管理的角度,督促和检查施工单位在主要材料的成品和半成品等外购材料的准入证制度,严格执行了北京市建委及北京市公路工程质量监督站的各种管理规定。

(3)推动ISO9000过程控制管理办法

通过建立工程建设的五大管理体系,不断完善和规范工程管理程序,认真执行各种技术规范和施工操作规程。由于各施工单位均为ISO9000质量体系认证单位,因此在工程实施过程中,除采取上述预控措施外,并保证从进场材料检验、施工测量复核、施工方案的编制审批、现场文明施工管理以及分项开工审批、技术交底、各种施工记录、工序验收、完工验收、计量支付都有专人负责和记录,这样对工程中出现的问题也都能通过管理程序进行追溯,强化和突出了ISO9000过程控制中5W1H的落实上,起到了按合同要求制约和规范监理单位、施工单位的全员工作行为作用。

2. 控制性工程

公路六环(马驹桥—孙村)考虑支路共有9条,分别设置了跨线桥、通道及菱形立交。其中工业区、周营路和磁魏路设主路上跨桥,大件路、太和乡、二炮西路、金星工业区以及三间房设支路上跨桥,北野场设通道一座,104国道设菱形立交一处。由于大部分支路等级较低,交通量较小,所以立交形式较简单。从技术角度讲,设计难度较小,但由于公路二环是旧路改建,原有的交通组织被破坏,所以各路口的处理涉及许多非技术范围,是对本次设计的最大干扰。

公路六环高速公路(马驹桥—孙村)全线共设计桥梁15座,其中主线上跨桥5座,分别为工业区北路分离式立交桥、周营路分离式立交桥、太和分离式立交桥、南大红门互通式立交桥、磁魏路分离式立交桥;通道桥共2座,分别为北野场通道桥、三间房通道桥;支线上跨桥共4座,分别为大件路分离式立交桥、二炮西路分离式立交桥、三间房分离式立交桥、金星工业区分离式立交桥;跨河桥共3座,分别为凤河主路桥、凤河辅路桥、北野场跨河桥。桥梁总面积为12356m^2。因本路段无特殊地形、地物及受桥下净空限制,桥梁形式均采用钢筋混凝土实心板、预应力混凝土空心板以及预应力混凝土简支T梁等结构形式。

主线桥设计荷载为:汽车—超20级,挂车—120;支线桥除大件路设计荷载为挂车—900外,其余均为汽车—20级,挂车—100;人群3.5kN/m^2;地震基本烈度为8度。

主线上跨桥及跨河桥受桥下净空及设计水位限制,为减少引道工程数量,降低结构高度,上部结构均采用预应力空心板。空心板采用C40混凝土预制,板间现浇40号铰缝混凝土。支线桥分别采用18m、20m和25m预应力混凝土简支T梁。T梁分预制段和现浇段,均采用C40混凝土。空心板及T梁预应力钢束均采用5钢绞线,钢束标准强度R = 1860MPa,根据板(梁)各自受力的情况,采用不同的张拉控制应力。曲线桥梁由调节边板(梁)外悬臂尺寸形成道路平曲线。

全线桥面铺装根据桥上荷载及交通量状况的不同,采用了不同的铺装形式。主线桥桥面铺装总厚为19cm,其中上层为4cm厚SMA-16沥青混凝土,5cm厚AC-25I沥青混凝土,下层为10cm厚抗折混凝土。支线桥桥面铺装总厚为16cm,其中上层为6cm厚中粒式沥青混凝土,下层为100m厚抗折混凝土。多跨桥梁采用连续桥面,桥上中央隔离带两侧设波形护栏,桥两侧设防撞护栏。

3.重大设计变更

为加快工程进度及增加工程安全可靠性,将原设计加筋土挡土变更为扶壁式挡土墙;为满足地方交通,保证当地居民出行方便,将原设计金星工业区天桥变更为支线跨线桥;为保证工程进度,保护环境,将原设计主、辅路底基层石灰土分别以二灰砂砾、天然级配砂砾替代。以上变更虽然增加了投资,但对保证总体阶段目标的实现起到了关键作用。

4.交工验收

该工程共划分为27个单位工程、159个分部工程、1010个分项工程。按照《公路工程质量检验评定标准》和《公路工程竣工验收办法》,北京市公路工程质量监督站对工程进行了质量评定,并初步确定北京市公路六环(马驹桥—孙村段)改建工程各主要技术指标均满足规范要求、总体质量良好,该建设项目分项工程合格率为100%,单位工程优良品率为96.30%,建设项目工程质量评分为93.68分,工程质量评定为优良级。

第三节 六环路(孙村—大庄)

一、项目概况

(一)基本情况

北京市六环路孙村—大庄段位于大兴区境内,起于大兴区孙村乡政府北侧的通黄公路(桩号K15+000),经刘村、霍村、王立庄,止于大兴县黄村镇大庄村(桩号K22+550),与六环路(马驹桥—孙村段)终点磁魏路立交相接,在黄村卫星城南侧与京开公路相交,路线全长7.55km。该工程于2000年10月开工,2001年8月建成完工。

该项目的主要技术标准:双向四车道,计算行车速度100km/h,路基宽度26m;主要工程量:互通式立交1座;分离式立交4座,高架桥1座,跨河桥1座,通道4座,涵洞40道;建设收费站1处;路基填方103.95万m^3,路基挖方6.27万m^3;路面工程23.9万m^2,桥梁工程4.3万m^2。

(二)决策过程

近年来,随着国民经济的发展,交通量迅速增长,北京市的公路建设有了迅速发展,京津塘高速公路、京石高速公路、京沈高速公路等放射线公路已建成,公路六环(马驹桥—

胡各庄段)已开工兴建,公路六环(孙村—马驹桥段)改造及京开高速公路也在筹建中。作为公路南六环分期实施的一部分,京开公路至孙村段配合公路六环(孙村—马驹桥段)改造及京开高速公路、公路六环(马驹桥—胡各庄段)的建设,将为北京市南部高速公路网的建设带来极大的推动作用。

公路南六环自京津塘高速公路(马驹桥镇)至京石高速公路,是连接通州区、大兴区、房山区的一条重要公路干线。沿线马驹桥镇、黄村镇、良乡镇为北京市重点发展的中心城镇,是北京城郊经济比较发达的地区,县乡镇规划的实施必须依赖于交通运输条件的改善。

南六环建设前,通黄路孙村以西段穿越黄村镇与京开公路及林校北路相接,大量过境货运交通需通过黄村镇分流至京开公路。近年来黄村镇发展迅速,已成为北京城南郊著名的卫星城镇,分流了很大一部分北京市区的居民人口,大量货运过境交通的穿行,势必对卫星城的环境造成很大危害,影响黄村卫星城的发展建设。

彼时,京津塘高速公路向北的公路六环马驹桥—胡各庄段道路已按高速公路标准开工,京开高速公路、公路二环(孙村—马驹桥段)改建工程也将开工兴建。本项目的建设将于与上述高速公路连接起来,初步形成北京市公路六环东南部系统,构成联络京开高速公路(筹建中)、京济路、京津塘高速公路、京沈高速公路的快速、大容量的过境交通走廊,起到联系黄村、马驹桥镇、通州区、亦庄等卫星城镇和疏导过境交通的重要作用,并起到减轻对城市中心地区的交通压力。

(三)主要参建单位

按照招标文件的精神,该工程项目共分 4 个标段,设 2 个总监办。各参建单位见表 9-9-4。

六环路(孙村—大庄段)工程参建单位表　　　　　表 9-9-4

监督单位	北京市道路工程质量监督站	
建设单位	北京市首都公路发展有限责任公司	
设计单位	北京市市政工程设计研究总院	
监理单位	三总监办(K15+000~K19+975)	北京仕邦工程监理有限责任公司
	四总监办(K19+975~K22+550)	江苏华宁交通工程咨询监理公司
施工单位	六标(K15+000~K17+300)	铁道部隧道工程局
	七标(K17+300~K19+975)	北京市市政二建设工程有限公司
	八标(K19+975~K21+100)	北京铁路工程总公司、北京市公路桥梁建设公司
	九标(K21+100~K22+550)	北京市公路桥梁建设公司
	十标(K15+000~K22+550)	北京市公路桥梁建设公司(面层)

二、建设情况

（一）准备阶段

1. 立项审

2000年6月12日，六环路（孙村—大庄段）工程的可研性报告，获得交通部批复。

2001年4月，北京市规划委员会批复该项目的初步设计；同年，7月17日，交通部批复该项目的初步设计方案。

2. 招标工作

2000年7月28日进行了资格预审，9月9日举行了标前会，9月22日开标，9月28—30日，对投标单位组织了专家评标，9月30日—10月12日发中标通知书。至此招标工作顺利完成。

3. 征地拆迁

在投招标工作进行的过程中，项目处不失时机地抓紧拆迁工作，积极与大兴区拆迁指挥部及征地、拆迁部门配合，为10月底开工的目标打下了良好的基础。

（二）实施阶段

1. 工程建设管理

为实现工程优质、高效、文明、合规的目标，在京开高速公路项目处的统一领导下，结合本工程建设特点，在工程建设的管理体系上采用了北京市六环路马驹桥—孙村段类似的管理方法，此处不单独陈述。

2. 重大设计变更

（1）为完善地方交通，方便当地居民出行，在 K15+813 处增加人行通道1座。

（2）为避免软土地基路基沉陷，将 K21+220～K21+430 填方段变更为桥梁结构。

以上变更虽然增加了投资，但对保证工程质量及整体工期的完成起到了积极的促进作用。

3. 交工验收

该工程共划分35个单位工程，145个分部工程，2161个分项工程，经北京公路质量监督站验收，工程质量达到优良级。

三、复杂工程技术

（一）路线设计

六环路大庄—孙村段设计起点为原通黄一级公路（旧路）K19+500，终点为通黄一级公路 K5+300。通黄公路路基全宽 38m，横断面为 $2\times0.5m$（土路肩）$+2\times4.5m$（慢车道）$+2\times9.5m$（快车道，含路缘带、路肩）$+9m$（中间带）。旧路路基较宽，且路面状况良好，所以在路线设计中以充分利用旧路减少工程投资为原则进行设计。

1. 平面

新、旧路中线平行，利用旧路最充分。在初步设计中，方案二为主路中线与旧通黄路中线平行。但是通黄一级公路 K4+400~K9+600 段平曲线多、半径小、缓和曲线短，达不到 120km/h 计算行车速度的标准。调线后减少 3 个交点，增大了半径，平面线形变得顺畅。调线路段新风河距路基较近，旧路高程不能满足设计水位要求，因此将路基抬高了 0.8~2.2m，这样调线也未增加路面工程数量。

主、辅路靠近处，三条中线平行，主、辅路分隔带宽 1m。主、辅路分离处，辅路在满足规范的前提下，尽可能靠近主路，以减少拆迁和占地。主路共设交点 11 个，平曲线最小半径 1100m，最小缓和曲线长 160.5m，其他平面线形标准也满足规范要求。

2. 纵断面

纵断面设计中主要考虑以下几点：

（1）旧路补强的要求。主路补强最小厚度为 9cm，在纵断面设计中补强厚度控制在 9~16cm。纵断面设计时，同时考虑了旧路路面边缘高程，新、旧中线距离和新、旧路横坡值的影响。除个别路段外，补强厚度均较适宜。

（2）K4+100~K9+600 段，为满足防洪要求，根据设计洪水位抬高了纵断。

（3）在满足高程控制和旧路补强的前提下，尽量采用较高的技术指标，保证纵断面线形顺畅。主路最大纵坡 2.4%，最短坡长 300m。最小竖曲线半径：凹形 8005.79m，凸形 11000m。

3. 横断面

主路横断面设计全宽 26m，各部分尺寸为：$2\times0.75m$（土路肩）$+2\times3.0m$（硬路肩）$+4\times3.75m$（行车道）$+2\times0.5m$（路缘带）$+2.5m$（分隔带），路面横坡为 2%。辅路横断面设计宽度为 7.5m 或 8m，其中路面宽 7m，外侧（两侧）路肩宽 0.5m，路面设 2% 单向横坡。主、辅路隔离带宽 1m，设隔离栅。主路非高填方段不设拦水带，主路雨水通过隔离带和辅路排入边沟。为了满足排水要求，全线辅路均未设超高。

（二）路基、路面

1. 路基

主路放坡段及路基边坡均为 1:1.5，太和路、南大红门和磁魏路桥头高填方段设扶壁式挡墙；主路 K4+100~K9+600 防洪段路基抬高 0.8~2.2m。南侧设浆砌块石挡墙，北侧边沟采用混凝土方砖护砌。因全线无不良地质情况,没有特殊路基设计。

2.路面

旧通黄路路面状况十分好,旧路代表弯沉值小于设计弯沉值,所以主路补强按结构要求控制,补强最小厚度9cm(即4cmSMA-16＋5cmAC-25I)。旧路补强路段,新、旧路有3条接缝,若不采取一定措施,会因不均匀沉降产生裂缝。如果在新、旧路搭接处挖台阶,对旧路破坏较大。设计中在新、旧路搭接处设置了玻纤土工格栅。格栅设在底面层(6cmAC-3011)及中面层(5cmAC-25I)顶部,宽度为1.5m,这样不破坏旧路,节约了投资。

辅路利用旧慢车道路段,补强厚8cm(即3cmAC-131＋5cmAC-201)。辅路基层采用石灰、粉煤灰钢渣(二灰钢渣)。二灰钢渣材料性能与二灰砂砾相同,但成本较二灰砂砾低,以往设计中较少采用,本工程只在辅路中尝试。

(三)排水设计

公路六环通黄段平面地形总体是西北高、东南低,排水走向亦依据地势,进口多为西北,出口多为东南。主涵设计原则是尽量利用原有涵洞,在原涵基础上加长,受高程、位置、流量等限制确不能利用时则新建。边涵全为新建。为了防止发生倒灌,在边沟内设置些简易截水闸。路面排水采用急流槽,超高排水在道路中央分隔带采用三角槽排水,然后通过集水井汇集,用直径300mm的铸铁管道导出同侧路面,与急流槽相交,沿急流槽流入边沟。

辅路外侧设边沟,经过村镇或受宽度限制时做方沟,方沟过路口时加盖板。主辅路间采用预制U形槽。需注意的是因多为原涵接长,所以原涵的位置、长度、高程及结构需测量准确,否则直接影响设计。

四、科技创新

本改建道路段地层土质多为亚黏土、砂土,各土层基底承载力及桩侧摩阻力均较小,宜采用钻孔灌注桩基础。故本路段桥梁基础均采用钻孔灌注桩。

本次设计对桥梁上部结构及下部结构的每一部分都进行了认真的计算、分析,保证了结构的安全,选定合理的结构尺寸及配设钢筋;为了施工方便,设计过程中对每一构件都详细注明了具体结构尺寸和形式,使桥梁结构的各部分都显得简洁明了;通过对以往设计的不足之处进行总结,改进本次设计;更加注重桥梁结构的整体性和协调性。由于没有特殊地形、地物限制,设计中根据本路段的实际情况,从经济、施工技术等方面考虑,采用了形式简单、结构成熟、受力明确、施工方便、施工进度快的钢筋混凝土实心板、预应力混凝土空心板和预应力混凝土T梁等结构形式,从而节省了工程造价,缩短了施工工期,为尽快改善本路段的交通状况提供了先决条件。

第四节 六环路(胡各庄—西沙屯)

北京市六环路四期工程胡各庄—西沙屯段,全长59.5km,于2001年8月28日开工,于2002年10月完工。

一、项目概况

(一)基本情况

六环路胡各庄—西沙屯段涉及公路六环的东环及北环,起点与京哈高速公路相接,终点与八达岭高速公路相接,全长59.9km。根据对远景交通量的预测,结合城市总体规划。确定本道路设计等级为高速公路,设计速度100km/h,路基宽度为26m,按全部控制出入的收费道路标准建设,主路横断面为双幅路,共4条行车道;桥梁设计荷载为汽车—超20级、挂车—120。该段工程主要工程量:土石方935.4万 m^3。共建设10座互通式立交,29座分离式立交,28座通道桥,14座跨河大桥。

本项目工程连接通州区、顺义区、昌平区,沿线经过通州卫星城城关新区、宋庄镇中心区、徐辛庄镇、李桥镇、南法信镇、顺义镇、张喜庄、高丽营镇、小汤山镇、百善、沙河镇和昌平镇。通州城关、宋庄镇、顺义镇和昌平镇均是北京城郊重点开发的卫星城,提供良好的外部交通条件,将对卫星城的发展起积极作用。昌平小汤山镇地热资源极为丰富,素有"温泉古镇"美名,交通便利会极大地促进旅游业发展。

公路六环胡各庄—西沙屯段途经通州区、顺义区和昌平区,上述三个区属北京市的远郊区县,其境内有京哈、京承、京包及大秦等数条干线铁路通过,是北京市铁路运输通往东北及西北地区的重要通道,铁路运输在本项目影响区内主要承担中、长途货物运输;中国对外交往的重要门户——首都国际机场位于顺义区境内,该机场承担大量的国内外客货运输,本项目建成后将对首都国际机场的客货集散发挥重要任用;本地区无内河航运;本地区的公路网十分发达,是北京市公路密度最大的地区之一,其中包括数条国道主干线和高速公路,这些道路承担大量区内交通和过境交通,公路运输是本地区的主要运输方式。

本项目实施后,由于具有良好的行车条件,客货运输成本降低,货物的资金周转加快,促进沿线开发和村镇建设,加快社会经济发展,从而产生一定的社会经济效益。

(二)决策过程

本项目在规划时,北京市国民经济的发展,交通量迅速增长,公路建设有了迅速发展。

按照北京城市总体规划,北京市共有对外放射线 11 条。本项目范围内与 4 条放射线相交。其中国道 102、110 公路已按高速公路标准建设。国道 101 公路现为一线公路,改建为高速公路也在筹建中,国道 111 公路现为二级公路标准。在四环路还未建成之前,过境交通只能通过三环实现各国道之间的交通转换,使本来已十分拥堵的交通更加混乱。

为了更方便北京市各远郊区县经济联系,带动各远郊区县经济的迅速发展,同时也是为了有效地疏导外省市过境车辆,减轻过境车辆对市区的交通压力,从 1999 年开始对北京市公路六环进行全面建设。

作为公路六环一部分的通胡高速公路(马驹桥—胡各庄)已经开工建设,即将建成通车。通胡高速公路连接了京津高速公路、高沈高速公路、京哈高速公路。目前公路六环中马驹桥—京开路段也在筹建中,该段建成通车,将使公路六环东南段全线贯通,并将北京市南部的两条放射性国道(104 国道、106 国道)连接起来。而本项目是公路六环向北的延长线,该项目的建设将使公路六环西北段全线贯通,并将北京市西北部的三条放射性国道(101 国道、111 国道、110 国道)也连接起来。这对于完善北京市的公路网、加强公路网功能都将起到很大作用。

彼时,北京市的各项工作得到了迅速的发展,北京市区六环、三环改建工程已完成,四环路的建设也将全面展开,使得市区的交通环境大大改善。随着城市建设的发展,北京市区也逐渐由市中心区向外部扩展,大批大城市中心区的居民向外迁移,因此对市区外部环境的要求也在提高。而长期以来,市中心区外部的基础设施建设速度较慢,现状路交通污染严重,制约了沿线经济的发展。本项目的建设,使该地区的交通条件、综合环境得到较大的改观。

(三)主要参建单位

公路六环胡各庄—西沙屯段路面工程分 5 个标段,路基、桥梁及排水工程分 10 个标段。

其中,昌平段和通顺段的主要参建单位分别见表 9-9-5、表 9-9-6。

昌平段参建单位一览表　　　　表 9-9-5

监督单位	北京市公路工程质量监督站	
建设单位	北京市首都公路发展集团有限公司	
设计单位	12 号合同段	北京市政工程设计研究总院
	13 号~18 号合同段	北京市公路设计研究院
监理单位	北京逸群工程监理咨询有限公司	
施工单位	中铁二局股份有限公司 北京城建道桥工程有限公司 北京鑫实路桥建设有限公司 北京城建三建设工程有限公司	

续上表

施工单位	北京市政建设集团有限公司 中铁十七局远通工程集团公司 北京市公路桥梁建设总公司 北京鑫路路桥建设有限公司 北京云星宇交通工程有限公司 北京市京石园林绿化有限公司 北京城建新图工程有限责任公司

通顺段参建单位一览表　　　　表 9-9-6

监督单位	北京市道路工程质量监督站	
建设单位	北京市首都公路发展集团有限公司	
设计单位	北京市政工程设计研究总院	
监理单位	总监理办公室	北京逸群工程监理咨询有限公司
	土建第 1、2 合同段	北京正宏监理咨询有限公司
	土建第 3、4 合同段	北京华通公路桥梁监理咨询公司
	土建第 5、6 合同段	河北华达公路工程监理咨询公司
	土建第 7、8、9、10 合同段	北京正立监理咨询有限公司
	路面第 1、2、3 合同段	北京市高速公路监理有限责任公司
施工单位	土建第 1 合同段	北京市政三建设工程公司
	土建第 2 合同段	北京城建道桥工程有限公司
	土建第 3 合同段	北京公路桥梁建设公司和北京铁路工程总联合体
	土建第 4 合同段	北京城建道桥工程有限公司
	土建第 5 合同段	北京鑫旺路桥建设有限公司
	土建第 6 合同段	北京鑫畅路桥建设有限公司
	土建第 7 合同段	北京城建一建设工程有限公司
	土建第 8 合同段	中铁第十八工程局
	土建第 9 合同段	北京公路桥梁建设公司
	土建第 10 合同段	北京鑫畅路桥建设有限公司
	路面 1 号标	北京鑫畅路桥建设有限公司
	路面 2 号标	北京城建一建设工程有限公司
	路面 3 号标	北京市市政建设集团有限责任公司
	钢板护栏 1 号标	北京市高速公路交通工程公司
	防眩板 1 号标	北京汉威达交通运输设备公司
	标志、标线 1 号标	北京市高速公路交通工程公司
	绿化 1 号标	北京碧森盟绿化工程有限公司
	绿化 2 号标	北京市高速公路绿化公司

二、建设情况

(一)准备阶段

1. 立项审批

公路六环建设的前期工作早在1990年已开始筹划,北京市城市规划设计研究院对公路六环全线进行了路勘,编制了《公路二环规划方案》,并确定了路线的基本走向。

根据公路六环建设发展需要,1999年12月北京市城市规划设计研究院通过对项目所在地的自然经济特征、交通道路状况进行的调查研究,编制了《公路二环(京哈—八达岭)规划方案》,进一步提出了路线走向及主要控制点,确定了建设标准。

2000年1月21日,北京市城乡规划委员会以《关于公路二环(京哈公路—八达岭高速公路)规划方案的批复》(首规办规字〔2000〕第021号文)对规划方案做出了批复;3月,北京市城市规划设计研究院编制了《公路二环(京哈公路—八达岭高速公路段)交通量预测》。

2000年3月,北京市首都公路发展有限责任公司委托北京市城市规划设计研究院编制《公路二环(国道102—国道110高速公路段)道路工程可行性研究报告》;8月4日,交通部以《关于北京公路二环胡各庄至西沙屯段可行性研究报告的批复》(交规划发〔2000〕409号),批复北京市交通局《关于国道主干线北京市公路二环(胡各庄—西沙屯段)高速公路工程可行性研究报告的请示》(京交办字〔2000〕085号),同意建设北京公路六环胡各庄至西沙屯公路,并确定了建设规模、技术标准和总投资;11月16日,北京市规划委员会组织北京市有关单位参加六环路胡各庄—西沙屯段初步设计审查会;12月29日,交通部以《关于北京公路二环胡各庄至西沙屯段初步设计的批复》(交公路发〔2000〕702号),审阅批复:"路线走向及主要控制点布局基本合理,符合可行性研究报告批复的要求;同意采用初步设计推荐的路线方案。"

2. 资金来源

本工程投资估算执行交通部1996年《公路工程估算指标》,人工费和部分材料费用按照北京市的最新价格计算。本项目概算总投资35.93亿元,其中建设安装工程费用17.754亿元,每公里工程总投资6050.78万元。

3. 招标工作

(1)昌平段

施工单位招标:六环路(昌平段)工程共划分12个标段,其中路基标7个,路面标2个,绿化、交通工程和照明工程各1个。2002年2月28日在北京市建设工程招标投标管理办公室进行了施工招标登记,并在北京市建设工程发包承包交易中心信息网公开发布。3月5日,申请投标的施工单位在市招标办办理了报名手续。经审核确认,58家符合报名条件并报市重大办获得批复。3月29日,在北京市交通局、市重大办及市招标办的监督下进行开标。6—8月对绿化、交通工程照明工程进行了招标。经专家委员会评审推荐后选择的施工单位。

监理单位招标:2002年3月1日在北京市招标办公室对施工监理招标进行了登记,并在信息网上公开发布。按招投标程序规定,对7家监理单位进行资审并报市重大办批复后,由4家符合资质的监理单位投标。经专家评审,2002年3月28日确定中标单位为北京逸群工程咨询有限公司。

(2)通顺段

起于通州区胡各庄乡京哈立交,终点为顺义高丽营。全线按全封闭、全立交的高速公路标准设计。通顺段共设分离式立交桥42座;互通立交桥6座;跨河渠桥9座;通道4座;涵洞167座,其中主涵洞61座。本段共分为18个标段进行招标。

4. 征地拆迁

六环路昌平段拆迁工作村镇部分由昌平区政府负责,企业部分由北京首都发展建设有限公司负责。全部工程共占用集体土地130.88公顷,国有土地32.13公顷;伐移树木48.88万株;拆迁房屋18066m^2;拆移各种管线9.5万m。此项工程启动晚,工期要求时间紧,拆迁工作必须速战速决,尽快为施工创造条件。本着先桥区后路段、先易后难的原则,在各级政府、领导及各参施单位的大力支持和主动配合下,2002年4月22日—9月1日陆续完成鱼池进地、桥区房屋、桥区杆线、桥区管线和两条22万V高压输电线拆迁,为整个工程施工争取了宝贵的时间。

(二)实施阶段

1. 工程建设管理

(1)实行项目法人责任制,建立健全项目管理组织机构,完善管理制度

项目建设执行项目法人责任制。按国务院关于工程建设项目实行项目法人责任制的要求,首发总公司总经理亲自任项目法人代表,对项目建设负总责,并于2002年3月14日组建六环路(昌平段)项目管理处。管理处下设"两部一室",即工程部、拆迁部、综合办公室。各部室职能清楚,分工明确,经过运行证明项目管理处机构设置合理。

为加强项目管理处的建设,使管理处的工作力争做到制度化、标准化、程序化,结合本项目管理模式的特点,根据首发建设公司的有关规定,编制了《六环路(昌平段)项目管理处组织办法》《目标管理责任书》《阶段目标管理实施细则》等12项实施细则,使管理行为

有依据,目标考核有标准,提高了管理效率。

(2)建立健全质量保障体系

推行业主单位、设计单位、施工单位和监理单位四方责任制。业主单位负责施工前组织设计文件交底和设计审查,施工中组织工程质量检查,完工后组织工程交工验收,建立健全项目档案,全过程自觉接受政府监督部门的监督。设计单位负责建立健全设计质量保障体系,建立完整的设计文件的编制、复核、审核、会签和批准制度,明确专业负责人和责任人,委派设计代表、做好设计交底。施工单位负责建立健全施工质量保障体系,推行全面质量管理和质量认证,制定和完善岗位质量规范、质量责任及考核办法,建立工地实验室,实施自检、互检和交接检工作,依规定处理质量事故和质量缺陷。监理单位负责建立健全监理工作体系,严格执行国家和行为的有关法律、法规、规章、技术标准、技术规范,认真审查施工组织设计和施工方案,严格工程质量验收,发现问题及时纠偏。

建立健全三级质量保障体系。按照建设单位负总责的要求,项目建设管理建立了政府监督、社会监理、企业自保三级质量保障体系。北京市公路工程质量监督站负责本工程的质量监督工作,专门成立监督工作办公室,负责日常监督工作。北京逸群工程咨询有限公司负责施工监理工作。

(3)以合同管理为纽带,严格控制工程费用

通过合同规范业主、监理和承包商三方关系;通过监督和检查规范监理行为;通过监理程序规范工程施工。施工单位依据合同履行其义务和职责,并对业主的违约行为进行索赔。监理单位依据合同对中标单位和工程目标进行控制。业主依据合同对施工单位和监理单位进行履约评价,并对其违约行为进行索赔。三方主体真正围绕合同文件管理工程和处理工程中的问题,分歧少了,共同点多了,工作效率高了。

项目管理处在工程部下设合同室,专门负责工程项目的合同、预算、计量支付、变更索赔、履约检查等工作;拆迁部负责工程项目的征地拆迁方面的合同管理工作。

在工程变更和费用索赔方面,做到管理到位、严格控制。制定了工程变更管理办法和费用索赔管理办法,确定了设计变更和施工变更从工程立项到审批的程序,明确了审批权限,使工程项目管理从监理程序到业主程序有一条较为清晰的主线。

(4)实行监理制

依据项目管理处组织办法,结合本段工程实际,充分发挥监理工程师管质量、管进度和投资控制的作用。总监办和驻地办全面负责工程现场的管理工作,在"三控、两管、一协调"方面,起到了不可替代的作用。

2.控制性工程

酸枣岭桥(立交桥)位于昌平区六环路 K188+350 处。跨行互通 D 匝道。全长

282.28m,宽13m,桥下净高5m。桥上净高9m。车行道宽11m,桥面高程约42.03m。上部结构T梁形式,桥跨组合为11×25m,材料钢筋混凝土,下部结构为肋板式桥台,双柱式桥墩,桩基础。毛裂缝伸缩缝,板式橡胶支座。

桥梁设计荷载:汽车—20级,挂车—120。地震动峰值加速度系数:0.20、0.30或8度。2002年4月开工,同年8月竣工。

酸枣岭桥(立交桥)的计单位是北京市市政工程设计研究总院,施工单位是铁二局股份有限公司,监理单位是北京逸群工程咨询有限公司。

3. 交工验收

(1)通顺段

根据交通部关于发布《公路工程竣工验收办法》的通知(交公路发〔1995〕1081号),文件规定,经北京市首都公路发展有限责任公司交工验收领导小组批准,成立了有由京市首都公路发展有限责任公司运营管理部等参建单位组成的北京市六环路(通顺段)工程交工验收组,全面受理工程交工验收和竣工文件编制管理等各项事宜。验收组于2002年8月29日—9月9日对现场进行了详细的检查,认为本工程施工标段已经按照设计图纸和合同的要求基本完成,达到了质量标准。部分工程需进行修理和完善,交工验收组指出了一些问题,之后各单位按照六环路(通昌段)项目管理处批准的修理计划进行了完善,并由总监办予以监督检查。验收组于2002年9月10日召开了验收工作会议,听取了六环路项目管理处关于工程项目执行情况的报告;北京市市政工程设计研究总院关于工程设计的情况报告;各合同段施工单位所做的关于工程施工情况的报告;总监理工程师办公室关于工程监理情况的报告;北京市公路工程质量监督站关于交工验收意见的报告,并进行了认真审议。

(2)昌平段

2002年10月12—14日,北京市公路工程质量监督站对该工程进行了交工验收。质量检测的内容包括外观检查,实测实量和资料检查。初步确定各项指标为:工程项目初评94.8分;单位工程优良率为96%。弯沉代表值3.3;平整度代表值0.66;厚度平均值为17.22cm,合格率97.5%。各项主要技术指标均满足设计和规范要求,达到合同文件规定的质量等级。

第五节 六环路(良乡—黄村段)

六环路五期工程良乡—黄村(大庄)段(又称"南六环"),全长23.77km,于2004年3月开工,2004年12月建成通车。

一、项目概况

(一)基本情况

南六环起点位于大兴区黄村镇大庄村,路线向西跨越天水街路、芦求路、永定河、长韩路、小清河、刺猬河、良官路,下穿京广铁路、京保公路,与京石高速公路相交后,线路折向正北,跨越良坨铁路、京周路、规划大件路,至终点房山区良乡镇闫村,全长23.77km。

本项目计划工期2年,于2003年3月开工,2004年年底竣工。南六环起点位于大兴区黄村镇大庄村,路线向西跨越天水街路、芦求路、永定河、长韩路、小清河、刺猬河、良官路,下穿京广铁路、京保公路,与京石高速公路相交后,线路折向正北,跨越良坨铁路、京周路、规划大件路,至终点房山区良乡镇闫村,全长23.77km,有特大桥3822.4延米/3座,大桥1331.6延米/10座,中小桥1339.54延米/8座,通道桥12座,涵洞108道。

北京市六环路(黄村—良乡段)远期规划技术等级标准为高速公路,主线计算行车速度100km/h,路基宽26m;匝道计算行车速度40km/h,路基宽度:单向单车道8.5m,单向双车道10m,双向双车道18.5m。立交范围内平曲线半径2000m,匝道最小平曲线半径50m,互通区主线最大纵坡1.75%,匝道最大纵坡1.75%、最大超高6%。桥梁净空按5m控制,设计荷载汽车—超20级、挂车—120。地震基本烈度8度,设计洪水频率为1/100。

南六环道路工程:总面积67.8万m^2,路基填方399万m^3,路基挖方38万m^3,二灰底基层66.95万m^2,水稳基层64.93万m^2,沥青混凝土面层67.8万m^2。

桥梁工程:总面积15.6万m^2。有互通式立交6座,跨河桥7座(其中特大桥2座),分离式立交12座(其中铁路顶进箱涵1座、大桥1座),通道12座。排水、防护及附属工程:全线共设浆砌大方砖排水沟4.34万延米,六棱花饰网格护坡51.17万m^2,主涵53道,边涵55道。全线绿化面积91.15万m^2,防眩板23.5km,钢板护栏98.9km,收费站5处,照明设备256套。

(二)决策过程

黄良路是北京市西南方向的省份通往我国东北地区的一条重要过境通道,同时也是大兴区与房山区相互来往的一条重要公路干道。1984年,北京市总体规划中,将黄良路定为北京市六环路的一部分。

北京市高速公路的建设发展迅速,随着京津高速公路、京石高速公路、京哈高速公路、八达岭高速公路、京沈高速公路、京开高速公路等高等级放射性公路的建成。市区与远郊区县、外省市之间的交通联系更加便利;而各远郊区县之间的沟通能力和对外省市过境交通地疏导能力普遍缺乏,这正是北京市加快建设环线高速公路的原因所在。随着2001年四环路的建设,五环路、六环路的建设也在加紧实施。

六环路(黄村—良乡段)与已建成的六环路(马驹桥—大庄段)是沟通北京市南部的一条东西走向的大干线,这条干线把京津塘高速公路(北京至塘沽)、京福高速公路(北京至福州、规划高速公路)、京开高速公路(北京至开封)、京石高速公路(北京至石家庄)、京周公路(北京至周口店)5条主要公路干线连接起来,使北京市乃至华北内地各省在运输和集散方面获得极大的方便,将更有力地促进该地区经济及贸易进出口的发展。同时可以有效地疏导外省市过境车辆,减轻过境车辆对北京市区本已相当拥挤的交通状况的影响,减少汽车废气对城市的污染。

大兴、房山位于北京南部与西南部。大兴区的黄村及房山区的良乡,在北京城市总体规划中均被列为重点发展的卫星城市。它将以高新技术产业和商贸为主,大力引进外资迅速发展对内对外的经济贸易,并负担从市区疏散人口的任务,作为政治、经济、科学技术中心的卫星城将带动两区经济的迅速发展,这一切无疑都要求公路建设事业的快速发展。

据沿线各影响区社会和国民经济发展规划,预测各影响区的公路客、货运发展的速度,根据历年交通量观测数据,预测本项目路段建成通车后的2004年双向年平均日交通量最大路段为1.9万辆/日(折算标准小客车)。2014年达到3.07万辆/日(折算标准小客车)。规划年末2024年为4.2万辆/日(折算标准小客车)。按交通部《公路工程技术标准》,本项目已达到高速公路公路建设标准。因此,全线按高速公路标准建设。

(三)主要参建单位

该工程共划分为26个标段进行施工,其中土建标15个,路面标2个,交通工程标4个,绿化标3个,照明和机电标2个,详见表9-9-7。

六环路(良乡—黄村段)参建单位一览表　　　　表9-9-7

建设单位	北京市首都公路发展有限责任公司
监督单位	北京市道路工程质量监督站
勘察单位	中航勘察设计研究院和北京城建勘察设计研究院有限责任公司
设计单位	北京国道通公路设计研究院
	北京景观园林设计有限公司
	铁道专业设计院
	北京蓝图工程设计有限公司
	中国公路工程咨询监理总公司
监理单位	北京正宏监理咨询有限公司
	北京铭正洋林绿化监理有限公司

续上表

施工单位	土建工程	1号标	北京鑫畅路桥建设有限公司与北京建工路桥公司工程建设有限责任公司联合体
		2号标	中铁十八局集团有限公司
		3号标	北京城建三建设工程有限公司
		4号标	北京市海龙公路工程有限公司
		5号标	中铁十三局与北京市京水建设工程有限责任公司联合体
		6号标	北京市市政一建设工程有限责任公司
		7号标	北京城建集团有限责任公司
		8号标	北京市公路桥梁建设公司
		9号标	中铁二局股份有限公司
		10号标	中国路桥(集团)总公司
		11号标	中铁六局集团有限公司
		12号标	北京城建道桥工程有限公司
		13号标	北京市政建设集团有限责任公司
		14号标	中国新兴建设开发总公司
		15号标	北京城建集团有限责任公司
	路面工程	1号标	北京市公路桥梁建设公司
		2号标	北京城建道桥工程有限公司
	交通工程	1号~3号标	北京市高速公路交通工程公司
		4号标	北京汉威达交通运输设备有限公司
	照明工程	1号标	北京云星宇交通工程有限公司
		2号标	北京市市政六建设工程有限公司
	绿化工程	1号标	北京天华绿化工程有限公司
		2号标	北京碧森盟绿化工程有限公司
		3号标	北京市京石园林绿化有限公司

二、建设情况(2004年3月—2004年12月)

(一)准备阶段

1. 立项审批

2002年4月,北京首都公路发展有限责任公司根据《北京市城市建设总体规划方案》和《北京市六环路(黄良路)规划方案》整体要求,委托北京市公路局公路设计研究院、北京市城市规划设计研究院以及北京市市政工程设计研究总院三院共同编制《北京市六环路(黄村—良乡段)工程可行性研究报告》。

2002年9月,《北京市六环路(黄村—良乡段)工程可行性研究报告》编制完成。

根据交通部《关于国道主干线北京绕城公路(六环路)良乡—黄村段可行性研究报告的批复》(交规划发〔2003〕509号)、交通部《关于国道主干线北京绕城公路(六环路)良乡—黄村段初步设计的批复》(交公路发〔2004〕26号)、北京市规划委员会《关于六环路(良乡—黄村段)规划方案的批复》(市规发〔2002〕603号),南六环开始建设实施。

2. 资金来源

交通部批复概算19.13亿元,其中建安工程费11.95亿元,征地拆迁费4.18亿元,其他费用3亿元(含预备费0.86亿元)。截至2004年10月31日,共申请资金10.61亿元(占概算投资的55.46%),其中,银行贷款10.22亿元、资本金3900万元。

3. 招标工作

北京首发高速公路建设管理有限责任公司依照北京市高速公路建设计划,严格按照《中华人民共和国招标投标法》、交通部《公路工程勘察设计招标投标管理办法》(中华人民共和国交通部令2001年第6号)、《工程建设项目勘察设计招标投标办法》(国家八部委联合下发的〔2003〕第2号令)等法规要求,对南六环工程进行了公开招标活动。

(1) 勘察设计单位招标情况

2003年7月30日,发布了勘察设计资格预审的公告。2003年7月31日—8月3日为资格预审文件出售期,北京市市政工程设计研究总院、北京国道通公路设计研究院两家设计单位购买了资格预审文件。8月6日,按照八部委联合下发的《工程建设项目勘察设计招标投标办法》第四十八条第一款规定,公司重新发布资格预审公告。

2003年8月6日—8月10日为第二次招标公告期,仅有北京交科公路勘察设计院购买了资格预审文件。鉴于以上情况,由于工程建设项目勘察设计投标人均不足3个,按照8部委联合下发的《工程建设项目勘察设计招标投标办法》的有关规定,经上报和同意后,北京首发高速公路建设管理有限责任公司直接委托了工程的勘察设计任务。最终确定设计单位为北京国道通公路设计研究院,双方约定严格控制设计费在初步设计审批勘察设计费概算以内;勘察单位为中航勘察设计研究院(K0~K17段)和北京城建勘测设计研究院有限责任公司(K17~K22+750段)。

南六环路绿化工程设计采用邀请招标方式,邀请具有高速公路绿化设计经验的设计单位参加投标。中标单位为北京景观园林设计有限公司。

(2) 施工单位及监理单位招标情况

南六环工程招标工作于2003年年底全面启动,土建工程分为15个施工标段和1个施工监理标段。经专家评审委员会综合评审,中标的1家监理单位和14家施工单位都是综合得分排名第一的投标单位。施工监理于3月10日签订合同协议书。施工于3月30日签订合同协议书。南六环路沥青混凝土路面材料划分2个标段,在北京市建设工程材料交易中心办理招标工作。2004年9月7日签订合同,2004年9月20日合同备案。路面工程划分2个标段,采用邀请招标方式,邀请施工单位参加投标。交通安全设施工程划分4个标段,2004年9月6日签订合同。照明工程划分2个标段,2004年9月15日签订合同。绿化工程施工划分3个标段,2004年9月13日签订合同。

4. 征地拆迁

六环路良乡至大庄段全长23.76km,其中大兴区境9.4km、房山区境14.36km。工程征(占)用土地3295亩,其中大兴段1121亩,房山区段2174亩;共拆迁住宅房屋4.11万m^2,其中大兴段2.13万m^2,房山段1.98万m^2;共拆迁集体企业房屋3.79万m^2,其中大兴段1.31万m^2,房山区段2.48万m^2;共拆迁国有企业房屋4894m^2;共采伐移植各种树木及苗木205株;管线拆改移共210处。

(二)实施阶段

1. 工程建设管理

(1)质量控制

首发公司工程建设管理部是公司组织工程建设管理的主管部门,主要负责南六环工程的立项、规划、设计、招标以及过程监管工作。首发建设公司根据首发公司委托授权,负责南六环工程实施的组织管理工作。

为确保南六环工程按期、保质完成,公司成立了南六环工程项目管理处,具体负责建设管理工作。项目管理处下设四部一室:工程部、技术部、拆迁部、安保部和办公室。

为确保质量目标的实现,首先建立健全监督、业主、监理、承包商三级四方的质量保证体系。从开工初就抓工程项目的划分,落实每个分项工程的质量目标和保障措施,要求所有主要分项工程必须达到优良等级,否则返工处理。通过履约检查,监理和绝大部分施工单位均能满足投标承诺,各级质量保证体系健全且有效运转,使工程施工质量始终处于受控状态。

为加强质量预控工作,建立了"五项制度",即图纸会审制度、设计施工交底制度、专题会制度、首件(段)验收制度、责任人档案制度。项目管理处、监理、施工单位对图纸进行三方会审,对出现的问题及时请设计人予以解决,避免因设计出现工程质量问题;组织设计人将设计意图、注意事项向监理、施工单位进行详细的交底,要求施工单位对每个工程项目进行施工交底,交底要彻底,要做到"横到边,竖到底",使所有施工人员掌握施工规范、质量标准;对路基土方填筑、地基处理、桩基混凝土施工、外露混凝土施工、T梁预制和吊装等召开质量专题会,将各项施工要求及注意事项予以明确;要求首件(段)必须经过驻地办、总监办、项目管理处、监督四方的认可,方可展开施工,并以此为质量控制的最低标准;对重要的工程项目、工程部位,建立项目管理处、监理、施工单位三级工程质量责任人档案,加强各方管理人员的责任心,使工程质量具有可追溯性。

在项目管理处和总监办的指导、检查、监督和协调下,制订了专项质量保证措施,建立健全了质量保障体系在工程实施过程中充分发挥质量保障体系的作用,从材料进场到过程监控到成活验收,严把质量关,对各个分项工程进行自检、自查,不断加强质量预控和过程控制;推行跟踪验收,对达不到质量要求的工程坚决予以返工处理。

(2)进度管理情况

实行阶段目标管理,利用经济杠杆的作用,调动承包商主动履约的积极性。实行阶段目标管理是高效优质建设高速公路的有效手段之解决措施,以保证计划的严肃性,使工程计划更接近实际,更具有指导性。在工程实施过程中始终坚持工程进度、机械设备配置日报制度,使主要项目管理人员随时掌握工程动态,对一些进度滞后于计划的工程项目及时发现,及时采取纠正措施,及时加强对计划的控制,保证工程进展始终处于受控状态。对工程进度严重滞后于计划而项目经理部又无力解决时,项目管理处及时致函其上级单位,与二级公司领导进行沟通交流,依靠其上级单位的力量,采取措施、加快进度。

严格合同管理是促使承包商履约的重要手段。在工程建设管理过程中,通过经常性地检查承包商技术力量、劳动力、机械、物资配置、资金使用情况及项目经理部运转情况等掌握承包商的履约能力,依据合同条款适时督促承包商增加生产力要素配置,使其履约能力能够满足工程进展的需要,通过检查承包商各项保证体系的建立及运转情况,使承包商的履约行为始终处于正常状态。

(3)工程造价控制情况

实行合同管理,通过规范、严密的合同约束业主、监理和承包人三方。合同文件成为业主、监理和承包人开展工作和处理问题的依据。项目管理处工程部下设立了合同室,负责工程项目的合同、预算、计量支付、变更、索赔、履约检查等工作;拆迁部负责工程项目征地拆迁方面的合同管理工作。在工程变更和费用索赔方面进行严格管理,严格控制。项目管理处制定的各种规章制度确定了确认工作、设计变更和工程变更从立项到审批的程序。此外还明确了工程变更和费用索赔限额的审批权限,使工程项目管理从监理程序到业主程序有一条比较明晰的主线。项目管理处通过加大合同履约力度来强化合同管理,特别强调业主自身履约,努力承担合同约定的各项义务,为施工、监理开展工作创造必要条件。

实行廉政合同制。根据交通部的有关文件精神,公司在与施工单位或监理单位签订承包合同时,还签订了廉政合同。为做到建设资金专款专用,各项工程建设费用的支出均以合同或协议书为依据,按规定程序办理支付手续。为防止工程建设资金不合理外流,合同规定中标单位在建设项目所在地银行设专项资金账户,项目管理处委托银行资金专管员对各单位资金使用情况进行监督。

2. 重大设计变更

共确认工程变更 145 处,涉及变更增减总额为 1957 万元。

3. 交工验收

北京市道路工程质量监督站,对本工程进行了交工检测,经检测路面厚度满足设计要求;压实度合格率 100%;弯沉代表值 4.2,满足要求;路面平整度为 0.8;摩擦系数代表值为 48.6;永定河特大桥、小清河特大桥、京周特大桥、警示立交 3 号匝道桥,长于通道、总后通道 6 个桥梁结构物动静载性能满足设计需求。本工程划分为 66 个单位工程,279 个分部工程,4347 个分项工程,按照标准和规范,单位工程和分部工程优良率 100%,分项工程优良率 94.5%。

三、科研成果

为了公路事业的发展,六环路(良黄段)工程利用科学知识充分进行了专题研究和新技术的应用,为将来的公路工程设计与施工总结了经验、积累了数据,主要有:

(1)桥面防水。根据以往经验,桥面铺装破损与桥面防水有直接关系,委托科研单位对市场上的防水材料进行检测和比选,并召开技术专题会进行了专题讨论,确定了桥面防水材料。除传统 APP 卷材外,主要有堪能防水涂料、中核 2000 防水涂料、K11 防水涂料、FYT 防水涂料以及上海湿克威 YN 桥面自黏专用防水卷材。

(2)桥面排水。为了排除层间滞(即油面与油面、油面与桥面铺装之间)水,在桥面上紧邻防撞墩设计了碎石盲沟,通过碎石盲沟将层间滞水排入泄水管,并将泄水管做成内外两层,内层采用铸铁管排除桥面雨水,外层为 PVC 套管,与桥面铺装混凝土同步实施,用来排除通过碎石盲沟的层间水。

(3)高渗透型透层油。水泥稳定碎石基层多年来在北京地区高速公路建设中没有应用,为确保工程质量,结合外省市水稳上做透层油的经验,经专题会讨论,在黄良路改线段进行了试验工程,效果良好,后经批准采用壳牌水稳专用 PSP 高渗透性乳化沥青,有效地保证了水稳基层和沥青面层的联结效果。

(4)中央分隔带防眩板。为有效防治中央分隔带绿化浇水对路面结构的影响,以及减少绿化养护对行车道的占用,经专题研究,将中央分隔带绿化变更为防眩板。

(5)边沟植草砖。在 3 标和 4 标边沟中采用挤压成型的空心植草砖,既保证了边沟的稳定性,通过植草美化了边沟,又能使边沟中的雨水有效地向周围渗透,补充地下水位。

(6)彩色碎石。为加强景观效果,在中央分隔带渐变段与立交区匝道夹角处铺筑彩色碎石,碎石粒径 2~3cm,铺设厚度为 2~3cm。彩色碎石能够在一定程度上消除驾驶员的视觉疲劳。

(7)砂性土路基。南六环大兴段土质基本为砂性土,为了给砂性土路基施工提供试验数据及施工方案,委托科研单位进行了专项研究,并在南六环做了砂性土路基试验段。通过在砂性土中掺入添加剂或特种水泥,来改善砂性土的力学性能,有效利用资源。

第六节 六环路(西沙屯—寨口)

北京市六环路六期工程西沙屯—寨口段,全长19.6km,于2004年3月开工,2006年12月建成通车。

一、项目概况

(一)基本情况

六环路(西沙屯—寨口段)工程起于昌平区马池口镇西沙屯,接已建六环路(胡各庄至西沙屯)段和八达岭高速公路,经昌平区马池口镇、阳坊镇、海淀区苏家坨镇、温泉镇,终点在海淀区苏家坨镇寨口与军温路相接。

根据北京市路网规划的要求,六环路为全封闭、全立交的城市高速环路,其设计按照高速公路的有关标准执行,主要设计标准:计算行车速度100km/h;双向四车道(主路为单向车道宽$2\times3.75m$;单向匝道最小宽度为7m。横断面路基横断面形式:一般地段按照交通部标准,路基横断面设计宽度为26m;中央分隔带宽2.5m,单侧车行道宽为11m,连续停车带宽3m,内侧路缘带宽0.5m,土路肩宽0.75m);地震设防烈度为8度;设计洪水频率为1/100年;桥涵设计荷载为汽车—超20级、挂车—120。

本工程于2004年3月15日开工,原计划2004年12月底完工。由于受居民住宅、企业拆迁和高压线改移等拆迁进度严重滞后的影响,2004年除13号、14号合同铁路顶进箱涵按期完工外,其他合同段未能按计划工期完成。K7+000~K19+700段于2005年11月完成交工验收,K0+000~K7+000段于2006年11月完工。

本项目投资工程数量:本工程路基挖方22.68万m^3,路基填方355万m^3;道路总面积46.83万m^2,桥梁面积8.94万m^2;路面工程方面,二灰底基层52.96万m^2,水稳基层40.14万m^2,底面层45.29万m^2,中面层46.83万m^2。

根据拆迁进展情况,适时调整总体计划安排。2004年下半年结合各合同段实际情况,针对性地确定了年内工期目标。2006年确定了8月南段(6号~12号合同)通车。北段(1号~5号合同)年底交工的目标。北段由于拆迁工作严重滞后未能实现2005年计划目标,2006年确定了该路段掉头车道5月底完工。剩余工程于2006年内完工。

六环路(西沙屯至寨口段)工程的建成通车,西北方向进京的重载货车将改变目前主要由八达岭高速进京的路径,改由110国道新线、京包高速进入六环路,再由西沙屯向东西六环路分流,然后从其他放射线高速出京。这条货运大通道同时也能解决八达岭高速久治不愈的拥堵难题,使八达岭高速成为一条专走旅游车辆、小轿车的客运专用通道。

(二)主要参建单位

六环路(西沙屯—寨口段)工程参建单位见表9-9-8。

六环路(西沙屯—寨口段)工程参建单位一览表 表9-9-8

监督单位	北京市道路工程质量监督站	
建设单位	北京市首都公路发展有限责任公司	
设计单位	北京市公路局设计研究院	
设计单位	道路、桥梁、排水、交通工程设计	北京市市政工程设计研究总院
	绿化工程设计	北京景观园林设计有限公司
	收费广场预留、预埋管线设计	中国公路工程咨询监理总公司
	收费大棚设计	北京中天华鼎建筑设计有限责任公司
	铁路顶进箱涵设计	铁道专业设计院
监理单位	土建工程	北京逸群工程咨询有限公司
	绿化工程	北京铭正洋林绿化工程监理有限责任公司
施工单位	1号合同	中国建筑工程总公司
	2号合同	北京城建三建设工程有限公司
	3号合同	北京城建集团有限责任公司
	4号合同	路桥集团第一公路工程局第三工程公司
	5号合同	北京鑫旺路桥建设有限公司
	6号合同	北京市政建设集团有限责任公司
	7号合同	鑫实路桥公司与中铁十八局第五工程公司联合体
	8号合同	中铁十六局集团第四工程有限公司
	9号合同	安通建设有限公司
	10号合同	北京路桥公司与京水建设公司联合体
	11号合同	北京鑫畅路桥建设有限公司
	12号合同	北京市政建设集团有限责任公司
	13号合同	中铁六局集团有限公司
	14号合同	中铁六局集团有限公司
	路面施工1号合同	北京鑫畅路桥有限公司
	路面施工2号合同	北京城建集团有限责任公司
	路面供料1号合同	北京路星沥青制品有限责任公司
	路面供料2号合同	北京路桥路兴物资中心
	照明工程	北京良业照明工程有限公司

续上表

施工单位	绿化工程1号合同	北京金五环风景园林工程有限责任公司
	绿化工程2号合同	北京路桥海威园林绿化中心
	绿化工程3号合同	北京市高速公路绿化公司
	交通工程1号合同（标志、标线）	北京市高速公路交通工程公司
	交通工程2号合同（护栏）	北京深化科交通工程有限公司
	交通工程3号合同（护栏）	北京路桥方舟交通科技发展有限公司
	交通工程（防眩板）	北京荣瑞达智能交通技术有限责任公司

二、建设情况（2004年3月—2006年12月）

（一）准备阶段

1. 立项审批

2003年7月14日，北京市规划委员会下发《关于六环路（西沙屯—温泉段）道路规划方案批复》（市规发〔2003〕921号）；11月21日，交通部下发《关于国道主干线北京绕城公路（六环路）西沙屯至寨口段可行性研究报告的批复》（交规划发〔2003〕508号）。

2004年1月19日，交通部下发《关于国道主干线北京绕城公路（六环路）西沙屯—寨口段初步设计的批复》（交公路发〔2004〕25号）；2月23日，国家环境保护总局下发《关于北京市六环路（西沙屯—温泉段）环境影响报告表审查意见的复函》（环审〔2004〕68号）；4月2日，北京市规划委员会下发《规划意见书（市政）》（〔2004〕市规意字0064号）；6月10日，水利部下发《关于国道主干线北京绕城公路（六环路）西沙屯至寨口段水土保持方案的复函》（水函〔2004〕86号）。

2005年3月29日，北京市路政局下发《关于六环路建设中涉及的一般公路改建验收移交工作的复函》（京路建发〔2005〕91号）；9月2日，北京市规划委员会下发《关于六环路（西沙屯—寨口段）桥梁命名的通知》（〔2005〕市地名命字0104号）。

2. 资金筹措

工程概算总投资16.69亿元，其中，建安工程费9.37亿元，设备及工器具购置费0.25亿元，征地拆迁费4.84亿元，其他费用2.24亿元（含预备费0.75亿元）。军温路立交预留工程费用3123.86万元。

3. 招标工作

（1）设计单位招标

总体设计单位招标情况：于2003年7月30日、8月5日分两次发布了项目拟进行勘察设计资格预审的公告，但在7月31日—8月3日和8月6日—8月10日的两次招标公告期间,项目投标人均不足3个单位,因此首发公司经请示上级主管单位后,采取了直接委托形式选择总体设计单位进行设计。

绿化设计招标情况:2004年7月8日对投标人发售招标文件;2004年7月9日下午举行标前会;2004年8月2日递交设计投标文件同时进行评标;2004年8月6日发出中标通知书。其余工程采取直接委托形式。

(2)施工单位招标

六环路(西少屯—寨口段)土建工程分14个标段。经过一系列法定程序,于2004年3月16日发出中标通知书,3月30日签订合同协议书。路面工程分两个路面材料供应标段和两个路面施工标段。经过一系列法定程序,中标的两家路面材料供应单位和两家路面施工单位都是综合得分排名第一的投标单位;分别于2004年8月30日和8月23日发出中标通知书,并于8月26日和9月7日签订合同协议书。

交通安全设施工程分4个标段的施工招标。经过一系列法定程序,中标的4家施工单位都是综合得分排名第一的投标单位;于2004年8月25日发出中标通知书,9月6日签订合同协议书。照明施工工程分1个标段的施工招标。经过一系列法定程序,于2004年9月6日发出中标通知书,9月15日签订合同协议书。绿化工程分3个施工标段,经过一系列法定程序,综合得分排名第一的投标单位为中标单位;于2004年9月9日发出中标通知书,9月13日签订合同协议书。

(3)监理单位招标

土建工程监理:六环路(西沙屯—寨口段)土建工程共分1个施工监理招标。经过一系列法定程序,于2004年3月8日发出中标通知书,3月10日签订合同协议书。

绿化工程监理:未进行招标,采用直接委托的方式与北京铭正洋林绿化工程监理有限责任公司签订监理合同。

4.征地拆迁

本工程征地拆迁工作由北京首发公司与海淀区、昌平区人民政府签订征地拆迁大包干协议,委托区政府具体负责征地、居农民住宅、企业房屋等拆迁工作,首发公司负责管线等设施的拆改移工作。

全线共征用土地1858.21亩;农民住宅拆迁185户,面积1.41万m^2;国有、集体企业67家,面积5.72万m^2;树木伐移16.81万株(含550亩苗圃);改移电力高压线路23路,塔基72座;改移通信缆26处100条;低压电路19处;上水22处12条;燃气管道2处;路灯4处,灯杆50根。设计变更两处;六环路与京包高速公路节点立交桥和史家桥桥区,增加征用土地48.8亩。住宅房屋24户,面积4808.9m^2,企业1家,面积329.61m^2。伐移树木及苗林31.97万株。

(二)实施阶段

1. 工程建设管理

(1)项目建设管理体系

在项目建设管理方面,实行首发公司、下属北京市首发高速公路建设管理有限责任公司(以下简称"首发建设公司")和项目管理处三级管理模式。根据工程建设计划的总体安排,首发公司工程建设管理部负责前期工作,首发建设公司和项目管理处负责工程实施过程中的管理工作。

首发建设公司工程建设管理部负责工程项目的前期准备,工程实施阶段的监督与检查,工程后期的验收和项目后评估等项工作。首发建设公司负责建设项目实施阶段的组织、控制和协调工作,并对项目管理处的工作进行检查、监督和考核。项目管理处负责建设项目实施阶段现场的管理工作。

本项目在工程实施前就确定了"开拓创新,以人为本"的管理思路。通过工程建设管理实施纲要的编制和过程完善。组织进行管理制度汇编及修订,制定部室职责和岗位职责,分解与公司签订的年度目标责任书内容,制定管理规划,签订各部室目标责任书,制定会议制度定期召开工程例会、质量工作会、业主、监理联合办公会、项目管理处办公会等,统一思想、认清形势,要求各级管理人员转变工作作风,提升管理能力和水平。

(2)质量控制措施

本工程建立了建设单位对工程质量负总责及政府监督、社会监理、企业自我保障的质量保证体系。根据《中华人民共和国建筑法》、国务院《建设工程质量管理条例》和交通部《公路工程质量管理办法》的规定,明确建设、监理、施工各方面的质量责任,建立健全各自的质量保证体系,制定相应的质量责任制和管理办法。

明确质量责任和目标:始终把质量管理放在工程建设管理的第一位,把质量管理贯穿于工程建设全过程之中,制定了工程质量管理办法,确立了首发公司。首发建设公司项目管理处各级质量管理职责:勘察、设计质量由首发公司工程建设管理部负责,施工阶段的工程质量由首发建设公司和项目管理处负责。

建立了质量管理的可追溯机制。为落实交通部公路工程质量责任终身制,本工程建立质量责任人档案,内容包括:责任人准确的身份证件、承担责任的书面文件及明确责任范围。现场负责人为直接质量责任人,具体质量责任人由参建单位的岗位职责确定。本工程对重要部位的工程质量实行责任人制,如桥头填方质量责任人由项目经理部中层以上管理人员担任,并挂牌明示,便于监督,对提高当事人的责任意识起到促进作用。

开展质量月活动。本工程共组织了三次质量月活动。通过在工程质量评比和树立质量典型活动中,有效地提高参建各方和各级管理人员的质量意识和荣誉感,促进了工程质量的良性发展。

(3) 合同管理

本项目实行合同管理,通过规范、严密的合同约束业主、监理和承包人三方的行为。合同文件成为业主、监理和承包人开展工作和处理问题的依据。六环路(西沙屯至寨口)工程现已签订合同176份,其中拆迁合同64份,工程合同28份,监理合同2份,勘察合同2份,设计合同6份,咨询、服务合同14份,检测合同4份,廉政合同28份,安全合同28份,涉及总合同金额13.24亿元。

通过廉政合同,双方自我约束、互相监督,避免违法违纪的腐败现象发生。首发公司、首发建设公司每年都组织监理和施工单位进行廉政建设问卷调查,项目管理处还专门设定了举报箱,主动接受各方监督。本工程未发现违法、违规、违纪行为。

(4) 文明安全施工管理

根据六环路(西寨段)工施项目管理实施纲要,要把六环路(西寨段)工程建成优质工程的同时,也必须建成"文明安全工程"和"环保工程"。由于拆迁等方面原因,工程进展缓慢,造成一些招工单位在文明安全施工等方面投入的积极性不高。但项目管理处丝毫没有放松管理力度,而是高标准、严要求,为工程实施创造了良好条件。

根据北京市政府及首发公司的要求,项目管理处把文明施工和环保工作作为一项重点工作来抓,大力控制扬尘。例如,四级风以上停止土方施工,大面积存土整形覆盖,保证现场及周边道路硬化及整洁,现场料具按规存放,明确标识等,同时做好施工现场治理、围挡及宣传工作。规范化施工,其中对地牌、一图四板、标识分界牌、单项工程牌、施工便道牌、封路牌等统一标准,以施工的规范化促进工程质量和进度,树立六环路工程的良好形象,尽量减少扰民和民扰现象发生。

工程后期,项目管理处加强了成品保护检查和监督力度,通过明确成品保护的措施和处罚标准,要求现场业主代表、监理和土建施工单位加强巡视,及时制止成品破坏行为,对产生成品破坏的,不仅给予一定的经济处罚,同时要求限期处理完毕。

2. 重大工程设计变更

在工程变更和费用索赔方面进行严格管理、严格控制。项目管理处制定的各种规章制度中包括工程变更管理办法和费用索赔管理办法。确定了设计变更和工程变更从立项到审批的程序。此外还明确了工程变更和费用索赔限额的审批权限,使工程项目管理从监理程序到业主程序有一条比较明晰的主线。

本工程共发生工程变更571份(其中施工变更241份,设计变更330份)。变更费用增加额5861.05万元。施工图设计增加的主要工程项目有:

5号、6号、8号、10号合同各增加通道桥一座、京包立交改线、增加立交桥一处、跨河桥两跨,共计增加费用3874万元;设计增加支一路跨中直渠桥及支事路下穿六环主路通道桥，共计增加费用264.97万元；设计增加1号合同支1、2、3、道路工程及1号、2号合同增加挡墙，共计增加费用250万元；桥头地基处理：共有23座桥头分别进行了CFG桩、复合载体夯扩桩、水泥搅拌桩及强夯置换等处理工作，共计发生费用1276万元，结构物地基处理共计发生380万元；桥头预压：为避免桥头沉陷，共有13座桥采用预压的方式进行处理，共计发生费用35.9万元；1号合同与六环路（胡各庄至西沙屯段）接顺750m，原预留250万元，因设计调整实际发生741.43万元，增加费用491.43万元；抗车辙剂及普通沥青变为改性沥青增加费511万元；1号合同新增掉头车道增加255.42万元；地方路网恢复，预计发生230万元。

索赔情况：共收到索赔意向书64份，经审核依据合理，证据充分的索赔单身书33份，涉及费用5650.26万元，其中工程延期索赔2297.63万元，延期造成沥青价差补偿费用1727.15万元，35mT梁变更为42m T梁费用索赔约334万元，抢工措施增加费900万元，路基沉降索赔166万元，设计变更发生索赔225.5万元。

三、科研成果

（一）桥头跳车的防治

本工程地处昌平西南部和海淀山后区，地勘报告所揭示的工程地质孔隙比大、含水率高、有机质含量高、软土地基特征明显。此外，还发现了北京地区罕见的草炭土层。因此，科学合理地解决工后沉降和桥头跳车这一质量通病是摆在大家面前的一道技术难题。首发建设公司，项目管理处先后举行15次专题研讨会，参与研讨的包括这一领域的知名学者、教授及勘察院、设计院、咨询公司、施工企业的专家或技术负责人等。

首发公司投入1200万元资金用于地基处理。通过CFG桩、复合载体夯扩桩、水泥搅拌桩、小能量强夯、强夯置换、填筑轻质材料等技术措施，基本上达到了预期效果，减轻了不良地质路段桥头跳车的病害。

（二）沥青路面早期破坏预防

本工程的主要功能之一是屏蔽过境重载交通，所以采取必要的措施防止沥青路面出现早期破坏在工程上有着十分重要的意义。

1. 在材料控制方面

新的公路沥青路面施工技术规范指出："中面层沥青混凝土以AC-201型为主，但对重载公路抗车辙能力明显不足"。经过研讨，首发公司决定在中面层掺加抗车辙剂。

以往抗车辙剂只在车站、路口等小范围内使用。在整条路上全线采用该技术在北京地区还是首次，掺加抗车辙剂后的中面层动稳定度有了较大的提高，为解决重载交通条件下出现车辙问题进行了有益的探索。

2. 在施工工艺上的预防

针对掺加抗车辙剂后，材料出现新特点，摸索出"重碾在先、高温碾压、高频高幅"的新工艺，与传统"先轻后重"的施工工艺相比，取得了较好的压实效果，使中面层的抗剪变形能力进一步得到提高。

3. 技术管理上的预防措施

沥青路面早期破坏往往是局部的、呈不规则分布状态，表现为质量变异，因此质量技术管理的重点应由注重代表值、平均值深入到对变异系数的控制上来，并以此作为施工水平的评价。如控制水稳强度变异和表观离析，努力避免因强度过高引发路面开裂和因表面松散造成局部先唧浆后坑槽的问题；其次，控制沥青混合料的材料变异，派有经验的监理工程师进驻料厂，对级配、油石比等各项重要指标进行检查，以确保材料质量在正常的波动范围之内；再次，对施工质量变异的控制；派有经验的专职监理工程师长盯摊铺现场，并特邀有关专家做全程铺油现场指导，做好对温度离析、材料离析的预控。通过对工艺、现场的有效监督，达到对厚度、压实度、平整度等主要指标的变异控制，努力克服沥青路面的早期破坏问题。

(三) 新工艺和技术的使用

1. 采用外国先进材料减轻车辙病害

为解决重载交通对道路面层强大的剪切推移，最大限度地减轻车辙病害，本项目在中面层进行了大幅度提高动稳定度的有益尝试。试验检测的最小值达到5000以上，比规范的规定值(2-2区普通沥青混合料不小于800，改性不小于2400)有了较大程度的改善。

2005年，在K7+000~K19+700段主要采用了法国的PR抗车辙剂，同时通过适当延长拌和时间等各种技术工艺性措施，在掺加量为3‰时，动稳定度就达到了5100~5400。2006年，在K0+00~K7+000段使用德国产Duroflox抗车辙剂(掺加量为5‰)及采用成品改性沥青，检测结果动稳定度也都超过了预定指标5000次以上，取得了较好的经济技术效果。

2. 采用复合载体夯扩桩技术处理桥头路基

复合载体夯扩桩是一项享有国家专利的地基处理新技术，主要是通过锤击成孔，导管跟进，利用重锤对地基进行深层强夯，加固土体，通过夯击投入的建筑垃圾、干硬性混凝土形成球状人工地基，其上灌注普通混凝土，并在顶部做适当扩径，和桩间土共同工作，构成复合地基。该项技术可靠，经济指标相对较低，并可消化一些建筑垃圾，符合绿色环保节能降耗的发展方向。在本项目的沙阳立交等路段，多处地基部位都采用了这种建筑垃圾代替混凝土技术,这样成本比原先的混凝土打桩法节约了20%~30%,而且公路的质量也不会下降。这种新兴的复合载体夯扩桩法目前已经获得国家专利。

3. 强夯置换复合法加固地基

以往地基加固或采取强夯法,或采用挖换法等单一方式处理地基。针对本工程局部地段有深层软下卧层的情况,将二者结合起来使用。通过强夯、填料、再夯、再填,软下卧层侧向垄起被置换,达到加固地基的目的。该项技术的采用减少了地基的工后沉降,并大大地节约了加固成本。

4. 路面结构内排水技术的应用

水是造成路面破坏的主要原因之一,本项目针对路面内排水,从设计到施工都采用了一些新的技术措施,具体做法是在路面边缘雨水汇集区,内置集水盲管,并设反滤保护层。在路缘石下铺设无砂混凝土,并为进一步增加透水效果,对无砂混凝土每间隔0.5m设一 $\phi 2cm$ 的透水孔,使路面内积水侧向排出。

5. 对桥梁的垂直排水系统进行改进

新的排水设施除顺畅排除桥梁表面雨水外,对渗入桥面内的雨水也能进入垂直排水系统排出,可降低桥梁沥青混凝土面层早期破坏风险。

6. 路面施工新工艺、新设备的应用

采用大吨位压路机,并调整了施工工艺,综合提出"三保四防"的质量控制目标,即保压实度、保厚度、保平整度、防车辙、防渗水、防温度离析、防材料离析。中面层侧重压实度、厚度;表面层侧重压实度、平整度、厚度、渗水系数,以提高沥青面层综合质量,确保良好的使用功能。

根据新的公路沥青路面施工技术规范,沥青路面成败与否,压实是最重要的工序。许多高速公路路面早期病害大多与压实不足有关,本工程在压实工艺及压实机械的运用上进行了调整。

7. 对新型的桥面防水材料进行科学试验

热法施工的APP卷材材料质量比较稳定,长期以来,一直是首选的防水材料。但随着近年来,重载交通的迅猛发展,不少桥面出现了早期破坏,传统的防水卷材面临着新形势下的挑战。为此,本工程加强了与防水施工相关的各工序的严格控制和检查,并对采用新的防水材料进行了积极探索。经过专项检测合格后,对冷法施工的"湿可威"卷材及沥青纤维防水涂料在征得设计人同意后,分别在一些桥梁上做了试用,经检测,满足设计要求。与防水材料课题组合作,进行了包括APP卷材在内的多种防水材料的试验。为进一步规范桥梁防水设计施工工作提供了一些试验数据。

第七节 六环路（良乡—寨口）

六环高速公路良乡—寨口段,全长38.28km,于2007年6月30日开工,2009年9月12日建成通车。

一、项目概况

（一）基本情况

六环路良乡—寨口段是六环路工程的最后建成的一期,工程起点位于房山区良乡,途经房山、丰台、门头沟、石景山、海淀5个区,终于海淀区寨口。主要技术标准:设计速度80~100km/h,红线宽度为80m;双向四车道,加连续停车带;桥涵设计荷载为公路—Ⅰ级;公路路基宽度为28.5m。工程量方面:共建设特大桥1座,通道桥16座,人行天桥2道,互通式立交27座,隧道2座;建设管理区1处;匝道收费站8处;道路建设面积为122万m^2,桥梁面积为40万m^2,绿化面积为178万m^2;路基填方1036万m^3,挖方536万m^3。

六环路（良乡—寨口段）单位工程数量146项;分部工程数量1073项;分项工程数量1.5万余项。经北京市公路工程质量监督站对本期工程进行的质量评定,确定六环路（良乡—寨口段）公路工程各主要技术指标均满足规范要求、总体质量达到优良级。该建设项目分项工程合格率100%,工程质量评定为优良级。

西六环工程（良乡—寨口段）建成通车,标志着历经11年建设、北京市域内里程最长、连接新城和市域范围最大的六环路全线贯通,进一步完善了国家高速公路网系统,是北京"人文交通、科技交通、绿色交通"建设的又一重大成就。

作为北京市一条重要干线环线高速公路,西六环的建成,对充分发挥六环路的整体功能、完善路网布局结构、带动周边新城发展起到重要的作用,同时缓解八达岭高速公路的拥堵,进一步完善了西部货运通道,减少过境货运车辆对北京市区本已拥挤的交通状况的影响,有利于净化城市环境,促进了沿线地区经济的持续发展。

（二）主要参建单位

北京市首都公路发展有限责任公司作为六环路（良乡—寨口段）的投资、建设单位,负责了本期工程的组织实施,在工程实施过程中严格执行了工程基本建设程序,严格执行了项目法人制、招投标制、合同管理制和工程监理制。经过公开招投标,最终确定的中标单位见表9-9-9。

六环路(良乡—寨口段)参建单位一览表

表 9-9-9

招标类型	工程类型		单位名称
勘察设计单位			中航勘察设计研究院 北京地质勘察院 北京市勘察设计研究院
设计单位			北京市市政工程设计研究总院 中铁工程设计咨询集团有限公司
监理单位			北京正宏监理咨询有限公司 北京正远监理咨询有限公司 北京仕邦工程监理有限责任公司 北京正立监理咨询有限公司 北京泰克华诚技术信息咨询有限公司
监督单位	北京市道路工程质量监督站		
施工单位	土建标	1号合同	中铁五局集团有限公司
		2号合同	安通建设有限公司
		3号合同	中铁十九局集团第三工程有限公司
		4号合同	北京市海龙公路工程公司
		5号合同	天津城建集团有限公司
		6号合同	北京鑫畅路桥建设有限公司
		7号合同	安通建设有限公司
		8号合同	安通建设有限公司
		9号合同	中铁十四局集团第三工程有限公司
		10号合同	北京市公路桥梁建设公司
		11号合同	北京鑫实路桥建设有限公司与北京翔鲲水务建设有限公司联合体
		12号合同	中铁六局集团有限公司与中铁大桥局股份有限公司联合体
		12A号合同	北京市市政一建设工程有限责任公司
		13号合同	北京市市政二建设工程有限责任公司
		14号合同	中铁十七局集团有限公司
		15号合同	北京城建道桥工程有限公司
	路面标	1号合同	北京鑫旺路桥建设有限公司
		2号合同	北京城建道桥工程有限公司
		3号合同	北京鑫实路桥建设有限公司
	交通工程标	1号合同	北京市高速公路交通工程公司
		2号合同	北京云星宇交通工程有限公司
		3号合同	中交一公局交通工程有限公司
		4号合同	潍坊东方交通设施工程有限公司
	绿化标	1号合同	北京大墅绿化有限责任公司
		2号合同	北京天华绿化工程有限公司

续上表

招标类型	工程类型		单位名称
施工单位	绿化标	3号合同	北京京林园林绿化工程有限公司
		4号合同	北京市京石园林绿化有限公司
		5号合同	北京金五环风景园林工程有限责任公司
	机电标		北京云星宇交通工程有限公司
	照明标		北京市市政六建设工程有限公司
	收费天棚标	1号合同	中国航空港建设总公司
		2号合同	北京城建北方建设有限责任公司
		3号合同	北京城建三建设集团有限公司
	隔音屏标	1号合同	北京市高速公路交通工程公司
		2号合同	北京世纪泰宝交通防噪声科技发展有限公司
		3号合同	江苏中晖环保工程有限公司

二、建设情况

（一）准备阶段

1. 立项审批

六环路（良乡—寨口段）公路工程前期工作的各个环节，基本上执行了国家、北京市各项基本建设程序，不仅体现了依法办事、规范运作的精神，为工程的全面顺利实施奠定了较好的基础。

2005年7月6日，北京市规划委以市规发〔2005〕749号文批复该工程的规划方案；

2006年9月28日，该工程通过地震安全性评价；10月11日，水土保持方案获得通过；11月1日，环境影响报告书获得批复；12月15日，北京市规划委批复该工程设计方案。

2007年4月28日，北京市发改委和交通委批复项目建议书；6月8日，该工程获得项目建设用地规划许可证。

2008年9月26日，国家发改委批复该工程的可行性研究报告。

2009年8月17日，交通部批复该工程初步设计。

2. 资金筹措

概算总投资84.6亿元，建安费36.6亿元，征地拆迁费38.12亿元。

3. 招标工作

首发总公司严格按照《中华人民共和国招标投标法》、交通部《公路工程招标投标管理办法》和《北京市招标投标条例》规定的方法和程序,本着"公开、公正、公平"的原则,通过媒体发布了施工招标资格预审通告,面向全国公开招标,择优选择施工承包商和施工监理单位。

首发总公司成立招标工作领导小组。招标工作领导小组在总公司董事会的领导下,开展各项工程招标工作,决定招标过程中的重大事宜。其基本程序为:发布招标公告、发售资格预审文件、发售招标文件、公开开标、专家评标、发中标通知书、签订合同协议书。

本项目采用公开招标方式择优选择施工单位。评标小组均由北京市、交通部专家库随机抽取人员组成。对评标工作进行监督的是北京市招标投标管理办公室。确定的中标单位均为专家评标的结果。

4. 征地拆迁

按照市政府会议纪要的精神和要求,六环路(良乡—寨口段)公路工程征地、拆迁工作是由沿线各区人民政府组织实施完成的。关于征地、拆迁费用的管理工作,是由首发建设公司与沿线各区人民政府依照《北京市人民政府办公厅关于进一步完善交通基础设施工程征地程序有关问题的通知》(京政办发〔2005〕55号)、《北京市建设征地补偿安置办法》(市政府148号令)等国家和北京市的相关法律、法规、文件及规定协商确定。由沿线各区人民政府和有关职能部门对被拆迁单位及人员进行补偿和安置工作。

管线拆改移工作由首发建设公司负责组织实施,其实施原则是:首发建设公司与各产权单位及规划设计部门协商确定拆改移方案,按所确定的方案由首发建设公司对其产权单位所报费用进行初审后,委托北京市有资质的预算审查定价机构进行审定,按照审定的价格进行工程结算。

六环路(良乡—寨口段)公路工程征地拆迁工作沿线涉及房山区、丰台区、门头沟区、石景山区、海淀区5个行政区,11个乡镇,45个行政村。按照北京市政府会议纪要精神,征地、拆迁工作由首发建设公司负总责,与沿线各区政府共同完成。首发建设公司与沿线各区政府签订委托协议,完成了征地拆迁工作。

六环路(良乡—寨口段)公路工程共征(占)用土地5678亩(其中,集体4547亩,国有土地1131亩)、拆迁各类房屋约49.19万m^2(其中,住宅22.12万m^2,农村集体企业21万m^2,国有企业6.07万m^2)、伐移各种树木和花灌木985.51万株,拆改移多个行业的各种管线245项。征地拆迁费批复概算为40.15亿元,占工程建设总批复概算投资(84.6亿元)的47.36%。

(二)实施阶段

1. 工程建设管理

六环路(良乡—寨口段)公路工程建设项目实行三级管理,即:首发总公司、首发建设公司、六环路(良乡—寨口段)项目管理处。首发总公司相关的职能部门负责项目策划、资金筹措及还贷、运营管理、资产的保值增值等职责,首发建设管理有限责任公司负责工程建设实施管理与组织,六环路(良乡—寨口段)项目管理处负责工程建设项目的具体实施与日常施工管理活动。

六环路(良乡—寨口段)公路工程在项目的建设中严格执行项目法人制、招标投标制、工程监理制、合同管理制四项制度。

(1)严格实行项目法人责任制

六环路(良乡—寨口段)公路工程的建设严格依据国家计委和北京市政府要求,按照建立现代企业制度的有关规定,本着项目法人组织精干,充分依靠社会中介的原则,严格落实项目法人责任制,建立和完善项目法人治理结构,将项目的策划、资金筹措、建设实施、运营管理、债务偿还和资产保值增值等责任,通过内部机制的建立和完善落到了实处。

建立健全内部管理体系和各项规章制度,依据国家、北京市有关法律、法规及公路工程建设相关规定,制定了《六环路(良乡—寨口段)项目管理处管理制度汇编》和实施细则,其内容涵盖了从工程建设目标、征地拆迁管理、合同管理、质量管理、技术管理、档案资料管理,一直到竣工验收管理等一系列管理办法,对劳动人事、财务管理、行政后勤管理也制定了相应的管理办法,以此规范工程建设管理行为,使管理工作做到制度化、标准化、程序化。同时,建立明确的内部分工负责制和岗位责任制。公司领导、机关部室、项目管理处都依据年度目标责任书,将任务量化、细化,层层分解,签订年度目标责任书,完善内部目标考核机制。

(2)招标投标管理情况(见上文"招标工作")

(3)工程监理制执行情况

在工程建设过程中落实工程监理制,共招标监理单位2个总监办(土建、机电照明)、5个驻地办及9个单项监理。各监理单位均制定了详细的监理规划,明确了岗位职责和工作目标,充分发挥监理"三控、三管、一协调"的作用。在钻孔灌注桩、现浇混凝土结构、T梁预制、钢箱梁加工、沥青混凝土路面摊铺、桥梁接缝、桥面防水施工、交通工程、机电照明、绿化工程等均实行全过程旁站监理。

北京市公路工程质量监督站负责本工程的质量监督工作。北京市公路工程质量监督站成立了监督工作办公室,负责日常监督工作。

(4)合同管理情况

通过规范、严密的合同,共同约束业主、监理和承包商三方的履约意识和行为规范。合同文件成为业主、承包商和监理协调工作和处理问题的共同依据。合同协议书签订后,实行全过程的履约管理。在强调业主自身履约的同时,对承包商、监理单位进行全方位的评定,有效地避免了重大违约事件和合同纠纷的发生。同时依据合同规定严格控制工程变更和索赔的发生,以此控制工程造价。

(5)工程质量管理

北京市首都公路发展有限责任公司结合工程特点,紧紧围绕"四坚持、两严格、三确保"的首发特色的工程建设管理基本思路,根据工程建设计划的总体安排,分别组织精干人员,成立了在六环路(良乡—寨口段)的公路工程项目管理处。

为确保工程质量达到高标准,在与监理、承包人签订合同中就制定了达到市、部优良级的工程质量条款。同时项目处根据职责,首先建立健全了质量控制工作体系,建立了一整套管理程序,并由业主、监理、承包单位分别成立了创优工作小组,并组织其有效运作。同时项目管理处根据工程实际情况,又下发了六环路(良乡—寨口段)项目处管理细则及一系列管理办法和规定,将质量管理工作细化为工程实测实量及工程质量评定的管理;材料、混合料配比管理;试验工作的管理;结构工程、道路工程、隧道工程施工工艺及质量控制的管理;监理、施工单位资料的管理;监理工作质量及质量问题处理的管理等。

在施工过程中,自始至终贯彻以安全、质量为中心,以阶段目标为控制点,掌握重点,把握难点,按合同、分阶段阶梯式推进工程,要求用满时间,占满空间。对于质量问题的多发点、易失控点,采取施工单位制定详细施工方案,监理单位制定预控措施,对技术重点、难点工序采用召开专家论证会的形式确定方案,项目处审查的方式予以确定。实施过程中,项目处通过业主代表及监理对施工单位制定的方案狠抓落实,经过严格要求、严密组织、严细管理,使监理、施工单位通过工程质量来求得信誉、促进进度、创造效益。

2. 主要控制工程

主要控制性工程有:卧龙岗隧道及108国道立交、2段路堑结构、永定河至三家店水库高架桥、跨丰沙铁路子母塔斜拉转体桥、109国道互通立交桥、跨京原铁路高架桥等。

(1)互通式立交8座

良坨路互通式立交、长青路互通式立交、大灰厂路互通式立交、大灰厂东路互通式立交、108国道互通式立交、广宁路互通式立交(部分)、109国道互通式立交、军温路互通式立交。

(2)隧道1处2座

卧龙岗隧道左洞长420m,右洞长416m,上、下行分离式洞体。位于鹰山森林公园山体植被下方,洞顶最小覆土厚度3m,最大覆土厚度47m。处于八宝山地震断裂带及5~6级地质围岩条件下,施工难度相当大。

(3)上跨铁路转体桥3座

跨京原铁路变截面箱梁桥。上下行分离独立式桥体,转体长度108m,转体形式为墩底球铰,双桥平行同步旋转,旋转角度33°。于2009年3月6日顺利执行转体作业。

(4)路堑结构2段

地处丰台区地段的路堑结构段全长1.2km。此段地质结构为北京地区很少见的膨胀土,最大下挖深度为20~25m。为了解决地表大面积的滞水渗漏汇集引起的土体液化,采取了特殊的设计结构和处理方案(如:路基下埋设盲沟纵、横向排水;路面结构下采用强透水性材料;铺筑土工布及格栅解决高边坡的稳定性、网格植被等形式)。另外,在此段为解决地方路的连通,修建上跨桥2座,人行天桥2座。

地处门头沟区地段的门城地下结构段全长3.8km。此段根据原状历史以来开采砂石遗留下来的垃圾坑进行设计整治环境而考虑的,对地基进行了强夯处理。由于地势低洼,故在此设立排水泵站1座。在占地红线以内的可视范围采用了网格植被处理。另外,在此段为远景规划,设置了9座上跨桥梁和长安街西延桥梁的下部基础结构。

(5)永定河至三家店水库高架桥段

此段高架桥自永定河西岸至与109国道分线行驶止,全长4.4km。其中上部结构包括:预制混凝土T梁;钢结构箱梁;混凝土现浇箱梁;丰沙铁路转体斜拉箱梁。上跨丰沙、京门铁路,下穿斜军联络线铁路。跨越永定河主干道、永定河引水渠及三家店水库东岸(1.4km),为此同时解决了109国道此段的永久性规划断面。

三、科技创新

由于北京六环公路西部路段大部分位于崇山峻岭之间,地形比较复杂,施工困难很多。因此,西六环工程(良乡—寨口段)工程在实施过程中广泛采用了新技术、新工艺。

(1)丰沙转体斜拉桥是西六环的关键控制工程之一,上跨丰沙铁路。六环路与丰沙铁路相交处铁路里程为K18+027,公路里程为K28+405,相交角度38°。现况丰沙铁路为2股线,电气化铁路;规划不增线。本桥为56m+100m+70m+37m四跨连续子母塔单索面的预应力混凝土斜拉桥,主塔采用塔、梁、墩固结体系,索塔高度与中跨跨长之比为0.33,主梁主跨的跨高比为1/33;子塔采用塔、梁固结体系,索塔高度与中跨跨长之比为0.19。为减小对铁路运营的干扰,本桥采用墩上转体的施工方案,转体结构采用环道与中心支撑相结合的转盘结构,转体重量为1.5万t,为亚洲采用墩上转体工艺转体重量最大的桥梁,该桥于2008年7月16日顺利实施转体。

事实上,为避免对既有运营铁路线的影响,六环路良乡—寨口段工程共有三处跨越铁路桥采用了转体技术,其中跨京原铁路和军庄铁路线采用转体刚构技术,跨丰沙铁路桥采用单索子母塔墩顶转体斜拉桥形式,单铰转体重量为1.49万t。

(2)本工程为西部货运通道的一部分,路线经过三家店水库为二级水源保护区,属于饮用水标准,为保护环境对该路段的防撞护栏进行了专题研究;开展了跨高路堤的卵石土地区大跨度桥梁快速建设成套技术研究和应用;卧龙岗隧道施工监控量测与运营期监测系统及建设期安全风险评价;膨胀土处治技术研究及监测;浅埋、大跨、小径距、破碎带隧道施工技术研究。

按照经碰撞试验后确定的加强型防撞护栏结构尺寸,有效地提高了水源保护的安全性,该课题加强型防撞护栏的研究和应用已列入北京市路政局课题项目。

(3)卧龙岗隧道施工监控和量测、运营期间监测系统及建设期安全风险评价。

(4)膨胀土处治技术的研究与监测。本工程经过丰台区王佐镇的路堑段,进场开挖后,土质经试验判定为弱膨胀土,这是北京施工近年来首次发现大规模的膨胀土体,为此建设单位邀请长沙理工大学并组织设计单位、勘察单位开展专题研究,以有效防渗保湿为原则,采用土工格栅网包边柔性支护技术等处理措施,目前效果良好。

(5)采用 LED 节能光源、地源热泵等新型节能设施。在管理区采用 LED 灯、地源热泵等新型节能设施;对全线山体边坡采用客土喷播技术实施绿化美化;每座收费站均设有 ETC 车道;水土保持、噪声治理等环保工程与主体工程实现"三同时"。

(6)全线山体采用客土喷播技术实施绿化美化工程。

(7)浅埋、大跨度、小净距、破碎带隧道施工技术的研究。

(8)跨高路堤的卵石土地区大跨度桥梁快速建设成套技术研究。

(9)橡胶沥青桥面防水的应用。橡胶沥青防水有工艺简单、对施工环境要求不高、施工速度快、养生时间短等工艺特点,同时还具有与基面黏结牢固、整体性好、与面层结合紧密等性能。六环路(良乡—寨口段)工程桥面防水部分采用了橡胶沥青防水,总面积 11.79万 m^2,取得了良好效果。

(10)西北六环路部分路段采用了法国的 PR 抗车辙剂,同时通过适当延长拌和时间等各种技术工艺措施,提高了沥青的质量,取得了较好的经济、技术效果。

(11)在施工工艺上,西北六环路采用复合载体扩顶夯扩桩技术处理桥头路基,该技术由享有国家专利的低级处理技术,其经济指标相对较低,并可消化掉一些建筑垃圾,向绿色环保节能降耗的发展方向。

第八节 六环路运营养护管理

一、运营管理机构

六环路的收费管理、服务区运营工作由首发集团负责运营管理,其中八达岭分公司酸枣岭立交—闫村西段、京沈分公司责马驹桥—酸枣岭段、京开分公司负责六环路马驹桥—阎村西段。养护管理工作由北京首发公路养护工程有限公司负责。

二、运营管理情况

1.收费站设置及建设

相关详细信息详见本书"附表"部分的表4-2-1。

首发集团京沈路分公司2005年在六环路使用微机收费系统。为提前做好人员准备，分公司疃里收费站于3月14日、15日对全体收费人员进行了"高速公路联网车道软件"的培训工作。六环路启用微机收费系统有效增强了对收费现场的防控力度，进一步规范分公司收费工作，提高收费运营的科技含量。

2007年4月18日，联网收费系统于在京沈路分公司所辖六环路（酸枣岭—马驹桥段）试运行。试运行初期，为了确保运营工作正常开展，六环路新、旧结账系统同时使用，通过一周的数据对比，系统数据准确。经过收费管理部、监控中心共同协商，从是年4月29日零时开始，六环路停止使用旧结账系统，全部采取联网结账系统，通过5个班次的运转数据显示，收费员结账时间仅用10分钟，同时减少了收款员制作报表及核对收费员手工报表的时间，大大提高了结账工作效率。

2008年2月16日零时，六环路（酸枣岭立交—马驹桥）ETC、MTC电子收费系统开始试运行。

2008年4月16日下午13时，随着张家湾1、3站拆除工程的正式启动，京沈路与六环路实现了半幅联网收费。此次拆除工作重点对张家湾1、3站共计4个收费亭及2套收费岛头、岛尾进行拆除。张家湾1站保留了2座由张家湾1站去往张家湾镇方向的岗亭；张家湾3站保留了由匝道驶入六环路的岗亭。此次京沈路与六环路实现半幅联网收费，使得由京沈路入六环路的车辆不必再中途交费和领卡，实现了一次性缴费。张家湾1、3站是由京沈路驶入六环路的必经之路，且通行车辆中大货车居多，而由京沈路驶入张家湾3站的车道较窄。拆改后，不但加快了车辆通行速度，提高了站区通行能力，而且降低了管理成本，增加了站区的安全系数。

根据集团公司整体安排，2009年9月12日，西六环（良乡—寨口段）完工，举行通车仪式。为配合西六环顺利开通，联网收费软件费率进行了统一调整。

六环路马驹桥4收费站是交通部批准设置六环高速公路主要站点之一，连接京津塘高速公路，马驹桥镇开发区是京津塘高速公路与六环高速公路的连接处。通过马驹桥4站全体收费员的共同努力，在连续3年获得集团公司级"青年文明号"后，2006年又被誉为北京市级"青年文明号"。在奥运会保障任务中，疃里收费站所辖常屯站点被共青团北京市委员会授予"青年文明号"称号。

2.服务区设置

本段未设置服务区。

3. 养护管理

（1）养护机构

北京首发公路养护工程有限公司负责六环路养护工作。1999—2001年，北京首发养护公司日常养护管理及具体实施均由养护管理部负责。

2001年以后，北京首发养护公司成立了以项目经理负责制的六环养护项目经理部负责日常养护工作，养护管理部承担管理职能。由于管养里程的持续增长，首发养护公司又陆续成立了机电项目经理部、大修工程处、交通工程项目经理部、清障救援队，养护生产单位达到11个。2009年，首发养护公司建立了养护行业巡查系统、养护业务日常管理系统、养护车辆监控系统、移动车载指挥调度系统。2010年2月，建立了公司养护指挥中心。该中心作为各种高速公路数据收集、信息上传下达的控制中心，以应对发生应急突发事件时，及时做好养护工作。

（2）养护管理经验

①养护管理专业化。首发养护公司分工细化，按区域划分7个养护项目部，平均管辖100km高速公路的道路养护和绿化养护工作。

②养护管理制度化。综合路龄、地域、交通量等因素，制定各路段的养护经费定额，合理调整养护经费的投入预算；并根据首发集团公司《高速公路运营管理手册》的规定，编制了《养护质量标准》及《养护质量考核办法》，养护考核机制注重确保养护质量；结合实际对养护作业时间进行调整，对所有作业项目的时间、路线、频次进行明确，通过GPS车辆管理系统进行监督检查。

③养护管理机械化。以30km为覆盖半径，设置养护工区和安排养护机械。截至目前，共配备养护车辆346辆，机械设备572台套。其中，除雪车46辆，清障救援车14辆，大型吊车5辆，清扫车49辆，洒水车55辆，小货车78辆，平均每公里机械装备投入达17万元，满足不同养护作业要求，实现所有管养路段养护作业的机械化。

④养护管理精细化。从作业要求、形象要求、管理要求、时限要求和岗位要求等五个领域入手，做到养护工统一着装、养护车辆统一标识、养护作业统一流程、养护质量统一标准、养护作业区统一设置、病害修复及时高效，进行各项精细化养护工作。

4. 维修养护工程

（1）2006年维修工程

六环路黄良段102km处深凹槽路段是兴业公司确定的防汛重点。为此，首发兴业公司于2006年5月底对护坡上角加设了防护墙。为防止凹槽路段高长护坡所冲泥土堵塞排水截止沟和道路雨水口，影响雨水泵站进水管道的排水，首发兴业公司在护坡脚下的截水沟两侧码上长2km的沙袋，拦截在大到暴雨时被冲刷的护坡泥土，并在易发生水毁处集中存放部分沙袋,此项共计码放约1.3万个沙袋。同时,还对此路段护坡上缺土严重的花砖土方进行了局部填土夯实处理,防止护坡花砖空架后塌方现象的发生。这项工程的实施可以有效地拦截凹槽路段外来客水的侵入。以后每到汛期,兴业公司六环项目部就提前储备防汛材料。

(2)2009年罩面大修工程

六环路通马段高速公路于2000年建成通车后,由于道路交通量大,重载车辆多,均已出现不同程度的车辙、裂缝等病害,为了给过往车辆提供一个良好的通行环境,首发兴业公司组织实施该路段修复工程,按照北京市交管局批复,第一阶段对路面行车道进行病害处理,第二阶段对路面进行整体罩面。第一阶段于2009年6月9日正式开工,计划工期约30天。对六环路内环(K48+150~K62+000)行车道进行铣刨4cm,同时摊铺4cm改性中粒式沥青混凝土(AC-20)面层。该工程施工时间紧、工程量大,为了确保施工期间道路畅通,同时保质保量完成该项工程,大修工程处组建了自己的施工队伍,根据该项工程的施工特点共分为铣刨组、摊铺组、碾压组、施划组、交通导流组和后勤保障组6个施工班组,各施工班组分工明确、配合默契。同时,详细编制了施工组织设计,采用流水线式施工,铣刨、摊铺和划线依次进行。

(3)2010年大修工程

截至2010年,六环路多数路段通行至今已接近8~10年,期间除2009年5月对六环路(K38+800~K64+000内环)进行了大修罩面外,其余均为日常养护。现况六环路病害已经影响到行车舒适和通行安全,为提高首都公路服务水平,六环路大修工程项目势在必行。

为此,受北京市首都公路发展集团有限公司委托,北京国道通公路设计研究院进行六环路大修工程施工图设计,设计内容为桥梁伸缩缝病害、桥面病害、路面病害(车辙、网裂及小范围病害)等,设计路段全长128km。六环路大修工程施工图设计协作单位是北京奥科瑞检测技术开发司,监理单位为北京正宏监理咨询有限公司。

2010年的六环路大修工程主要针对六环路京藏高速公路(K168)至京承高速公路(K188)、京承高速公路(K0)至京开高速公路(K84)部分路段进行维修。维修内容主要包括路面病害处理及沥青路面加铺、伸缩缝维修、标线复划。

2010年六环路大修工程第1号合同段共分为两个施工段落,分别为南六环(K68+900~K82+517)内外环和北六环(168+292~K183+095),单向全长42km。道路横断面两车道加硬路肩,宽度11m。

南六环已于2010年4—5月进行了病害处理,路面整体情况较好,但是部分路段仍有车辙、壅包、网裂等病害。因此本次大修工程,将对局部病害进行处理,然后整体摊铺4cmSMA-13沥青混凝土面层。北六环全部路段车辙、壅包、网裂等病害严重,根据北京奥科瑞技术发展有限公司提供的施工图和项目部现场调查情况,将有病害的路段进行5cm铣刨,回铺SUP-20(加4%RA抗车辙剂)沥青混凝土,然后整体摊铺4cmSMA-13(温拌)沥青混凝土面层。本标段内北六环9座桥梁的美佳瑞尔伸缩缝破损严重,全部需要更换为E80型仿毛勒缝。

六环路大修工程第1号合同段建设单位为北京市首都公路发展集团有限公司,设计单位为北京国道通设计研究院;监督单位为北京市道路工程质量监督站;监理单位为北京逸群工程咨询有限公司;施工单位为北京鑫实路桥建设有限公司。该工程于2010年8月13日开工,于2010年9月24日竣工。

六环路大修工程第2号合同段分两段施工:六环路(马驹桥—原京哈路段)外环大修工程2号标,起止桩号为K63+650~K46+800,全长16.85km;六环路(通昌、通顺段)内环大修工程2号标,起止桩号为K9+100~K24+400,全长15.3km。该合同段的建设单位为北京市首发建设管理有限责任公司;设计单位为北京市市政工程设计研究总院;监理公司为北京逸群工程有限公司;施工单位为北京鑫畅路桥建设有限公司。

六环路大修工程第3号合同段分两段实施,分别为K63+840~K70+500和K183+095~K9+164。该工程建设单位为北京市首都公路发展集团有限公司;设计单位为北京国道通设计研究院;监理单位为北京逸群工程咨询有限公司;施工单位为北京城建道桥建设集团有限公司。该工程于2010年8月13日开工,2010年9月26日完工。

六环路通昌、通顺段内环大修工程(K24+400~K47+000),施工路段总长22.6km。建设方为北京市首都公路发展集团有限公司,设计方为北京国道通公路设计研究院,监理方为北京正宏监理咨询有限公司,施工方为北京首发公路养护工程有限公司,工程自2010年8月30日开工,历经22天,于2010年9月20日顺利完工。

南六环内外环K62+000~K107+500大修工程,全长45.5km,起点为通州区马驹桥镇,途经通州、大兴、房山,与京津塘高速公路、京津高速公路、京开高速公路、京石高速公路相交,路线跨天水街路、芦求路、永定河、长韩路、小清河、刺猬河、良官路、良坨铁路、京周路、规划大件路,下穿京广铁路、京保公路,至终点房山区良乡镇闫村。建设方为北京首都公路发展集团有限公司,设计方为北京奥科瑞检测技术开发有限公司,监理方为北京正宏监理咨询有限公司,施工方为北京首发兴业公路养护工程有限公司。该工程自2010年4月7日开工,历经46天,于2010年5月22日顺利完工。

(4)2012年桥潞阳桥加固维修工程

潞阳桥位于北京市东六环,为原六环路通顺段北运河桥,上跨通州运河。原设计跨径布置为36×25m简支T梁,其中跨河区域为第2~9跨(200m),与河道中线斜交,横桥向宽2×13m。近年来,东六环路承担了重载货运通道功能,桥梁结构在超过了设计标准的超重车辆的长期作用下,产生了局部混凝土裂缝、脱落、剥离等后果,尤其是T梁横隔梁损坏严重。北京首发集团公司委托北京市政工程设计研究总院对潞阳桥加固工程进行施工图设计。2012年2月,潞阳桥加固方案通过了专家认证,原则同意按重建桥面铺装、横隔梁钢板的方案加固。首发建设公司大修项目管理处受集团公司委托负责工程的现场管理工作,通过招标确定北京逸群工程咨询公司负责工程的监理工作,北京首发公路养护工成有限公司负责工程的施工,施工日期为2012年5月3日—7月23日。

(5)2014年路面维修工程

2014年调查发现,六环路外环K84~K108段、内环K0~K37段部分路段路面损坏严重,为防止病害进一步严重恶化,北京首发公路养护工程有限公司决定对其进行病害处理。

2014年10月16日—10月29日,东六环、南六环部分路段实施路面维修工程。建设方为北京市首发高速公路建设管理有限责任公司;监理方为北京逸群工程咨询有限公司;施工方为北京首发公路养护工程有限公司。

六环外环(K188.6~K168)路面维修工程的主要项目为沥青路面病害处理及罩面。该工程于2014年9月12日开工,2014年10月29日完工。

第十章
G102 北京段（通燕高速公路）

通燕高速公路是指原京哈高速公路，自北京起至哈尔滨，目前通燕高速公路已经全部按照高速公路标准建成，从西马庄收费站至北京市与河北省三河市交界处。本章以建设时期名称"京榆公路"予以实录。京榆公路（全称"京哈公路"）是国家公路网中的国道 102 线，起于北京朝阳门，终于黑龙江省哈尔滨市，全长 1323km。它是打开首都东大门的窗口和通道，是东北经北京连接各地的主要经济干线，同时又是北京通往北戴河、秦皇岛、山海关的重要旅游路线。它的修建对于发展生产、繁荣经济、巩固国防、加快四化建设必然起到重要作用。北京段为西马庄收费站至河北省三河县燕郊镇，长 13.8km。北运河大桥、潮白河大桥、运潮减河大桥 3 座大桥及六环路立交为京榆公路的配套工程。

京榆公路系属国家"七五"期间重点建设项目，是交通部、北京市人民政府十分关心的工程，该工程由北京市公路处科研所、市政设计院设计。根据北京市首规办〔88〕设字第 078 号文件和北京市政管委〔88〕市政管字第 32 号文件批复进行设计，并施工修建该工程。1988 年 4 月 12 日在工程指挥部通县召开动员大会，当时计划 1990 年 11 月底竣工，为服务亚运会，9 月 20 日主线通车。

由于资料缺失，本章仅记述 K7+200～K9+200 段、K9+200～K11+500 和 K12+000～K12+784.94 段、北运河大桥、潮白河大桥、运潮减河大桥 5 部分。

第一节　K7+200～K9+200 段

一、项目概况

经投标、招标，北京市公路工程公司（以下简称京榆三分指）承建 K7+200～K9+200 段，即丁各庄至北刘段 2km 的施工任务。工程于 1988 年 7 月 20 日开工，计划 1990 年 11 月底竣工，为服务亚运，9 月 20 日提前竣工通车交付使用。项目核准预算为 770.59 万元，实际造价为 724.49 万元。

工程主要技术指标:公路等级为一级汽车专用公路,双向四车道,车道宽度4m;设计速度为100km/h;路基宽度25m,中间带宽度为3m,紧急停车带宽2.5m;路基平均填土高度1.13m,全段为高填方路基;路面结构类型为沥青混凝土,路面设计标准轴载为8度;桥涵设计荷载为汽车—超20级、挂车—120;建设中桥1座,箱涵通道1座,边涵1座;自动排水闸2座,港湾式停车站1个,互通式立交1座。

该路段路面结构厚度80cm,其中:6%石灰土路床15cm,12%石灰土底基层18cm,无机结合料基层36cm,乳化沥青保护层、沥青碎石层5cm,中粒式沥青混凝土4cm,沥青石屑层2cm。主要工程量、主要材料耗用数量:路基土方93597m^3,石灰土19619m^3,沥青混合料55554.8m^3,无机结合料44647m^3。项目总用工量:计划44398.0工日,实际57717.4工日。

二、项目管理

(1)健全组织机构明确岗位责任制

京榆三分指设置了生产计划统计组、技术组、材料组。

计划统计组:主要负责计划编制下达,按日统计工程进度和施工日记、成本核算,下达计划的同时下达安全指标、技术交底、质量标准。

技术组:主要任务是测量放线、质量检验、计算工程数量、提供数据、书面技术交底(包括安全操作规程)、变更设计。技术组下设工地质量试验室,工程队设专职质控员和试验工,工程小队设兼职质控工,工地质控试验室负责工地常规试验和应检的质量控制。完成四分站和总指工程监理下达的工作。

材料组:主要任务是掌握工程进程,按时安排材料机械进场和材质鉴定,按工程进度组织机械设备进退场。

(2)抓计划管理

按时编制年、季、月计划,做到长计划短安排,月月检查计划执行情况,发现问题及时调整,做到人人心中有数,工程材料分期分批按计划进场,减少积压浪费,做到工完料清,计划基本起到了指导生产、促进生产的作用。

(3)抓技术管理以确保工程质量

严格执行技术管理责任制,狠抓技术管理,认真填写施工原始记录,原材料必须经过严格检验,工程质量自检、互检、专检相结合。

(4)施工工艺

道路施工采用综合机械化施工,路面基层材料均采用工厂化生产,按工序实行流水作业。

桥梁施工因地制宜,丁各庄互通立交、翟减沟中桥上部施工采用现场预制机械吊装,高辛庄通道采用满堂支架现浇混凝土施工方法。

(5)施工质量

路面基层采用压实度与无侧限抗压强度双控制,严格控制面层平整度,12%灰土层压实度不低于96%,7天无侧限抗压强度不低于0.5MPa;无机料压实度不低于97%,7天无侧限抗压强度不低于1.0MPa。面层平整度符合设计要求。

(6)抓安全生产、文明施工

工程施工中首先建立了安全组织,分指挥部成立安全领导小组,各工班设兼职安全员,在施工中除经常进行安全教育外,还不断地进行定期与不定期安全生产大检查,发现不安全因素及时解决,在整个施工过程中安全工作始终和生产一起抓,没有发生一起重大安全事故,轻伤率降到2%以下。施工现场井然有序,忙而不紊,做到了安全生产、文明施工。

三、重大设计变更

本段较大变更有3项:

(1)丁各庄桥原设计为部分立交,后改为互通立交。

(2)路面中间原设中央隔离带,后通知取消。

(3)高辛庄通道原设透光天井,后通知取消,原箱体内为砂石路面,后改为混凝土路面。

第二节 K9+200~K11+500 和 K12+000~K12+784.94 段

一、项目概况

本路段道路工程分 K9+200~K11+500 和 K12+000~K12+784.94 两段,共计3084.94延米,另有立交匝道、慢车道以及乡村道路共计3.67km。路面全宽除终点处的渐变段外,均为23m,路基全宽25m,路肩、边坡分别设有拦水缘石和急流槽,一些路段有标柱和护坡等防护工程。路面结构类型为沥青混凝土。

二、项目管理

在施工中严格遵照施工规范,经测试,本路段道路工程内部结构密实,强度达到设计要求,表面平顺,几何尺寸符合设计,均达到或超过了有关规定。

第三节 北运河大桥

一、项目概况

北运河大桥为京榆公路的配套工程,全长222.06m,主孔最大跨径为55m,是当时北京市地区梁式桥中的最大跨径。桥面机动车道二上二下,一条停车带,每侧宽11.5m,双侧人行道各1.1m,全宽25.2m。北运河大桥于1988年11月15日开工,1990年9月20日主线通车。北运河大桥其他主要技术指标:荷载标准为汽车—超20级,挂车—120,人群350kg/m²;地震烈度8度;以桥中心线为变更点,向东西均设6%的降坡,竖曲线直径为2万m,切线长120m,外距为0.36m。

桥梁上部结构:两边各设2×20普通钢筋混凝土T梁引桥,主孔为(40.7+55+40.7)m变截面双箱双重边续梁。支点高3.5m,跨中及边支点梁高1.4m,悬臂板长2.5m,现浇40号预应力混凝土一次落架成型。支点处设1.5m宽横梁,跨中及L/4处设0.5m宽横梁。纵向连续束采用63φ5钢丝束预应力筋,XM15-6锚具钢丝极限强度$R_y=16000kg/cm^2$,张拉控制应力$\sigma_k=0.75$,$\sigma_y=12000kg/cm^2$,63丝的每个锚头张拉力148.44T,42丝的张拉力为98.96T。所有的预应力钢丝束均双向张拉。连续箱梁与简支T梁用连续桥面主筋连接。简支T形梁与桥台之间用齿形钢板伸缩连接。

桥梁下部结构:主孔主跨采用双柱式立柱,其余孔采用双柱盖梁,柱下均采用直径1m的钻孔灌注桩承台。各墩顶设板式橡胶支座,桥台设下部板式橡胶支座及抗震拉筋,以控制地震时上部结构和台后填土对桥台产生的水平力。桥面排水横坡由盖梁或箱梁主孔支点处横梁底处的三角垫层形成。

北运河大桥先后完成了基桩(包括临时基桩)、承台、墩台柱及引桥盖梁的施工,主要工程量:预制20mT梁48片,现浇上下箱梁270m,浇筑混凝土9824m³;使用钢材1360.86t。

北运河大桥工程总造价1461.6961万元,总用工量161703工日。在施工中进行了自检,计473个分项工程全部合格,优良458个,优良品率96.8%。

本桥所用的三大材均为议价,工程数量根据实际发生的材料数量计算。其经济指标:总用工量161703工日,造价997万元,每平方米造价1781.66元,每延米造价44897.95元。

二、新技术、新材料应用情况

在北京市地区的桥梁工程中,北运河大桥首次采用了大吨位的锚头,即KM15-9锚具,张拉吨位148.44t;采用清华大学研制的N8系列外掺剂;严格掌握缓凝时间;在基桩及承台的混凝土中掺加了粉煤灰。

第四节 潮白河大桥

一、项目概况

潮白河大桥为京榆公路的配套工程,是京榆公路北京段最大的一座桥梁,简支预应力T梁44.3m,跨径是当时北京地区最大的。桥全长405.92m,桥宽25m。潮白河大桥于1988年10月3日开工,1990年9月20日主线通车。

潮白河大桥其他主要技术指标:设计洪水频率为1/100,设计流量4600m³/s,设计水位23.09m,荷载标准为汽车—超20级、挂车—120,地震烈度8度。在桥中央设$R=20000$m竖曲线,$T=60$m,$E=0.09$m。竖曲线以外向东西两侧设3‰降坡,从中线自两侧设5‰降坡。

桥梁上部结构:上部主梁为预应力钢筋混凝土T梁,跨径44.3m,梁长44.26m,计算跨径为44.1m,计9孔,每孔12片梁,全桥108片梁。纵向采用6×7ϕ5钢绞线预应力筋,XM-6型锚具,每片梁为10m;钢丝标准张度$R_y=15000$kg,张拉控制力$\sigma_k=0.67$,$\sigma_y=10050$kg/cm²,每个锚头的张拉力为82.88t。横向采用普通钢筋连续板。在两头设5m长搭板。桥面铺装为11cm,其5cm为中细粒沥青混凝土路面,设层为6cm现浇混凝土。连续桥面板仅地桥台设置两道伸缩缝,两侧栏杆及安全带为钢板伸缩缝,中间为BF-120橡胶伸缩缝。全桥均采用F4乙烯板橡胶支座,计216个。

桥梁下部结构:桥墩台均采用直径为1m桩长38.3m的钻孔灌注桩基础,双柱墩台身。墩柱为直径1.3m的圆柱,台柱为0.8m×1.2m矩形断面。柱底设置承台,柱顶设盖梁。

抗震设计:桥墩盖梁设置横纵向两组减震弹簧,减震板簧,将上部结构地震时产生的地震力降低到40%,并均匀地分配到各桥墩。主要工程量:建设桩基80根,承台20个,墩台立柱40根,盖梁20个,预制44.3m,预应力钢筋混凝土大梁108片,浇筑混凝土11957m³,使用钢材1882.68t。

潮白河大桥总造价为1933.45万元(含防护工程,桥头分组),总用工量183700工日。在施工中进行了自检,共完成分项工程617个,其中优良605个,优良品率达98%。

本桥所用的三大材均为议价,工程数量根据实际发生的材料数量计算。其经济指标:总用工量183700工日,造价1094万元,每平方米造价1078元,每延米造价26951.66元。

二、新技术、新材料的应用情况

本桥在大梁施工冬季养生方面采用保温棚红外线养生,效果良好;吊装大梁采用日本架桥设备;在基桩和承台的混凝土施工中应用粉煤灰;使用养生剂。

第五节　运潮减河大桥

运潮减河大桥为京榆公路的配套工程,是跨越人工河流的桥梁,桥全长183.80m,纵向分离式双桥,每侧宽11.5m。双侧各设1.0m的人行道,桥全宽25m。运潮减河大挢于1988年12月15日开工,1990年9月20日主线通车。

运潮减河大桥其他主要技术指标:荷载标准汽车—超20级,挂车—120,人群350kg/m^2;地震烈度为8度。

桥梁上部结构:采用30m预应力钢筋混凝土T梁,全桥桥面连续。

桥梁下部结构:基础为钻孔灌注桩$d=1.00$m,柱式墩下设置承台,柱直径为1.4m。全桥设置滑板支座,并在各墩顶设置减震板簧将上部传来的水平力按刚度分配给各墩承受。

主要工程量:基桩56根,承台7个,柱子墩身20根,台身4座;预制39m预应力T梁72片;浇筑混凝土7928.6m^3,使用钢材1239.4t。

运潮减河大桥总造价为12732553元,总用工量为132157个工日。经中间月检,425个分项工程均合格,其中415个优良,其优良率达97.6%。

本桥所用的三大材均为议价,工程数量根据实际发生的材料数量计算。经济指标:总用工量132157工日,造价为701.87万元,每平方米造价1336.89元,每延米造价33422.23元。

第六节　运　营　管　理

一、运营管理机构

本段公路由首发集团京沈分公司负责运营管理,养护管理工作由北京首发公路养护工程有限公司负责。

二、运营管理情况

(一)收费站设置及建设

本段收费站设置情况见本书"附表"部分的表 4-2-1(G102 京哈线)。

(二)服务区设置及建设

该段未设服务区。

(三)养护管理

北京首发公路养护工程有限公司负责该路段养护工作。自通车至今,虽经数次大修,但里程不长,受篇幅限制,在此并不予以表述。

第十一章
G103 北京段（京通快速路）

京通快速路是普通国道网中12条放射线之一——G103北京段的一部分，西起于北京市朝阳区大望桥西，与长安街相连，东到通州区八里桥，全长12.9km，为全立交、全封闭、收费式城市快速路。1995年12月27日建成通车。全线经过朝阳、通州两区，连接通州新城与北京市区，同时与G102北京段（通燕高速公路）相连，可通往河北燕郊，加之经过四惠交通枢纽站，京通快速路段在2011年6月设置了公交专用快速路，更提高了公交车通行的畅通性。由此，该路段作为北京市东部地区重要的通勤通道地位进一步加强，也成为京津冀一体化的重要通道。

第一节 项目概况

一、基本情况

京通快速路设计速度：八王坟至四环路为80km/h；四环路至会村为100km/h；会村至京榆公路为100km/h，主路设计自八王坟至会村双向均为三车道和一条多功能车道，单向路面宽15.5m。会村至京榆公路、会村至通县八里桥收费站段双向均为两车道和一条多功能车道，单向路面宽11.75m。主路两侧设有7~12m宽辅路。辅路外侧铺设方砖步道。京通快速路设有现代化交通工程系统，包括安全、监控、通信系统及运行管理服务、收费等工程建筑设施。

沿途建有：大望桥、四惠桥、高碑店桥、双桥、双会桥、天成桥、朝通桥7座立交桥；朝通东桥、朝通西桥、三间房桥3座跨河桥。道路总面积为87万m^2，桥梁总长3.2km，面积8.2万m^2；建有人行步道10万m^2，人行过街设施10座；铺设雨水、污水、电信、上水、煤气、热力等各种管线97km；全部工程使用沥青混凝土34万t，混合料110万t，填挖土方160万m^3，预制及现浇混凝土总量25万m^3。该路的出口设置大望桥等14个出口。

二、决策过程

京通快速路工程,是北京市委、市政府为改善北京东部地区交通状况,促进首都经济发展的一项重大举措。

北京市东部地区在首都各项建设中占据着举足轻重的地位。当时的通县在历史上就被称为北京的东大门。原有京通路路面宽14m,八王坟至铁路环段长3.4km,为水泥混凝土路面;路基宽17m,其余为沥青路面。原京通路为1965年修建,沥青路面龟裂严重,坑洼不平。随着交通量增长,车辆阻塞十分严重。尽管有朝阳路和建国路两条交通干线,但大部分路面为混凝土结构,通行能力差,行人、自行车、马车、拖拉机、汽车混行,无法担负日益增大的交通运输量,严重制约着北京东部地区的经济发展。根据1990年11月9日交通量调查,京通路高峰小时交通量为2083辆/h,到1994年3月29日调查高峰小时交通量达到2700辆/h,已处于饱和状态。鉴于此,北京市决定修建京通快速路。

三、主要参建单位

本工程由北京市测绘院第五测绘大队勘测;北京市政专业设计院设计,由北京市市政工程总公司总承包(设计、施工),北京市第一市政工程公司、北京市第三市政工程公司等参与施工建设;由北京市公路局高速公路监理公司监理。

第二节 建设情况

一、准备阶段

北京市政专业设计院从1993年7月开始进行方案设计,经过首都规划委组织有关部门多次审查,于1994年4月26日批准方案,1995年3月批准初步设计,1995年8月完成施工图设计,1995年年初开始拆迁,1995年6月6日开始加紧做好前期准备工作。

工程总投资约为19亿元人民币。为了保证快速路的建设,采用BOT的投资方式进行建设。1995年,重组后的北京首都创业集团为工程筹集资金,落实贷款,并融资13亿元,同时协调设计、拆迁、施工等工作。

二、实施阶段

(一)工程建设管理

(1)建设速度之快前所未有

京通快速路1995年6月6日开始做前期准备工作,12月27日建成通车,历时半年时间,其建设速度前所未有。承担建设任务的市政工程总公司是首都市政建设的中坚力量,为快速、优质完成工程建设,该总公司组织了攻坚战役、关键战役、决战决胜三个战役,参加工程建设的万余名职工在工期短、工程量大、资金紧张、技术复杂等不利条件下,发扬"团结实干,拼搏奉献,说到做到"的市政精神,通过开展社会主义劳动竞赛,仅用半年左右的时间,就完成了设计工期为两年的京通快速路工程。

(2)创新实施监理模式

京通快速路工程是本市重点工程施工中第一个实行由市公路局高速公路监理公司进行旁站监理的项目,为本市在短时间内优质、快速的工程建设中,由第三方按国际标准(菲迪克条款)执行质量监理开创了成功的范例,在工程建设中,政府监督,旁站监理,质量保证体系三种形式同时并举,其职能作用得以充分发挥,为北京市的城市建设与国际接轨闯出一条新路。

(3)实现"一条龙"管理目标

京通快速路是由北京市市政工程总公司自行设计、自行施工、自我管理、自行收费的第一条城市快速路,显示出该总公司强大的施工能力和管理实力。该工程由市政工程局所属市政专业设计院自行设计,市政工程局调集"一、二、三、四、五、六、机"等主要施工公司万余名职工日夜奋战,快速、优质建成了京通快速路。工程建成后,经市政府批准,该总公司成立了北京市京通快速路管理处,负责收费、监控、养护、绿化、清扫等管理工作,并开展救援、抢险、清障、加油、汽车修理等服务业务,其照明系统、通信系统、路政管理电视闭路系统,均是该总公司自行设计、自行安装,是道路设施中最完善的。整套的收费系统采用二级计算机网络管理,主要对各车道通过车辆及收费进行统计,随时对各收费车道运行情况进行监视。按班次、人员进行各项收费业务管理,可及时将管理中心系统运行参数传输到各收费车道,定期不定期进行统计、检索、打印报单等。该系统可适用于各种高温、多尘、电磁干扰、强烈振动等复杂环境。京通快速路建成通车后,从八王坟到通县,主路行驶只需10分钟,大大提高了车速,节约了能源,减少了污染。

(二)控制性工程

本项目的主要控制工程多为立交桥,大望桥、四惠桥、高碑店桥、双桥、双会桥、朝通桥、天成桥,均为1994年定线,除朝通桥、天成桥为定向式(二层)外,其他均为菱形互通式(二层)。

第三节 科 研 成 果

京通快速路施工跨越夏、秋、冬三个季节,天气变化给施工带来很大难度。一些路段位于旧河道淤泥层上,特别是在双桥段改河的施工中采用了无纺织土工布处理技术,部分路段采用了换填路基材料过渡式路面结构处理技术,成功地摆脱了大面积淤泥对整个工程质量和工期的困扰。

京通快速路道路施工最关键的问题即是路堤回填土的密实度和稳定性问题。该道路沿线水文地质条件较差,又处于雨季施工,大部路基湿软,而且个别路段的路堤就填筑在通惠河旧河床里。主路 K12+470~K12+610 路段在路基9%灰土处理施工时,由于地基过于湿软,处理40~60cm 厚灰土后,仍无法满足密实度要求,后来把灰土处理深度加大到1m,才能达到密实度要求。京通下线 K10+915~K11+350 段、京榆下线 K10+915~K11+266 段、京榆上线 K10+915~K11+190 段此三段均为高填土路基,由于当时回填土含水率大,不能保证路基填方密实度要求,为了确保路基稳定,保证填筑质量,经设计、监理同意后此三段路基全部用9%白灰土填筑。确保了路基稳定,也确保了工期。

京通快速路主路结构基层中设计用了18cm 厚水泥稳定砂砾,此结构层属于半刚性材料。此次京通快速路工程建设指挥部委托市政总公司试验室进行水泥稳定砂砾配合比的设计工作。在配合比设计中进行了配合比设计试验,通过对多组原材料的物理、化学试验,如砾料的筛分试验,砂砾料的压碎值和重度试验,水泥的初凝和终凝试验,水泥稳定砂砾的配合比击实试验、水泥稳定砂砾无侧限抗压强度试验等。取得试验数值后经过优选确定出合理的配合比,在配合比试验中各种材料试验结果均达到了规范要求,试验结论分列如下:①设计强度为3~4MPa,配合比设计选定3.5MPa;②水泥剂量选定5%;③最大干密度2.329kg/cm^3,最佳含水率6.2%;④材料选定:砾石(5~30mm,占比45%),石屑(2~10mm,占比10%),砂(细砂,占比35%),水泥(C32.5 号,5%);⑤每立方米用量:水泥111kg,水142kg,砂773kg,石屑442kg,石子994kg;⑥施工延迟时间小于6h。

在桥梁上部结构上,预制梁广泛采用大跨度预应力工字梁,现浇桥面板结构施工技术,现浇桥梁段采用现浇后张预应力弯箱单室整体浇筑一次成功,超长预应力束一次通张完成预应力张拉施工连续梁的施工技术,均收到良好的效果。

第四节 运 营 管 理

一、运营执法机构

1996 年1月1日,京通快速路正式运营,1997 年,北京市成立京通快速公路管理处,从机构编制上保障了这条公路的正常使用、维护和保养。

2002年7月17日,北京首创股份有限公司京通快速路管理分公司成立,隶属北京首创股份有限公司。主要负责京通快速路道路的养护、环境绿化、通行费收取等运营管理工作,详见本书第四篇第二章第二节。

二、运营管理

京通快速路未设服务区,收费和养护管理情况如下:

（一）收费站设置及管理

京通快速路共设置双桥、会村、八里桥3个收费站,其中,八里桥为主线收费站,详见本书"附表"部分的表4-2-1。2009年5月,京通快速路不停车自动收费(ETC)系统投入使用,包括车道子系统、分中心系统、结算系统、发行系统、客户服务系统等子系统。

（二）养护管理

北京首创股份有限公司京通快速路管理分公司设立养护管理部,负责京通快速路全线道路日常养护、维修等工程,以及辖区内道路绿化养护管理工作,相应作业内容委托专业作业单位进行养护施工。日常养护及零散工程外包给具备相应作业能力的养护企业,绿化养护工程外包给绿化工程公司。大中小修工程用招标方式选择具有相应资质的施工企业进行施工。分公司与专业作业单位每年签订养护合同,约定作业内容、作业标准及考核标准等内容,按照合同条款进行监督、检查,并对其进行考核。

京通快速路自通车以来,共进行过一次大修,时间在2006年。当时,随着CBD地区、朝阳区、通州区的经济繁荣,交通流量迅速攀升,日均车流量已达7万辆,高峰流量更达到9万辆,相当于京通路当初预测的2015年交通流量水平。由于运行时间较长,路面出现了大面积的麻面、龟裂、网裂、坑槽等病害,使用性能下降,影响了行车的舒适性及安全性。为继续发挥京通快速路的重要作用,2006年7月至11月对该路的主路路面进行大修。

此次大修总投资1.78亿元,分两期实施。2006年7月至11月进行主路、主桥的施工,2007年4月至7月完成二期绿化、夜景照明等改造。

根据交通部公路工程检测中心针对路面病害、弯沉值、平整度、摩擦系数的检测结果表明:①路面破损:主要为横向裂缝、纵向裂缝和龟裂3种,路面上横向裂缝缝宽为2~3mm;纵向裂缝缝宽为2~3mm;主路上局部有网裂,块度大于50cm。主线路面平均破损率为0.7%,最大路面破损率为2.1%。②路面整体强度较好。但近10%的路段弯沉值偏大,上行方向最大弯沉值为62.78(0.01mm),下行方向最大弯沉值为41.46(0.01mm)。③全路段上下行国际平整度指数大于2.5的百分率已分别达到31%和32%,行驶过程可感觉明显的振动。④京通快速路上行方向横向力系数最大值66,最小值27,平均值为46,

优良率为82%；下行方向横向力系数最大值为59，最小值为22，平均值42，优良率为71%；上行起始段和下行支线段横向力系数较低。综合检测结果表明，京通快速路路面已到了大修的程度；否则，路面病害发展下去，会对路基造成更大的破坏。

为此，大修采用橡胶沥青应力吸收层对防止反射裂缝的发生起了重要作用，使用"湖沥青+SBS"改性沥青大大改善了路面加铺层混合料的性能。

这次大修同步实施收费系统的改造，年底在交通流量大的重要出入口启用不停车收费系统，全面实现一卡通刷卡收费。这次大修包括道路桥梁设施改造、交通附属设施改造、重塑绿化照明景观等内容，之后，京通快速路路况、安全水平将明显提升，更好地服务于京东地区经济发展。针对高峰时段收费口的拥堵现象，京通路管理分公司将在大修期间实施收费系统改造，引进ETC（不停车收费系统）和MTC（人工半自动收费系统）两种模式。在车流量高度集中的重点出入口，开辟一两个专门车道，实行不停车收费。

第十二章
G106 北京段（京开高速公路）

京开高速公路北京段（菜户营桥至市界）本为普通公路 G106（北京至广州）北京段的一部分（菜户营至榆垡收费站），该路段从菜户营桥至榆垡收费站按照高速公路标准建设。2010 年国家高速路网统一命名、统一编号规划，将原有京开高速公路北京段的 G4501 双源桥至西黄垡桥段、2010 年 12 月通车的辛立村至固安桥（市界）段划归 G45 大广高速公路。

按照目前的名称，本章所述京开高速公路北京段，包括 2010 年国家高速公路网统一命名、统一编号规划后的 G106 京广线的菜户营桥至 G45 双源桥段、G45 双源桥至西黄垡桥段、G106 京广线西黄垡桥至榆垡收费站以及 G45 西黄垡桥至市界段。本章按照该路段立项建设时的名称予以实录，分为两节记述，即菜户营桥至榆垡（菜户营至玉泉营桥、玉泉营桥至榆垡）段和辛立村桥至市界段，如表 9-12-1 所示。

京开高速公路北京段情况表　　　　表 9-12-1

路段	菜户营—玉泉营桥	玉泉营桥—榆垡	辛立村—市界
里程合计（km）	2.6	35.385	8.83
高速公路车道里程合计（km）	15.6	180.262	52.98
四车道（km）	0	18.78	0
六车道（km）	2.6	13.849	52.98
八车道及以上（km）	0	2.756	0
通车时间	2003 年	2001 年	2010 年

第一节　玉泉营桥至市界段

一、项目概况

（一）基本情况

该段项目为国道 106 线（北京段）工程（以下称京开高速公路），地处丰台和大兴两区，北起南三环玉泉营立交桥，南止于河北固安大桥，全长 42.65km。2010 年国家高速路网统一命名、统一编号规划前，京开高速公路北京段是国道 106 线的一部分。国道 106 线即京广公路,北起北京,南至广州,是中国公路网中贯穿南北的一条主干线和南北运输大动脉。它在北京地区常称为京(北京)开(开封)公路。北京段于2000年开工建设,于2001年6月28日建成通车。京开高速公路北京段开通后,使北京段的国道106添加了快速线,并连接了北京南部大兴区,直到固安大桥附近。2010年国家高速路网统一命名、统一编号规划后,该高速公路的双源桥至黄垡桥段被纳入国家高速公路网大广高速公路(大庆—广州)。

京开高速公路工程概算投资27.12亿元。按规划由城市快速路、高速公路和一级路三部分组成;起点至K4+589按城市主干道标准修建,双向六车道,设计速度80km/h,路基宽度34m;K4+589~K35+900段,按高速公路标准修建,设计速度120km/h,双向四或六车道,路基宽度28~34m;K35+900至终点,按一级路标准修建,设计行车速度100km/h,主路行车道宽17m,双向四车道。全线两侧均设铺路,宽7~15m,供区域交通使用。桥梁设计荷载:主路为汽车—超20级,挂车—120;铺路为汽车—20级,挂车—100,地震设防烈度为8度。

京开高速公路新建桥梁30余座,总面积达10.36万 m^2。主要桥梁有:玉泉营互通式立交、马草河桥、丰南路分离式立交、西红门分离式立交、金星大街分离式立交、北环路分离式立交、黄村高架桥组、京山铁路桥、大庄分离式立交、魏水路分离式立交、中堡分离式立交、庞各庄北分离式立交、庞各庄南分离式立交和天堂河桥等。全线设人行过街天桥19座,通道13座,涵洞37座。全线道路总面积179万 m^2,其中主路122万 m^2,主路路面结构采用二灰砂砾基层,粗粒式沥青混凝土底面层,中粒式沥青混凝土中面层,改性沥青面层。

(二)决策过程

京开高速公路与三环路、四环路、五环路、六环路和大兴北环路等多条交通干线相交,跨京山、京九铁路,穿马草河、碱河和天堂河,是国道干线和北京市规划路网的重要组成部分,被列为交通部和北京市重点工程。它的建成对于完善国道干线公路网和北京地区交通网络,缓解区域交通压力,提高交通服务水平,促进地区经济发展,扩展城市发展空间,都具有重要作用。

(三)参建单位

本段参建单位见表9-12-2。

京开高速公路北京段(玉泉营桥—市界)参建单位表　　　　表9-12-2

监督单位	北京市公路工程质量监督站
	北京市市政工程质量监督站
建设单位	首都高速公路发展有限责任公司
项目法人	京开高速公路项目管理处

续上表

设计单位	北京市市政工程设计研究总院
	北京市公路设计研究院
监理单位	江苏伟信工程咨询有限公司
	北京华通公路桥梁监理咨询公司与双环监理公司联合体
	北京华宏路桥监理咨询公司
施工单位	北京市市政总公司第二工程公司
	北京市城建三建设工程有限公司
	北京市公路桥梁建设公司
	交通部第一公路工程总公司第一工程公司
	北京市城建集团总公司
	交通部第一公路工程总公司第五工程公司
	北京铁路工程总公司
	北京路安交通科技发展有限公司
	陕西交通工贸公司
	北京华纬交通工程公司
	北京市高速公路交通工程公司
	北京云星宇交通工程有限公司
	中国路桥集团总公司
	河南现代交通工程有限公司
	北京路安交通科技发展有限公司
	中铁一建工程处
	北京太空板业股份有限公司
	北京市政总公司
	北京昌平机车车辆机械厂
	开封安利达金属工程有限公司

二、建设情况

（一）立项审批

1996年3月27日，首规办规字〔1996〕75号文件批准规划方案。

1997年1月10日，交计发字〔1997〕30号文《关于玉泉营至榆垡公路项目建议书的批复》批准了项目建议书。

1999年2月10日，《关于国道106线玉泉营至固安大桥公路可行性研究报告的批复》（交规划法〔1999〕69号）下发，批准了可行性研究报告；12月30日，京政地〔1999〕86号文件批准土地征用；11月16日，《关于国道106线玉泉营至固安大桥公路初步设计的批复》(交公路发字〔1999〕614 号)批准了初步设计。

2000 年 1 月 24 日,公建设字〔2000〕21 号文件,批准了施工资格预审和招标文件;2 月 2 日交通部批转项目报建;2 月 17 日,公监督字〔2000〕40 号文件批准了施工监理招标资格预审和招标文件;4 月 11 日,交通部批准项目开工报告;11 月 27 日,京计基础字〔2000〕1944 号文件,批准计划任务书。

(二)资金来源

2000 年 11 月 27 日,北京市发展计划委员会发布《关于市首都公路发展有限责任公司 2000 年度公路建设计划的批复》(京计基础字〔2000〕1944 号),其中包括国道 106(北京段)项目,即京开高速公路项目。

根据该项批复,京开高速公路玉泉营桥至市界段项目建设规模 42.65km,等级为高速公路,总投资 27.12 亿元。截至 1999 年底完成投资 2.43 亿元,2000 年计划投资 13.8 亿元,其中包括:车购费 8000 万元,养路费 3.3 亿元,自筹及银行贷款 9.74 亿元。

(三)招标工作

京开高速公路玉泉营桥至市界段的招标工作,按照《中华人民共和国招标投标法》的要求,北京市首都公路发展有限责任公司在选择施工单位和监理单位时,面向全国公开招标,择优选择,体现了公开、公正和公平的招标原则。

1. 设计招标

北京市首都公路发展有限责任公司于 1999 年 9 月 20 日从原业主单位北京市公路局接手本工程的建设工作,在此之前,北京市公路局已经委托北京市市政工程设计研究院和北京市公路局设计研究院负责本工程设计工作,并于 1999 年 9 月将本项目初步设计报送交通部审批,鉴于两院均具有高等级公路设计资质,为保证工作的连续性和设计质量,设计单位不再另行招标,为确保设计质量,首发公司委托西安方舟咨询公司对设计文件进行了审查,并对部分内容进行了完善和改进。

2. 施工单位招标

1999 年 11—12 月,完成资格预审文件和招标文件的编制。1999 年 12 月 22 日发布了施工招标资格预审通告。1999 年 12 月 23—25 日发售资格预审文件。2000 年 2 月 11 日召开了标前会。2000 年 3 月 5 日公开开标,开标过程由公证部门进行了公证。本工程共划分 6 个合同段,每个合同段有 6 家投标人参加竞标。2000 年 3 月 7 日—2000 年 3 月 11 日,提出了评标报告。2000 年 3 月 20 日,向中标单位发出了中标通知书。

3. 监理单位招标

本项目共分为 3 个监理合同段,经批准采用邀请招标的方式择优选用监理单位,2000

年1月26日共向具有交通部甲级监理资质,并具有独立法人资格的9家监理单位发出投标资格预审邀请书,随后由专家组成评委会进行评审,全部通过资格预审。1月29日发售招标文件,2月12日召开了标前会,2月21日公开开标,3月3日向中标单位发出了中标通知书。

(四)征地拆迁

1999年12月30日,北京市人民政府印发《关于北京市交通局建设征地的批复》(京政地〔1999〕86号),对《关于京开高速公路建设征用土地的报告》(京交工字〔1998〕第621号)进行批复。经研究,同意北京市首都公路发展有限责任公司建设京开高速公路征用大兴县7个乡镇31个村、丰台区花乡3个村的土地95.32公顷(合1429.8亩),其中耕地36.388公顷(合545.82亩)。另需划拨国有土地24.409公顷(合366.14亩)。该项目占用耕地补充平衡事宜,由北京市首都公路发展有限责任公司委托大兴县土地局负责。

(五)实施阶段

1. 项目管理

(1)实行阶段目标管理,有步骤地推进工程

京开高速公路工程总的管理原则为"质量优良、工期适当、造价合理"。为贯彻这一原则,针对本工程战线长、等级高、项目全、标段大、导行困难的特点,项目管理处提出的总体施工部署原则是:紧紧围绕项目控制点,先辅路后主路,先地下后地上,掌握重点,把握难点,按合同、分阶段推进工程。

本工程质量控制目标为:达到质量检验评定标准规定的优良等级,"确保部优"。本工程的工期控制目标为:2000年4月27日开工,2001年10月1日交工通车。在建设过程中,根据市委市政府的要求,调整为2001年7月1日交工通车。本工程的造价控制目标为:确保决算不超概算,力争节省概算投资的5%。

根据工程实际和工程特点,本工程共分为四个控制阶段。

第一阶段:2000年4月27日—2000年7月5日。主要工作为施工准备,地下管线、辅路和桥梁桩基施工。第二阶段:2000年7月6日—2000年8月25日,主要工作为辅路、桥梁下部、结构物和主路路基填方施工。第三阶段:2000年8月26—2000年12月25日,主要工作为主路土方、主路结构、桥梁下部和上部吊装以及房建工程施工。第四阶段:2000年12月26日—2001年6月25日,主要工作为主路结构和路面、桥梁上部、绿化工程、交通工程、收费工程、房建工程和监控工程施工。

(2)严格分包和变更管理,确保项目工程质量

按照施工承包合同文件的规定,本工程不允许分包,根据北京建筑市场的特点,为确

保工程质量,将预制梁板、小构件、商品混凝土、石灰粉煤灰砾和沥青混合料等成品和半成品纳入分包管理范围,项目管理处和监理单位分级制定了工程分包管理工作程序,对其进行严格管理,主要的管理内容为资质审查、过程监督抽查、成品和半成品验收等,为保证工程实体质量起到了积极的作用,变更管理是保证工程质量的又一环节。项目管理处和监理单位分级制定了工程变更管理工作程序,对工程变更的范围、内容、程序和要求进行了严格的规定。未经建设单位同意,设计单位、监理单位和施工单位不得擅自进行工程变更。

(3)以质量为中心,全面实现质量达标

本工程管理的中心原则是以质量为中心。首先,从合同履行的角度强化施工单位质量自保体系建设和有效运转,其次,支持监理工作,为监理工作创造良好的工作氛围,充实发挥监理在三控两管一协调方面的作用。与此同时,项目管理处为把质量管理的组织职责落到实处,成立了中心检测试验室,对施工过程进行抽查和监测,掌握第一手的数据资料。通过以上三方面的工作,使工程始终处于有效的控制状态。

(4)实行项目法人责任制,建立健全三级质量保障体系

项目建设执行项目法人责任制。按照国务院关于工程建设项目实行项目法人责任制度的要求,首发公司任命董事担任本项目的法定代表人,负责按照项目法人责任制的有关规定,组建京开高速公路项目管理处,并对项目建设负责。项目法定代表人任命公司副总经理陈仲相同志为项目总经理,负责项目管理处的全面工作。

质量管理实行三级质量管理责任制。本工程的质量目标为"确保部优,争创国优"。质量管理推行业主单位、设计单位、施工单位和监理单位四方质量管理责任制。业主单位负责施工前组织设计文件交底和设计审查,施工中组织工程质量检查,完工后组织工程交工验收,建立健全项目档案,全过程自觉接受政府监督部门的监督。设计单位负责建立健全设计质量保障体系,加强设计全过程质量控制,建立完整的设计文件的编制、复核、审核、会签和批准制度,明确专业负责人和责任人,委派设计代表,做好设计交底,施工单位负责建立健全施工质量保障体系,推行全面质量管理和质量认证,制定和完善岗位质量规范、质量责任及考核办法,建立工地试验室,实施自检、互检和交检工作,依规定处理质量事故和质量缺陷。监理单位负责建立健全监理工作体系,严格执行国家和行业的有关法律、法规、规章、技术标准和技术规范,认真审查施工组织设计和施工方案,严格工程质量验收,发现问题及时纠偏。

不断建立健全三级质量保障体系。按照建设单位总负责的要求,项目建设管理建立了政府监督、社会监理、企业自保三级质量保障体系。北京市公路工程质量监督站和北京市市政工程质量监督站负责本工程的质量监督工作。北京市公路工程质量监督站向本工程派驻了质量监督员。通过监理招标,委托北京华通公路桥梁监理咨询公司、北京市华宏

路桥咨询监理公司和江苏伟信工程咨询有限公司组建总监办,负责施工监理工作,项目经理部建立了以项目经理和项目总工为首的质量保证体系,负责工程质量自检、自查工作。

(5)建立健全项目管理组织机构,严格各项管理制度

本着项目法人组织精干,充分依靠社会中介的原则,结合"质量优良、工期适当、造价合理"的项目管理目标,以项目法人代表为核心,组建了项目管理处,分三部一室按照直线职能式进行运作:项目法人代表对项目负总责,项目总经理负责项目管理处的日常工作,项目总工程师负责质量和技术工作。工程计划管理部门负责工程计划统计、工程条件具备和工程组织协调工作,质量技术管理部负责设计、质量管理与控制和监理工作的管理,合同造价管理部负责合同管理和造价控制工作。办公室负责外联和行政后勤管理工作,实践证明,项目管理处机构设置合理,运转有效。

项目管理具体实施工程监理制、合同管理制、目标管理制、岗位责任制和工程例会制。

工程质量、进度和投资控制实行工程监理制度,在工程目标的管理和控制方面,根据国内建设环境,既充分借鉴国际惯例,又结合北京市和本工程的实际情况,提出要依靠监理,充分发挥监理作用,不但要管质量,还要管进度和投资。项目管理处把主要精力放在宏观管理与控制、工程条件具备、监理工作监督以及履约检查方面。通过合同来规范业主、监理和承包商三方关系;通过监督和检查来规范监理行为;通过监理程序来规范工程施工。

工程管理实行合同管理制,施工单位和业主签订施工承包合同。监理单位和业主签订施工监理合同。合同文件成为业主、承包商和监理协调工作和处理问题的共同依据。施工单位依据合同履行其义务和职责,并对业主的违约行为进行索赔。监理单位依据合同对中标单位和工程目标进行控制,业主依据合同对施工单位和监理单位进行履约评价,并对其违约行为进行索赔。三方主体真正围绕合同文件管理工程和处理工程中的问题,分歧少了,共同点多了,工作效率高了。

"质量优良、工期适当、造价合理"管理目标的落实实行目标管理制度。公司、项目管理处及其各部室之间层层签订了目标管理责任书,与此同时,为充分调动施工单位的积极性和创造性,优质、高效、文明地完成京开高速公路工程,项目管理处还制定下发了《京开高速公路工程目标管理办法》,定期对施工单位和监理单位进行阶段综合考评,兑现经济补偿和荣誉奖励。

管理责任的落实实行岗位责任制。为落实管理责任,提高工作效率,避免相互推诿,项目管理处制定下发了项目管理处领导和部门岗位责任制度,作为大家共同工作的准则。各部门根据本部门的岗位职责,又制定了各工作岗位的岗位职责,真正把责任落实到事,把事落实到人。

工程协调实行工程例会制度。为及时反馈和处理项目实施过程中存在的问题,项目

管理处建立了工程例会制度:每周召开一次项目管理处领导班子会;每周召开一次由总监、项目经理和项目总工参加的工程例会;每天召开由项目管理处主要人员参加的碰头会。领导班子会主要商讨和决策项目建设中的重大问题,工程例会主要听取上周工程汇报,安排下周工作,协调处理工程事宜,碰头会主要反馈和解决日常工程问题。

(6)开展创优活动,加大质量监控力度

建立健全创优工作机制。本项目的质量目标为"确保部优,争创国优",体现了一切以质量为中心的管理思想,为确保这一目标的实现,项目管理处成立创优工作委员会和创优工作小组。创优工作委员会由项目处领导组成,负责确定创优工作目标,组织、指导、监督和检查创优工作的开展。创优工作小组由各部门负责人、总监、专家和有关人员组成,负责制订创优工作计划,制订和落实质量保证措施,指导和监督创优工作的落实。总监办创优工作管理小组,负责通过监理程序贯彻创优工作计划及其保证措施,严把工程开工、过程控制、质量验收和质量资料关,及时收集、整理、反馈工程质量信息,发现问题及时纠偏。项目经理部创优工作实施小组,负责建立健全质量保证体系,制订创优工作实施方案,通过质量自检、互检和交检。搞好过程控制工作。

预防质量通病。根据本工程特点,把以下质量通病确定为防治重点:管线回填土下沉、井室周围下沉、高填路基下沉、桥头跳车、沥青路面早期破损、路面不平整、混凝土外观差、预应力管道压浆不实、砌石挡墙不牢等。针对通病,专项制订控制对策,形成文件指导监理和施工,并在过程中不断完善。例如:针对管线回填下沉,采取更换回填材料、分层开台阶回填、旁站监理、层层验收、填后水沉等措施。针对井室周围下沉的主要措施是井室周围反开槽换填二灰砂砾和低等级混凝土,针对高填路基下沉的主要措施是减薄分层填筑厚度,提高压实标准,合理安排作业顺序,尽量经受雨季和冬季沉降,必要时更换填筑材料。

分级召开质量专题会。为加强质量预控工作,针对质量通病、重点环节或不良质量趋势,不定期召开质量工作专题会议,审核质量方案,提出质量要求,制订控制措施,落实控制要求,把质量问题消灭在萌芽状态。

狠抓分项工程质量验收环节。工程开工前,按照质量检验评定标准的要求,划定每一标段的单位工程、分部工程和分项工程。以分项工程质量验收为中心环节。总监办成立专门小组负责每一分项工程质量验收,同时,项目管理处质量技术部派员参加,做到上个分项工程的问题,不带入分部工程或下个相关分项工程。

加大质量技术资料管理力度。建立从项目管理处、总监办到施工单位的三级质量保障资料管理体系。项目管理处质量技术管理部成立专门工作小组,负责质量保障资料的指导、检查和监督工作,把质量保障资料纳入日常工作范围,真正做到工程开工之时,就是竣工资料整理之始。

组织过程抽检。项目管理处质量技术部下设中心试验检测室,拥有先进的试验仪器和检测设备,配备经验丰富的试验检测人员,每天组织工程质量抽检,为质量控制和质量决策提供第一手资料依据。

注重质量缺陷的处理工作。项目管理处控制质量事故、缺陷与隐患的主要措施是建立三级台账体系,详细记录其发生时间、部位、原因、处理措施、处理结果和见证人。每一质量事故、缺陷与隐患,施工单位都必须上报总监办,总监办转报项目管理处,并分别登录在自己的台账中。根据严重程度,组织有关人员专题进行原因分析和制订处理措施。处理完毕后,要专门组织验收,并将处理结果记录在台账中,形成质量问题处理闭合圈。对于隐瞒不报、擅自掩盖或处理的,追究施工单位和监理单位的责任。

2. 控制工程/重大设计变更

京开高速公路玉泉营桥至市界段的主要变更项目有:为减少建设用地和增加结构安全可靠性,将庞各庄和风南桥的原设计加筋土挡墙和砌石挡墙变更为扶壁式挡墙;为加快工程进展和降低工程造价,将 K0+600~K18+000 段原设计灰土地基层部分变更为砂砾基层;为满足地方交通,方便居民出行,在 K32+087 处加人行过街天桥 1 座,个别人行过街天桥位置进行了调整;为确保结构安全性,原设计的马草河旧桥利用和通道利用,变更为新建桥梁和通道;K18+000~K35+900 段原设计 AC-30 Ⅱ 型底层变更为 AC-30 Ⅰ 型。

其中,本工程第二合同段主要有变更设计的项目如下:主路有西红门桥、北环桥和金星桥设计竖曲线为 $R=11200\mathrm{m}$,由于预应力混凝土 T 梁张拉起拱问题,竖曲线半径做了调整、T 梁在迎车面增加了防撞角钢、钢筋混凝土护栏由原设计现浇变更为预制安装等 12 项变更。辅路有 K7+415.31 板涵两侧辅路和 K5+955.45 板涵东侧辅路,由于涵洞盖板比设计辅路路面高,所以相应段辅路纵断高程进行了 6 项变更。

3. 交工验收

本工程共划分为 59 个单位工程,652 个分部工程,5398 个分项工程。按照《公路工程质量检验评定标准》(JTG F80)和《公路工程竣工验收办法》,监理工程师进行了质量评定,结果为单位工程和分部工程优良率 99%。

2001 年 6 月 11—24 日,北京市公路工程质量监督站,对本工程进行了交工验收。北京市市政工程质量监督站于 2000 年 6 月 18—20 日,对 1 号合同和四开桥工程进行了质量核验。检验的内容包括外观检查、实测实量和资料检查。经初步确定,京开高速公路各项主要技术指标均满足设计和规范要求,达到合同文件规定的质量等级。

三、科研成果

(一)路基方面

(1)用 CBR 值控制路基材料,和国际接轨,既保证了路基的水稳定性,又便于对外交流。

（2）路基防护采用先放坡3m，然后接浆砌片石挡墙收缩坡脚，放坡范围采用六棱花饰护坡，带内绿化，这样将工程防护与边坡绿化结合起来，因地制宜，减少了拆迁，降低了工程造价。

（3）拆迁非常困难的庞各庄镇，采用北京市成熟的扶臂挡墙技术，因此施工速度相当快。

（4）中央分隔带采用浅碟式断面，路缘带不设混凝土平缘石和立缘石，这样施工节省劳力，减轻劳动强度，同时又减少行车事故。

（二）路面方面

（1）路面表层采用沥青玛蹄脂碎石混合料（SMA-16），很好地满足了路面的高温抗车辙性、低温抗裂性及抗水性，同时还耐磨、抗滑，并具有低噪声、防眩等优点。

（2）首钢集团附近堆积了几千万吨的钢渣，既占地，又污染环境，严重影响附近居民的生活。本工程辅路路面基层采用石灰粉煤灰稳定钢渣，既利于环保，又变废为宝，具有良好的经济效益和深远的社会效益。

（3）路面补强结构设计时，充分考虑了旧路，减少了铲除旧路所带来的废料而影响环境的隐患，加快了工程进度。

（4）大兴的土层多为粉细砂，作石灰土的土源难以保证，永定河离该路不远，采用级配砂砾代替石灰土作底基层，具有施工进度快、管理方便等优点。

（三）桥梁工艺

因地制宜选择结构形式，施工工艺方便合理，工期短，造价低。

（四）交通工程

1. 挤压成型铝合金板标志

本标志是指采用挤压成型铝合金板作为板面材料制作的交通标志。此种标志具有以下优点：板材宽度一定，长度可以根据标志的尺寸裁剪，避免了铝合金平板的多边裁剪和焊接及下脚料的浪费；所有底膜均可以采用连续滚筒进行机械贴膜，避免了大尺寸板面因机械工作宽度的限制而只能人工贴膜的问题；标志底板正面无铆接点、无焊缝，背面有加强肋，易保证板面平整度，避免贴膜时出现褶皱和气泡；生产和存放时对场地、空间的要求相对较小；可以成捆包装，运输方便；养护、更新及改造方便。例如若交通功能发生变化而需要更改板面内容时只需将所涉及的板条拆下更换即可，避免了整块板面的拆装和更新。为配合上述板面材料，标志的立柱、法兰盘和扣压块均采用了配套的材料和尺寸。

2.公益标志

为提高驾驶员的交通法规意识,在高速公路段增设了"系安全带"标志。标志板面以醒目的警告黄色为底膜,上部图案为绿底白图案。

3.玻璃钢护栏

玻璃钢护栏外观尺寸与技术规范中的混凝土护栏相同,采用玻璃钢材料制作,为中空壳体,2m一节,就位之前搬运方便,就位后须用干燥中砂充填,整体性好,有韧性。颜色为黑黄相间的警告色,表面光洁,易养护。另外,每节护栏上贴有反光膜,夜间视觉好。为使护栏移动方便,护栏底边留有泄砂孔,将封盖打开砂子即可泄出。

(五)工程设计方面

为提高设计速度和质量,路线设计中采用"LXACD系统",立交采用了"RICAD系统",同时利用三维动画软件反复检验,大大提高了设计速度,在不过多增加工程量的情况下,使平纵线形配合更好,并尽可能选用较高的技术指标,来提高道路的使用效果和服务水平。桥涵设计使用"桥梁综合计算程序""中小桥涵CAD系统""PIER桩计算程序"等。概算中使用了"工程概预算编制CAD系统"。因设计手段先进,在较短的时间里完成了设计,为业主招投标赢得了时间,为工程顺利实施奠定了基础。

(六)仿生型抗风自洁式防眩板

高速公路中央隔离带,采用自主研发的仿生型抗风自洁式防眩板,既起到了防眩作用,还能美化环境,降低养护成本。该防眩板产品已获得实用新型和外观设计两项专利,广泛应用于京承高速公路、京平高速公路、京开高速公路、五环路、六环路等多条高速公路。

第二节　辛立村收费站至市界段

一、项目概况

(一)基本情况

本工程道路起点在京开高速公路黄垡分离式立交桥下与京开高速公路相接,路线向西南方向偏离京开高速公路,路线依次经过天堂河、大刘路、西翁路、西邓路、翁麻路后,在景家场村东侧折向正南方,在榆垡镇和黄各庄村之间穿过,又经榆平路、榆垡路,跨永定河干渠、永定河左滨河路和永定河,终点至永定河河道中心与河北省段起点相接,全长8.83km。

该段路路基全长约6726.3m,路基填方159.3万 m³;全线结构物总长2106.5m,结构物总面积72090.5m²。工程全线共设置结构物17座,其中互通式立交桥1座,分离式立交桥5座,跨河桥1座,通道桥8座,收费站通道1座,箱涵1座。工程共设置主线收费站和匝道收费站各一处,主线收费站为榆垡南站(出京方向12个收费车道),匝道收费站为求贤站(四个匝道,每个匝道3个收费车道)。

本工程全线总占地66.7公顷,其中管理区和停车区占地2.5公顷,道路占地64.2公顷。全线标准为高速公路,设计速度120km/h,三上三下六车道,路基宽度34.5m。工程批复概算约14.36亿元,其中建安费7.09亿元,征地拆迁费6.56亿元,其他费用0.7亿元。

京开高速公路(辛立村收费站—市界)工程于2009年12月25日开工,2010年12月2日通车。本工程土建工程共分为4个标段,各标段情况如下:

1. 第一合同段

本标段起点在京开高速公路黄垡分离式立交桥下与京开高速公路相接,路线西南方向偏离京开高速公路,跨过京开高速右幅路、西辅路、天堂河及大刘路与第2号标段相接。全长1900m。京开高速公路工程道路等级为高速公路,设计速度120km/h,桥梁设计荷载为公路—Ⅰ级,采用两幅路布置形式,主路布置三上三下双向六车道加紧急停车带,路基宽34.5m,路面结构总厚度为72cm。

计划开工日期:2009年9月1日;计划竣工日期:2010年9月15日。实际开工日期:2009年12月25日;实际交工日期:2010年11月19日,同年11月通过了交工验收。工程造价15196.5万元。

2. 第二合同段

第二标段设计起点桩号K1+900,设计终点桩号K4+500,路线全长2.6km。本标段在K1+900与第一标段相接,向西南方向在西瓮路(采用西瓮路分离式立交主线上跨)和两条机耕路的相交处跨过西瓮路后继续向西南方向,新建西瓮各庄通道桥和西邓路通道跨过一条机耕路和西邓路后在K3+944.56处与瓮麻路相交(采用翁麻路分离式立交主线上跨),随后道路在大寨渠与景家场相交处跨过大寨渠,后路线渐渐转向正南方向,并在K4+500处与第三标段相接。道路长为2388m,桥梁2座全长212m,通道桥3座,箱涵1座。

本工程于2009年12月25日开工,2010年11月26日完工。

3. 第三合同段

第三标段设计起点桩号K4+500,设计终点桩号K7+100,路线全长2.6km。本标段在 K4+500 与第二标段相接后路线渐渐转向正南方向,在 K4+523、K5+153.9 和 K5+470.5 处新建 3 座通道桥跨过机耕路,然后路线从黄各庄村东侧向南跨过榆平路,路线继续向南,在 K5+960 处新建一座通道桥,在 K6+624.5 处与榆垡路相交,本处设置榆垡互通式立交(菱形立交),过榆垡路后在 K6+996 处上跨机耕路,在 K7+100 处与第四标段相接。道路长为 2600m,桥梁 2 座全长 300 延米,通道桥 5 座,改建地方路 1 条。

工程开工时间:2009 年 12 月 25 日,完工时间:2010 年 11 月 7 日。

4. 第四合同段

本标段设计施工桩号 K7+100~K8+832.830,全长 1.73km。项目部于 2009 年 10 月 5 日组成并进驻工地,施工队伍在合同规定日期完成进场及施工准备,2009 年 12 月 25 日开始进行永定河特大桥第一根钻孔灌注桩施工。于 2010 年 11 月 19 日完成合同工期内所有工程量,达到竣工验收条件,具备通车条件。本合同段工程总投资约 1.34 亿元。

主要工程内容为:永定河特大桥 1 座 761m,桥梁面积 2.55 万 m^2,其中现浇预应力连续箱梁 130m。涵洞共 8 道,408.07 延米;路基挖方 471m^3,填方 20.49 万 m^3,边沟 2430m,网格护坡 15896m^2,生态护坡 1838.11m^2,边坡急流槽 60 道;主线及匝道路面主要工程数量:水泥稳定碎石基层(18cm 厚)56663m^2、二灰碎石上下基层(18cm 厚)118174m^2、路缘石 5506.5m,C30 混凝土土方砖 337.9m^3。左堤路改造 596m,收费站广场施工 150m。

(二)决策过程

该段为京开高速公路未贯通路段,该段南下车辆只能走 106 国道。京开高速公路(辛立村收费站至市界)可以实现大广高速公路在北京境内的全线贯通,对完善北京地区公路网布局,缓解北京南部京港澳高速公路、京沪高速公路的交通压力起到重要作用。

(三)参建单位

辛立村收费站至市界段工程由北京市首都公路发展集团有限公司建设。本工程共有 11 个标段,其中土建标 4 个,路面标 1 个,交通工程标 1 个,绿化标 1 个,照明标 1 个,收费大棚标 1 个,声屏障标 1 个,机电工程标 1 个。参建单位详见表 9-12-3。

京开高速公路北京段(辛立村收费站—市界)参建单位表　　　　表 9-12-3

监督单位	北京市道路工程质量监督站	
建设单位	北京市首都公路发展集团有限公司	
设计单位	北京市国道通公路设计研究院	
勘察单位	北京城建勘察设计研究院有限责任公司	
监理单位	土建总监办	北京仕邦工程监理有限公司
	机电总监办	北京天智恒业科技发展有限责任公司

续上表

施工单位	土建1标(K0+000~K1+900)	北京市市政二建设工程有限责任公司
	土建2标(K1+900~K4+500)	北京市市政一建设工程有限责任公司
	土建3标(K4+500~K7+100)	天津城建集团有限公司
	土建4标(K7+100~K8+832.830)	中铁十六局集团第一工程有限公司 北京通成达水务建设有限公司联合体
	路面工程	北京城建道桥建设集团有限公司
	交通工程	北京市高速公路交通工程公司
	机电工程	北京云星宇交通工程有限公司
	绿化工程	北京市京石园林绿化有限公司
	照明工程	浙江珍琪电器工程有限公司
	声屏障工程	北京市高速公路交通工程公司
	收费大棚工程	北京市高速公路交通工程公司

二、建设情况

(一)准备阶段

1. 立项审批

京开高速公路(辛立村收费站—市界)工程是经过国家发改委等主管部门批准建设的,批复文件如下:

2004年,北京市规划委下发《关于京开高速公路(辛立村至市界)规划方案的批复》(市规发〔2004〕1455号)。

2007年,北京市规划委下发《关于京开高速公路(辛立村收费站至市界)工程永定河大桥设计方案的批复》(市规函〔2007〕1859号);《关于京开高速公路(黄垡立交至永定河特大桥)道路工程设计方案的批复》(市规函〔2007〕1969号)。

2008年,环境保护部下发《关于京开高速公路(辛立村收费站至市界)公路工程环境影响报告表的批复》。

2009年,北京市规划委分别下发该工程的规划意见书(2009规市政意字677号)、工程用地规划许可证(2009规地市政字0037号)、工程规划许可证(2009规建市政字0105号);国家发改委批复该项目可研代立项(发改基础〔2009〕2549号);国土资源部下发《关于京开高速公路(辛立村收费站至市界)公路建设用地预审意见的复函》(国土资预审字〔2009〕22号)。

2010年,交通运输部批复该工程初步设计(交公路发〔2010〕297号)。

2. 资金筹措

京开高速公路资金来源主要为政府资本金、银行贷款及业主自筹,工程概算投资

143613万元。截至2010年11月10日,共申请资金107337万元,其中银行贷款104337万元,资本金3000万元。截至2010年11月10日,京开路工程实际支付104205万元,其中建安工程费45524万元,征地拆迁费54666万元,建设单位管理费开支578万元,工程监理费459万元,勘察、设计及其他前期费用1507万元,筹资费用(银行贷款)1471万元。

3. 招标工作

(1)勘察设计招标情况

京开路工程勘察、设计单位的确定均通过公开招标的方式完成,分为1个设计标、1个勘察标。经过一系列法定程序,2009年1月16日—1月22日评标报告送北京市规委备案、中标公示;1月23日领取招标登记表。

(2)施工单位招标情况

土建工程:京开高速公路(辛立村收费站至市界)工程土建4个标段,由首发集团公司委托北京逸群工程咨询有限公司代理招标,经过一系列法定程序,2009年12月9日签订了合同协议书,中标总价为51511万元;机电工程:京开高速公路(辛立村收费站至市界)工程机电标段,由首发集团公司委托北京国际贸易公司代理招标,经过一系列法定程序,2009年4月8日签订了合同协议书,中标总价为2603万元;路面工程:京开高速公路(辛立村收费站至市界)路面工程,由首发集团公司委托北京逸群工程咨询有限公司代理招标,经过一系列法定程序,2010年6月8日签订了合同协议书,中标总价为5857万元。

交通工程:京开高速公路(辛立村收费站至市界)交通安全设施工程,由首发集团公司委托华杰工程咨询有限公司代理招标,经过一系列法定程序,2010年6月10日签订了合同协议书,中标总价为1573万元;绿化工程:京开高速公路(辛立村收费站至市界)绿化工程,由首发集团公司委托北京逸群工程咨询有限公司代理招标,经过一系列法定程序,于2010年7月7日签订了合同协议书,中标总价为1330万元。

收费天棚工程:京开高速公路(辛立村收费站至市界)收费天棚工程,由首发集团公司委托华杰工程咨询有限公司代理招标,经过一系列法定程序,于7月7日签订了合同协议书,中标总价为459万元;声屏障工程:京开高速公路(辛立村收费站至市界)声屏障工程,由首发集团公司委托华杰工程咨询有限公司代理招标,经过一系列法定程序,于2010年7月7日签订了合同协议书,中标总价为105万元;照明工程:京开高速公路(辛立村收费站至市界)照明工程,由首发集团公司委托北京逸群工程咨询有限公司代理招标,经过一系列法定程序,于2010年7月23日签订了合同协议书,中标总价为399万元。

(3)监理单位招标情况

京开高速公路(辛立村收费站至市界)工程施工监理,委托华杰工程咨询有限公司代理招标,经过一系列法定程序,于2009年10月13日签订了合同协议书,中标总价为593万元。

4. 征地拆迁

京开高速公路(辛立村收费站至市界)工程位于北京市大兴区境内,工程全长8.83km,征地拆迁涉及大兴区礼贤镇、榆垡镇两个镇共10个行政村,共征占土地64.455公顷(合966.824亩),伐移树木32万株,拆除非住宅房屋2.78万m^2,拆除大棚18.61万m^2,改移各种管线93处。

非住宅房屋拆迁于2010年3月31日全部完成;大棚拆迁于2010年5月16日完成;树木伐移于2010年5月18日全部完成;高压线路、综合管线87处于2010年5月12日改移完成。

(二)实施阶段

1. 工程管理

(1)项目管理机构设置及职能

京开高速公路(辛立村收费站至市界)工程项目建设实行三级管理,即:北京市首都公路发展集团有限公司(以下简称"集团公司")→北京市首发高速公路建设管理有限责任公司(以下简称"建设公司")→京开高速公路(辛立村收费站至市界段)工程项目管理处。

(2)质量控制措施与效果

按照集团公司高质量目标的要求,项目管理处根据工程实际情况及特点,确定了"路基工程以粉砂土填筑和地基处理为重点、桥梁工程以现浇箱梁和T梁施工为重点"的指导思想,以交通部提出的"质量零缺陷"为管理目标,制定了本工程的质量控制点,强化首件验收和样板引路制度,突出细节管理和工序管理,工程质量始终处于受控状态。

制定了工程质量目标,分项、分部、单位工程质量均为合格,外露混凝土外观良好,主要分项工程评分值不低于90分,资料全面、及时、真实、准确,无质量责任事故发生,确保市优。

为确保工程质量达到市优标准,项目管理处成立工程质量管理工作领导小组。建立健全了质量保证体系,加强对监理单位的管理。开工前北京市道路工程质量监督站和项目管理处组织了对监理人员的业务知识考试。施工中不定期对现场监理旁站进行检查,并对监理指令的落实情况进行跟踪。尤其对质量管理重点环节如:预应力混凝土施工、现浇箱梁混凝土浇筑、路面工程等均要求监理单位加大管理力度。通过工程实践,监理单位充分发挥了"三控、三管、一协调"的作用。

桥梁工程:本工程共有7座桥梁,仅永定河大桥为预应力T梁+现浇混凝土箱梁结构，其余6座桥梁均为现浇混凝土箱梁桥，全线箱梁26联共4.65万 m^2，占本工程桥梁总面积的68.1%。

由于京开路土质差，桥梁桩基长，对于桩基工程加大了对施工单位和监理旁站的管理力度，本工程共有桩基584根，在混凝土灌注过程中没有出现断桩现象的发生。

路面工程：加大对二灰和水稳基层原材料技术指标和级配质量控制，加强了养生管理。地面基层施工严格按照高程、厚度相结合的方式进行控制，针对个别标段接头水稳基层和个别搭板高程偏低的情况进行加铺沥青混凝土找平层施工，确保地面层的摊铺厚度、平整度；中面层施工中出现的工作缝、桥梁伸缩缝、桥头搭板处进行铣刨拉毛处理，严格控制摊铺速度，正常段落每分钟3m，桥上每分钟2m，摊铺时间控制在早上8点至下午4点。

引进第三方试验检测和技术服务。针对本工程粉性土质路基施工的实际情况，委托第三方对路基填料及施工工艺进行研究，并对施工过程进行指导和控制，保证了路基的施工质量。同时委托第三方对工程施工实体质量情况进行定期检查，提供书面报告，对发现的问题及时予以改进，使工程质量得到有效的监控。另外，为了加强路面工程的施工质量，项目管理处委托第三方对料场原材料及到场的成品混合料进行抽样检查。

采取堆载预压减少工后沉降。在路基填筑施工后期，发现路基及人行通道桥发生整体沉降。为了保证工程质量，减少道路工后沉降，经专家论证和公司同意，决定对全线所有的桥头段填方和人行通道桥进行堆载预压，使得高填方路基段及人行通道桥的工后沉降降至最低，工程质量得到了有效地控制。

严格实行材料准入制。为了对关键材料的质量及来源进行控制，根据《关于京开、京包高速公路工程开展材料比选工作的通知》的要求并结合本工程进展情况，项目管理处组织监理和施工单位对防水、支座、伸缩缝、硅管及管箱材料供货厂家进行了初步比选，并将比选结果上报公司。

此外，通过加大设计、勘察现场服务力度，件验收、试验段样板指路，有效推动了质量工程的开展。加强梁厂管理、项目管理处安排专职人员对梁厂进行管理，对混凝土外观、预应力筋张拉、T梁运输、T梁吊装等关键工序进行控制。

（3）安全生产

全线在消防、交通、保卫、安全方面未发生甲方责任事故，伤亡为零，无重大刑事案件和重大违法犯罪案件发生，环保达到国家及北京市的有关要求，未发生被有关部门通报、罚款事件。与监理单位签订安全合同11份；与施工单位签订安全地下保护协议12份；项目处组织召开文明安全施工与环境保护工作交底会3次，安全例会10次，安全、环保专题会5次，现场会6次，拉练检查10次，专项安全环保检查13次，发现隐患89处，均按要求进行了整改。

(4)进度管理

项目管理处根据集团公司年初务虚会会议精神,结合工程特点和实际情况,确定了"2010年3月底以前抓拆迁,2010年6月15日以前抓路基土方、桥梁结构施工"的指导思想。集团公司、建设公司领导亲临现场,指导、帮助解决拆迁难题。项目处各部门团结协作,把拆迁工作列为第一要务,各施工单位采取各种措施推动拆迁工作。2010年春节前,3标榆平路以南至4标永定河左堤之间实现了全面进场,1标、2标部分路段进场,为工程顺利开工创造条件;2010年4月1日2标、3标高压拆除完成,为工程顺利实施起到至关重要作用。2010年5月16日1标农业生态大棚拆迁完成,为全线贯通起到了决定性作用。

确保控制性工程按期完成:土方工程是本项目的第一控制性工程,本工程路基填方152.9万 m^3,施工有效期短,施工任务重,多次召开土源落实专题会,要求施工单位一进场就抓土源落实工作,在施工过程中,通过拉练、现场会、约见施工单位主管领导等措施,狠抓土方作业施工,有效地保证了雨季前路基土方基本完成的目标。

同时,狠抓阶段目标管理,全力以赴推进工程建设,京开高速公路工程实行阶段目标管理,评选出优秀项目经理和优秀驻地监理工程师。加强计划管理,强化计划的严肃性。项目管理处根据工程进展分阶段组织监理和施工单位开展计划研讨会,确保计划的合理性和可实施性。对于控制性工程和关键部位,项目管理处多次主持召开详细的施工计划讨论会,主要负责人参加,对强制计划的执行起到了很大的作用。重点加强控制性工程的管理,尤其土建一标的土方和结构物的施工进度,土方施工中,要求总监办督促各施工单位对96区路段制定具体的施工方案,要求业主代表对台背回填处盯住每天各标段上土情况及实际完成情况。

重视天气变化,路面施工采取双面作业:考虑到沥青混凝土路面摊铺工期相对集中、大兴区雾天较多、大风降温等不利因素的影响,明确了沥青混凝土摊铺在霜降之前完成的总体目标,确保了在有效的施工时间内完成了路面摊铺任务。

加强与相关单位的沟通与协调:工程开工之前,加强了与水务部门、电力部门、路政部门、交管部门的沟通与协调,得到了各部门的大力支持,为工程顺利实施提供了强有力的保障。合理安排土建工程与附属工程交叉作业施工:首先,合理安排施工工序,召开现场办公会,明确各单位分工配合,对影响进度的工序盯住不放,并根据现场情况灵活调整施工。

(5)工程变更管理

在工程变更和费用索赔方面进行严格管理,严格控制。

项目管理处制定了各种规章制度,确定了确认工作、设计变更和工程变更从立项到审批的程序。此外还明确了工程变更和费用索赔限额的审批权限,使工程项目管理从监理程序到业主程序有一条比较明晰的主线。

（6）工程造价控制

以日清月结为目标，以开展经济活动分析为手段，成立造价控制领导小组，明确分工与责任；每周一项目管理处召开合同专题会，研究变更、索赔、合同管理等相关事宜，及时解决问题；项目管理处根据现场实际情况组织勘察、设计、监理、施工单位召开现场研讨会，对不适宜的换填方案进行优化，节约工程造价；根据现场实际情况及交管部门意见和反复论证，确定最佳交通导改方案，力求将费用降到最低。实行合同管理，通过规范、严密的合同约束业主、监理和承包人三方。下发增补总金额为4422万元。

在合同有效期，坚持合同履约检查，建立合同履约档案。项目管理处通过加大合同履约力度来强化合同管理，特别强调业主自身履约，努力承担合同约定的各项义务，为施工、监理开展工作创造必要条件。严格资金管理、确保专款专用。为做到建设资金专款专用，各项工程建设费用的支出均以合同协议书为依据，按规定程序办理支付手续。为防止工程建设资金不合理外流，合同规定中标单位在建设项目所在地银行设专项资金账户、项目管理处委托银行资金专管员对各单位资金使用情况进行监督。

（7）廉政建设

项目处根据交通部的有关文件精神以及有关工程建设、廉政建设的规定，为做好工程建设中的党风廉政建设、保证工程建设优质高效、保证建设资金的安全使用及投资效益、保证从工程立项到工程验收交付使用过程公开透明，项目处成立了廉政组织机构，与员工签订了廉政合同，共签订廉政合同17份。

2. 重大设计变更

截至2010年11月10日，本项目共发生工程变更69份，其中设计变更62份，施工变更7份，涉及变更增加费用2296.41万元，变更减少费用约为718万元，合计增加费用总金额为1578.41万元；工程索赔17份，涉及费用总额约801万元。

三、科研成果

为了提高北京市高速公路建设质量，落实科学发展观，建立节约型社会和强化"以人为本"的理念，在建设过程中结合辛立村收费站至市界段工程的具体情况，采用了"四新"技术，达到了预期的效果，并可为将来在公路建设中大面积应用提供了技术数据和施工方法。

（1）采用"坡面改平生态砖"护坡技术，通过"高边"结合"矮边"的特殊结构，采用水平方式依坡垒砌，既可减少坡面水土流失，又可减少后期管理养护成本。

（2）路面中、下面层部分段落采用岩沥青和硫黄沥青混合料，既增加了胶结料结构的抗压、抗裂性，提高了高温抗车辙性能，又降低了能源消耗，节省了沥青用量。

（3）在ETC车道采用彩色路面，既加强了车道标识，又增强了抗滑性能。

(4)交通工程中采用新型结构"弹性护栏",增强了防护性能。

(5)照明采用节能灯具,既提高了科技含量,又节约了运营成本。

第三节　运　营　管　理

一、运营管理机构

目前,该路段的运营管理由北京市首都公路发展集团京开高速公路管理分公司负责,养护工作由首发养护公司负责。

二、运营管理情况

（一）收费站设置及建设

京开高速公路北京段菜户营桥至玉泉营桥属于市政路段,玉泉营至榆垡段共设西红门、西红门南桥、高米店、大兴工业区、金华寺、海子角、天宫院、三融、庞各庄、薛营、梨花桥、大礼路、榆垡13个收费站,其中,主收费站点1处,匝道站12处,采用封闭式收费管理办法。京开高速公路北京段(辛立村—市界,现为G45大广高速公路北京段一部分)设置求贤、榆垡南2个收费站,详见本书"附表"部分的表4-2-1。

（二）服务区设置及建设

辛立村至市界段(即G45大广高速公路公路北京段一部分)设置求贤停车区,未设置服务区,详见本书"附表"部分的表4-2-2。

（三）养护管理

1. 2015年京开高速公路辅路启动预防性养护

京开高速公路辅路纵贯大兴区,为大兴区市民进出京要道,2001年建成通车后,由于其通行便利、交通设施完善,吸引了大量地方和过境车辆选择辅路通行。随着南城行动计划实施,以及新机场落户,大兴新城车辆急剧增加,使得道路出现了不同程度沉陷,路面车辙、轻微龟裂、横缝现象突出。

本次预防性养护,主要对路口及公交港湾进行单独抗车辙设计,并对全线机动车道进行2cm超薄磨耗层罩面,以解决路面轻微裂缝、轻微松散,同时提高旧路面使用性能。

此次养护分为东辅路和西辅路,施工起点位于大兴界京良路北、桩号K4+550处,终点止于林校北路桩号K14+350处,全长9.8km。由于京开高速公路辅路车流量过大,本次采用夜间施工,占用部分步道、机动车道及非机动车道。

2.2015年西红门至双源桥段大修

大修范围是京开高速公路西红门主站到六环路双源桥,全长15km。通过大修,对破损不严重的路面进行预防性养护,破损严重的区域将重新加铺沥青路面,提升行车舒适度,降低路面噪声。施工主要集中在零点到5点进行,施工期间采取不断路半幅施工并进行交通导改。工程于2015年5月22日开始,6月25日结束。

第十三章
S11(京承高速公路)北京至承德公路北京段

京承高速公路全线分为北京段(北京市级高速公路编号 S11)和河北段。S11 京承高速公路北京段南起北京市北三环太阳宫桥,北至司马台京冀界。2010 年国家高速路网统一命名、统一编号规划之后,S11 京承高速公路的六环路酸枣岭至司马台市界段,包括京承高速公路北京段二期(46.7km)、京承高速公路北京段三期(62.65km),被划为国家高速公路网规划 G45 大(庆)广(州)高速公路。G4501 六环路以内的路段仍称为"京承高速公路"。

S11 京承高速公路北京段线路全长 131.05km。全线由北三环向东北方向引出,经北京市朝阳区、昌平区、顺义区、怀柔区、密云区。工程于 2009 年 9 月 28 日全线贯通,全线共设收费站 19 个,服务区 3 个,分三期工程建设完成,见表 9-13-1。

京承高速北京段项目组成表　　　　表 9-13-1

项目号	项目名称	里程长度(km)	建设时间
1	四环路望和桥—六环路高丽营	21	2002.1.18—2002.10.26
2	市政段(三环—四环)	2	2003.3.25—2007.9.29
3	六环路高丽营—密云沙峪沟	46.7	2004.3.25—2006.9.26
4	沙峪沟—京冀界	62.65	2007.7.1—2009.9.1

S11 京承高速公路的一期工程为四环路望和桥至六环路高丽营,接北京市已建城市快速干线北四环,经来广营、黄港,止于高丽营,与北京市六环路和京承公路高丽营至密云段相连,全长 21km,全线采用六车道高速公路标准建设。其中,起点至来广营段约 5km,兼顾城市快速路功能,最高设计速度 120km/h,速度 80km/h,路基宽度 2×17m(沿城铁两侧布线);来广营至高丽营段约 17km,路基宽度 35m。一期工程全线共设置四处互通式立交,预留望京西路和顺平路互通式立交。于 2002 年 10 月建成通车。

二期工程起于六环路高丽营,止于密云沙峪沟,全长约 47.3km,2003 年重点进行前期工作,2004 年 3 月开工,2006 年 9 月 28 日正式开通。工程采用双向六车道设计,最高设计速度 120km/h。

三期由沙峪沟连接到京冀界,接入河北段大广高速公路(G45),于 2009 年 9 月 28 日通车。工程采用双向四车道设计,最高设计速度 100km/h。

作为北京地区交通的干道(北京市级高速公路编号 S11),京承高速公路直接连接了朝阳、顺义、怀柔、密云四区,间接联系昌平、平谷两区,辐射了北京东北部地区。该路建成使用至今,其大部分路段的交通量已经达到高速公路的标准。另外,密云、怀柔的旅游业和京密路沿线各区县企业、经济开发区和生活小区的发展,都迫切需要一条大容量的高等级道路,而该路的建成将大大改善区域交通状况,促进北京东北部地区经济的发展。

因为沿线途经了北京顺义奥林匹克水上公园,北京国际展览中心新馆,北京密云水库,北京怀柔满族风情大道,北京密云古北口历史名镇以及长城文化保护中心,北京司马台长城,承德金山岭长城,承德避暑山庄、外八庙以及周围其他景区,京承高速公路成为一条名副其实的黄金旅游线路,其建成将加速环京津地区北京、承德、秦皇岛的旅游"金三角"的形成。

此外,它的顺利通车,还促进了整个京津冀、环渤海地区经济发展,对实现城市总体规划,引导城市空间布局和功能的调整,支持新城建设,促进城乡协调发展都起到了积极的协调作用,标志着京承经济区域合作进入一个新阶段。

第一节 一期(望和桥—高丽营)工程

一、项目概况

(一)基本情况

京承高速公路是大广高速公路(G45)和国道 101 线(阿荣旗—广州)的重要组成部分,也是北京交通整体规划中的一条对外放射线。作为北京远郊区县至北京市区及远郊区县卫星城之间的重要联络线、河北省及其他外省市到北京市区的重要通道,京承高速公路的建成加大了北京地区的路网密度,对提高沿线地区交通状况,完善北京市公路网络建设都将起到积极的作用。

项目一期工程 2002 年 1 月 18 日开工,2002 年 10 月 26 日具备通车条件。

按照规划,本期工程起点为四环路望和桥(起点桩号:K0+000),终点为顺义区高丽营(终点桩号:K21+000),全长 21km。其中四环路望和桥至五环路段为城市快速路,设计速度 80km/h;五环路至高丽营段为高速公路,设计速度 120km/h;采用平原微丘区高速公路标准,沿线结构物按地震烈度 8 度设防。主路车道宽 2×15.25m,为双向六车道加连续应急停车带。

其中四环路至来广营段(K0+000~K5+800),设计标准为城市快速路,设计速度80km/h,采用分离式断面,沿城市铁路两侧上、下行分开布设,中间城市铁路占地宽度约30m,单侧路基宽度17m,双向六车道;来广营至六环段(K5+800~K21+000),设计标准为高速公路,设计速度120km/h,采用整体式断面,其中K5+800~K19+500为双向六车道加连续停车带,路基宽度35m,K19+500~K21+000为双向四车道加连续停车带,路基宽度28m。

该段道路先后与15条现状道路与规划道路相交,共设置互通式立交6座(北四环望和立交、辛店村立交、五环路来广营立交、黄港路立交、沙峪路立交、六环路高丽营立交)、高架桥1座(来广营公铁高架桥,出京方向长746.75m,进京方向长1334.55m)、分离式立交5座(望京西路分离式立交、来广营西路分离式立交、孙河路分离式立交、定泗路分离式立交、水源九厂路分离式立交)、跨河桥6座(北小河桥、清河桥、温榆河故道桥、鲁疃800m干渠桥、唐自头渠桥)、通道12座、人行天桥5座、小桥涵60座,全线路基填方366万m^2,绿化面积90.2万m^2。

全线经过的主要控制点有四环路望和桥(K0+597.01)、北小河(K2+381.07)、辛店村路(K3+050.185)、五环路(K3+988.45)、来广营段城市铁路13号线(K4+734.007)、孙河路(K7+545.8)、黄港路(K7+543.0)、清河(K11+981.60)、沙峪路(K13+338.87)、温榆河故道(K13+980.0)、定泗路(K14+000.0)、鲁疃800m干渠(K15+081.0)、温榆河(K16+502.0)、唐自头渠(K18+729.0)、水源九厂路(K17+853.0)、六环路(K20+282.22)。

京承高速公路一期工程合同总价8.89亿元,其中土建部分8.36亿元,交通、绿化等5347.2万元。但因为工程境内水文地质条件复杂,30m内含水层较多,一般存在2~4层地下水。公路沿线均属同一地貌、地质单元,即永定河冲积洪积扇的中下部平原地区,地层主要为晚更新世冲洪积层,地势北高南低,地面高程为25~45m。在地表以下4~9m深度范围,土层压缩性偏高,承载力和抗剪强度偏低,物理力学性质相对较差。另外,在四环路望和桥至黄港路范围内,多处存在垃圾场及深埋垃圾,均进行了清除换填处理,对工程工期和造价都产生了不同程度的影响。

(二)决策过程

国道是国家公路网体系中最重要的组成部分,对于国家的政治、经济、社会发展具有深远的战略意义。在京承高速公路正式动工前,虽然国道建设的速度不断提升,规模不断扩大,但大部分国道的道路等级偏低,科技含量不高,严重地制约了经济的发展。所以,实现国道路网的现代化,将对我国全面振兴经济有着至关重要的左右。作为国道101线的一部分,京承高速公路的建设对完善高等级国道路网有着重大意义。

虽是首都,但北京各区县的发展水平却参差不齐,颇有差距,想要统筹发展,交通必须先行。根据规划,京承高速公路直接连接的北京朝阳、顺义、怀柔、密云四区和间接连接的昌平、平谷两区,拥有北京近郊最重要的旅游景区,沿线工矿企业分布众多,所以京承高速公路的建成将极大地促进区域经济发展。

设计之初,线路途经的孙河段交通量为52000辆/天,怀柔段交通量为38000辆/天,均已超过一级公路的承受能力。预计到2005年最大路段交通量将达到60890辆/天,当时的道路将不堪重负,因此修建京承高速公路势在必行。

但在最初,京承高速公路建设的宏观方案主要有旧路改建和另建新线两个方案。

在旧路改建方案中,京承高速公路进京线和辅路利用旧路改造(旧路断面25m宽),京承高速公路出京线在现有旧路的东侧绿化带以外修建,路基宽度17.5m。这套方案主要工程里程69.9km,涉及互通立交11座,分离式立交18座,通道13座,特大型桥梁2座,大中桥18座,伐树8.9万棵,拆迁房屋2798间,占地约7754亩,工程总造价55.4亿元。这种旧路改建的方案主要优点为:里程较短;吸引交通的能力强,回收投资快;新征土地少。但缺点为建设过程中将对绿化带来极大破坏;且没有增加路网密度,不能从根本上解决北京东北部地区交通拥堵的问题;加之为地方服务的辅路大约9m宽,且为双向行驶,通行能力严重不足;此外,旧道改建不能断道施工,施工期间的交通组织困难重重;最后,虽然房屋拆迁工程相对较小,但需要迁移沿线的通信和水源等管线,工程量巨大。

而在另建新线的方案中,除了里程稍长和新征土地较多之外,更多的是优势:将增大北京市北部地区的路网密度;可增加城市出入口;砍伐树木数量少;有利于施工期间的交通组织;避免了高速公路穿越规划中的空港城;新路建成后可分流旧路的交通流,缓解旧路的交通紧张状况;有利于顺义西部和昌平东部地区的经济发展。

此外,根据对2001年至2003年期间,北京已经建成通车的10条高速公路的交通状况调查资料和原设计建设规划与标准进行了对比可以发现,建成年限为10~15年的有4条,分别为京津塘高速公路、首都机场高速公路、京石高速公路和京哈高速公路。建成年限为5~10年的有1条,为八达岭高速公路。除了京哈公路以外,另外4条均在5~10年内实际交通量达到了设计交通量值,10年以后道路的服务水平都已低于二级,属超负荷运行。因此从实际出发,京承高速公路应新建高速公路而不应采用旧路改建方案。

(三)参建单位

参建单位详见表9-13-2。

京承高速公路北京段一期项目参建单位一览表

表 9-13-2

监督单位	北京市公路工程质量监督站
建设单位	北京市首都公路发展有限责任公司
设计单位	北京市公路局设计研究院
监理单位	北京正远监理咨询有限公司

	合同号	中标单位名称	中标价(元)	标 段
路基工程	1	北京市政建设集团有限责任公司	105716284	1 标(K0+000~K1+310)
	2	中铁第十七工程局远通工程集团公司	31191120	2 标(K1+310~K3+290)
	3	北京市政建设集团有限责任公司	64382337	3 标(K3+290~K4+350;K3+290~K4+440)
	4	北京路桥集团第一公路工程局第一工程公司	114639310	4 标(K4+350~K6+200;K4+440~K6+200)
	5	北京市市政四建设工程有限公司	49845508	5 标(K6+200~K9+000)
	6	安通建设有限公司	50506693	6 标(K9+000~K11+550)
	7	中铁隧道集团有限公司	57016548	7 标(K11+550~K12+800)
	8	北京城建一建设工程有限公司	48003371	8 标(K12+800~K13+900)
	9	北京鑫畅路桥建设有限公司	31174358	9 标(K13+900~K16+000)
	10	中铁二局股份有限公司	51585097	10 标(K16+000~K17+000)
	11	北京市公路桥梁建设公司	48368612	11 标(K17+000~K19+500)
	12	北京城建三建设工程有限公司	89061469	12 标(K19+500~K21+000)
	合 计		741490707	
路面工程	1	北京市公路桥梁建设公司	38484437	
	2	北京城建道桥工程有限公司	43866064	
绿化工程	1	北京市京石园林绿化公司	22711023	
	2	北京市高速公路绿化公司	6037751	
交通工程	1	唐山利安高速公路设施厂	14002984	
	2	北京大德路桥养护公司	10721032	

二、建设情况（2002.1.18—2002.10.26）

（一）准备阶段

1. 立项审批

京承高速公路（一期）工程严格执行基本建设程序，依法进行工程建设，坚持以国家基本建设程序为主线，认真落实国家有关法律、法规、规章及各项政策，在工程建设活动中自觉履行"国家统筹规划、有关部门审批把关，建设单位组织实施"的基本规定。

在工程开工前，相关单位先后完成了项目建议书的批复、可行性研究报告的批复、初步设计的批复、土地使用、招投标工作、环境保护、开工申请等工作。

2001年5月22日，交通部下发《关于京承公路北京四环路至高丽营段项目建议书的批复》（交规划发〔2001〕243号）；5月24日，北京市规委下发《关于〈京承高速公路（四环路至沙峪沟段）工程规划方案〉的批复》（市规发〔2001〕572号）；8月16日，北京市规委下发《关于京承公路北京四环路至高丽营段可行性研究报告的批复》（市规划发〔2001〕436号）；9月21日，国家环保总局环境工程评估中心下发《关于京承高速公路工程（北京四环路望和桥至高丽营段）环境影响评价大纲的评估意见》（国环评估纲〔2001〕219号）；9月26日，北京市规委下发《关于京承高速公路（四环路望和桥至高丽营桥段）初步设计审查会会议纪要》（市规委〔2001〕271号）；9月29日，北京市人民政府下发《关于研究五环路二、三期工程和京承高速公路一期工程建设有关问题的会议纪要》（京政会〔2001〕134号）；11月13日，北京市铁路局回复《关于京承高速公路上跨铁路东北环线立交方案的复函》（京铁师函〔2001〕214号）；11月26日，交通部下发《关于京承公路北京四环路至高丽营段初步设计的批复》（交公路发〔2001〕695号）；12月27日，北京市水利局下发《关于京承高速公路跨河桥有关问题的批复》（京水建管〔2001〕163号）。

2002年3月21日，首发公司批复《关于京承高速公路一期工程申请开工的请示》（京首公建字〔2002〕15号）；3月27日，北京市国土资源、房屋管理局回复《关于同意京承高速公路（一期）工程桥梁构造物等控制性工程提前进地的函》（京国土房管征〔2002〕226号）；4月22日，北京市规委下发《关于京承高速公路（三环路至密云县沙峪沟）附属设施用地选址规划方案批复》（市规发〔2002〕409号）；5月2日，北京市交通局下发《关于京承高速公路（四环路望和桥至高丽营桥段）工程许可的批复》（京交规字〔2002〕458号）。

2. 招投标

京承高速公路的修建全面实行招标投标制度。工程共分为19个标，其中监理标1个、路基工程标12个、路面工程标2个、绿化标2个、交通设施标2个。

依据《中华人民共和国招标投标法》和交通部《公路工程招标投标管理办法》规定的方法和程序，本着"公开、公正、公平"的原则，在全国范围内公开招标，择优选择施工单位和监理单位。其中监理及路基工程、交通安全设施招标在《中国经济导报》发布公告，实行公开招标，路面工程、绿化工程招标经北京市重大项目办同意进行邀请招标。

2001年10月23日—2001年11月28日，项目进行了监理单位招标，共4家单位参加资格预审，4家单位参加投标，最终确定北京正远监理咨询有限公司为中标单位；2001年10月23日—2002年1月7日进行路基工程招标，共74家单位参加资格预审，67家单位参加投标，最终确定12家中标单位；2002年6月14日—2002年6月22日，项目进行路面单位招标，共邀请6家单位参加投标，最终确定2家中标单位；2002年7月11日—2002年7月25日进行绿化施工单位招标，共邀请6家单位参加投标，最终确定2家中标单位；2002年5月30日—2002年7月6日，项目进行了交通安全设施工程招标，经资格预审后，共10家单位参加投标，最终确定2家中标单位。

(二)实施阶段

1. 工程管理

工程各单位确定后，本着建设高等级国道的建设目标，相关单位根据建设中的实际情况，各自细化项目建设目标，把质量目标定为"分项工程合格率100%，主要分项工程达到优良级，单位工程优良率90%以上，确保交通部(或北京市)优质工程"；把造价控制目标定为"确保工程决算不超批复概算"；而文明安全施工目标则明确为"无重大伤亡事故，工伤频率不超过3‰，工程施工现场达到'北京市文明安全工地'标准，符合环境保护要求"。

在京承高速公路工程建设过程中，首发公司制定了"四坚持""两严格""三确保"的工程建设基本思路，以"质量优良、工期适当、造价合理"的建设管理目标为前提，积极推行项目法人责任制，坚持基本建设程序化操作和规范化控制，依法合规、严格管理。同时借鉴以往从事工程建设管理活动的实践所总结出的宝贵经验，学习运用首发公司所归纳出的一套具有一定科学性、实用性的管理方法，将其合理的运用到京承高速公路工程建设管理的实践中去。

为全面落实项目法人责任制，首发公司委托北京市首发高速公路建设管理有限责任公司成立京承高速公路(一期)工程项目管理处，做到了在首发公司董事会领导下，首发建设公司的统筹协调下，项目管理处具体负责实施的工程建设组织体系：首发公司将项目策划、资金筹措、建设实施、生产经营、债务偿还和资产保值等重要职责，落实到具体部门和有关责任人；首发建设公司来具体实施项目管理，首发建设公司组建了京承高速公路(一期)项目管理处；下设四部一室，即工程部、技术部、拆迁部、安保部、办公室。公司派出董事、副总经理、总工程师等。

为确保阶段目标管理的顺利实施,项目管理处根据合同文件的有关规定制定下发了《京承高速公路(一期)工程阶段目标考评管理办法》。对施工单位的评定,以基本完成规定的形象进度和工作量进度为前提,重点考核工程质量、合同履约和文明安全施工三个方面。依据《京承高速公路(一期)工程阶段目标考评管理办法》,京承高速公路(一期)主要分为三个阶段进行目标管理。第一阶段:2001年12月19日—2002年5月25日;第二阶段:2002年5月26日—2002年8月15日;第三阶段:2002年8月16日—2002年10月30日。在每一阶段完成后,及时进行总结、评价,通过各阶段目标的完成,确保总体目标的实现。

在工程建设的全过程,始终将工程质量管理放在第一位。实行建设单位全面负责,监理单位控制,设计单位、施工单位保证和政府监督相结合的质量管理体制,建立"政府监督、社会监理、企业自保"三级质量保证体系,强化工程质量管理。由于参与工程建设的各方的强化质量管理,在该项目的建设过程中,工程质量一直处于有效的控制状态。

本项目"确保部优(或市优),争创国优"的质量目标充分体现了一切以质量为中心的管理思想。为确保这一目标的实现,项目管理处成立了创优工作委员会和创优工作小组。项目管理处通过加大合同履约力度来强化合同管理,特别强调业主自身履约,努力承担合同约定的各项义务,为施工、监理开展工作创造必要的条件。实行廉政合同制,京承(一期)项目管理处自2002年1月起,在与施工单位或监理单位签订承包合同时,还签订了廉政合同,以避免违法违纪的腐败现象发生。

此外,为做到建设资金专款专用,各项工程建设费用的支出均以合同或协议书为依据,按规定程序办理支付手续。在整个京承高速公路(一期)工程实施过程中有组织地开展了文明工地创建活动,明确标准、落实责任,努力创造环保型工程。经过努力,京承高速公路(一期)工程最终实现了文明安全施工目标,整个建设过程中没有重大伤亡事故发生,工程施工现场基本达到"北京市文明安全工地"标准,符合环境保护要求,向社会树立建设者的良好形象。

2. 工程重大变更

京承路(一期)工程共计发生设计变更205项,涉及费用变化约5000万元。

3. 交工验收

根据北京公路工程质量检测中心2002年10月9日—10月16日对本工程的交工现场检查,道路基层强度、厚度均满足设计要求,桥梁结构尺寸准确,各项强度满足设计要求。其结果为:弯沉代表值为3.2(0.01mm),小于设计弯沉值22.1(0.01mm);路面平整度全线抽测平均值为0.68mm,合格率100%;沥青面层厚度检测代表值18.97cm。分项工程合格率100%,单位工程优良率96.3%,建设项目工程质量综合评分为94.2,质量等级为优良。

经过后期监理单位的严格审查评定,在全线共计4518个分项工程,363个分部工程,85个单位工程中,单位工程优良率为100%,分部工程优良率为100%,重要分项工程优良率为100%。路面高程合格率为97.3%,横坡合格率为100%,桥梁及道路线位全部符合规定,中面层平整度$\sigma=0.73$mm,表面层平整度$\sigma=0.57$mm。全线单位工程总评分为94.6分(绿化工程除外)。

三、科研成果

1. 高填路基下沉

由于京承高速公路沿线地质情况较差,地基承载力偏低,因此在填方较高,尤其是桥头处大量采用了CFG桩复合地基处理。另外在路基填筑过程中,对填方高度大于5m的路基及鱼塘处理均采用了蓝派冲击压实技术进行追密。施工中,各施工单位还广泛采取掺白灰、换填砂砾等办法,保证土方压实度,缩短工期。

2. 混凝土结构物的外观质量

结合质量月活动,京承高速公路(一期)项目管理处开展了混凝土外观质量的竞赛,不符合质量目标的结构物坚决不予验收,在过程控制上,明确要求,不可盲目提高混凝土强度等级;掺加适量的Ⅰ级粉煤灰,降低水化热;采用优质引气剂使气孔结构均匀,减少表面气泡;加强养生等技术措施。

3. 小构件的砌筑工程

为确保小构件质量,项目管理处几次组织有关单位至小构件厂家考察,要求所有预制厂家,同品种、同规格产品要使用同一配合比、同一水泥品种、同一规格集料、同品种外加剂,以保证外观颜色趋于一致。另外,对到场构件验收采取"样品验收制",对不满足要求的构件坚决退回,这样就很好地控制了半成品的质量。施工过程要求监理单位、施工单位必须有专人负责,以保证砌筑质量。

4. 桥面防水工程

首先,防水卷材进场后按规定频率选取样品,送检测中心进行8项性能复试及厚度测定,严把材料关。另外在施工中严格控制施工质量,保证防水层与基层结合牢固,不得有空鼓、脱层、开裂、翘边等现象。

5. 桥梁伸缩缝和桥头跳车

桥梁伸缩缝的质量是影响行车舒适性的重要指标之一,为此项目管理处成立了专项工程领导组,制定了《桥梁伸缩缝安装的质量标准和施工要求》,每天对正在施工的伸缩缝都进行严格检查,发现问题,及时处理。

6.路面工程质量

路面施工中广泛采用了丹麦产 MiNi-Line 摊铺机非接触平衡梁,该设备利用非接触式的压电陶瓷传感技术,很好地保证了路面厚度和平整度。另外,总监办成立了路面工程专业组,对沥青路面工程质量实行专项管理。

第二节 京承高速公路市政段

一、项目概况

(一)基本情况

京承高速公路(三环至四环)工程,是北京市计委立项的2003年60项重点工程之一,是北京市政府为改善北京东北部道路交通环境的一条重要的对外高速放射线。该工程南起于北京市三环的太阳宫桥,向北经土城北路、曹慧路,北止于东北四环望和桥,道路全长约2km。本段于2003年3月25日开工,2004年9月29日出城路段开通,进城路段因为拆迁问题延迟,直至2007年9月29日通车。

本工程按城市快速路标准设计,主要设计速度60~80km/h,辅路30~40km/h;进京方向主路2条机动车道路面宽11.75m,辅路路面宽9m;出京方向主路3条机动车道路面宽15.5m,辅路路面宽9m,桥梁设计标准:城A级,抗震基本烈度8度,按8度设防。

全线共有桥梁15座(曹慧路主、辅路桥各2座;土城北路主、辅路桥各2座;土城沟主路桥2座、辅路桥1座;坝河桥1座;太阳宫立交匝道桥3座);还有人行天桥2座。

(二)参建单位

京承高速公路(三环至四环)工程市政段参建单位见表9-13-3。

京承高速公路(三环—四环)工程市政段参建单位一览表　　　表9-13-3

监督单位	北京市道路工程质量监督站	
建设单位	北京市首发高速公路建设管理有限责任公司	
勘察单位	北京市勘察设计研究院	
设计单位	北京市市政工程设计研究总院	
	北京市公路局公路设计研究院	
监理单位	北京市致远工程建设监理有限责任公司	
施工单位	第1合同	北京城建亚泰建设工程有限公司
	第2合同	北京城建道桥工程有限公司
	第3合同	北京市市政一建设工程有限责任公司

二、建设情况(2003.3.25—2003.11.25)

(一)准备阶段

1. 立项审批

2002年4月15日,北京市规划委员会下发《关于京承高速公路(三环至蜜语县沙峪沟)附属设施用地选址规划方案的批复》(市规发〔2002〕409号);3月28日,北京市发展计划委员会下发《关于京承快速路(三环至四环)工程项目建议书(代可行性研究报告)的批复》(京计基础字〔2002〕423号);9月10日,北京市发展计划委员会下发《关于变更京承快速路(三环至四环)工程项目建议书(代可行性研究报告)内容的批复》(京计基础字〔2002〕1714号)。同意在主路两侧增设辅路系统,长200m,宽9m;增加立交桥1座、主路桥、辅路桥各2座。

2003年1月23日,北京市规划委员会下发《关于京城高速公路(三环至四环)初步设计批复》(市规发〔2003〕8号)。

2. 资金筹措

2002年9月10日,北京市发展计划委员会下发《关于变更京承快速路(三环至四环)工程项目建议书(代可行性研究报告)内容的批复》(京计基础字〔2002〕1714号)。本工程土建合同总额为1.3亿元,后变更为2.5亿元。计划委负责基础设施建设投资,朝阳区负责征地拆迁费用。

3. 招投标

京承高速公路(三环—四环)于2003年2月10日在市标办发布招标公告;2003年2月19日对申请报名且资质合格的监理和施工单位发售招标文件。

2003年3月5日、3月8日在国门路大饭店分别召开了监理单位、施工单位招标公开开标会。经专家评审确定了致远监理咨询有限公司作为本工程监理单位,1号合同城建亚泰公司、2号合同城建道桥公司和3号合同市政一工程公司为施工单位。

2003年3月20日发出中标通知书,4月1日正式签订合同协议书,2003年3月25日京承路(三环—四环)工程正式开工建设。

(二)实施阶段

1. 第一标段

本段起点为东北三环太阳宫桥,终点为京承路主路东,西线设计起点,为连接京承路与三环路设计东北三环立交一座,新建3条匝道,9条辅路,使三环路与京承路实现互通,包括3条匝道、9条辅路。

施工过程中对质量进行严格控制,要求施工单位、监理单位共同拟定了一套合理、严密的施工组织设计,保证工程质量,确保工程进度。在人员安排上,安排充足的劳动力;在施工方法上,尽量采用研究出的节约劳动力、加快进度的施工方案;在业主的大力支持下,经过各单位的努力,完成了工程。

主路路面工程计划开工工期为2003年4月25日,计划完成日期为2003年9月15日。由于本工程施工多数需要在交通导流及拆迁后进行,时间跨度大。实际于2004年5月29日仅完成了3号匝道全线及1号匝道、2号匝道的部分路段工程。

本项目建立了以经理为核心的质量保证体系,严格按照图纸及合同文件施工,严控工程质量,全部分项工程质量合格率达到100%,单位工程优良率达超过95%。

2. 第二标段

本路段新建道路西半幅,起自K0+000,终于桩号K1+709.68,全长1709.68m。本次施工范围包括路基、路面、排水、桥涵结构物以及本项目同步实施的电力、给水、电信和有线电视等市政管线。开工日期为2003年3月25日,计划竣工时间为2004年9月25日,但是因为拆迁等问题,工期拖延。截至2004年10月,所完成的工程质量合格率达到100%,综合评分达到95分以上。

3. 第三标段

本段主路按照全封闭、全立交的城市快速路标准设计,主路设计速度为60km/h,辅路为40km/h。本标段的辅路为京承路(三环—四环)段出京方向,位于城铁13号线东侧。开工时间2003年10月,竣工时间为2004年10月1日。本工程质量检查鉴定为100%,合格率100%,分项工程合格率为优良级。

第三节 京承高速公路二期(高丽营—沙峪沟)

一、项目概况

(一)基本情况

京承高速公路(二期)由北京市首都公路发展有限责任公司和中国铁道建筑总公司以合作经营方式共同投资兴建,两公司共同投资设立北京通达京承高速公路有限公司建设、运营京承高速公路二期工程。

该段起点为六环路酸枣岭立交以北的顺义高丽营,向北经赵全营镇至北石槽镇后,沿京密引水渠向南向东,经北石槽镇和怀柔区庙城,在大秦铁路南上跨京密路,之后经杨宋镇跨怀河,下穿大秦铁路,跨潮白河进入密云县后折向北,沿潮白河东岸前进,然后跨潮白河沿西岸到密云,最南到达终点沙峪沟,与密兴路相接。

京承高速公路(二期)全长46.7km,途经当时的三区一县,12个镇64个行政村,其中顺义区17.05km,怀柔区12.58km,密云县17.07km。道路等级为高速公路,设计为三上三下六车道,路基宽35m。计算行车速度为120km/h,技术标准均采用平原微丘高速公路的技术标准。途经顺义、昌平、怀柔、密云三区一县,与24条乡级以上道路、14条地方道路、15条河渠、3条铁路、10条高压线相交。项目共设8座互通式立交,即白马路立交、麦辛路立交、北石槽立交、大柳树营立交、焦村立交、杨宋立交、密顺立交、密兴立交。工程于2003年开始筹备,2004年3月正式启动,2006年9月26日正式建成通车。工程的顺利竣工,标志着北京怀柔区和密云区首次拥有了高速公路。而作为沟通北京城区和东北部地区的交通要道,该工程也对促进北京东北部的发展具有深远意义。此外,作为2008年奥运会的重要交通工程之一,京承高速公路(二期)在顺义境内直接与2007年底竣工通车的白马路相接,使得从北京城区到位于顺义北部的奥运水上运动场馆的时间将从1个小时缩短至半小时。

(二)决策过程

随着京承高速公路一期工程的开通,为进一步完善首都高速公路网,更好地迎接2008年北京奥运会,京承高速公路二期工程提上日程。但是,由于国家宏观调控和建设项目的压缩,高速公路建设资金筹措受到很大影响。此前,北京市高速公路建设一直由北京市首都公路发展有限责任公司为单一的投资主体负责融资、建设和还贷。由于建设时序提前,投资规模庞大,单一投资主体难以承受。所以,在这一工程的前期筹备过程中,就大力鼓励社会资本的加入,并一举吸纳了近10亿元社会资本,为工程建设提供了资金保障。

(三)参建单位

设计单位:北京国道通公路设计研究院、北京市市政工程设计研究总院;
监理单位:北京市正远监理公司、逸群工程咨询有限公司;
施工单位:中铁十一局集团四分公司、北京鑫畅路桥公司等56个单位。

二、建设情况（2004.3.20—2006.9.26）

（一）准备阶段

1. 立项审批

2001年5月24日,北京市规划委员会下发《关于〈京承高速公路(四环路至沙峪沟)工程规划方案〉的批复》;2003年11月26日,交通部交规划发〔2003〕515号文,批复京承高速公路二期工程许可;2004年2月2日,交通部交公路发〔2004〕42号,通过了该项目的初设审查。

2. 资金筹措

总投资39.19亿元。为确保工程建设顺利有序开展,中国铁建与首发公司合作成立了项目公司,主要负责京承高速公路(二期)的建设与经营。在项目公司中,中国铁建出资占70%,首发公司出资占30%。

3. 征地拆迁

拆迁工作共征(占)地6600亩。其中,昌平区17.55亩,顺义区2371.85亩,怀柔区2039.26亩,密云县2171.42亩。共计转非转工2193人。拆迁各种房屋147902m^2。伐移各种树木11768904株。拆改移各种行业各种管线215条。

（二）实施阶段

1. 工程管理工作

严格按照北京市工程建设项目强制性条文及工程建设质量监督办法,依照"业主组织、政府监督、社会监理、企业自保"的原则设立分项质量管理组织机构,监理四级管理体系,采取组织、管理、经济和技术等质量控制措施,保证全面质量管理体系的有效运行。

监理单位根据工程规模、施工难度以及相关规定,按照组织原则设立了总监办公室,并下设驻地监理办公室和驻地监理组,实行直线职能式管理方式。依据监理合同,按照国家的技术规范标准和质量要求进行工程监理,做到了"逐级管理、人人负责"。

各参建单位进场后,按照合同组建了项目经理部,建立健全了质量保证体系,制定了严格的质量控制和自检制度,建立了各种组织机构,明确了责任,各项规章制度完备,各种图表齐全、醒目。工程开工前编制了实施性工程组织设计,编制了质量计划和创优规划。

在施工过程中,加强试验检测工作,有效控制原材料质量,严格施工工艺及要求,并在施工过程中科学组织、精心施工、严把质量关、强化现场管理、积极采用"四新"技术,做到施工操作程序化、标准化、规范化,做到工前有交底、工中有检查、工后有验收。监理单位很好地完成了"三控两管一协调"监理任务，各参建单位同样能够较好地履行合同，做到"重合同、守信誉"，严格履行"监理程序"，注重标准化工地建设，严格按照合同文件中技术规范标准组织施工。在工期计划的制订、落实上，公司、监理根据项目实施的不同阶段，精心编制总体计划及年、月度计划，对于工程中的重点及控制性工程单独编制工程进度计划。对施工单位编制的施工计划的可行性进行认真审核，批复后方可施工。

在建设过程中，通达京承公司把干好工程作为出发点，全力做好技术协调、技术保障、技术服务工作。在工程准备阶段，即制定了针对本工程的《资料管理办法》《质量检验评定标准补充规定》《交工验收管理办法》，保证了工程技术管理的规范性、统一性，并以会议形式对监理、施工单位加以贯彻。在工程实施过程中，积极与设计单位联系，针对交通工程、机电工程、照明工程等设计图纸，加强图纸会审及设计交底工作，为保证工程质量、促进工程创优目标的实现提供了有力的技术支持；同时为提高京承高速公路二期的科技含量，强化技术管理的预控和过程控制工作，实行了分项工程开工方案审核制，贯彻首件、首段验收制，有效地保证了技术管理质量；对于施工方案管理方面，本着技术可行、造价节省、工期合理的原则，公司在施工单位认真制订、监理严格审核的基础上，直接参与其中较大的施工方案的制订工作，重大技术方案则反复进行论证，期间召开重大技术方案研讨会多次，对重大技术方案进行了优化，对工程中出现的质量问题处理方案则组织相关单位进行严格论证。

2. 重大设计变更

据统计，京承高速公路二期工程共发生变更 850 项，设计变更 820 项，施工变更 30 项。

3. 交工验收

京承高速公路二期工程全线的线路平面、纵线视觉效果良好，线形匀称顺适，与道路两侧环境协调。路基、路面、桥涵、防护、排水及交通安全设施符合设计和规范要求，工程总体质量良好。各项工程施工单位自检合格后，有监理工程师进行了验收。验收结果如下：土建单位监理打分最高 99.66，最低为 92.90，平均 96.57；路面工程的打分最高 99.8，最低 96 分，平均为 98.61；护栏、防眩板工程平均分为 93.78；标志、标线工程平均 95.18；照明工程平均 96.43。

（三）科技创新

在工程建设实施中，还积极开展了"四新"技术的推广及应用工作，重点开展了"矮塔斜拉桥施工与监测""透水边沟的应用""太阳能反光标志的应用"的专题研究。其中，潮白河大桥的科研创新最为突出。

潮白河大桥位于京承高速公路高丽营至沙峪沟段，是京承高速公路重点工程，也是国内第一座三塔四跨矮塔斜拉桥。大桥全长919.18m，宽29.5m，跨径组合为72m+120m+120m+72m。该桥的建设施工主要技术难点集中在斜拉索施工和方桩施工上。

1. 斜拉索施工关键技术

潮白河大桥斜拉索为单索面，斜拉索采用扇形布置，每个索塔共设8对斜拉索，在横向分为2排，索间距为1.2m。斜拉索在塔上间距为0.8m，通过鞍座穿过塔身。鞍座采用分丝管形式，每根分丝管穿一根钢绞线，以便将来可以单根换索。

潮白河大桥斜拉索采用的是柳州欧维姆机械股份有限公司生产的OVM250平行钢绞线拉索，该拉索为ϕ15.24mm环氧涂层高强钢绞线，强度为1860MPa。锚具采用可调换索式锚具，其中1~6号采用OVM200AT-41型、7~8号索采用OVM200AT-43型。斜拉索由锚固段+过渡段+自由段+抗滑锚固段+塔柱内索鞍段构成，采用多层防腐措施，每根环氧涂层高强钢绞线外热挤PE防护层，整索外套加ϕ240mm×8.6mm高密度聚乙烯HDPE套管，为防止桥面低处斜拉索人为破坏，在其下端2.5m竖直高处范围内设ϕ273×5mm防护钢管。

在潮白河大桥斜拉索的整个施工过程中，技术人员主要总结出了4个关键的技术要点：

（1）斜拉索钢绞线下料前，应对到场斜拉索全面检查，如发现PE护套有破损之处，应马上修补，对破损严重者应弃用此段钢绞线；为尽量减少人为损坏PE护套，下料人员应严禁穿硬底鞋；下料过程中，为了保证钢绞线下料长度准确，除保证钢绞线行走路线直线外，还应遵守分组进行长度文量、标识和复核的下料原则；断料应用高速切割机，严禁用气割等易产生高温的设备进行断料。

（2）HDPE管焊接前，必须搭设一个工作平台，并在焊接过程中挂线保证焊接平直；焊接时将管材旋转于夹紧装置内并将之夹紧，在压力作用下用平行机动旋刀削平两个管材的被焊端面。在焊接过程中，无论如何焊接压力都必须保持至焊缝完全满足冷却时间且硬化后才能撤去。

（3）单根索张拉时，采用分级控制，两侧应同时均衡进行加载，力求两端伸长值的不均匀值应控制在设计允许范围之内。在单根张拉完每一根绞线后，应严格控制工作夹片的跟进平整度。

（4）在灌注环氧砂浆时，为保证其密实度，除用专用的高压灌浆泵外，也要注意灌浆孔在下排气孔在上。另外，为保证环氧砂浆体与钢绞线之间的黏结力（即握裹力），钢绞线的油脂附着层务必清洗干净。

2. 方桩施工关键技术

潮白河大桥中间桥塔处为梁塔墩固结，两侧桥塔处为梁塔固结，在桥墩上设支座。主梁采用单箱三室箱形结构,梁高从墩顶 4.2m 按二次抛物线渐变到跨中 2.2m。主梁采用三向预应力体系,纵向、横向预应力筋采用符合 ASTMA416-92 技术标准、强度为 1860MPa 的高强低松弛预应力钢绞线,竖向预应力筋采用高强精轧螺纹粗钢筋,C50 混凝土。桥址处地基持力层主要是粒径 40~80mm 的卵石。其 3 个中墩下各设有 12 根 250cm×100cm 的方桩,桩长 26m;两个边墩下各设有 4 根 250cm×80cm 的方桩,桩长 18m。因为方桩在桥梁结构中尚不多见,所以,如何保证方桩的施工进度和质量,是整座潮白河大桥施工的关键。考虑到桥址处地层为卵石,如采用人工挖孔进度太慢,方型护壁受力不利,施工安全不易保证;后经多次考察,根据北京地区的实际情况,决定采用用于地下连续墙开挖的施工机械,即选定意大利履带式 BH-12 液压抓斗(动力 60t)作为开挖机械。

在后期的整个开挖过程中,也出现了一定问题,施工技术人员有针对性地解决问题。2005 年 12 月,潮白河大桥全部完工,经监测,全部桩基均为一类桩。

三、科研成果

水泥稳定碎石是北京高速公路建设中近些年来才逐渐进行大面积应用的一种工艺。不同于传统工艺,它对成品材料的拌和、运输、施工机械、施工工艺等要求比较严格,尤其注重细节施工。

在京承高速公路(二期)23 号合同段的建设过程中,就对这一新型工艺进行了实践,并取得了很好的效果。

京承高速公路(二期)23 号合同段位于密云县河南寨镇,全长 1.7km,水泥稳定级配碎石上基层厚为 20cm,总工程量 5.5 万 m²,基层和下基层为 18cm 石灰粉煤灰结构。

由于碎石混合料中细集料含量多,易产生温度收缩裂缝,混合料比表面积增大会造成水泥用量增加,且不利于沥青渗透,不能充分发挥透层作用。所以,在保证混合料的颗粒组成符合设计级配的前提下,尽量减少了细集料尤其是粉料的用量,以便较好地保证施工质量,控制成本。此后,施工人员按照机械摊铺、水稳碾压、处理接缝、路面养生的工艺流程进行作业。

在京承高速公路(二期)23 号合同段的整个水泥稳定碎石施工实践中,施工人员也总结出了四大施工环境的注意事项:

(1)在结构层施工开始前,施工单位要根据批准的施工方案在线外做试验段,在试验段的各项技术指标达到要求之后才允许在线内正式施工。通过试验段施工,可以取得必要的经验和数据,在此基础上,对原方案做出修正,才能使之更加完善合理。

(2)在已经基本成形的基层上采用胶轮碾赶光时,含水率应略低于最佳含水率,这样能够增加表面粗糙度,有利于透层油渗透,确保路面铺筑质量。含水率略高时,水稳表面比较光洁,不利于乳化透层油渗透(表面光洁时渗透厚度为 5~7mm,表面粗糙时渗透厚度为8~15mm)。

(3)养生中要使用防尘网替代土工布。因为土工布吸水性较强,车辆碾压时容易破损,经常与基层面黏连,养生结束后土工布部分纤维和水稳黏连一体,清除比较困难,既影响乳化沥青渗透性能,又影响基层表面平整度,而用防尘网替代土工布则不存在以上缺点,且表面比较粗糙,有利于发挥透层油的性能,提高施工质量。

(4)铺筑基层过程中,如有离析现象,应进行局部处理;表面细料较少时,应采用均匀撒布中、细料后进行碾压,以保证摊铺后的基层层面平整、密实。

(5)全线的路标及标线都使用了反光材料,以保证行车安全。此外,所有的出口指示牌都按照路名、地名并重的原则重新设置,重要地段将按照三级预告模式提示出口位置,在距出口2000m、1000m和500m的位置将3次看到出口位置提示。

(6)以往高速公路边景色单一,驾驶人特别容易因为景色单调而犯困。这次京承高速公路(二期)沿线两旁全线绿化,耗资近6000万元,打造成了绿色交通走廊。

第四节 京承高速公路三期(沙峪沟—市界)

一、项目概况

(一)基本情况

京承高速公路(三期)是交通部典型示范工程之一,也是北京第一条山区高速公路。其起点为北京市密云区沙峪沟密兴路,向东北跨京承铁路后折向东,跨潮河至达岩村;沿沙厂水库南山阳坡,穿西山下村后跨京承铁路;沿京承铁路南侧至大王庆庄跨密兴路;沿密兴路南侧,经杨各庄在程各庄与孝女台之间跨密兴路及京承铁路;沿现沙太路西侧、经苍术会、北庄至暖泉会,跨清水河及沙太路后折向北至太师屯;在松树峪和松树掌之间跨安达木河;经黑沿及落洼村至司马台,与京承高速公路河北段相接,全长约62.69km。

该线路沿线共与14条主要现有公路及规划路相交,其中,市级道路2条,即密兴路及松曹路;县级道路3条,即卢北公路、沙太路及马北公路;乡级及地方道路9条。相交主要河流有5条,即潮河、红门川河、清水河、安达木河及小汤河;其余还与若干条山沟及河沟相交。相交铁路为京承铁路。

京承高速公路三期工程概算62.48亿元,建设标准为高速公路,设计速度80~100km/h(其中起点到太师屯段为100km/h,太师屯到终点段为80km/h)。标准横断面布置为双向四车道,路基宽度26m。桥涵设计汽车荷载采用公路—Ⅰ级。

全线共设置互通式立交7座,分离式立交1座,跨河、沟渠桥62座,通道桥13座,隧道 10 座(双洞总长 4.56km)。全线设置 1 处管理养护分中心、1 处监控通信分中心、1 处综合检查站、1 处隧道管理站、1 处服务区、1 处主线收费站、7 处匝道收费站。桥梁设计洪水频率为 100 年一遇。桥梁设计核载标准为公路Ⅰ级,地震设防烈度为 8 度。

工程的横断面设计中,起点(沙峪沟)到司马台立交段为 58.7km,采用双向四车道加硬肩,路基全宽 26m,即 0.75m(土路肩)+3m(硬路肩)+2×3.75m(行车道)+0.75m(路缘带)+2m(中央分隔带)+0.75m(路缘带)+2×3.75m(行车道)+2.75m(硬路肩)+0.75m(土路肩)。全线不设辅路,地方交通利用密古路和地方路河解决。

工程隧道横断面采用分离式断面。起点至司马台立交段,单孔隧道横断面宽 12.5m,即 0.75m(检修道)+3m(硬路肩)+2×3.75m(行车道)+0.5m(路缘带)+0.75m(检修道)。司马台立交到终点段,单孔隧道横断面宽 12.25m,即 0.75m(检修道)+2.75m(硬路肩)+2×3.75m(行车道)+0.5m(路缘带)+0.75m(检修道)。

相比其他高速公路,京承高速公路(三期)因为穿越了北京密云区,因此具有更为深远的意义。项目南北纵贯密云东部山区,经过了穆家峪、巨各庄、大城子、北庄、太师屯、古北口六个镇,跨越潮河、红门川河、清水河、安达木河、小汤河,与红门川河、清水河、小汤河相伴,自然景色秀美,近观弯弯清流,远眺壮丽群山,风光无限好,不仅有司马台长城这样的全世界知名景点,更有北京的生命命脉——密云水库。因此,从最初的工程可行性研究到后期的建设施工过程,建设方都采用了一切可能的手段,减少对自然环境的破坏。

京承高速公路(三期)于 2007 年 7 月开工,2009 年 9 月 28 日顺利通车。至此,京承高速公路全线贯通。

(二)参建单位

本工程项目参建单位详见表 9-13-4。

京承高速公路北京段三期工程参建单位一览表　　　　表 9-13-4

监督单位	北京市道路工程质量监督站	
建设单位	北京市首都公路发展集团有限公司	
勘察单位	K68+300~K85+700	北京市城建勘测设计研究院有限责任公司
	K85+700~Kl02+000	北京市地质工程勘察院
	K102+000~K107+000	中航勘察设计研究院
	K107+000~K129+895	北京市勘察设计研究院
设计单位	K68+300~K100+300	北京市市政工程设计研究总院
	K100+300~K129+895	北京市国道通公路设计研究院
	16 标铁路顶进箱涵	铁道第五勘察设计院
	机电照明工程	中国公路工程咨询集团有限公司
	绿化工程	北京中交国路环境景观园林工程技术有限公司

北 京

续上表

监理单位	总监办	北京逸群工程咨询有限公司
	一驻地（K68+300～K83+740）	北京华通公路桥梁监理咨询有限公司
	二驻地（K83+740～K100+300）	中国公路工程咨询集团有限公司
	三驻地（K100+300～K114+100）	山东恒建工程监理咨询有限公司
	四驻地（K114+100～K129+895）	北京正宏监理咨询有限公司
	机电工程监理	北京天智恒业科技发展有限公司
施工单位	土建1标（K68+300～K73+500）	中铁六局集团有限公司
	土建2标（K73+500～K79+000）	中交一公局第五工程有限公司
	土建3标（K79+000～K83+740）	中铁五局（集团）有限公司
	土建4标（K83+740～K88+700）	北京城建三建设发展有限公司
	土建5标（K88+700～K93+750）	中交一公路工程有限公司
	土建6标（K93+750～K96+865）	中交一公局第一工程有限公司
	土建7标（K96+865～K100+300）	中铁二十二局集团有限公司
	土建8标（K100+300～K102+600）	北京鑫实路桥建设有限公司
	土建9标（K102+600～K105+500）	北京市政建设集团有限责任公司
	土建10标（K105+500～K109+600）	北京鑫旺路桥建设有限公司
	土建11标（K109+600～K114+100）	北京市海龙公路工程公司
	土建12标（K114+100～K119+100）	中铁二局股份有限公司
	土建13标（K119+100～K112+830）	中铁五局（集团）有限公司
	土建14标（K112+830～K126+100）	中铁十八局集团有限公司
	土建15标（K126+100～K129+895）	中铁十五局集团有限公司
	土建16标	中铁六局集团有限公司
	路面材料1标（K68+300～K83+740）	北京路星沥青制品有限公司
	路面材料2标（K83+740～K100+300）	北京路冠沥青制品有限公司
	路面材料3标（K100+300～K114+100）	北京市政路桥建材集团有限公司
	路面材料4标（K114+100～K129+895）	北京市政路桥建材集团有限公司
	路面施工1标（K68+300～K83+740）	北京城建三建设集团有限公司
	路面施工2标（K83+740～K100+300）	北京鑫旺路桥建设有限公司
	路面施工3标（K100+300～K114+100）	北京鑫实路桥建设有限公司
	路面施工4标（K114+100～K129+895）	北京市市政一建设工程有限责任公司
	交通工程1标（K68+300～K83+740）	北京路桥方舟交通科技发展有限公司
	交通工程2标（K83+740～K100+300）	北京市高速公路交通工程公司
	交通工程3标（K100+300～K114+100）	北京西门交通设施工程公司
	交通工程4标（K114+100～K129+895）	北京路桥瑞通养护中心
	交通工程5标（K68+300～K100+300）	北京市高速公路交通工程公司

续上表

施工单位	交通工程6标（K100+300~K129+895）	西安金路交通工程科技发展有限责任公司
	机电工程	北京云星宇交通工程有限公司
	绿化1标（K68+300~K83+740）	北京京林园林绿化工程有限公司
	绿化2标（K83+740~K100+300）	北京金五环风景园林工程有限责任公司
	绿化3标（K100+300~K114+100）	北京路桥海威园林绿化有限公司
	绿化4标（K114+100~K129+895）	北京市京石园林绿化有限公司
	照明1标	浙江珍琪电器工程有限公司
	照明2标	北京市市政六建设工程有限公司
	声屏障1标	北京路华达环保技术有限公司
	声屏障2标	北京维文特环保技术开发有限公司
	收费大棚1标	开封安利达金属工程有限公司
	收费大棚2标	北京城建三建设集团有限公司
	收费大棚3标	中国航空港建设总公司
	收费大棚4标	北京城建北方建设有限责任公司

二、建设情况（2007.7.1—2009.9.1）

（一）准备阶段

1. 立项审批

2. 决策过程

2004年5月31日，北京市规划委下发《关于京承高速公路三期（沙峪沟至市界）规划方案的批复》（市规划委发〔2004〕684号），原则同意三期工程范围、工程设计标准和规划方案等事项。

2005年，北京市发改委下发《关于京承高速公路北京密云沙峪沟至司马台（京冀界）路段项目建议书的批复》（京发改交运〔2005〕2011号）。

2006年1月11日，京承高速公路（三期）设计方案通过审查并获批复；2006年9月28日，该项目获得工可批复（京发改交运〔2006〕2027号文件）；国家发改委下发《国家发展和改革委员会关于京承高送过来北京沙峪沟至司马台（京冀界）段可行性研究报告的批复》。

2007年4月12日该项目初设审查通过（交通部交公路发〔2007〕157号文件）；2009年3月26日，该项目施工图设计获得批准（北京市路政局京路建发〔2009〕156号文件）；9月11日，北京市规划委员会批准京承高速公路三期用地规划（2007规地市政字0066号）。

2008年11月17日,北京市规划委员会下发该工程的建设规划许可证(2008规建市政字0313号)。

3. 资金筹措

国内贷款、交通部补助及业主自筹;京承三期工程概算为624669万元。截至2009年9月12日,共申请资金481577万元,其中银行贷款366606万元,资本金110036万元,自有资金4935万元。截至2009年9月12日,京承三期工程实际支付431643万元,建安工程费371277万元,征地拆迁费86040万元,建设单位管理开支2460万元,工程监理费3625万元,勘察设计及研究试验费用9955万元,筹资费用(银行贷款)8296万元。

4. 招投标

(1)勘察设计招标情况

采用邀请招标。标段划分:京承高速公路三期土建工程划分为两个标段,邀请北京市市政工程设计研究总院、北京国道通公路设计研究院、北京交科公路勘察设计研究院3家设计单位投标。2006年8月16日经过评标推荐1标的设计中标第一名为"北京市市政工程设计研究总院",第二名为"北京国道通公路设计研究院";2标的第一中标候选人为"北京国道通公路设计研究院",第二名为""北京市市政设计研究总院",8月17日在网上公示。最后采用了第一中标候选人为中标人。

(2)施工单位招标情况

土建工程:京承高速公路三期工程土建分为16个标段,委托华杰工程咨询有限公司代理招标。施工8~16标段于2007年6月26日签订合同,中标总价为180372万元。施工1~7标段于2007年8月16日签订了合同协议书,中标总价为161899万元;路面沥青混合料:委托北京逸群工程咨询有限公司代理招标,于2009年1月15日签订了合同,中标单总价为23036万元;机电工程:委托华杰工程咨询有限公司代理招标。于2009年2月18日签合同,中标总价为11851万元;交通工程:委托华杰工程咨询有限公司代理招标,于2009年2月5日签合同,中标总价为8394万元;绿化工程:委托北京逸群工程咨询有限公司代理招标,于2009年2月8日签合同,中标总价为8954万元;路面施工工程:委托北京逸群工程咨询有限公司代理招标,于2009年4月28日签合同,中标总价为2888万元。

其他如收费天棚、声屏障工程、照明工程等均在2009年4月28日签订合同,中标总价分别为1154万元、918万元、1100万元。

(3)监理单位招标情况

本期工程分为5个监理标段,委托华杰工程咨询有限公司代理,施工监理1~5标段于2007年6月26日签订了合同,中标总价为4661万元;机电工程于2009年2月18日签合同，中标总价为245万元。

(4)征地拆迁

拆迁工作，共涉及密云县6个乡镇、39个行政村。全线共征占用土地6853.355亩；伐移树(苗)木5891331株；拆迁非住宅152个、拆除房屋面积33393m²；民宅拆迁123户、拆除房屋面积15900.78m²；改移输变电高压线8处(其中35kV3处、110kV5处)，改移10kV输电线路49处，改移国防军用通信缆3处，改移网通、联通、移动、歌华、铁通通信及电缆118处，民用低压电改移32处；上水及农业喷灌管15处。

上述拆迁工作在密云县政府及相关部门的大力支持下，全部地上物已于2009年6月24日拆除。

(二)实施阶段

1.工程建设管理

京承高速公路(密云沙峪沟至市界)项目建设实行三级管理，即北京市首都公路发展集团有限公司(以下简称"集团公司")→北京市首发高速公路建设管理有限责任公司(以下简称"建设公司")→项目管理处。集团公司负责项目策划、资金筹措及还贷、运营管理、资产的保值增值等；建设公司负责征地拆迁、工程建设实施组织与管理；项目管理处负责各自工程建设项目的具体实施与日常管理。根据公司的组织管理制度成立了京承高速公路(密云沙峪沟至市界)工程项目管理处，组织机构设置为五部一室，项目总经理对项目目标进行全面组织管理，下设两名副总经理分管1~7和8~15合同段的土建及附属工程施工管理工作，总工程师全面负责技术管理工作。

京承高速公路(密云沙峪沟至市界)工程建设管理工作依托监理进行开展。本工程实行两级监理管理制度，设一个总监办和四个驻地办。总监办协助项目管理处负责工程的全面管理，驻地办负责工程实施过程中具体的监理工作。

项目管理处组织对各参试单位的阶段目标完成情况进行考核，通过物质奖励和荣誉证书等方式表扬先进激励后进，对工程进度的稳步推进起到了很好的促进作用。加强计划管理，强化计划的严肃性。项目管理处分阶段开展计划研讨会，施工单位上报施工计划报监理审批后实施，监理单位督促、指导施工单位。

重视协调工作，为计划落实保驾护航。在合同有效期，坚持合同履约检查，建立合同履约档案，项目管理处通过加大合同履约力度来强化合同管理，特别强调业主自身履约，努力承担合同约定的各项义务，为施工、监理开展工作创造必要条件。

由于本工程地处山区，涵盖了施工安全管理的所有危险点，同时工程处于密云水源保护地，环保要求高，所以项目管理处自施工单位进场以来，高度重视安全生产、文明施工和环境保护工作。

2. 重大变更

截至2009年9月12日,本项目共发生工程变更729份,设计变更增减总额为10129万元,费用索赔21份,涉及总金额为1391万元。

3. 交工验收

为了切实加强工程质量管理,在工程实施过程中对关键材料按照北京市要求进行了见证取样送检,其中钢筋见证5039组,合格率99.8%(不合格的试件代表的材料均已退场,未在本工程中使用);沥青混凝土见证126组,合格率100%;砂浆见证1997组,合格率99.4%;水泥混凝土见证15637组,合格率99.9%;基层材料见证272组,合格率98.2%。砂浆、水泥混凝土和基层材料见证不合格的试件所代表的部位已进行返工处理后检测合格,并经监理工程师验收,符合规范要求。

本工程划分为181个单位工程,797个分部工程,17377个分项工程,按照交通部《公路工程质量检测评定标准》(JTG F80/1—2004),监理工程师进行了质量评定,分项工程合格率100%,分部工程合格率100%,单位工程合格率100%。

(三)科技成果

京承高速公路(三期)工程是北京高速公路建设当时设计、施工难度最大的项目。每公里造价近1亿元,桥隧路相连,施工场地狭窄。加之线路又穿越了司马台长城这样的重要景点,所以行车安全和环保的要求更高。为此,建设者们费尽心思,通过一系列技术突破,完满完成了建设工作。

1. 公路边坡滑坡治理

近年来,虽然高速公路的建设广泛应用了生态防护技术来处理工程施工中形成的各种挖、填方边坡,这对于防止水土流失,迅速恢复生态环境,保护边坡稳定起到了积极作用,但由于诱发滑坡的因素有很多,所以无法完全规避。特别是对于京承高速公路(三期)这样的山区高速公路来说,如何做好公路边坡滑坡治理工作成为保障行车安全的关键。

该段路程的边坡主要有岩石边坡和土石边坡两种类型,以岩石边坡为主。岩石边坡多由弱风化凝灰岩和花岗岩构成,土石边坡多由强风化的片麻岩、页岩等构成。岩石边坡的植被恢复采用客土喷播和厚层基材两种技术;土石边坡采用客土喷播技术,截至边坡发生滑坡,已经有两年的植被恢复年限。但是,由于边坡坡体的稳定性和植被恢复技术特点,使得边坡在强降雨的情况下,很容易发生滑坡。根据对京承高速公路(三期)的现场调查统计,该路段共计有11个边坡23处发生滑坡,其中岩石边坡6个共15处,土石边坡

5个共8处。

2. 清水河2号桥

京承高速公路(三期)工程清水河2号桥由中铁二十二局集团承建,其上部连续刚构左右幅两个中跨合龙段于2009年7月15日全部浇筑完成。该桥地处密云县北庄镇,河底至桥面最大高差达61.7m,主跨120m,最高墩48.9m,是北京市"第一大跨、第一高墩悬浇混凝土箱梁"。

该桥自2007年11月24日开工以来,建设者攻克了特殊地质条件下深基坑的开挖与防护、挂篮施工、箱梁节段现浇等一系列施工技术难题,克服了施工环境差、材料涨价、资金紧张等困难,确保了施工进度。

3. 司马台隧道

耸立在燕山峰巅的司马台长城,素以"险"著称,建筑在陡峭如削的峰巅危崖之上,被称为"天桥",攀伏于岩脊上,仅有40cm宽。司马台长城几乎建在达90°的山崖上,当时的修建难度可想而知。

2006年8月15日,京承高速公路(三期)的重大控制性工程——司马台隧道全线贯通。该隧道是全线13个标段中最长的隧道。隧道左右洞合计长2587m,洞口挖方1.79万m^3,洞身挖方28.2万m^3,仰供片石混凝土4500m^3,混凝土衬砌3.1万m^3。

司马台隧道工程的难点主要表现在以下6点:一是工期紧,第一标段全长2.22km,隧道单洞总长达2587m,号称长城第一隧,还有大桥、涵洞、路基等,如此复杂的工程,实际工期不足两年;二是运输困难,施工现场山高坡陡,6.5km的进山道路仅能单向行驶;三是场地狭隘,32万m^3土石填挖方集中在不足500m的3条深沟内,全需松动爆破,最大填高28m,最大挖深近35m;四是桥隧相连,桥隧施工相互干扰;五是隧道洞口偏压严重,围岩节理裂隙发育,层间结合差,呈碎块状结构,易掉块、塌方;六是受场地限制,预制梁厂只能建在成型的路基上,桥梁生产受制于路基施工。

司马台隧道北京段围岩发生剧烈变化,节理裂隙发育,裂隙水丰富,局部还有较严重的渗水情况,必须进行加强支护。项目部人员多次召开会议研究强支护方案,最终结合隧道左、右幅的实际情况和过去的一些经验做法,采用了两套方案:左幅围岩变化较大,异常破碎,渗水情况严重,险情较多,对支护的强度有更高要求,因而采用高强度的钢筋格栅支护,保证了施工的安全和质量;右幅围岩变化较缓,但大部分围岩皆Ⅲ类,局部较差的为Ⅱ类,需要进行大量的加强支护,因而采用了制作安装快捷的Ⅰ16工字钢支护,加快了施工进度,取得了良好的效益,比用钢格栅的一队超前300m。

在司马台隧道右洞开挖过程中,其中有一浅埋段,拱顶部地表埋深厚度只有1.7m,长度达50m,为保证掘进时,不出现塌方现象,项目部经过研讨并咨询专家,对此段增设了

S16 工字钢、网片、注浆小导管进行加强支护,保证了工程质量和施工安全,顺利通过了这一浅埋段。

针对隧道衬砌易出现的漏水现象,项目部又主动采取了对隧道排水软管、防水板、衬砌制定一套三级质量管理体系,编制隧道预防漏水的措施,做好水源出口,以疏导水为主,加密水管,加强衬砌混凝土振捣。到目前为止,隧道衬砌无一处漏水。

4. 生态景观保护

京承高速公路的线路高程基本在山前坡地与山地的交汇处,避让开低平地段的村庄建设区、农田区和山前坡地的果园区,即路线蜿蜒在人工种植区和次生林区的交界处,减少对经济作物、次生林的伐移,减少对自然景观的人为视觉割裂,以期达到与自然景观和谐的目的。通过较为平缓的山前坡地果园区遮掩,使道路得到对下方生活区仰视的自然遮挡,也提供了天然的声屏障,但又不影响路上俯视景色的视线。此外,路线高程高于村镇,道路行车灯光不会对沿线居民产生较大干扰。此外,较高的路线高程也为道路污染排水提供了较长的最后缓冲和自然植被降解的过程,有利于沿线水资源的保护。

在设计中采用曲线设计法,路线平面、纵断面尽量贴近沿线大地势的弯曲起伏。多采用 1000～2000m 的平曲线半径,比规范最小值大,而又不盲目追求大半径,纵断面竖曲线设计也是如此。经过动态全景透视图和行车速度计算双重校验,调整全线平纵设计指标基本均衡,与山区公路驾驶习惯和设计速度相匹配,特别优化大半径曲线和连续下坡路段,以期利用较为合理的平纵线性控制车速,达到安全行车的目标。

在互通立交布设大节点位置确定的基础上权衡比较,小利益让大利益,尽量使用了独立的较小区域的平缓地段布设互通立交,能够在主线两侧山坡地布设的互通立交就尽量不用建设用地和耕地,以期保护珍贵的土地资源。

在桥梁的布局上,在线路经过的大部分人烟稀少的山区地段,桥型选择以实用、利于保护环境为目标。具备小场地预制条件的,选择预应力简支 T 梁结构,快捷的工期也可以少对环境的破坏。不具备小场地预制条件的,采用现浇预应力箱梁结构。

该项目的涵洞设计结合 300～500m 一处填挖变换,在自然沟谷的底部利用较高填方优势设置高大涵洞。在设计中,按涵洞排水能力计算断面大小,在满足排水能力的基础上,结合现场情况,尽量采用高大涵洞。高大涵洞可以通行人员和小型农机具,满足沿线人民生产生活需要,也与山区沟底自然山路相适应。高大的涵洞通风、排寒流的效果好,建成后降低对自然环境的影响,有利于沟谷自然植被的生长,削弱路线对自然环境的割裂作用。此外,也可以作为野生动物觅食、繁殖的穿越通道,为多生态自然环境的保持提供可能。

而在排水设计上,该工程结合山区道路特点,根据密云实际情况和限制,采用挖方路段浅边沟、填方路段散集结合的设计新理念。全线道路纵坡相对平原区大,挖方段结合路线设计多为单向纵坡,路堑边坡较低,路堑上侧多为自然分水岭,考虑采用浅边沟设计,有利于行车安全,提供了一定的宽容度。

作为山区高速公路,保障车辆安全行驶是第一位的。因此,除了常规的交通工程设施外,项目还加强了安保设施的设计,重点是视线诱导、警示设施,如警示牌、弯道诱导标、陡坡减速振荡线等。结合浅边沟设计,利用浅边沟宽度和沟外碎落台宽度,形成自然路侧缓冲带。在挖方长于100m的路堑一侧取消钢板护栏,采用玻璃钢警示标柱设计。在坡度陡于3.8%的路段,结合行车速度计算分析,在大型货车降速较大的爬坡路段设置爬坡道。爬坡车道尽量利用3m的紧急停车带布设,减小工程规模,保护环境。

第五节 运营养护管理

一、运营执法机构

本路段的运营养护工作分别由首发集团京沈分公司和北京通达京承高速公路有限公司负责。其中京沈分公司负责京承高速公路(北四环望和桥至六环路酸枣岭立交,21km)、京承高速公路(沙峪沟至市界,62.65km);通达京承高速公路酸枣岭立交桥至密云沙峪沟段,主路全长46.7km。

二、运营管理情况

(一)收费站设置及建设

京承路、黄港、沙峪、未来科技城(以上为S11京承高速公路上的收费站),司马台、司马台匝道、太师屯、北庄、程各庄、大城子、金鼎湖、辛安庄、穆家峪、密云、密云开发区、中影杨宋、怀柔、宽沟、北石槽、赵全营、高丽营(以上为G45大广高速公路上的收费站)等21个收费站,详见本书"附表"部分的表4-2-1。

京承高速公路按照北京市高速公路系统统一收费原则,采用计程式收费,只在出入口设置匝道收费站,进口发卡、出口收费。该段工程设置出入口匝道收费站7处,即沙峪沟、金鼎湖、大城子、程各庄、北庄、太师屯、司马台。另在司马台设半幅主线收费1处,即终点收费站,为出京方向收费的发卡。

(二)服务区设置及建设

该段工程设置服务区1处,安排在太师屯;管理养护区1处。太师屯综合服务管理中心位于密云县太师屯镇,京承高速公路桩号K112+700处,由服务区、监控通信站、匝道收费管理设施及养护工区组成,规划总用地面积为 5 万 m^2,总建筑规模为 $8400m^2$,其中进、出京方向用地分别为 3.3 万 m^2、1.7 万 m^2;建筑规模分别为 $660m^2$、$1800m^2$。详见本书"附表"部分的表 4-2-2。

司马台管理中心规划位于密云县司太师镇,京承高速公路桩号 K125+000 处,由主线收费管理设施、隧道管理所、交警驻地及公路综合检查站(属密云县交通局建设)组成,规划总用地面积为 $24000m^2$,总建筑规模为 $6200m^2$,其中进京方向公路综合检查站(含交警驻地)用地面积为 $16000m^2$,建筑规模(含交警驻地)为 $3500m^2$;出京方向主线收费管理设施及隧道管理所用地面积为 $8000m^2$,建筑规模为 $2700m^2$。

(三)养护工作

京承高速公路(三期)62km 沿线于 2013 年 4 月开始,由北京首发集团绿化公司进行"喷土造绿"。同年 4 月底、5 月初,京承高速公路作为北京市首条绿色生态高速路大道亮相。与其他路段不同的是,这次在岩石上喷播特制土壤和草籽,面积达 58 万 m^2。如此大面积的公路边坡生态恢复在我国北方尚是首例。京承高速公路(三期)沿线绿化面积共 131 万 m^2,其中 73 万 m^2 为常规绿化区域,涉及立交桥桥区、沿线平台、中央分隔带、隧道口等区域。

第十四章
S12 首都机场高速公路(三元桥—首都机场)

S12 首都机场高速公路(三元桥—首都国际机场 T2 航站楼),位于北京市东北部,起自东三环路三元桥,途经四元桥、大山桥、京包铁路、北皋村、苇沟村、温榆桥、天竺镇,终于首都国际机场 T2 航站楼。工程于 1992 年 7 月开工,1993 年 9 月通车,全长 18.5km(按施工图实施结果计算)。

鉴于首都机场高速公路在建设期间是一个完整独立的工程项目,本节特以此为记叙单元,实录该项目建设全过程。首都机场高速公路是连接市区交通干道三环路、四环路与首都国际机场的唯一通道,也是北京市东北方向的一条重要高速公路放射线。

第一节 项目概况

一、基本情况

由于本路使用性质与一般道路不同,不但要满足进出机场的一般交通需要,同时还要满足频繁的外事活动的往来,特别是迎送各国贵宾的特殊需要,参照交通部部颁《公路工程技术标准》(JTJ 01—1988)将首都机场高速公路修建成一条三上三下双向六车道的高速公路。

首都机场高速公路建成后达到高速公路技术标准:设计使用年限≥20 年;设计速度主线为 120km/h;路线平曲线最小半径为 1000m(两处),不设超高的最小半径为 7500m,圆曲线最大超高≤6%;路线最大纵坡度 2.61%,最小纵坡度≥0.3%。路基宽度 34.5m,其中中央分隔带宽 3.0m,车行道宽度为 2×11.25m(3×3.75m),左侧路缘带 2×0.75m,硬路肩宽 2×3m(含右侧路缘带),土路肩宽 2×0.75m,路拱标准横坡度为 2%;主线采用高等级沥青混凝土路面,以 BZ-100 为标准轴载,设计使用年限为 20 年,收费广场为水泥混凝土路面;桥梁设计车辆荷载:汽车—超 20 级,挂车—120,桥涵设计洪水频率为 1/100(大桥下部结构按 1/300 洪水频率验算)。桥梁按抗震烈度为 8 度进行抗震设计。

首都机场高速公路建设规模如下:建设长度为 18.5km,其中新建 7.8km,改建 10.7km;修建四环路、将台路、南湖渠、大山子、北皋、苇沟、杨林和天竺 8 座道路立交;修建坝河、北小河和温榆河3座跨河桥;修建车行通道9座、人行天桥1座、地下人行通道2座;修建收费站7处(主线一处,匝道6处)、监控中心和养护中心各一处;全线相应建设监控、收费、通信、照明、交通标志、标线、防撞护栏、护网、排水等为高速公路配套的设施;征用土地233.67万m^2。

首都机场高速公路工程共完成:路基土方260.6万m^3,沥青混凝土路面86.1万m^2,水泥混凝土路面1.8万m^2,钢筋混凝土挡墙1.14万m,浆砌挡墙6854m,桥梁44座,共4200延米。其中:大桥13座,中桥14座,小桥17座(含车行通道),人行天桥1座,人行地下通道2座,涵洞7座。地下排水混凝土管及方沟共23.8km,收费站、监控中心及养护中心各1处,建筑面积共8787m^2。

首都机场高速公路从立项到实施阶段主要指标的变化情况详见表9-14-1。

主要指标的变化情况　　　　　　表9-14-1

序号	阶段划分指标名称	项目建议书 (1992年5月)	初步设计 (1992年7月)	施工图实施结果 (1992年9月)
1	路线长度(km)	18.1	18.75	18.5
2	设计行车速度(km/h)	120	120	120
3	路基总宽度(m)	34.5	34.5	34.5
4	平曲线最小半径(m)	1000	1000	1000
5	最大纵坡(%)	<3	<3	<2.6
6	桥涵设计洪水频率	1/100	1/100	1/100
7	桥涵设计荷载标准	汽车—超20级 挂车—120	汽车—超20级 挂车—120	汽车—超20级 挂车—120
8	桥面净宽(m)	2×14.5	2×14.5	2×14.5
	总造价(万元)	53000	83843	116313
	平均每公里造价(万元)	2928.2	4471.6	6287.2

二、决策过程

首都机场路为首都国际机场的主要配套设施之一,于1958年建成通车。随着国民经济和国际交往的不断发展,首都国际机场曾于1965年和1974年进行了两次扩建,与之配套的机场路除在1980年仅在天竺村至机场长2.5km段改建为两幅路外,其余路段均未进行改建。机场路改建成为安全、高速、舒适、美观的现代化高速公路,以与首都国际机场这个我国最大的空运基地规模相匹配,与我国的政治地位相称。此外,改建机场路也已列入当时北京争办2000年奥运会的重要建设项目之一,作为争办国际奥运会的基础设施项目。

三、主要参建单位

该项目主要参建单位见表9-14-2。

首都机场高速公路主要参建单位表　　　　表9-14-2

监督单位	北京市工程质量监督站	
建设单位	首都高速公路发展公司	
设计单位	北京市政设计研究院	
设计单位	交通工程设计	交通部公路科学研究所
	天竺收费站设计	交通部公路规划设计院
	人行天桥设计	北京市公路局公路设计研究院
勘测单位	北京市测绘设计研究院	
监理单位	北京市高速公路监理公司	
	北京市磐石市政建设监理公司	
	云星交通工程技术开发公司	
施工单位	北京市公路局	
	北京第一市政工程公司	
	交通部公路工程第一总公司	
	水力机械施工处	

第二节　建　设　情　况

一、准备阶段

（一）立项审批

北京市人民政府对首都机场路的改建工作十分重视,1984年即安排北京市市政设计研究院对首都机场路改建工程方案进行研究,方案设计于1986年11月完成,经多方面争求意见修改完善后,在1991年5月10日北京市人民政府常务会议上讨论,原则同意北京市市政设计研究院所提改建方案。

1991年7月,北京市市政设计研究院提出《首都机场高速公路预可行性研究报告》。

1991年8月,北京市交通运输总公司向北京市计委报送《关于"首都机场高速公路工程项目建议书"的请示》,工程所需资金拟采取与港商合资办法;后经北京市与交通部研究,资金来源改为全部使用内资。

1992年1月北京市交通局向交通部计划司提出了《关于呈报首都机场高速公路项目

建议书的报告》,"项目总投资为53000万元,资金来源拟由我市自筹23000万元,其余部分拟请交通部支持解决"。经北京市和交通部反复协商,并经北京市计划委员会和北京市审计局审计,资金情况落实后于1992年3月30日报国家计委审批:"总投资53000万元,其中交通部投资33000万元(已签约),北京市地方自筹20000万元。北京市地方自筹资金由北京市所收养路费支付"。

经审计资金情况落实后,国家计委向国务院提出《关于审批首都机场高速公路工程项目建议书的请示》,1992年5月21日经国务院批准立项,1992年7月1日国家计委同意首都机场高速公路工程1992年开工建设。

北京市计划委员会会同交通部计划司共同审查了《首都机场高速公路工程可行性研究报告》,1992年6月北京市计划委员会给予批复。首都规划建设委员会办公室与交通部联合审查设计原则,并组织各有关单位正式审查首都机场高速公路工程初步设计,首都规划建设委员会办公室于1992年7月原则同意所报初步设计予以批复。

(二)资金筹措

首都机场高速公路工程项目由京津塘高速公路北京市公司和中国公路桥梁建设总公司共同出资,并由交通部安排车购费贷款,由首都高速公路发展公司负责建设、经营,建成后对过路车辆实行收费,预计扣除维修费和管理费后,30年可还清全部投资本息。首都机场高速公路工程修正概算为11.65亿元,工程决算为11.63亿元。其中:京津塘高速公路北京市公司出资3.68亿元、中国公路桥梁建设总公司出资3.65亿元、贷款及其他来源3.86亿元,利用西班牙政府贷款折合人民币4390万元。

(三)招投标

指挥部坚持按基建程序办事,在很短时间内,提出了招标、投标有关文件,主要有《首都机场高速公路合同条款》《投标单位须知》《施工技术规范》和《工程量清单》等,供各投标单位投标使用。通过对投标书的评议和实际考察,挑选精干队伍到"国门第一路"参加施工,并签订"合同协议",一切按合同程序办事,为确保机场高速公路工程的高质、快速地完成,把好挑选队伍的第一关。

由于工程量大、工期紧,工程施工采取了划小标段多上队伍,上精队伍的办法,以便集中优势兵力,在较短时间内,确保高质量,按时完成。所有各标段,都将按指挥部提出的远、中、近期工程目标,实行严格的计划、目标管理。

(四)征地拆迁

工程征地拆迁情况详见表9-14-3、表9-14-4。

首都机场高速公路占用土地及拆迁房屋一览表

表 9-14-3

序号	里程		施工桩号		业主单位	用地名称（公顷）						拆迁房（间）	备注
	起	讫	起	讫		绿地	粮用	菜地	其他	道路	合计	瓦房	
1			K0+200	K18+735	集体地	6.6	68.67	16.42	2.51		94.2	1339	瓦房拆迁
2			K0+200	K18+735	国有地	47.61			41.92	39.38	128.91	580	四元立交企业拆迁
3	K9+320	监控中心			国有地				7.5		7.5	1326	东郊农场拆迁
4	K11+750	养护中心			集体地		1.99				1.99		
5	K15+350	收费站			集体地		1.07				1.07		
					合计	54.21	71.73	16.42	51.93	39.38	233.67	3245	折合3505.05亩

首都机场高速公路征地表（单位：亩）

表 9-14-4

项目	类别\数量	总计	工程用地							边角地				
			小计	园田	大田	绿地	道路	房基地	企业用地	鱼池	小计	园田	大田	绿地	鱼池
国有	国林	714.14	714.14			714.14									
	道路	448.64	448.64				448.64								
	企业用地	616.87	616.87		215.8	237.23			163.84						
	国际机场	142.12	142.12			142.12									
	合计	1921.77	1921.77		215.8	1093.5	448.64		163.84						
集体	牛玉苗大队	205.61	200.89	133.88	16.58	25.74		24.69			4.72	4.72			
	肖君庙村	46.02	33.77			33.77					12.25			12.25	
	堤河南队	6.5	6.5	6.5											
	北皋大队	27.26	12.6			12.6					14.66			14.66	
	康营大队	299.46	282.22		242.22						17.24	17.24			
	后苇沟	243.11	325.61	105.89	111.15					7.9	17.45	12.38			5.07
	天竺村	591.01	549.01			549.01					41.19	41.19			
	合计	1118.96	1311.45	246.27	960.46	72.11		24.69		7.9	107.5	75.53	26.91	5.07	

二、实施阶段

（一）工程建设管理

1991年5月10日，北京市人民政府第10次常务会议决定："成立首都机场路改建工程指挥部"。1991年7月29日，北京市人民政府办公厅通知"为了适应国际交往和国内交流不断发展的需要,彻底解决首都机场路的交通梗阻问题,市政府决定立即着手兴建首都机场高速公路,并成立北京市首都机场高速公路工程指挥部"。"指挥部下设若干组(部)办理日常事务,有关工作人员由市公路局抽调。各有关单位要顾全大局,积极配合,共同完成好首都机场高速公路的建设工作"。

首都机场高速公路中的四元桥由北京市市政工程局负责承建。为了便于更好地组织和协调工作,适应工程建设的需要,1992年8月11日北京市政府领导决定:成立首都机场高速公路四元桥工程指挥部,该部与首都机场高速公路工程指挥部签订承包协议并组织实施,以确保1993年国庆节前优质、高速、安全地完成四元桥工程。

首都机场高速公路工程指挥部在规划设计、拆迁占地、筹措建设资金、组织工程建设、协调各方面关系等方面做了大量的工作,发挥了重要作用。由于是"三边"工程,资金紧张,指挥部与施工单位和地方政府共同努力克服困难,没有影响工程的正常进行,各项审批手续已补齐,竣工文件编制规范、齐全,及时组织了交工验收,使首都机场高速公路顺利投入运营。

经北京市政管委同意,经交通局党委研究同意,首都机场高速公路工程指挥部于1997年10月29日撤销,遗留工作和收尾工程全部移交给首都高速公路发展公司办理。

1992年3月17日,京津塘高速公路北京市公司和中国公路桥梁建设总公司在北京签订了《关于合资建设经营首都机场高速公路协议书》,并报请各自的上级主管部门审批。交通部于1992年4月3日以交工发〔1992〕229号文批复如下:①同意由中国公路桥梁建设总公司和京津塘高速公路北京市公司联合成立"首都高速公路有限公司",负责首都机场高速公路的建设和管理。公司的行政关系隶属于北京市交通局,交通部负责业务指导。②首都机场高速公路所需建设资金由交通部和北京市共同出资。北京市负责筹集2亿元,交通部用车购费出资2亿元,不足部分(约1.3亿元)由合资有限公司的行政主管部门通过贷款解决。该路建设投资的基建指标,请北京市解决。③高速公路建成后收取过路费除用于维修养护、管理和偿还贷款外,可按投资比例进行分配,所分配的资金继续用于公路建设。

北京市交通局1992年7月18日京交综计字〔92〕371号文除同意交通部批示外,对"首都高速公路有限公司"的筹备工作批复如下:同意抽调少量人员参加筹备处,立即开展工作,本着团结友好,平等互利的原则,尽快草拟合同、公司章程,办理企业注册登记工作。首都高速公路有限公司筹备处在项目建设及合资公司筹备过程中,应在指挥部的统一领导下进行工作。

按照交通部和北京市交通局的批复精神,京津塘高速公路北京市公司和中国公路桥梁建设总公司于1992年9月10日在北京签订了《合资经营首都高速公路发展公司合同》,根据《中华人民共和国民法通则》《中华人民共和国全民所有制工业企业法》和有关法规,在平等互利原则的基础上,双方同意共同合资建立首都高速公路发展公司,负责筹资、建设、经营、管理首都机场高速公路及其服务设施。其经济性质为全民所有制的合资联营企业,实行自主经营、自负盈亏、自我约束、自我发展,依法独立享有民事权利和承担民事义务。双方以各自认缴的出资额对首都高速公路发展公司的债务承担责任,按其出资额在注册资本中的比例分享收益、分担风险及亏损。首都高速公路发展公司的合营期限为50年,自公司营业执照签发之日(1992年9月1日)起计。行政关系隶属于北京市交通局,交通部负责业务指导。首都高速公路发展公司在北京市人民政府组建的"首都机场高速公路工程指挥部"领导下参加组织实施该工程。工程竣工验收后,由首都高速公路发展公司组织经营管理。

高速公路建设期间,由首都高速公路发展公司总经理任指挥部常务副总指挥,该公司财务部部长和会计任指挥部财务部部长和会计,在资金管理和处理遗留经济问题上,不需办理交接手续,比较方便,工程造价控制在修正概算之内。指挥部撤销、发展公司接管以后完成的工程有:首都机场高速公路专用供电电源工程和四元立交4号、5号辅路排水泵站工程,首都机场高速公路收尾工程于1998年4月30日全部结束。

(二)施工管理情况

1. 将指挥部的职能与作用写进合同条款

首都机场高速公路的合同条款是在总结了京津塘高速公路和京石高速公路的经验教训基础上,吸收了"菲迪克"条款的精髓,结合本工程特点编写的,它明确了建设单位、监理单位、承包单位三方的责任、权利和义务;将指挥部的责任与权力也写入了合同条款,指挥部负责组织协调建设单位、设计单位、承包单位、监理工程师和其他有关方面的相互关系;检查监督合同中各有关单位的工作情况;对合同执行过程中出现争端时做出最终裁决;指挥部在市政府和交通部的领导下工作,是国家在本工程项目建设中的总代表,对工程实施过程中的工期、质量、安全、费用等有关重要事宜负有领导责任。

2. 坚持实行合同管理体制

在工期紧迫,招投标条件不完备的条件下,指挥部仍坚定地实行招投标的管理模式,坚决按合同条款和招标程序办事,在招标议标过程中谁的设备精、队伍强、信誉好,谁才有资格参与投标,谁能在保证工期、质量前提下报价最科学、合理,谁才能中标。为适应机场路工期紧的特点,指挥部采用划小标段、分阶段、分项目的招标办法,道路桥梁工程东段、西段分两次招标,对重点工程项目如对路面结构层铺筑和毛勒伸缩缝的安装就是打破原标段界限,实行统一招标施工,实践证明招投标管理机制的运用为机场路的工期、质量及投资控制打下了坚实的基础。

3. 加强施工管理

(1) 实行目标管理：为申办 2000 年奥运会创造良好条件，全部工程必须于 1993 年 9 月 15 日前完成并通车的工期目标；要建成一条国际一流水平的、工程质量创国优的"国门第一路"的质量目标。

(2) 实施施工总体方案：机场路西段三元桥至北皋 8km，设计为在原旧路中心线上扩建，为确保国宾及航班旅客的交通畅通，经反复论证，并结合城市总体规划，决定先修建一条辅路，该辅路全长 8.6km，按城市干道标准设计，主路施工期间作为迎宾路，主路通车后又作为地区干道一次实现总体规划。

鉴于辅路能否按时通车直接影响主线的全面开工，指挥部首先全力组织辅路的建设，辅路于 1991 年 10 月 20 日开工，1992 年 6 月 15 日高速建成，共完成沥青路面 18 万 m^2，跨河桥 2 座、铁路顶进桥 1 座、埋设 7 种管线 40 多公里，总投资额 1.2 亿元。辅路的提前建成为机场路主线的全面开工创造了条件。

机场路设计标准高、管线综合复杂，又穿过北京市东北部的旅游饭店区和电子工业区，从而大大增加了规划方案选定及设计工作的难度。其次拆迁量大，全线共拆除 3245 间，征地 3505 亩，安置各类人员 534 人，伐树 3 万株，指挥部根据这些前期工作的特点，按可能的条件和轻重缓急，确定了不失时机、创造条件、分段开工、加速建设的切实措施。

首先在辅路施工尚处高潮时刻及时转移重点，使主线东段(北皋至天竺)7.8km 新线率先于 1992 年 4 月 15 日破土动工。

辅路建成后，立即转入西段(三元桥至北皋)开工建设，并于 1992 年 7 月 2 日在北皋举行了首都机场高速公路奠基开工仪式，宣告机场路全面开工。

指挥部落实国务院领导同志关于"可以加快建设"的批示，抓住时机，加速建设，广大建设者在指挥部坚强有力的领导下，在争办奥运为国争光的鼓舞下，日夜拼搏，无私奉献，历时 17 个月，高速、优质建成首都机场高速公路，于 1993 年 9 月 14 日在天竺收费站举行了竣工通车典礼仪式，李鹏总理剪彩并接见了建设者代表。

(3) 施工组织的基本方法：面对机场路这样一个时间紧、任务重、交叉多、干扰大的庞大工程，如何找到一个适合工程特点的、脉络清晰、有条不紊的施工组织方法，就显得更为重要。在工程施工过程中，指挥部的基本工作方法可以概括为"24 字要领"即：情况清楚，目标明确，重点突出，措施得力，盯住不放，奖罚兑现。在这几个方面中目标明确是纲，其他都是为目标制订和完成服务的，而盯住不放则是要领，没有盯住不放，其他皆空。

4. 提高施工技术水平

百年大计，质量第一，工程质量是工程的生命。作为"国门第一路"的首都机场高速公路，其质量标准更严，质量目标更高，为此指挥部在做好技术和监理工作的同时，毫不动

摇地运用施工组织的手段和方法,更坚定地发挥其特殊的作用,从而保证了机场路质量目标的最终实现,具体措施如下:

(1)集中统一供应拌和料

在路面结构层施工中,合格、优质的成品拌和料是施工质量的基本保证。按常规拌和料由各承包商根据规范要求经监理验证后自行生产或购买,然而由于材料供应市场的机制不完善,质量标准不统一,设备水平参差不齐,使得监理很难完全控制住成品料质量,在这种情况下为确保质量,机场路指挥部采取了对石灰、粉煤灰稳定砂砾、水泥稳定砂砾、沥青混凝土,底、中、表面层成品料实行集中统一拌和供应的措施,并对拌料厂家的设备和原材料供应提出了具体要求,从而最大限度地保证了生产过程中的质量稳定性,使全线路面结构层内在质量有了更为可靠的保证。

(2)大流水专业化施工

在成品拌和料的问题解决后,现场各标施工技术水平的差异又成为新的课题,指挥部不仅指定拌和料生产厂家,而且自水泥稳定砂砾层开始,对各结构层现场摊铺施工也打破了标段界限,实行招标选定施工单位,形成专业化施工的新局面。水泥稳定砂砾层施工通过招标提高了施工单位的质量意识,强化统一了施工工艺;沥青混凝土底、中层施工和桥梁伸缩缝安装均经过招标选定施工单位,实行专业化施工方法。

(3)集中统一铺沥青混凝土表面层

路面平整度是公路路面的一项重要技术指标,而对于高速公路来说,由于行车时速高,对平整度的要求也就越高。在使用改性沥青保证路面内在质量有所提高的前提下,仍坚持以路面平整度指标为衡量面层施工的标准,采取一切可能的措施全力提高面层平整度,使其与"国门第一路"的地位相称。

为此,指挥部调集了各路精兵强将及机械、设备、车辆组成了强大的面层施工兵团,实行统一指挥、统一组织、统一施工,并采取从测量—准备—拌料—摊铺—碾压—接缝—局部处理—质量控制等一整套的一条龙作业法,用43天一气呵成完成了机场路主线17km近60万 m^2 的沥青混凝土表面层摊铺任务,最终实现了预定的平整度目标。采用大兵团统一施工沥青混凝土表面层,较之分标段施工极大地提高了路面平整度和路面施工质量的均匀一致性,平整度值 σ 值达到了0.8~1.0的水平,再加上全线桥梁伸缩缝的反挖法施工,使首都机场高速公路总体平整度水平达到了一个全新的高度。

(三)监理工作情况

首都机场高速公路工程监理工作,工程开始是以北京市公路局质量监督处为主,联合其他监理公司组成"首都机场高速公路工程指挥部监理工程师办公室",统一负责首都机场高速公路的监理工作;在工程进行过程中,1992年10月5日北京市城乡建设委员会以

(92)京建质字第408号文正式确认为"北京市高速公路监理公司"的资格;北京市磐石市政建设监理公司和云星交通工程技术开发公司都希望独立进行监理工作,最后形成了三个监理公司分工负责,各自承担各自分管的任务。北京市高速公路监理公司负责除"四环路立交"以外的道路、桥梁、排水、房建等工程的监理工作,仍使用"首都机场高速公路工程指挥部监理工程师办公室"的名称;北京市磐石市政建设监理公司负责四环路立交桥工程的监督及高速公路 K1+500 至 K3+001.16 段道路、桥梁工程的监理;云星交通工程技术开发公司负责交通工程设施的各类器件工厂制造和安装的监督,工程现场的监理工作,使用"首都机场高速公路工程指挥部交通工程监理办公室"的名称。

首都机场高速公路监理工程师办公室的工作重点是加强质量控制和投资控制,缓解质量与进度的矛盾,促进工期目标的实现。工程监理组负责制定工程质量控制、验收与评价工作的有关实施细则及相应的技术规范,并随时核查驻地监理办公室的工作,对分部工程质量进行验收与评估,处理工程质量事故。

监理试验室是工程监理组的下设机构,为监理办公室提供控制工程质量所需的各项试验、检测数据。驻地监理办公室是监理办公室实施质量控制工作的实体部门,它的主要工作是对重点工序进行全过程旁站、验收。对工程质量达不到验收标准的不予验收;对不符合规范要求的施工工艺及时制止;对不合格的材料严禁使用。确保承包单位严格按照合同条款、施工规范和监理程序进行施工。

合同管理组的主要工作为根据本工程合同条款的规定,制定计量支付、变更索赔、资料管理等一系列管理办法及实施细则,确保工程实施的行为在预定的轨道上进行,使工程质量和投资得到良好的控制。

首都机场高速公路工程特点是:工期紧、任务重、质量要求高,监理办公室坚持严格监理,加强质量控制,做了大量的试验、检测工作,其中监理试验室共做试验1749组,计4661项次。

由于存在着边设计边施工的现象,在工程实施过程中,图纸在不断地完善和变更,监理办公室配合指挥部办理了增补清单的工作,使实际支付时的清单做到完整、准确。由于本工程变更频繁,监理办公室共签发了171项变更令,受理了工程索赔50项。通过调查评估,公正地维护了业主、承包单位的双方合法利益,既为业主保证了工程质量,也有效地控制了投资。

(四)主要指标变更

(1)施工过程中主要设计变更情况如下。

①横断面及路面结构设计变更。主线中央分隔带范围内改为种植绿篱,取消原设计满铺混凝土小方砖,左侧路缘带将混凝土平石改为与行车道相同的沥青混凝土路面结构,

变更后中央分隔带仍为3m,沥青混凝土路面宽2×15.1m,土路肩2×0.65m,路基总宽仍为34.5m。

②大山子立交设计变更:大山子立交原设计在机场路、京顺路各建一座9孔预应力钢筋混凝土简支T梁桥,酒仙桥路与机场路和京顺路相交处修建机场路、京顺路上跨酒仙桥路的环形互通式立交。由于京顺路向北侧展宽拆迁房屋数量太大,增加投资太多,首都机场高速公路工程指挥部决定本期工程大山子2号桥(即京顺路跨线桥)及酒仙桥路环岛本期暂不施工,待京顺路全线改建时再修建。本期工程将大山桥下的望京中街加宽到22.5m,京顺路南侧加宽5m,使酒仙桥路、望京中街、京顺路与机场路通过匝道相连,仍形成互通式立交。

③北皋立交道路设计变更:北皋立交收费站原设计共6条收费通道,根据上级有关领导指示精神,两侧各增加一条收费通道;辅路F1、F2要作为施工便线,疏导施工期间京顺路交通,其路面结构参照机场路辅路路面结构变更。

④苇沟立交及杨林立交(林荫路改名为杨林大道,林荫路立交改为杨林立交)匝道宽度设计变更:根据1992年7月17日初步设计审查会的精神,将苇沟立交、杨林立交各条匝道宽度减窄,单车道匝道宽度由原来的7.25~8.75m减至5m;双车道直线路段路面宽均为7.5m,圆曲线加宽部分从11.2m减至9.5m。

⑤天竺立交道路变更设计:为了保证主线交通的安全、高速,加设5号匝道长324m,宽7.25m。

⑥K0+410人行地道工程变更设计:K0+410人行地道是现三元立交桥的4号通道的接长工程,原设计进出口侧墙位置上有一电缆井,由于该电缆井不能挪移,西南侧进出口不能正常施工,将原设计两个进出口改为一个进出口,原设计进出口净宽3m,现改为净宽4m。

(2)施工过程中监理工程师共签发了171个变更令,对设计单位、施工单位和建设单位提出的工程设计变更278项,监理工程师办公室按照变更程序都做了认真的处理,绝大部分费用变更通过增补、取消工程量清单方式进行增减,少量的通过监理支付月报办理增减,第1至13号合同变更费用合计1.65亿元,占修正概算建安工程费的19.4%。

第三节 科研成果

首都机场高速公路达到了当时国内高速公路建设的最高标准,并在施工工艺、新型材料等方面进行了多项探索。全路设计速度120km/h,全封闭全立交,路两侧各设50~10m宽的绿化带,路中央设有绿篱中央隔离带;主路天竺收费站为具有民族特色的仿古建筑,曾被吉尼斯纪录列为"世界上最宽的收费站";全路设有闭路电视,沿途设有 8 个断面检测器,每公里设有一对紧急求援电话,采集到的信息经过计算机处理,再通过 2 块大型可变情报板、3 块图形板、9 个可变限速标志,向过往的旅客发布交通信息提供服务;同时照明、防眩、标志、标线、护栏、护网等设施也比较齐全。

一、改性沥青技术

路面采用了国内首次引进的国际先进的改性沥青技术,使其在 60℃ 高温下不软化,-30℃ 低温下不脆裂,使用寿命大大延长;桥梁伸缩缝采用了德国毛勒、索尼公司的产品,并使用了"二步反控法"的新工艺,一定程度上成功地解决了桥头跳车的老大难问题。

二、德国毛勒伸缩缝安装工艺

当汽车在公路上行驶到桥头或桥中的桥梁伸缩缝上时,发生颠簸、跳车现象,是困扰公路建设多年的一个难以解决的问题,这在全国乃至全世界都将其作为修路、修桥的大事来考虑。

通常接缝处理所使用的钢板式伸缩缝(包括齿形缝)、合成橡胶式伸缩缝或组合式伸缩缝,在使用几年后都会发生齿板开焊、断裂翘起变形、橡胶老化、漏水、不易更换,固定螺栓等零件脱落、丢失等问题,即便是缝中的充填物在较大的温差下尤其是北方经常会发生碎裂,起不到封闭作用,不能正常发挥其功能,直接影响桥梁的使用寿命和行车效果,而德国毛勒(MAURER)公司专利生产的桥面伸缩缝(简称毛勒缝)巧妙且理想地解决了这一难题。

德产毛勒缝有以下几个优点:采用专用的高强度、高弹性型钢制作骨架,轻腰与梁端锚固性能好,车辆行驶平稳;接缝两端直接依靠单组或多组各自独立的"V"形人造橡胶水平收张来完成所需的伸缩量,单缝不存在任何摩擦与剪切,双缝以上时中心型钢支承与滑动摩擦完全封闭在可靠的支承箱内,防尘、防水;安装较为简便,维修养护尤其是更换橡胶带很容易。

有了良好的伸缩缝还要有正确的、高质量的安装工艺才能使其完美达到更高层次,北京市公路局第一工程施工处承接首都机场高速公路 K13+115~K13+430 温榆河大桥两组双缝及 K13+060 和 K13+490 两个通道桥的两组单缝的安装任务。双缝每组上下行为两桥独立,相距 1m,每条缝长 17.25m。沿缝共有 10 个支承箱,两个支承轴,其余均为代环锚板,间距 20cm。单缝每组上下行焊接为一体,总长 34.5m,沿缝布置代环锚板和锚环,间距 20cm。K13+060 为斜桥缝,缝长 35.4m。现将毛勒缝安装工艺、过程及经验介绍如下:

早在 1990 年 5 月,在京津塘高速公路曾安装过几条毛勒缝,由于当时的安装工艺采用的是先按设计高程安装毛勒缝后铺沥青混凝土的办法,使油面追缝安装效果不理想,主要是铺油碾压时沥青混凝土与钢制毛勒缝强度相差太大,油碾碾压通过时使油面水平延展幅度发生不均变化,形成落差,使毛勒缝两侧油面下凹,而人工布料补救厚度不易掌握,造成平整度达不到要求,鉴于以往的安装经验,机场路总指挥部把解决路面平整作为主要矛盾来解决,采用先铺油后安缝的方法,以毛勒缝追油面保证平整度,这是毛勒缝安装工艺的根本性变革。

在毛勒缝整个安装过程中,有这样几点经验:

设计毛勒缝切口宽度应比毛勒缝本身宽20cm,在回填断缝前检查桥面混凝土与台背墙混凝土缝预留宽度应比切口宽度窄15~20cm为宜,且要与缝中心对称。因为缝中无论回填何物在碾压时其沉降量都大于正常桥面或路面的沉降量,加之沥青混凝土的特性,形成向外延伸的凹坑,最终使切缝时通过测量不得已加宽切口宽度。为方便施工,将切缝宽度都增加了10cm,既双缝100cm,单缝80cm。

因为是后安装毛勒缝,所以切不可忽视水平锚固筋的作用。除T梁和台背墙预埋的锚固筋应充足,外桥面板中的钢筋网片也要充足,预留有足够的长度,浇筑在毛勒缝混凝土中,以保证新旧混凝土有可靠的贴合能力,用以抗拒在行车过程中该断面产生的水平拉力,否则新旧混凝土在接触面被拉开,导致面层混凝土和沥青混凝土之间出现裂纹,发生漏水现象影响毛勒缝及路面的使用寿命。

在安装和固定毛勒缝时,如遇毛勒缝和路面高程在某一局部有较大差距,应查明情况,不可盲目地对毛勒缝加压或抬起路面高程,应以顺其自然略加调整为主,因为毛勒缝固定卡板布置较疏,在夹板之间毛勒缝在受力时并不相对称,而毛勒缝专用型钢又有较强的强度,盲目加力焊接后会产生一个随加力大小而变化的储存在毛勒缝中的内力。一旦割掉卡板,松开禁锢,此力偶会导致毛勒缝两型钢的间距和上下高程的变化(3~5mm),在此情况下应全面综合考虑处理办法,如有必要可以整体重新调整。

毛勒缝单缝通常在安装时每组两条上下行缝是存有接口并焊接在一起的,但在弯道路面超高的情况下或其他上下行路面高程不一致的情况下,可以上下错茬安装,但V形橡胶带不应断开,应为整体一条。

关于毛勒缝防水问题,毛勒缝缝间防水是靠V形橡胶带边缘橡胶的强性产生的压力,作用于型钢凹槽内表面起到阻水作用,毛勒缝缝外防水办法是按图纸要求位置布置一层阳离子乳化沥青卷材防水层,但此防水层在切缝时极易切断无法弥补,且毛勒缝混凝土要分两次浇筑较烦琐,影响工期。另外在毛勒缝混凝土距顶面10~15cm增加防水隔离,是否带来其他问题,比如混凝土的整体性等尚不清楚,简易办法是去掉该段防水层,在桥面混凝土切茬的立面喷涂洁面剂,也是可取的一种简易方法,但采用何种材料能达到防水效果还有待于学习、探讨,但不论采用何种方法,对于防止桥面缝边沥青混凝土集水侵蚀、不能及时排出、反复冻胀损坏是非常必要的,尤其是高速公路在路面较为粗糙的情况下。

为增加毛勒缝混凝土的抗裂性能,除采用钢纤维混凝土外还可在距砖顶面 4~5cm 处增加一层由 $\phi 8$ 钢筋制作的 $15cm \times 15cm$ 钢筋网片。

第四节 运营管理

一、运营管理机构

首都机场高速公路由北京首都高速公路发展有限公司管理和经营。该公司于1992年由中国公路桥梁建设总公司和京津塘高速公路北京市公司合资组建而成,双方各占一半股权,双方到位资金占建设资金的2/3,其余建设资金由该公司自己贷款解决。

该公司对首都机场高速公路实行筹资、建设、经营、管理、还贷付息,滚动发展的全新模式,北京市政府领导评价这种公路改革的新尝试是"解决高速公路建设资金缺乏的好办法",并且符合当时交通部提出的"一路一公司"的想法。

北京首都高速公路发展有限公司自1992年10月成立伊始,严格按照国家有关的公司制度运作,独立法人操作,实行董事会负责制,董事会由投资方按照投资比例派遣人员组成,而经营班子则由董事会聘任,总经理直接由董事会负责。北京市政府授予公司对首都机场高速公路的经营权为30年。

目前,首都机场高速公路由首都高速公路发展有限公司运营管理。首都机场高速公路养护工作承包给北京路捷通公路养护有限公司,常年签订机场高速公路的道路桥梁的养护承包合同,北京首都高速公路发展有限公司路产管理部具体负责管理养护合同的执行、监督、检查、考核以及合同款的支付工作。

二、运营管理情况

(一)收费站设置及管理

此路设置北皋、苇沟、杨林、天竺、二匹等5个收费站,均为匝道收费站,详见本书"附表"部分的表4-2-1。

早期的首都机场高速公路收费系统是北京市公路局路通技术开发公司与航天部103所共同研制开发的产品。该系统对于提高通行费的征收率起到了十分重要的作用。但是,由于该系统严格讲带有产品试验性质,并非成熟的工业化产品,因此在可靠性、稳定性方面存在较多的问题,维修的工作量较大。纵观国内外的路桥收费系统,一个共同点就是对费用的管理都非常重视。但与发达国家相比,无论在收费系统的设备资金投入上,对收费员的管理方法上,还是在管理经验上,都存在很大的差距。首都机场高速公路管理部门认为:除了引进发达国家先进的筑路造桥技术外,在收费系统的设备投入、管理经验和系统集成方面,尽量缩小与之距离也是十分重要的。

为了使收费系统提供准确的管理依据,提出了机场高速公路收费系统改造补充方案,并正在组织分步实施。目前,已经完成了改造补充的第一步,即建立了 CCTV 监视、记录系统。该系统是由发展公司与交通部公路科学研究所所属诚达公司共同研究设计,并由诚达公司施工安装。该系统的设计原理有别于国内同类产品的不同之处是,摄像机对准的是每个车道通行的汽车,而不是收费员。早在 1994 年,机场高速公路便开始研究和探索不停车自动收费系统。在此过程中,先后接触了多家国内外有关产品,对其系统的设计理论、功能、性能及其实践情况做了较为深入的了解和分析,以便选择功能齐全、性能可靠、能为将来的市场发展所接受的系统。

之后,首都机场高速公路纳入北京市高速公路联网收费系统以及目前的 ETC(不停车收费系统)联网系统。

(二)服务区设置及管理

本高速公路未设置服务区。

(三)养护管理

首都机场高速公路运营 13 年之后,自 2006 年开始,机场高速公路开始进行大修。本次大修工程主要包括全线的路面翻修、桥梁加固维修以及支座更换、绿化工程施工及监控、通信、收费设施的升级。其中,整个路面铣刨后,加铺了 4cm 的新沥青。新沥青中加入 25% 的特利尼达湖沥青。此外,该道路沿线的所有路灯,全部更换并加密,提高夜间照明度。改造完成后,机场高速路面监控系统还在四元桥、五元桥等主要出入口,加装交通实况信息显示大屏幕,随时与交通管理部门联网,通过高速路上的显示屏,让驾驶人们掌握市中心区的道路现状,以选择最佳行驶路线。

大修完成后,机场高速公路的道路、桥梁、附属设施符合国家当时最新的相关技术规范和标准;机电系统整体改造升级后成为集信息化、系统化、智能化为一体的现代交通管理系统,从根本上提升了首都机场高速公路的服务和管理水平,适应现代交通发展的需求,并满足北京市交委全市联网的要求,实现视频监控图像、信息发布系统、数据业务和语音电话与北京市高速公路信息中心联网。全线现由 13 个断面检测器、17 个路况摄像机、3 个防盗摄像机、4 个小型可变信息屏、7 个悬臂式综合信息屏、3 套门架式信息屏,构成了完整的交通监控系统。大修后的机场高速公路更好地展现了"新北京、新奥运"和"国门第一路"的整体形象。

第十五章
S15 京津高速公路北京段(化工桥—市界)

京津高速公路也称为京津高速公路第二通道,即北京和天津之间直达的第二条高速公路,是交通部规划的连接京津两市南、北、中三条高速公路中的北通道,是国家高速公路网的组成部分,首都放射干线公路之一。北京段编号为 S15,京津高速公路建设时的名字是"京津二通道",根据 2010 年国家高速路网的规划,随后被正式命名为"京津高速公路"。由于京津高速公路在开通时便启用了统一规划的命名,因此本节将不再使用建设之初的"京津二通道"这一称谓。

京津高速公路起点位于北京市五环路,终点位于天津市东疆港,全长 147km。北京段线路起点为五环路化工桥,沿东南走向,向东南经萧太后河、规划五路、亦庄东环路、通惠北干渠后,在通黄路西侧与京津城际铁路开始共线,途经本市朝阳、通州两区,终点位于通州区半截河村与天津市武清区高村交界处,与天津段线位相接。

北京段工程于 2006 年 10 月开工建设,2008 年 7 月 16 日正式开通,全长 34.1km。它的建成进一步完善了国家干线公路网规划。因此,此项目的建设不仅是完善国家和京津地区的干线公路网的需要,对于适应京津两地的交通发展也具有十分重要的作用。同时,京津高速公路的建设提高了京、津两地航空客货运交通转换能力,充分发挥首都机场的主枢纽功能作用。另外,2008 年奥运会足球部分比赛项目在天津进行,京津高速公路的建设为保证这些赛事的顺利进行和观众抵离提供了良好的交通条件。

第一节 项目概况

一、基本情况

京津高速公路的五环路至六环路路段设计速度 100km/h,六环路至市界路段设计速度 120km/h。主路设计为四上四下双向八车道,路基宽 41m,与四车道的京津塘高速公路相比,通行条件明显改善。其中,在通黄路西侧与京津城际铁路开始共线,长度 28km,路线基本与城际铁路线位平行。全线桥梁设计汽车荷载等级采用公路—Ⅰ级,其他技术指标执行《公路工程技术标准》(JTG B01—2003)。全线道路面积 175 万 m^2,其中桥梁面积

44 万 m^2，互通式立交 6 座，分离式立交 13 座，跨河桥 4 座，通道 19 座，路基土方 825 万 m^3。设置起终点主线收费站各 1 处，匝道收费站 3 个，服务区 1 处。

为提高路面材料抗高温变形能力，改善沥青混凝土路用性能，抑制北京地区高速公路路面主要病害——车辙，在路面中面层沥青混凝土配合比设计中，首次引入了 Superpave 技术，在下面层中首次采用了 ATB 粗粒式沥青稳定碎石材料，取得了良好的效果。路面采用沥青混凝土，总厚度为 20cm，上面层为 5cm SMA-16，中面层为 6cm 改性沥青 AC-20C，下面层为 9cm ATB-25。主路路面结构为：面层 5cm SMA-16 沥青马蹄脂碎石混合料，中面层 6cm AC-20C、Superpave-19 沥青混凝土，下面层 9cm ATB-25 沥青碎石混合料，上基层 18cm 水泥稳定碎石，下基层、底基层各 18cm 石灰粉煤灰稳定碎石，路面结构总厚度 74cm。主线最小平曲线半径 4000m，匝道最小平曲线半径 55m，主线最大纵坡 2.0%，匝道最大纵坡 3.7%、最大超高 6.0%。全线桥梁与二级以上公路相交净空按 5m 控制，设计荷载为公路—Ⅰ级，抗震基本烈度 8 度，设计洪水频率为 1/100。

二、决策过程

京津高速公路是国家干线公路网规划的重要组成部分，是交通部规划的连接京津两市南、北、中三条高速公路中的北通道。这条快速公路通道，是交通部规划的国家重点工程，也是奥运会的重点工程，主干道设计为双向八车道，在城际高速公路非常少见。京津高速公路是北京市 16 条放射线中的一条和天津市"三三九二"中三条京津高速公路通道中的一条，在国家和区域干线公路网中都具有十分重要的地位和作用。

北京和天津是重要的干线公路枢纽城市。根据交通部的有关规划，未来京津之间的高速公路通道将有北通道、中通道（现京津塘高速公路）和南通道共同组成。京津高速公路满足了国家干线公路网络完善的需要。

为此，2002 年 6 月，华北高速公路公司提出扩建京津塘高速公路的计划。该计划在不再征用土地的情况下，拟将京津塘高速公路由四车道扩为六车道。由于存在施工干扰且扩建（六车道）后满足需求时期较短，交通部要求进行整个通道建设方案规划研究，以期达到投资效益最佳，社会效益最理想。7 月，交通部组织京、津、冀两市一省交通主管部门，华北高速公路公司及交通部规划研究院，在北京召开了"京津高速公路通道建设方案协调会议"，会后印发了《关于印发京津高速公路通道建设方案协调会议纪要的通知》（厅规划字〔2002〕338 号）。会议委托交通部规划研究院承担京津通道规划建设方案的研究论证工作。

2002 年 8 月编制完成了京津通道建设方案研究工作大纲；为更好把握区域未来交通发展，2002 年 8 月中下旬委托国家发展与改革委员会综合运输研究所进行"京津通道高速公路扩建项目运量预测研究"；为更全面地掌握区域地形、地物变化，2002 年 9 月—

2003年初,委托北京科遥同创信息科技有限公司完成分辨率达到0.6m的卫星影像图。

2002年9月—2003年8月,对G103、G104、G106的相关路段(考虑京沪方向)进行了路况及交通调查,和G103走廊、G104走廊新线位及京津塘加宽的踏勘工作。

2003年3月,交通部综合规划司在河北廊坊市召开了京津高速公路通道规划建设前期工作协调小组第二次会议,会议有关各方对通道建设方案基本达成了共识。会议对交通部规划研究院工作给予充分肯定,并希望继续加快、深化方案研究,特别应加深交通分析工作;7月组织完成了OD调查(7个调查点,分布于区域主要4条公路上);10月完成内业分析整理工作,并初步形成京津高速公路通道建设方案研究报告。

2004年9月考虑经济增长、港口、城际铁路、车辆换算系数等因素新近变化修改完善报告;11月,交通部综合规划司在天津召开了京津高速公路通道规划建设前期工作协调小组第三次会议。会议听取了交通部规划研究院关于京津高速公路通道建设方案主要研究成果的汇报,认为报告思路清晰、方法正确、内容全面、深度满足要求、结论合理,对下一步工作具有重要的指导作用。会上,有关各方已就京津高速公路通道的建设方案(通道需求、布局、实施序列等)达成共识;12月,交通部规划研究院根据第三次协调会要求,进一步修改完善总报告。

研究报告主要结论是:京津通道交通量约5.7万辆/日(小客车,下同)。

京塘、京津、京沪三大方向之间OD量比例约24∶50∶26;京津通道交通量京塘、京津、京沪三大方向交通量比例为27∶56∶17(京沪交通存在国道106线分流);预测2008年、2015年及2027年通道交通量分别约11万辆/日、19万辆/日和39万辆/日,相应需新增高速公路车道数为2、6和18;京津高速公路通道远期需由沿国道103线新建(北方案)、京津塘高速公路扩建(中方案)和沿国道104线新建(南方案)共同组成,建设总规模约279km,总投资约159亿元;沿国道103线新建方案是京津高速公路通道的当务之急,宜首先实施。

三、主要参建单位

本工程主要参建单位见表9-15-1。

S15京津高速公路北京段工程参建单位表 表9-15-1

监督单位	北京市道路工程质量监督站	
建设单位	北京市首都公路发展集团有限公司	
设计单位	北京市政设计研究总院	
设计单位	负责道路工程、桥梁工程、排水工程、交通工程、照明工程、绿化、大棚、机电工程的设计工作	北京市政设计研究总院
监理单位	北京市高速公路监理公司、北京市正宏监理咨询有限公司、北京市泰克华诚技术信息咨询有限公司	

续上表

施工单位	第1号合同	北京公路桥梁建设公司
	第2号合同	中铁十八局集团有限公司
	第3号合同	中铁十六局集团第一工程有限公司
	第4号合同	北京城建集团有限责任公司
	第5号合同	中铁十八局集团第五工程有限公司
	第6号合同	中铁二十局集团有限公司
	第7号合同	中铁十八局集团第二工程有限公司
	第8号合同	北京城建三建设发展有限公司
	第9号合同	北京市政一建设发展有限公司
	第10号合同	中铁十九局第三工程有限公司
	第11号合同	安通建设有限公司
	第12号合同	北京市政建设集团有限责任公司
	第13号合同	天津第一市政公路工程有限公司
	路面第1号合同	北京公路桥梁建设有限公司
	路面第2号合同	北京鑫实路桥建设有限公司
	绿化工程第1号合同	北京京林绿化工程有限公司
	绿化工程第2号合同	北京天华绿化工程有限公司
	交通工程第1号合同	北京市高速公路交通工程公司
	交通工程第2号合同	北京云星宇交通工程有限公司
	大棚工程第1号合同	中国航空港建设总公司
	大棚工程第2号合同	北京城建北方建设责任有限公司
	大棚工程第3号合同段	北京城建国际建设有限公司
	机电工程	北京云星宇交通工程有限公司
	照明工程	北京良业照明工程有限公司
	隔音屏第1号合同	北京世纪泰宝交通防噪声科技发展有限公司
	隔音屏第2号合同	北京中交国路环境景观园林工程技术有限公司

第二节　建　设　情　况

一、准备阶段

(一)立项审批

2008年奥运会有部分比赛项目在天津举行,京津高速公路工程的开工建设给奥运会提供了良好的交通条件。北京市委市政府高度重视京津高速公路的建设,规划、国土和环保等部门密切配合,加快审批。本节选取了从工程设计方案的批复到报审工程初步设计这一阶段的主要审批文件的内容摘要。

2005年4月20日,北京市规划委以市规发〔2005〕440号文《关于京津第二通道(五环路至北京市市界)规划方案的批复》对北京市交通委所报京津高速公路(五环路—北京市市界)规划线位方案做了批复,并经有关单位审查,将规划方案进行了调整和优化:

"根据《北京城市总体规划(2004—2020年)》,按照集约用地的原则,对原规划线位方案进行了调整,确定了京津第二通道线位与京津城际轨道交通的共线方案,形成复合型交通走廊。京津第二通道路线全长34.20km,与京津城际轨道交通共线段全长28km,占路线总长82%。

2005年11月2日,市规划委以市规函〔2005〕1301号文《关于京津高速公路第二通道(五环化工路立交至市界)公路工程设计方案的批复》批复京津高速公路(五环化工路立交—市界)工程设计方案。批复中提出了14条尚需完善的问题。

2005年12月30日,市路政局以京路建发〔2005〕753号文《关于京平高速公路、京津高速公路第二通道(北京段)控制性工程先行开工建设的批复》批复京津高速公路(北京段)控制性工程先行开工建设。

2006年,国家发改委以发改交运〔2006〕439号文《国家发展改革委关于京津高速公路北京段项目建议书的批复》批复了京津高速公路北京段项目建议书,批复"项目估算总投资控制在46.2亿元以内(静态投资44.6亿元),其中资本金16.17亿元(约占项目总投资的35%),暂定由中央专项基金(车购税)和你市筹措资金解决;其余30.03亿元资金申请国内银行贷款,具体在项目可行性研究阶段进一步落实。"

2007年5月15日,北京市交通委向交通部报审京津高速公路(五环化工路立交—市界)公路工程初步设计。

(二)资金来源

根据工程初步设计,京津高速公路(五环化工路立交—市界)全长约34.1km,投资估算约66亿元,建设资金拟通过交通部补助、国内贷款及地方自筹方式解决。

首发集团于2008年6月发布京津高速公路工程(北京段)项目执行报告,截至2008年5月25日,京津高速公路投资估算66.27亿元,实际支付47.67亿元(占投资估算的71.93%),其中建安工程费23.37亿元,征地拆迁费22.27亿元,工程监理费1979.17万元,勘察设计费3133万元。

(三)招投标

1.勘察设计单位招标情况

京津高速公路(五环化工路立交—市界)工程前期勘察设计单位招标工作由北京市

路政局组织,并于2004年11月组织了公开招标,于2004年12月公布招标结果并签订勘察设计委托合同,中标单位为北京市市政工程设计研究总院,后项目业主变更为北京市首都公路发展集团有限公司。

2. 施工单位及监理单位招标情况

北京市首都公路发展集团有限公司依照北京市高速公路建设计划,严格按照《中华人民共和国招标授标法》《公路工程勘察设计招标投标管理办法》(交通部令2001年第6号)、《工程建设项目勘察设计招标授标办法》(国家八部委联合下发的2003年第2号令)等法规要求,对京津高速公路进行了公开招标活动。

京津高速公路(五环化工路立交—市界)有13个土建施工标段和2个土建监理标段。其中,5号~13号标施工及施工监理招标工作于2006年9月15日发出中标通知书。1号~4号标施工及施工监理招标工作于2006年12月5日发出中标通知书。

路面工程招标共分2个施工合同段。由北京市首都公路发展集团有限公司自行组织招标,于2007年5月29日发出中标通知书;机电工程施工及施工监理招标于2007年4月4日在《北京招标投标信息平台》发布招标公告,4月26日完成评估工作,5月29日发出中标通知书。绿化工程招标共分2个施工合同段,2007年9月20日发出中标通知书;交通安全设施工程招标共分2个施工合同段,2007年8月7日发出中标通知书;照明工程招标共分1个施工合同段。2007年8月23日在《北京招标投标信息平台》发布招标公告,8月17日完成评标工作,9月4日发出中标通知书;收费天棚工程招标共分3个施工合同段,2007年9月20日发出中标通知书;隔声屏工程共分2个施工合同段,2007年12月6日发出中标通知书。

(四)征地拆迁

京津高速公路(北京段)工程拆迁涉及朝阳、通州2个区,其中朝阳区境内4km,通州区30.11km,共征地5292亩。其中朝阳区集体土地896.1亩,国有土地93.19亩;通州区集体土地4052.57亩,国有土地473.08亩。

朝阳区拆迁房屋507户(其中红线内403户,红线外164户),8.45万m^2,集体企业34户,7.18万m^2,国有企业2户,1165m^2;通州区企业54户,占地1.41万m^2,采伐移植树木、苗木375万株,改移地上、地下管线550条。

二、实施阶段

(一)工程建设管理

1. 项目管理机构设置及职能

首发建设公司依据工程实际情况成立京津高速公路项目管理处。经理层3人:项目总经理1人,副总经理1人,总工程师1人。项目管理处设置四部一室:工程部、技术部、拆迁部、安保部和综合办公室。

工程部负责工程组织管理、质量管理、建设管理、计划统计管理及对监理的日常管理工作,工程部设4岗位:部长1人,企业代表1人,合约工程师1人。技术部负责技术管理、资料管理、工程创优质重大技术方案的制订工作,负责组织咨询单位对本项工程进行实测实量、质量抽查抽验工作。技术部设3人:部长1人,专业工程师2人。拆迁部负责拆改、迁移、占地、苗木伐移及解决民扰工作。拆迁部设部长1人,其他人员按系统管理。安保部负责安全、消防、保卫、交通导改、文明施工、环境保护及解决民扰工作。安保部设部长1人。综合办公室负责协调项目处各部室的关系及后勤管理、对外联系、收发文件、文秘等工作。综合办公室设2人:主任1人,文秘1人。

2. 质量控制措施与效果

按照首发集团高质量目标的要求,项目管理处根据工程实际情况及特点,确定了"路基工程以路基填方和地基处理为重点、桥梁工程以现浇箱梁和钢箱梁施工为重点、路面工程以控制原材料和沥青混凝土路面施工为重点"的指导思想,严格按规范、图纸进行施工,工程质量始终处于受控状态。

京津高速公路(北京段)工程质量目标为:全部分项、分部、单位工程均达到合格标准,争创国优;为确保工程质量达到国优标准,项目管理处成立工程质量管理工作领导小组,建立健全了质量保证体系,做到职责清晰,务实有效;在工程建设中,为了避免质量隐患,杜绝弄虚作假的现象发生,项目管理处加大质量管理工作力度,并首次实行第三方检测,取得了一定的效果;2007年冬季施工结束后,在大规模施工前,项目管理处于4月17日组织全线施工、监理单位召开质量大会,对工程存在的问题进行点评、分析,要求各施工单位继续提高工程质量管理力度,增强质量意识,保证工程质量,并对监理进行考试,严把资质审核关。

为强化质量意识,项目管理处将2007年5月份作为"质量月",通过开展"质量月"活动,重点抓好主体混凝土外观施工和路基填筑施工,避免因抢工期而忽视工程质量,同时开展各种活动,营造抓工程质量的氛围,收到了较好效果。同时在实施过程中,注重抓创优计划落实,将争创国优目标贯穿于整个施工过程中。

为加强质量预控工作,项目管理处加强了图纸会审工作,根据工程进展情况,认真组织设计交底工作,对部分复杂项目,如五环路、六环路互通立交,凉水河大桥等工程分专业、分阶段进行专项交底。适时召开不良地基处理及钢箱梁吊装、现浇箱梁高排架的结构安全等技术研讨会,为保证工程质量打下良好基础。为确保质量目标的实现,通过开展工程创优、实行样板引路制度,按照项目实施纲要对工程质量进行日常管理、指导、监督和检查,使工程质量得到了有效控制。

3. 进度管理

项目管理处根据工程特点和实际情况,确定了"2006年促开工,2007年抓阶段目标实现,2008年保通车"的指导思想。项目管理处针对京津高速公路工程建设的特殊性,加大组织协调力度,2006年以拆迁进地为重点,以点带面,点面结合,以施工促拆迁,以拆迁促施工,保证了5号~13号标在短期时间内都得以开工。面对土源缺乏的实际情况,多次召开土源落实专题会,下发文件,一方面要求各单位积极备土,另一方面要求进地段落路基填筑超1m以上,避免春灌影响路基施工。要求各施工单位充分利用冬季期间组织桩基、承台、桥台、通道、涵洞的施工,为路基连通创造条件。针对钢箱梁加工厂家少,加工周期长的特点,要求各施工单位尽快与厂家签订合同、组织加工、另一方面要求施工单位尽快组织现浇箱梁的施工,为钢箱梁吊装创造条件。

京津高速公路工程实行阶段目标管理,按照制定的《工程阶段目标管理实施细则》,在每个阶段结束后,及时进行考核,评比出优秀项目经理和优秀驻地监理工程师,激发了各施工单位的比、赶、超的竞争意识,对全线工程进展起到了积极的推动作用。

加强对计划执行情况的跟踪检查,对于进度严重滞后的施工单位,约见其上级单位领导,要求其上级单位领导亲临施工现场协调指导施工生产,有效保证了施工进度计划的顺利实施。为避免麦收、春节劳动力大量流失、影响工程进展、提前进行部署,要求各施工单位做好队伍稳定和劳动力的储备工作,并进行夜间突击检查。

土方工程是本项目的第一控制性工程,施工有效期短,施工任务重,要求施工单位一进场就抓土源落实工作;针对通州地区地势低,土质含水率高的特点,采取翻晒、呛灰、过湿土换填、炮渣石填筑等措施,加快了填筑的进度。

认真分析,正确决策,现场建立小箱梁预制厂。由于2007年高速公路施工项目多,市内大多数梁厂生产任务饱和,面对全线1542片预制小箱梁,每片重达90t,运输困难,深入调查,认真分析,正确决策,决定在全线建立5处现场小箱梁加工厂,采取现场预制的办法,解决了小箱梁预制、运输等困难,确保了工期。

1号合同段化工路立交桥,是全线控制性工程之一,受拆迁影响,2007年12月大面积进地施工。为确保2008年6月15日具备通车条件,采取冬季浇注箱梁等措施,确保了现浇箱梁于4月25日全部完成;对道路工程采取冬季提前备砂砾、填筑炮渣石的措施。施工单位一进场就积极组织路基填筑施工,使得在2007年春节前暴露出村民阻工等的问题,在市政府强有力的协调下,于2008年4月1日对"钉子户"进行了强行拆除,工程才得以顺利进行,确保了2008年4月30日主路贯通的目标。首发集团采取月调度会和现场办公会的形式,有效解决了现场存在的问题,项目管理处靠前指挥,坚持每天召开碰头会,及时解决问题,为工程顺利完工提供了保障。

4. 工程造价控制情况

为有效控制工程造价,严格执行合同相关条款,充分利用合同手段,并从以下几个方面进行了控制。实行合同管理:本工程共签订前期费用合同15份,勘察设计合同1份,土建工程合同13份,路面工程合同2份,交通工程2份,照明工程1份,绿化工程2份,机电工程合同1份,天棚工程合同3份,隔声屏工程合同2份,监理合同3份,廉政合同29份,咨询合同13份,其他合同7份。加强合同履约检查,较好保证了合同履约行为。定期及不定期对施工单位、监理单位进行合同履约,确保所有参建人员的业务水平及业务素质,有效避免人员缺岗、离岗现象发生。

加强清单核算管理工作:严格按照招标文件的计量原则,重点关注主路与立交匝道交叉处土方核算问题,加强对重点项目、重点部位的核算监督。对原清单未含的工程项目进行了增补,截至2008年5月底,共下发增补文件37份,增补总金额为3.54亿元。

引入第三方测量监督制度:针对京津高速公路工程土方量大的特点,将土方控制作为造价控制的一大重点。为保证土方及换填工程计量准确性,引入了第三方进行独立的测量,及时发现原地面高程、清表后高程、换填前后高程测量过程中人为造假行为,有效控制了工程造价。

加强工程变更立项控制,有效控制工程造价。按照首发集团制定的工程变更管理办法,项目管理处制定切实可行的工程变更管理实施细则,严格执行设计变更和工程变更从立项到审批的程序。截至2008年5月底,共确认工程变更316份,涉及变更增减总金额为7683.96万元。

严格资金管理、确保专款专用、为防止工程建设资金不合理外流,合同规定中标单位在建设项目所在地银行设专项资金账户,委托银行资金专管员对各单位资金使用情况进行监督,工程建设资金没有被挪用现象。

5. 其他情况

(1) 文明安全情况

针对本工程工期紧、任务重、施工战线长、施工人员多、设备多、安全隐患大等特点,为加强安全文明施工管理,项目管理处成立了以总经理为组长的领导小组,并不断完善各项管理制度,层层签订目标责任书,同时利用各种形式对施工单位进行安全教育,教育率达100%。每月召开两次安全例会,总结各施工单位安全文明工作情况,并不断加大检查力度,杜绝不安全事故发生,共组织安保例会32次,安全专题会11次,签订安全协议26份、监管协议3份。

（2）党风廉政情况

本工程签订廉政目标责任书29份，各施工单位阳光工程实施方案备案率100%。举报箱、举报电话设置率100%。3年来，共接到涉及临时占地、农民工工资的各类举报15次，在接到电话并登记后，积极与相关施工单位及时联系，督促妥善解决，在关注和督促下，这些拖欠农民工工资的问题也及时得到了解决，对一些不能及时解决的问题也及时与相关单位进行了信息反馈并保持沟通，促进了工程进展，维护了稳定。

（二）重大设计变更

根据2006年6月20日京津高速公路（五环化工路立交—市界）工程1号~4号标监理工作报告，工程共发出变更通知165份，未受理不合格变更申请5份。同时监理办对变更补偿进行了认真核查，按图施工，如实按图计量，也维护了承包商既得利益。

（三）交工验收

京津高速公路工程工期目标满足合同要求；单位工程和分部工程合格率100%，单位工程优良率100%，建设项目评分96.5分。工程建设各项主要技术指标满足设计和规范要求，达到合同文件规定的质量等级。

第三节　科 研 成 果

一、科研情况

为进一步研究高填方路基沉降规律，京津高速公路（五环化工路立交—市界）工程开展了高填方路基沉降监测的科研工作。2011年"京津高速公路高填方路基综合监测"项目获北京公路学会二等奖。

二、新技术的应用

京津高速公路线路的最大特点是与京津城际铁路共线，主线路线东南走向，规划交叉的路、河流均为南北走向，这就决定了所有桥梁均为斜桥，且大部分桥梁斜交角度在40°左右，给桥梁结构选型、桥梁布孔、桥梁细部构造处理都带来很大困难。另外，沿线水系发达，沟渠众多，规划交叉的路、机动车道两侧都有很宽的排洪沟或灌渠，结合与铁路对孔，桥梁设计制约因素多，设计难度大。

京津高速公路（五环化工路立交—市界）项目工程沿线穿越村镇、道路、规划铁路、河流及鱼塘、垃圾填埋场等，地形地物复杂。在勘测设计过程中，设计人员科学严谨、工作细致,通过大量翔实的工作,对重点路段反复研究,做到路线技术指标均衡、线形流畅、视觉景观良好;立交选型合理,占地较小,满足交通需求。其中路线选线、桥头高填方地基处理、桥头高填方处理沉降监测、桥梁设计技术领先。

沿线各桥梁结合经济、景观、施工方便、成桥运营维护等因素,分别采用了简支 T 梁、先简支后连续预制小箱梁、钢—混凝土组合连续箱梁、现浇连续梁、现浇连续板、闭合框架等结构。

(1)该工程在北京地区首次采用先简支后连续预制小箱梁。这种桥梁结构形式具有极限承载能力高,耐久性好,整体刚度大,跨中挠度小,行车舒适,施工方法成熟可靠,质量容易保证等优点。针对本项目特点,工程中采用的小箱梁方案有效地保证了工期和质量,获得了项目参与各方的普遍认可和好评,取得很大成功,并迅速在北京地区得到推广和普及,为今后北京地区大规模以小箱梁替代简支 T 梁积累了经验。

(2)为了提高单桩承载力,节约工程造价,本工程采用了旋挖灌注扩头技术,比普通等截面钻孔灌注桩节省桩长 6~8cm,单桩极限荷载力提高了 1.4~3.0 倍,节约工程造价约 20%。

(3)第一次大规模采用 ATB,考虑本工程交通以重载货运交通为主,为避免重载交通对路面产生早期破坏,路面结构设计首次在底面层采用 ATB-25 密级配沥青稳定碎石,部分中面层采用 Superpave-19,提高了抗车辙能力和稳定性。

(4)为改善桥面混凝土与防水材料间的黏结强度,提高桥面防水性能,采用 SBS 道桥专用防水涂料。由于桥面防水是桥梁工程的关键部位,SBS 偏胎基防水卷材在北京高速公路首次使用,SBS 偏胎基改性沥青防水卷材各项指标满足《道桥用改性沥青防水卷材》(JC/T 974—2005)的技术指标,胎体材料为聚酯长纤维无纺布,增强了卷材抗拉力和机械力学性能。

(5)应用 AWP-2000F 纤维增强桥面黏结防水涂料,此技术可以有效解决聚合物改性沥青桥面防水层的抗碾破难题。

(6)五环路立交 B、C 匝道上跨五环路,为了保证不断路施工,采用了支架移位法进行钢箱梁施工。

(7)工程中推进了钢—混凝土组合梁技术,本项目中的化工路立交、通黄路立交,上跨五环路、通黄路部分桥梁结构均采用钢—混凝土组合梁桥无支架施工技术。并均采用了环氧填充钢绞线体外预应力技术,提高了钢—混凝土组合梁的跨越能力、耐久性和应用范围。

(8)工程应用了 SFB-D 高强水泥基轻质复合吸隔声板,是绿色环保隔声产品。由新型隔声材料建造的隔声屏障,既满足隔声效果,又降低造价。

第四节 运营管理

一、运营管理机构

（一）研究阶段

交通部规划研究院对京津高速公路的建设及运营管理方案进行了研究。得出以下结论：

京津高速公路路网总规模不大，但沿途经过北京、天津和河北两市一省，且与已建京沈高速公路、北京五环、北京六环和拟建的京沪正线天津段、北京七环等多条收费公路衔接，同时尚需对由华北高速公路股份有限公司管理养护的京津塘高速公路进行改造扩建，建设及运营管理是即将面临的突出问题。

主线收费、高速公路枢纽互通收费是限制高速公路网效率充分发挥的一个现实问题，也是高速公路建设初期的一个过渡阶段。随着高速公路网络的逐步形成，高速公路联网收费是行业发展的必然趋势，快捷、高效更是社会对高速公路通道的基本要求，常规采用的属地建设运营管理、区划界收费方式不能适应形势发展要求。根据国家高速公路管理初步认识，近期宜实行局部区域联网收费管理；远期实现全国一网。

京津塘高速公路的建设及运营管理模式在其十余年的建设运营中发挥了巨大的积极作用，在一定程度上克服了建设资金筹集困难、收费频繁限制效率发挥等初期高速公路建设及管理中遇到的常见问题，对于京津高速公路具有一定的借鉴作用。

初步分析，京津高速公路虽由多条高速公路构成，但路网布局相对简单，单就通道而言，由华北高速公路股份有限公司参与，采用联合建设及管理的模式仍具较好的技术适用性，但通道内路网与通道外多条相接高速公路的联网则不是单纯采用该模式即可解决的问题，尚需随区域、华北地区乃至全国的收费系统全面整合才能得以实现。

（二）筹备阶段

京津高速公路(北京段)运营管理工作由首发集团京开高速公路管理分公司负责。

在京津高速公路(北京段)运营筹备阶段，首发集团京开高速公路管理分公司运营管理部主持联网收费软件调整、电子收费测试、协调京津高速公路天津方商共管协议，完成交工验收等多项工作，为京津高速公路(北京段)顺利投入运营奠定了良好基础。京津高速公路(北京段)开通当天，运营管理部组织快通公司及北京云星宇公司等相关单位赴现场保障机电设备、联网收费系统及电子收费顺利运行。安畅分公司开始对道路进行日常巡视,兴业养护公司开始日常养护作业。

通车前,京津双方运营管理单位在京开分公司组织召开了专题协调会,双方对路段开通后双方代发卡、信息沟通交流、服务投诉问题的处理等问题进行了探讨、协商。尤其是就双方都较为关注的代发卡问题,本着合作互信的原则,进行了专题讨论,并就通行卡的日常管理、发放、保存等具体工作达成了共识。就因代发卡可能引发的服务投诉处理问题,双方提出"接受投诉方受理投诉,双方协调界定责任,责任方负责调查回复"的工作程序。双方就具体工作提前达成共识,为京津高速公路的正式开通打下了良好的基础。

（三）开通阶段

新路段开通后,运营管理部继续以集团公司"三大战略""六高目标"为指导思想,针对京津高速公路连接大型城市、奥运保障任务繁重等特点,有针对性地加强运营管理,保障道路安全畅通,为京津两市的共同繁荣提供保障。

二、运营养护管理

京津高速公路开通前,首发兴业公路养护公司积极着手二通道养护驻地的选址工作,并最终确定京津二通道主线 K18+500 处张采路互通立交桥下为养护驻地。

为做好京津高速公路接养准备工作,同时体现公平公正的原则,在北京首发公路养护工程有限公司养护管理部的要求下,京沈养护项目经理部于 2008 年 5 月 19 日下午 13 点,召开了京津高速公路 2008 年保洁工程招标会。

招标会依照公平公正公开的原则,进行了唱标、复合性审查等一系列程序。会后根据评标细则,由项目部经理及相关人员对各投标单位进行逐项打分评比,并与各投标单位进行充分沟通后,确定中标单位。最终,北京路安捷高速公路养护有限公司中标成为 2008 年京津二通道保洁工程的承包单位。

（一）收费站设置及建设

京津高速公路设有 17 个收费站。其中北京段 5 个,设主线收费站 2 个,匝道收费站 3 个,收费站依次为台湖、牛堡屯、于家务、德仁务及永乐收费站,见本书"附表"部分的表 4-2-1。天津段设 12 个收费站。虽然北京段和天津段收费标准不同,但为避免近距离二次停车,重复收起步费,京津市界的这两座单向收费站由两个运营公司合用。出京方向车辆在永乐收费站结算北京段过路费,同时领取天津段计费卡,进京方向车辆在高村收费站结算天津段过路费,同时领取北京段计费卡。

（二）服务区设置及建设

京津高速公路北京段设置永乐停车区（双侧）,占地 28000m^2,建筑面积 4500m^2,见本书"附表"部分的表 4-2-2。

(三)养护管理

2011 年 9 月,根据北京市公安局公安交通管理局及首发集团公司的要求,北京首发公路养护工程有限公司大修工程处对京津高速公路损坏的标志、标线进行维修。

2012 年 7 月,养护公司对京津高速公路的部分收费站出口广场标志牌进行改造、安装。此次安装标志主要目的是提示出口广场禁止行人通行,避免发生事故。工程开工前,负责实施此项工程的养护公司大修工程处积极与京开分公司沟通标志牌具体安装位置等相关事宜,提前准备相关材料,并详细勘察标志牌安装位置,确保标志牌既不影响正常行车视线,又起到提示作用。

2013 年 3 月 7 日,养护公司京津高速公路台湖站区中央隔离带改造工程完工。该工程位于京津高速公路台湖主站站区,本次改造将原有不锈钢伸缩护栏拆除,改造为主站两侧各摆放 15 个水泥隔离墩并粘贴反光标识。该工程由养护公司大修工程处负责实施,由于施工地点位于台湖主站中间 ETC 车道旁边,车流量较大,且车速较快,给施工带来一定难度。为尽量减少 ETC 车道封闭时间,大修工程处技术人员经过前期调查、仔细研究,制订了合理的施工方案,在最短时间内保质、保量、保安全完成了此项施工任务。改造后的站区中央隔离带水泥隔离墩位置准确、整齐美观,进一步提高了隔离防护效果,为确保行车安全提供了有力保障。

2013 年 11 月,养护公司承接京开分公司站区护栏改造工程,涵盖京津高速公路的多处收费广场。该工程由大修工程处具体实施,于 11 月 7 日完成全部施工内容。收费广场临近主辅路且仅采用单波钢板护栏进行隔离,由于主路车速较快,一旦撞击冲入收费站区,危害极大。因此工程将广场的单波钢板护栏改建为双波钢板护栏,增加防护力度。

2015 年 9 月,京津高速公路进入迎国检最后冲刺阶段,根据公司迎国检实施方案,全面推进京津高速公路国检线路整治工程。养护公司大修工程处采取 5 个作业队日夜交替施工的方式,加班加点推进作业,同时确保内业资料闭环及加强安全监督管理。国庆期间,由于高速公路实行小客车免费通行的惠民政策,高速车流量均大幅上涨,再加上抢修工程全部为夜间施工,抢修作业的安全、质量和进度均面临严峻考验。在处理京津高速公路 K4+900、K3+800 两处桥头跳车病害时,因夜间京津高速公路车速快,路幅宽,如何安全有效安排作业成为施工组设计首先要解决的问题。针对京津高速公路通行特点,大修工程处因地制宜,在加大夜间导改力量、疏导车辆减速慢行的同时,提前完成摊铺作业,加快施工工序的衔接,不仅为后续标线施划节省了有利时间,更为交通开放留出了宝贵的时间。最终顺利完成国检抢修任务。

2016 年 4 月 18 日,京津高速公路于家务 1 号桥桥面雾封层预养护工程正式开工。于家务1号桥全长1714m、全宽41m,为T梁+箱梁组合结构,到当时已运行7年,现阶段桥面沥青铺装层出现轻微裂缝。根据全寿命周期养护理念,为延长桥梁大修周期,提高养护经济效益,提升路况水平,有效防止桥面水损坏,决定对该桥采取双层含砂雾封层施工,施工面积约6.77万㎡。此次施工主体工程由养护公司大修工程处负责,交通导改由第二养护管理中心负责,工期9天。

第十六章
S28 首都机场北线高速公路

S28 首都机场北线高速公路西起昌平区北七家镇鲁疃村,向东跨京承高速公路、温榆河,进入顺义区,沿十三支渠北侧继续向东,跨天北路,下穿火寺路,再上跨京密路向南,经顺平路在回民营村东与首都机场北门路相接,全长 11.3km。该项目于 2005 年 5 月 31 日开工,2006 年 9 月 15 日竣工通车。

首都机场北线高速公路是首都机场一条快捷的货运通道,并为北部进出机场 T1、T2 航站楼的部分旅客车辆提供快速通道,市民可以直接从北四环、北三环上京承高速公路向东转到机场北线直达首都机场,是北京市区及其西北部地区通过京承高速公路与首都国际机场连线的重要通道,也是北京东北部地区进出北京的重要道路,其建成通车将缓解首都机场高速公路的交通压力。

第一节 项目概况

一、基本情况

首都机场北线高速公路为四车道高速公路,设计速度为 120km/h,路基宽为 28m,中央隔离带宽度为 3m,桥梁设计标准为公路—Ⅰ级;由于地方规划调整,辅道由南北两侧共约 11km,调整为主线北一侧辅道 8.96km。全线在鲁疃、天北路(董各庄)、火寺路、顺平路(回民营)4 处设置互通式立交;建设分离式立交 1 座(京密路分离式立交),跨河桥 6 座(特大桥 1 座,中小桥 5 座),通道 2 道,通洞 42 道,泵站 1 座,收费设施 6 处;绿化面积 37.8 万 m^2;护栏立柱 56.5km;防眩工程 10.1km;标志标线 3.05 万 m^2。

首都机场北线高速公路路面结构为:表面层采用 5cm 沥青马蹄脂碎石混合料 SMA-16;中面层采用 6cm 中粒式沥青混凝土(改性沥青)AC-20C;底面层采用 7cm 粗粒式沥青混凝土 AC-25C;基层结构为:上基层采用 18cm 水泥稳定碎石;中、底基层采用 36cm 石灰粉煤灰稳定碎石;路面结构总厚度 72cm。

二、决策过程

随着 2008 年奥运会的临近、首都国际机场客货运输量的不断提高,以及空港工业区等周边经济的迅速发展,当时首都机场高速公路的交通量已达到饱和,经观测,2003 年的年平均日交通量已突破 9 万辆(标准小客车),已经超出六车道高速公路的交通量极限值(45000~80000 辆/日)。为了适应 2008 年北京奥运会的交通需求,改善机场高速公路拥堵的现状,缓解当时京密路和顺平路交通状况,决定修建该工程。

三、主要参建单位

该工程参建单位见表 9-16-1。

首都机场北线高速公路工程参建单位一览表　　　　表 9-16-1

建设单位		北京市首都公路发展有限责任公司
勘察设计单位		北京市地质工程勘察院
监理单位		北京正宏监理咨询有限公司
质量监督单位		北京市道路工程质量监督站
施工单位	土建 1 号标	中铁十九局集团第三工程有限公司
	土建 2 号标	中铁十三局集团有限公司
	土建 3 号标	中铁一局集团有限公司
	土建 4 号标	中铁隧道集团二处有限公司
	土建 5 号标	中国地质工程集团公司
	土建 6 号标	北京鑫实路桥建设有限公司
	土建 7 号标	北京市市政一建设工程有限责任公司
	土建 8 号标	中铁十三局集团第五工程有限公司
	土建 9 号标	北京鑫畅路桥建设有限公司
	路面 1 号标	北京城建道桥公司
	路面 2 号标	北京城建三建设发展有限公司
	绿化工程 1 号标	北京京林园林绿化工程公司
	绿环工程 2 号标	北京天华绿化工程有限公司
	交通工程标	中国公路工程咨询监理总公司海南公司
	照明工程标	北京良业照明工程有限公司
	主站收费天棚标	中国航空港建设总公司
	声屏障标	北京市维文特环保技术开发有限公司
	机电工程标	陕西公路交通科技咨询公司

第二节 建设情况

一、准备阶段

(一)立项审批

首都机场北线高速公路为交通部立项工程,根据交通部《关于首都机场北线公路项目建议书的批复》(交规划发〔2004〕233号)、交通部《关于机场北线(京承高速公路至首都机场北外环路)道路工程设计方案的批复》(交规划发〔2004〕281号)、交通部《关于首都机场北线公路可行性研究报告的批复》(交规划发〔2004〕434号)、交通部《关于首都机场北线公路初步设计的批复》(交公路发〔2004〕687号)、北京市发展和改革委员会《关于首都机场北线高速公路(京承高速公路至首都机场北门连接线)工程建议书(代可行性研究报告)的批复》(京发改〔2004〕2256号)、北京市规划委员会《规划意见书》(规市政意字〔2005〕0526号)、北京市交通委员会《北京市交通委员会转发市发改委关于首都机场北线公路工程项目建议书批复的通知》(市交计发〔2005〕102号)建设实施。

(二)资金来源

首都机场北线高速公路工程概算投资14.29亿元,其中,建安工程费7.2亿元,征地拆迁费4.89亿元,其他费用2.25亿元。截至2006年8月31日,共申请资金9.77亿元(占概算投资的68.33%),其中银行贷款5.34亿元,资本金1.96亿元,自有资金2.47亿元。截至2006年8月31日,首都机场北线高速公路工程实际支付9.74亿元(占概算投资的68.17%),其中建安工程费4.06亿元,征地拆迁费5.42亿元,管理费开支863.97万元,工程监理费415.39万元,勘察设计费63.45万元,设备购置费399.99万元,其他费用开支955.95万元。

(三)招标工作

2004年,首都机场北线高速公路工程经交通部批准立项并列入北京市基本建设计划,依据《中华人民共和国招标投标法》,拟对公路工程施工进行公开招标。北京市首都公路发展有限责任公司依照北京市高速公路建设计划,严格按照《中华人民共和国招标投标法》、交通部《公路工程勘察设计招标投标管理办法》(交通部令〔2001〕第6号)、《工程建设项目勘察设计招标投标办法》(国家八部委联合下发的〔2003〕第2号令)等法规要求,对机场北线工程进行了公开招标活动。

首都机场北线高速公路工程有9个土建施工标段和1个施工监理标段,经过一系列法定程序,于2005年5月8日发出中标通知书;路面工程招标共分2个施工合同段,经过一系列法定程序,于2006年6月15日发出中标通知书;绿化工程招标共分2个施工合同段,经过一系列法定程序,于2006年6月15日发出中标通知书;交通安全设施工程招标共分1个施工合同段,经过一系列法定程序,于2006年6月15日发出中标通知书;照明工程招标共分1个施工合同段,经过一系列法定程序,于2006年7月15日发出中标通知书;收费天棚工程招标共分1个施工合同段,经向市路政局请示,市路政局批复同意采取邀请招标方式进行招标,经过一系列法定程序,于6月15日发出中标通知书。

(四)征地拆迁

首都机场北线高速公路工程全长11.3km,其中昌平区境1.3km、顺义区境10km。工程征(占)用土地1832.09亩,其中昌平段425.96亩,顺义段1406.13亩;共拆迁住宅房屋474.24m^2,其中昌平段无,顺义段474.24m^2;共拆迁集体企业房屋9.12万m^2,其中昌平段2.15万m^2,顺义段6.97万m^2;共采伐移植各种树木及苗木66.89万株,其中昌平段67.46万株,顺义段64.62万株。

二、实施阶段

(一)工程建设管理

1. 项目管理机构设置及职能

在工程组织管理上,首发公司工程建设管理部是公司组织工程建设管理的主管部门,主要负责机场北线工程的立项、规划、设计、招标以及过程监管工作。首发建设公司根据首发公司委托授权,负责机场北线工程实施的组织管理工作。

为确保机场北线工程按期、保质完成,首发公司成立了机场北线工程项目管理处,具体负责建设管理工作。项目管理处下设四部一室:工程部、技术部、拆迁部、安保部和综合办公室。工程部负责工程组织管理、质量管理、合约管理及对监理的日常管理工作。技术部负责技术管理、资料管理、工程创优及重大技术方案的制订工作。拆迁部负责拆改、迁移、占地及解决民扰工作。安保部负责安全、消防、保卫、交通导改、文明施工、环境保护及解决民扰工作。办公室负责项目管理处的后勤管理、对外公关、协调各部室关系、收发文件、档案管理、文秘等工作。

机场北线工程建设管理工作依托监理进行开展。工程设总监办1个,总监办下设4个驻地监理办公室(包括2个土建监理办公室、1个绿化监理办公室和1个交通工程监理办公室)。工程监理实行总监理工程师负责制,通过授权分三级管理,即总监理工程师办公室、驻地监理工程师办公室和驻地监理组。

2. 工程质量管理

质量是工程的灵魂,质量管理工作是工程建设管理的核心。为此,项目管理处和总监办从开始之初就确立了"以质量为中心,以土方填筑和桥梁下部结构施工为重点,以规范化施工为手段,确保优质工程,创精品工程"的指导思想。重点抓质量保障体系建立及运转、质量预控、过程控制、严格验收等方面,严格按合同、按规范、按图纸进行施工和管理。

为确保质量目标的实现,首先建立健全监督、业主、监理、承包商三级四方的质量保证体系。从开工初就抓工程项目的划分,落实每个分项工程的质量目标和保障措施,要求所有主要分项工程必须达到优良等级,否则返工处理。通过履约检查,监理和绝大部分施工单位均能满足投标承诺,各级质量保证体系健全且有效运转,使工程施工质量始终处于受控状态。

为加强质量预控工作,建立了"五项制度",即图纸会审制度、设计施工交底制度、专题会制度、首件(段)验收制度、责任人档案制度。项目管理处、监理单位、施工单位对图纸进行三方会审,对出现的问题及时请设计人员予以解决,避免因设计出现工程质量问题;组织设计人员将设计图、注意事项向监理、施工单位进行详细的交底,要求施工单位对每个工程项目进行施工交底,交底要彻底,要"横到边,竖到底",使所有施工人员掌握施工规范、质量标准;对路基土方填筑、地基处理、桩基混凝土施工、外露混凝土施工、T梁预制和吊装等召开质量专题会,将各项施工要求及注意事项予以明确;要求首件(段)必须经过驻地办、总监办、项目管理处、监督四方的认可,方可展开施工,并以此为质量控制的最低标准;对重要的工程项目、工程部位建立项目管理处、监理、施工单位三级工程质量责任人档案,加强各方管理人员的责任心,使工程质量具有可追溯性。

工程建设过程中狠抓质量工作落实。各施工单位始终坚持贯彻以质量为中心的要求,在项目管理处和总监办的指导、检查、监督和协调下,制订了专项质量保证措施,建立健全了质量保障体系。在工程实施过程中充分发挥质量保障体系的作用,从材料进场到过程监控到成活验收,严把质量关,对各个分项工程进行自检、自查,使工程质量得到了有效保障。总监办在监理工程中,坚持全过程、全方位、全天候的监理服务,为保证工程质量起到了不可替代的作用。总监办中心试验检测室代表项目管理处和总监办对关键性工程和经施工单位自检合格、驻地监理验收合格的重点项目实施再验收;监理人员采用日常检查、不定期夜查的方式对质量控制相对薄弱的夜间施工进行检查,不断加强质量预控和过程控制;推行跟踪验收,对达不到质量要求的工程坚决予以返工处理,以保证质量得到真实有效的控制,有力地推动了质量活动的进一步开展。

项目管理处为确保质量目标的实现,通过开展工程创优、质量月等质量活动,对项目工程质量进行日常管理、指导、监督和检查,统一参建单位的质量标准及施工工艺,尤其是对监理工作质量和施工单位自保体系运行状况进行动态监管,使工程质量得到了有效控制。

3. 工程进度管理

该工程于2005年5月31日开始施工,共分4个阶段进行施工:第一阶段:2005年5月30日~2005年9月30日,工期124天,桥梁下部结构完成90%;通道、主涵完成100%,其中主涵回填完成100%;路基土方完成50%。第二阶段:2005年10月1日~2005年11月30日,工期61天,桥梁下部结构完成100%;T梁吊装完成80%;现浇混凝土箱梁完成75%;土方填筑完成80%。第三阶段:2006年3月10日~2006年6月15日,工期98天,土方填筑完成100%;桥梁上部结构及桥面系(除伸缩缝)完成80%;基层、底基层完成75%;底面层完成60%;排水及防护工程完成60%。第四阶段:2006年6月16~2006年9月15日,工期92天,桥梁上部结构及桥面系完成100%;基层、底基层完成100%;底面层、中面层、面层完成100%;排水及防护工程完成100%;照明工程完成100%;交通工程完成100%;绿化工程完成100%;收费大棚完成100%。

在进度控制上,实行阶段目标管理,利用经济杠杆的作用,调动承包商主动履约的积极性。实行阶段目标管理是高效优质建设高速公路的有效手段之一,是完成总体工期目标实行量化管理的具体措施。在开工前对本项目的工程特点进行全面准确的分析和预测,将总工期目标分解为4个阶段工期目标进行控制,针对每一阶段的不同施工重点确定施工主线来带动其他工程的同步推进。通过对优秀施工单位和优秀施工个人的奖励表彰,使各承包商之间形成一种相互竞争、共同进步的工作氛围。为确保阶段目标管理的顺利实施,项目管理处制定了《机场北线工程阶段目标管理办法》,成立了阶段目标考评领导小组,对施工单位的评定以基本完成规定的形象进度为前提,重点考核工程质量、合同履约和文明安全施工三个方面。对有条件而不能完成阶段目标任务的施工单位坚决不给予阶段目标奖励。有效地激发了各施工单位的施工热情和施工积极性,有力地保证了各阶段管理目标的实现。

4. 合同管理

严格合同管理是促使承包商履约的重要手段。在工程建设管理过程中,通过经常性地检查承包商技术力量、劳动力、机械、物资配置、资金使用情况及项目经理部运转情况等掌握承包商的履约能力,依据合同条款在适时督促承包商增加生产力要素配置,使其履约能力能够满足工程进展的需要,通过检查承包商各项保证体系的建立及运转情况,使承包商的履约行为始终处于正常状态。

5. 工程造价控制

在工程造价上,实行合同管理,通过规范、严密的合同约束业主、监理和承包人三方。

合同文件成为业主、监理和承包人开展工作和处理问题的依据。

项目管理处工程部设立了合同室,负责工程项目的合同、预算、计量支付、变更、索赔、履约检查等工作;拆迁部负责工程项目征地拆迁方面的合同管理工作。截至2006年8月底,签门前期费用合同1份、设备安装购置合同4份、工程项目共签订勘察合同2份、设计合同3份、土建工程合同15份、路面工程合同2份、交通工程2份、照明工程1份、绿化工程2份、监理合同1份、廉政合同29份、咨询合同1份。

在工程施工准备阶段,项目管理处组织监理及承包人认真学习《招标文件》,确定土方戴帽图统一计算标准,并对下发的施工设计图纸进行了清单核算工作,对原清单未含的工程项目进行了增补,截至2006年8月底,共下发增补文件8份,增补总金额为769.45万元。

在工程变更和费用索赔方面进行严格管理、严格控制,项目管理处制定的各种规章制度中包括《"非适宜材料、垃圾及房渣土"确认管理办法》《工程变更管理办法和费用索赔管理办法》,确定了确认工作、设计变更和工程变更从立项到审批的程序。此外还明确了工程变更和费用索赔限额的审批权限,使工程项目管理从监理程序到业主程序有一条比较明晰的主线。截至目前,共确认工程变更199份,涉及变更增减总金额为540万元;费用索赔13份,预计涉及总金额为380万元,工程结算正在办理之中。

在合同有效期,坚持合同履约检查,建立合同履约档案。项目管理处通过加大合同履约力度来强化合同管理,特别强调业主自身履约,努力承担合同约定的各项义务,为施工、监理开展工作创造必要条件。如按规定支付工程费用和监理费用,及时提供设计文件和施工场地等。对于履约情况不佳的施工或监理单位,采取加强巡查、口头指令、书面通知等措施责令限期整改。对不及时整改的施工或监理单位,向其上级主管单位通报情况,并按合同规定进行履约处罚,不断督促其强化履约意识,收到了较好效果。将履约检查结果计入该单位的履约档案,当该单位投标时,其履约表现将作为履约评分的主要依据。

实行廉政合同制。根据交通部的有关文件精神,公司在与施工单位或监理单位签订承包合同时,还签订了廉政合同。通过廉政合同,双方自我约束,互相监督,避免违法违纪的腐败现象发生。

严格资金管理、确保专款专用。为做到建设资金专款专用,各项工程建设费用的支出均以合同或协议书为依据,按规定程序办理支付手续。截至2006年8月底,共支付各类建安合同款4.2亿元,约占最终合同总额的60%。为防止工程建设资金不合理外流,合同规定中标单位在建设项目所在地银行设专项资金账户,项目管理处委托银行资金专管员对各单位资金使用情况进行监督。工程建设资金没有被挪用现象。

6. 安全文明施工

安全文明施工方面,安全是生命的主题,安全是生产的保障。为确保安全文明施工,各参建单位开始便建立健全安保体系,始终坚持贯彻"安全第一,预防为主"的方针,全面贯彻国务院《建设工程安全生产管理条例》,以规范化施工、安全用电、交通导改、高空作业、缆线保护等为重点,强调安全教育、安全防护和安全检查,防止伤亡事故的发生。

在开工之前,项目管理处制定了《文明安全施工管理实施细则》,并组织施工单位和总监办召开了《文明安全施工专题会》,对安全保卫工作进行了研讨,确定了工作目标,提出了统一管理、统一指挥的工作要求,布置了全年的工作任务。

在安全文明施工管理工作中,参建各方始终本着全面布置、重点部位重点管理原则,坚持日常抽查和月大检查相结合的管理思路。在工程开工前期,对施工现场的临时用电、特殊工程持证上岗。对施工现场场容场貌及与专业队伍安全生产协议书的签订做了专项检查,在工程实施过程中,每天进行工地巡查,每月组织一次集中检查,重点与普遍相结合,检查完毕进行总结和座谈。分析和解决检查中出现的各类问题,限期整改并回访。并针对检查中发现的共性问题及重点问题下发了文件。

通过检查,相互学习,相互借鉴,提高了安全文明施工管理水平,使工地现场整洁有序,没有发生责任伤亡事故和媒体曝光事件。达到了安全文明工地标准,树立了良好的社会形象,为保证工程全面顺利进行制造了良好的外部环境。

(二)重大变更

原工程项目含北铺路,经与地方政府协商该路交由地方政府负责建设;董各庄天桥和后沙峪天桥应地方要求,进行了重大变更,改变了使用功能和设计形式,经北京市发改委重新立项,由顺义区实施。

(三)交工验收

交工验收小组认定,各项主要技术指标均满足设计和规范要求,达到合同文件规定的质量等级。委托第三方对桥梁桩基进行了检测,其中Ⅰ类桩占到总量的99.33%。Ⅱ类桩占总量的0.66%;对关键材料按照北京市要求进行了见证取样送检,钢筋、沥青混凝土、混凝土基层材料的合格率均达到100%。本工程共划分为75个单位工程,270个分部工程,3176个分项工程,按照《公路工程质量检验评定标准》和《公路工程竣工验收办法》,建立工程是进行了质量评定,结果为:所有单位工程、分部工程和分项工程质量标准均达到了合格等级。

第三节 科研成果

本工程主要的科研成果表现在以下几个方面：

一、T梁及混凝土箱梁顶面凿毛

为防止混凝土铺装层的早期破损以及保证梁体与铺装层的紧密结合在T梁吊装及完成现浇灌接头之后，要求施工单位采用人工或机械方法凿除顶面的洋装及软弱层，经监理验收合格之后，方允许进行桥面铺装施工。

二、桥头顶压

在所有桥头部位，利用冬季4个月的时间进行超载预压，尽可能完成功后沉降以减少通车后桥头跳车通病的发生。

三、水稳基层全覆盖养生

在水稳基层施工过程中，为保证强度，项目处和总监办要求所有施工单位采用无纺布等吸水性材料，对水稳表面进行全覆盖并且在7天之间要时刻保持湿润，有效地保证了养生效果和水稳强度。

四、使用沥青玛蹄脂碎石混合料

沥青玛蹄脂碎石混合料是当前国际上公认（使用较多）的一种抗变形能力强，耐久性较好的沥青面层混合料。由于粗集料的良好嵌挤，混合料有非常好的高温抗车辙能力，同时由于沥青玛蹄脂的黏结作用，低温变形性能和水稳定性也有较多的改善。添加纤维稳定剂，使沥青结合料保持高黏度，其摊铺和压实效果较好。间断级配在表面形成大孔隙，构造深度大，抗滑性能好。同时混合料的空隙又很小，耐老化性能及耐久性都很好，从而全面提高了沥青混合料的路面性能。

第四节 运营管理

一、运营管理机构

S28首都机场北线高速公路的运营单位由首发集团京沈分公司成立的机场北线运营管理中心负责；北京路捷通公路养护公司负责养护管理。

二、运营养护管理

（一）收费站设置及建设

该高速公路设有北七家、天北路、火寺路、机场北线主线站等4个收费站，本书"附表"部分的表4-2-1。2010年，七家收费站缓解该站拥堵现状，确保为车户提供安全、畅通的通行环境，对该站实施了改造。

（二）服务区设置及建设

该高速公路没有设置服务区。

（三）养护管理

该高速公路建成至2016年底未进行大修工程。

第十七章
S32 京平高速公路（京承高速公路—市界）

S32 京平高速公路，是连接北京和平谷区的高速公路，全长 70.33km，2006 年底动工，2008 年 6 月建设完成，双向四车道、六车道，沿线经过黄港桥、温榆桥（机场高速公路）、管头桥（机场第二高速公路）、北务镇、大孙各庄镇、平谷城区、夏各庄、大岭后隧道（蓟县）等区域。

2011 年 4 月，根据《北京市高速公路命名和编号规则》的规定，取消"机场南线"名称。原机场南线起点为京承高速公路黄港桥，终点为六环路李天桥；原京平高速公路起点为六环路李天桥，终点为平谷区与天津蓟县交界处。新京平高速公路起点为京承高速公路黄港桥，终点为平谷区与天津蓟县交界处，编号为"S32"。

根据该次调整，本章所述京平高速公路（北京段），包括原机场南线（京承高速公路—东六环路，17.5km）和原京平高速公路（机场南线高速公路至市界，52.83km）两部分。为更方便、更忠实地实录这两项工程的建设过程，本章仍沿用其建设时的称谓。

第一节　机场南线（京承高速公路—东六环路）

一、项目概况

（一）基本情况

机场南线（京承高速公路—东六环路），起点为京承高速公路黄港桥，跨京密路、温榆河、机场高速公路、东六环，接京平高速公路，全长 17.5km。此外，为保障机场 T3 航站楼与机场南线的快速连接，同期实施了首都机场第二通道从 T3 航站区至机场南线段及机场南线支线。机场南线支线从 T3 航站楼沿规划机场第二通道线位向南至机场南线，路线长 1.259km。总计路线全长 20.47km。2006 年 5 月开工，2008 年 6 月 21 日通车。

全线按高速公路标准建设，道路红线宽 80m，设计速度 100km/h，均采用两幅路布置形式，其中，京承高速公路至机场高速公路和机场第二通道至东六环路段为三上三下双向六车道加连续停车带，中央分隔带宽 2m，两侧土路肩各宽 0.75m，路基宽 33.5~42m；机场高速公路至机场第二通道路段为四上四下双向八车道加连续停车带,中央分隔带宽3m,两侧土路肩各宽0.75m,路基宽42m;机场南线支线为四上四下双向八车道加连续停车带,中央分隔带宽2m,两侧土路肩各宽0.75m,路基宽41m。全线沥青混凝土面层总厚度为18cm,上面层为4cm厚SMA-13,中面层为6cm厚AC-20C,下面层为8cm厚AC-25C。

机场南线工程新建互通立交6座,分别是京承高速公路立交、京密路立交、机场高速公路立交、机场二通道立交、壁富路立交和东六环路立交。全线采用沥青混凝土路面。在机场南线支线和吴各庄设置主收费站各1处,在京承高速公路立交、京密路立交和壁富路立交设置匝道站3处。此外,建设有2个主线收费站。

（二）主要参建单位

首发集团作为投资建设单位负责了机场南线(京承高速公路—东六环路)工程的组织实施,在工程基本建设中严格执行了工程基本建设程序,严格执行了项目法人制、招投标制、合同管理制和工程监理制。

经过公开招投标,最终确定由北京市市政工程设计研究总院负责设计,贵州省公路工程总公司等单位负责施工,北京逸群工程咨询有限公司和北京泰克华诚技术信息咨询有限公司负责工程监理,并由北京市公路工程质量监督站实施政府监督。参建单位详情见表9-17-1。

机场南线(京承高速公路—东六环路)参建单位表　　　　表9-17-1

监督单位	北京市公路工程质量监督站		
建设单位	首发集团		
设计单位	北京市市政工程设计研究总院		
监理单位	第一总监办		北京逸群工程咨询有限公司
	第二总监办		北京逸群工程咨询有限公司
	机电监理办		北京泰克华诚技术信息咨询有限公司
施工单位	土建工程	机场南线工程第1号合同	贵州省公路工程总公司
		机场南线工程第2号合同	北京市城建集团有限公司
		机场南线工程第3号合同	中铁十四局集团第三工程有限公司
		机场南线工程第4号合同	北京市市政二建设工程有限责任公司
		机场南线工程第5号合同	北京市公路桥梁建设公司
		机场南线工程第6号合同	北京市市政建设集团有限责任公司
		机场南线工程第7号合同	北京市城建道桥工程有限公司
		机场南线工程第8号合同	北京市鑫旺路桥建设有限公司
		机场南线工程第9号合同	泰州市华通路工程有限公司

续上表

施工单位	路面工程	施工合同段	北京市市政一建设工程有限公司
	交通工程	施工合同段	北京市高速公路交通工程公司
	绿化工程	1号施工合同段	北京市高速公路绿化公司
		2号施工合同段	北京大墅绿化有限责任公司
	照明工程	1号施工合同段	浙江珍琪电器工程有限公司
		2号施工合同段	北京市市政六建设工程有限公司
	隔音屏工程	3号施工合同段	湖南绿源环保有限公司
		4号施工合同段	北京市高速公路交通工程公司
	机电工程	施工合同段	北京云星宇交通工程有限公司
	收费大棚	施工合同段	开封安利达金属工程有限公司

二、建设情况

（一）准备阶段

1. 立项审批

2005年6月15日，北京市规划委员会发布市规发〔2005〕698号文件《关于李天高速公路（京承高速公路至东六环路）道路工程规划方案的批复》。

2005年10月28日，北京市环境保护局发布京环审〔2005〕1018号文件《关于李天高速公路工程环境影响报告书的批复》。

2005年12月14日，北京市规划委员会发布京规函〔2005〕1512号文件《关于机场南线（京承高速公路至东六环路）道路工程设计方案的批复》。

2006年6月7日，北京市发展和改革委员会发布京发改〔2006〕899号文件《关于机场南线（京承高速公路至东六环路）公路工程可行性研究报告的批复》。

2006年11月17日，北京市规划委员会、北京市发展和改革委员会发布市规函〔2006〕930号文件《北京市规划委员会 北京市发展和改革委员会关于机场南线（京承高速公路至东六环路）公路工程初步设计的批复》。

2008年3月11日，北京市路政局发布京路建发〔2008〕152号文件《北京市路政局关于机场南线公路工程施工图设计的批复》。

2006年12月13日，北京市时任副市长吉林在市交通委主持召开专题会，研究大型公交综合枢纽场站建设,机场二通道建设投资,高速公路、一般公路土地征用问题,索家坟路设计方案,机场南线楼台村立交方案,停车楼建设等问题。

关于机场二通道建设投资方案,原则同意机场二通道按收费经营方式建设快速方案。由市规划委补充机场、新国展周边路网情况,市发展改革委尽快提交市政府专题会研究确定。

关于机场南线楼台村立交方案,同意楼台村东侧人行天桥改为下穿机场南线通道,净空按照2.5m标准设计,原设计西侧通道桥梁部分长度增至60m,其余方案维持初步设计批复。

2. 资金来源

本项目的批复概算为53.282亿元,实际投资46.39亿元,并预留1.862亿元的投资。其中,35%资本金由企业自筹、养路费和申请交通部补助等方式解决;65%由国内银行贷款方式解决。

3. 招标工作

本项目土建部分工程共分9个标段,首发公司严格按照《中华人民共和国招标投标法》、交通部《公路工程招标投标管理办法》和《北京市招标投标条例》规定的方法和程序,本着"公开、公正、公平"的原则,通过媒体发布了施工招标资格预审通告,面向全国公开招标,择优选择施工承包商和施工监理单位。

首发公司成立招标工作领导小组。招标工作领导小组在总公司董事会的领导下,开展各项工程招标工作,决定招标过程中的重大事宜。其基本程序为:发布招标公告、发售资格预审文件、发售招标文件、公开开标、专家评标、发中标通知书、签订合同协议书。

本项目采用公开招标方式择优选择施工单位。评标小组均由北京市、交通部专家库随机抽取人员组成。对评标工作进行监督的是北京市招标投标管理办公室。确定的中标单位均为专家评标的结果。各中标单位情况详见表9-17-1。

4. 征地拆迁

机场南线(京承高速公路—东六环路)工程在拆迁工作中执行的法规、文件有:《中华人民共和国耕地占用税暂行条例》、《国务院关于国土资源部〈报国务院批准建设用地审查办法〉的批复》。拆迁工作涉及通州、顺义、朝阳三区,征地拆迁由首发建设公司负总责,与沿线各区政府共同完成,其中征地、居民住宅和部分国有企业拆迁工作,公司与沿线各区政府签订承包协议,以大包干的形式完成,水、电、油、气等企业管线征地拆迁工作由公司完成。共计征用各类别土地2131.77亩,涉及通州区、顺义区和朝阳区的黄港村、下辛堡村、京承高速公路黄港站出口、孙河乡西甸村、孙河村、康营村、苇沟村、天竺镇、管头村、楼台村、岗山村、吴各庄和半壁店等村。

(二)实施阶段

1. 项目管理情况

(1)项目管理机构设置及职能

该工程建设项目实行三级管理,即首发公司、首发建设、项目管理处,首发公司相关的职能部门负责项目筹划、资金筹措及还贷、运营管理、资产的保值增值等;首发建设管理有限公司负责建设实施管理与组织;项目管理处负责工程建设项目的具体实施与日常管理活动。

(2)工程质量管理

北京市首都公路发展有限责任公司结合工程特点,紧紧围绕"四坚持、两严格、三确保"的首发特色的工程建设管理基本思路,根据工程建设计划的总体安排,分别组织精干人员,成立了机场南线(京承高速公路—东六环)公路工程项目管理处。

为确保工程质量达到高标准,在与监理、承包人签订合同中就制订了达到市、部优良级的工程质量条款。同时项目处根据职责,首先建立健全了质量控制工作体系,建立了一整套管理程序,并由业主、监理、承包单位分别成立了创优工作小组,并组织其有效运作。同时项目管理处根据工程实际情况,又下发了一系列管理办法及规定,将质量管理工作细化为工程实测实量及工程质量评定的管理;材料、混合料配比管理;试验工作的管理;结构工程、道路工程施工工艺及质量控制的管理;监理、施工单位资料的管理;监理工作质量及质量问题处理的管理。

在施工过程中,自始至终贯彻以质量为中心,以阶段目标为控制点,掌握重点,把握难点,按合同、分阶段阶梯式推进工程,要求占满时间、占满空间。对于质量问题多发点、易失控点,采取施工单位制订详细施工方案,监理单位制订预控措施,项目处审查的方式予以确定。之后项目处对监理、施工单位制订的方案狠抓落实,经过严格要求、严密组织、严细管理,使监理、施工单位通过工程质量来求得信誉、促进进度、创造效益。

(3)进度管理

针对拆迁工作是影响工程进度的主要因素这一情况,该工程根据工程工期要求,制订年度工期目标,根据年度工期目标,采取了倒排工期法制订阶段性目标,包括"4·25目标""6·25目标""8·25目标"等阶段性目标,根据拆迁情况和工力情况,适时调整阶段性目标,并要求施工单位根据阶段性目标制订相应的月进度计划、周进度计划,每周核实进度计划完成情况,对月度计划完成情况进行检查,对阶段性进度进行总结,分析目标滞后原因。要求施工单位合理安排施工,确保工期进度。

2. 控制工程

机场南线(京承高速公路—东六环路)全线新建互通式立体交叉6座,与相交道路通过立交节点进行交通转换：京承高速公路立交、京密路立交、机场高速公路立交、机场二通道立交、壁富路立交、东六环路立交。

3. 交工验收

北京市公路工程质量监督站对本期工程进行了质量评定，该工程主要技术指标均满足规范要求，总体质量达到优良。该建设项目分项工程合格率为100%，单位工程优良率为97.8%。建设项目工程质量评分96分，质量评定为优良级。其中，路基工程95.3分，路面工程97.1分，京承高速公路互通立交桥96.2分，黄港至西甸高架桥95.8分，京密路互通立交桥94.7分，康营高架桥96.7分，温榆河大桥96.8分，机场高速公路互通立交匝道桥97.6分，机场高速公路互通立交主线97.6分，楼台村桥98.4分，支线桥97.3分，壁富路互通立交主线95.2分，壁富路互通立交匝道96.7分，小中河桥94.9分，六环互通立交主线96.3分，六环互通立交匝道97.1分。

三、科研成果

在工程实施过程中，各参建单位积极推广和引进新工艺、新技术，为确保工程质量和进度以及节约成本打下了基础。

（一）橡胶沥青桥面防水

橡胶沥青防水具有工艺简单、对施工环境要求不高、施工速度快、养护时间短等工艺特点，同时还具有与基面黏结牢固、整体性好、与面层结合紧密等性能。2007年橡胶沥青防水技术引入首都机场南线工程建设中，机场南线（京承高速公路—东六环路）工程桥面防水全面采用了橡胶沥青防水，总面积达47.3万 m^2，取得了良好的经济效益和社会效益。

（二）橡胶沥青混合料道路面层

橡胶沥青具有黏度高、软化点高、抗老化、抗氧化性能改善、耐久性好、弹性恢复能力增加等特点，具有优良的温度稳定性、水稳定性、更高的强度和抵抗反射裂缝的能力，根据试验资料，使用橡胶沥青混凝土可在结构层厚度减小的情况下，达到与传统沥青同样的抗疲劳能力。同时橡胶沥青在工程应用中具有变废为宝、节约资源、保护环境、加工生产及路面施工工艺简单、可筑透水路面和降噪路面等优点。

机场南线（京承高速公路—东六环路）公路工程路面共82.32万 m^2，其中36.7万 m^2 路面采用橡胶沥青混合料作为面层材料，经过试验室的试验数据和现场检测，各项数据均满足规范和设计要求。橡胶沥青混合料的应用带来了一定的经济效益和社会效益。

第二节　京平高速公路（机场南线高速公路—市界）

一、项目概况

（一）基本情况

京平高速公路（机场南线高速公路—市界）工程起点接机场南线终点，跨顺义和平谷两区，终点处与津蓟高速公路延长线相接，全长52.83km。该工程于2006年8月5日开工建设，2008年6月21日建成通车。

京平高速公路为新建道路。项目开始于顺义区机场南线李天互通立交，向东跨越京承铁路、潮白河，经赵庄村、北务镇、薛家庄，向东进入平谷区。在马坊火车站东侧与密三路相交，于侯家庄东侧下穿大秦铁路，经东高村上跨平三路，至夏各庄后进入山区，终点处隧道与津蓟高速公路延长线相接。

起点至K48+500段道路位于平原区，规划红线宽度为100m，设计速度100km/h；K48+500至终点段道路位于山区，规划红线宽度为80m，设计速度80km/h。起点至K10+420段路基全宽33.5m，设计为六车道；K10+520～K50+500路基全宽26m，设计为四车道；K50+500至终点段为分离式断面，半幅路基宽12.75m。桥梁设计荷载为公路—Ⅰ级。设计洪水频率1/100。交通工程及沿线设施为A级。

京平高速公路的通车实现了北京市"区区通高速"的目标。在《北京市域公路网"十五计划"及2020年长远规划》中明确提出，到"十五"末，全市10个远郊区县与市区的联系均有高等级公路（高速公路或一级公路）连接。纵观北京市路网情况，六环高速公路和京承高速公路建成后，在北京市各远郊区县中，只有平谷没有与市区连通的高速公路，且距市区路程较远。因此，京平高速公路的建成实现了《北京市域公路网"十五计划"及2020年长远规划》的完整性。

京平高速公路加强了与周边区域的沟通与联系。北京的经济与周边地区的经济是互补、互相依托和共同发展的关系。京平高速公路与津蓟高速公路构成北京至天津的又一快速通道，同时，还为天津开辟与承德的交通通道创造了条件，对京、津北部地区及承德的经济带来积极的影响。

京平高速公路是京津地区与环渤海开发区到达首都国际机场与天津国际港的快速通道。首都国际机场与天津国际港作为国际性客货运枢纽不仅服务于华北地区，更是国内交通枢纽的重要组成部分，同时对于环渤海经济圈的航空、航海运输的联网意义重大。京平高速公路的建成，使沿线的工业区，如顺义的北务开发区、平谷的马坊开发区等，纳入空海运输网络,有助于形成新的开发带,并以此带动京津北部地区的经济发展,充分发挥首都国际机场和天津国际港在环渤海经济圈中的作用。

(二)决策过程

由于地理位置的原因,在北京的远郊区县中,彼时唯有平谷区境内没有国道通过。随着北京公路事业的迅速发展,北京境内的国道放射线大部分都已改造成了高速公路,与已建或在建的几条环路一起构成了方便快捷的快速路网系统。待六环高速公路建成后,由高速公路和城市快速路所构成的快速路网系统将把北京除平谷以外的所有区、县紧密地联系在一起,为这些区、县的经济建设带来新的生机和活力,与此同时也将进一步拉大平谷与其他区、县在交通条件上的差距。因此,修建京平高速公路,使北京的快速路网系统和平谷相连,这将对平谷经济发展起到举足轻重的作用,这不仅是影响平谷今后发展的问题,也是影响到北京各区、县协调发展、共同进步的总体战略问题。

平谷区位于北京市东北郊燕山系南麓,东、南、北三面环山,西部与华北平原相连,属半山区,山地面积约占总面积的2/3。平谷区是北京市主要的农副产品生产基地之一,其经济特点是以果品为主导产业,粮食、畜牧、蔬菜、水产多业并举。平谷有着丰富的旅游资源,与平谷毗邻的天津蓟县境内也是名胜古迹繁多,这些都为平谷发展旅游经济提供了得天独厚的优势。

此前从平谷区进入北京市区的通道主要有两条:一个是顺平路接京密路或顺平路接通顺路及京通快速路构成的通道,另一个是平三路和102国道及京通快速路构成的通道。若走前一个通道,因顺平路、京密路和通顺路现况均为一级路,平交路口多、交通量大,以及部分路段街道化严重等因素,大大限制了车辆的行驶速度;若走后一个通道,则需通过河北省三河县,而当时平三路和102国道在三河县境内的路况和交通条件较差,特别是102国道在许多路段都已成为城区的街道,车辆快速行驶更为困难。

不论是平谷区政府还是平谷区居民,对修建京平高速公路的渴望由来已久。早在20世纪80年代中期,平谷区就提出了修建朝海路(朝阳区—海子水库)的要求,为此北京国道通公路设计研究院当时还做了现场勘测和方案设计。此外在讨论顺平路改建方案时,平谷区也曾提出过按高速公路标准设计的愿望。每年平谷区人大会议都有修建京平高速公路的提案,平谷区政府也将其列为平谷区经济建设的头等大事。事实上,拟建的京平高速公路线位在北京市总体规划中一直存在,规划为一级公路。

2003年初,平谷区政府了解到天津正在修建津蓟高速公路的情况,立即与天津市及蓟县规划、交通主管部门进行了沟通,双方均认为修建京平高速公路,并将京平高速公路通过津蓟高速公路联络线与津蓟高速公路相连十分必要,这不仅对发展平谷和蓟县的经济,尤其是旅游经济起到重要作用,而且开辟了一条从北京至天津新的快速通道,将具有更为深远的意义。

鉴于上述情况,平谷区政府再次向北京市政府提出了修建京平高速公路的愿望。北京市政府对此事十分重视,立即责成交通主管部门加以落实。2005年5月,北京首都公路发展有限公司承接了京平高速公路工程的实施任务。

(三)主要参建单位

本工程主要参建单位见表9-17-2。

京平高速公路(机场南线高速公路—市界)参建单位表　　表9-17-2

监督单位	北京市道路工程质量监督站	
建设单位	首发集团	
设计单位	附属设施供配电设计	北京广联惠供用电工程设计有限公司
	京平高速公路(六环路—市界段)工程设计	北京国道通公路设计研究院
	京平高速公路附属工程	北京建筑工程设计研究院
	大秦线K377+620京平高速公路双孔框架地道桥	中铁工程设计咨询集团有限公司
勘察单位	北京市勘察设计研究院	
	中航勘察设计研究院	
监理单位	北京正远监理咨询有限公司	
	北京仕邦工程监理有限责任公司	
施工单位	土建工程	土建1号合同段(K0+484.481~K3+500)	中铁十五局集团第一工程有限公司
		土建2号合同段(K3+500~K8+000)	北京市政一公司、北京金河水务建设公司联合体
		土建3号合同段(K8+000~K10+750)	中铁十三局集团第一工程有限公司
		土建4号合同段(K10+750~K15+150)	北京市鑫畅路桥建设有限公司
		土建5号合同段(K15+150~K20+400)	路桥集团第一公路工程局第一工程公司
		土建6号合同段(K20+400~K26+280)	北京市鑫旺路桥建设有限公司
		土建7号合同段(K26+280~K30+800)	北京城建道桥工程有限公司
		土建8号合同段(K30+800~K35+700)	中交一公局第五工程有限公司
		土建9号合同段K35+316.2,工程内容包括顶进箱涵公铁立交工程	中铁六局集团有限公司
		土建10号合同段(K35+700~K40+600)	北京市市政建设集团有限责任公司
		土建11号合同段(K40+600~K45+600)	北京城建三建设发展有限公司
		土建12号合同段(K45+600~K49+900)	中铁二十三局集团第一工程有限公司
		土建13号合同段(K49+900~K52+811.01)	中铁二局股份有限公司

续上表

施工单位	路面工程	路面工程1号合同	北京城建三建设发展有限公司
		路面工程2号合同	北京市市政二建设有限责任公司
		路面工程3号合同	北京市鑫旺路桥建设有限公司
		路面工程4号合同	北京城建道桥工程有限公司
	交通工程	交通安全设施工程1号合同	成都市路桥工程股份有限公司
		交通安全设施工程2号合同	海南中咨奉克交通工程有限公司
		交通安全设施工程3号合同	北京高速公路交通工程公司
		交通安全设施工程4号合同	北京西门交通设施工程公司
	附属工程	照明工程	北京云星宇交通工程有限公司
		机电工程	北京云星宇交通工程有限公司

二、建设情况

（一）准备阶段

1. 立项审批

2003年5月，北京市路政局邀请北京国道通公路设计研究院、北京市市政工程设计研究总院参与京平高速公路设计投标，北京国道通公路设计研究院最终成为京平高速公路中标单位。

2003年7月，北京国道通公路设计研究院上报京平高速公路预可行性研究报告。此后，北京市交通委、北京市规划委多次组织协调会议促进项目进度，受北京市总规划修编影响，京平高速公路项目线路几易其稿。

2004年12月，依据《北京城市总体规划（2004—2020年）》，北京市规划委发出《关于京平高速公路及其与李天高速公路联络线工程规划方案批复》（京规发〔2004〕1598号）。

2005年3月，北京国道通公路设计研究院上报修编的京平高速公路预可行性研究报告。

2005年5月，北京首都公路发展有限公司受北京市交通委委托，承接京平高速公路工程实施工作。

2005年6月,北京市发改委发出《关于京平高速公路及其与李天高速公路联络线工程项目建议书的批复》(京发改〔2005〕1335号)。

为了给公路建设方案决策提供科学可靠的依据,北京首都公路发展有限公司委托北京国道通公路设计研究院于2005年5月开始进行京平高速公路工程可行性研究工作。

2. 资金来源

2006年9月1日,北京市发展和改革委员会发布《关于核定京平高速公路及其与机场南线联络线工程初步设计概算投资的批复》(京发改〔2006〕1492号),核定京平高速公路(机场南线高速公路—市界)工程初步设计概算45.06亿元。其中,建筑安装工程费25.24亿元,设备及工器购置费6348万元,工程建设其他费17.1亿元,预备费2.09亿元。资金采用收费还贷方式解决,项目资本金为55%,其余45%由银行贷款解决。

截至2008年6月10日,共申请资金35.88亿元,其中银行贷款21.16亿元,资本金14.56亿元。截至2008年6月10日,京平高速公路工程实际支付35亿元,其中建安工程费15.37亿元,征地拆迁费17.39亿元,管理费开支1865万元,工程监理费2310万元,勘察设计费6144万元,酬资费用(银行贷款)1.21亿元,其他费用开支5万元。

3. 招标工作

京平高速公路(机场南线高速公路—市界)工程招商主体为北京市路政局和平谷区政府。

(1)土建工程招标

土建工程共分13个施工合同段,于2006年7月2日发出中标通知书,于7月下旬签订了合同协议书。随后,京平高速公路9号施工标又采用邀请招标的方式进行招标,于10月18日签订了合同协议书。

(2)路面工程招标

路面工程共分4个施工合同段,于2007年5月29日发出中标通知书,于6月26日签订了合同协议书。

(3)交通工程招标

交通安全设施工程共分4个施工合同段,于2007年8月7日发出中标通知书,于8月16日签订了合同协议书。

(4)绿化工程招标

绿化工程共分6个施工合同段,于2007年9月20日发出中标通知书,于10月16日签订了合同协议书。

(5)照明工程招标

照明工程为1个施工合同段,于2007年9月4日发出中标通知书,于9月18日签订了合同协议书。

(6)收费站收费大棚工程招标

收费站收费大棚工程共分4个施工合同段,招标人于2007年11月5日在中国采购与招标网和北京招投标信息平台发布了招标公告,共有5家投标单位购买了招标文件;招标人于2007年8月18日组织召开标前答疑会;12月4日举行第一信封的公开开标,并组织专家对第一信封进行详细评审,12月6日举行第二信封开标会议,最终确定中标单位,随后于2007年12月19日发出中标通知书,于12月31日签订了合同协议书。

(7)隔声屏工程招标

隔声屏工程共分2个施工合同段,于2007年11月6日发出中标通知书,于11月30日签订了合同协议书。

(8)机电工程招标

机电工程为1个施工合同段,于2007年5月23日发出中标通知书,于6月6日签订了合同协议书。

(9)监理单位招标

京平高速公路(机场南线高速公路—市界)工程分2个土建施工监理合同段和1个机电监理合同,土建监理招标于2006年7月28日签订了合同协议书,机电监理招标于2007年6月11日签订了合同协议书。

4. 征地拆迁

京平高速公路(机场南线高速公路—市界)于2006年8月5日正式启动征地拆迁工作,共涉及顺义、平谷2个区,7个乡镇,47个行政村。全线共征占用土地6468.91亩,其中顺义区2978.62亩,平谷区3490.29亩。伐移树(苗)木785.56万株;拆迁国有企业5家,拆除房屋面积1.37万 m^2,拆迁集体企业237家,拆除房屋面积23.23万 m^2,拆迁民宅474户,拆除房屋面积8.25万 m^2;改移输变电高压线7处(其中500kV 1处,35kV 2处,110kV 1处),改移10kV输电线路68处,改移国防单用通信线路9处,改移网通、联通、移动、歌华、铁通通信电缆271处4条线,民用低压电改移301处;上水及农业喷灌管895处。

在顺义区、平谷区政府及相关部门的大力支持下,大部分地上物于2008年3月20日拆除。

(二)实施阶段

1.项目管理

为保证目标实现,京平高速公路项目管理处于2006年底将京平项目分解为两个阶段进行控制。第一阶段:2006年12月26日—2007年6月25日,工期182天。要求结构物完成主体工程,路基填方完成90%,底基层完成50%。第二阶段:2007年6月26日—2007年12月31日,工期189天,要求具备通车条件。

在实施过程中,由于拆迁不能及时到位,造成顺义段不能大面积开工,平谷段局部受制约,使工期拖延至2008年6月底具备通车条件。根据这个工期目标,按现有工程量,管理处要求各单位倒排施工工期,并组织监理及施工单位研究计划的可行性,制订了详细的计划和有关措施。经过各有关单位人员的努力,工程于2008年5月28日—6月5日在项目处组织下,由总监办参加并相继约请接养、运营、设计、质监站对工程进行了初验,将结果下发,并责令各单位及时纠正。2008年6月11—12日,项目处组织总监办对整改情况进行了复查。2008年6月15—16日全线交工验收。

(1)项目管理机构设置及职能

按照要求成立京平高速公路项目管理处,在项目法人代表的领导下,实行项目总经理负责制,对项目目标进行全面管理,下设副总经理2名,分管顺义、平谷区段,项目管理处各部门对监理单位和施工单位进行全面管理。

其中,总经理全面负责京平高速公路工程建设管理工作;副总经理全面负责各自管段工程建设管理工作;总工程师全面负责京平高速公路工程技术管理工作;专业工程师负责京平高速公路各自管段内的工程技术管理工作;业主代表负责各自管段计划、进度管理,配合拆迁工作;业主代表负责各自管段质量、现场及监理的履约管理工作;拆迁负责人全面负责京平高速公路拆迁工作;合约工程师负责京平高速公路工程合约管理工作;安全工程师负责京平高速公路工程安全管理工作;协调工程师负责项目管理处全面协调工作。

京平高速公路工程建设管理工作依托监理单位进行开展,本工程设3个总监办,分别是第一总监办、第二总监办、机电总监办。第一总监办按三级管理模式,下设3个驻地监理办公室,主要负责土建工程的监理工作,受总监办直接领导,驻地办在各个标段设监理组;绿化、交通工程、照明、路面、收费大棚均由总监办监理。第二总监办属二级管理模式,下设7个监理组对土建标进行监理,直接受总监办领导;绿化、交通工程、路面、收费大棚均由总监办监理。机电总监理办公室直接对机电工程进行监理。

(2)质量控制措施与效果

质量工作是工程管理的核心,项目管理处质量管理目标是"工程项目分项、分部、单位工程质量标准均为合格,确保市优工程"。在项目建设过程中,坚持"政府监督、社会监理、企业自保、业主负责"的四级质量管理体系,重点抓质量保障体系建立及运转、质量预控、过程控制、严格验收等方面,严格按合同、按规范、按图纸进行施工和管理。为保证实施有效,管理处要求建立、健全质量保证体系及各项管理制度,明确职责,责任到人,确保体系的运转有效;根据工程进展情况,认真组织设计交底工作,对部分复杂项目,应分阶段进行专项交底;加强对重大技术方案的管理,适时进行技术方案的研讨和技术总结;对于现浇箱梁方案,召开专家论证会;箱梁浇筑项目管理处必须至少有一人全过程旁站;预应力张拉要有专项方案,要有影像资料。

项目管理处还制订了有效防治质量通病的计划及措施,切实有效地防范工程各类质量通病。为防止地基沉降,根据不同的地质及填方情况,采取了逐排夯实;采用夯扩碎石挤密桩、CFG桩、混凝土搅拌桩等方法,提高地基承载力;台背填方除严格按规范施工外,优先选择砂砾回填;台背回填完成后做了等载预压,以利于台背回填的更进一步沉降;优化大板设计,加铺土工栅,防止桥头跳车;严格要求大面积模板的平整度及刚度,使混凝土外观得到有效的控制。实行试验段(件)合格制度,在每一分项工程正式开工前,必须先实施试验段(件),试验段(件)的方案要明了、实效,有针对性,施工时应严格按照实施方案实施,试验段(件)结束后要认真总结,以寻求最佳的工、料、机组合及施工工艺,真实、客观地为大面积施工提供技术参数和质量标准。

总之,通过一系列措施及严格、规范管理,工程实施在可控之中,工程质量达到了预期效果。

(3)进度管理情况

项目管理处根据阶段目标积极开展各项管理工作,促进工程建设全面开展,在科学合理的进度计划的基础上,结合实际情况,采取措施,及时对进度计划进行调整,保证总体进度目标的实现。加强履约管理,建立激励制度。为提高监理及施工人员的积极性,促进计划按目标完成,项目处在大干的2007年度制订了两阶段目标。针对阶段目标,管理处下发了《阶段目标管理实施细则》。按照京平高速公路项目管理处《监理履约管理实施细则》及总监办《承包人履约管理实施细则》每月进行一次联合履约大检查,对不足问题坚决督促其整改,对不能适应本工程的履约人员进行了更换,不到位人员要求到位,使落后标段前进了一大步。

加强计划管理,搞好预防工作,严肃对待计划。首先,项目管理处对经过总监办报送的计划结合工程现状认真分析,组织监理和施工单位展开讨论,直到认为达到最合理的计划为止;要求各监理单位督促、指导施工单位将计划分解到周,甚至天,严格把好计划关。由于拆迁不能按计划到位,造成计划多次改变。项目管理处曾主持召开详细的计划讨论、评审会10多次,细致到分标段研讨。总经理、副总经理、总工均参加,对强制计划的执行起到了很大的作用。项目处管理力度的加大,使得施工单位和监理单位提高了认识,同时加大了各自的力度。项目处有三次以上约请二级公司领导排计划,给各标段施加压力,对落后单位,更是多次约请上级单位领导一起研讨计划。另外,项目处领导每天必到工地指导工作,业主代表、专业工程师基本在工地现场,这样可以及时发现是否占满时间和空间,可以及时提醒监理督促施工单位增加工力。对于计划严重滞后的单位,项目经理不能解决问题的,项目处或项目处督促总监办向其上级单位发函,要求上级领导长驻工地督促计划落实,在执行计划的过程中,加强计划执行的严肃性,加强检查监理对材料、工力、设备与计划的配套来促使承包商完成计划。

做好各方面的协调工作,为计划铺平道路,在征地拆迁、民扰等方面,项目处积极同地方政府沟通,及时解决问题,对地方提出的合理要求给了支持和帮助。对于项目本身来说,在工期短压力大的情况下,土建、路面、绿化、机电、照明、收费大棚、交通工程同时"上马",施工各企业必然要进行交错作业,对彼此影响都很大,项目处虽然人员少,但工地处处都有人影,交叉遇到的问题都会在现场或电话及时给予解决,使各专业之间干扰减到最小,合理利用资源,相互促进,密切配合,保证了进度计划的执行。

(4)工程造价控制情况

实行合同管理,通过规范、严密的合同约束业主、监理和承包人三方。合同文件成为业主、监理和承包人开展工作和处理问题的依据。

项目管理处工程部下设合同室,负责工程项目征地拆迁方面的合同管理工作。截至2008年6月底,工程项目共签订勘察合同8份、设计合同4份、咨询服务合同34份、土建工程合同14份、路面工程合同5份、交通工程合同4份、照明工程合同1份、隔声屏施工合同2份、供电合同2份、机电施工合同1份、监理合同6份。

在工程施工准备阶段,项目管理处组织监理及承包人认真学习招标文件,确定土方戴帽图统一计算标准,并对下发的施工设计图纸进行了清单核实工作,对原清单未含的工程项目进行了增补。截至2008年5月底,下发增补总金额为8829万元。

在工程变更和费用索赔方面进行严格管理,严格控制。项目管理处制定了各种规章制度,确定了设计变更和工程变更从立项到审批的程序。此外还明确了工程变更和费用索赔限额的审批权限,使工程项目管理从监理程序到业主程序有一条比较明确的主线。截至2008年5月底,本项目共发生工程变更241份,涉及变更增减总金额为1.73亿元;费用索赔1份,涉及总金额为148万元。

在合同有效期,坚持合同履约检查,建立合同履约档案。项目管理处通过加大合同履约力度来强化合同管理,特别强调业主自身履约,努力承担合同约定的各项业务,为施工、监理开展工作创造必要条件,如按规定支付工程费用和监理费用,及时提供设计文件和施工场地等,对于履约情况不佳的施工或监理单位,采取加强巡查、口头指令、书面通知等措施责令限期整改,对不及时整改的施工或监理单位,向其上级主管单位通报情况,并按合同规定进行履约处罚,不断督促其强化履约意识,取得了较好效果。将履约检查结果计入该单位的履约档案,当该单位投标时,其履约表现将作为履约评分的主要依据。

严格资金管理、确保专款专用。为做到建设资金专款专用,各项工程建设费用的支出均以合同或协议书为依据,按规定程序办理支付手续,为防止工程建设资金不合理外流,合同规定中标单位在建设项目所在地银行设专项资金账户,项目管理处委托银行资金专管员对各单位资金使用情况进行监督,工程建设资金没有被挪用的现象。

(5)其他情况

①安全文明施工情况

项目管理处自施工单位进场以来,十分重视安全文明施工和环境保护工作,坚持"安全第一,预防为主"的方针,建立了以总经理为组长的安全文明施工管理工作领导小组,依据国家及上级主管部门的有关政策、法律、法规、制度,结合工地实际制定了《安全文明施工管理实施细则》。定期组织安全教育和安全检查;与施工单位签订安全合同28份;与监理单位签订安全协议书3份;项目处组织召开入场安全教育会3次,安全例会20次,专项安全检查10次,发现隐患73处,整改73处。

②廉政建设情况

廉政建设是工程建设管理工作中的一项重要工作,管理处通过廉政合同,建设阳光工程,实施廉政管理。根据交通部的有关文件精神,公司在与施工单位或监理单位签订承包合同时,还签订了廉政合同。通过廉政合同,双方自我约束,互相监督,避免违法违纪的腐败现象发生。另外,项目处就阳光工程制订了以下措施:建立"阳光工程"建设领导小组;加强对实施"阳光工程"的组织管理,建立项目管理处实施"阳光工程"的管理体系;项目管理处要在公司实施"阳光工程"领导小组的统一领导下,全面负责所辖项目工程开展"阳光工程"的各项管理工作,负责本项目工程从开工至竣工验收整个建设期内实施"阳光工程"的组织管理工作;发挥社会监督和舆论监督的作用,项目管理处设置举报箱,及时掌握和了解实施"阳光工程"过程中产生的各种不规范和不廉政行为,以此促进党风廉政建设,全力推进工程建设管理工作;发挥项目管理处的管理职能,组织对监理单位和施工单位进行问卷调查,充分掌握所有参建单位的廉政建设情况,确保工程科学、合理、有序地进展。

2.控制工程/重大设计变更

机场南线(京承高速公路—东六环路)全线新建互通式立体交叉6座,与相交道路通过立交节点进行交通转换:京承高速公路立交、京密路立交、机场高速公路立交、机场二通道立交、壁富路立交、东六环路立交。

截至2008年5月底,本项目共发生工程变更241份,涉及变更增减总金额为1.73亿元。

三、科研成果

随着我国公路事业的发展,越来越多的新技术、新材料被广泛应用到公路建设中来,使得公路质量越来越高。在京平高速公路(机场南线高速公路—市界)工程建设中采用的新技术,可为将来在公路建设中大面积应用提供技术数据和施工方法。

(一)岩沥青改性沥青混合料(AC-20C)

岩沥青是天然沥青的一种,由于其自身形成的特点,分子量很大,聚合程度很高,软化点较高,具有抗车辙、抗剥落、抗老化、抗高温、耐候性及不含蜡等特性。一般用于道路的岩沥青是由基质沥青和岩沥青按比例配置而成,当时国内尚无天然岩沥青改性沥青的标准。

试验路段采用中粒式岩沥青改性沥青混合料AC-20C铺筑,标准面宽15m,厚6cm,单幅摊铺长度为10.12km。摊铺全过程均符合相关要求,获得了一些基本数据和施工经验。从造价上预测分析,与SBS改性沥青相比,可节约成本15%。

(二)Superpave沥青混合料

Superpave,即高性能沥青路面。该材料试验内容为底面层sup-25(70%沥青),中面层sup-20(SBS-I-C改性沥青)。试验段长357km,路面铺两层沥青混合料,底面层为7cm sup-20;标准路面底面层为8cm sup-25普通沥青混合料;中面层为6cm sup-20改性沥青混合料。通过试验路段的施工,在原材料质量控制要求、碾压温度、碾压方法等方面取得了一定的数据和经验。

(三)阻燃改性沥青混合料

阻燃改性沥青混合料,即在表面层沥青混合料中掺加了一定剂量的阻燃剂,以降低沥青的可燃性,从而提高防火安全性。

大岭后隧道全长约2.7km,其中北京段约为1.15km,路面宽度为11m,路面结构表面层采用了4cm厚SMA-13改性阻燃沥青混合料,在施工中总结了大量数据。在摊铺过程中,阻燃沥青混合料的摊铺施工工艺与普通混合料基本一致,但值得注意的是,在施工中切忌过压,以防止造成泛油和马蹄脂上浮现象的发生。此材料在北京市隧道工程中首次采用。

(四)仿生型抗风自洁式防眩板

在高速公路中央隔离带,采用自主研发的仿生型抗风自洁式防眩板,既起到了防眩作用,又能美化环境,降低养护成本。该防眩板产品已获得实用新型和外观设计两项专利,广泛应用于京承高速公路、京平高速公路、京开高速公路、五环路、六环路等多条高速公路。

第三节 运营管理

一、运营管理机构

目前,京平高速公路运营管理主体有两个:首发集团(京承高速公路—东六环)和北京市路政局道路建设工程项目管理中心(机场南线高速公路—市界,52.83km)。

二、运营养护管理

京平高速公路(机场南线高速公路—市界)作为北京市第一条政府收费还贷高速公路,根据相关法律法规规定的"管理政府还贷路应按照政事分开原则,依法设立专门的不以营利为目的的法人组织",北京市政府以文件形式明确市路政局作为管理主体。经北京市路政局研究,确定由北京市路政局道路建设工程项目管理中心作为京平高速公路的管理执行单位。养护工作由首发集团公司依据与道路建设工程项目管理中心签订的委托合同实施。

根据北京市人民政府《关于京平高速公路收取车辆通行费有关问题的批复》(京政函〔2008〕73号)的规定,京平高速公路由北京市路政局道路建设工程项目管理中心委托首发集团进行收费管理。北京市路政局道路建设工程项目管理中心具体负责起草《京平高速公路委托运营管理合同书》,经上级单位审定后与市首发公司签订委托合同,明确双方权利义务,由其提供运营管理服务。同时建立服务评价指标体系,考核其运营管理服务水平。

(一)收费站设置及建设

1. 京承高速公路—东六环路

《北京市规划委员会、北京市发展和改革委员会关于机场南线(京承高速公路—东六环路)公路工程初步设计的批复》原则同意该道路工程在机场南线支线和吴各庄设置主收费站1处,在京承高速公路立交、京密路立交和壁富路立交设置匝道收费站3处,具体信息见本书"附表"部分的表4-2-1。

2. 机场南线高速公路—市界

2008年6月17日,北京市政府发布《关于京平高速公路收取车辆通行费有关问题的批复》(京政函〔2008〕73号),2008年6月18日市发展改革委、市财政局发出《关于京平高速公路车辆通行费标准的函》(京发改〔2008〕1056号),确定了京平高速公路通行费收费标准按 0.5 元/km 计收,收费期限自正式收取通行费之日起不超过 15 年。不得擅自提高收费标准和延长收费年限。该批复还同意京平高速公路设置吴各庄、夏各庄 2 个主线收费站,设置半壁店、李桥、沿河、北庄头、北务、薛家庄、打铁庄、南张岱、赵庄户、东高村、稻地、南太务等 12 个匝道收费站,具体信息见本书"附表"部分的表 4-2-1。

对在上述路段行驶的车辆,除按规定免收通行费的车辆外,一律按照标准征收车辆通行费。限速标准:京平高速公路从起点至顺义李遂镇为双向六车道,路基宽度 33.5m,设计速度 100km/h;顺义李遂镇至平谷区夏各庄为双向四车道,路基宽度 26m,设计速度 100km/h;平谷区夏各庄至终点为双向四车道,设计速度 80km/h。

3. 2015 年机电系统改造工程

京平高速公路(K17+500~K70+330)机电系统改造工程项目由北京市交通委员会批准建设(京交函〔2015〕367 号),项目业主为北京市路政局道路建设工程项目管理中心。建设资金全额来自政府投资。招标人为北京市路政局道路建设工程项目管理中心。

该项目改造范围为京平高速公路李天桥(K17+500)至大岭后隧道(K70+330)路段部分。改造内容包括该路段全程监控设施、全路段交通流量监测、吴各庄监控中心改造、各收费场。

（二）服务区设置及建设

该高速公路设置了北务服务区(双侧),于 2010 投入使用,由北京市路政局道路建设工程项目管理中心委托首发集团京沈分公司运营,具体信息见本书"附表"部分的表 4-2-2。

（三）养护管理

1. 2013 年路面中修工程

京平高速公路自 2008 年 6 月通车以来,交通流量不断增加,尤其是重载车辆的大量驶入,造成局部沥青混凝土路面出现沉陷、车辙和桥头跳车等病害。为进一步改善京平高速公路出行环境及行车条件,北京市交通委路政局道路建设工程项目管理中心开展对京平高速公路全线路面病害统一治理工作。2011 年进京方向路面病害处理完成。2012 年底开始对出京方向路面病害进行治理。截至 2013 年 5 月 16 日,京平高速公路出京方向路面中修工程全部完工。

2. 2015 年第一批路面病害维修工程

本次维修工程由北京市政路桥管理养护集团市政三处承建,起点为东六环路立交(K17+500),终点为大岭后隧道(K70+330),道路全长 52.83km。主要施工内容为路面病害维修、铣刨旧路、加铺沥青混凝土等。

第十八章
S35 京密高速公路（京承高速公路—开放环岛）

　　S35 京密高速公路位于北京市北部地区，将北京市区和顺义、怀柔、密云等区快速连接，同时联系各环路、京承高速公路等高速公路系统，是北京北部地区重要的交通干道。

　　规划中的 S35 京密高速公路南起怀柔桥，北至密云县，全长 6.1km。京密高速公路（京承高速公路—开放环岛）2011 年 4 月开工，2012 年 4 月建成通车。该段是北京市雁栖湖生态示范区对外联络通道的组成部分，工程位于北京市怀柔区。工程南起京承高速公路南侧，向北经京承高速公路、大秦铁路、庙城南街、创业街、怀昌路、怀杨路、怀耿路，终点位于开放环岛，道路全长 6.1km，途经庙城镇和怀柔镇两个乡镇。

第一节　项 目 概 况

一、基本情况

　　京承高速公路至庙城南街段为既有道路改造，改造段长 2.4km；庙城南街至开放环岛于现京密路主路两侧新建高架桥。高架桥全长 3.7km，原京密路作为高速公路辅路使用，局部路段进行改造。随道路工程同步改移小泉河约 860m。路基宽度 28m；分隔带宽度 2m；共建设桥梁面积 11.8 万 m^2，特大桥 2 座，涵洞 28 道；改造京承高速立交 1 座，新建怀昌路半菱形立交 1 座，新建部分开放路环岛立交 1 座，互通式立交 3 座。

　　京密路工程主路路面结构为：表面层 4cm 温拌改性沥青玛蹄脂碎石混合料（SMA-13），中面层 6cm 温拌改性沥青混凝土（AC-20C），下面层 8cm 温拌改性沥青混凝土（AC-25），上基层、下基层各 17cm 4MPa 水泥稳定碎石，底基层为 16cm 2.5MPa 水泥稳定碎石，路面结构总厚度 69cm。

二、决策过程

　　为配合北京雁栖湖生态发展示范区的建设工程，为其提供便捷的交通环境，使其与城市中心区、首都国际机场间建立快速通道，北京市规划部门对示范区的外部交通配套设施进行了详细的研究，提出修建两条快速通道—京密高速公路和京承高速公路，以实现中心城、首都国际机场到达示范区的全高速通道。建设京承高速公路以北段的京密路(京承高速公路—开放环岛)以及怀丰路、西岸联络线,与京承高速公路共同构成示范区对外的全快速通道。

三、主要参建单位

本工程参建单位详见表9-18-1。

京密路(京承高速公路—开放环岛)参建单位表　　　　　表9-18-1

监督单位	北京市道路工程质量监督站	
建设单位	北京市首都公路发展集团有限公司	
勘察单位	K0+243.84~K6+307	建设综合勘察研究设计院有限公司
设计单位	K0+243.84~K6+307	北京市市政工程设计研究总院
	2号标铁路顶进箱涵	中铁工程设计咨询集团有限公司
	小泉河改移工程	北京禹冰水利勘测规划设计有限公司
监理单位	总监办	北京高速公路监理有限公司
	机电工程监理	北京天智恒业科技发展有限公司
	小泉河改移工程水务监理	安阳市润安工程咨询监理公司
	2号标铁路监理	大同至诚工程监理有限责任公司
施工单位	土建1号标(K0+243.84~K2+100)	中交一公局第五工程有限公司
	土建2号标(大秦线K334+315京密路地道桥)	中铁六局集团有限公司
	土建3号标(K2+100~K4+324)	北京城建道桥建设集团有限公司
	土建4号标(K4+324~K5+697)	北京城建远东建设投资集团有限公司
	土建5号标(K5+697~K6+307)	北京鑫旺路桥建设有限公司
	路面标(K0+243.84~K6+307)	北京市市政二建设工程有限公司
	交通工程1号标(交安设施)	北京市高速公路交通工程有限公司
	交通工程2号标(收费大棚)	北京市高速公路交通工程有限公司
	机电工程	北京云星宇交通工程有限公司
	绿化工程	北京京石园林绿化有限公司

第二节　建　设　情　况

一、准备阶段

(一)立项审批

2010年5月27日,北京市规划委员会下发《北京市规划委员会关于雁栖湖生态发展示范区对外联络通道规划方案的批复》(市规函〔2010〕886号)。

2011年,北京市发改委下发《关于北京雁栖湖生态发展示范区对外联络通道(京承高速公路至开放环岛)工程项目建议书(代可行性研究报告)的批复》(京发改〔2011〕200号)。

2011年,北京市规划委员会下发《北京市规划委员会 北京市发展和改革委员会关于雁栖湖生态发展示范区对外联络通道京密路(京城高速公路至开放环岛段)工程初步设计的批复》(市规函〔2011〕1602号)。

2012年4月17日,北京市规划委员会下发《北京市雁栖湖生态发展示范区对外联络通道京密路(京城高速公路至怀柔开放环岛段)建设工程规划许可证》。

(二)资金筹措

京密路工程概算投资137044万元,资金来自政府投资及业主自筹。截至2012年4月20日,共申请资金9677.1万元,其中银行贷款8936.33万元,资本金6000万元,自有资金14078180.18元。

(三)招投标

1. 勘察设计招标

2010年8月2—6日,出售勘察、设计的资格预审文件;8月16日完成资审评审,并将资审结果上报集团公司及上级主管部门;8月24日发售勘察、设计的招标文件;8月25日召开标前会;9月13日开标、评标。经评标委员会评审,依据招标文件的有关规定,推荐综合排名第一的投标单位作为中标候选人,设计和勘察各一个标段拟推荐的中标候选人如下:设计标,北京市市政工程设计研究总院,中标费率批复概算相应设计的85070;勘察标,建设综合勘察研究设计院,中标价418万元。

2. 土建工程施工单位招标情况

土建工程:京密路(京承高速公路—开放路环岛)工程土建5个标段,由首发集团委托北京市逸群工程咨询有限公司代理招标,招标人委托招标代理机构于2011年1月6日发布了本项目的资格预审公示,并于2011年2月18日向通过预审的潜在投标人发售了招标文件,3月24日发出中标通知书,2011年4月8日签订了合同协议书。中标总价为99849.25万元。

3. 机电工程和照明工程

由首发集团委托北京市逸群工程咨询有限公司代理招标。2011年7月18日发布招标公告,2011年9月2日完成评标,9月16日发出中标通知书,10月12日签订合同。中标总价为2447万元。

4. 交通工程和收费大棚

由首发集团委托北京市逸群工程咨询有限公司代理招标。2011年7月11日发布招标公告,2011年8月10日完成评标,8月19日发出中标通知书,8月26日签订合同。中标总价为1106.68万元。

5. 路面施工工程

由首发集团公司委托北京逸群工程咨询有限公司代理招标。2011年6月13日发布招标公告,2011年7月11日完成评标工作,7月26日发出中标通知书,2011年8月15日签订了合同协议书。中标总价为4185.18万元。

6. 监理单位招标

共设1个标段,由首发集团公司委托北京逸群工程咨询有限公司代理招标。2011年2月18日发布公告,3月8日完成评标,3月24日发出中标通知,4月8日签订合同,总价596.07万元。按照行业管理规定,首发公司与铁路监理大同市至诚工程监理有限公司、水务监理安阳市润安工程监理公司签订了行业监理合同,合同额分别是81.6万元、29.8万元。

7. 机电系统和照明监理

由首发集团公司委托北京逸群工程咨询有限公司代理招标。2011年7月18日发布招标公告,9月2日完成评标,9月16日发出中标通知,10月12日签订合同。中标总价为77万元。

(四)拆迁工作

京密路(京承高速公路—开放路环岛)工程于2011年3月11日正式启动征地拆迁工作,共涉及怀柔区2个乡镇、10个行政村。全线共征占用土地302.3亩;伐移树(苗)木约100万株;拆迁非住宅4户,拆除房屋面积1200m^2;改移输变电高压线2处(110kV),改移10kV输电线路9条,改移国防军用通信缆4家,产权单位10条电缆,民用低压电改移5条。在怀柔区政府、区建委及相关部门的大力支持下,全部地上物(包括110kV高压线)于2011年11月17日拆改完成。

二、实施阶段

(一)工程管理情况

1. 项目管理机构设置及职能

本项目实施三级管理,即北京市首都公路发展集团有限公司(以下简称"首发集团")—北京市首发高速公路建设管理有限责任公司(以下简称"建设公司")—项目管理处。首发集团负责项目策划、资金筹措及还贷、运营管理、资产的保值增值等;建设公司负责征地拆迁、工程建设实施组织与管理;项目管理处负责各自工程建设项目的具体实施与日常管理。按照公司要求,成立京密路项目管理处,对项目目标进行全面管理。项目管理处根据公司的组织管理制度,组织机构设置2个部室,即安全综合办公室、工程技术部。合同、拆迁分别设1名负责人。

工程建设管理工作依托监理进行开展。本工程实行一级监理管理制度,设立1个总监办、5个监理组,总监办协助项目管理处负责工程的全面管理,监理组负责实施过程中具体的监理工作。

2. 工程质量管理

京密路(京承高速公路—开放路环岛)工程建设过程中,始终将工程质量管理放在首位,建立了企业自保、社会监理、政府监督、建设单位组织且全面负责的质量保证体系。质量控制力争做到横向到边、纵向到底、从点到面、不留死角。项目管理处建立的质量管理目标为确保京密路工程具备市优质工程条件,同时争取达到国优工程标准。

在总结以往经验的基础上,针对本工程采取了以下措施:①审查人员资质和持证上岗,对监理单位、施工单位的人员进行履约检查,凡无响应资质的人员不得上岗。②严格施工方案审查。对施工技术复杂、质量和安全要求高的承台开挖等重要施工方案,需要经过专家讨论后方可实施。③加强对监理单位的管理,施工中不定期对现场监理旁站警醒检查,并对监理指令的落实情况进行跟踪,尤其对节点性工程的施工单位加大管理力度。④严格实行材料准入制。为从源头抓工程质量,对重要材科严格实行材料准入制。供货商应有相应的工程业绩,经业主、监理和施工单位联合对供货商进行考察,才能获得准入资格。材料进场后进行严格的抽查和检测,检验合格后方可用于工程实体。⑤树立样板工程。为树立精品意识、加强质量控制、提高工程质量,各分项工程均采用首件验收、试验段样板指路,有效推动了质量工作的开展。⑥引进第三方试验检测和技术服务,委托第三方对桥梁结构施工进行施工监控,提高混凝土及钢箱梁制作质量,对路面配合比进行设计,保证路面工程质量。⑦加大勘察、设计现场服务力度。

3. 进度管理情况

项目管理处根据既定的阶段目标,积极开展各项管理动作,促进工程建设全面开展,在科学合理的进度计划基础上,克服了怀河、小泉河汛期、高压线拆改等不利影响,结合实际情况,采取措施,及时对进度计划进行整改,保证总体进度的实现。

建立健全激励制度。为提高监理和施工单位的积极性,促进按时完成目标,项目管理处下发了《工程阶段目标管理实施细则》。根据细则组织考核,通过奖励,对工程进度的推进起到促进作用。加强计划管理,强化计划的严肃性。管理处根据进度进展情况,分阶段组织监理和施工企业开展计划研讨会,确保计划的合理性和可实施性。施工单位按照总体计划要求上报详细的施工计划,经监理单位审批通过后实施。同时要求监理单位督促、指导施工单位将计划分解到周、日,严格把好进度关。重视协调工作,为计划落实保驾护航。在征地拆迁、民扰等方面,项目管理处高度重视同地方政府的沟通,同时对地方政府提出的合理要求予以全力支持和配合。对于项目本身施工组织而言,在工期短、压力大的情况下,土建、路面、绿化、机电、照明、收费大棚、交通工程等各专业同时施工,各施工单位必然要进行交叉作业,对彼此势必造成影响。为了使干扰减到最小,项目管理处着力开展了各专业之间的协调工作,优先解决主要矛盾,合理利用资源,相互促进、密切配合,保证了进度计划的执行。

4. 工程造价控制情况

实行合同管理,通过规范、严密的合同约束业主、监理和承包人三方。合同文件成为业主、监理和承包人开展工作和处理问题的依据。项目管理处设立了合约负责人,负责工程项目的合同、预算、计量支付、变更、索赔、履约检查等工作,拆迁负责人负责工程项目征地拆迁方面的合同管理工作。截至2012年4月24日,工程项目共签订前期工作费合同13份,专项评估合同6份,咨询合同1份,工程合同18份,监理合同4份,检测合同8份。在工程施工准备阶段,项目管理处组织监理及承包人认真学习招标文件,确定土方戴帽图统一计算标准,并对下发的施工设计图纸进行了清单核算工作。

(二)控制性工程

京密路(京承高速公路—大秦铁路段)工程质量要求高,施工难度大,有效工期短,制约因素多,重点部位集中。

北京市雁栖湖生态发展示范区地处怀柔区雁栖镇,南邻怀柔新城,是红螺山至雁栖湖市级风景旅游度假区的东区。承担首都国际交往职能,具有国际峰会举办能力的重要功能区,是高品质的生态旅游和文化休闲胜地。京密路(京承高速公路—大秦铁路段)作为示范区对外联络通道的一部分,工程施工质量要求高。

由于地上物拆迁、长途干线缆及军队通信缆割接、高压改移、地下管线拆改、河道防汛要求、铁路交通、要点等工作都直接影响进场施工,造成有效施工工期短。

京密路(京承高速公路—大秦铁路段)工程重点部位集中:①大秦铁路箱涵顶进必须在汛期前完成,否则直接影响京密路工程整体贯通;②小泉河改造处主桥、匝道桥、河道改移闭合框架结构施工处在同一施工断面,相互交叉、干扰严重、度汛压力大。

本工程下部结构采用T形花瓶墩,上部结构采用大悬臂现浇混凝土连续箱梁。特殊的结构设计对模板设计、加工质量、施工部署及工艺选择都提出了相当高的要求。此外,由于地处京密主路两侧,周边旅游资源丰富,交通流量大,地下管较多,高空作业多,文明、安全施工标准高,应加大管理力度。

(三)重大变更

截至 2012 年 4 月 24 日,本项目共发生工程变更 201 份,涉及变更增减总量 5829.5 万元;费用索赔 100 份,涉及总金额为 1.29 亿元(估算价)。

(四)交工验收

本工程共划分为 17 个单位工程,246 个分部工程,2524 个分项工程。按照交通部《公路工程质量检验评定标准》,分项工程合格率 100%,分部工程合格率 100%,单位工程合格率 100%。

第三节 科技成果

为了提高北京市高速公路建设质量,落实科学发展观及建立节约型社会和强化"以人为本"的理念,在建设过程中结合本工程的具体情况,采用了"四新"技术,达到了预期的效果,并可为将来在公路建设中大面积应用提供了技术数据和施工方法。

(1)在设计中采用异形大体积花瓶式墩柱以及连续现浇箱梁设计,保证了桥梁整体结构性能和结构外观效果。护栏采用了整体现浇的形式,更好地体现了桥梁的整体线形和观赏性。

(2)路面表面层采用细粒式改性温拌沥青玛蹄脂混合料(SMA-13),提高了路面的抗车辙能力和抗水损能力。

(3)采用了等截面钢箱梁拖拉施工技术,解决了施工与河道防汛之间的矛盾。

(4)采用聚羧酸混凝土,改善了混凝土的工作性能,解决了特大桥水泥混凝土用量大、浇筑时间长的问题,提高了混凝土的内在和微观质量。

(5)照明采用节能灯具,既提高了科技含量,又节约了运营成本。

(6)京密主线桥段的中央分隔带利用种植乔木,平缓路段采用防眩板,实现了防眩光功能。

第四节 运营管理

京密高速公路由首发集团京沈分公司运营管理,本高速公路未设收费站和服务区。

第十九章
S46 京通京哈联络线（会村—西马庄）

京通京哈联络线工程位于北京市通州区城区北部，起点 K0+000 为现在京通快速路西马庄收费站，终点 K2+435 为现在京哈高速公路起点（北关环岛以东的北运河桥）。路线总长度 3.2km。

第一节 项目概况

一、基本情况

京通京哈联络线主路为城市快速路，辅路为城市次干道。该工程主体为高架桥，全桥长 1662m，桥梁建成后，联络线工程分为三层立体交叉，地方车辆及非机动车、行人在下层，京承铁路由于过境交通分流，大大缓解了该地区交通压力，凸显了社会效益。

该项目的建设指标：主路为城市快速路，红线宽 100m，两上两下四车道，中央分隔带宽 2m，设计速度 100km/h；高架主桥城市 A 级，地震设防烈度 8 度，桥下净空≥4.5m，铁路桥部位净空小于 7.5m；高架桥下辅路采用三幅路形式，桥下中间辅路宽 16m，四车道双向行驶，设计速度 40km/h；两侧辅路宽 7~15m 不等，机非混行，外侧备设 3~4.5m 宽人行步道。

二、决策过程

京通快速路是连接北京市区与通州区的一条主要联系通道，而京哈高速公路承担着市区至河北三河及以远地区的交通运输任务。京通快速路和京哈高速公路已按规划建成。两条高等级的路之间原为一条城市次干道相连，且下穿京承铁路，在通顺路（新华北街）等路口采用平交灯控形式，车多路窄，机非混行，特别是过境交通与地方交通叠加在一起，造成道路拥堵，通行能力低。为此北京市政府决定修建京通京哈联络线工程。

三、主要参建单位

主要参建单位见表 9-19-1。

S46 京通京哈联络线（G102、G103 联络线）参建单位表　　　　表 9-19-1

质量监督单位	北京市道路工程质量监督站	
建设单位	北京市首都公路发展集团有限公司	
设计单位	北京市市政工程设计研究总院	
监理单位	北京市高速公路监理有限公司	
施工单位	道路与桥梁	中铁二局股份有限公司
	道路与桥梁	中铁六局集团有限公司
	道路与桥梁	北京市市政一建设工程有限责任公司
	交通工程	北京市高速公路交通工程公司
	环保隔声屏障	北京维文特环保技术开发有限公司
	环保隔声屏障	北京路华达环保技术

第二节　建设情况

一、准备阶段

（一）立项审批

本工程遵照北京市发展和改革委员会关于工程可行性研究报告的批复，取得了北京市发展和改革委员会、北京市规划委员会的工程初步设计批复，进行施工图设计与施工。市政综合管线工程由通州区建设委员会组织实施。

2005 年 3 月 8 日，北京市环境保护局下发《关于京通快速路与京哈高速公路联络线工程环境影响报告书的批复》（京环审〔2005〕191 号）；4 月 28 日，北京市发展和改革委员会下发《关于京通快速路与京哈高速公路联络线道路工程初步设计的批复》（京发改〔2005〕865 号）；7 月 21 日，北京市规划委员会、北京市发展和改革委员会下发《关于京通快速路与京哈高速公路联络线道路工程初步设计的批复》（市规发〔2005〕869 号）；8 月 29 日，北京市规划委员会通州分局形成《关于审查京通至京哈联络线市政综合方案的会议纪要》（规通会〔2005〕10 号）。

2006 年 3 月 6 日，北京铁路局《关于京通至京哈高速公路联络线上跨京承线立交桥施工图设计审查意见的函》（京铁师函〔2006〕103 号）；10 月 30 日，北京市规划委员会批复建设用地规划许可证（2006 规地市政字 0038 号），并于 11 月 8 日批复建设工程规划许可证（2006 规划市政字 0662 字）。

（二）资金来源

按北京市规划委员会、北京市发展和改革委员会《关于京通快速路与京哈高速公路联络线道路工程初步设计的批复》（市规发〔2005〕869号），本工程道路、桥梁、雨水、交通工程、照明、绿化等工程的初步设计概算为35770万元。其中，工程拆改投资3756万元，工程费为32014万元。由北京市发改委安排1亿元，其余投资依据《关于研究京通快速公路与京哈公路联络线工程投资有关问题的会议纪要》（通政会〔2004〕76号），由通州区政府和首发公司各承担50%。

（三）招标工作

1. 设计单位招标情况

设计单位由首发公司招标，经专家评审确定为北京市市政工程设计研究总院中标，负责施工图设计工作。

2. 施工单位招标情况

（1）监理与土建工程招标情况

2005年5月27日，该项目获得北京市建设委员会的批复，同意在工程承包发包交易中心（以下简称"标办"）办理招标工作。6月28日在标办发布公开招标公告，6月30日—7月5日发售招标资格预审文件。9月19—20日进行了资格预审工作，经综合评审，确定了通过资格预审的投标人；9月28—29日对资审合格的投标人发售招标文件；11月2日在标办分别对施工标和监理标进行了公开开标；11月5日对施工标和监理标进行了评标。经专家评审委员会综合评审，确定北京市高速公路监理有限公司为本工程监理单位，中铁二局股份有限公司、中铁六局集团有限公司、北京市市政一建设工程有限责任公司为本工程的施工单位。11月10日发出中标通知书，11月24日签订合同协议书。

（2）交通工程招标情况

2006年7月3日在北京市招投标信息平台发布公开招标公告，随后发售招标文件；7月20日评标委员会评标；7月25日开标，投标报价得分排名第一的北京市高速公路交通工程公司为中标单位。8月15日发出中标通知书。8月30日签订合同。

3. 照明与绿化工程招标情况

照明与绿化工程由通州区建设委员会负责招标。

（四）征地拆迁

工程征地拆迁工作由地方政府通州区建设委员会实施，在总体施工过程中只有个别局部位置工程进度受到拆迁影响，经通州区政府做工作，问题得到解决，保证了工程正常施工。

二、实施阶段

（一）项目管理及科研成果

1. 项目管理机构设置及职能

京通京哈联络线工程由首发建设管理有限责任公司派出机构项目管理处负责该工程的建设实施。项目管理处实行项目总经理责任制，项目总工程师全面负责技术工作。项目处下设三部一室：工程部、安保部、技术部及办公室，全面负责项目处的日常管理工作。

2. 工程质量管理

项目管理处贯彻执行国家及地方的工程技术规范，项目管理处、监理单位、工程承包单位分别组建质量管理体系，监理及承包单位分别制定质量通病、质量隐患、技术保障预防措施，把质量问题解决在萌芽状态。按照工程的重点、难点制定针对性强、措施得力、方案可行的技术措施，确保工程达到工程规范及合同条款要求。

3. 工程进度管理

各参建单位按照合同规定及上级主管部门对工期的总体要求，制订切实可行的工程进度计划，按阶段控制、按月实施、按周施工落实，有计划地组织工程实施，确保工程定期完成，及时交付运营管理单位投入使用。

4. 工程造价管理情况

工程造价管理贯彻执行基本建设程序，依法、合理使用建设资金，按照合同条款规定做好资金的预算、控制、监督、考核工作，严格控制建设成本，提高资金使用效率。

5. 科研成果

京通京哈联络线主桥防水工程因工期紧迫，经请示上级主管单位并取得设计人的同意，采用了新型防水材料"AWP-2000F 纤维增强桥面黏结防水涂料"，没有使用过去惯用的桥面卷材防水做法。"AWP-2000F"的施工工艺特点是在喷涂聚合物改性沥青时同步切割纤维与改性沥青一起同时喷涂在桥面铺装层上。主要优点是：①桥面混凝土铺装层与沥青路面层间黏结牢固效果好；②耐高温且低温柔韧性好；③施工工期方便快捷等。

（二）交工验收

本工程自 2005 年 12 月 15 日开始第一根钻孔桩施工至 2006 年 11 月 3 日试通车运行，标志着工程主体项目完工，逐步进入交工验收阶段。在此期间分别组织承包施工单位、监理、设计、管理养护、质量监督单位、通州区建委重点工程办公室人员到工程现场检查验收。参检验收人员一致认为工程已按合同项目完工，各项主要技术指标符合施工技术规范要求，满足使用要求，达到工程检验评定规范合格等级。但是也存在一些不影响使用功能的缺陷，应通过整改完善工程。主要问题有：①现浇混凝土防撞护栏施工冷缝衔接处不规则；②中央隔离带内防撞波形钢板护栏立柱底脚法兰连接螺栓因螺纹问题，使螺母与底法兰连接不牢固，有安全隐患，必须做处理使之连接牢固；③防撞波形钢板护栏端头部位有一处没有做成圆端头，应改成圆端头，保证安全；④桥梁墩柱钢板箍应在2007年上半年桥下辅路交工时，彻底完成防锈漆喷涮工序；⑤隔声屏障个别立柱底法兰处眼圈钢板偏小，应更换大眼圈。上述①、②、③项已完成，④、⑤两项监理工程师在工程现场监督实施。

在施工过程中项目处和总监办对各项工程均召开质量专题会及施工方案研讨会，适时制定各项工程质量要求及标准，明确施工方法，对重点施工项目或部位进行跟踪检查，发现问题及时整改。项目部质量保证体系的正常运转，使工程质量得到了保证，消除了质量隐患，杜绝了质量事故的发生。所完工的工程项目，经自检，平面位置、结构尺寸、强度、外观及使用性能等满足设计要求及施工技术规范规定，按《公路工程质量检验评定标准》(JTG F80—2004)评定，各项技术指标均符合要求，质量合格。其中，桥梁单位工程98.9分；道路单位工程98.4分；交通单位工程99.3分；隔声屏障单位工程98.1分；单位工程总体评分为98.6分。

第三节　运　营　管　理

目前，该路由北京首创股份有限公司京通快速路管理分公司负责运营管理，设有西马庄收费站（详见本书"附表"部分的表4-2-1），未设服务区。

第二十章
S50 五环路（来广营桥—来广营桥）

S50 五环路（原称"公路一环"）起于 G6 京藏高速公路（来广营桥）立交，按顺时针方向，跨 S11 京承高速公路、S12 首都机场高速公路、G102 京通快速路、G1 京哈高速公路、G2 京沪高速公路（京津塘高速公路）、G3 京台高速公路、G45 大广高速公路（京开高速公路）、G4 京港澳高速公路（京石高速公路）、G108、G7 京新高速公路，再接回到 G6 京藏高速公路的五环路起点，全长 98.58km。该路全线为全封闭、全立交双向六车道高速公路标准，路基宽度 28.5~35m，设计速度为 100km/h。

全线共建大型互通式立交 12 座，一般互通式立交 19 座，分离式立交 55 座（其中公路与铁路立交 12 座，跨河桥 21 座）、特大桥 11 座，铁路顶进箱涵 6 座，深槽路堑 7 段，人行天桥 16 座，通道桥 23 座，桥梁总数 259 座。建设道路总面积 472.27 万 m^2，桥梁总面积 69.4 万 m^2，绿化面积 343 万 m^2，填筑土方 1525.7 万 m^3，挖方 214 万 m^3。批复概算投资为 136.46 亿元。全线按高速公路标准设置齐备的安全、通信、监控、照明、收费等设施。

五环路分四期工程进行建设。从 2000 年 11 月开始陆续开工，2001 年 9 月第一期工程竣工并投入使用，至 2003 年 10 月全线建成通车。五环路共分 4 个阶段分期建设，一期工程为八达岭高速公路至机场高速公路；二期工程分为两段，二期 A 段为京石高速公路至京原公路，二期 B 段为京原公路至八达岭高速公路；三期工程为机场高速公路至京津塘高速公路；四期工程为京石高速公路至京津塘高速公路。

五环路是一条十分重要的城市环线高速公路。它位于市区与远郊区之间的城市边缘地带，距市中心 10~15km，连接着规划居住人口 200 多万人的北苑、酒仙桥、东坝、定福庄、垡头、南苑、丰台、石景山、西苑、清河 10 个边缘集团和亦庄卫星城，以及主要奥运场馆和科学城，并与北京市向外辐射的所有高速公路及国道、市道相交，是一条大容量的截流过境交通、疏导跨区交通的全封闭、全立交高速公路，也是一条城市快速交通干道。

在工程建设实施过程中，北京市首都公路发展有限责任公司严格执行基本建设程序，认真落实国家有关法律、法规、政策，自觉履行"国家统筹规划，有关部门审批把关，建设单位组织实施"的基本规定。认真履行项目规划、可行性研究、初步设计、招标、项目报建、开工报告等各项程序；依据国家发改委、交通部和北京市政府要求，严格落实项目法人责任制，完善法人治理结构，将项目的策划、资金筹措、建设实施、运营管理、债务偿还和资产保值增值等,通过内部机制的建立和完善落到了实处。党委、纪委与市重大办联合对在施工过程中各承包商开展工程建设管理及廉政建设情况的问卷调查,其满意率达到93.06%。

建设单位制定了17项工程建设管理办法,用于规范工程建设管理行为,力争使管理工作做到制度化、标准化、程序化。严格按照《中华人民共和国招标投标法》规定的方法和程序,本着"公开、公正、公平"的原则,面向全国公开招标,择优选择施工承包商和施工监理单位。行业主管部门监督招标全过程活动,公证处现场监督公证。五环路施工招标标段116个,参与投标的施工承包商都具有公路工程一级以上施工资质。各中标的施工承包商和施工监理单位都是经评标委员会评审,综合得分排名第一的推荐中标人。共有来自全国各地的93家施工、监理单位参与了五环路的工程建设。实行招标制,规范和培育了北京市高速公路建设市场,促进了公路建设市场的良性循环。五环路建设始终把质量管理放在首位,建立了"政府监督、社会监理、企业自保、业主负责"的四级质量保证体系,制定并严格推行各项质量管理制度,建立健全质量控制与评价体系,确保质量保证体系有效运作。经有关部门检测,分项、分部工程合格品率均达到100%,单位工程优良品率达到95%,建设工程质量为优良等级。先后获得"第六届詹天佑土木工程大奖""2005年度国家优质工程银质奖""国家优质工程奖30周年经典(精品)工程"等奖项(详见本书"附表"部分的表7-4-1)。

五环路作为重要的城市基础设施,对首都未来社会经济发展具有十分重要的作用。五环路的建成通车,极大改善了北京城市环境和交通条件,产生了十分巨大的社会、经济效益。主要表现在:为城市形成一条新的交通大通道,改善城市交通环境,为汽车使用者带来巨大的节约效益;促进五环路沿线及郊县土地与房产开发,进而加大投资与消费,并最终拉动地区生产总值增长而创造巨大的新增效益;对北京市城市布局和产业开发,以及改善环境都产生显著的效益。初步测算,五环路建成使用后,仅在20年评价期内可计算的各种效益就达到五环路总投资的10.7倍。此外,五环路对于促进沿线社会经济发展、城市现代化的建设,以及改善城市交通环境等方面还具有大量的难以定量计算的各种直接与间接的经济效益。

第一节 公路一环一期工程
(八达岭高速公路—机场路段)

一、项目概况

(一)基本情况

北京市公路一环一期工程(八达岭高速公路—机场路段)是五环路重要的组成部分,

起点位于 G6 京藏高速公路西侧,经北苑路、南湖渠东路、望京北路、北小河北滨河路,终点与首都机场高速公路相交,全长 15.2km,穿过北苑、清河和规划中的奥林匹克公园,设计速度 100km;双向六车道加连续停车带,部分路段设置辅路;沿线全线共设大型互通式立交 3 座,跨河桥 7 座,分离式立交 9 座,通道 9 座,人行天桥 7 座,设置了通信监控系统、照明系统、安全设施及临时收费系统,并配套建设了 38km 的市政配套设施。

工程路基土方总挖方量 12.3 万 m^3,填方量 168 万 m^3,桥梁面积 4.7 万 m^2,路面总面积 55 万 m^2。工程于 2000 年 11 月开工,2001 年 9 月建成。

(二)决策过程

为缓解北京东北部城郊交通拥堵状况,满足申办奥运会需要,批准建设五环路一期工程(当时以公路一环立项),公路一环一期工程紧邻北京申办 2008 年奥运会规划的奥林匹克公园,对整个奥林匹克公园建设具有关键作用,被北京市政府定为申奥工程之一。一期工程完成之后,将与四环路一南一北形成奥运场馆地区的快速通道,并在奥林匹克公园与首都机场之间架起一条高速通道。

(三)参建单位

参建单位详见表 9-20-1。

五环路一期工程参建单位表　　　　　　　表 9-20-1

勘察单位	北京市勘察院	
	中航勘察设计研究院	
设计单位	北京市市政设计研究总院	
监理单位	天津市道路桥梁工程监理公司(A 段)	
	北京希地工程咨询总公司(B 段)	
施工单位	标段	施工单位	起讫点
	A1	北京城建八道桥建设有限公司	K0+709.87 ~ K2+200
	A2	北京市市政二建设工程有限责任公司	K2+200 ~ K3+400
	A3	北京城建股份有限公司	K3+400 ~ K5+000
	A4	北京市市政三建设工程有限责任公司	K5+000 ~ K6+100
	A5	北京城建三建设工程有限公司	K6+100 ~ K6+650
	B1	北京市市政一建设工程有限责任公司	K0+000 ~ K1+100
	B2	北京市市政总公司	K1+100 ~ K2+751
	B3	北京市公路桥梁建设公司	K2+751 ~ K3+900
	B4	北京市公路桥梁建设公司	K3+900 ~ K5+600
	B5	北京市市政一建设工程有限责任公司	K5+600 ~ K6+900
	B6	北京市公路桥梁建设公司通州分公司	K6+900 ~ K8+550

二、建设情况

(一)准备阶段

1. 立项审批

2000年7月21日,北京市发展计划委员会下发《关于公路一环(北苑路至北新路段)建设工程项目建议书(代可研)的批复》(京计能字〔2000〕1129号);7月26日,北京市规划委员会下发《关于公路一环(北苑路—京顺路)规划方案及近期建设方案的批复》(市规发〔2000〕346号);8月25日,北京市规划委员会下发《关于公路一环(八达岭高速公路—北苑路段)规划方案的批复》(京规发〔2000〕472号),原则同意本次工程范围、规划方案、道路横断面布置、征地拆迁范围等事项;9月12日,北京市发展计划委员会下发《关于公路一环(北新路至京密路段)改扩建工程项目建议书(代可研)的批复》(京计能字〔2000〕1398号),批复了首发公司《关于公路一环(北新路至京密路段)改扩建工程项目建议书(代可研)的请示》,同意该项目实施;2000年10月27日,北京市规划委员会下发《关于公路一环(八达岭高速公路—首都机场高速公路段)初步设计的批复》(市规发〔2000〕635号),同意该工程范围等事项。

2001年10月10日,北京市规划委员会下发五环路一期工程建设用地规划许可证(2001规地市政字0021号);10月11日,北京市人民政府下发《关于朝阳区政府建设征地的批复》(京政地〔2001〕第78号)。

2. 招投标

本工程项目严格按照招标程序进行招投标,共设置了A、B两段,A段再分为5段,B段分为6段(各中标单位见表9-20-1),其中B6标段为五元桥工程。

3. 资金筹措

工程总投资控制在17亿元以内,其中工程费用约5.9亿元,由首发公司解决,征地拆迁费用约11.1亿元,由首发公司与沿线区政府共同解决。

4. 征地拆迁

该工程北苑路至八达岭高速公路段共用地762845m^2(粮田338300m^2,菜地10484m^2),新北路至京密路段共用地588642m^2(其中粮田227640m^2),北苑路至新北路共用地161570m^2(其中粮田2700m^2,菜地61000m^2)。新北路至京密路段工程征用来广营乡和南皋乡土地37.7公顷(合565.6亩),其中耕地22.764公顷(合341.5亩),另使用国有土地21.1579公顷(合317.4亩)。

(二)实施阶段

本工程质量目标定位较高,争创国优,因此从开工第一天起,各单位严格按照设计、施工技术规范进行施工。

本工程建设单位在工程的前期准备工作及施工过程汇总和工程的交工验收阶段,均认真有序地执行了基本建设程序,全面实行了项目法人责任制、招投标制、工程监理制和合同管理制。设计单位的设计工作优化合理,远期规划与近期实施相结合,满足并注重使用功能上的要求。各施工单位能够根据规范、设计和业主的要求严格按照监理程序办事,不断完善质量自保体系的建设,优质高效地完成了该项工程。

本段工程的实施过程按照 A、B 两段分别实录。

1. A 段工程

该段工程严格执行交通部公路、桥梁质量检查评定标准,材料管理执行"(94)京建质字第 315 号"文件,工程管理执行政府监察、社会监督、企业负责的方式,施工中加强预控管理,完善企业自身质保体系建设,在现场监理指导下工程始终处于受控状态。

A1 标段工程于 2000 年 12 月 23 日开工,2001 年 9 月 15 日竣工。该段主要变更有如下几条:施工中将主路基层厚度统一为 54cm,匝道基层厚度为 48cm;匝道底面层沥青混凝土由 AC-30Ⅱ改为 AC-30Ⅰ;路基防护工程中取消了边坡式装配式挡土墙,改为路肩式装配式挡土墙;一号桥以西主路南侧路宽由 11.5m 变为 12.5m。该标单位工程综合评分在 90 分以上,达到优良标准。

A2 标段工程于 2000 年 12 月 23 日开工,2001 年 9 月 15 日竣工。主要工程为林萃立交辅路工程。本工程根据特点,在填土工程中,采用掺加 5%~9% 白灰进行降水处理,填土部位达到 98 区后,采用回填级配砂石,确保密实度的要求。基层施工中将石灰粉煤灰施工分为两层,均采用推土机摊铺,刮平机找平,压实采用轻型振动碾静碾初压等措施。本标段的变更如下:辅路结构变更为 5cm AC-16Ⅰ、6cm AC-25Ⅰ、40cm 石灰粉煤灰砂砾。

A3 标段工程于 2001 年 5 月 1 日开工,8 月 25 日竣工。主要变更为主路桩号 K3+700~K4+120 段,旧清河导流渠部分先将底部淤泥清除干净,回填 80~110cm 厚的炮渣石,后回填一层天然级配砂石,后换填符合路基要求的素土至路基;主路路面机构由 76cm 变为 70cm,将石灰粉煤灰砂砾基层由 40cm 变为 34cm 等 6 项变更。本工程各道工序评定为优良,单位工程质量评定优良。

A4 标段工程施工单位进场后,为满足施工进度的需要,严格、合理地根据施工进度计划并行施工部署,本着"先地下,后地上"的原则,对桥梁桩基配套附属综合管进行了先期施工,精心组织,昼夜奋战,在 2001 年 4 月上旬完成了安立桥与仰山桥的承台施工并完成了污水管线工程,伐树、线杆改移、部分房屋拆迁及清表工作也均完成。其他地下构筑物如雨水、电信管道等也相应完成了计划工作量。根据项目处总体进度的安排,辅路先期贯通,保证交通导行是阶段计划中的一大重点,在地下构筑物进行施工的同时,辅路工程的施工也在紧锣密鼓地进行。由于本标段地处洼里乡,安立路以东拆迁量大,民扰问题严重,施工和建设单位花大力气加以解决,于5月上旬完成了此施工段的地下管线工程,并于5月底完成了辅路底层沥青混凝土的铺设,按工期保证了辅路通车,真正做到了"不辱使命"。在综合管线及辅路工程抢工期前,其他工程也在有条不紊地进行,4月底两座桥梁盖梁现浇完毕;5月上旬,桥梁承重梁吊装完毕,进入了桥面施工。辅路通车后,施工开始向主路转移,主路基层于7月中旬完成,桥梁防水于7月24日铺装完成,保证了7月25日主路沥青混凝土底层的摊铺;主路中、表层的摊铺在8月中旬前完成,最后于8月25日完成交通安全工程。本标段的变更主要有:主路路基大型挡土墙基础由于处于软土地基,进行了基础处理;取消主路北侧的边坡式挡土墙,改为钢板波形护栏,路缘带改为波形路缘石;主路面层沥青混凝土厚度比原来设计增加等。

A5标段工程于2000年12月23日开工,2001年8月25日完工。全长0.55km,含有跨线桥1座,人行桥1座,主路南北两侧有雨水管线2718.5m,污水管线1972m,雨水、污水检查井共146座。该工程坚持首件验收制,最后顺利完成施工任务,并得到了一致好评。其中,北苑路跨线桥桩基经过无破损检测,一类桩达到94.6%,无三类及以下桩。

2. B段工程

B1标段工程于2001年5月15日开工,2001年9月15日竣工。本段工程包括会议中心专用路、来广营西路、雨水、主路沥青混凝土表面层和主路更换混凝土坡形路缘石。施工中严把质量关,整个工程主体结构质量达标,符合设计文件及合同要求。

B2标段工程于2001年5月15日开工,2001年9月15日竣工。主要包括来广营西路、会议中心专用路及公路一环加减速车道、北苑东路立交道路Z1、Z2、Z3、Z4、Z5匝道等。经验收,该工程合格率为100%,工程质量达到优良。

B3标段工程于2001年4月15日正式开工,2001年8月15日竣工。本工程道路全长1148.96m,其中包含主线桥2座(来广营1号桥和2号桥)。其中,2号桥位于加宽缓和圆曲线上,且位于半径15000m的竖曲线上,这是本工程的一大特点。施工单位采用了新技术CFG桩加固处理,克服了夯实水泥土桩、水泥土搅拌桩、碎石桩等方法的缺点,具有施工周围地下管线无影响等特点。本段还采用了比利时FORTINET MEDIUM型热浸镀锌低碳钢丝点焊网等新材料。经检测,该工程总体质量达到优良,其中桩基144根,桩基合格品率为100%,优良率92%;盖梁24片,合格品率100%,优良率95%。

B4标段工程于2000年12月15日开工,2001年9月15日竣工。

B5标段工程于2001年1月开工,2001年9月竣工。该工程全长1350m,路面为双向六车道加硬路肩的两幅路形式,其中中央分隔带宽3m,每侧路面宽15.25m,每侧土路肩宽0.75m,共35m。

B6标段工程于2000年11月23日开工,2001年8月30日竣工。该工程为五元桥,位于京密路、机场高速公路与公路一环相交处,为连接公路一环的枢纽立交,其中包括8座桥梁(1号跨线桥、2号跨线桥、1号通道桥、2号通道桥、3号通道桥、北小河跨河桥、望京沟1号桥和望京沟2号桥),梯形排水沟524m,U形槽692m。经检测,单位工程均达到优良等级。

第二节　二期工程A段暨四期丰台段

一、项目概况

(一)基本情况

五环路二期A段、四期丰台段工程为北京市五环路的其中两段。二期A段起点位于京石路,终点位于京原路,全长5.94km;四期丰台段1号~3号标起点位于京石路,终点位于北天堂村南,全长6.301km。上述两段按全封闭、全立交的高速公路标准设计,三上三下车道,道路全宽28.2m,设计速度为100km/h。

这两段工程共设有与京石路相交处大型互通式立交1座(京石路立交);沿线跨线桥2座;高架桥2座,其中跨越石南编组站全长1181m。主跨采用转体斜拉桥结构,长度245m。通道桥7座,穿越京广铁路顶进箱涵1座;宛平城路堑箱涵结构隧道1处220m,提升泵站1处。沿线设有绿化带及交通安全设施。主要工程量:路基挖方14.88万m^3、路基填方216.82万m^3、道路总面积35.545万m^2、桥梁面积6.975万m^2、路堑面积2.3285万m^2。

该工程批准设计概算18.73亿元,其中征地拆迁费9.46亿元,建安工程费7.16亿元。五环路期A段、四期丰台段工程于2003年2月1日开工,2003年10月23日全部建成,具备交工验收条件。

五环路二期工程特点是:

(1)工期短,拆迁难度大

五环路二期A段、四期丰台段工程大部分位于石景山区和丰台区近郊城乡接合部。拆迁居民房屋和大型企业多、伐移树木多,并且该地区原有各类管线错综复杂,改移难度大,因此拆迁问题基本伴随工程实施的全过程,个别点对工程实施造成较大影响,特别是被列入控制性工程之一的宛平城大拉槽工程于2003年5月10日才具备大范围开工条件,液化气管线改移于2003年7月15日使四期1号标小月苑高架桥西侧路基才具备填方条件。

全部施工工期不足 9 个月,而且工程准备时间短,开工时许多场地拆迁不能全部完成,影响了局部工程的工期计划。

(2)大型构造物复杂

五环路二期 A 段、四期丰台段中大的桥梁不仅有连续箱梁及钢混凝土叠合梁,而且跨石景山南站编组转体斜拉桥结构是在北京市首次采用,施工技术和施工工艺复杂。此外,为保护宛平城和卢沟桥历史文物、配合景观,在该段 700m 处采用抗渗、抗浮路堑结构,其中箱涵通道 200m。

(3)路基填方高,施工难度大

五环路二期 A 段、四期丰台段,特别是与永定河共堤路段填方与永定河大堤基本同高,填方最高约为 11m,全线填方约 216 万 m^3,21km 中有 8km 与永定河傍堤而行,既要克服粉砂土对路基填方的影响,降低工程造价,同时更要满足公路和水利的双重规范标准。

(4)涉及水利设施多,且施工用水贫乏

五环路二期 A 段、四期丰台段有 8km 路段傍永定河东堤而行,其中部分路段与永定河堤路合一,且多处跨大兴灌渠,需改造大兴灌渠 4184m。凡涉及水利设施的工程项目,不仅要满足高速公路的质量标准,还要达到水利设施的质量要求,在施工过程中同时接受北京市委质量站和水利质量监督两个部门的质量监督。

另一方面,施工地处永定河东岸,地下水位较低,挖深 30m 未见地下水,因此当地水源匮乏,施工和环保用水相当困难。

(5)施工图设计滞后

由于五环路二期 A 段招标时采用的图纸是初步设计,施工图设计在施工单位进场后陆续提供,出现等图施工现象,工程变更难免发生,变更数量加大,给造价控制造成困难。

(6)协调工作量大

本工程有多处跨越铁路,有 8km 的路段与永定河共堤,主线还从宛平城和卢沟桥文物古迹旁经过。因此,除了要争取铁路、水利、文物等部门的支持合作外,还要争取沿线乡镇街道、厂矿企业的理解支持。因此施工需协调配合的部门较多,制约因素增加。

(7)交通导改复杂,文明施工环保要求高

本工程地处北京市近郊区,现况京石高速公路和京周路是北京市西南方向的主要交通干道,五环路施工不能将当地的原有交通中断,特别是京石立交中的京周路桥的交通导改不仅路线长、难度很大,而且交通量大,组织不好可能影响当地的正常交通。因此在制订、实施交通导改方案时一定要周密,不能有丝毫疏漏。另外由于施工区域毗邻厂矿、居民住房和主要交通干道,给文明施工和环保工作提出了新的要求。

(二)主要参建单位

参建单位详见表 9-20-2。

五环路二期工程 A 段参建单位表　　　　表 9-20-2

建设单位		北京市首都公路发展有限责任公司
设计单位		北京市市政设计研究总院
		铁道专业设计院
监理单位		北京正宏监理咨询有限公司
施工单位	标　号	施 工 单 位 名 称
	A1 号标	北京市公路桥梁建设公司、北京市京水建设工程有限责任公司联合体
	A2 号标	北京鑫旺路桥建设有限公司、北京翔鲲水务有限公司联合体
	A3 号标	北京铁路建设集团有限公司
	A4 号标	北京市政建设集团
	A5 号标	中铁十四局集团有限公司
	A6 号标	中铁大桥局集团有限公司、北京铁路建设集团有限公司联合体
	A7 号标	北京鑫畅铁路建设有限公司
	S1 号标	安通建设有限公司
	S2 号标	北京市市政二建设工程有限责任公司
	S3 号标	北京市市政二建设工程有限责任公司、北京金河水务建设有限公司联合体
	路面标	北京市公路桥梁建设公司
	交通工程标志标线标	山西路达实业总公司
	交通工程护栏标	北京云星宇交通工程有限公司
	交通工程照明标	北京良业照明工程有限公司
	防眩板设施	北京市汉威达交通运输设备有限公司
	绿化工程 1 号标	北京碧森盟绿化工程有限责任公司
	绿化工程 2 号标	北京大华绿化工程有限公司

二、建设情况

(一)准备阶段

1. 立项审批

2001 年 6 月 11 日,北京市规划委员会下发《关于五环路(京原路—京津塘高速公路)规划方案的批复》(市规发〔2001〕647 号),原则同意该段工程范围、设计标准、规划方案、横断面布置方案、出入口和收费站设置等问题。

2002 年 9 月 30 日,北京市规划委员会与北京市发展计划委员会联合下发《关于五环路(京原路—京津塘高速公路)道路初步设计批复》(市规发〔2002〕1318 号)。

2. 招标工作

五环路二期 A 段、四期丰台段工程的 10 个路桥施工标段、2 个交通工程施工标段和 1 个监理单位都是严格按照《中华人民共和国招标投标法》和北京市、交通部的有关规定，按照公开、公正、公平的招标原则，面向全国公开招标，经专家评标，择优选定的。1 个路面施工标段、2 个绿化施工标段、1 个照明施工标段的施工单位是经北京市重大办批准，采用邀请招标、专家评标、择优选定的。

3. 征地拆迁

征地拆迁工作按以下原则进行，即掌握政策、熟悉情况、数量准确、权属清楚、作价合理，依靠政府、利用中介、服务工程、统筹组织、专业实施。

征地拆迁工作由公司拆迁部统筹组织完成。项目管理处拆迁部配合施工开展具体施工工作。征地拆迁工作政策性强，直接涉及各方利益，难度极大，在当地政府的配合下，五环路二期 A 段、四期丰台段工程地上拆迁于 2003 年 7 月基本完成。

五环路二期 A 段、四期丰台段全线共征占用土地 1442.85 亩，拆除各类房屋 10.99 万 m^2，伐移各种树木 15.63 万株，电力高压线路改移 35 条 17.5km，新建塔 8 座，低压线路改移 22 条 9km，通信电缆 76 条 36km，通信光缆 45 条 83km，燃气管道 5 条 4km，雨污水管道 2 条 0.8km，自来水管道 22 条 10km，改通信基站 1 座，改移配电室 3 个、变压器 9 台。

(二)实施阶段

1. 工程管理工作

在工程建设过程中，严格执行项目法人责任制，建立和完善项目法人治理结构，重大决策都经首发公司董事会批准，使工程建设始终处于受控状态。

(1)工程质量管理

为保证工程建设顺利进行，组建了五环路(二期)项目管理处。项目管理处有五部一室，即工程部、拆迁部、监理部、技术部、保安部、综合办公室。公司委派一名董事任项目法人代表，全权负责五环路二期工程建设和实施。项目管理处总经理、副总经理、总工程师及各部室负责人按规定程序和办法聘任。项目管理处详细制定了各部门的岗位责任，按照组织精干的要求，充分利用社会中介组织参加工程建设管理。在项目法人代表领导下，项目管理处负责工程建设的日常管理。项目管理处按照北京市首都公路发展有限责任公司确认的"四坚持、两坚持、三确保"工程建设管理基本思路和首发建设公司制定的《工程建设管理办法》依法合规地开展工程建设工作。

管理处理清质量管理体制，建立了质量保证体系。在工程建设的全过程，始终将质量管理放在第一位。严格实行建设单位全面负责,监理单位控制,设计、施工单位保证和政府监督相结合的质量管理体制,建立了"政府监督、社会监理,企业自保"三级质量保证体系。参与工程建设的各个方面,加强质量管理,使工程质量始终处于受控状态。

(2)进度管理

实行工程目标管理,确保工程建设按期完成。项目管理处将北京市首都公路发展有限责任公司下达的工程建设管理目标进行分解、量化后,分别下达到各部室、各监理办和各施工单位,并与各部室和各单位签订目标管理责任书,各部室、各监理办和施工单位层层签订目标责任书,做到责任到队、责任到组、责任到人。

项目管理处根据公司制定的《工程建设目标管理办法》确定五环路二期A段、四期丰台段工程阶段目标管理实施细则,对施工单位和监理单位实行工程阶段目标管理,通过阶段考评实现"优质优价,优监优酬"。

五环路二期A段、四期丰台段工程建设划分为3个阶段,在完成项目管理处下达的阶段目标计划前提下,进行工程质量、文明安全施工和合同履约三个方面的考评,按规定给予奖励。第一阶段为2003年2月1日—5月25日;第二阶段为2003年5月26日—8月25日;第三阶段为2003年8月26日—10月25日,并且明确了各阶段施工进度目标。

(3)合同管理

项目管理处在各施工及监理单位进场后,从人员资质、工地试验室建设、执行监理指令、准确计量、保证体系、分包管理等方面对各单位进行了第一次履约检查,对于履约情况不佳的施工或监理单位,采取加强巡查、口头指令、书面通知等措施责令限期整改,不断督促其强化履约意识,收到了较好效果。项目管理处每月进行日常履约检查,并将检查结果计入项目管理处的阶段目标考核结果,同时将履约检查结果计入该单位的履约档案,当该单位投标时,其履约表现将作为履约评分的主要依据。

(4)资金管理

严格资金管理,确保专款专用。为做到建设资金专款专用,各项工程建设费用的支出均以合同或协议书为依据,按规定程序办理支付手续。工程建设资金没有被挪用现象。为防止工程建设资金不合理外流,合同规定中标单位在建设项目所在地银行设专项资金账户,项目管理处委托银行资金专管员对各单位资金使用情况进行监督。

(5)工程造价管理

为有效控制工程造价不超概算,主要采取以下措施:制定《工程变更与索赔管理办法》,严格履行审批程序;开工前总监办、驻地办对全线地表进行了测量,管理处进行抽验,以确保土方计量准确;依据施工图核实工程量清单(原清单是初步设计编制的),按核实后的工程量清单,作为计量的依据;成立专业组,确定、核实路基不适宜材料的换填范围和数量;召开 T 梁加工、运输协调会,控制了 T 梁加工和运输价格。

2. 交工验收

本工程共划分单位工程 107 个,分部工程 328 个,分项工程 1379 个。按照《公路工程质量检验评定标准》和《公路工程竣工验收办法》,监理工程师进行了质量评定,分部、分项工程合格率 100%,单位工程优良品率达到 95%,工程质量等级达到优良级标准。

弯沉代表值为 9。路面平整度抽测双向六车道,合格率为 100%,平均值 0.76mm。路面抗滑摩擦系数合格。沥青面层厚度抽测双向六车道,合格率 100%。

三、新技术与新工艺的应用

（一）桥梁转体施工技术

五环路石景山南站转体斜拉桥工程为全国转体吨位最大的斜拉桥,它既是北京市第一座斜拉桥,又是第一座转体桥,其斜拉索单索应力居当时全国第一,它的建成填补了北京市建桥史上的空白。应用桥梁转体施工技术,节省工程建设费用约 2600 万元,降低了对国家铁路运输干线的干扰,减少运营损失费 960 万元以上,同时缩短了 6 个月的建设工期。"转体法施工的曲线斜拉桥关键技术研究"课题的研究也荣获北京市科学技术进步一等奖。

跨越石景山南站编组站咽喉区部分,鉴于桥下七组现况铁路线运营繁忙,且有 27kV 接触网高杆,采用对铁路运营影响最小、后期运营管理成本最低、综合投资最省的转体法施工混凝土部分斜拉桥方案。

转体斜拉桥 3 号主墩转体球铰直径达 3.8m,是由转体中心轴、聚四氟乙烯球、黄油、聚四氟乙烯粉、上下球面体构成的摩擦副结构,它是转体能否顺利实施的关键部位,为目前国内直径最大的球铰。

在斜拉桥主桥主梁施工中,改变以往主梁分多段施工,将主塔先行完成,分段进行拉索的经验,结合本工程结构形式的特殊性及施工周期较短的特点,经与设计单位协调,将主梁分为三段浇筑,主梁主塔平行作业,最后一次拉索,对称张拉。

在斜拉桥主梁施工中,改变主梁预应力束配置,拉架短束,每段完成后先进行短束张拉,最后对整个主梁进行通长张拉,较好地解决了大体积混凝土裂缝问题。在斜拉桥主塔施工中,采用预制定型大模板,每 6m 一节,翻转施工,有效地保证了主塔混凝土外观质量。

斜拉桥转体过程中,首先由预先设置的主千斤顶加载助推力至80t,而后助推千斤顶开始启动,牵引索同时跟进,连续张拉牵引,使整个转体结构匀速平转,至转体部分梁端中心线与边墩现浇中轴线端头相距设计位置1°角时,降低牵引索千斤顶供油量,使整个平转体减速,开始采用点动操作,逐渐移动至转体部分梁体与边墩现浇段梁体中轴线重合,完成转体。

（二）混凝土裂缝解决方案

在宛平城大拉槽侧墙、中墙施工中采用预制整体定型大模板,取消对拉螺栓,有效地保证混凝土外观,解决裂缝问题。

（三）用直接滚轧直螺纹连接钢筋

斜拉桥主塔钢筋绑扎施工中,由于主塔柱内劲骨架、索道管、纵横向预应力筋密布,加之塔柱变截面多、钢筋连接条件差,采用直接滚轧直螺纹连接方式,即采用滚轧机,在钢筋端头滚轧出连接螺纹,然后用连接螺母(套筒)将钢筋连接接长,具有强度高、抗疲劳性好、经济性好、易于操作等特点。

（四）蓝派（LANDPAC）冲击压实技术

在本工程道路施工中为确保土方填筑质量,采用了蓝派（LANDPAC）冲击压实技术对填方路段进行追压。

（五）采用可生物降解技术

全线采用高科技环保型抑尘剂,使土壤细小颗粒凝结成大胶团,形成膜状结构,达到减少扬尘污染的效果,同时利用可生物降解技术来减少材料的二次污染,同时不影响自然植被的生长。

（六）提高混凝土抗折强度方案

在宛平城大拉槽底板二灰施工中,采用三层二灰整体连续摊铺,保证二灰结构的完整性,完成后各项试验检测结果表明效果良好。全线桥面铺装混凝土中掺加聚丙烯纤维,以达到提高混凝土抗折强度,抑制混凝土塑性收缩龟裂,防止受力钢筋腐蚀的目的。全线透层油采用"壳牌"沥青产品,以保证二灰基层与沥青底面层黏结牢固,形成一个整体。

第三节　二期工程（京原路—八达岭高速公路段）

一、项目概况

（一）基本情况

五环路二期工程为北京市五环路的西北段，是北京市2002年60项重大工程之一。该工程起点位于京原路，终点位于八达岭高速公路（与五环路一期工程相接），全长22.85km，全线行车速度100km/h。全线共设有大、小桥梁76座，其中互通式立交6座，高架桥3座，桥梁总面积24万m^2，路基填方240万m^3，挖方70万m^3，主、辅路建筑沥青面层面积共计106万m^2。

该工程批准设计概算35.94亿元，其中征地拆迁费13.17亿元，建安工程费18.74亿元。

五环路二期控制性工程于2001年11月28日开工，全线自2002年1月15日起进行见缝插针式施工，截至2002年10月29日，除1号、2号（K0+000~K1+300）标外全部建成，具备交工验收条件。

五环路二期工程特点是：

（1）规模大。桥梁面积、投资规模和拆迁工作量居已建成和在建高速公路项目之首。

（2）施工环境复杂，敏感点多。路线位于城乡接合部，经过圆明园、颐和园、香山、植物园、游乐场等重要旅游景点，沿线有体育大学、中央党校、军事科学院、北方工业大学、石景山医院等党和国家的重点院校、单位和重要设施。

（3）工程交叉点多。除了与12条重要交通干道相交外，跨穿铁路4处，跨越河渠14处，地上有110kV和220kV高压输电走廊，地下有超高压天然气管道，需要和各有关单位协调配合。

（4）施工难度大。受京包铁路高架桥、圆明园西路立交、红山口高架桥、阜石路立交、复兴路高架桥、京原路立交等地上物影响及结构自身的技术要求，施工难度极大。

（5）质量标准高。五环路是举办奥运会的奥运大道，五环路的建设要体现出首都乃至中国的高速高路建设水平，五环路的工程目标是争创国优。

（6）工期短。施工工期仅有9个月，而且工程前期准备时间短，地上物拆迁严重滞后（6月下旬才基本完成），工程实施只能重点或局部向前推进，施工工期更显紧迫。

(二)主要参建单位

参建单位如表9-20-3所示。

五环路二期工程参建单位表　　　　　表 9-20-3

建设单位	北京市首都公路发展有限责任公司	
设计单位	北京市市政工程设计研究总院	
	北京市市政工程监督局	
	北京逸群工程咨询有限公司	
监理单位	江苏华宁交通工程咨询监理公司	
	北京任邦工程监理有限责任公司	
	北京市高速公路监理有限公司	
施工单位	标　号	施工单位名称
	1号标	北京鑫实路桥建设有限公司
	2号标	北京铁路建设集团有限公司
	3号标	北京城建集团有限公司
	4号标	北京铁路建设集团有限公司
	5号标	北京市政建设集团第一工程处
	6号标	北京铁路建设集团有限公司
	7号标	北京鑫路路桥建设有限公司
	8号标	北京城建三建设工程有限公司
	9号标	北京城建三建设工程有限公司
	10号标	北京城建一建设工程有限公司
	11号标	北京市市政二建设工程有限责任公司
	12号标	北京建工集团建设有限公司
	13号标	北京鑫路路桥建设有限公司
	14号标	北京鑫旺路桥建设有限公司
	15号标	北京市市政二建设工程有限责任公司
	16号标	哈尔滨市公路工程处
	路面1号标	北京市政建设集团有限公司
	路面2号标	北京城建三建设工程有限公司
	交通工程安全设施1号标	北京市高速公路交通工程公司
	交通工程安全设施2号标	北京市深华科交通工程有限公司
	交通工程照明1号标	北京市市政六建设工程有限公司
	交通工程照明2号标	北京城建新图工程有限责任公司
	防眩板设施	北京市汉威达交通运输设备有限公司
	绿化工程1号标	中外园林建设总公司
	绿化工程2号标	北京碧森盟绿化工程有限责任公司
	绿化工程3号标	北京天华绿化工程有限公司

二、建设情况

(一)准备阶段

1. 立项审批

2000年12月4日,北京市发展计划委员会提交《关于申请批准北京公路一环建设工程项目建议书的请示》(京计基础字〔2000〕2014号),并得到国家发改委的批示。

2001年3月1日,北京市规划委员会下发《关于公路一环(京原路—八达岭高速公路段)设计方案的批复》(京规发〔2001〕219号),同意该工程的工程范围、设计标准、设计方案等事项。

2. 招标工作

五环路二期工程的16个路桥施工标段、2个交通工程施工标段和3个监理单位都是严格按照《中华人民共和国招标投标法》和北京市、交通部的有关规定,按照公开、公正、公平的招标原则,面向全国公开招标,经专家评标,择优选定的。2个路面施工标段、3个绿化施工标段、2个照明设施施工标段的施工单位是经北京市重大办批准的,采用邀请招标、专家评标,择优选定的。

3. 征地拆迁

征地拆迁工作按以下原则进行,即掌握政策、熟悉情况、数量准确、权属清楚、作价合理,依靠政府、利用中介、服务工程、统筹组织、专业实施。

征地拆迁工作由公司拆迁部统筹组织完成。项目管理处拆迁部配合施工开展具体施工工作。征地拆迁工作政策性强,直接涉及各方利益,难度极大,在当地政府的配合下,五环路二期工程地上物拆迁工作(1号、2号标)于2002年6月底基本完成,1号、2号标地上物拆迁工作于同年9月基本完成。

五环路二期工程共征地1.74万亩,伐移树木39.13万株,拆迁房屋28.45万m^2,各种管线拆改移共67条79.3km。

(二)实施阶段

1. 工程管理工作

(1)质量管理

在工程建设的全过程将质量管理放在第一位。严格实行建设单位全面负责,监理单位控制,设计单位、施工单位保证和政府监督相结合的质量管理体制。建立了"政府监督、社会监理、企业自保"的三级质量保证体系,参与工程建设的各方面,加强质量管理,使工程质量始终处于受控状态。明确了建设单位是项目建设质量管理的第一责任单位，建设单位的主要领导是工程质量管理的第一责任者，项目管理处是建设单位的派驻机构，代表建设单位实施管理。实施过程中，项目管理处和项目管理处总经理承担工程建设管理的主要责任。项目管理处制定了严格的质量管理办法和切实可行的质量保障措施，承担质量管理第一责任。

设计单位除了按国家颁布的标准、规范和批准的方案把好设计质量关之外，在施工期间，派专人到施工现场进行设计后续服务和各阶段的技术交底，从而达到了解设计文件执行情况和指导施工的目的。任何设计变更经过设计负责人和项目管理处总工程师的批准后组织实施。

各施工单位项目经理部的质量保证体系做到了组织落实、措施落实，除严格按合同、按规范、按监理程序组织施工外，建立了"横向到边、纵向到底、控制有效"的质量自检制度。切实执行质量"一票否决制"，确保施工质量。

监理单位的各监理办严格按招标文件的要求配备监理人员，根据监理规划制定本监理段的监理工作实施细则，明确岗位责任制和工作目标，严格按监理程序开展"三控两管一协调"的工作。

本项目的监督单位制定了详细的监督规划和有效的监督措施，在开工前对建设单位和施工单位进行了监督交底。派专人到现场实施质量监督，强化施工过程的监督检查，及时进行质量评定工作。

（2）进度管理

项目管理处对首发公司下达的工程建设管理目标进行分解、量化后，分别下达到各部室、各监理办和施工单位，并与各部室和各单位签订了目标管理责任书，各部室、各监理办和各施工单位签订层层目标责任书，做到责任到队、到组、到人。项目管理处根据首发公司制定的《工程建设项目管理办法》确定五环路二期工程阶段目标管理实施细则，对施工和监理单位进行工程阶段目标管理。通过阶段考评实现"优质优价、优监优酬"。

（3）合同管理

项目管理处在各施工及监理单位进场后，从人员资质、工地试验室建设、执行监理指令、准确计量、保证体系、分包管理等方面对各单位进行了第一次履约检查，对于履约情况不佳的施工或监理单位，采取加强巡查、口头指令、书面通知等措施责令限期整改，不断督促其强化履约意识，收到了较好效果。

（4）资金管理

严格资金管理、确保专款专用。为做到建设资金专款专用，各项工程建设费用的支出均以合同或协议书为依据，按规定程序办理支付手续。工程建设资金没有被挪用现象。为防止工程建设资金不合理外流，合同规定中标单位在建设项目所在地银行设专项资金账户,项目管理处委托银行资金专管员对各单位资金使用情况进行监督。

(5)工程造价管理

为有效控制工程造价不超概算,主要采取以下措施:制定《工程变更与索赔管理办法》,严格履行审批程序;开工前总监办、驻地办对全线地表进行了测量,管理处进行抽验,以确保土方计量准确;依据施工图核实工程量清单(原清单是初步设计编制的),以核实后的工程量清单作为计量的依据。

2. 交工验收

本工程共划分为单位工程185个,分部工程779个,分项工程11561个。分部分项工程合格率为100%,单位工程优良品率达到95%,建设工程质量为优良级。

三、科研成果

(一)地基处理

阜石路立交坐落于原废弃的砂石坑上,坑内垃圾、渣土厚度约30m,在这样的地基上修建大型立交桥在北京尚属首例,如何保证处理后的地基能够满足桥梁、道路承载力的要求,以及保证处理后的地基今后的沉降量及地基承载力能够达到路桥设计的要求,是本次地基处理的关键。经过项目处、设计、勘察及有关专家的反复论证,最终采用分层强夯处理、挤密桩、CFG、DDC桩相结合,按不同的土层采用不同的方法,有针对性地采取了单一或组合的处理方案,解决高填方施工减小沉降与环保利用建筑渣土消纳的新技术。通过地勘部门的检验,证明对大砂坑的处理达到了设计标准的要求。

(二)新技术在桥梁施工中的应用

(1)在桥梁施工中,采用了大型定型钢模板,用于香泉环岛现浇后张预应力连续箱梁、莲花形大型异形墩柱以及异形箱梁结构,使浇筑后的结构物外观线形美观,边角整齐,没有跑模、漏浆现象。

(2)针对大型桥台混凝土易产生裂缝的通病,项目部召开了多次大型研讨会,采取了增加抗裂钢筋、加密真缝、适时拆模、控制混凝土坍落度、使用微膨胀剂等技术措施,使大体积桥台的裂缝问题有了很大的改善。通过试验,取得了经验,在拉槽高大且薄的侧墙混凝土的施工中,有效地防止了混凝土的裂缝。

(3)针对第14号合同标段西立交拉槽,施工设计采用了大型组合拼装定型钢模板及支护体系的特点,有效地解决了传统模板工艺中采用对拉螺栓的问题,使浇筑的拉槽侧墙表面颜色均匀,外观一致。这在北京市当时的拉槽施工中还没有先例。

(4)在桥面铺装的施工中,推广使用了新型的振动整平机,使桥面磨耗层施工工艺达到了平整、粗糙适中的要求。全线推动了现浇防撞墩施工技术,为解决防撞墩冻融问题、提高结构质量打下良好的基础。

(5)在桥面防水工艺中,为解决弯、坡、斜桥防水层容易滑动的问题,试验采用了刚柔结合型防水材料。

(6)冬季施工中,为控制指导拆模时间,加大了测温观测力度,总结了一套冬季施工混凝土内外温差的数据,使冬季施工混凝土的措施更趋完善。

(7)该工程还采用了无纺布覆盖、包裹养护技术。

(8)在红山口高架桥中使用了目前尚属专利的新型拉力支座,并在此单跨70m全联201m的大跨径的箱梁模板支撑上,成功使用军用大型组合桁架梁做上部箱梁支撑。排架基础针对混凝土坑地质情况采用嵌岩桩技术处理,形成了一套完整的模板拆装支撑系统。实践证明,这套排架模板体系安全可靠,符合质量标准,切实可行。

(三)采用环保工艺

(1)环保导流槽。在跨京密引水渠的施工中,成功地应用了先进的钢模加铺聚乙烯(PVC)防渗薄膜渡槽导流工艺,有效地解决了施工围堰导流方案对河水的污染问题,使京密引水渠的水源没有因为施工影响造成污染,这在当时施工围堰中属于较先进水平。

(2)清除沿线渣土垃圾约40万m^3,整治周边环境。

(3)进行水土保持方案设计,并经水利部门专家评审通过,直接或间接用于水土保持的费用达4000余万元。

(4)对山体岩石坡面进行绿化,绿化工程作为工程的一部分与土建主体工程同时完成,征地线绿化总面积66万m^2。此外,还建设隔音墙2600m。

第四节　三期工程(首都机场高速公路—京津塘高速公路段)

一、项目概况

(一)基本情况

北京市五环路三期(首都机场高速公路—京津塘高速公路段)工程,起点为机场路立交,终点为京津塘立交,全长23.9km。该工程按全封闭、全立交的高速公路标准设计,设计速度100km/h,道路全宽35.5m,为双向六车道加连续紧急停车带,设计荷载汽车—超20,挂车—120级。

该工程的主要结构物有特大桥4座,大型互通式立交5座,其他立交10座,跨河桥9

座,通道桥 7 座。主要工程量:路基土方 473 万 m^3,沥青混凝土路面面积约 110 万 m^2,桥梁总面积约 22.6 万 m^2,桩基 2272 根,T 梁 2769 片,主要路用材料二灰砂砾 136 万 t,沥青混凝土 27.6 万 t,改性沥青 10.8 万 t。全线并建有安全、通信、监控、照明、收费等各项功能较为齐全的设施。

(二)主要参建单位

五环路三期工程的参与单位详见表 9-20-4。

五环路三期工程参建单位表　　　　表 9-20-4

	标　号	施 工 单 位 名 称
建设单位		北京市首都公路发展有限责任公司
设计单位		北京市市政工程设计研究总院
监理单位		江苏华宁交通工程咨询监理公司
		北京市高速公路监理有限公司
监督单位		北京市市政工程质量监督站
施工单位	1 号 A 合同段	北京城建三建设工程有限公司
	1 号合同段	北京城建道桥工程有限公司
	2 号合同段	北京铁路建设集团有限公司
	3 号合同段	北京鑫路路桥建设有限公司
	4 号合同段	路桥集团国际建设股份有限公司
	5 号合同段	北京城建集团有限责任公司
	6 号合同段	路桥集团第一公路工程局第一工程公司
	7 号合同段	福建省第二公路工程公司
	8 号合同段	北京城建集团有限责任公司
	9 号合同段	北京市公路桥梁建设公司
	10 号合同段	北京鑫畅路桥建设有限公司
	11 号合同段	北京市市政一建设有限责任公司
	12 号合同段	北京城建集团有限责任公司
	路面 1 号合同段	北京鑫畅路桥建设有限公司(顺义分公司)
	路面 2 号合同段	北京鑫路路桥建设有限公司
	交通安全 1 号合同段	北京市高速公路交通工程公司
	交通安全 2 号合同段	北京云星宇交通工程有限公司
	防眩板合同	北京汉威达交通运输设备公司
	主线照明 1 号合同段	北京创安利市政建设工程有限公司
	主线照明 2 号合同段	北京云星宇交通工程有限公司
	绿化 1 号合同段	北京金五环风景园林工程有限责任公司
	绿化 2 号合同段	北京市高速公路绿化公司
	绿化 3 号合同段	北京市京石园林绿化有限公司

二、建设情况

(一)准备阶段

1. 立项审批

1999年12月,北京市首都公路发展有限责任公司委托北京市市政工程设计研究总院进行北京市五环路(首都机场高速公路—京津塘高速公路段)工程设计。

2001年4月13日,国家计委以计基础〔2001〕576号印发《国家计委关于审批北京公路一环项目建议书的请示的通知》批准了本项目。5月23日,北京市规划委员会以市规发〔2001〕568号文批复了该工程的设计方案。11月22日,国家计委以计基础〔2001〕2452号印发《国家计委关于审批北京公路一环工程可行性研究的请示的通知》,批准了该工程的可研报告。同年12月3日,北京市规划委员会、北京市发展计划委员会以市规发〔2001〕1187号审查批复了本工程的初步设计。12月,北京市市政工程设计研究总院完成了施工图设计,并由北京市首都公路发展有限责任公司委托中国国际工程咨询公司对施工图进行了审核。

2002年2月11日取得了京国土房管征〔2002〕133号文《关于同意五环路三期控制性工程先行施工的函》。

2. 招标工作

北京市五环路三期工程从2001年8月开始着手编制资格预审和招标文件,并于2001年10月20日在《北京日报》和《中国经济导报》上发布了招标信息。到2002年12月30日发中标通知为止,先后举行了现场考察会、标前会、开标会等一系列招投标活动,严格遵照招投标法的有关规定,最终选定13家施工企业为中标单位,同时确定了2家监理公司,并与1家监督单位签订了质量监督委托协议。

3. 征地拆迁

五环路三期工程和征地、拆迁工作于2001年10月开始进入订桩、放线,组织实施基本情况摸底调查。2001年10月25日申报了五环路三期工程征地规划选址,于2001年11月2日取得了意见书。

2001年11月报请北京市国土资源部和房屋土地管理局申请五环路三期工程重点控制性工程提前进地的请示。首发公司委托相应有资质的权威部门对该工程地质灾害、重要矿藏及文物进行了勘测和评估。在与地方政府反复核实确认拆迁数量后,于2002年12月20日、2002年1月29日分别与大兴区政府、朝阳区政府签订了征地拆迁大包干协议书。

(二)实施阶段

1. 工程管理工作

根据以往工程管理经验,结合五环路三期工程的实际,在施工期间,项目管理处制定下发了具体的实施管理细则,力求使各项管理工作达到制度化、规范化、程序化的工作原则。一方面在施工过程中不断总结完善各项规定和管理办法,使之更具有针对性、实现性和可操作性;另一方面通过组织各单位项目经理定期现场互相观摩学习和阶段考评,交流工程管理经验。营造一个积极进取、相互竞争的环境,增强施工各方的履约意识,有效推进了工程质量、进度、造价管理水平的提高。

(1)工程质量管理

在工程实施过程中,贯彻执行业主负责、政府监督、社会监理、企业自保的立体质量管理体系,监理部门、施工单位保证工程质量的有效控制,建立了内部的质量管理体系,做到横向到边、纵向到底、管理有效,对档案资料设专人管理,使质量管理工作系统化、标准化、程序化,并建立、推行阶段目标考核制度。积极配合北京市市政工程质量监督站对本工程项目的监督工作,定期或不定期请监督部门对施工单位进行监督检查,对监督部门提出的有关质量及管理程序执行过程中存在的问题,项目处给予高度重视,要求监理单位和施工单位具体落实整改,并对整改结果进行复查,保证工程质量优质、合规。在施工过程中,实行首件验收制,将首件作为样板工程验收,质量标准直观、明确,起到示范作用。同时,充分发挥监理的作用。项目处对监理依靠而不依赖,尊重监理而不丧失原则。加强日常工地巡视,检查监理坚守岗位情况。

(2)工程进度管理

实施阶段目标,确保工程进度。在实施过程中,首先,项目处根据上一阶段目标完成情况,及时调整下一阶段目标并及时下发监理和各施工单位,使施工单位和监理在工程的实施上有各自明确的目标和管理重点。同时,项目坚持日常检查与每月定期检查,通过对施工单位工期进度、履约情况、质量保证体系,施工原始资料、计量直汇付等方面的检查,使各施工单位之间形成相互竞争的局面,从而达到优质优价、优监优酬的目的,以确保工程进度按计划实施。

实行例会制度,及时召开协调会,确保工程顺利实施。五环路三期工程开工前项目处建立每周两次例会制度,即每周六项目处与监理人员的例会和每周一项目经理例会制度,并在工程实施过程中贯彻于始终。

(3)严格合同管理

根据合同条款要求,施工单位对质量目标进行分解和落实,进场材料检验、施工测量复核、技术交底、设计变更等各种施工记录等都要有专人负责和记录,强化质量管理,起到按合同要求制约和规范监理单位、施工单位的作用。根据公司下达的质量目标,确定工程质量合格率为100%,优良品率为90%以上。创市优,争国优。

(4)工程造价控制

在工程实施过程中,合同部与监理单位的合约工程师严格把关,从变更工程的立项、确认到变更费用的预算、审批,层层把关,做到及时、准确、合理,使工程造价得到有效控制。本工程造价比设计概算降低5%以上。

(5)文明施工、交通导流管理

为保证工程顺利实施,项目处认真编制了《文明安全施工管理办法》和《文明安全工地考核标准》等,并与各合同段签订了目标责任书。由于此工程设计交通环境复杂,跨多条高速公路和地方道路,与交管部门协作,交通导改30余次,保证了工程的实施和社会交通的安全。在各级领导的高度重视和全体人员的共同努力下,各施工单位均达到北京市建委要求文明安全施工的标准。

2. 交工验收

本工程共划分为144个单位工程,502个分部工程,7346个分项工程。按照《公路工程质量检验评定标准》和《公路工程竣工验收办法》,施工单位自检评定分项工程合格率100%,优良品率99.4%;监理和项目处评定分项工程合格率100%,优良品率97.8%,单位工程优良品率98.2%。北京市市政工程质量监管处通过日常监管和最终核验,初步确定五环路三期工程(首都机场高速公路—京津塘高速公路段)各主要技术指标均满足规范要求,总体质量良好。

本工程共修建大、小桥梁及通道桥共45座,共计2383根桩。通过对45座桥梁的2383根桩基进行无破损检测,其中Ⅰ类桩为2343根,占总数的98.2%,Ⅱ类桩为40根,无Ⅲ类桩。所有混凝土强度均符合设计要求;路面平整度σ值0.78、厚度18.1、弯沉值4.0、抗滑性能45.5,均符合设计要求。

(三)复杂工程技术

该工程进行了大直径灌注桩的承载力试验,在取得了较大经济效益的同时,也获取了宝贵的试验数据资料。在软基处理方面、桥梁结构防水及混凝土抗裂技术应用方面也进行了有益的探索,对提高工程质量,降低工程造价起到了一定的作用。

机场路立交位于五环路的东北角,连接北五环和东五环路,为五环路与京密路、机场高速公路相交设置的枢纽型立交,是两个既有独立性,又有互补性节点组成的立交组,又称五元立交。

五环路从西北向东南依次与京密路、机场高速公路、机场辅路相交,交点距离只有100m,两立交间距很近,部分匝道布置比较困难,但也给立交互补提供了有利条件。现况京密路为一级公路,机场路为高速公路,京密路与机场路之间为 40~80m 的绿化带。立交东北方向 600m 为现况铁路东北环线。

机场路立交作为一条高等级道路与两条高等级道路相交的大型枢纽立交,立交选型根据定量、定性分析,结合实际条件,经多次优化,立交形式为环形加定向立交,共设置 12 条转向匝道完成大部分转向功能,立交功能比较完善。

机场路立交具有以下特点:①从立交选型及匝道布置上看,不但注重立交节点本身功能的完善,也利用了节点与区域路网之间的结合和立交与立交之间的互补。不刻意追求立交功能的齐全,满足主要交通流向需求,次要流向利用相邻立交的功能互补解决,整个立交布局合理、紧凑,主次分明,功能完善。②从整体高度上看只有两层半,标准适宜、规模适当,立交整体高度的降低,控制了立交规模,相应就大大降低了工程造价,节约了投资。③消除了立交范围各个转向交通之间的交织区,使各个方向的交通流都可以畅通无干扰地运行,提高了立交的通行能力和服务水平。④在匝道进出口设置中遵循出入口集中原则,尽量减少与主线相连接的进出口数量,将同方向的转向进出口统一设置为一处,使立交的直行和转向系统设置更加清晰,减少对主线交通的干扰,分、合流在匝道上完成,提高立交的运行效率和安全性。⑤在选型设计中结合规划和现况条件,充分考虑近、远期合理结合,减少废弃工程,节约投资的理念。

第五节 四期工程(京石高速公路—京津塘高速公路段)

一、项目概况

(一)基本情况

五环路(四期)工程是整个五环路的一部分,位于大兴区和丰台区境内,路线全长 31.778km。路线起点位于京石高速公路立交南侧,桩号 K0+000,在与永定河左岸共堤 4.3km 后,经京山铁路、京良公路、规划狼垡路、京九铁路、规划大兴西环、兴华路,与京开高速公路相交,绕行南苑机场,跨越黄亦路、104 国道、凉风灌渠、凉水河,经成寿寺、荣华路,与京津塘立交相接,终点桩号为 K31+778。全线共划分为 15 个合同段,根据首发公司总体安排,五环路(四期)项目管理处负责组织实施第四至第十五标段,桩号范围 K6+300~K31+778,全长 25.48km。其中互通式立交 6 座,公铁立交 2 座,跨河桥 4 座,分离式立交 11 座,跨工业管线桥 1 座,通道 17 座,主涵 44 道,路基填方 483 万 m^3,挖方 55 万 m^3;道路面积 95.42m^2,桥梁面积 9.76 万 m^2,绿化面积 763673m^2,交通工程 25.48km,收费站 8 处,照明设备 1240 套。工程概算总投资为 25.83 亿元,工程于 2003 年 2 月 8 日开工,2009 年 10 月 15 日完工。

（二）主要参建单位

本工程参建单位详见表 9-20-5。

五环路四期工程参建单位表　　　　表 9-20-5

勘察单位	北京市勘察设计研究院	
	中航勘察设计研究院	
	北京市地质工程勘察院	
设计单位	北京市市政工程设计研究总院	
	铁道部专业设计院	
监理单位	北京逸群工程咨询有限公司	
监督单位	北京市建设工程质量监督总站市政工程监督站	
施工单位	标　号	施工单位名称
	1 号	安通建设有限公司
	2 号	北京市市政二建设工程有限公司
	3 号	北京市市政二建设工程有限公司
	4 号	北京鑫畅路桥建设有限公司
	5 号	中铁十九局集团第三工程有限公司
	6 号	中铁二局股份有限公司
	7 号	北京建工路桥建设工程有限责任公司
	8 号	北京铁路建设集团有限公司
	9 号	北京城建集团有限责任公司
	10 号	北京城建三建设工程有限公司
	11 号	北京市政建设集团有限责任公司
	12 号	北京市公路桥梁建设公司
	13 号	路桥集团第一公路工程局第一工程公司
	14 号	中铁十八局集团有限公司
	15 号	北京城建集团有限责任公司
	路面 2 号	北京城建三建设工程有限公司
	路面 3 号	北京市政建设集团有限责任公司
	绿化 3 号	北京市京石园林绿化有限公司
	绿化 4 号	北京市高速公路绿化公司
	护栏 3 号	北京市高速公路交通工程公司
	护栏 4 号	北京市高速公路交通工程公司
	照明 2 号	北京市市政六建设工程有限公司
	照明 3 号	北京云星宇交通工程有限公司

二、建设情况

(一)准备阶段

1. 立项审批

五环路(四期)工程能够严格执行基本建设程序,依法组织工程建设管理活动,坚持以国家基本建设程序为主线,认真落实国家有关法律、法规、规章及各项政策,在工程建设活动中自觉履行"国家统筹规划、有关部门审批把关,建设单位组织实施"的基本规定。

在工程开工前先后完成了项目建议书的批复、可行性研究报告的批复、初步设计的批复及土地征用、招投标、环保评估、开工申请等工作。

2001年6月13日,北京市规划委下发《关于五环路(京原路—京津塘高速公路段)规划方案的批复》(市规委〔2001〕647号);11月28日,北京市计委下发《关于转发国家计委〈印发国家计委关于审批北京公路一环可行性研究报告的请示〉的通知》(京计基础字〔2001〕2210号)。

2002年3月1日,北京市规划委下发《关于五环路(京原路—京津塘高速公路段)设计方案的批复》;8月19日,北京市规划委下发《关于五环路(京原路—京津塘高速路段)道路市政工程项目规划方案综合会议纪要》(市规委〔2002〕194号);9月19日,北京市公路局下发《关于五环路(京原路—京津塘段高速公路)工程设计审查征求意见的函》(京路函〔2002〕22号);9月23日,北京市铁路局回复《关于北京市五环路3处跨穿铁路立交桥方案的复函》;9月30日,北京市规划委下发《关于五环路(京原路—京津塘高速路段)道路初步设计批复》;10月10日,交通部下发《关于对〈北京市五环路工程(京石高速公路—京原路段、京石高速公路—京津塘高速公路)环境影响报告书〉预审意见的函》(交环函字〔2002〕79号);11月14日,北京市规划委下发《关于实施五环路(京原路—京津塘高速公路段)有关拆迁等问题协调会议纪要》(市规委〔2002〕268号);12月12日,北京市规划委下发《关于五环路设计方案协调会议纪要》(市规划委〔2002〕296号);2003年1月30日,北京市国土资源和房屋管理局下发《关于五环路(二期A段、四期)重点控制性工程提前进地的函》(京国土房管征〔2003〕73号)。

2. 招投标

本工程分监理标1个,路基工程标15个,路面工程标2个,绿化标2个,交通安全标(护栏标)2个,照明工程标2个,各中标单位见表9-20-5。

2002年11月—2003年1月,对监理单位进行招标,最后北京逸群工程咨询有限公司中标;并对施工单位进行招标,最终确定15个标段的中标单位。

2003年5月30日—6月26日进行了路面单位招标,共邀请3家单位参加投标,最终确定2家单位中标;7月1—12日,进行绿化施工单位招标,共邀请4家单位参加招标,最终确定2家单位中标;5月30日—6月18日,进行交通安全设施工程招标,共4家投标,确定2家中标;5月29日—6月12日进行照明工程招标,经资格预审后,共4家单位参加投标,最终确定2家中标。

(二)实施阶段

1. 项目管理

(1)完善制度、落实责任

为较好完成五环路(四期)工程建设任务,项目管理处结合本项工程的特点经多次研究制定了《五环路(四期)工程管理实施纲要》,用以指导工程建设管理工作。依据公司《工程建设管理办法汇编》结合本项工程的工作特点制定了《五环路(四期)工程建设管理办法实施细则》,对工程技术、进度、质量、造价、计划统计、文明安全施工、阶段目标考评、后勤管理、廉政建设及对监理的管理等工作制定详细的工作规则,用以规范项目管理工作活动。同时制定了各部室及各个岗位的岗位责任,层层签订目标责任书,做到目标明确,责任到人。

(2)加强对监理的管理

充分发挥监理在工程管理中的作用,是搞好项目管理的关键。项目管理处一方面要加强对监理的管理,确保监理公平、公正地开展工程管理活动;另一方面要充分依靠、支持监理管理工程。

(3)抓好对施工单位的管理工作

①严格合同管理是促使承包商履约的重要手段。在工程建设管理过程中,通过检查承包商技术力量、劳动力、机械、物资配置及经理部运转情况掌握承包商的履约能力,根据工程的进展情况适时督促承包商增加生产力要素配置,使其履约能力能够满足工程进展的需要;通过检查承包商各项保证体系的建立及运转情况,促使承包商的履约行为始终处于正常状态。

②加强计划管理,搞好工程预控工作。在工程实施中,项目管理处、总监办根据工程进展的不同阶段先后四次逐标段进行工程计划的研讨,使工程计划更接近实际,更具有指导性。

③加强统计管理,搞好过程控制工作。在工程实施中始终坚持工程进度、工程质量日报制度,主要管理人员随时掌握工程动态,对于一些不能按计划进行的工作项目,及时采取措施予以纠偏,保证工程始终处于受控状态。

④实行阶段目标管理,利用经济杠杆的作用调动承包商主动履约的积极性。实行阶段目标管理是高效优质建设高速公路的有效手段之一,是完成总体目标实行量化管理的具体措施。通过对在施工过程中加大投入的施工单位给予适当的经济补偿,有效地促使各承包商主动增加资源配置,通过对优秀项目经理和优秀项目总工进行表彰和奖励,使各承包商之间形成一种相互竞争、共同进步的工作氛围。

(4)加强技术管理

技术管理是项目工程管理的基础工作,更是高质量完成项目工程的重要保证。

①工程开工前,重点抓好施工设计图的审核和技术交底及重大施工方案的审定工作。工程实施过程中适时组织专题研讨会解决施工过程中的难题,研究通过不断改善施工工艺提高工程质量的具体措施。

②严格设计、工程变更的审批工作。本项目工程变更主要分两大类,一类为进一步完善施工图中的功能及不良地质的处理;另一类为应地方政府要求,并经规划部门批准的项目增加的变更。在进行设计、工程变更的审批工作中,项目管理处严格依照公司关于工程变更管理权限及工作程序的有关规定进行。

③做好内业资料管理工作。工程技术资料是真实记录和客观反映工程内在质量的重要文件。鉴于以往的工程资料存在着整理滞后、事后追记、所用表格不规范等问题,项目处和总监办在开工前颁发了四期工程技术资料管理办法并邀请档案馆、监督处、北京市政协会的专家举行讲座,对施工单位的资料员进行培训,为竣工资料的及时报送奠定了坚实的基础,同时加强施工过程中的资料检查。

(5)加强质量管理、提高工程质量

在工程建设的全过程始终将工程质量管理放在第一位。建立"政府监督、社会监理、企业自保、建设单位负责的"四级质量保证体系,认真抓好工程质量管理工作。

(6)工程造价管理

概算执行情况:批复概算 258301.8 万元;结算金额为 242614 万元;拆迁费用批复概算 107713.3 万元,结算金额为 86000 万元;建安工程费用(不含房建、机电)批复概算 110068 万元,结算金额为 117521 万元;房建、机电及设备购置和其他费用批复概算为 40520.5 万元,结算金额为 39093 万元。

2. 重大变更

本工程变更主要分为两大类:一类是为进一步完善施工图中的功能及不良地质处理;另一类为应地方政府要求,并经规划部门批准的项目增加的变更。在进行设计、工程变更的审批工作中,项目处严格依照公司关于工程变更管理权限及工作程序的有关规定进行。整个工程共审批变更 514 份。

3. 交工验收

本期工程共有分项工程2724项,分项工程合格率100%;有单位工程99个,单位工程优良率100%。其中一些主要指标如下:①桥梁工程,本工程共有桩基1343根,全部为Ⅱ类以上,其中Ⅰ类桩占96%;钢筋试验及混凝土强度检验100%合格;混凝土T梁等主要承重件,经静载试验检测全部符合设计要求;②道路工程,路基土方压实度、二灰基层强度经检测100%合格;经第三方检测,沥青混凝土路面厚度代表值为17.9cm、路面弯沉代表值为7.4(0.01mm)、路面平整度0.69mm、摩擦系数平均值46.8(SFC),满足规范要求。

三、科研成果

(一)可更换、可重复张拉体外预应力施工新技术的应用

京山铁路高架桥全长820m,主跨采用三孔连续钢箱混凝土组合箱梁,跨径为(48+72+48)m,设计采用了"可更换、可重复张拉体外预应力施工新技术",该技术为国内首次应用。

该技术在施工过程中攻克了转向器在钢箱梁体内的安装固定、新旧钢束连接、放张换束、减震器的设置等技术难题,并在钢箱体内预埋了各种电子元件,对结构的张拉、换束及动载静载试验过程中内力的变化情况进行监测,取得了宝贵的试验数据,为今后类似工程的施工积累了经验。

(二)真空灌浆技术的应用

为减少孔道摩阻、保证灌浆密实,在第五标段京山高架桥、第九标段京开立交匝道桥、第十二标段黄亦路东桥连续箱梁中采用真空灌浆塑料波纹管替代金属波纹管。在施工过程中多次反复试验试配出最佳水泥浆配比,攻克了压浆不够饱满的技术难关。

(三)节水型绿地灌溉系统的应用

节水型绿地灌溉系统为国家"863"科技计划项目。该系统共包括两部分,即中央隔离带滴灌系统、桥区喷灌与滴灌结合系统。该系统采用了新型管材、先进的灌溉设备、自动监控软件等相关技术与软件,实现了安全、高效灌溉。该系统的运用将会减少车辆使用费、人员费与企业运行费,减少由于水车浇水引起的不必要的交通事故与人员伤亡,并在灌溉上实现高效节水,通过先进的灌溉设备与控制设备,提高水分利用率,实现灌溉系统的节水与降耗。

第六节 运 营 管 理

一、运营管理机构

五环路经历了从收费公路向免费通行的城市快速路的演变。目前,五环路产权归北京市交通委路政局,由路政局委托首发集团养护管理。五环路未设收费站和服务区。运营养护费用以"城市运维费"的方式由北京市财政支付。

二、运营养护工作

首发集团养护公司负责五环路的日常养护工作。自2003年全线通车后,五环路进行了一次大修,本次大修分2014年和2015年执行。

通车12年之后,五环路沿线交通量快速增长达到饱和,导致旧路面发生疲劳破坏,尤其是东五环和北五环路网碎裂严重,外侧车道车辙明显。2014年各类路损调查检测结果显示,五环路面局部路段存在车辙现象,沥青层面普遍存在严重老化现象,影响路面的使用性能,急需维修完善,恢复道路使用功能。

2014年,北京市决定对五环路进行大修,这次大修由北京市财政出资、首发集团承建,是当时已建成高速公路上实施的最大规模的维修工程。工程为2014年APEC会议保障项目,关注度高,社会影响大。工程从K70+000~K98+775[K0]~K45+000段内外环双方向进行路面维修及构筑物和附属物设施维修,维修标准为高速公路,设计年限10年,后对K45~K70段部分路段的病害进行了处理。

本次工程批复概算30563万元,其中建安工程费用27315万元。工程设计由北京国道通公路设计研究院负责,监理由北京正宏监理咨询有限公司负责,施工由北京市政建设集团有限公司、北京城建道桥建设集团有限公司实施。

工程实施过程中,参建单位克服施工路线长达73km,夜间施工带交通作业的不利条件,克服74个出入口和12个大型互通式立交节点的复杂环境,圆满完成了大修任务。

2015年的大修工程主要针对2014年工程以外的路段(内外环均有涉及)。其中,靠近中心城区的内环路段南起自京沪高速公路大羊坊桥,北至厢红旗桥,全长52km,已经超过了五环路内环总长的一半;外环路段南起京开高速公路西红门桥,北至厢红旗桥,长35km。大修将主要对路面病害进行处理,病害严重路段重新摊铺沥青。2015年5月26日开工,历时51天,工程共完成路面摊铺226万m^2,热熔及振动标线施划40万m^2,更换桥梁伸缩缝3053m。此外,此次大修工程也对桥梁进行维修处理,并增加交通量调查设备。大修完成后,车辆行驶在五环路上颠簸感将明显减轻,路况舒适度大幅提高。

第二十一章
S51 首都机场第二高速公路

S51 首都机场第二高速公路原名为首都机场第二通道(机场南线—姚家园路段),从姚家园路向北与机场南线(后划入京平高速公路)接驳,路线全长 11.5km,辅路 6.2km,设计等级为城市快速路,道路主路为双向六车道。建设工程北起机场南线,向南经温榆河、观景路、温榆河大道、规划一路、东坝路、规划二路、东坝北路、北马坊南街、东坝大街、坝河北路、三岔河村北街、坝河北滨河路、坝河、坝河南路、东坝南二街、规划三路及焦庄路,南至姚家园路,道路全长 11.5km。工程于 2007 年 8 月 28 日开工,于 2008 年 6 月 10 日完工。

首都机场第二高速公路是北京 2008 年奥运会期间市区至机场的重要联络线之一。机场第二高速公路的开通,可以对车流量进行交通布局上的转移。之前,首都机场方向的交通压力主要集中在三元桥。而机场第二通道通车后,从上面两个城市中心地区出来的车流,就没有必要再走三环从三元桥进入机场高速。因此,虽然五环平房桥一段的车流量会增大,但同时会减轻机场高速公路和三环路三元桥交接处的交通压力,大大缓解了北京市区至机场的交通压力,如果不堵车,从东五环平房桥至首都机场 T3 航站楼只需 20 分钟。

第一节 项目概况

一、基本情况

该工程设计速度为 100km/h,最大纵坡为 2%,最小纵坡为 0.3%,中央分隔带宽 2m,道路红线宽 80m。

二、决策过程

首都机场是我国最大的航空港,为了适应日益增加的航空业务量的需要,同时也为迎接 2008 年奥运会,根据国家发展和改革委员会的批准,首都机场决定在原址向东进行扩建。为配合首都机场的扩建工程,北京市城市规划设计研究院对本次首都机场扩建的场外交通配套设施进行了详细的规划,于2003年底完成了《首都航空港扩建及周边地区综合交通规划》。报告中提出了新建三条高速公路:首都机场第二通道、机场北线和机场南线;改扩建两条地方路:机场东路和现况李天路。

根据国务院批复的《北京城市总体规划(2004—2020年)》,北京市域空间发展战略可以归结为:在北京市域范围内,构建"两轴—两带—多中心"的城市空间结构。完善"两轴",保障首都职能和文化职能的发挥;强化"东部发展带",疏导新北京产业发展方向;整合"西部发展带",创建宜居城市的生态屏障;构筑以城市中心与副中心相结合、市区与多个新城相联系的新的城市形态。在"两轴—两带—多中心"城市空间结构的基础上,形成中心城—新城—镇的市域城镇结构。

首都机场第二通道位于北京市中心城东部边缘,是北京市中心城道路网规划中沟通首都国际机场与京津第二通道的重要联系通道。

为配合首都机场的扩建工程,北京市政院和规划院分别编制了《北京首都国际机场场内综合交通规划》《首都航空港扩建及周边地区综合规划》。根据规划,首都机场外部拟新建三条高速公路,包括首都机场第二通道、机场北线和机场南线。以此,机场区域形成"三横五纵"快速骨干交通体系,其中"三横"包括北六环路、机场北线和机场南线;"五纵"包括京承高速公路、京密路、首都机场高速公路、首都机场第二通道和东六环路。

三、主要参建单位

主要参建单位见表9-21-1。

首都机场第二高速公路工程参建单位表　　　　表9-21-1

监督单位	北京市建设工程安全质量监督总站	
建设单位	北京市公联公路联络线有限责任公司	
设计单位	北京市市政工程设计研究总院	
勘察单位	北京市勘察设计研究院	
监理单位	北京磐石建设监理有限责任公司	
施工单位	第1号合同	北京市市政二建设工程有限责任公司
	第2号合同	北京市公路桥梁建设公司
	第3号合同	北京市市政一建设工程有限责任公司
	第4号合同	中铁十八局集团第五工程有限公司
	第5号合同	北京城建地铁地基市政工程有限公司

第二节 建 设 情 况

一、准备阶段

（一）资金来源

本项目投资估算总金额约为45.46亿元，其中工程费用为180239万元，工程建设其他费用13249万元，征地拆迁费227451万元，预备费33675万元。本项目35%的资本金由北京市发改委和北京市交通委各承担一半，其余65%由北京市公路联络线有限公司贷款解决。

（二）招标工作

本项目招投标方案编制依据为：中华人民共和国第九届全国人民代表大会常务委员会第十一次会议，《中华人民共和国招标投标法》(1999年8月30日通过，2000年1月1日起施行)；国家计委〔2001〕9号令，《工程建设项目可行性研究报告增加招标内容和核准招标事项暂行规定》(2001年6月18日)；北京市计委《北京市工程建设项目可行性研究报告增加招标内容和核准招标事项实施办法》(2002年11月7日)；北京市政府第89号令《北京市工程建设项目招标范围和规模标准规定》(2002年1月1日施行)。严格按照《中华人民共和国招标投标法》，遵循公开、公平、公正和诚实守信的原则，对本项目进行招投标工作，各中标单位见表9-21-1。

（三）征地拆迁

首都机场第二通道全长11.5km，用地位置位于朝阳区东坝地区和通州区，其中城市道路用地123.33万m^2，城市绿化用地1.42万m^2，河道用地3.23万m^2，共计127.98万m^2。

二、实施阶段

（一）工程项目管理

为保证工程建设的顺利实施，建议成立建设工程项目部，主要负责资金筹措、征地拆迁、三通一平、地方协调等工作，并负责招标及合同管理，项目部主要由办公室、工程部、技术部、拆迁部、机材部、监理部、试验室等组成。

1. 施工前期准备

工程施工队伍在施工前应做好充分的准备工作,选用施工经验丰富和组织管理能力强的人员组建项目经理部。安排详细的施工计划,将专用设备及经验丰富的队伍投入到本工程中。

人员物资及机械设备进场以满足工程施工需要和业主或监理工程师要求为原则,可按工程进度计划分期分批进入施工现场,并随工程进展情况变化及时调整。

临时设施布置以少占耕地和投资少、方便施工为原则,充分利用现有道路和民房,以减少临时工程量。为尽快展开施工工作面,首批人员进场后,立即着手修建临时工程,做到"三通一平",即路通、水通、电通、场地平,临时工程所需的材料就近采购,并保证满足工程需要。技术准备工作分为内业和外业两种。内业技术准备主要包括:认真学习施工规范、审核施工图纸、编写施工组织设计、结合工程施工特点编写技术管理办法和实施细则、编写开工报告等。外业技术准备工作包括:交桩及复测,测设桥涵中心线、路中线、路边线、用地界,调查各种工程材料,进行试验检测,编写试验报告,并进行合格性分析等。

先遣人员进驻现场,10天内做出材料供应计划,确定工程所需用钢材、木材、水泥、油料及就地材的供货地点、数量,以汽车运输方式运输,建立完善的试验检测手段,保证按期开工。

施工人员进驻现场后,首先进行物探,确定地下设施的准确位置,然后开始施工场地的清理工作,严格按图纸所示或监理工程师指示,清理工地范围内阻碍施工的各种构筑物、障碍物以及丛林树木、树墩、树根等。迁移管线或拆移设施,为临时和主体工程施工创造条件。

2. 道路施工方案

施工顺序:清除表土或软基处理→填筑路基→石灰土基层→石灰粉煤灰稳定砂砾基层→透层乳化沥青→粗粒式沥青混凝土→砌筑路缘石→粗粒式沥青混凝土→中粒式沥青混凝土。

土方调配:本工程内挖方可利用部分就近填筑;弃方运至弃土场,借方按照规范分层填筑、碾压,压实度达到标准要求。路基施工采用大型机械作业。桥台背后两侧回填,以人力配合小型机械施工。

施工过程中,过湿土均在取土场采用翻松晾晒或在路基上摊铺晾晒,待达到要求的含水率后碾压。碾压工作要及时快速,确保达到密实度要求。

路基填筑,在路基全宽范围内分层填筑,分层碾压。根据不同的填料选择机械类型,并修筑试验段,取得合理的试验参数后,再在全合同段按标准程序化进行。

本项目主路为城市快速路,辅路为城市主干路,采用沥青混凝土面层,路面面层施工顺序如下:清扫下底层→摊铺底基层→基层喷洒乳化沥青→摊铺底面层→砌筑路缘石→中面层→表面层。

3.桥梁施工方案

上部结构:以预制安装为主,梁长不大于27m,构件最重达40多吨,施工速度快,跨径较大的桥及弯桥采用现浇连梁,经济合理。

下部结构:根据该地区的地质条件采用钻孔灌注桩最适宜。小跨径桥梁采用闭合框架轻型桥台,重力式桥台则根据地质条件适当做基础处理。建造基础时要保证汛期排洪畅通。

附属细部构造:预制安装的桥梁,其桥面铺装有7cm的混凝土加9cm的沥青混凝土。7cm混凝土作为调整层。对于现浇上部结构,则只铺9cm的沥青混凝土。

防撞护栏宜采取现场浇筑,以确保质量及行车安全。

(二)工程质量管理

1.质量标准

该工程按照《北京市城市桥梁工程施工技术规程》(DBJ 01-46—2001)进行施工;工程评定标准按《北京市桥梁工程施工质量检验标准(DBJ 01-12—2004)》执行;资料管理执行《北京市市政基础设施工程资料管理规程》(DBJ 01-71—2003)。

2.质量目标

本工程各部位工程质量均达到了合格等级,桥梁混凝土结构强度达到设计要求,主体结构几何尺寸准确,线形美观圆顺,混凝土试块强度自检、抽检和见证取样合格率均达到100%。预应力张拉计算准确,操作合理,结果合格,结构安装牢固可靠,线形美观,颜色基本一致。

3.质量保证措施

该工程自开工之初,项目经理部就建立了完善的质量自保体系,责任落实到人。项目部根据质量目标编制了质量计划,有目的、有计划地开展了创优活动。严格执行了技术管理制度,认真执行了三检制度,加强了重要结构、重要部位的质量检查,施工过程中严格执行了质量自检,每道工序未经质量检验部门、监理验收不得进行下道工序。加强了施工过程的测量管理工作,提高精度减少误差,测量仪器精度符合要求,按时检测,由专职测量工程师负责测量管理工作,对重要结构轴线、高程进行复核,保证了结构物的位置准确无误。

严格遵守监理程序,认真听取监理工程师的意见和建议,接受监理工程师的指导。加强了成品、半成品、构件及原材料的验收,凡是到场材料都经过质检人员验收后向监理报验,不合格的坚决退场,保证了本工程材料全部合格。严格资料管理,及时收集、整理、审查日常施工过程中的技术资料及产品合格证等,保证了其及时性、准确性、完整性、齐全性。

(三)交工验收

该工程平均合格率为99.5%,其中基础工程合格率为100%,质量等级为合格。下部构造合格率为100%,质量等级为合格;上部构造合格率为100%,质量等级为合格;桥面系合格率为98.3%,质量等级为合格;附属工程合格率为99.3%,质量等级为合格。

第三节 科 研 成 果

一、施工技术

(1)素混凝土桩径为800mm,桩长14.5m,其中保护桩长1m,中心间距为2.5m,采用旋挖钻机钻孔灌注,混凝土使用C20商品混凝土,坍落度18~20cm。

CFG桩桩径为410mm,纵横间距为1.5~1.8m,采用长螺旋钻孔压灌施工工艺,抽拔速度与泵送速度相配合,混凝土灌到桩顶时,随时量测顶部高程,保护桩长为50cm,现场随时抽测混凝土坍落度,CFG桩混凝土使用C15商品混凝土,坍落度18~20cm。桩顶铺设50cm二灰砂砾,铺设范围为CFG桩外皮线外扩50cm,压实密度为95%。

(2)路基填土分层回填,每层厚度不大于30cm,路基土方碾压完成后,约请有关人员验收合格后方可进行上一层填筑。填土时杜绝使用废渣土和垃圾土或其他不符合要求土。

(3)护坡施工同填方路基施工同步进行,施工中由底层根据1:1.5放坡比例逐层收缩直至路床高程,路基宽度要比道路设计宽度宽2m。施工完成进行削坡,使坡度达到设计标准,并进行混凝土护坡网格及混凝土坡脚基础的施工,护坡网格线条要直顺,安装要牢固。

(4)冬季路基回填采用砂石,施工严格按照冬季施工措施进行,并严格执行回填标准。

(5)现场土质在碾压时,掺加白灰,以保证最佳含水率。

(6)道路基层使用石灰粉煤灰砂砾混合料和水泥稳定碎石混合料。分三层机械配合人工摊铺,碾压密实。主路顶层水泥稳定碎石基层采用摊铺机摊铺。

(7)在路缘石安砌完成后,开始路面沥青混凝土摊铺,采用机械摊铺,保证连续作业。

(8)路缘石等构筑物全部为预制,使用标准为公联下发的《小型混凝土预制构件材料及技术要求》。

二、互通式立交桥的设计

（一）与沿线相交道路的处理

（1）该道路与机场南线高速公路相交处，新建定向加苜蓿叶互通式立交1座，机场第二通道上跨机场南线高速公路。该立交形式北京市规划委员会已在机场南线高速公路工程中批复（详见市规函〔2006〕930号），本次工程实施机场南线工程中尚未实施部分。具体为新建机场第二通道由南向西左转（Z5匝道）及由南向东右转（Z1匝道）的定向匝道、新建机场南线高速公路由东向南左转（Z6匝道）及由西向南右转（Z4匝道）的定向匝道和跨机场南线高架桥。

（2）该道路与温榆河大道相交处新建菱形互通式立交1座（温榆河大道立交），机场第二通道上跨温榆河大道。

（3）该道路与东坝路、规划二路、东坝北路、北马坊南街及东坝大街相交处新建连续高架桥1座（东坝立交），机场第二通道主路连续上跨东坝路、规划二路、东坝北路、北马坊南街及东坝大街，高架桥南侧设置进出口1对。

（4）该道路与姚家园路相交处远期为定向加苜蓿叶互通式立交，由于机场第二通道近期仅实施至姚家园路，姚家园路仅实施至机场第二通道，故姚家园立交节点处仅有北向西及西向北的交通需求。机场第二通道（机场南线—姚家园路）及姚家园路（五环路—机场第二通道）道路工程近期将机场第二通道与姚家园路西向北及北向西两个方向采用主线直接连接，为路堤形式。立交辅路系统与现况东苇路相接，保证现况道路通行。

（5）该道路与其他道路相交处均按平交路口处理。

（二）桥梁结构设计

（1）机场第二通道立交主线桥：桥梁全长约965.89m，标准段桥宽为33.5m，设置加减速车道或转向匝道段桥宽为33.5~55.4m。桥梁上部结构为预应力混凝土简支T梁、预应力混凝土连续箱梁；下部结构为柱式桥墩、盖梁、肋板式桥台，下接钻孔灌注桩基础。

（2）机场第二通道立交Z1匝道桥：桥梁全长约272.52m，桥宽8.5m。桥梁上部结构为预应力混凝土连续箱梁；下部结构为柱式桥墩、盖梁、肋板式桥台，下接钻孔灌注桩基础。

（3）机场第二通道立交Z4匝道桥：桥梁全长约182.52m，桥宽10m。桥梁上部结构为预应力混凝土连续箱梁；下部结构为柱式桥墩、盖梁、肋板式桥台，下接钻孔灌注桩基础。

（4）机场第二通道立交Z5匝道桥：桥梁全长约635.72m，桥宽10m。桥梁上部结构为预应力混凝土连续箱梁；下部结构为柱式桥墩、盖梁、肋板式桥台，下接钻孔灌注桩基础。

(5)机场第二通道立交 Z6 匝道桥:桥梁全长约 184.66m,桥宽 8.5m。桥梁上部结构为预应力混凝土连续箱梁;下部结构为柱式桥墩、盖梁、肋板式桥台,下接钻孔灌注桩基础。

(6)温榆河大桥:桥梁全长约 590.04m,桥宽 33.5m。桥梁上部结构为预应力混凝土简支 T 梁;下部结构为柱式桥墩、盖梁、肋板式桥台,下接钻孔灌注桩基础。

(7)温榆河大道立交桥:桥梁全长约 512.54m,桥宽 33.5m。桥梁上部结构为预应力混凝土简支 T 梁、预应力混凝土连续箱梁;下部结构为柱式桥墩、盖梁、肋板式桥台,下接钻孔灌注桩基础。

(8)东坝立交桥:桥梁全长约 1494.74m,桥宽 33.5m。桥梁上部结构为预应力混凝土简支 T 梁、预应力混凝土连续箱梁;下部结构为柱式桥墩、盖梁、肋板式桥台或 U 形桥台,下接钻孔灌注桩基础。

(9)姚家园立交主线桥(近期):桥梁全长约 31.24m,桥宽 45.6~46.9m。桥梁上部结构为预应力混凝土简支 T 梁;下部结构为柱式桥墩、盖梁、U 形桥台,下接钻孔灌注桩基础。

三、控制性工程施工技术

(一)温榆河大桥

主线在里程 K3+352.264 处与现况温榆河交叉,夹角为 76.68°,温榆河为东西走向,是京郊一条重要的排洪河道。属山前冲积平原上的摆动性宽浅河流,主河槽宽约 140m(沿道路定线),两岸大堤相距约 435m(沿道路定线),堤顶至河底深不足 10m,至河滩深约 5m。设计 100 年一遇洪水位 25.8m,现况常水位 20.0m。在此桥位下游即为现况首都机场高速公路温榆河大桥及旧机场路温榆河大桥。现况首都机场高速公路温榆河大桥上部结构为预制预应力简支梁形式,跨径为 35m。

首都机场第二通道线路在主河道内有将近 240m 的长度。因此,桥梁在方案选型时曾考虑几种大跨径桥型:①主跨为 220m 的独塔斜拉桥;②主跨为 240m 的自锚式悬索桥;③主跨为 80m 的预应力等截面钢混凝土组合梁。

由于此桥位距首都机场西侧跑道直线距离约为 4.3km,根据机场民航设计院提供的数据可以得知,如按前两种桥型方案,其主塔正好位于飞行走廊扇形区域内,根据航空飞行安全的要求,桥区建筑高度受到很大限制,因此本方案将不再考虑前两种桥梁形式。

预应力钢混凝土组合梁能更好地满足工期及减少对河道的影响,但造价较高。所以考虑以下方案。

推荐方案:预应力混凝土简支 T 梁。为更好地满足河道排洪要求,且与桥位下游现况桥跨径对应,在跨越温榆河规划河底范围内采用5跨35m预应力混凝土简支T梁。其余段采用标准30m跨径简支T梁。本桥跨河长度很大,围堰施工工艺较为复杂,工期较长,设计简支T梁可以在进行下部结构施工的同时在构件厂完成T梁的预制,因此可缩短整段桥梁的施工工期。

比较方案:采用两联3×35m预应力混凝土连续箱梁桥。预应力混凝土连续箱梁结构合理且受力明确,且具有桥面接缝少、造价低、便于养护等优点。但连续箱梁施工需在河道内搭设大量支架,增加了水中施工难度,且水中作业势必对温榆河河道造成大量污染。

综上所述,本项目最后推荐上部采用混凝土预应力简支T梁结构,下部结构中墩采用钻孔灌注桩基础,圆柱式桥墩,桥台选用U形桥台。

(二)坝河桥

主线在里程K9+200处与规划坝河交叉,夹角为74.55°,坝河在桥位为东西走向,设计标准100年一遇设计水位25.79m。规划河道底宽40m,河道上口宽65m,坝河桥上跨处河道宽39m(沿道路定线),河堤宽85m(沿道路定线)。坝河桥北侧起点与坝河北滨河路立交相接,向南连续跨越坝河南路、东坝南二街、规划三路及焦庄路。

现况东五环跨越坝河处河道断面基本与本桥相同,五环路跨越坝河桥的桥梁跨径采用(25+30+25)m预应力简支T梁,结合本处河道在此处采用(30+35+30)m的斜预应力简支T梁跨越坝河(含河堤),跨越主河道处墩位均沿水流方向布置。

因坝河桥的南、北侧需跨越坝河南路和坝河北路,主线与坝河南路、北路斜交,交角约为74°,故斜简支T梁从坝河南路往北并跨越坝河北路设置。其余段桥梁的跨径根据道路情况进行布跨,大多采用标准跨径的预应力简支T梁。下部结构中墩采用钻孔灌注桩基础,圆柱式桥墩,桥台选用埋置肋板式桥台。

(三)其他桥梁

(1)沿线有多条现况高速公路或城市快速路与机场二通道相交,在立交桥的设计中,为尽量减少对桥下相交路交通的影响,在上跨现况高速公路的位置,桥梁的结构形式均采用了钢混组合梁结构。采用这种结构的主要原因是钢梁可在工厂加工,现场不必搭设满堂支架,施工相对方便,对交通的干扰相对较小。

(2)由于匝道桥曲线部分较多,纵坡较大,如果采用预制结构会给其预制、安装造成较大难度,也很难与道路线形吻合,影响立面效果;并且立交有许多异形块(分叉、变宽桥梁),更难于采用预制结构。所以为了保证桥梁外观线形美观流畅,施工方便,且造价经济合理,故匝道桥上部结构大部分采用4跨或3跨一联的现浇预应力连续箱梁。

对于主线桥,若处于变宽幅度较大或者曲线半径较小的断面,亦选用现浇预应力连续箱梁。

(3)天桥上部结构采用钢箱梁;下部结构中墩采用柱式,基础采用桩基;边墩采用扩大基础。

四、排水方案设计

该道路的雨水排除属于温榆河、坝河及小场沟(朝阳干渠)的流域范围。

由机场南线至温榆河北巡堤路,沿机场第二通道主路两侧及温榆河北巡堤路北侧设置雨水边沟,沟底宽0.5~1m,收集机场南线立交、机场第二通道主路及温榆河北巡堤路雨水,下游自北向南、自南向北分别接入桩号K2+550附近的温榆河支渠,最终排入温榆河;由温榆河南巡堤路至东坝路北侧,沿机场第二通道主、辅路两侧及温榆河南巡堤路南侧分别设置雨水边沟,沟底宽0.5~1m,收集机场第二通道主、辅路及温榆河南巡堤路雨水,自北向南、自南向北分别接入温榆河支渠及家东排水沟,最终排入温榆河;由东坝路北侧至焦庄路,沿机场第二通道辅路两侧分别新建一条DN500mm×DN2000mm~DN2000×DN2000mm~DN2200×DN2000mm雨水方沟,西侧辅路雨水管道最下游接入东侧辅路雨水干线,下游自北向南、自南向北分别排入坝河;由焦庄路至桩号K10+550,沿机场第二通道两侧辅路外侧设置雨水边沟,沟底宽0.5m,下游自南向北最终排入坝河;由桩号K10+550至姚家园立交北侧,沿机场第二通道两侧辅路外侧设置雨水边沟,沟底宽0.5~1m,下游接入姚家园立交设计雨水边沟,最终排入小场沟;由姚家园立交北侧至桩号K11+692.81,沿机场第二通道两侧辅路外侧设置雨水边沟,沟底宽0.5~1m,两侧辅路雨水管道分别接入辅路外侧设计雨水边沟,下游最终排入小场沟;由桩号K11+692.81至姚家园路设计终点,沿机场第二通道及姚家园路两侧辅路外侧设置雨水边沟,沟底宽0.5~2m,接入辅路设计口DN3000mm×DN1800mm雨水方沟,下游最终排入小场沟;由东坝路北侧至焦庄路,沿机场第二通道两侧辅路外侧临时疏挖土边沟,沟底宽0.5m,以保证农灌使用。

五、采用SMA-13沥青玛蹄脂混合料作为表面层

综合考虑各方面的因素,本次工可采用SMA-13沥青玛蹄脂混合料作为表面层。

中面层推荐采用改性沥青AC-20,下面层推荐采用AC-25型密级配沥青混凝土。从近几年公路路面的使用实践可看出,单层沥青面层过薄,沥青难以包裹集料,引起沥青的过早剥落,使路面稳定性降低,引起路面过早开裂。因此,沥青面层每层厚度不能太薄。根据规范要求,热拌热铺密集配沥青混合料,沥青层一层的压实厚度不宜小于集料公称最大粒径的2.5~3倍(SMA仍为2~2.5倍)。

上、中、下面层厚度分别为 4cm、6cm 和 8cm。沥青改性剂目前种类较多,但以 SBS 居多且使用效果较好,故采用。基层材料选用半刚性、刚性材料,结合北京市高等级公路通常使用的基层材料,上基层采用水泥稳定碎石,底基层采用石灰粉煤灰砂砾。

第四节 运营管理

本高速公路未设收费站和服务区。从东五环前往首都机场方向有 5 个免费出口,分别可通往朝阳北路、东苇路、东坝等地,首都机场至东五环方向则有 4 个免费出口。此外,每个出口的前方 500~1000m 左右设有一个入口。养护工作由首发养护公司负责,路产管理由首发集团的安畅公司负责。

Record of Expressway Construction in
Beijing
北京高速公路建设实录

第十篇
高速公路代表性桥梁隧道

篇 首 语

北京市平均海拔43.5m,地形呈西北高、东南低。北京市山区面积为10200km²,约占总面积的62%;平原区面积为6200km²,约占总面积的38%。北京平原的海拔高度在20~60m,山地海拔在1000~1500m。

北京西部为西山属太行山脉,北部和东北部为军都山属燕山山脉。最高的山峰为京西门头沟区的东灵山,海拔2303m。最低的地面为通州区东南边界。两山在南口关沟相交,形成一个向东南展开的半圆形大山弯,人们称之为"北京弯",它所围绕的小平原即为北京小平原。诚如古人所言:"幽州之地,左环沧海,右拥太行,北枕居庸,南襟河济,诚天府之国"。

由于西高东低的地势情况,在高速公路建设过程中需要开凿隧道的情况并不多见,但也在特定的历史背景下完成了当时亚洲最长的潭峪沟隧道等重大工程项目。在桥梁方面,由于没有特大水系流经本市,高速公路建设过程中的桥梁多为跨铁路、公路而建,其中不乏石景山南桥、上地斜拉桥等技术上具有时代引领意义的重大工程。

本篇主要对北京市高速公路建设过程中所涉及的重大桥梁、隧道工程做详细描述。

第一章
代表性桥梁

北京市高速公路共有大小桥梁600余座(其中特大桥40座,特大桥详见本书"附表"部分的表10-1-1),由于市内道路、管线网交织紧密,多数桥梁为实现多路互通或跨公路、铁路、管线而建,在高速公路桥梁中,较少有跨越山谷、河流的大型桥梁建筑。因此北京市高速公路大多数桥梁从设计结构到施工工艺上并没有太多的创新,但其中也不乏具有时代引领意义的创新佳作,本章将重点描述在设计结构与施工工艺方面具有代表意义的一些重大桥梁工程。

第一节　五环路石景山南站高架桥

一、桥址地形与地质概况

(一)地理位置

石景山南站编组站高架桥主桥位于北京西南五环快速路上,跨石景山南站编组站咽喉区。铁路编组站咽喉区(京原线 DK0+905)现有铁路7股道(包括北京到原平、沙城的铁路正线和首钢专用线、锅炉厂专用线、101线等),远期规划为11股道,在东北侧预留4股道,其中2股道位于主跨内,2股道位于边跨内。铁路南侧为货场、平房等,北侧为衙门口村菜地。

(二)气象条件

北京属于中纬度暖温带,具有典型的暖温带半湿润大陆季风气候。北京年平均气温 10~12℃,一年中7月最热,平均温度25~28℃,1月最冷,平均温度 -7~-4℃。年极端最高气温42.2℃,极端最低气温 -27.4℃。全年无霜期180~200d。年平均降水量600多毫米,为华北平原降水量最多的地方之一。主导风为北风,频率约为20%,静风频率约为23%。

(三)水文地质条件

根据详勘的地质资料,地表土层厚 1~4m,土层下为厚约 50m 的砂卵石层,再下面为泥岩和砾岩。地下水位在 29.97~31.45m,丰水季节地下水位有所提高。其年变化幅度为 3~5m,地下水对混凝土不具腐蚀性。

根据中国地震局地壳应力研究所对桥址现场所做的《地震安全性评价报告》,桥址场地没有不良地质现象,处于地震基本烈度 8 度区内,地基土不会出现地震液化现象。

二、工程特点

本工程是北京市高速公路建设中第一座斜拉桥,结构独特,技术复杂。根据该桥所处特殊地理位置,要求的施工方法比较特殊,具有以下几个特点:

(1)采用转体法施工,且为单球铰转体结构,转体重量达 140000kN,转体重量居世界第一,施工技术处于国内领先水平。

(2)本桥斜拉索采用竖琴形布置,按稀索体系设计,斜拉索采用 451-7m 的镀锌钢丝组成的平行钢丝索,单索承载能力达 13000kN,为国内斜拉桥结构中最大受力索。

(3)本桥为曲线桥,平曲线半径为 1900m、竖曲线半径为 16000m,桥面横坡为 2%。主塔采用顺桥向的倒"Y"形结构,桥型优美。

(4)本工程自 2003 年 3 月 8 日开工,8 月 25 日主体结构施工完成,共计 171d,创国内同类桥梁施工速度先例。

(5)本工程施工的关键技术已作为北京市科委科研项目进行专题研究。

三、设计技术标准

道路等级为高速公路;荷载等级:计算荷载汽车—超 20,验算荷载挂车—120;设计速度为 100km/h;桥面宽度为 29m,双向六车道;设计纵坡≤3%,平曲线半径 1900m,竖曲线半径 16000m;桥下铁路通行净空为 9m;地震基本烈度 8 度。

四、参建单位

大桥的参建单位:
(1)监督单位为铁道科学研究院铁道建筑研究所。
(2)建设单位为北京市首发高速公路建设管理有限责任公司。
(3)设计单位为铁道专业设计院。
(4)施工单位为中铁大桥局集团有限公司。
(5)监理单位为北京正宏监理咨询有限公司。

五、主桥结构形式

本桥为 45m + 65m + 95m + 40m 四跨连续独塔单索面的预应力混凝土部分斜拉桥,采用塔、梁、墩固结体系,索塔高度与中跨的比例为 0.389,主梁主跨的高跨比为 1/38。主桥与两侧引桥的梁缝为 0.12m,边跨主梁梁端距离为 0.7m,主桥左边跨的计算跨径为 44.22m,主桥左边跨实际梁长为 44.92m,主桥右边跨的计算跨径为 39.22m,右边跨的实际梁长为 39.92m。全桥位于平曲线半径为 1900m、竖曲线半径为 16000m 的曲线上,线形复杂。

(一)上部结构

1. 主梁

采用单箱三室大悬臂 C50 预应力混凝土箱梁结构,结构顶板宽 28.76m,底板宽 17.0m,梁高 2.5m。箱梁内顶、底板厚 26cm,悬臂板根部厚 60cm,端部厚 20cm。为了将曲线箱梁的重心尽量调整到箱梁中线处,将内、中、外腹板厚度分别定为 50cm、35cm、75cm。

主梁纵向预应力筋为极限强度 1860MPa 高强低松弛 27-7ϕ5、19-7ϕ5、5-7ϕ5 钢绞线,锚具分别为 OVM15-27、OVM15-19、OVM15-5 夹片锚。锚下控制应力 1358MPa;横向预应力筋为 1860MPa 高强低松弛 3-7ϕ5 钢绞线,锚具为 OVMBM15-3,锚下控制应力 1358MPa;竖向预应力筋为 JL875 级 32 级高强精轧螺纹钢筋,采用 YGM-32 锚具,锚下控制应力 700MPa。

2. 主塔

本桥为单索面斜拉桥,为了加强顺桥向刚度,改善景观效果,主塔采用了顺桥向的倒"Y"形结构,采用 C50 混凝土,顶部高 19.0m,倒"Y"交叉部高 6.0m,下部高 14.0m。主塔厚度均为 2.0~2.4m,主塔上部顺桥向宽度为 4.2~5.7m。为了加强主塔的横向刚度,塔的下部采用变宽度(由交叉点的 3.27m 变为根部的 4.0m)的结构形式,并在内部设置有宽翼缘热轧 T 型钢劲性骨架。

主塔顶部的斜拉索锚固区环向预应力采用极限强度为 1860MPa 高强低松弛的 7-7ϕ5 钢绞线,锚具采用 BSM15-7 与 OVM15-7P 夹片锚具。

3. 主墩

主墩采用下部中心距为 10.0m、上部中心距为 8m 的 C50 混凝土双薄壁墩,每墩高约 10m、宽 12m、厚 2.0m。为了方便桥梁的转体施工,将主墩根部 3.0m 部分连成边长为 12m 的正方形实体段,转体完成后与承台固结,形成塔梁墩固结的斜拉桥体系。

4. 斜拉索

全桥共设斜拉索六组,每组斜拉索由2根OVMPES(FD)7-451低应力新型索体的双层PE热挤聚乙烯拉索构成(1670MPa高强低松弛镀锌钢丝)。为了以后斜拉索更换的需要,在主梁、主塔上预留了临时斜拉索的张拉锚固构造。

5. 桥面附属设施

在箱梁顶面(不含中央带)涂刷2mm"中核2000"高效弹性防水层后铺装78mm厚的改性沥青混凝土,中央带内则喷涂2mm厚的防水涂料并铺卷材防水。

桥面外侧采用PL3级、中央分隔带采用PL2级防撞护栏,铁路上方的外侧防撞护栏上设总高2.2m的防抛网。

(二)下部结构

1. 上转盘及主墩基础

主墩承台厚5m,其中转体施工阶段浇筑4m,余下1m,在转体施工完后现浇。承台下共有18根$\phi1.5m$的钻孔灌注桩,承台主体部分边长为15.2m,桩的中心距为4.2m,桩长为30m。为了放置转体施工牵引索,承台两侧各增加长4m、宽4.4m、厚4m的平台,并与承台共同受力。承台除球铰附近区域采用C50混凝土外其余部分均为C40混凝土,桩基均为C30混凝土。

由于本桥位于半径1900m的圆曲线上,转体结构的重心偏向曲线内侧,球心与承台中心的水平距离为105mm。

主墩实体段及其承台为大体积混凝土工程。中心转盘球面半径为8m,上转盘球缺高1.230m,下转盘球缺高0.228m,直径3.8m,定位中心转轴的直径为260mm。球铰由上下两块40mm厚钢质球面板组成,上面板为凸面,通过圆锥台与上部的牵引转盘连接,上盘就位于牵引转盘上;下面板为凹面,嵌固于下转盘顶面。上下面板均为16Mnq厚钢板压制而成的球面,背部设置肋条,防止在加工、运输过程中变形,并方便球铰的定位,加强与周围混凝土的连接。下面板上嵌四氟乙烯片,上下面板之间填充黄油四氟粉。

上转盘共设有8组撑脚,每组撑脚由2个$\phi800\times24mm$的钢管混凝土组成,撑脚中心线的直径为10m。为了增强转动过程中的稳定并确保桥下净空不减少,让转体重心后移0.05m左右,转体时实际是球铰与后支腿共同支承。

转体上转盘受力复杂,采用了三向预应力结构:顺桥向、横桥向预应力筋为极限强度1860MPa高强低松弛19-7ϕ5钢绞线,锚具为OVM15-19夹片锚,锚下控制应力为1358MPa;竖向预应力筋为JL875级32高强精轧螺纹钢筋,采用YGM-32锚具,锚下控制应力为675MPa。为了改善上转盘在转体施工阶段的受力状况,在转体上盘的球铰上方与主梁梁底还设有 6-φ800×24mm 的钢管混凝土撑架。牵引索固定端采用 OVM15-19P 型固端锚锚固在上转盘内,并环绕上转盘约 3/4 周。对应上转盘的撑脚,下转盘设有直径为 10m 的下滑道及 12 组千斤顶反力座,撑脚与下滑道的间隙为 4~6mm,千斤顶反力座用于转体的启动、止动、姿态微调等。

2. 辅助墩及其基础

所有辅助墩上设有顺桥向活动盆式橡胶支座,辅助墩及其基础均采用 C30 混凝土。

4 号墩为带墩帽的圆端形斜交实体桥墩,短边(壁厚)1.8m,长边 5.8m,承台厚度 2.5m,下配 4-1.5m 的钻孔灌注桩,设计桩长为 30m。

1 号、2 号、5 号墩直径分别为 2.0m、1.65m、2.0m,每个墩柱下布置有 φ1.5m 的钻孔灌注桩两根,设计桩长 30m,每墩的两承台间由系梁连接。

1 号、5 号墩盖梁为预应力混凝土结构,预应力筋为极限强度 1860MPa 高强低松弛 9-7φ5 钢绞线,锚具为 OVM15-9 夹片锚,张拉控制应力 1200MPa。

六、施工方法

本工程基础为桩基,桩径 1.5m,设计桩底距地面 27~33m,位于砾石层。桩基采用人工挖孔进行施工。

转体部分箱梁长 166.7m,主塔高 53m,施工时将转动体——塔柱、箱梁沿铁路边在支架上浇注成型,挂完斜拉索后,对箱梁脱模脱架,形成自平衡体,然后整体转动 49°跨越铁路与五环路正线相吻合,调整线形后与两边箱梁现浇段对接合龙。

两端边跨现浇段采用满布支架于桥位处现浇成型。箱梁转体段转动就位后,与现浇段之间利用合龙段合龙成桥。

七、新技术的应用及效果

(一)大体积混凝土施工防裂技术

3 号墩承台长宽均为 15.2m,与长宽约为 4m 的转体牵引反力座连成一体,平面面积 263m^2,厚度为 4.0m,一次浇筑成型,混凝土等级为 C40,浇筑量为 1050m^3。

由于水泥水化热集中,构件散热条件较差,极易造成混凝土构件内外出现较大的温差,引起结构的温度裂缝,对构件的耐久性影响较大,甚至使构件丧失使用功能。尤其是高强度等级大体积混凝土,为了保证 3 号主塔墩承台施工质量,把温度裂缝作为施工关键技术进行控制。在施工中,采取如下措施来降低混凝土水化热热量,控制混凝土内外温度差,即温度梯度,提高混凝土早期抗拉强度。

1. 混凝土原材料控制

降低水泥用量,加大粉煤灰掺量和取代量,减少水泥水化过程中放出热量。C40混凝土采用配合比如下:水泥用量287kg/m³(兴发·拉法基,P·O42.5),粉煤灰为Ⅰ级粉煤灰,用量91kg/m³,水灰比为0.45,外加剂为UNF-5A高效减水剂,掺量为5.3kg/m³,试配强度极限R28达48.5MPa,R3达22.5MPa,R7达到34.5MPa,粉煤灰取代率为24%,根据计算,混凝土绝热温升达52.9℃。

2. 循环水散热

在承台顶面以下1.7m处布设一层φ50散热管,水平间距1.5m,相互联通,一端设置进水管,另一端设置出水管,构成循环水系统,将混凝土内部热量带出地面。混凝土浇筑完毕,用1台2寸管道泵作动力,使散热管循环水畅通,每小时循环水量6~7m³,散热管进出水口实测为4℃,远小于25℃控制值,通水时间为6d,视测温而定,最高温度恒定3d后,停止通水。

3. 混凝土低温入模

混凝土安排在下午六点钟开始浇筑,18个小时浇筑完,整个混凝土浇筑均在气温较低的时段进行施工,施工中混凝土入模温度均在10~12℃,拌和水温不高于14℃,水泥温度不高于40℃,集料温度与环境温度一致,施工时日平均气温8~10℃,入模温度在10~12℃之间,与地表土层常平均气温相仿。

4. 加入外加剂

混凝土中掺入缓凝减水剂,其混凝土初凝时间达到8h,延缓水泥水化热集中现象。

5. 二次振捣

加强振捣,提高混凝土密实度,并将混凝土表面浮浆清除,二次收面抹压,提高混凝土极限抗拉强度。

6. 表面蓄热

混凝土表面利用循环热水进行温养,并用隔热泡沫板覆盖。

7. 早期拆模回填

模板在混凝土达到5MPa后,并在气温最高阶段拆除,并赶在水化热高峰值到来之前回填。根据监测温度安排在混凝土浇筑完160h拆模,拆模后及时回填土保温、保湿养护,让混凝土水化热量均匀地散入地表土层中。

8. 温度监控

3号墩承台混凝土从2003年3月24日晚23:00开始浇筑,至25日晚19:00时浇筑完成,随后在混凝土表面覆盖塑料薄膜并洒水养护。在承台顶面约2m截面处的承台四周混凝土保护层和心部共预埋5个温度测点。

温度监测从浇筑完成开始,前100h每隔2h监测一次,100~200h每隔4h监测一次,其后监测时间间隔为8h、12h、24h,至6月22日,监测时间共2156h。承台混凝土表面温度在2昼夜时,达到最高温度37.2℃。随后缓慢下降,60天后,与环境温度一致。心部温度5昼夜后达到最高温度51℃,8昼夜后开始缓慢下降。承台表面和心部混凝土降温缓慢与拆模后及时回填土有关,有效地控制了温差,避免了温差裂缝的产生。

由于工期紧张,根据温度监测结果,于混凝土浇筑完成后160h开始拆模,此时承台混凝土表面温度为34.1℃,心部温度为50.9℃,环境温度为17.5℃,混凝土表面和环境温差为16.6℃。

拆模时的混凝土表面与环境温差以及混凝土心部与混凝土表面温差控制在设计要求以内。15d后,在回填前检查,混凝土表面光洁、平整、无温度裂缝。表明此次大体积混凝土承台施工是成功的,所采取的措施是有效可靠的。从承台混凝土温差控制方面,保证了承台混凝土的施工质量。

(二)钢筋直接滚轧等强直螺纹连接技术

在石景山南站斜拉桥主塔柱内,因劲性架、索道管、纵横向预应力筋密布,加之塔柱变截面多,钢筋连接条件差,采用其他钢筋连接方法难于满足作业空间要求和工期要求。最后采用了直接滚轧直螺纹连接方法,它具有其他连接方法难以比拟的优越性。

直接滚轧直螺纹,是通过对钢筋连接端部表面进行无切削的滚轧加工,利用钢筋冷作硬化的原理,提高材料的抗拉强度,并强化连接螺纹,从而达到钢筋的等强连接。此种螺纹加工方法使钢筋内部的金属晶格沿螺纹形状紧密排列。经滚轧后的钢筋连接螺纹有较高的精度和足够的强化效果,从而达到钢筋接头强度大于母材强度的目的。

直接滚轧直螺纹具有以下特点:

(1)强度高:通过钢筋冷作硬化的原理,明显提高接头处材料的抗拉强度,可达到JGJ 107—1996中接头A级标准,并使接头强度高于母材棒。

(2)抗疲劳性好:直接滚轧直螺纹接头螺纹齿底存在残余的压应力,能部分抵消钢筋受拉时齿底部位由于应力集中引起的高拉应力,从而提高接头的抗疲劳性能。

(3)设备简单,易于操作:一台滚轧机可以满足不同直径钢筋的滚丝加工,加工设备简单,对操作人员技术要求不高,经简单培训即可上岗。设备维护保养简单,故障率低。

(4)检查方便:无须现场测力,采用目测进行外观检查,取样进行力学试验,操作简单、快捷。

(5)效率高,施工方便:钢筋套丝可预制,平均每班可加工钢筋丝头400~600个,且不占工期,加工效率高。

(6) 适用各种工况:施工连接时不用电,不用气,无明火作业,无漏油污染,风雨无阻,可全天候施工。在狭小场地钢筋排列密集处均能灵活操作。

(7) 适用范围广:接头形式多样,有扩口型、异径型、锁母型等多种形式,可满足不同钢筋连接施工需要。

(8) 经济性好:材料省,用工少,安装快捷,成本低廉。

在本桥施工中,在主塔、基础、箱梁内,都广泛采用了直螺纹连接,为主体结构提前完工赢得了宝贵的时间,取得了良好的经济效益。

(三) 低回缩锚具的运用

石景山南站高架桥的主塔斜拉索锚固区采用了空心"回"字形截面。这种截面索力传递到矩形塔身外壁上后,必须靠塔身四壁传递由斜拉索产生的向外的拉力而使塔身主边跨侧应力平衡,故采用环向预应力体系。因单根斜拉索初张力达 11000kN,采用型钢"扁担梁"则会使塔身截面过大,采用精轧螺纹钢其强度难以达到 1000MPa 以上,所以采用了极限强度为 1860MPa 的钢绞线。

但采用强度较高的钢绞线时,存在难于克服的预应力回缩问题。由于预应力束很短,采用普通的锚具和张拉方法,张拉回缩量在 4~5mm,基本上等于钢绞线的弹性伸长量,因此张拉过后,在短束上钢绞线根本无法施加预应力。

BSM 锚具的最大特点就在于增加了顶压与二次张拉,并采用其独有的外锁母下旋顶紧锚垫板,使其回缩量只有 0~0.2mm,并采用常规的张拉方法,对短预应力束有效施加预应力。

在本桥主塔与梁端的斜拉索的锚固区,预应力束均为长度在 2~5m 的短预应力束,但由于在国内率先使用了 BSM 低回缩预应力群锚体系,很好地解决了短束的夹片回缩与预应力施加难题,使强大的索力得以有效向塔、梁传递。节约了材料,节省了人工,缩短了工期,降低了成本,取得了良好的效果。

(四) 单铰转体技术

球面铰常用在支座结构中,作为支座受力重要部件,现代桥梁工程应用非常普遍,使桥梁结构受力明确、简捷、合理。

石景山南站高架转主桥施工采用的是斜拉桥转体就位新工艺,将斜拉桥转体部分(长 166.7m,顶板宽 28.76m,箱梁高 2.5m)及 52m 高塔柱(含墩身及上转盘),先在铁路一侧浇筑成型,形成自平衡的稳定结构后,整体转动 49°与五环路主线相接。转动中重要结构即为球面铰,承载力为 14000t,属特大型铰结构,国内工程应用中首屈一指。

转体结构重量达 14000t,每只四氟滑块上承载力达到 19t,滑块上四氟乙烯应力达

67MPa,局部不均匀系数按 1.3 考虑时,四氟乙烯涂层应力达到 87MPa。

根据试转及转动过程记录,正常转动的力偶 600t·m。反算球铰的系数 $\mu = 0.02$。球铰在转动过程中平稳、可靠、摩擦力小,转动牵引力只相当于设计值的 50%,安全地将梁体转动就位。

此类大型球铰安全可靠,应用于特殊地段桥梁转体法施工,对降低工程造价、提高施工安全度具有很强的指导作用。

(五)大吨位斜拉索的应用

本桥采用单索面独塔斜拉桥的形式,采用稀索体系,全桥共设斜拉索 6 组,每组斜拉索由 2 根 OVMPES(FD)7-451 低应力新型索体加双层 PE 热挤聚乙烯保护层的拉索构成,每根斜拉索由 451 根 7mm,极限抗拉强度为 1670MPa 的高强低松弛镀锌平行钢丝组成。

本桥的斜拉索单索初始张拉力 10700kN,设计运营状态下的索力达 13000kN,目前在国内是单索承载能力最大的斜拉索。由于斜拉索索力大,锚固区应力复杂,所以对锚具的使用、缆索的张拉施工都是一个考验,尤其是对拉索两端锚具施工极为关键。

根据本桥所使用锚具施工经验,以下几点值得重视:

(1)冷铸锚具内环氧铁砂填料强度一定要满足《钢丝拉索技术条件》(GB/T 18365—2001)的技术要求,并且需要常温试验数据可靠后方可应用。

(2)索头灌注必须密实,以填料体积与浇注体积对比,偏差不超过 2%,填充不足应查明原因。

(3)控制养护温度,确保灌注的填料固结强度。

(4)每根成品索出厂前应进行超张拉试验检验,并且认真做好回缩量检测,防止回缩量过大的索出厂。此次使用大吨位斜拉索进行了静载性能试验,静载试验索长 3.82m,加载 28854kN,达到 95% 极限破断拉力,锚具拉索未破断,完好无损。锚具工作匹配情况良好。锚具填充物内缩值平均为 6.2mm,满足《钢丝拉索技术条件》(GB/T 18365—2001)的要求。

斜拉索张拉及桥梁静动载试验过程中,未发生任何异常变形,为以后大型斜拉桥斜拉索选型提供了有益经验及宝贵资料。

八、工程意义

本桥的设计与施工充分吸收和借鉴了国内外转体斜拉桥的技术成就,通过科学试验、理论研究和采用先进的施工手段与管理方法,在北京市西南石景山南站编组站上采用单球铰自平衡的斜拉桥转体法建成了转体重量居世界同类桥梁首位的斜拉桥,达到了国内领先的建桥技术水平。

石景山南站高架桥工程是北京五环路的关键性控制工程,施工期间,正值全国"非典"暴发,中铁大桥局集团的建设者们克服了重重困难,战胜了"非典",在8月初将斜拉桥成功转体,整个转体过程仅仅耗时68分钟。将我国单球铰斜拉桥转体重量提升到万吨级,并创造了新的世界纪录。从开工到建成通车,仅仅耗时8个多月,创造了同类桥建桥史上的奇迹。

第二节　京新高速公路上地斜拉桥

一、工程概况

京新高速公路上地斜拉桥工程项目名称为京包高速公路(五环路—六环路)上地铁路分离式立交桥工程,为京新高速公路(五环路—六环路)工程(原为京包高速公路)的一部分,工程地址位于北京市海淀区,起点里程为K2+880,终点里程为K3+390,上跨既有京包铁路、城铁13号线,与既有京包铁路相交处铁路里程为K22+756,公路里程为K3+55.703,相交角度19°。全长510m,采用46m+46m+230m+98m+90m五跨连续独塔单索面预应力钢筋混凝土斜拉桥。

当时桥梁情况为:京包铁路为一股线,非电气化铁路;城铁13号线为两股线,基本与既有京包铁路平行,其东线距京包线约13m。

主塔是由上塔柱(斜拉索锚固区)、中塔柱、下塔柱组成,塔柱为偏心受压受力构件,塔柱均为实心钢筋混凝土结构,混凝土设计为C55高性能混凝土。主塔承台以上高99m,桥面以上高88m,上塔柱高48m,中塔柱高40m,分为双斜柱,矩形变截面,下塔柱高度为11m,为整体箱形截面。

主塔每侧设斜拉索22对共88根,斜拉索采用半平行钢丝拉锁,低应力防腐索体,横向每根斜拉索由2根拉索组成,拉索采用直径7mm的镀锌高强度低松弛钢丝,每根拉索由265~421根钢丝组成,其中最长索约222m,最大索重27t,最大索力为1100t。

主梁采用预应力混凝土的大悬臂单箱五室截面,设计采用C55高性能混凝土,主梁中间设四道直腹板,两侧设斜腹板,外侧为翼缘板,全宽为35.5m,顶板宽35.26m,底板宽20m,箱梁平均梁高为3.52m。曲线超高由主梁结构实现。

4号墩为主墩,4号主塔墩为变厚度八边形承台,顺桥向中部22.52m厚度为8m,顺桥向两侧11.54m部分厚度由8m变为4m,平面为45.6m×40.3m的切角矩形,切角边长为11.54m。1号、2号、3号、5号、6号墩采用3m×2.5m双柱矩形墩,1号、6号连接墩墩顶设预应力混凝土盖梁,3号墩设预应力混凝土横系梁,墩身采用C40混凝土,盖梁和横系梁采用C50混凝土。

全桥共设22个临时墩,采用钢管柱形式,主塔前设6个临时墩L1~L6a,主塔后设16个临时墩L6b~L21。其中L4为一个墩,其余为双墩,L6a、L6b位于主墩承台上。

本桥桩基为钻孔灌注桩,总数为435根,其中永久墩桩基为120根,临时墩桩基为208根(其中L2内、L3外桩基直径均为3m的人工挖孔桩),防护桩为107根,所有桩基混凝土设计强度均为C30。

桥址场地没有不良地质现象,场地土可按Ⅱ类场地土考虑,地基土不会出现地震液化现象,场地地基土的标准冻结深度为0.80m。

据北京市观象台近十年观测资料,年平均气温为13.1℃,极端最高气温41.9℃,极端最低气温-17.0℃,城区近20年最大冻土深度小于0.80m。

二、工程特点及施工重点难点

本桥为大跨度独塔不等跨半漂浮体系斜拉桥,副主跨比为0.426,小于常用的0.5~0.8;主塔为水滴形,中塔柱内倾角达22°43′08″;主塔及箱梁设计为高性能混凝土;单箱多室宽梁体,梁体顶面宽度为35.5,箱梁横向变截面;曲线上大吨位顶推预应力钢筋混凝土箱梁(顶推吨位22984t,平曲线半径为3500m);顶推段顶程较长(顶推距离为213m)。

交角19°小角度斜交上跨既有京包铁路和城铁13号线及待建的京张、京包客专,顶推作业须多次封闭铁路施工;斜拉索规格多(LZM7-265~LZM-421,共8种规格),其中LZM-421为国内目前应用最多的冷铸镦头锚;主墩桩基直径2m,孔深80.5m,属大直径深孔桩基;施工难度大,质量要求高(设计要求桩底沉渣厚度不大于5cm,桩顶平面位置偏差不大于3cm)。

本工程4号主墩承台为大体积混凝土施工,一次性浇注方量达11243m^3,其施工组织和温度、变形裂缝控制难度大;主塔爬模系统的设计,劲性骨架设计、安装,塔柱的测量控制,上塔柱锚区斜拉索的精确定位,中塔柱合龙前双柱的附加应力及变形控制是该桥的重点;箱梁及主塔设计为C55高性能混凝土,高性能混凝土对原材质量要求高,配合比设计及施工难度大,箱梁一次连续浇注方量达2900m^3,施工组织及工艺控制要求高。

顶推重量大、顶推距离长且顶推轨迹位于半径3500m的圆平曲线上和3.759%上坡道上;要求12台千斤顶的线速度各不相同,控制难度大;另因梁体曲外超高不同,箱梁左右自重荷载差异较大,下滑道会产生不均匀沉降,顶推时极易产生跑偏现象,对横向限位装置要求很高,横向纠偏难度大,需动态调整分配左右的顶推力,必要时,需静态横向纠偏。

主墩处通过顶落梁来调整支座反力,工艺精度要求高;工程跨既有京包铁路及城铁13号线,线间临时墩、主塔施工及顶推作业施工安全要求高;与北京铁路局和北京轨道交通部门需要协调的项目多,情况复杂,协调难度大。

本桥斜拉索工程量较大,单根索长最大为22m,重量最大为27t,最大索力为1100t,故挂索及张拉作业需在塔端进行(高空进行倒顶、张拉作业),施工难度大,梁体有395m(占梁体全长77.5%)位于圆曲线和缓和曲线上,且主跨、副跨不对称,张拉控制精度要求高,索力变化大,调整索力难度大;施工期间,工期紧、任务重,拆迁工作量大,施工场地狭窄,紧邻居民区及城铁站,施工干扰大也是这项工程的难点之一。

三、主要技术标准

(1)公路等级:高速公路。
(2)桥梁设计荷载:公路—Ⅰ级。
(3)设计车道数:双向六车道。
(4)设计速度:100km/h。

桥梁断面设置:0.75m(栏杆)+3.5m(右侧路肩)+3×3.75m(车行道)+0.75m(左侧路缘带)+3.0m(中央分隔带)+0.75m(左侧路缘带)+3×3.75m(车行道)+3.5m(右侧路肩)+0.75m(栏杆)=35.5m。

(5)线形:圆曲线(半径920m,长38.903m)+缓和曲线(245m)+直线(226.097m)。
(6)铁路净空:桥下铁路净空不小于9m。
(7)桥梁结构的实际基准期:100年。
(8)抗震设防标准:Ⅷ度,按Ⅸ度设防,设计基本地震加速度值为$0.2g$。

四、参建单位

本桥梁工程参建单位:
(1)监督单位为北京市道路工程质量监督站。
(2)建设单位为北京市首发高速公路建设管理有限责任公司。
(3)设计单位为中铁工程设计咨询集团有限公司。
(4)施工单位为中铁大桥局集团有限公司。
(5)监理单位为中铁六局集团有限公司。
(6)监控单位为大连理工大学。

五、"四新"推广和应用

工程施工过程中存在很多新课题,如大直径人工挖孔桩施工方法,深基坑防护、大体积混凝土浇筑及养护防裂技术,MGE新型滑块的应用,大吨位长距离曲线上坡顶推施工控制,大吨位长距离曲线上坡顶推施工中心偏位自动显示系统设计,212m箱梁顶推过程结构分析,曲线爬模施工,中塔柱现浇支撑体系的设计,独塔斜拉桥双曲变截面爬模设计,上塔索导管三维定位控制方法。施工前,项目部自身就此类问题进行研究,制订相应的解决方案,并聘请相关专家进行论证,且本工程主体结构分阶段进行,通过阶段性总结,使工程安全、优质地完成。

(1)桥梁工程高性能混凝土应用技术研究

主塔、主梁采用C55高性能混凝土。为保证该混凝土的质量,开展了相关技术研究工作。该研究从原材料,特别是聚羧酸减水剂选择、优化配合比设计、施工中混凝土质量动态控制等方面,很好地保证了高性能混凝土的质量。

(2)桥梁主跨段采用顶推法施工,顶推距离213m,总重量约2.5万t,为当时亚洲顶推重量最大的混凝土曲线梁桥。经过参建各方的共同努力,攻克了混凝土曲线现浇箱梁单点连续顶推精准就位的关键技术。

(3)主墩承台为大体积混凝土施工,一次性浇注方量达11243m^3,其裂缝控制难度大,通过采用在承台内部埋设冷却水管和无线传输测温传感器的技术,对混凝土的温度进行实时监测,实现对混凝土裂缝的有效控制。

(4)主塔塔柱采用液压爬模施工技术。中塔柱为大倾角爬模,上塔柱为双曲面爬模,通过对爬模系统的合理设计、爬升中的有效控制,保证了主塔中、上塔柱工程质量和施工效率。

六、工程意义

上地斜拉桥是京新高速公路北京段的控制性工程,为五跨连续独塔单索面预应力混凝土斜拉桥,桥梁不仅技术复杂,而且地处交通和人员密集的上地信息产业基地,是北京市施工难度最大的特大型桥梁之一。工程先后攻克了深桩基施工、大体积混凝土承台施工、大吨位混凝土箱梁顶推施工、塔柱爬模施工、斜拉索挂索施工等一系列技术难题。特别是主梁顶推法施工,顶推距离213m,顶推重量达2.5万t,如此大吨位的混凝土曲线现浇箱梁采用单点连续顶推施工在世界桥梁史上尚属首次,该项施工技术的成功填补了国内外同类型桥梁施工的空白。上地斜拉桥造型优美,犹如一把巨大的竖琴竖立在地铁线旁,成为京北地区的标志性建筑。上地斜拉桥的建成通车,极大地改善了区域交通通行能力,促进了区域经济的快速发展。

第三节 西六环路丰沙铁路分离式立交桥

北京市西六环路丰沙铁路分离式立交桥主桥为四跨连续(56m+100m+70m+37m)子母塔单索面预应力混凝土斜拉桥,桥高23m,最小平曲线半径为950m,主梁采用四斜腹板式横截面满足中央索面的传力要求,截面内外侧不等高适应横坡的设置需要;桥塔采用双圆柱造型,挺拔秀美,主塔与子塔遥相呼应,错落有致;主梁采用墩顶转体法施工,以减少主跨跨径和转动体系的重量,转体时结构悬臂长度达92m,转体重量为15000t,为我国首座墩顶转体法施工的桥梁。

北京市西六环路丰沙铁路分离式立交主桥的设计与施工在墩顶转体施工工艺及重量、转体长度、卵石土地区深埋沉井基础等方面有重大技术突破,是集双圆柱主塔、大悬臂W形主梁、六边形花瓶式桥墩、墩顶转体、卵石土区沉井等多项新技术、新工艺为一体的子母塔预应力混凝土曲线斜拉桥,与三家店水库及其山地背景相呼应,已成为2009年9月12日通车运行的六环路标志性建筑。

通过应用本研究成果,相比墩底转体施工方法,主跨减小15m,建安费减少2100万元;仅用8个月就实现了2008年奥运会之前完成大桥转体的目标;完成的墩顶转体重量15000t、转体悬臂长92m、曲线半径950m研究成果,综合指标居世界同类型桥梁的首位,有效地减少了大桥主跨跨度和施工期间对铁路的运营干扰,缩短了施工工期,取得了良好的经济和社会效益。住房和城乡建设部组织了验收,认为研究成果总体上达到国际领先水平。

大悬臂W形主梁结构,具有传力途径明确、构造简洁的特点,可推广应用于双线、四线铁路预应力混凝土铁路斜拉桥的设计;六边形花瓶式桥墩与墩顶转体技术可在不增大跨径、基本不改变梁部结构的条件下将节段悬臂灌注施工的预应力混凝土连续梁改为转体法施工,在跨越高速铁路、高速公路时具有极好的推广应用前景。

一、工程概况

北京市西六环丰沙铁路分离式立交桥(以下简称"丰沙铁路立交桥")主桥为(56m+100m+70m+37m)四跨连续子母塔单索面预应力混凝土部分斜拉桥。主塔高33m,采用塔、梁、墩固结体系;子塔高19m,采用塔、梁固结体系。丰沙铁路立交桥上跨丰沙铁路,与其相交约40°角。现况丰沙铁路为2股电气化铁路,路基高于现况地面10m,平均每8分钟通过1列列车,铁路运输十分繁忙。为了铁路行车安全、尽量减少施工对铁路运营的影响及加快施工进度,主桥箱梁采用在3号墩墩顶上转体施工,转体总重量达150000kN,转体总长度为182m,其中主、边跨各长92m、90m,平转角度40°。

二、施工要点

丰沙铁路立交桥主要施工流程为:施工准备→3号墩沉井基础施工→3号墩施工(同时进行主梁支架搭设)→转盘系统安装→主梁分段预制施工(同时进行主塔施工)→斜拉索施工→主梁转体施工。

(1)2号和3号墩沉井在铁路两侧,沉井边离既有丰沙铁路路堤很近,沉井下沉必须对铁路路基进行防护。在下沉施工的整个过程中,要对铁路路堤进行实时监控测量。

(2)桥址处距地面5m以上为亚黏土,5m以下为砂夹卵石土,卵石最大粒径达800mm。为保证丰沙铁路的安全运营,沉井均采用不排水法下沉,泥浆套助沉,井内以挖掘机取土为主、人工取土为辅。

(3)转体梁段及左、右边跨梁段预制采用满铺碗扣支架,支架基础用C20混凝土硬化处理。

(4)箱梁内模全部采用木模,外模采用钢木结合模板。

(5)根据总体施工布置,在3号墩旁设置台塔吊,作为钢筋、模板、球铰与滑道、主梁、桥塔等施工的吊装设备。

(6)为节省工期,转体箱梁施工顺序为:2个A段同时施工后,主塔与B、C段及D、E段采用平行作业,同时施工。

三、主要施工技术

(一)基础施工

1号、5号墩采用钻孔灌注桩基础、双柱式墩,2号~4号墩采用圆形沉井基础、六角形花瓶式桥墩。

2号、3号墩沉井距离既有丰沙铁路路堤分别为0.61m和1.69m,沉井下沉时会影响丰沙铁路路基的稳定。为保证铁路路基的稳定和列车的安全运行,采取如下措施:

(1)在铁路每侧插打2排钢管桩,在2排钢管桩之间布置3~5根长度小于1.2m的混凝土钻孔灌注桩进行防护,桩长超过沉井刃脚5~8m。

(2)在沉井下沉施工的整个过程中,对铁路路基上、中、下设置的9个观测点进行实时监控。

(3)沉井均采用不排水法下沉,泥浆套助沉,5m一节制作,对称开挖均匀下沉。

(4)井内以挖掘机取土为主、人工取土为辅。应提高机械取土效率,尽量缩短每节下沉的时间。

(5)由于铁路路基造成的土压不均衡,沉井下沉时要预设偏斜度,井顶高差为2~4cm。

(6)在沉井下沉施工的整个过程中,必须使靠近铁路侧井壁外侧有土接触,不能"亮底"。

(二)球铰及滑道施工

转体球铰直径3.8m,上、下球铰总重量15.6t。转体系统由下转盘、上转盘、转轴、转体滑道、撑脚及牵引索等组成,由专业厂家制造,在工厂进行预拼装,验收合格后用特种汽车运到工地进行安装。球铰及滑道的安装,最关键的是如何保证安装的精度。

转体球铰(上、下转盘)施工步骤:下转盘球铰骨架及定位轴预埋件设置→下转盘安装调整→浇注预留槽口混凝土→安装下球铰四氟滑动片→涂抹黄油四氟粉→安装转动中心轴→上转盘安装调整。

转体滑道施工步骤:转体滑道骨架预埋件设置→转体滑道支架安装→滑道钢板安装调整→浇注预留槽口混凝土。

为保证球铰与滑道的安装精度,先在混凝土内预埋球铰与滑道的支撑固定架,固定架上有调节螺栓。实际安装时,先放出墩中心、球铰中心点及滑道内外边线,按要求在墩顶测量放线安装第1块,其平面位置、高程与设计误差不大于2mm;以后都以第1块顶面高程作为基准,用精密水准仪进行控制,用螺栓进行微调,其每块高程误差不大于0.5mm,逐块进行安装调整。

(三)箱梁预制的临时支架

转体箱梁在整个施工过程中,要经历以下结构受力体系的变化:梁体脱侧模时;主梁纵向张拉、梁体起拱及扭曲变形时;梁体斜拉索挂索及张拉时;碗扣支架拆除时;称重后,结构重心调整(必要时)时;转体到位后,梁端临时支撑及梁端高程调整时;合龙后,纵向预应力张拉时;合龙段支架及临时支撑拆除时;临时斜拉索拆除时;子塔斜拉索张拉时等。全桥采用满铺碗扣式钢管脚手架进行箱梁预制施工,箱梁支架搭设高度约为21.5m。考虑施工荷载的影响,有底、腹板区域的梁体荷载为127kN/m^2(不含支架荷载)。因此,考虑到支架高、荷载较大、施工时间较长且处于雨季(4月至7月),采取如下措施:

(1)对转体梁体施工范围的地基进行碾压,在支架范围内设置排水沟,并在支架范围内的地坪灌注20cm厚C20混凝土。

(2)支架搭设完成后,进行预压,以消除支架塑性变形,测量支架的弹性变形。底模顶的高程按"底模安装高程=设计梁底高程+支架弹性变形+底模设计预拱度"控制。

(3)根据不同时期支架受力情况,对地基进行局部加固,对支架进行局部加密,以满足受力要求。

(4)根据检算,碗扣支架在拆除到最后一段时,随着碗扣支架逐渐拆除,最后一部分支架难以拆除,梁体竖向荷载将大于支架的容许承载力,对梁体结构十分不利。因此,在转体梁端及距梁端20m的地方各设置1根加强钢支撑,为便于钢支撑的拆除,在钢支撑顶设置砂箱。

(四)主梁预制施工

箱梁内室为3个近似三角形组成的单箱三室大悬臂预应力混凝土箱梁,顶板宽

30.26m,底板宽 12.0m,线路中心线处梁高 3.0m,采用 C55 混凝土。4 条腹板呈 W 形布置,外腹板与水平面最小夹角约为 22°,最大夹角约为 30°。

该桥箱梁全长 263m,分为左边跨、右边跨、2 个合龙段及转体梁段。转体梁段长 182m,按 6 段分 3 次进行预制。

箱梁转体预制施工时,确保转动体系重心偏向右边跨不大于 0.1m。因此,要加强模板的刚度和模板的固定,保证截面尺寸。为保证混凝土灌注质量,在内模的顶板沿纵向每隔 3~5m 开 25cm×25cm 灌注孔,在内模的斜腹板上每隔 3m 开 30cm×30cm 振捣孔,振捣孔按上、下两排布置;并在内模的斜腹板上钻直径 6~8mm 排气孔,间距为 10cm。混凝土灌注采用超长灌注臂的汽车泵,每次需要 2 台(48m 及 58m 各 1 台)同时进行,灌注要分层、连续进行。

箱梁预制施工时,有针对性地制订施工方案和混凝土灌注工艺,克服钢筋密集、预应力管道密集、腹板薄、腹板与水平面夹角小等造成混凝土灌注困难的施工难题。

箱梁预应力为三向预应力体系。预应力筋穿索:长索采用卷扬机整索牵引,短束采用人工单根穿索。预应力筋的张拉顺序:先纵向,后横向,最后竖向;先中间,后两侧;先曲线外侧,后曲线内侧。

(五)转体梁段施工

牵引动力:采用 2 台 QDCL2000 型连续张拉千斤顶,每台额定最大牵引力为 2000kN。配备 ZLDB 液压泵站,连续、自动、同步牵引钢绞线。

转体总重量 $W = 150000$ kN,设计转体总重量的重心向后偏移不大于 10cm,则使转体球铰转动所需牵引力 $T = T_1 + T_2$。式中,T_1 为克服转盘摩擦力所需的牵引力,$T_1 = 2/3 \times (R \times W_1 \times \mu_1)/D$,其中 R 为球铰的直径,W_1 为球铰承受的重量,μ_1 为摩擦系数,D 为上转盘直径;T_2 为克服撑脚摩阻力的牵引力,$T_2 = \mu_2 W_2$,其中 μ_2 为摩擦系数,W_2 为撑脚承受的重量。

启动时,助推千斤顶预加一部分力,然后牵引索施加一部分力,即可拉动转盘转动。

在转体梁段的混凝土强度达到 100%、所有预应力张拉全部完成、斜拉索挂索及张拉全部完成后,即可开始拆除碗扣支架,其拆除步骤为:从 3 号墩向两侧同时开始,每次对称拆除 10m。

当全部碗扣支架拆除完成后,梁体绝大部分荷载由斜拉索→桥塔→球铰→桥墩→基础承受,少量荷载及不平衡荷载由梁端加强钢支撑承受。为顺利转体,转体前在加强钢支撑顶安装砂箱和传感器,对梁体进行称重和进行梁体线形调整。

转体施工时平转技术指标:①平转角度约 40°;②平转角速度 $\omega \leq 0.02$ rad/min;③主梁端部水平线速度 $v \leq 1.2$ m/min。箱梁转体是靠牵引上转盘上预埋的 2 束钢绞线来实现的,钢绞线缠绕在上转盘周边,采用连续张拉千斤顶牵引。启动阶段,在上转盘撑脚与千斤顶反力座之间,对称设2台250t助推千斤顶,以克服最大静摩擦力。同时为防止转体超过设计位置,在墩顶千斤顶反力座对称设2台200t限位千斤顶。

四、工程意义

北京市西六环丰沙铁路分离式立交桥是西六环的关键控制工程,工期紧、任务重、技术含量高。作为北京市六环路109国道分离式立交桥工程的重要组成部分,该桥也是六环路全线最关键控制性工程。大桥跨越繁忙的丰沙铁路(每8分钟就有一趟列车经过),与铁路线相交角度约40°,主桥全长263m。该桥是世界上首次采取墩顶转体的斜拉桥,转体箱梁全长182m,单铰转体总重量达15000t,在同类型桥梁中居世界之首。其建设为更大跨度的斜拉转体桥的设计与施工积累了经验。

第十篇
高速公路代表性桥梁隧道

|第二章|
代表性隧道

北京市内高速公路项目中共建有隧道21条(其中特长隧道2条,长隧道3条,其余均为中、小长度隧道,详见本书"附表"部分的表10-2-1)。特长隧道分别是G6(京藏高速公路、原八达岭高速公路)潭峪沟隧道以及G7(京新高速公路)德胜口隧道。本章将重点对这两条隧道的工程要点进行介绍。

第一节 潭峪沟隧道

该隧道为八达岭高速公路的控制性工程。该高速公路从昌平南口至延庆要越过山峦起伏、地形险峻的军都山,为了满足行车安全、利于施工和降低造价等需要,在这一段公路上下行线分开修建,根据地形条件和技术要求,越岭则采用隧道。为此,在上行线修建了弹琴峡隧道、石佛寺1号隧道、石佛寺2号隧道、八达岭隧道及岔道城隧道,下行线修建了潭峪沟隧道、东老峪隧道、山羊洼2号隧道、山羊洼1号隧道及居庸关隧道。其中潭峪沟隧道长达3455m,不仅在八达岭高速公路隧道中居首位,而且当时在我国和亚洲大跨公路隧道中也居首位,在世界3000m以上大跨公路隧道中居第5位。

潭峪沟公路隧道由主隧道和用于施工、运营通风的平行导洞组成。主隧道3455m,为单向三车道,采用五心圆拱曲墙断面,净宽13.1m(比铁路三线隧道还宽1.8m),净高7.3m,断面积120m^2;平行导洞长3482m,采用圆拱直墙断面,净宽5m,净高5m,断面积28.5m^2(相当于铁路单线隧道)。潭峪沟公路隧道于1994年9月6日开工,1998年10月竣工,历时四载,总投资约3.3亿元,由北京市市政工程设计研究总院设计,由铁道部十六局四处负责施工。

该隧道的工程量如下:开挖石方525715m^3、安设金属锚杆3042t、钢筋及格栅7811t、喷射混凝土38956m^3、模注混凝土94419m^3等。为确保隧道安全建成,依靠科技进步和现代管理方法,发扬团结协作和顽强拼搏的精神,克服了隧道施工中所遇到的断层、破碎带、流砂等不良地质,战胜了多次涌水和泥石流,最终成功地建成一条规模大、标准高、现代化的公路隧道,也为我国开挖地质复杂的长大跨隧道积累了丰富的施工经验。潭峪沟公路隧道已于1998年11月投入运营,作为北京八达岭高速公路的重要组成部分,已发挥了重要作用,驱车从北京市区到八达岭长城游览区时间由2h缩短到40min,社会效益与经济效益十分显著。

隧道地处北京北部军都山,山峦起伏,海拔550~770m,地质构造复杂,挤压破碎带和断层多,地下水较丰富,Ⅱ、Ⅲ类围岩占60%以上。

隧道横断面设计为五心圆圆拱曲墙形式,净宽13.1m,净高7.3m,横坡1.5%,两侧设电缆槽及排水系统,隧道中心设排水盲沟。该隧道为单向行驶的三车道隧道,由延庆方向向昌平方向下坡行车,隧道纵坡为2.7%,两个洞门高差为93.2m,洞内为混凝土路面,隧道内设置有照明、信号、通信、通风、供电、供水、消防和监测等系统。

在潭峪沟隧道中采用的防水层材料可靠,施工的铺设技术、工艺较先进,施工管理严谨,监理认真负责,实现了"无钉铺设"防水层,在LDPE防水板的焊缝工艺中更是大胆创新,使焊缝牢固可靠,从而保证了防水层的完整性,提高了隧道防水的可靠性,满足了设计和使用的要求,为今后隧道的安全使用奠定了良好的基础,同时也为国内类似隧道防水板的施工提供了一整套的新技术、新工艺和有益的经验。现重点就潭峪沟公路设计关键施工技术进行阐述。

一、设计概况

(一)设计技术标准

隧道内车行道宽度:单向三车道,每车道宽为3.5m,检修道宽度各0.75m;隧道限界高度$H=5m$;隧道内不允许非机动车及行人通行。

(二)隧道平面设计

潭峪沟隧道进口位于东沟村附近,出口位于东老峪村,由于是单行线,行车方向与道路里程桩方向相反,故隧道设计起点0+475位于隧道的出口(南洞口),隧道设计终点3+930位于隧道的进口(北洞口),隧道全长为3455m(含两洞口处各为8m的明洞)。隧道进口段有268.3m位于路线曲线段上($R=1650m$),其余洞身段均为直线。隧道内不设置紧急停车带。

隧道西侧设计1条平行导洞(以下简称"平导"),平导除两端局部地段外,其余洞段均平行于隧道中线以西35m,且桩号垂直一一对应。平导具有通风、防灾疏散、敷设主管线、维修车辆及施工通道的作用。

(三)纵断面设计

隧道采用2.7%单一纵坡度,变坡点及相应竖曲线均设在隧道以外,隧道两洞口的设计路面高程为 545.99m(S) 和 629.27m(N)。根据设计纵断及隧道洞室高度,隧道的最大埋深为 181.04m,最小埋深(洞口部分除外)为 30.14m。为有利于隧道的排水,平导的纵断面平行于隧道的纵断面,且相对应桩号处,平导的竣工高程比隧道低 30cm。平导的两洞口竣工路面高程为 545.44m(S) 和 639.45m(N)。平导的最大埋深为 175.44m,最小埋深(洞口部分除外)为 13.50m。

(四)横断面设计

潭峪沟隧道为单向三车道高速公路隧道,隧道内车行道宽为 3m×3.5m,两侧路缘带宽为 0.25m,两侧检修道宽为 0.75m,路缘石高 0.2m,隧道内有效净宽 12.5m。隧道内净空高度 5m。检修道净空 2.5m。隧道断面采用五心圆拱曲墙式断面,其净宽为 13.1m,净高为 7.3m。隧道内路面横向采用单面坡(由东向西坡),横坡度为 1.5%。检修道为向隧道内单面坡,横坡度为 5%。

(五)隧道衬砌结构设计

潭峪沟隧道属于长大隧道,地质构造复杂,为确保隧道运营的安全,充分发挥围岩的自承能力,提高隧道衬砌结构的可靠性,故主隧道全部和平导的一部分采用复合式衬砌结构。隧道衬砌结构按围岩条件不同分为 A、B、C、D、E 五种形式。该隧道施工采用"光爆法"爆破开挖以减少对围岩的扰动破坏和降低超挖量。初次支护喷锚结构支护参数:①砂浆锚杆用螺纹钢筋,直径 $\phi22\sim25$mm,托板采用 A3 钢板,尺寸为 6mm×150mm×150mm;②锚杆砂浆水灰比:0.38～0.45,速凝剂掺量≤3%;③喷混凝土 C20:水泥标号 425 号,胶骨比:1:4～1:4.5,速凝剂掺量 3%;④钢筋网:A3 圆钢,$\phi6\sim10$mm,钢筋网搭接长度为 1 格以上;⑤隧道防水洞内防水措施采用在喷混凝土层与二次衬砌之间铺设 LDPE(低密度聚乙烯)防水板,此板材铺设于喷混凝土层上,板材与喷混凝土层之间设有一层 PE 泡沫垫材作为缓冲层。边墙两侧防水板的底部设有纵向排水管(弹簧管),每隔 25m 设有横向排水管。

二、关键施工技术

(一)开挖和支护

潭峪沟隧道的开挖和支护包括主隧道和平导两部分。潭峪沟隧道的开挖和支护不是传统的矿山法,而是建立在新奥法理论基础上的矿山法,遵循"超前管、弱爆破、短开挖、强支护、勤量测"的施工原则。

隧道和平导皆从进口和出口两端向中央开挖。平导开挖比主隧道超前,为主隧道提供地质预报,并通过横通道进入主隧道以增开工作面,加快隧道掘进速度。主隧道开挖Ⅳ、Ⅴ类围岩采取正台阶法,其他类围岩采用"上台阶留核心土"法施工;平导则主要采用全断面掘进。支护采取喷锚支护;掘进爆破则采用塑料导爆管非电毫秒微差光面爆破技术,最终炮眼利用率达95%,半眼保留率达85%,平均线性超挖量小于8cm。运输方式是无轨运输,采用了美国980C、966D、980D型装载机和25t阿维林倾卸车,充分发挥了大型机械作业的优势。

开挖和支护方式对于提高围岩的自承能力、保证隧道的安全与稳定、控制拱顶下陷量等都有影响。根据隧道自身所处的围岩类别,分别采取了不同的开挖方法和支护结构。

(二)套拱进洞技术

开口进洞是隧道建设的难点。潭峪沟隧道洞口附近为堆积层及强风化软弱破碎花岗岩。且洞顶覆盖层薄,如进洞开挖不当,极易造成坍塌。在潭峪沟隧道的建设中,设计人员设计并使用了"套拱进洞"技术,取得了成功。

在主隧道及平导南北共4个洞口施作套拱。套拱是在原设计明洞衬砌轮廓线外浇筑钢筋混凝土拱圈,拱顶厚50cm,拱脚厚100cm。主洞套拱长度为3m;平导南洞口套拱长度为2m,北洞口套拱长度为3m。套拱与明洞有以下关系:①套拱的内轮廓尺寸与明洞起拱线以上部分的外轮廓尺寸相同。②套拱先行开挖。套拱开挖后,开挖隧道,修建明洞。明洞的作用主要是预防进洞后的山体不良变化,进洞时则依靠套拱保证安全。③采用明洞从套拱下穿过,保证了结构的安全度和防水性能。④套拱由C25钢筋混凝土浇筑而成,它通过其拱脚和拱圈打入岩体的锚杆与岩体形成整体结构,能承受较大的垂直压力和侧压力。套拱施工简便易行,对洞口开挖防护切实有效,解决了隧道施工进洞难的问题。这种施工方法后来被设计院在八达岭高速公路其他隧道施工中推广,并写入设计文件中。

(三)衬砌模注混凝土施工技术

潭峪沟隧道衬砌安装适合安全储备设计。在新奥法设计施工中,考虑到它的施工性和施工质量要求,厚度一般为30cm,而潭峪沟隧道断面较大,地质情况复杂,其主隧道二次衬砌采用40cm,平导Ⅳ类围岩以下地段为20cm。平导断面较小,Ⅳ类围岩地段不采用衬砌。

(四)主隧道衬砌拱墙混凝土一次浇筑的方案选择及其特点

(1)先筑仰拱法:模板的稳定性好,易于保证侧墙和拱顶的浇筑质量,并且在进行初期支护后能较快地封闭断面。仰拱浇筑后,拱墙的浇筑分为拱墙一起浇筑和拱墙分离构筑法。其中的拱墙分离构筑法要产生水平缝,容易产生漏水,而拱墙一次浇筑没有水平缝,可以减少漏水现象。

(2)后筑仰拱法:对掘进作业干扰少,运输路线仍可从衬砌台架下通过。

(3)全断面构筑法:主要适用于圆形断面水工隧道。为了保证衬砌的质量,不易采用后筑仰拱法。对于先筑仰拱法中的拱墙分离构筑法,必须对水平缝做强度上和防水上的加强处理,但水平缝贯穿整个隧道,要安全消除水平缝的不良影响是件十分困难的事,因此也不宜采用。全断面法要求封闭形式的修筑模板系统,目前只用于圆形断面,也不宜采用。经仔细比较,决定潭峪沟隧道衬砌采用先筑仰拱法的拱墙一次浇筑法。

(五)隧道防、排水技术

潭峪沟隧道防水,遵循"以防为主、多道设防、防排结合、刚柔结合、综合治理"的原则。隧道采用复合式衬砌防水结构,它由初期支护、防水层和衬砌混凝土组成。由于平导断面小,且建成后只起通风和应急通道的作用,平导防水标准比主洞和设备横通道低,没有另外布置防水层,主要靠结构自身防水。

主洞防水是在初期支护表面铺设 LDPE(低密度聚乙烯)防水板与 PE 泡沫双层构造。LDPE 塑料板厚 0.8mm,幅宽 2.10m,采用压焊器进行双焊缝焊接。在铺设 LDPE 板之前,先在初期支护表面铺设一层 PE 泡沫衬垫作为缓冲层,用膨胀螺栓钉成梅花形固定于洞壁上,然后用压焊器将 LDPE 板热合固定在缓冲层上的塑料垫圈上,这样就实现了无钉铺设,保证了防水层的完整性。在防水层与初期支护间加缓冲层,不仅保护了防水板,而且可作为防水层背后的排水通道,将防水与排水有机地结合起来。另外,在衬砌混凝土中掺用 TMS(特密斯)抗渗剂,实行"双保险",进行复合防水,确保了衬砌混凝土不渗不漏。主洞排水系统由纵向排水边沟、纵向集水盲管、横向盲沟和中央盲沟组成。中央盲沟、纵向排水沟、纵向排水管沿纵向具有与隧道路面相同的坡度(2.7%)。路面两侧的排水边沟主要作为排除洞内清洗、消防水使用。纵向集水盲管采用 $\phi 50mm$ 塑料弹簧管卷接于 LDPE 防水板两侧底部,用于引排地下水,集水管内的水通过间隔 25m 的横向盲沟排入中央盲沟,再由中央盲沟排出洞外。

(六)深孔预注双液浆技术

潭峪沟隧道区围岩节理发育,断层及挤压破碎带多。主隧道有断层 69 条,平导断层 79 条。在施工过程中,曾多次发生涌水和泥沙流。在平导桩号 2+477 和主洞桩号 2+477.5 处遇到宽 11m 的富水断层,即 F1 断层。断层带以云英岩、似斑状花岗岩为主,局部为辉绿岩脉。断层带内岩石破碎,裂隙发育密集,岩石呈断块结构,是潭峪沟隧道施工遇到的最大富水断层。断层贯通至覆盖层约110m的地表,地下水压力较大,钻孔出水量达180m³/h。采取超前钻孔,施作止浆墙,再进行全封闭深孔预注浆固结破碎岩层和止水方法,用水泥—水玻璃浆液(又称CS混合液)进行深孔预注浆,然后施作大管棚超前支护,最后再进行环形开挖留核心土的办法,顺利通过了F1富水断层。

原地质勘探报告提供平导F1断层将在平导2+500附近出露,而实际施工中该段围岩一直是较好的K类似斑状花岗岩,直到1996年9月28日北口平导开挖到2+478(主洞、平导皆从南北同时开口掘进,北口开挖沿开挖方向桩号递减)才出现一个强风化的似斑状花岗岩夹层,厚度1m,再往里为一破碎辉绿岩脉侵入,用长钻杆向前钻探,发现辉绿岩脉前方3m处岩石明显变软,这说明前面遇到了断层。根据地质工程师现场量测,断层产状为NE60°/SE<83°,埋深82~73m;同时F1断层将在主洞2+477.51也出露,当时的主洞开挖面距断层有200多米。根据这一断层的实际,采取在预定工作面深孔预注CS双液浆法施工,主要包括准备工作、地质勘探、钻孔注浆、大管棚施工和土层开挖5部分。

潭峪沟隧道施工的最大难题是"水害",隧道有长达2000多米的富水区,裂隙水常常从开挖面上、洞顶、左右边墙、洞底有无数水柱不停地喷射,并且多次发生突发性涌水,流量在4600m³/h以上,其中最严重的一次是发生在1996年5月27日平导1+614段的泥沙流。针对此次较大规模的泥沙流特点,采取封闭加固工作面,排水注浆,破除堆积物,上下台阶相结合开挖的方法,安全胜利地通过泥沙流段,保证施工正常进行。

(七)施工通风排烟技术

潭峪沟隧道属长大隧道,因而在施工中是独头通风,这一难题也是国内外隧道施工难以解决的困难。根据隧道工程特点及具体情况,对施工通风与排烟进行了专题研究和攻关,提出如下技术措施:①结合隧道实际,采用压入式通风,风机2000m³/min风量,风管用直径1.2m帆布管,采取安装管箍等措施降低漏风率,其特点是风流的有效射程较远,而且掌子面空气清新,为快速施工创造了良好条件。②选用功率大的轴流式风机及硬质通风管道,提高了通风能力,减少了通风管道阻力及接头漏风。隧道进出口端设置2台110kW轴流式风机,压式风管和排风管均采用$D=1200$mm硬质管。③采用柴油车辆净化技术。隧道内使用的柴油车辆及设备均配备了空气净化装置。④采用通风除尘、湿式作业、喷雾降尘和个人防护为主要内容的综合防尘技术。

三、工程意义

通过潭峪沟公路隧道的修建实践,摸索了在复杂工程地质、水文条件下修建长大跨度隧道的规律,取得了一些有益的经验,可作为今后修建类似工程的参考。

第二节 德胜口隧道工程

一、工程概况

德胜口隧道位于京包高速公路(G7京新高速公路北京段)上,设计为分离式隧道,隧道间距30m;左右洞长分别为2998m和3003m,隧道开挖断面较大($B=15.9m$, $H=10.5m$)。隧道出口位于十三陵镇,洞口段为大跨浅埋软弱围岩段,洞口段埋深为0.5~25m;隧道位于燕山台褶带中段密怀中隆断内的八达岭中穿断四级构造单元中,地质构造以北东向—北北东向的断裂为主,总体走向北东40°~50°,倾向东南,倾角45°~60°;洞口表层为全风化~强风化带,厚度为0.5~3.0m,围岩为节理裂隙很发育的风化泥晶白云岩,碎石状压碎结构,局部块状镶嵌结构。

隧道为左右线分离式断面,左右线隧道合计长3341m,进出京线之间设置人行横洞4个,车行横洞2个,变压器横洞2个,左右线隧道开挖线间最小距离8.31m。

出京线隧道:起止里程YK33+737~YK35+407,全长1670m;其中明洞长度15m,暗洞长度1655m;Ⅲ级围岩944m,Ⅳ级围岩726m。

进京线隧道:起止里程ZK33+760~ZK35+431,全长1671m;其中明洞长度27m,暗洞长1644m;围岩主要为Ⅳ级围岩和Ⅲ级围岩。

施工过程:进出京线为分离式断面,两个隧道设置两个平行作业队组织施工,均以隧道洞口为中心布置施工场地,隧道施工安装3台变压器,其中1台630kVA变压器安装在隧道洞口内距离洞口750m的车行横洞内,1台630kVA变压器安装在隧道洞口,1台1000kVA变压器安装在距隧道洞口400m位置;隧道开挖采用气腿式风钻钻孔,爆破采用岩石乳化炸药,非电毫秒雷管分段微差爆破,电雷管起爆;开挖爆破根据围岩特点控制开挖循环进尺长度,实施光面爆破;进京线于2009年9月2日开挖至调整后的分界里程ZK35+431,出京线于2009年8月12日开挖至调整后的分解里程YK35+407;隧道二次衬砌采用全断面液压衬砌台车模筑C25抗渗混凝土,二衬每循环分段长度10.5m和12m;路面C40混凝土,纵向分段横向分幅施工;隧道洞门采用端墙式,蘑菇石干挂饰面。

二、施工难度

德胜口隧道开挖跨度较大;洞口段覆盖层薄;泥晶白云岩风化严重;开挖过程中极易坍方;前期因征地拆迁等原因迟迟未能开工,隧道工期比较紧张,洞口段有安全快速进洞施工的要求。选择合理的进洞方案,防止塌方,安全快速进洞就成为承建德胜口隧道的首要课题。

隧道区段内,局部表层为第四系冲洪积和残坡积土层,其下主要由中元古界蓟县系杨庄组砂质白云岩及长城系高于庄组泥晶白云岩组成。隧址区地下水类型以基岩风化裂隙水为主,地下水补给来源主要为大气降水。大气降水沿节理、裂隙或破碎带渗入地下,形成裂隙水。裂隙水主要富存于风化裂隙带及破碎带内,径流迟缓,埋藏深度受裂隙发育程度控制,由于深部风化裂隙发育较弱,地下水垂直流动缓慢。

隧道支护结构除明洞段外,均采用复合式衬砌结构。该结构符合新奥法原理,能充分利用和保护围岩自承能力,便于进行机械化快速施工,保证安全,减薄二次模筑混凝土衬砌厚度,提高隧道衬砌的抗震性能和防水效果。洞口位置的确定遵循"早进洞、晚出洞"的原则,主要考虑边仰坡的稳定,并结合地形、地质综合考虑。洞门形式采用了端墙式洞门和削竹式洞门。由于本隧道为特长隧道,设计考虑了行车、行人横洞将左右幅主隧道连同,行人横洞间隔约250m一道,行车横洞间隔约750m一道,行车横洞和主隧道交角60°,行人横洞和主隧道交角90°。全隧共设行人横洞7个,行车横洞3个。

工程应用下列关键技术:

(一)过断层段施工

初期支护加固:超前小导管预注浆,短进尺,弱爆破,强支护。及时施工二衬:二次衬砌与仰拱应紧随开挖,尽快使隧道全断面成环。为施工安全,应避开雨季施工,确有必要雨季施工时,应视雨量大小做好必要的超前预注浆堵水;在防水层铺设前,如坑壁或坑顶有水流出时,应凿眼安置套管集中引排,使其不漫流。

(二)偏压小净距段施工

隧道小净距段开挖严格遵循"管超前、严注浆、短开挖、强支护、勤量测、早封闭"的原则。小净距段采用台阶法分部开挖,开挖时严格控制爆破作业,合理选择爆破方式,尽可能减少爆破震动对结构的影响;进京线、出京线掌子面应错开50m以上,减少进京侧与出京侧开挖时的扰动;做好监控量测工作,并根据量测结果在必要时增加临时支撑。二次衬砌和仰拱应及时施作。

(三)施工方案比选

洞口段施工应在确保安全的前提下稳步推进。经过几种可实施性方案的比较,确定了洞口段的施工方案如下:总体上维持设计方案;明洞段采用拱部明挖、墙部暗挖施工方案;加强地表排水和边仰坡防护;洞口段增设30m超前大管棚注浆;进洞后改超前锚杆为超前小导管注浆;洞身开挖采用预留核心土台阶法开挖,循环进尺0.75~1.0m;拱墙仰拱格栅钢架封闭成环支护,间距0.75m/榀(必要时加密,0.50m/榀);边墙设系统锚杆,双层钢筋网喷混凝土支护,厚度 0.25m;防水和衬砌采用原设计。此方案得到了业主监理组织的专家论证组的认可,几种方案的比选情况如下。

1. 明洞开挖方案比选

明洞开挖有拱墙明挖法和拱部明挖、墙部暗挖两种方法。拱墙明挖法有影响范围宽、边仰坡刷方及支护面积大、开挖数量大、边仰坡易坍方等弱点,因此本隧道洞口 20m 明洞采用原设计的拱部明挖、墙部暗挖施工方法。

2. 超前支护方案比选

目前隧道超前支护主要有超前大管棚注浆支护、超前小导管注浆支护、超前锚杆支护 3 种形式,为稳妥起见,专家建议洞口段采用 30m 大管棚注浆超前支护,平稳进洞;洞内软弱围岩段采用施工较为方便的小管棚注浆超前支护。大管棚采用的是 ϕ108 的壁厚 6mm 的无缝钢管,管棚环向间距为 0.4m;小管棚采用 ϕ42 的超前小导管,小导管长 3.0m,环向间距 0.4m,纵向每两榀拱架(1.5m)打设一次。

3. 洞身开挖方案比选

该隧道洞口段开挖宽度 15.9m 左右,开挖高度 10.5m,开挖后应力重分布变差,底脚处应力过度集中,拱顶承压很大,加上开挖形成较大的松弛地压,使洞身极不稳定。根据目前的施工技术水平,适合大跨度隧道施工的方法主要有:上半断面台阶法、CRD 法和双侧壁导坑法等。

考虑到隧道洞口段已采用大管棚和超前小导管注浆支护,支护效果较好,因而开挖采用进度快、造价低、能够使用大中型机械施工的台阶法开挖。台阶长度 3~5m,便于出渣;中间预留核心土,既利于稳定又方便初期支护作业。

4. 边仰坡防护方案比选

原边仰坡采用植草防护,考虑到洞口开挖后会经历一个雨季,植草短时间内成活率不高,不能及时起到防护作用。为确保边仰坡稳定,经设计同意,边仰坡防护采用喷锚防护。

(四)施工方法、施工工艺及要求

1. 地表排水和边仰坡防护施工工艺及要求

由于地质松散,围岩裂隙,遇水后围岩的强度和稳定性必然降低,故必须采取有力的排水系统,在洞顶仰坡以外及边坡以外 5 处开挖砌筑 60cm×60cm 的梯形截面水沟,并且沟底抹浆,使大自然降水不冲刷隧道边仰坡,地表水不渗入地层中。

2. 边仰坡防护

对仰坡进行锚喷网加固,仰坡加固参数如下:

锚杆：采用φ22砂浆锚杆，长度4m，间距1.5m×1.5m，梅花形布置，大致垂直于岩层走向安设于围岩内。

钢筋网：φ6.5钢筋网，网格尺寸25cm×25cm。施工时按4.5m×4.5m加工成网片，钢筋间点焊连接，每两片钢筋网搭接≥25cm。

湿喷混凝土：采用混凝土湿喷机械手喷浆，总厚度10cm，锚杆锚入后喷5cm，挂网后再喷5cm。

3. 超前支护简要工艺及要求

洞口段利用洞口管棚及超前小导管来确保拱顶部分的稳定。

（1）大管棚施工简要工艺及要求

在拱部设一环长30m的长管棚，环向夹角为140°。长管棚采用的是φ108的壁厚6mm的无缝钢管，管棚环向间距为40cm，外插角3°~5°。管棚加工成钢花管（注浆孔孔径为16mm，间距为20cm，呈梅花形布置），管内注1:1的水泥单液浆。注浆终压为2.0MPa。

工艺程序：施工准备→搭设钻孔平台→架立钻机→确定孔位→预设导向管→套管钻进→顶入钢管→取出套管→管内注浆→进入下道工序。

（2）小管棚施工简要工艺及要求

在洞顶110°范围内设φ42的超前小导管，小导管长3.5m，在其前部钻注浆孔，孔径6~8mm，孔间距15cm，呈梅花形布置，前端加工成锥形，尾部长度不小于30cm，作为不钻孔的止浆段，注浆采用1:1的水泥净浆液。纵向每两榀拱架打设一环。

（3）洞身开挖施工工艺及要求

待超前支护注浆强度达85%后，方可开挖。洞身开挖采用正台阶法，施工预留核心土长度以3~5m为宜，不能太长。开挖时需减小对围岩的扰动。尽量采用风镐配合挖掘机开挖，每循环进尺0.75m为宜，安设一榀钢支撑，锚、网、喷支护后再施作下一榀。开挖后未支护前不得进行核心土爆破，以免震动引起围岩失稳。若局部须爆破施工时只能采用松动爆破，严格控制超欠挖，拱部、边墙超挖部分需采取措施（如留注浆管注浆等）回填密实，喷射混凝土必须密实，不得留有空洞。

（4）初期支护施工工艺及要求

①初喷：洞身开挖后，立即喷射第一层4cm厚的混凝土进行封闭，减缓围岩的变形。

②系统锚杆：洞口段拱部采用超前小管棚超前支护后不设系统锚杆；边墙为系统砂浆锚杆，长为4.0m，采用φ22的螺纹钢，锚杆垂直于围岩，注M30水泥砂浆；注浆后安装锚垫板。间距均为0.75m×1.0m（环×纵）。

③双层钢筋网：φ6.5钢筋，间距20cm×20cm，钢筋网事先按2m×2m规格制作成网片，初喷后再安装。

④钢架:采用格栅钢拱架,纵向间距 0.75m,钢拱架全环按单元安装。初喷后安装钢架,拱墙仰拱封闭成环,安装时应加打锁脚锚杆;背后要用混凝土楔形垫块垫实;垂直于隧道中线,其倾斜度不大于 2°;钢架与定位锚杆焊接在一起,各钢架之间用纵向连接筋连接。

⑤复喷:锚杆、钢筋网、钢架施工后,进行喷射混凝土覆盖,每层喷射厚度 5~6cm,至设计厚度 25cm。

(5)监控量测

根据新奥法施工原理,监控量测是隧道施工的重要环节,施工中将围岩监控量测作为一道重要工序纳入到整个施工过程中。

施工中必测项目:洞身净空水平收敛和拱顶下沉、洞口段地表下沉量测。水平收敛、拱顶下沉的测点布置在同一断面内,并采用同一量测频率,量测作业均持续到变形基本稳定后 1~3 周。开挖后 12h 内读取初始值(初读数连续 3 次取平均值),然后按设计量测频率坚持观测。及时进行数据处理,绘制相关时态曲线,进行回归分析,反馈信息和提出相应对策。

施工中以《铁路隧道喷锚构筑法技术规则》(TB 10108—2002)中的Ⅲ级管理制度作为检测管理方式。监控控制标准:地表及建筑物沉降 30mm;拱顶下沉 45mm;净空收敛 30mm。

(6)防排水

①结构防排水:"以排为主,防、排、截、堵相结合"综合治理原则。

②防水:隧道采用复合式衬砌,初支喷混凝土封闭岩面裂隙,二衬模筑 S8 防渗混凝土实现结构自防水;初期支护与二次衬砌之间设置复合防水层,EVA 防水卷材的厚度为 1.5mm,土工布单位质量不小于 400g/m²。明洞防水除混凝土结构自防水外,在结构外铺设 EVA 防水层加无纺布,回填土夯实,并在表面铺一层黏土隔水层。

③疏排:在初支与二衬间沿隧道环向设置 ϕ50mm TS 弹塑软式透水管,隧道两侧墙底设置 ϕ100mm TS 弹塑软式透水管纵向贯通全隧道,环向排水管均与墙底两侧纵向排水管相连,然后通过硬塑管将透过初期支护的地下水引流至隧道边沟内排除,隧道边沟每隔 25m 设一沉砂集水井。

沉降缝、施工缝防水:除施工缝外,在围岩类别变化部位预留沉降缝;沉降缝用橡胶止水带防水,施工缝用遇水膨胀止水条防渗。

(7)衬砌

隧道洞口段采用加强衬砌,拱墙及仰拱均设置双层钢筋,混凝土为 C20 泵送混凝土,采用行走式全液压衬砌台车衬砌。

仰拱是保持隧道稳定的重要部分,应尽早施工,施工中采用仰拱栈桥引导交通,仰拱先于边墙施工,及早成环。

三、参建单位

该隧道的参建单位:
(1)建设单位为北京市首都公路发展有限责任公司。
(2)勘察单位为中航勘察设计研究院。
(3)设计单位为北京国道通公路设计研究院。
(4)监理单位为北京逸群工程咨询有限公司。
(5)施工单位为中铁二局股份有限公司。

四、工程总结

隧道超前地质预报采用陆地声呐法:该方法非常准确地预报了开挖前方150m范围内围岩地质情况,提前预报前方的断层、断层组、溶洞等不良地质,为开挖施工提供了准确的信息;进出京线隧道采用陆地声呐法进行超前地质预报22次。

浅埋偏压小净距隧道开挖:采用台阶分部法开挖,洞外设置抗偏压挡墙和反压回填混凝土,洞内设置长锚杆,控制爆破;采用上述综合措施和工艺,加强监控量测和信息反馈,解决了洞口浅埋偏压小净距施工难题,保证了施工安全、质量和进度。

水平岩层开挖:采用控制爆破,全断面法开挖爆破断面面积达 $120m^2$ 的Ⅳ级围岩,且解决了极易产生较大坍塌的水平岩层开挖施工难题,杜绝了水平岩层开挖产生较大坍塌,保证了施工安全和质量,加快了施工进度。

隧道洞口段一般围岩软弱破碎,地质情况复杂,浅埋段更是如此;长大隧道施工工期一般较紧,洞口段施工顺利与否直接关系到隧道施工形象进度的快慢;选择合适的进洞施工方案至关重要,能够确保隧道施工安全,加快施工进度,合理控制成本,做到事半功倍。

长大隧道在选择进洞方式时更应结合隧道洞口特点和地质情况,比较各种进洞方式的各自特点,选出适合本隧道特点的进洞施工方案,这一过程中听取专家的意见尤为重要。地质条件复杂的隧道组织专家评审论证进洞方案十分必要,也非常可行。

隧道洞口浅埋软弱围岩段要遵循"超前支护、短进尺、弱爆破、强支护、勤量测、早闭合"的新奥法施工原则。

施工中,将超前支护与锚喷支护紧密结合,超前长管棚、短管棚均与钢架连接成整体,能更好地发挥联合支护作用。

像地质预测预报一样,重视监控量测在隧道施工中的作用,将其作为一道工序纳入施工管理过程中,根据数据处理反馈的信息调整支护参数,指导施工。

Record of Expressway Construction in
Beijing
北京高速公路建设实录

附　　录

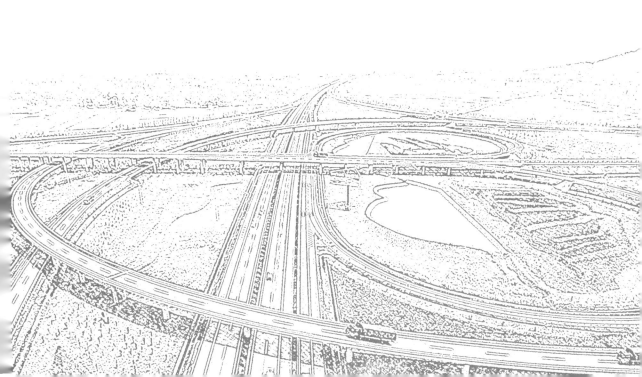

附录一

北京高速公路建设大事记

1978 年

5月,在全国交通工作会议和全国交通战线学大庆会议上,交通部将建设京津塘高速公路的问题提交代表们讨论。

6月,交通部党组在向党中央、国务院上报的《关于实现交通运输现代化的汇报提纲》中,提出了高速公路的建设目标:"五五"后三年开始修京津塘高速公路,"六五"建成。

8月,交通部〔78〕交计字1331号《关于新建京津塘高速公路的报告》报国家计委。

1982 年

10月,《京塘公路建设项目可行性研究报告》完成,推荐采用一级公路标准。

1983 年

2月,交通部和北京市、天津市、河北省联合向国家计委呈报京塘一级公路设计计划任务书。

同年,交通部在北京召开"交通运输发展座谈会"等一系列会议,进一步提高了人们对建设高速公路的认识。随后,修建京津塘高速公路的问题再一次被提出来。

1984 年

1月7日,国家计委下达京塘汽车专用公路设计任务书。

3月,成立"京塘汽车专用公路测设领导小组"及"京塘汽车专用公路测设指挥组",同时,交通部第一、二公路勘察设计院,交通部公路规划设计院,交通部公路科学研究所,交通部重庆公路科学研究所测设队伍进场勘测。

6月,京津塘高速公路开发公司筹备组成立。

7月,交通部、北京市人民政府、天津市人民政府、河北省人民政府联合向国务院上报《关于建设京塘高速公路有关问题的请示》,提出将原批准修建汽车专用公路改为修建高速公路。

8月,《京津塘高速公路建设项目可行性研究报告》完成。

9月,《京津塘高速公路初步设计》完成。

10月25日,国务院副总理李鹏主持国家计委、国家经委、交通部、财政部、北京市、天津市、河北省研究北京至天津塘沽高速公路(京津塘高速公路)建设问题,明确要下决心把这条路修好,一定要保证质量,不修则已,修必修好,并以国阅〔1984〕61号文印发会议纪要。

11月,交通部向国家计委上报关于重新编报《京津塘高速公路设计任务书》的报告。

同年,北京市市政设计研究院对首都机场路改建工程方案进行研究。

1985年

5月,包括京津塘高速公路在内的"中国第一批世界银行公路项目"获得批准。

1986年

北京市人民政府批准京石(京深)公路扩建。

4月,京石公路扩建一期工程开工建设。

5月17日,国务院副总理李鹏主持会议研究讨论京津塘高速公路建设问题,一定要建设好,并以国阅〔1986〕49号文印发会议纪要。

7月21日,国家计委下达《关于京津塘高速公路设计任务书的批复》。

9月6日,交通部以(86)交公路字673号文对京津塘高速公路修正初步设计进行了批复。

9月,京津塘高速公路5个合同开始资格预审。

10月,京津塘高速公路北京市、河北省、天津市公司分别成立。

11月,完成京津塘高速公路国际招标文件中、英文两种版本的编制。

11月,首都机场高速公路完成方案设计。

12月,《京津塘高速公路施工图设计》完成。

1987年

2月,《京津塘高速公路项目利用世界银行贷款可行性研究的补充报告》完成。

4月15日,京石公路扩建二期工程(六里桥至西道口)开工建设。

4月,京津塘高速公路联合公司成立。

4月,京津塘高速公路土木工程合同招标。

9月,我国政府代表与世界银行签订京津塘高速公路项目贷款协议。

10月12日,京石公路的永定河大桥半幅通过载重520t特大型拖车试验。

10月16日,国家计委下达京津塘高速公路列入1987年新开工项目通知。

10月23日,京津塘高速公路土木工程合同签字仪式在北京长城饭店举行,国务院副总理李鹏出席会议。

10月,北京市物价局、市交通运输总公司颁发《关于京石公路收费标准的通知》,自11月1日起,改造后的京石公路开始收费。

11月11日,京石公路北京段一期、二期工程建成通车,国务院副总理田纪云等领导出席通车典礼。

11月26日,京津塘高速公路总监理工程师杨盛福对4个土木工程合同下达开工令。

12月10日,京津塘高速公路土木工程开工典礼在北京大羊坊举行,国务院副总理田纪云出席奠基仪式。

12月,成立北京市京石公路管理所,负责京石公路北京段的管理养护工作。

12月,北京市公路处成立"工程质量检测中心"。

1988年

1月15日,京津塘高速公路北京段工程全面施工。

2月,京津塘高速公路总监理办公室在天津成立,交通部工程建设司司长、京津冀高速公路总监理师杨盛福与丹麦公路局、金硕国际咨询公司签订监理合同。

4月10日,150多名全国人大代表参观京石公路。

6月,北京市公路处和北京市公路学会联合召开京石公路等级论证会,来自全国的34名专家一致认为,京石公路是符合我国国情的高速公路。

7月20日,京哈公路新建工程(以京榆公路改造立项)正式开工,该工程西接八里桥,东至燕郊,为一级汽车专用公路。

1989年

年初,北京市公路管理处京石公路管理所与国家"863-409"高技术办公室合作,研制高速公路单通道自动计费系统。

6月1日,国务院副总理邹家华在交通部副部长王展意的陪同下,视察京津塘高速公路。

12月,京石公路一期、二期工程获得交通部颁发的1989年度"全国公路工程优质工程一等奖"。

1990年

6月,交通部下达关于京津塘高速公路调整概算的批复。

8月底,京津塘高速公路北京段主线工程基本完成。

9月12日,京津塘高速公路北京段举行为亚运会服务通车典礼。中央政治局委员、北京市委书记李锡铭,国务委员邹家华等同志出席剪彩仪式。李锡铭同志为工程题词

"奋力开辟云天路,京门津卫瞬时达"。

同年,北京市城市规划设计研究院对公路二环全线进行了踏勘,编制了《公路二环规划方案》,确定了路线的基本走向。

同年,北京市市政工程设计研究总院编制了《公路东南二环道路工程预可行性研究报告》。

同年,京石高速公路永宁大桥获1990年国家优质工程奖银质奖。

同年,京津塘高速公路出色完成北京亚运会服务保障工作。

1991 年

1月14日,国务院总理李鹏视察京津塘高速公路并题词"把京津塘高速公路建设和管理达到国际第一流水平"。

1月,京津塘高速公路北京至杨村段试运行通车。

3月5日,京石高速公路三期工程开工建设。

4月1日,北京市公路局正式成立。

7月,北京市市政工程设计研究院完成《首都机场高速公路预可行性研究报告》。

7月29日,北京市人民政府办公厅印发通知成立"北京市首都机场高速公路工程指挥部"。

9月,北京市人民政府决定,为加强本市公路交通运输行业的行政管理,撤销北京市交通运输总公司,成立北京市交通局。

11月,北京市政府交通局恢复建制,对公路交通行业实施政府管理职能,归属北京市人民政府市政管理委员会。

11月,京津塘高速公路杨村至天津机场段建成通车。

12月12日,京石高速公路三期工程竣工。

12月,京津塘高速公路通车至宜兴埠。

1992 年

3月,北京市交通局以京交人字〔92〕176号文,委托北京市公路局行使市交通局质量监督处的职能。

4月3日,交通部同意由中国公路桥梁建设总公司和京津塘高速公路北京市公司联合成立"首都高速公路公司",负责首都机场高速公路的建设和管理。

5月21日,首都机场高速公路经国务院批准立项。

5月,京石高速公路四期工程开工建设。

6月,北京市计划委员会会同交通部计划司共同审查了《首都机场高速公路工程可行性研究报告》,北京市计划委员会给予批复。

7月1日,国家计委同意首都机场高速公路工程本年开工建设。

7月2日,首都机场高速公路全线开工,中央政治局委员李锡铭、国务院副总理邹家华出席奠基仪式。

9月1日,首都高速公路发展公司正式成立,负责筹资、建设、经营、管理首都机场高速公路及其服务设施。

9月14日,《北京市实施〈贷款修建高等级公路和大型公路桥梁、隧道收取车辆通行费规定〉细则》发布。

11月,交通部下达京津塘高速公路项目修正概算的批复。

同年,北京市公路局委托中国人民建设银行北京信托投资公司向社会公开发行1.5亿元公路建设债券,用于北京市的公路建设事业。

1993年

5月,北京市公路局根据市计委下达的任务提纲,提出了《"八五"计划及"九五"计划调整意见》。根据该文件精神,2000年以前,其战略目标是大力建设高等级公路,形成较完善的放射环形主骨架系统。

6月,交通部在山东召开的全国公路建设工作会议上提出了公路建设的新目标,其中包括在2000年前建设连接华北、东北地区的交通干线——北京至沈阳的高速公路(以下简称"京沈高速公路")。

9月14日,首都机场高速公路正式通车。

9月25日,京津塘高速公路全线开通,国务院副总理邹家华、交通部部长黄镇东出席开通典礼,邹家华题词"京津冀协作之果,腾飞之路"。

10月,《北京城市总体规划(1991—2010年)》提到要建设的公路一环(即现在的S50五环路,下同)、公路二环(即现在的G4501六环路,下同),规划标准为高速公路。

同年,首都机场高速公路工程获建设部1993年度优质样板工程奖,同时获交通部1993年度优质工程奖。

10月,京津塘高速公路获交通部"全国十大公路工程"称号。

11月1日,京石高速公路四期工程建成通车,至此,京石高速公路实现全线通车。

同年,经北京市交通局批准,原质量监督处机构名称不变,职能为监督、检测、试验,另组建"北京市高速公路监理公司",负责高速公路工程监理工作。

同年,北京市公路局在京石高速公路38km处成立了京石服务区,提供加油、停车、餐饮等服务。

1994年

年初,北京市城市建设规划设计研究院编制京沈高速公路北京段工程可行性研究报告及规划方案;八达岭高速公路的测绘工作完成。

4月,京津塘高速公路获建设部"全国最佳工程设计特等奖"。

8月,八达岭高速公路一期工程(马甸立交桥至昌平)开工建设。

同年,京石高速公路四期工程获"全国公路工程优质工程奖"。

同年,北京市开始尝试以BOT方式建设京通快速路。

1995年

5月,北京市公路局质量监督处经交通部考核验收合格。

6月,京通快速路开工建设。

7月,京津塘高速公路项目环境评价通过国家环保局验收。

8月,首都规划委以首规委办规字〔1995〕第280号文件《关于京沈高速公路(北京段)规划方案的批复》原则同意设计规划方案。

8月4日,京津塘高速公路通过国家验收,工程总体水平达到国内领先和当代国际先进水平。

8月25日—9月18日,首都机场高速公路为世界妇女大会提供服务保障,会议期间有3万余辆次相关车辆通行于此。

10月,北京市公路局委托北京市市政工程设计研究总院和北京市公路局设计研究院进行京沈高速公路北京段的初步设计。

12月,京津塘高速公路获交通部"公路优质工程一等奖"。

12月27日,京通快速路通车;28日,北京市京通快速路管理处成立。

同年,首都机场高速公路获得"全国公路工程优质工程一等奖"。

1996年

1月1日,京通快速路正式运营。

8月,"京津塘高速公路工程建设成套技术"获交通部科学技术进步特等奖。

10月,京津塘高速公路工程获中国建筑工程"鲁班奖"(全国优质工程奖)。

11月16日,八达岭高速公路一期工程(马甸至昌平段)建成通车。

同年,交通部批复京沈高速公路的建设规模、技术标准和总投资,并下达《关于京沈公路北京段可行性研究报告的补充批复》。

1997年

1月,《北京市公路二环(马驹桥至胡各庄)道路工程预可行性研究报告》完成。

2月,交通部副部长李居昌主持会议,专题研究京津塘高速公路管理体制问题。

5月6日,北京市交通局向交通部提交了《关于报送北京市公路二环(马驹桥至胡各庄)工程项目建议书的请示》。

10月29日,经北京市政管委及交通局党委研究同意,首都机场高速公路工程指挥部予以撤销,遗留工作和收尾工程全部移交给首都高速公路发展公司办理。

11月,交通部批准京津塘高速公路管理体制改革方案,成立京津塘高速公路股份有限公司,建立滚动发展机制,逐步组建成京津冀地区公路网建设的开发公司。同月,"京津塘高速公路工程建设成套技术"被国家科学技术奖励评审委员会评为1997年度国家科学技术进步一等奖。

12月15日,北京市高速公路管理处通过中国船级社质量认证公司的ISO 9002质量体系认证,成为全国高速公路管理首家获此认证证书的单位。

12月31日,北京市政府修订《北京市实施〈贷款修建高等级公路和大型公路桥梁、隧道收取车辆通行费规定〉细则》。

同年,北京市公路局成立了八达岭高速公路管理处和京通快速公路管理处,从机构编制上保障了两条公路的正常使用、维护和保养。

同年,北京市公路局以《关于报审京沈高速公路北京段(东四环路至市界)初步设计的请示》报审初步设计文件。

同年,北京市交通局发布《北京市高速公路行业文明标准》。

1998年

2月,京沈高速公路北京段工程指挥部经市交通局批准成立。

2月,原北京市副市长汪光焘到北京市交通局调研时,对北京市公路建设的体制改革提出明确思路,指出:公路建设资金不足的问题,出路在于投资体制改革。

7月3日,交通部批准京沈高速公路北京段开工报告。

7月19日,北京市住建委以京建质〔1998〕191号文件《关于对"北京市公路局质量监督处实行业务双重领导的请示"的批复》,确定将北京市公路局质量监督处更名为北京市建设工程质量监督总站公路工程监督站。

7月31日,京沈高速公路北京段工程开工建设。

10月13日,交通部批准六环高速公路一期工程可行性研究报告,确定了该项目的估算投资。

11月7日,八达岭高速公路全线通车。

12月,六环高速公路一期工程(马驹桥至胡各庄段)开工建设。

同年,北京市先后开辟6条高速公路快速客运线路。

同年,从投融资体制改革入手,按照现代企业制度模式,北京市开始筹建高速公路发展有限公司。

年底,京沈高速公路朝阳区路段陆续开工建设。

1999 年

4月12—17日,北京市公路局质监处对京沈路全线工程从工程质量、工程管理等方面进行了一次全面检查。

7月20日,经交通部、国家经贸委批准成立的、以京津塘高速公路为主营资产的股份制公司——华北高速公路股份有限公司成立。

8月,北京市公路局质量监督处加挂"北京市公路工程质量监督站"牌子,负责北京市公路建设项目及其配套、辅助(含住宅与文化设施)和附属工程建设质量的监督检查。

9月16日,北京市首都公路发展有限责任公司正式组建。这是深化城市基础设施建设投融资体制改革和企业运营机制改革,盘活存量国有资产,进一步提高公路及交通枢纽建设能力的一项重要举措。

9月27日,华北高速公路股份有限公司在深圳证券交易所上市。

9月30日,京沈高速公路(北京段)竣工通车。

10月,京津塘高速公路工程获"中国土木工程(詹天佑)大奖"。

11月15日,北京市城乡规划委员会印发《关于公路二环(通黄段)规划方案的批复》。

12月,北京市公路局设计研究院进行六环路二期工程(马驹桥至孙村段)项目初步设计和施工图设计。

12月,北京市首都公路发展有限责任公司委托北京市市政工程设计研究总院进行北京市五环路(首都机场高速公路至京津塘高速公路段)工程设计。

12月,北京市城市规划设计研究院编制完成《公路二环(京哈至八达岭)规划方案》。

同年,八达岭高速公路潭峪沟隧道获"鲁班奖"。

2000 年

1月21日,首都规划建设委员会办公室、北京市城乡规划委员会原则同意公路二环(马驹桥至孙村)初步设计方案。

1月24日,北京市规划建设委员会办公室批准公路二环(马驹桥至孙村)改建工程的初步设计文件。

1月,北京市政府实行机构改革,将北京市交通局设为政府组成部门,组建新交通局。同年8月,北京市政府批准了新交通局的职能配置、机构设置和人员编制。

2月2日,北京市计划委员会以《关于公路二环通黄段(南大红门至孙村)改建工程项目建议书(代可研)的批复》确定该工程正式立项。

3月,北京市城市规划设计研究院编制完成《公路二环(京哈公路至八达岭高速公路段)交通量预测》。

3月,北京市首都公路发展有限责任公司委托北京市城市规划设计研究院编制《公路二环(国道102至国道110高速公路段)道路工程可行性研究报告》。

4月26日,京开高速公路北京段开工建设。

5月,六环路(马驹桥至孙村段)改建工程开工建设。

6月12日,依据交通部以交规划法〔2000〕295号文《关于北京公路二环大庄至孙村段可行性研究的批复》,批准本工程正式立项。

6月28日,北京市规划委员会以市规会〔2000〕46号文《关于北京市公路二环(孙村至大庄段)初步设计工程方案审查的会议纪要》,批准该工程的初步设计文件。

7月17日,交通部批复公路二环大庄至孙村段初步设计。

7月26日,北京市首都公路发展有限责任公司五环路公路一环(北苑至京密段)项目管理处成立。

8月4日,交通部批复公路二环(胡各庄至西沙屯段)可行性研究报告。

8月19日,五环路一期工程(北苑至新北路段)正式开工,北京市副市长汪光焘主持开工动员大会。

9月25日,六环路通黄段(胡各庄至马驹桥)工程竣工通车。

10月,六环路一期工程(马驹桥至胡各庄段)竣工建成,并投入使用。

10月27日,北京市规划委员会印发《关于公路一环(八达岭高速公路至首都机场高速路段)初步设计的批复》(市规发〔2000〕635号)。

10月,六环路三期工程(大庄至孙村段)开工建设。

10月,八达岭高速公路三期工程开工建设。

11月,六环路二期工程(马驹桥至孙村段)改建工程建成通车。

11月16日,北京市规划委员会组织北京市有关单位参加六环路胡各庄至西沙屯段初步设计审查会。

11月,五环路一期工程(八达岭高速公路至首都机场高速公路段)开工建设。

11月,八达岭高速公路二期工程获得"国家第九届优秀工程设计金奖"。

12月6日,北京市首发高速公路建设管理有限责任公司成立。

同年,为加强对重大工程的领导和组织协调,保证重大工程优质快速地建成,北京市政府决定成立北京市重大工程建设领导小组。

2001年

3月28日,华北高速收费分公司、养护管理分公司成立,开启了"一专业一分公司"的管理模式。

4月13日,国家计委批准了五环路首都机场高速公路至京津塘高速公路段项目。

5月23日,北京市规划委员批复了五环路首都机场高速公路至京津塘高速公路段设计方案。

5月26日,北京市委书记贾庆林,市委常委、秘书长杜德印,副市长汪光焘及市有关部门领导视察五环路工程建设。

6月4日,北京市规划委员会印发《关于五环路(京原路至八达岭高速公路段)初步设计的批复》。

6月28日,京开高速公路(玉泉营桥至榆垡段)建成通车。

7月10日,交通部印发《关于北京公路一环可行性研究报告审查意见的函》。

7月18日,对京沈公路北京段进行了交接验收。北京市公路局质量监督处依法对验收过程进行了监督。

8月,六环路四期工程(胡各庄至西沙屯段)开工建设。

9月8日,八达岭高速公路三期工程建成通车。

9月22日,五环路一期工程(八达岭高速公路至机场高速公路段)建成通车,北京市委书记贾庆林、市长刘淇出席通车典礼。

11月22日,国家计委批准了五环路首都机场高速公路至京津塘高速公路段的可研报告。

11月28日,北京市发展计划委员会转发《国家发展计划委员会对五环路工可报告批复》的通知(京计基础字〔2001〕2210号)。

12月3日,北京市规划委员会、北京市发展计划委员会印发《关于五环路三期(首都机场高速路至京津塘高速路)初步设计批复》(市规发〔2001〕1187号)。

同年,北京市交通局发布了《北京市公路工程质量监督工作规定》《北京市公路工程施工监理资质与资格管理细则》《北京市公路工程试验检测机构资质与资格管理细则》《北京市公路工程路用材料生产资信登记管理和考核细则》等规章制度。

2002年

1月1日,京通快速路管理处划归北京首创股份有限公司。

4月22日,北京首创股份有限公司决定组建北京首创股份有限公司京通快速路管理分公司,并于同年12月16日正式挂牌成立。

6月,华北高速公路股份有限公司提出扩建京津塘高速公路的计划。该计划在不再征用土地的情况下,拟将京津塘高速公路由四车道扩为六车道。

7月13日,北京市市长刘淇一行视察五环路工程。

7月,交通部组织京、津、冀两市一省交通主管部门,华北高速及交通部规划研究院,在北京召开了"京津高速公路通道建设方案协调会议"。会后印发了《关于印发京津高速公路通道建设方案协调会议纪要的通知》(厅规划字〔2002〕338号)。

8月8日,国际奥委会29届奥运会协调委员会工作组交通工程专家菲利普·博维参观了五环路一期工程,听取了有关北京市五环路、六环路及放射形高速公路的总体规划和建设情况的介绍。

9月30日,北京市规划委员会、北京市发展计划委员会印发《关于五环路(京原路至京津塘高速路)道路初步设计批复》。

10月16日,六环路四期工程(胡各庄至西沙屯段)竣工。

10月26日 六环路昌平段建成通车,北京市副市长刘敬民出席通车仪式。同日,京承高速公路北京段一期工程具备通车条件。

11月2日,五环路二期工程(京原路至八达岭高速公路段)、五环路三期工程(首都机场至京津塘高速公路段)建成通车。

11月28日,五环路(京原路至京津塘高速公路)工程全线启动。

同年,北京市规划委员会以市规发〔2002〕603号文批复了六环路(良乡至黄村段)规划方案。

同年,交通部根据北京市交通局提供的请示文件及相应调整概算文件、补充文件,经研究同意了京沈高速公路北京段的初步设计调整概算,并做出批复(交公路发〔2002〕183号)。

同年,八达岭高速公路二期工程获得"第二届詹天佑土木工程大奖"。

同年,北京市公路局发布《北京市公路工程质量保证资料管理办法》,公路工程质量监督站发布《北京市高速公路建设质量监督办法》《北京市一般新建及养护工程质量监督办法》等一系列规章制度。

2003年

2月1日,五环路二期A段暨四期工程丰台段开工建设。

2月,为适应"新北京、新奥运"的要求,北京市委、市政府决定在北京市交通局的基础上调整组建北京市交通委员会,作为市政府组成部门;在调整组建北京市交通委员会的基础上,撤销市公路局和市铁路道口安全管理办公室,组建北京市路政局。

3月,交通部综合规划司在河北廊坊市召开了京津高速公路通道规划建设前期工作协调小组第二次会议,会议有关各方对通道建设方案基本达成了共识。

5月12日,北京市委书记刘淇、副市长刘敬民视察五环路建设情况。

7月13日,北京市委书记刘淇、副市长刘敬民视察五环路二期工程施工现场。

7月14日,六环路西沙屯至寨口段取得北京市规划委员会《关于六环路(西沙屯至温泉段)道路规划方案批复》(市规发〔2003〕921号)。

7月30日,六环路黄良段勘察设计单位招标。

8月6日,五环路上施工难度最大、科技含量最高的跨石景山铁路编组站转体斜拉桥成功实现转体。

8月6日,通燕高速公路建成通车。

8月28日,《北京市城市基础设施特许经营办法》颁布。

9月1日,京沈高速公路联网收费系统试运行。

10月20日,在交通部的协调和主导下,京沈高速公路联网收费示范工程建成,全长658.7km、跨两省两市的京沈高速公路成为我国第一条实现跨省联网收费的高速公路。

10月,初步形成京津高速公路通道建设方案研究报告。

11月1日,五环路全线通车。北京市委书记刘淇、市长王岐山和翁孟勇等交通部领导出席通车仪式。

11月21日,西沙屯至寨口段取得交通部《关于国道主干线北京绕城公路(六环路)西沙屯至寨口段可行性研究报告的批复》(交规划发〔2003〕508号)。

12月29日,六环路黄良段施工及监理招标,西沙屯至寨口段土建工程招标。

2004年

1月1日,五环路从零时起停止收费。

1月19日,六环路西沙屯至寨口段获得交通部《关于国道主干线北京绕城公路(六环路)西沙屯至寨口段初步设计的批复》(交公路发〔2004〕25号)。

3月,六环路五期工程良乡至黄村(大庄)段开工建设。

3月15日,六环路六期工程(西沙屯至寨口段)开工建设。

3月,中国铁道建设总公司和北京市首都公路发展有限公司签订协议,联合建设、经营京承高速公路(二期)北京高丽营至沙峪沟段。

5月底,北京市高速公路信息中心一期工程完工并投入试运行。

7月29日,国务院总理温家宝到首发公司八达岭高速公路百葛服务区视察交通运输和治理公路超限超载运输等工作,并慰问交通系统劳模代表及一线收费员工。

11月,交通部综合规划司在天津召开了京津高速公路通道规划建设前期工作协调小组第三次会议。

11月,北京市路政局组织开展了京津高速公路(五环化工路立交至市界段)工程前期勘察设计单位公开招标工作。

12月20日,六环路良乡至黄村段工程正式通车运行。

同年,北京市交通行业按照"增量改革、存量试点"的思路,继续推进交通基础设施投融资体制改革。

2005 年

1月1日，首发集团安畅分公司正式接收京沈高速公路路产管理工作。为加强路产管理，分公司增设了路产管理部，具体负责路产管理业务，下设京沈路产队。

3月29日，六环路西沙屯至寨口段取得北京市路政局《关于六环路建设中涉及的一般公路改建验收移交工作的复函》（京路建发〔2005〕91号）。

4月16日，交通运输部部长张春贤先后到京承高速公路二期、111国道等现场视察工程建设进展情况。

4月20日，北京市规划委以市规发〔2005〕440号文《关于京津第二通道（五环路至北京市市界）规划方案的批复》对北京市交通委所报京津高速公路（五环路至北京市市界）规划线位方案做了批复，并经有关单位审查，将规划方案进行了调整和优化。

5月31日，首都机场北线高速公路正式开工。

7月6日，北京市规划委〔2005〕749号文批复了六环路良乡至寨口段项目规划方案。

9月，《首都机场第二通道规划方案》编制完成。

11月1日，北京市印发《北京市人民政府办公厅关于进一步完善交通基础设施工程征地程序有关问题的通知》。

11月2日，北京市规划委以市规函〔2005〕1301号文《关于京津高速公路第二通道（五环化工路立交至市界）公路工程设计方案的批复》批复京津高速公路（五环化工路立交至市界）工程设计方案。

12月，京通快速路与京哈高速公路联络线工程启动。

12月1日，《北京市城市基础设施特许经营条例》颁布，自2006年3月1日起实施。

12月14日，京津高速公路控制性工程动工修建。

12月22日，取得北京市规划委员会《关于京包高速公路（六环路至德胜口段）道路工程设计方案批复》（市规函〔2005〕1567号）。

12月30日，北京市路政局以京路建发〔2005〕753号文《关于京平高速公路、京津高速公路第二通道（北京段）控制性工程先行开工建设的批复》批复京津高速公路（北京段）控制性工程先行开工建设。

12月31日，北京市发展和改革委员会印发《关于京包高速公路（六环路至德胜口段）工程项目建议书的批复》。

12月，五环路获得2005年度国家优质工程银质奖。

同年，五环路石景山南站斜拉桥获得建设部优秀工程设计一等奖，北京市科学技术一等奖，2006年度国家优秀工程设计金奖。

同年，北京市启动了高速公路不停车电子收费系统建设。

同年,北京市交通委制定发布了《北京交通发展纲要(2004—2020年)》《北京市干线公路网规划》《北京市"十一五"道路规划》。

2006 年

1月24日,明确首都第二机场道路的线位和近期实施方案。

3月,国家发改委以发改交运〔2006〕439号文《国家发展改革委关于京津高速公路北京段项目建议书的批复》批复了京津高速公路北京段项目建议书。

4月19—20日,北京市规划委员会组织专家审查通过京包高速公路初步设计。

4月27日,北京市发展和改革委员会印发《关于京包高速公路(六环路至德胜口段)工程可行性研究报告的批复》(京发改〔2006〕653号)。

6月,首都机场第二通道设计方案完成评审。

6月14日,北京市首都公路发展有限责任公司更名为北京市首都公路发展集团有限公司。

8月21日,北京市规划委员会、北京市发展和改革委员会印发《关于京包高速公路(六环路至德胜口段)工程初步设计的批复》(市规函〔2006〕1052号)。

8月,京平高速公路、机场南线高速公路开工建设。

9月21日,交通运输部部长李盛霖、副部长冯正霖视察京承高速公路二期(高丽营至沙峪沟段),充分肯定了该项目作为产权主体多元化建设第一条高速公路的重要意义。

9月28日,首都机场高速公路北线、京承高速公路二期工程建成通车,北京市委书记刘淇出席通车典礼。

10月,经北京市国有资产监督管理委员会批准,首发公司正式更名为北京市首都公路发展集团有限公司(简称"首发集团")。

12月15日,北京市规划委批复了六环路良乡至寨口段项目设计方案。

12月,六环路西沙屯至寨口段建成通车。

同年,五环路工程荣获"第六届詹天佑土木工程大奖"。

同年,京藏高速公路不停车电子收费示范工程建成。

同年,北京市高速公路行业全力做好"中非合作论坛"的服务保障工作。

同年,北京市开始对高速公路实施路政管理工作。

2007 年

4月28日,发改交运〔2007〕894号文批复了良乡至寨口段项目建议书。

5月15日,北京市交通委向交通部报审京津高速公路(五环化工路立交至市界段)公路工程初步设计。

5月,北京市高速公路电子收费系统开始建设。

6月1日,首都机场第二通道工程开标并签订合同协议书。

6月5日,第161次北京市市长办公会议审议通过,同意由北京市首都公路发展集团有限公司组织实施京包高速公路五环路至六环路段工程。

6月8日,2007规地市证字0040号文批复了良乡至寨口段建设用地规划许可证。

6月18日,京包高速公路取得北京市规划委员会规划意见书(2007规市政意字0512号)。

6月20日,北京市交通委员会同意京包高速公路工程提前开工建设(北京市交通委员会会议纪要第232期)。

7月9日,北京市发展和改革委员会以京发改〔2007〕1171号文件,发布了《关于京包高速公路(五环路至六环路段)工程项目建议书的批复》。

7月27日,《北京市公路条例》由北京市第十二届人民代表大会常务委员会第37次会议审议通过,于2007年10月1日起施行。

7月31日,京包高速公路取得北京市规划委员会《中华人民共和国建设用地规划许可证》(2007规地市政字0049号)。

8月3日,北京市市长王岐山一行到京包高速公路调研。

8月6日,由北京市建委、市安监局等部门组成的督察组到首发集团进行安全生产隐患排查治理专项检查。

8月28日,首都机场第二通道工程正式开工。

9月5日,首发集团京沈分公司在京沈高速公路白鹿站至台湖站正式启动"点对点"计次月票的试运行工作。

11月26日,京承高速公路北京段三期工程(沙峪沟至市界段)全线开工建设。

2008年

1月7日,北京市路政局印发《关于京包高速公路(六环路至德胜口段)道路、桥梁、排水和隧洞主体工程施工图设计的批复》(京路建发〔2008〕19号)。

2月29日,机场南线(温榆河至T3航站楼段)顺利通车,与3号航站楼(T3)同时运营。

3月,首发集团公司所属京沈高速公路田家府服务区对外公益性卫生间开始实施装修改造。

4月25日,八达岭高速公路出京方向居庸关至岔道城大修工程,比原计划提前1天通车。该工程为奥运会公路自行车比赛路段。

4月,北京市高速公路不停车电子收费系统进入测试阶段。

6月10日,首都机场第二通道工程完工。

6月21日，机场南线、京平高速公路建成通车，北京市实现区区通高速公路。

7月16日，京津高速公路（北京段）建成通车。同日，西六环丰沙斜拉桥转体成功，为加快西六环的工程建设奠定了坚实基础。

7月26日，京包高速公路六环路至南涧路段顺利建成通车。

9月26日，发改基础〔2008〕2561号文批复了良乡至寨口段项目可行性研究报告。

10月23日，北京市发展和改革委员会以京发改〔2008〕1751号文件，发布了《关于京包高速公路（五环路至六环路段）工程可行性研究报告的批复》。

11月6日，首发集团六里桥高速公路指挥中心工程开工建设。

12月1日，京通京哈联络线通车。

12月20日，北京市建成了高速公路不停车电子收费系统（ETC）并试运行。该系统是国内首次按照高速公路电子收费国家标准和交通部相关规范建设的项目，同时也是京津冀区域高速公路联网不停车收费示范工程。

同年，北京市高速公路行业出色、圆满完成了北京奥运会、残奥会的交通服务保障工作，与交通行业一起受到国务院和北京市各级表彰，行业多单位、多人次被中共中央、国务院授予北京奥运会、残奥会先进集体和先进个人。

2009年

1月1日，北京市落实《国务院关于实施成品油价格和税费改革的通知》精神，取消公路养路费和公路运输管理费。

3月6日，西六环8号标段双幅转体桥完成大桥转身，实现与两端引桥对接，标志着京原铁路转体桥完成凌空跨越铁路施工。

3月18日，北京市委书记刘淇到西六环建设工地进行"扩内需、保增长、促发展"主题调研，并视察卧龙岗桥施工现场。

6月29日，西六环跨军庄铁路桥顺利完成转体施工。

7月21日，北京市规划委员会以市规函〔2009〕1209号文《关于京石二通道（北京段）高速公路工程规划方案批复》批复该项目规划方案。

7月27日，八达岭高速公路北安河至昌平西关环岛段大修工程完工。

8月17日，交公路发〔2009〕423号文批复了良乡至寨口段初步设计。

9月12日，六环路（良乡至寨口段）建成通车，至此六环高速公路全线建成通车。

9月27日，京承高速公路北京段三期工程（沙峪沟至市界段）通车。北京市市长郭金龙，市委副书记、政法委书记王安顺，交通运输部副部长冯正霖等参加通车典礼。

10月，京津塘高速公路入册"建国60周年百年经典建设工程"名录。

11月11日，随着京包高速公路南涧路至德胜口段（山区段）的建成通车，全长

17.66km 的京包高速公路六环路至德胜口段贯通。

12月2日,京包高速公路北京段(五环至六环)正式开工。

12月,京沈高速北京段(即现在的 G1 京哈高速公路北京段)获得"建国 60 周年公路交通勘察设计经典工程"称号。

同年,北京市高速公路行业圆满完成中华人民共和国成立 60 周年阅兵服务保障任务,为该活动提供了优质快捷的通行服务。

2010 年

4月8日,房山区环保分局以房环保审字〔2010〕143 号文《关于京石第二通道(大苑村至市界段)高速公路工程建设项目环境影响报告书的批复》,批复该项目环境影响评估报告。

4月20日,包括京津塘高速公路、八达岭高速公路在内的7条从北京始发的高速公路开始更名和统一编号。

4月27日,北京市国土局房山分局以京国土房预〔2010〕11 号文《关于京石第二通道(大苑村至市界段)高速公路工程建设项目用地预审意见》,批复该项目用地预审情况。

4月29日,北京市发展和改革委员会以《关于抓紧开展京石二通道(大苑村至市界段)建设项目前期工作的批复》,批示项目前期工作情况。

5月31日,北京市规划委员会以京规函〔2010〕830 号文《关于京石二通道(北京段)高速公路工程设计方案的批复》,批示该项目工程设计方案。

6月1日,京哈高速公路作为国家高速公路网路牌更名的示范路,完成改造工程。

7月16日,中国地震局以中震安评〔2010〕87 号文《对京石二通道(大苑村至市界段)工程场地地震安全性评价报告的批复》,对该项目工程场地地震安全性评价予以批复。

7月27日,北京市国土资源局以京地灾评 2010198 号文《京石二通道(大苑村至市界段)高速公路地质灾害危险性评估报告本案登记表》,对该项目地质灾害危险性评估报告予以备案。

8月26日,北京市发展和改革委员会以京发改〔2010〕1518 号文《关于京石二通道(大苑村至市界段)高速公路工程可行性研究报告的批复》,对该项目可行性研究报告做出批示。

9月28日,京津冀区域高速公路联网不停车收费开通仪式在京哈高速公路香河收费站举行,京津冀两市一省实现 ETC 系统互联互通。

12月2日,全长 8.83km 的京开高速公路(辛立村收费站至市界段)正式建成通车,实现了京开高速公路(北京段)全线贯通。

12月23日,北京市交通委根据市第十三届人民代表大会常务委员会第 22 次会议

《关于修改部分地方性法规的决定》,对《北京市公路条例》进行相应修改,取消了原条例中涉及公路养路费收费管理的相关内容,同时还修正了《北京市招标投标条例》。

同年,北京市完成市域内国家高速公路网交通标志改造工作。

同年,北京市交通委员会路政局制定《北京市交通委员会路政局远郊区县公路分局职能配置内设机构和人员编制规定》。根据规定,各公路分局路政大队负责高速公路的路政管理工作。

2011 年

1月30日,首发集团公司与房山区政府签订了《京石二通道征地拆迁工作框架协议》。

3月8日,北京市规划委员会以2011规选市政字0031号文《京石二通道(京昆高速)(大苑村至市界段)用地选址意见书》,对该项目用地选址做出批示。

4月27日,G6京藏高速公路北京段大修工程竣工。

4月,京密路正式开工建设。

5月7日,京新高速公路上地铁路立交桥箱梁顶推安全精确就位,顶推桥梁距离之长、重量之大均创造了北京纪录。

6月1日,京昆高速公路工程全面开工建设。

6月28日,北京市规划委员会与北京市发展和改革委员会以市规函〔2011〕1103号文《关于京石二通道(大苑村至市界段)道路工程初步设计的批复》,对该项目初步设计做出批复。

8月15日,京密路签订路面工程施工合同协议书。

8月26日,京密路签订交通工程和收费大棚合同协议书。

9月,根据北京市公安局公安交通管理局及集团公司的要求,北京首发公路养护工程有限公司大修工程处对京津高速公路损坏的标志、标线进行维修。

9月19日,G4京港澳高速公路北京段改建工程竣工。

10月12日,京密路签订机电系统和照明工程合同协议书。

10月20日,国土资源部办公厅以国土资厅函〔2011〕946号文《关于京石二通道(大苑村—市界段)高速公路控制性工程先行用地的复函》,对该项目先行用地做出批示。

11月17日,京密路拆改工作完成。

12月31日,京新高速公路(五环至北清路段)通车,中央政治局委员、北京市委书记刘淇,市委副书记、市长郭金龙,副市长苟仲文等实地考察该路段。

同年,"北京市沥青路面典型结构及可靠性研究"获得2010年度中国公路学会科学技术奖一等奖。

同年,五环路荣获"国家优质工程奖30周年经典(精品)工程"称号。

2012年

4月26日,北京市规划委员会以2012规地市政字0017号文《京石二通道建设用地规划许可证》对该项目建设用地做出批复。

4月30日,京密高速公路(京承高速公路至怀柔开放环岛段)通车。

6月26日,由交通运输部、中央人民广播电台联合打造的国家级交通广播——"中国高速公路交通广播"开播仪式在华北高速公路股份有限公司举行。

7月,北京首发公路养护工程有限公司对京津高速公路的部分收费站出口广场标志牌进行改造、安装。

7月21日,北京市遭遇特大强降雨,北京市高速公路行业及时启动防汛应急预案,最大限度减少了损失,但是其中也暴露了一些问题。

9月30日—10月7日,北京市高速公路行业圆满完成重大节假日免收小型客车通行费政策的实施,为以后此项工作积累了经验。

10月12日,"十一五"国家科技支撑计划项目——"重特大道路交通事故综合预防与处置集成技术开发与示范应用"通过验收,华北高速主持的"国家高速公路安全和服务技术开发与工程应用示范"顺利通过验收。

同年,"橡胶沥青及混合料筑路成套建设技术研究与示范应用"获得中国公路学会科学技术奖一等奖。

2013年

3月7日,京津高速公路台湖站区中央分隔带改造工程完工。

9月10日,北京市副市长张延昆、市政府副秘书长周正宇及市交通委、市水务局、海淀区、昌平区、房山区、市交通委路政局等有关领导到京新高速公路(北清路至六环路)进行现场调研。

9月10日,北京市副市长张延昆对京昆高速公路第四标段施工现场进行视察,并了解工程制约因素,积极商讨大件路加油站及民宅拆迁问题的解决办法。

同年,京通快速路按照北京市《高速公路交通运行监测和信息服务总体技术要求》,率先启动了高速公路智能化系统建设。

2014年

5月24日,京新高速公路(五环路至六环路段)正式开通运行,标志着京新高速公路(五环至德胜口段)全线贯通。北京市委书记郭金龙等在沙河收费站察看了工程建设情况,并听取了北京市高速公路"十二五"规划建设进展汇报。

8月20日,北京市副市长张延昆对京昆高速公路第四标段施工现场进行视察。

11月,北京首发公路养护工程有限公司承接京开分公司站区护栏改造工程,涵盖京津高速公路的多处收费广场。该工程由大修工程处具体实施,于11月7日完成全部施工内容。

11月,北京市高速公路行业圆满完成了APEC北京峰会期间的交通运输服务保障工作,展现了北京筹办重大活动的"北京服务"精神和风采。

12月8日,京昆高速公路北京段工程竣工。

12月25日,京昆高速公路北京段与河北段同时开通运行。交通运输部部长杨传堂、副部长翁孟勇,北京市市长王安顺、副市长张延昆,河北省省长张庆伟、副省长姜德果参加开通仪式。

12月26日,交通运输部召开14省市ETC联网开通仪式电视电话会议,作为全国ETC联网技术支撑单位——首发集团积极做好相关工作,为全国联网工作的有序开展提供了支持。

2015年

4月,京津冀三省市交通一体统筹协调小组成立。

4月30日,中共中央政治局召开会议审议通过《京津冀协同发展规划纲要》。

11月初,经国务院及京津冀协同发展领导小组同意,交通运输部联合国家发展和改革委制定的《京津冀协同发展交通一体化规划(2014—2020年)》获批。

11月,北京市交通委、首发集团分别与中铁建股份有限公司联合体签署了《兴延高速公路投资协议》《兴延高速公路出资协议》。

同年,北京市高速公路行业在大型体育赛事、抗战胜利70周年纪念活动等多重保障任务相互叠加的情势下,不辱使命,圆满完成了抗战胜利70周年纪念活动的交通保障工作,获得公众的高度认可。

2016年

6月29日,京开高速公路改扩建工程开工建设。

8月23日,首发集团与北京市公联公路联络线有限责任公司重组。

9月29日,京秦高速公路工程开工建设。

同年,市规划委获得北京新机场高速公路(南四环至北京新机场)工程设计方案的批复。工程计划2018年建成通车,规划还预留了向北延伸至南二环的条件。

11月30日,新机场高速公路工程开工建设。

12月9日,京台高速公路(全长26.6km,双向八车道)正式通车,至此,《国家高速公路网规划》中涉及的7条首都放射线在北京境内路段全部通车。

12月23日,首都地区环线高速公路(通州至大兴段)永乐高架桥和采育高架桥桩基启动施工。该项工程为PPP项目,由政府委托方首发集团与社会投资方中交建设、中交一公局、中交路桥联合体共同建设。

12月27日,延崇高速公路工程开工,交通运输部部长李小鹏,北京市委副书记、代市长蔡奇,河北省委副书记、省长张庆伟实地察看延崇高速公路北京段妫水河隧道和河北段松山隧道施工现场,并亲切慰问坚守岗位的建设者。

附录二

附 表

1978—2016年北京市全社会固定资产投资表（单位：亿元） 附表1-1-1

年　份	全社会固定资产投资	城镇固定资产投资		农村固定资产投资	基础设施投资	新增固定资产	交通运输、仓储和邮政业
		城镇固定资产投资总计	房地产开发投资				
1978年	22.6	22.6			5.4	16.9	—
1979年	26.5	26.5			5.8	21.2	—
1980年	33.2	33.2			6.0	23.2	—
1981年	36.6	31.4		5.2	5.8	30.9	—
1982年	38.6	34.5		4.1	6.1	26.3	—
1983年	51.3	38.5		12.8	6.7	32.5	—
1984年	66.3	52.2		14.1	8.8	47.1	—
1985年	94.0	77.8		14.6	13.2	47.6	—
1986年	106.2	94.5		10.4	14.5	58.5	—
1987年	136.2	121.4		12.7	22.1	79.9	—
1988年	163.0	138.7		21.3	23.2	77.3	—
1989年	139.5	122.2		14.7	26.5	79.6	—
1990年	179.2	158.1	22.5	17.4	31.6	122.1	—
1991年	192.0	168.4	24.0	21.0	35.2	139.0	—
1992年	266.0	234.7	33.7	27.2	58.8	157.8	—
1993年	410.4	376.6	58.4	30.0	91.4	201.6	—
1994年	648.8	607.4	99.5	35.7	153.4	356.0	—
1995年	841.5	794.4	352.8	40.2	156.1	374.7	—
1996年	876.9	825.6	328.2	43.6	188.8	592.5	—
1997年	961.2	912.4	330.3	40.6	218.3	637.9	—
1998年	1155.6	1060.3	377.4	75.8	320.4	759.3	—
1999年	1170.6	1072.9	421.5	78.2	302.7	949.5	—
2000年	1297.4	1192.6	522.1	84.5	351.9	1112.0	—
2001年	1530.5	1417.1	783.8	93.7	356.4	1177.0	—
2002年	1814.3	1688.2	989.4	102.5	411.9	1251.0	—

续上表

年 份	全社会固定资产投资	城镇固定资产投资		农村固定资产投资	基础设施投资	新增固定资产	交通运输、仓储和邮政业
		城镇固定资产投资总计	房地产开发投资				
2003年	2157.1	1999.9	1202.5	132.1	417.8	1165.9	—
2004年	2528.3	2333.0	1473.3	195.3	463.2	1455.1	—
2005年	2827.2	2595.4	1525.0	231.8	610.7	1848.4	—
2006年	3371.5	3086.3	1719.9	285.2	935.3	1972.1	439.6(只含交通运输)
2007年	3966.6	3656.7	1995.8	309.9	1175.8	2004.9	548(只含交通运输)
2008年	3848.5	3554.8	1908.7	293.7	1160.7	2666.8	636
2009年	4858.4	4378.2	2337.7	480.2	1462.0	2457.2	730.6
2010年	5493.5	5002.6	2901.1	490.9	1403.5	2565.8	736.1
2011年	5910.6	5463.9	3036.3	446.7	1400.2	2382.0	699.7
2012年	6462.8	5853.1	3153.4	609.8	1789.2	2570.4	735.1
2013年	7032.2	6352.6	3483.4	679.6	1785.7	—	685.3
2014年	7562.3	6926.6	3911.3	635.7	2018.1	—	776.3
2015年	7990.9	7267	4226.3	723.9	2174.5	—	849.8
2016年	8461.7	—	4856.8	—	2399.5	—	995.6

注:以上数据来自北京市统计局、国家统计局北京调查总队,"—"表示该年度无此项统计。

北京市交通委员会机构设置表(截至2016年底)　　　　附表1-2-1

北京市交通委员会机构设置		
北京市交通委员会路政局	北京市交通委员会运输管理局	北京市交通执法总队
内设机构		
办公室	法制处	研究室
规划设计处	发展计划处	工程管理处
综合运输处	行业监督处(农村交通办公室)	安全监督与应急处
科技处	宣传处	缓堵处
治超处	财务处(审计办公室)	人事处
机关党委	工会	离退休干部处
轨道交通运营监管处	轨道交通设备设施监管处	轨道交通综合协调处
直属单位		
北京市交通信息中心	北京市交通运行监测调度中心	北京市交通行业节能减排中心
北京市交通宣传教育中心	北京交通运输职业学院	北京市交通委员会机关后勤服务中心
北京市轨道交通指挥中心	北京市交通委员会安全督查事务中心	北京市交通委员会举报投诉中心
北京市交通基础设施项目储备中心	—	—
挂靠单位		
北京市国防动员委员会交通战备办公室	北京交通发展研究院	

北 京

附表 2-1-1

2016年北京市公路里程年底到达数（按技术等级分）（单位：km）

公路行政等级	总里程	等级公路合计	高速公路小计	高速公路四车道	高速公路六车道	高速公路八车道及以上	一级小计	一级四车道	一级六车道	二级	三级	四级	等外路
合计	22025.569	22025.569	1012.945	450.364	497.255	65.326	1405.456	1013.943	342.53	3419.674	4147.371	12040.123	0
国道	1882.987	1882.987	703.323	379.204	292.903	31.216	405.629	359.582	44.28	575.782	198.253	0	0
其中：国家高速公路	618.418	618.418	618.418	345.004	244.954	28.46							
省道	1895.227	1895.227	309.622	71.16	204.352	34.11	480.924	303.981	160.634	953.15	151.531	0	0
县道	3861.299	3861.299	0	0	0	0	349.933	250.949	85.743	1258.618	2123.033	129.715	0
乡道	7981.037	7981.037	0	0	0	0	113.199	72.689	29.471	293.466	1187.895	6386.477	0
专用公路	609.525	609.525	0	0	0	0	42.423	16.94	21.345	253.079	207.411	106.612	0
村道	5795.494	5795.494	0	0	0	0	13.348	9.802	1.057	85.579	279.248	5417.319	0

附表 2-1-2

2016年北京市公路里程年底到达数（按路面类型分）（单位：km）

公路行政等级	总计	有铺装路面（高级）合计	沥青混凝土	水泥混凝土	简易铺装路面（次高级）	未铺装路面（中级、低级、无路面）	可绿化里程	已绿化里程	养护里程
合计	22025.569	21571.382	16537.562	5033.82	0	454.187	20441.59	20437.321	22025.569
国道	1882.987	1882.987	1882.987	0	0	0	1882.987	1882.987	1882.987
其中：国家高速公路	618.418	618.418	618.418	0	0	0	618.418	618.418	618.418
省道	1895.227	1895.227	1891.982	3.245	0	0	1895.227	1895.227	1895.227
县道	3861.299	3837.943	3779.432	58.511	0	23.356	3827.52	3827.52	3861.299
乡道	7981.037	7713.907	5526.965	2186.942	0	267.13	7318.682	7314.518	7981.037
专用公路	609.525	609.525	530.2	79.325	0	0	435.86	435.86	609.525
村道	5795.494	5631.793	2925.996	2705.797	0	163.701	5081.314	5081.209	5795.494

附表 2-1-3

北京市普通国道一览表

编号	普通国道名称	国道起止点 起点	国道起止点 终点	北京段起止点 地点	北京段起止点 终点	备注
G101	京密公路、京承公路	北京	沈阳	东直门	市界（密云北口）	朝阳门至通州新城段规划为一级公路，通州新城至市界段规划为高速公路
G102	京哈路	北京	哈尔滨	朝阳门	市界（白庙）	朝阳门至通州新城段规划为一级公路，通州新城至市界段规划为高速公路
G103	京津路	北京	塘沽	建国门	市界（觅子店）	建国门至朝阳门八里桥全规划为高速公路，即京通快速路
G104	京福路	北京	福州	永定门	市界（大兴采育）	南五环至朝青店段与G3京台高速公路重合，其他为一级公路
G105						
G106	京开高速	北京	广州	菜户营	市界（大兴榆垡）	菜户营至榆垡镇与G45大广高速公路重合
G107	京深路	北京	深圳	广安门	市界（房山挟河桥）	六里桥至房山界段与G5京昆高速公路重合，房山界至市界段为一级公路
G108	京昆路	北京	昆明	复兴门	市界（房山鱼斗泉）	天宁寺桥至门头沟新城段规划为高速公路，门头沟至市界段为一级公路
G109	京拉路	北京	拉萨	阜成门	市界（门头沟大峪口）	一级公路
G110	京银路	北京	银川	德胜门	市界（延庆下营）	德胜门至昌平西关段与G6京藏高速公路重合，西关至市界段为一级公路
G111	京加路	北京	加格达奇	安定门	市界（怀柔帽山）	一级公路
G230	通化—武汉	通化	武汉	市界（平谷）	市界（房山）	房山部分路段与G107重合5km，多数为二级公路，少数为三级公路
G234	兴隆—阳江	兴隆	阳江	市界（密云）	易县（龙安大桥）	部分路段与G101、G108、G109、G111重合
G335	承德—塔城	承德	塔城	二道梁	市界	
G509	京唐港—通州	京唐港	通州	市界	京塘线	

附表 2-1-4

2005—2015年北京市公共电汽车客运场站统计表（单位：个）

年份	2005年	2006年	2007年	2008年	2009年	2010年	2011年	2012年	2013年	2014年	2015年
保养场	—	—	8	8	8	9	15	15	15	15	17
枢纽站（一级）	—	4	4	6	8	8	8	10	8	8	8
中心站（二级站）	—	23	23	23	23	23	21	21	21	21	21
首末站（三级站）	496	528	535	513	558	568	566	571	580	597	626
其中：永久性	176	152	137	131	132	148	—	—	—	—	152
临时性	320	376	398	382	426	420	—	—	—	—	474
公共电汽车客运站合计	496	563	570	548	597	608	610	617	624	641	672

北京市省际客运站基本情况一览表

附表2-1-5

客运站名称	建站时间	发班方向
永定门	1976年	山东滨州,德州,东阿,东营,济南,济宁,莱芜,蓬莱,烟台,招远,淄博,青岛,海阳,潍坊,日照,肥城,聊城,泰安,诸城,衡水,张家口,邢台,辛集,固安,冀州,陶,宿州,扬州,南宫,江苏徐州,连云港,南通,内蒙古锡林郭勒,宝昌,安徽无为,天津等
莲花池	1985年	河南洛阳,安阳,道口,光山,开封,平顶山,周口,信阳,商丘,新蔡,兰考,项城,郸城,内黄,南阳,曲阜,单县,盛鲁;江苏响水,如皋,淮安;山东菏泽,济宁,牟平,威海;巨野,湖北沙市;安徽无为;陕西延安等
木樨园	1987年	河北石家庄,保定,廊坊,安国,霸州,博野,长垣,定兴,定州,邯郸,阜平,望都,容城,丰宁,徐水,文安,辛集,无极,淄博,烟台,潍坊;浙江乐清,温州,温岭;杭州,内蒙古包头,二连浩特,集宁,福建福安,福清,石狮;江苏高邮;辽宁锦州等
赵公口	1992年	河北沧州,衡水,唐山,承德,兴隆,霸州,安平,泊头,尚义,康保,蔚县,山东济南,青岛,泰安,威海,潍坊,烟台,淄博,青州,招远;乐陵,章丘;天津开发区,大港,汉沽,塘沽,武清,河南沈丘,滑县,禹州,义乌,乐清,黑龙江哈尔滨;上海;湖北武汉;山西应县等
北郊	1994年	内蒙古包头,二连浩特,乌兰浩特,临河;河北张家口,尚义,康保,蔚县等
新发地	1994年	内蒙古巴林左旗;河北左沟,霸州,南宫,平乡,丰宁,安新;山东德州,潍坊,高唐;江苏响水,沭阳,金湖,盐山;河南固始等
丽泽	1994年	河北石家庄,保定,涞水,易县,黄骅,南宫,坡仓,赞皇,定州;山西太原,阴泉,长治,临汾,运城;山东滨州,济宁,莱清,日照;浙江乐清,温岭;湖,大丰,莱州,宝应;河南郑州,濮阳,上蔡,淮阳,太康;安徽亳州,宿州,内蒙古二连浩特,福建福鼎;四川巴中;辽宁辽河油田;陕西榆林等
八王坟	1996年	黑龙江哈尔滨,佳木斯;吉林长春,通化;辽宁沈阳,大连,鞍山,朝阳,丹东,东陵,抚顺,阜新,本溪,锦州,盘锦,葫芦岛,营口;河北秦皇岛,唐山;天津等
四惠	2002年	河北承德,丰宁,丰润,廊坊,滦县,平泉,秦皇岛,滦平,唐山,玉田,兴隆,香河;辽宁敷山,大连,丹东,抚顺,鲅鱼圈,盘锦;吉林长春,吉林,四平,榆树,延吉;辽源,松原,蔚北,张北,赤峰,内蒙古包头,赤峰,通辽;安徽亳州,池州;天津宝纸等
首都机场	2004年	天津开发区;河北唐山等
六里桥	2005年	内蒙古呼和浩特,包头,巴林左旗,敖汉,碗口,多伦,东胜,二连浩特,锡林浩特,尚义,乌海,林西,集宁,赤峰;河北石家庄,保定,承德,平泉,围场;邯郸,廊坊,蔚县,张北,张家口,宽城,辽宁沈阳,大连,瓦房店,盘锦,丰宁,湖北大悟,恩施,丰宁;河南郑州,鹤壁,新乡,洛阳,山西大同,侯马;湖北襄阳,松滋,洪湖,潜江,广水,仙游;安徽合肥,巢湖,福建厦门,莆田旁石,仙游;浙江苍南,绥德;甘肃西安,庆阳,湖南岳阳,平江,常德,重庆彭水;江苏无锡;宁夏银川等

682

2005—2016 年北京市等级货运站场统计表（单位：个） 附表 2-1-6

年 份	合 计	一 级 站	二 级 站	三 级 站
2005 年	7	1	2	4
2006 年	7	1	2	4
2007 年	12	1	2	9
2008 年	13	1	2	10
2009 年	13	1	2	10
2010 年	16	1	2	13
2011 年	8	1	0	7
2012 年	15	1	0	14
2013 年	14	1	0	13
2014 年	14	1	0	13
2015 年	11	1	0	10
2016 年	11	1	0	10

2006—2014 年北京高速公路客运班线信息表 附表 2-2-1

年 份	合 计（条）	客运里程（km）				日均发车（班次）
		<200	≥200, <400	≥400, <800	≥800	
2006 年	309	68	114	127		1066
2007 年	347	85	121	141		1239
2008 年	468	198	125	145		1203
2009 年	481	148	149	184		1210
2010 年	484	21	139	143	181	1215
2011 年	471	13	127	134	197	1054
2012 年	554	25	127	194	208	1275
2013 年	629	38	181	188	222	1401
2014 年	629	35	171	203	220	1281

1990—2016 年北京市建成通车高速公路累计里程一览表（单位：km） 附表 3-1-1

年份	1990 年	1991 年	1992 年	1993 年	1994 年	1995 年	1996 年	1997 年	1998 年
累计里程	35	63	71	99	112	113	114	144	190
年份	1999 年	2000 年	2001 年	2002 年	2003 年	2004 年	2005 年	2006 年	2007 年
累计里程	230	268	335	463	499	525	548	625	628
年份	2008 年	2009 年	2010 年	2011 年	2012 年	2013 年	2014 年	2015 年	2016 年
累计里程	777	884	903	912	922	922	982	982	1008

附表 3-1-2

1999—2009年北京市成建通车高速公路一览表

序号	项 目	里程(km)	建 设 期	备 注
1	五环路	98.6	2001.11—2003.10	分4期实施
2	六环路	187.6	1998.12—2009.9	分7期实施
3	京开(大广)高速公路	38.95	2000.4—2001.6	
4	京承高速公路	131.05	2002.1—2009.11	分3期实施
5	京藏高速公路(三期)	8.1	2001.2—2001.8	
6	机场北线	11.3	2005.4—2006.9	
7	机场南线	17.5	2006.9—2008.6	
8	机场二高速公路	15.6	2004.12—2005.12	
9	京津二高速公路	34.1	2006.9—2008.6	
10	京平高速公路	52.8	2006.8—2008.6	
11	京新高速公路(六环至德胜口)	17.66	2006.12—2009.11	分2期实施
12	国道110(德胜口至市界)	52.7	2006.8—2007.9	

附表 3-2-1

2016年北京市国家高速公路明细表(单位:km)

路线名称		路线编号	起讫地点	里程	四车道	六车道	八车道及以上	通车时间
规范名称	统一编号前的名称							
合 计				981.917	451.064	492.687	38.166	—
京哈高速公路	京沈高速公路北京段	G1	四方桥(四环)—大沙务(市界)	39.891	—	39.891	—	1999-10-01
京沪高速公路	京津塘高速公路北京段	G2	十八里店桥(四环)—柴厂屯(市界)	35.000	35.000	—	—	1991-10-01
京台高速公路	京台高速公路北京段	G3	旧宫新桥—田家营村(市界)	26.6	—	—	26.6	2016-12-09
京港澳高速公路	京石高速公路	G4	六里桥(三环)—琉璃河(市界)	45.602	—	44.302	1.300	1993-11-01
京昆高速公路	京石高速公路二通道	G5	京昆联络线—镇江营(市界)	40.360	—	40.360	—	2014-12-25
京藏高速公路	八达岭高速公路	G6	马甸桥(三环)—康庄(市界)	68.374	29.174	39.200	—	2001-09-08
	国道110	G7	米家堡—市界	59.580	29.530	30.050	—	—
京新高速公路	京包高速公路		箭亭桥(五环)—昌平德胜口	21.860	21.860	—	—	2008-09-20
				37.720	7.670	30.050	—	2014-05-24

续上表

路线名称		路线编号		起讫地点	里程	四车道	六车道	八车道及以上	通车时间
规范名称	北京俗称	统一编号前的名称							
大广高速公路		京承三期	G45	司马台(市界)—新农村	218.500	162.800	55.700	—	—
				新农村—酸枣岭桥东(六环)	62.650	62.650	—	—	2009-09-27
		京承二期		酸枣岭桥东—双源桥	47.400	0.700	46.700	—	2006-09-28
				双源桥(六环)—固安桥(市界)	84.170	84.170	—	—	2002-10-26
六环路		京开高速公路		酸枣岭桥—酸枣岭桥	24.280	15.280	9.000	—	2010-12-25
六环路			G4501		187.600	187.600	—	—	2009-09-12
京哈线		通燕高速公路	G102	西马庄收费站—市界	13.800	13.800	—	—	2003-08-06
京塘线		京通快速路	G103	大望桥—八里桥	12.900	—	12.900	—	1996-01-01
京广线		京开高速公路	G106	菜户营桥(二环)—榆垡(收费站)	37.985	18.780	16.449	2.756	2001-06-28
京银线		德外大街	G110	德胜门(二环)—马甸桥(三环)	2.300	2.300	—	—	2002-05-24 重复

注：1. 大广高速公路与六环高速公路重合路段段为六环路(酸枣岭桥—双源桥)，里程为84.17km；京广线与大广高速公路重合路段及双源桥(六环)至榆垡，里程为15.28km。
路段里程在高速公路总里程只计一次。
2. 京承高速公路(望和桥—市界)全长131.05km。

附表 3-2-2

2016年北京市地方高速公路明细表(单位：km)

路线名称		路线编号	起讫地点	里程	四车道	六车道	八车道及以上	通车时间
规范名称	北京俗称							
京承高速公路	京承一期	S11	望和桥(四环)—酸枣岭桥(六环)	21.000	—	21.000	—	2002-10-26
机场高速公路	机场高速公路	S12	三元桥(三环)—首都国际机场T2航站楼	18.735	—	18.735	—	1993-09-14
京津高速公路	京津二通道	S15	化工桥(五环)—永乐店(市界)	34.110	—	—	34.110	2008-07-16
机场北线公路	机场北线	S28	鲁疃(京承高速公路)—顺平路	11.400	11.400	—	—	2006-09-28
			京承高速公路—李天桥(六环)	70.330	42.330	28.000	—	
京平高速公路	京平高速公路	S32	李天桥(六环)—大岭后隧道	17.500	—	17.500	—	2008-06-21
				52.830	42.330	10.500	—	2008-06-21

685

续上表

路线名称		路线编号	起讫地点	里程	四车道	六车道	八车道及以上	通车时间
规范名称	北京俗称							
京密高速公路	京密路	S35	京承高速公路—怀柔开放环岛	6.100	—	6.100	—	2012-04-30
京通京哈联络线	京通京哈联络线	S46	会村—西马庄	3.200	3.200	—	—	2006-12-01
五环路	五环路	S50	米广营桥—米广营桥	98.600	—	98.600	—	2003-11-01
机场第二高速公路	机场二通道	S51	姚家园路—首都国际机场T3航站楼	12.000	—	12.000	—	2008-06-21
京昆联络线	京昆联络线	S66	青龙湖收费站—京昆高速公路	10.800	—	10.800	—	2014-12-25

附表3-3-1

北京市交通通道构成

序号	交通通道	通道组成			辐射方向
		高速公路	一般国道	铁路	
1	西北	G6京藏,G7京新	G110	京包,丰沙	延庆,张家口,内蒙古,西北地区
2	东北	G45大广,S11京承	G101,G111	京承,京通	怀柔,密云,承德,东北地区
3	正东	通燕,G1京哈,S32京平	G102	京哈	唐山,秦皇岛,环渤海地区
4	东南	G2京沪,G3京台,S15京津	G103,G104,G105	京津城际,京沪高铁	廊坊,天津,河北,山东,华东地区
5	正南	G45大广(京开)	G106	京九	固安,霸州,河南,南方地区
6	西南	G4京港澳,G5京昆	G107,G108,G109	京广,京原	保定,石家庄,山西,西南及西部地区

附表4-1-1

质量控制体系百分制表格

考核项目	要求	标准分
工程质量验收	优良品率达到全线平均值	50
	优良品率与全线平均值相比每±1%	±1%
工程外观质量	洁净,平整,颜色一致	10
施工组织,文明施工		
(1)施工组织	层次分明,组织有序	20
(2)施工现场管理	现场清洁,无异物	10
执行监理程序		10
(1)开工申请单	申报及时,符合要求	2

续上表

考核项目	要　求	标　准　分
(2)质量报检	及时,按程序,一次合格率	2
(3)材料报批	按时,资料齐全	2
(4)工程分包	及时申报,管理严格	2
(5)施工组织设计	按时,内容符合要求	2
质量事故及处理		10
(1)重大质量事故	未发生	5
(2)施工质量问题	监理指令数量较少及处理程度	5
路面平整度专项考核		
(1)底面层	标准值≤1.5	3
(2)中面层	标准值≤1.2	3
(3)表面层	标准值≤1.0	3
(4)标准值增减	±0.1	±1

2016年北京市收费公路收费站明细表

附表 4-2-1

序号	所在路线编号	所在路线名称	收费项目编号	收费站简称	收费站桩号	收费站编码	收费性质	收费站位置类型	收费方向	入口车道数	入口ETC车道数	出口车道数	出口ETC车道数	备注
合计	—	—	—	—	—	—	—	—	—	816	276	1083	310	—
G1	京哈高速公路	S11-1999-02								49	11	46	11	
1				白鹿	7.794	G11101058O010	经营	主线站	双向	7	3	13	3	
2				台湖	11.987	G11101128O020	经营	匝道站	双向	4	1	6	2	
3				张家湾	16.842	G11101128O030	经营	匝道站	双向	4	2	2	1	
4				漷县	25.736	G11101128O040	经营	匝道站	双向	3	1	3	1	
5				郎府	32.130	G11101128O050	经营	匝道站	双向	3	1	3	1	
6				西集	34.963	G11101128O060	经营	匝道站	双向	3	1	3	1	
7				香河	39.891	G11310248O070	经营	省界主线共管站	双向	25	2	16	2	与河北共用

北 京

续上表

序号	所在路线编号	所在路线名称	收费项目编号	收费站简称	收费站桩号	收费站编码	收费站性质	收费站位置类型	收费方向	入口车道数	入口ETC车道数	出口车道数	出口ETC车道数	备注
8	G2	京沪高速公路	S11-1999-01	大羊坊	5.000	G2110105S0010	经营	主线站	双向	16	5	30	5	
9				马驹桥	12.800	G2110112S0020	经营	匝道站	双向	8	2	16	2	
10				采育	26.500	G2110115S0030	经营	匝道站	双向	6	2	9	2	
11	G3	京台高速公路	S11-2016-01	青云店	6.000	G3110115S0010	经营	主线站	双向	40	14	55	16	
12				魏善庄	11.800	G3110115S0020	经营	匝道站	双向	10	4	19	6	
13				安定	19.500	G3110115S0030	经营	匝道站	双向	3	1	5	1	
14				佃子	25.600	G3110115S0040	经营	匝道站	双向	3	1	4	1	
15				礼贤	26.500	G3110115S0050	经营	省界主线共管站	单向	6	2	8	2	
16	G4	京港澳高速公路	S11-2000-01	杜家坎	10.005	G4110106S0010	经营	主线站	双向	78	25	88	33	六里桥
17				杜家坎西匝道	10.010	G4110106S0020	经营	匝道站	双向	10	4	18	8	
18				赵辛店	13.553	G4110106S0030	经营	匝道站	双向	3	1	3	1	
19				京良路口	19.600	G4110111S0040	经营	匝道站	双向	8	3	5	2	
20				良乡机场	22.429	G4110111S0050	经营	匝道站	双向	7	3	6	2	
21				闫村	27.200	G4110111S0060	经营	匝道站	双向	5	2	8	3	
22				窦店	35.024	G4110111S0070	经营	匝道站	双向	9	4	8	4	
23				琉璃河	41.890	G4110111S0080	经营	匝道站	双向	5	2	9	3	
24				琉璃河南	45.602	G4130681S0090	经营	省界主线共管站	双向	27	4	22	7	与河北共用（北京南站）

续上表

序号	所在路线编号	所在路线名称	收费项目编号	收费站简称	收费站桩号	收费站编码	收费站性质	收费站位置类型	收费方向	入口车道数	入口ETC车道数	出口车道数	出口ETC车道数	备注
	G5	京昆高速公路	S11-2014-02							48	12	66	13	
25				大件路站	20.395	G51101065S0010	经营	匝道站	单向	6	2	6	2	
26				京周路站	22.464	G51101065S0020	经营	匝道站	双向	4	1	8	1	
27				夏村站	25.186	G51101065S0030	经营	匝道站	双向	5	2	9	2	
28				襄驸马站	34.714	G51101115S0040	经营	匝道站	双向	4	1	8	1	
29				韩村河站	38.451	G51101115S0050	经营	匝道站	双向	3	1	6	1	
30				皇后台站	42.695	G51101115S0060	经营	匝道站	单向	3	1	3	1	
31				长沟站	45.803	G51101115S0070	经营	匝道站	双向	3	1	4	1	
32				张坊站	56.374	G51101115S0080	经营	匝道站	双向	3	1	6	1	
33				镇江营站	59.463	G51306815S0090	经营	省界主线共管站	双向	17	2	16	3	与河北共用
	G6	京藏高速公路	S11-2000-02							84	34	112	36	
34				清河	5.335	G61101055S0010	经营	主线站	双向	10	4	12	3	
35				上清桥	6.690	G61101085S0020	经营	匝道站	双向	6	2	9	4	
36				清河北	8.210	G61101085S0030	经营	匝道站	双向	4	2	4	2	
37				西三旗	9.593	G61101085S0040	经营	匝道站	双向	7	3	8	3	
38				回龙观	12.960	G61101145S0050	经营	匝道站	双向	4	2	8	3	
39				北安河	15.500	G61101145S0060	经营	匝道站	双向	5	2	6	2	
40				沙河	18.280	G61101145S0070	经营	匝道站	双向	2	1	3	1	
41				小汤山	21.810	G61101145S0080	经营	匝道站	双向	5	2	6	2	
42				科技园	28.843	G61101145S0090	经营	匝道站	双向	2	1	3	1	
43				昌平南环	29.890	G61101145S0100	经营	匝道站	双向	4	2	5	2	
44				昌平西关	33.810	G61101145S0110	经营	匝道站	双向	4	2	5	2	

北 京

续上表

序号	所在路线编号	所在路线名称	收费项目编号	收费站简称	收费站桩号	收费站编码	收费站收费性质	收费站位置类型	收费方向	入口车道数	入口ETC车道数	出口车道数	出口ETC车道数	备注
45				陈庄	36.450	G611011480120	经营	匝道站	双向	2	1	2	1	
46				南口	39.620	G611011480130	经营	匝道站	双向	2	1	2	1	
47				南站村	44.830	G611011480140	经营	匝道站	单向	2	1	0	0	
48				居庸关	46.470	G611011480150	单向	匝道站	单向	2	1	3	1	
49				水关	53.110	G611022980160	经营	匝道站	单向	0	0	4	1	
50				岔道城	57.470	G611022980170	经营	匝道站	单向	1	0	1	0	
51				八达岭	58.830	G611022980180	经营	匝道站	单向	0	0	6	2	
52				西拨子	59.570	G611022980190	经营	匝道站	单向	3	1	0	0	
53				营城子	62.100	G611022980200	经营	匝道站	双向	3	1	8	2	
54				康庄	65.800	G611022980210	经营	匝道站	双向	2	1	3	0	
55				康庄市界	67.120	G611022980220	经营	省界主线共管站	双向	14	4	14	3	
	G7	京新高速公路	S11-2014-01											
56				沙河主站	13.950	G711010580010	经营	主线站	双向	36	12	49	11	
57				沙阳站	14.840	G711010580011	经营	匝道站	单向	10	4	15	3	
58				西沱站	17.790	G711010580012	经营	匝道站	双向	6	1	7	1	
	G7	京新高速公路	S11-2008-05							6	2	8	2	
59				百泉庄	24.330	G711011480020	经营	匝道站	双向	3	1	4	1	
60				十三陵	28.645	G711011480030	经营	匝道站	双向	3	1	5	1	
61				西山口	31.405	G711011480040	经营	匝道站	双向	3	1	5	1	
62				太平庄	32.625	G711011480050	经营	主线站	双向	5	2	5	2	
	G45	大广高速公路	S11-2009-02							33	12	50	14	

续上表

序号	所在路线编号	所在路线名称	收费项目编号	收费站简称	收费站桩号	收费站编码	收费站收费性质	收费站位置类型	收费方向	入口车道数	入口ETC车道数	出口车道数	出口ETC车道数	备注
63				司马台	1139.780	G45110228S0010	经营	省界主线共管站	双向	9			2	京承三期,入口公管站金山岭
64				司马台匝道	1139.970	G45110228S0020	经营	匝道站	双向	2	1	9	3	京承三期
65		京承（三期）		太师屯	1151.895	G45110228S0030	经营	匝道站	双向	5	2	6	2	京承三期
66				北庄	1162.490	G45110228S0040	经营	匝道站	双向	2	1	3	1	京承三期
67				程各庄	1171.760	G45110228S0050	经营	匝道站	双向	2	1	3	1	京承三期
68				大城子	1178.275	G45110228S0060	经营	匝道站	双向	2	1	3	1	京承三期
69				金鼎湖	1185.730	G45110228S0070	经营	匝道站	双向	2	1	2	1	京承三期
70				辛安庄	1189.700	G45110228S0080	经营	匝道站	双向	3	1	5	1	京承三期
71				穆家峪	1196.260	G45110228S0090	经营	匝道站	双向	6	3	10	2	京承三期,匝道站和双向站
72		大广高速公路（京开段）	S11-2010-01	求贤	1349.935	G45110115S0170	经营	匝道站	双向	6	2	6	2	京承三期
73				榆垡南	1350.930	G45110115S0180	经营	省界主线共管站	双向	23	2	16	4	京承三期
	G4501	六环路								118	51	173	58	
74				小圣庙	42.434	G45011101128S0090	经营	匝道站	双向	2	1	3	1	
75			S11-2001-02	土桥	43.075	G45011101128S0100	经营	匝道站	双向	8	2	6	2	
76				张家湾	47.760	G45011101128S0110	经营	匝道站	双向	2	1	0	0	
77				次渠	53.300	G45011101128S0120	经营	匝道站	双向	4	2	6	2	
78				马驹桥	61.490	G45011101128S0130	经营	匝道站	双向	7	3	8	2	东六环,南六环
79			S11-2001-02	太和	66.390	G45011101158S0140	经营	匝道站	双向	4	2	6	2	
80				南大红门	71.631	G45011101158S0150	经营	匝道站	双向	4	2	6	2	
81				磁各庄	76.530	G45011101158S0160	经营	匝道站	双向	4	2	6	2	

续上表

序号	所在路线编号	所在路线名称	收费项目编号	收费站简称	收费站桩号	收费站编码	收费站收费性质	收费站位置类型	收费方向	入口车道数	入口ETC车道数	出口车道数	出口ETC车道数	备注
82			S11-2003-01	张喜庄	5.780	G4501110113S0010	经营	匝道站	双向	4	2	6	2	
83				六元桥	9.925	G4501110113S0020	经营	匝道站	双向	2	1	4	1	
84				顺义城	14.520	G4501110113S0030	经营	匝道站	双向	2	1	4	1	
85				顺义南环	18.690	G4501110113S0040	经营	匝道站	双向	2	1	3	1	
86				通顺路	27.140	G4501110113S0050	经营	匝道站	双向	2	1	3	1	
87				徐辛庄	31.100	G4501110112S0060	经营	匝道站	双向	2	1	3	1	
88				潞苑北街	35.070	G4501110112S0070	经营	匝道站	双向	2	1	4	1	
89				常屯	37.820	G4501110112S0080	经营	匝道站	双向	4	2	7	2	
90				百善	174.100	G4501110114S0370	经营	匝道站	双向	2	1	4	1	
91				马坊	180.507	G4501110114S0380	经营	匝道站	双向	2	1	4	1	
92			S11-2004-01	念坛	85.380	G4501110115S0170	经营	匝道站	双向	4	2	8	3	
93				北藏村	87.750	G4501110115S0180	经营	匝道站	双向	3	1	4	2	
94				长阳	94.530	G4501110115S0190	经营	匝道站	双向	5	2	7	3	
95				良乡	99.750	G4501110115S0200	经营	匝道站	双向	2	1	4	2	
96				阎村西	107.320	G4501110115S0220	经营	匝道站	双向	2	1	4	2	
97			S11-2006-03	北清路	150.028	G4501110108S0320	经营	匝道站	双向	3	1	5	2	
98				温阳路	152.910	G4501110108S0330	经营	匝道站	双向	4	2	6	2	
99				沙阳路	156.580	G4501110108S0340	经营	匝道站	双向	2	1	4	1	
100				双横路	161.505	G4501110114S0350	经营	匝道站	双向	2	1	4	1	
101			S11-2009-01	大苑村	111.280	G4501110115S0230	经营	匝道站	双向	3	2	6	2	
102				青龙湖	114.710	G4501110106S0240	经营	匝道站	双向	3	1	5	2	
103				千灵山	119.730	G4501110106S0250	经营	匝道站	双向	6	2	8	2	

续上表

序号	所在路线编号	所在路线名称	收费项目编号	收费站简称	收费站桩号	收费站编码	收费站性质	收费位置类型	收费方向	入口车道数	入口ETC车道数	出口车道数	出口ETC车道数	备注
104				北宫森林公园	122.796	G4501110106S0260	经营	匝道站	双向	3	1	4	1	
105			S11-2009-01	石门营	126.720	G4501110109S0270	经营	匝道站	双向	5	2	5	2	
106				广宁	132.420	G4501110107S0280	经营	匝道站	双向	4	2	6	2	
107				军庄	139.650	G4501110109S0290	经营	匝道站	双向	3	1	5	2	
108				老庙	143.390	G4501110109S0300	经营	匝道站	双向	2	0	3	0	
109				大觉寺	146.364	G4501110108S0310	经营	匝道站	双向	3	1	5	2	
	G106	京广路	S11-2001-01							46	24	64	25	
110				西红门	7.853	G1061101115S0020	经营	主线站	双向	9	4	15	6	
111				西红门南桥	10.220	G1061101115S0030	经营	匝道站	双向	8	4	6	2	
112				高米店	11.400	G1061101115S0040	经营	匝道站	双向	3	2	3	2	
113				大兴工业区	12.433	G1061101115S0050	经营	匝道站	双向	3	2	3	2	
114				金华寺	13.751	G1061101115S0060	经营	匝道站	双向	3	2	3	2	
115				海子角	16.834	G1061101115S0070	经营	匝道站	双向	2	1	2	1	
116				天宫院	22.389	G1061101115S0080	经营	匝道站	双向	2	1	5	2	
117				三融	24.299	G1061101115S0090	经营	匝道站	双向	2	1	3	1	
118				庞各庄	26.095	G1061101115S0100	经营	匝道站	双向	2	1	3	1	
119				薛营	29.137	G1061101115S0110	经营	匝道站	双向	2	1	3	1	
120				梨花桥	30.940	G1061101115S0120	经营	匝道站	双向	2	1	3	1	
121				大礼路	35.418	G1061101115S0130	经营	匝道站	双向	2	1	3	1	
122				榆垡	37.695	G1061101115S0140	经营	匝道站	双向	6	3	12	3	

续上表

序号	所在路线编号	所在路线名称	收费项目编号	收费站简称	收费站桩号	收费站编码	收费性质	收费站位置类型	收费方向	入口车道数	入口ETC车道数	出口车道数	出口ETC车道数	备注
123	S11	京承高速公路	S11-2003-02	京承路	7.422	S111010S0010	经营	主线站	双向	29	12	41	15	
124				黄港	9.900	S111011S0020	经营	匝道站	双向	9	3	16	6	
125				沙峪	13.975	S111011S0030	经营	匝道站	双向	11	5	13	5	
126				未来科技城	18.330	S111011S0040	经营	匝道站	双向	7	3	9	3	
127	S15	京津高速公路	S11-2008-04	台湖站	5.700	S151011S0010	经营	主线站	双向	2	1	3	1	
128				牛堡屯	13.800	S151011S0020	经营	匝道站	双向	50	12	64	12	
129				于家务	17.530	S151011S0030	经营	匝道站	双向	10	3	20	3	
130				德仁务	29.100	S151011S0040	经营	匝道站	双向	6	2	8	2	
131				永乐站	33.000	S151011S0050	经营	省界主线共管站	双向	6	2	8	2	
132	S28	机场北线	S11-2006-02	北七家	0.100	S281011S0010	经营	匝道站	双向	6	2	8	2	
133				天北路	4.090	S281011S0020	经营	匝道站	双向	22	3	20	3	
134				火寺路	6.990	S281011S0030	经营	匝道站	双向	16	7	27	8	
135				机场北线主线站	7.913	S281011S0040	经营	主线站	双向	3	1	5	1	
136	S32	京平高速公路	S11-2008-01	黄港西道站	0.290	S321011S0030	经营	匝道站	双向	4	2	6	2	
137				岗山站	11.670	S321011S0040	经营	主线站	双向	4	2	6	2	
138				吴各庄	13.480	S321011S0010	还贷	主线站	双向	5	2	10	3	
139			S11-2008-03	李桥	19.339	S321011S0050	还贷	匝道站	双向	14	5	14	5	
		京平高速公路								2	1	2	1	
										12	4	12	4	
										56	16	67	17	
										7	2	12	2	
										3	1	3	1	

续上表

序号	所在路线编号	所在路线名称	收费项目编号	收费站简称	收费站桩号	收费站编码	收费站性质	收费站位置类型	收费方向	入口车道数	入口ETC车道数	出口车道数	出口ETC车道数	备注
140				沿河	21.321	S321101138060	还贷	匝道站	双向	3	1	3	1	
141				北务	30.029	S321101138080	还贷	匝道站	双向	6	2	6	2	
142				薛家庄	40.600	S321101138090	还贷	匝道站	双向	6	2	6	2	
143				打铁庄	47.580	S321101178100	还贷	匝道站	双向	3	1	5	1	
144				南张岱	50.133	S321101178110	还贷	匝道站	双向	6	2	6	2	
145				赵庄户	53.920	S321101178120	还贷	匝道站	双向	3	1	5	1	
146				东高村	57.000	S321101178130	还贷	匝道站	双向	3	1	6	1	
147				稻地	60.590	S321101178140	还贷	匝道站	双向	3	1	3	1	
148				南太务	65.684	S321101178150	还贷	匝道站	双向	3	1	4	1	半幅主站
149				复各庄	66.324	S321101178160	还贷	省界主线共管站	双向	10	1	8	2	
150	G102	京哈线	S11-2000-03	丁各庄	26.090	G102110112S0010	经营	匝道站	单向	11	4	11	4	
151				白庙匝道	28.740	G102110112S0030	经营	匝道站	单向	2	1	2	1	开放式收费
152				白庙	28.912	G102110112S0020	经营	主线站	双向	7	2	7	2	开放式收费
153	S66	京昆联络线	S11-2014-02	坨里站	20.777	S661101105S0020	经营	匝道站	双向	4	1	8	1	开放式收费
154	G110	京银路	S11-2007-01	莲花滩	60.900	G110102295S0020	经营	主线站	双向	0	0	18	0	与G7联合收费
155	S12	机场高速公路	S11-1997-01	北皋	8.500	S121101105S0010	经营	匝道站	单向	12	0	16	5	
156				苇沟	11.350	S121101105S0020	经营	匝道站	单向	3	0	3	1	
										2	0	2	1	

续上表

序号	所在路线编号	所在路线名称	收费项目编号	收费站简称	收费站桩号	收费站编码	收费站性质	收费站位置类型	收费方向	入口车道数	入口ETC车道数	出口车道数	出口ETC车道数	备注
157				杨林	14.500	S1211011S0030	经营	匝道站	单向	1	0	2	1	
158				天竺	15.350	S1211011S0040	经营	主线站	单向	5	0	9	2	
159				二匝	16.100	S1211011S0050	经营	匝道站	单向	1	0	0	0	此匝道站没有出口收费站
160	G103	京塘路	S11-1998-01	双桥	12.320	G1031101S0010	经营	匝道站	双向	13	2	10	2	
161				会村	14.370	G1031101S0020	经营	匝道站	双向	2	0	2	0	
162				八里桥	16.417	G1031101S0030	经营	主线站	双向	3	0	2	0	
163	S46	京通京哈联线	S11-1998-01	西马庄	3.000	S4611015S0010	经营	匝道站	双向	8	2	6	2	此收费路段只有一个收费主站
164		大广高速公路 京承(二期)	S11-2006-01	密云站	1203.640	G4511022S0100	经营	匝道站	双向	5	2	5	2	京承二期
165				密云开发区站	1209.260	G4511022S0105	经营	匝道站	单向	29	11	47	11	京承二期
166				中影杨宋站	1220.650	G4511016S0110	经营	匝道站	双向	3	1	7	1	京承二期
167				怀柔站	1223.375	G4511016S0120	经营	匝道站	双向	4	1	8	1	京承二期
168				宽沟站	1228.775	G4511016S0130	经营	匝道站	单向	2	1	4	1	京承二期
169				北石槽站	1233.685	G4511013S0140	经营	匝道站	双向	7	2	10	2	京承二期
170				赵全营站	1237.620	G4511013S0150	经营	匝道站	单向	2	1	3	1	京承二期
171				高丽营站	1240.890	G4511013S0160	经营	匝道站	单向	4	2	4	2	京承二期

附表 4-2-2

2015年北京市收费公路服务区明细表

序号	服务区名称	所属路线编号	所属路线名称	类别	布局形式	位置桩号	初始运营时间	产权及经营单位	占地面积 (m²)	建筑面积 (m²)	绿化面积 (m²)	停车场面积 (m²)
	合计								528638	68142	141766	192590
	服务区								381638	48960	89013	139087
1	田家府服务区	G1	京哈高速公路	服务区	双侧分离式	16.25	2000年9月	首发集团	46333	11017	6606	19861
2	窦店服务区	G4	京港澳高速公路	服务区	双侧分离式	38.131	1993年11月	首发集团	71592	8092	10140	9680
3	百葛服务区	G6	京藏高速公路	服务区	单侧式	27.206	1999年	首发集团	48000	8420	24385	8200
4	马驹桥服务区	G2	京沪高速公路	服务区	双侧分离式	11.5	1990年9月	首发集团	65713	5530	320	14751
5	北务服务区	S32	京平高速公路	服务区	双侧分离式	33	2008年6月	首发集团	40000	3200	14038	23520
6	大师屯服务区	G45	大广高速公路	服务区	双侧分离式	1152.35(大广) 112.500(京承)	2009年9月	首发集团	50000	8202	15340	26458
7	韩村河服务区	G5	京昆高速公路	服务区	双侧分离式	37	2016年12月	首发集团	60000	4500	18184	36617
	停车区								147000	19181	52754	53503
1	土沟服务区	G45	大广高速公路	停车区	双侧分离式	18.045	2002年	首发集团	94000	10485	32900	32000
2	永乐店停车区	S15	京津高速公路	停车区	双侧分离式	32.8	2008年7月	首发集团	28000	4500	11990	7200
3	求贤停车区	G45	大广高速公路	停车区	单侧式	1351.084	2010年12月	首发集团	25000	4196	7864	14303

北 京

北京市高速公路市级相关法规制度表

附表 6-1-1

序号	名称	文号	颁发日期	颁发单位
1	北京市实施《中华人民共和国土地管理法》办法		1991.3.15	北京市人大(含常委会)
2	北京市城市规划条例		1992.7.24	北京市人大(含常委会)
3	北京市人民政府关于加强建设工程施工现场管理的暂行规定(废止)	北京市人民政府第20号令	1994.9.5	北京市市政府
4	北京市建设工程勘察招标投标管理规定	北京市人民政府第12号令	1997.12.31	北京市市政府
5	北京市实施《贷款修建高等级公路和大型公路桥梁、隧道收取车辆通行费规定》细则(1992年发布,1997年修订)	北京市人民政府第12号令	1997.12.31	北京市市政府
6	北京市工程建设违法违纪行为行政处分规定	京政办发[2000]3号	2000.1.30	北京市市政府
7	北京市人民政府批转市计委关于对经营性基础设施项目投资实行回报补偿意见的通知	京政发[2000]30号	2000.10.20	北京市市政府
8	北京市工程建设项目招标范围和规模标准规定	北京市市政府令[2001]第89号	2001.12.6	北京市市政府
9	北京市人民政府办公厅关于市政府有关部门实施招标投标活动行政监督有关问题的通知	京政办函[2002]90号	2002.11.5	北京市市政府
10	北京市建设工程招标投标监督管理规定	北京市人民政府令第122号	2003.4.2	北京市市政府
11	北京市集体土地房屋拆迁管理办法	北京市人民政府令第124号	2003.6.6	北京市市政府
12	北京市建设征地补偿安置办法	北京市人民政府令第148号	2004.5.21	北京市市政府
13	北京市人民政府贯彻国务院关于投资体制改革决定的意见	京政发[2005]11号	2005.5.20	北京市市政府
14	北京市人民政府办公厅关于进一步完善交通基础设施建设工程征地程序有关问题的通知	京政办发[2005]55号	2005.11.1	北京市市政府
15	北京市基础设施特许经营条例(2005)		2005.12.1	北京市人大(含常委会)
16	北京市人民政府办公厅关于贯彻国务院办公厅进一步规范招投标活动若干意见的通知	京政办发[2005]67号	2005.12.29	北京市市政府
17	北京市地下设施检查井盖管理规定(2007修改)	北京市人民政府第200号令	2007.11.23	北京市市政府
18	北京市公路条例(2007年发布,2010修订)		2007.7.27 2010.12.23	北京市人大(含常委会)
19	北京市人民政府办公厅转发市规划委、市国土资源局关于加强北京市城市建设节约用地标准管理若干规定的通知	京政办发[2008]19号	2008.3.24	北京市市政府
20	北京市工程建设监理管理办法	北京市人民政府第226号令	2010.11.27	北京市市政府
21	北京市实施《中华人民共和国水土保持法》办法		2010.12.23	北京市人大(含常委会)
22	北京市招标投标条例(2010修正)		2010.12.23	北京市人大(含常委会)
23	北京市安全生产条例(2011修订)		2011.5.27	北京市人大(含常委会)

续上表

序号	名称	文号	颁发日期	颁发单位
24	北京市人民政府关于印发北京市国有土地上房屋征收与补偿实施意见的通知	京政发〔2011〕27号	2011.5.27	北京市政府
25	北京市人民政府办公厅转发市交通委关于《公路安全保护条例》贯彻实施方案的通知	京政办发〔2011〕49号	2011.9.16	北京市政府
26	北京市建设工程施工现场管理办法	北京市人民政府令第247号	2013.5.7	北京市政府
27	北京市人民政府关于印发引进社会资本推动市政基础设施领域建设试点项目实施方案的通知	京政发〔2013〕21号	2013.7.28	北京市政府
28	北京市人民政府关于创新重点领域投融资机制鼓励社会投资的实施意见	京政发〔2015〕14号	2015.3.20	北京市政府

附表 6-2-1 建设市场管理相关法规制度表

序号	性质	名称	文号	颁发日期	颁发单位
1	信用管理	关于施行《北京市路政局归集和公布企业信用信息工作实施细则》的通知	京路法制发〔2005〕34号	2005.2.1	北京市交通委路政局
2		北京市公路建设信用信息系统信用等级评价实施细则(试行)	京路建发〔2008〕61号	2008.1.21	北京市交通委路政局
3		北京市公路施工企业信用评价实施细则(试行)	京交路建发〔2011〕125号	2011.6.30	北京市交通委路政局
4		北京市公路建设从业单位信用奖惩办法	京交法制发〔2011〕163号	2011.8.5	北京市交通委路政局
5		北京市公路监理企业信用评价实施细则(试行)	京交路建发〔2011〕174号	2011.8.18	北京市交通委路政局
6		北京市公路建设项目主要从业人员信用评价实施细则(试行)	京交路建发〔2012〕143号	2012.6.25	北京市交通委路政局
7		北京市公路设计企业信用评价实施细则(试行)	京交路发〔2014〕135号	2014.5.21	北京市交通委路政局
8	招投标管理	关于在公路建设项目招投标中实行合理低价法的通知	京路建发〔2005〕26号	2005.1.21	北京市路政局
9		北京市公路工程招投标行政监督管理规定	京路建发〔2006〕180号	2006.4.21	北京市路政局
10		北京市公路工程施工招标文件范本(试行)	京交路建发〔2012〕292号	2012.12.28	北京市交通委路政局
11		关于在工程招标中告知废标原因等事项的通知	京交路建发〔2010〕375号	2010.9.29	北京市交通委路政局
12		关于转发九部委《关于印发贯彻落实扩大内需促进经济增长决策部署进一步加强工程建设招投标监督工作意见的通知》的通知	京交路建发〔2009〕317号		北京市交通委路政局
13		北京市评标专家库专家管理细则	京人社专发〔2011〕246号	2011.9.4	北京人力社保局
14		关于印发依法加强本市政府投资项目招投标管理工作的意见的通知	京发改〔2005〕124号	2005.1.26	北京市发改委
15	资质管理	北京市公路建设单位资质标准	京交路建发〔2012〕22号		北京市交通委路政局
16		北京市住房和城乡建设委员会关于做好建筑业企业资质管理工作有关意见的通知	京建发〔2015〕7号	2015.5.13	北京市建委

北 京

北京市高速公路工程项目管理法规制度表

附表 6-3-1

序号	性质	名　称	文　号	颁发日期	颁发单位
1	综合管理	北京市交通委员会关于落实公路安全保护条例贯彻实施方案的通知	京交法发〔2011〕499号		北京市交通委
2		北京市交通委员会关于印发《北京市公路项目代建制实施办法（试行）》的通知	京交计发〔2004〕881号		北京市交通委
3		北京市收费公路运营监督管理办法	京路法制发〔2008〕104号		北京市路政局
4		北京市收费公路服务区规范化管理规定	京路法制发〔2010〕170号		北京市交通委路政局
5		北京市路政局道路建设工程项目管理中心关于印发《京平高速公路专项工程管理办法》的通知	京路项目发〔2014〕17号	2014.5.30	北京市交通委路政局
6		北京市路政局道路建设工程项目管理中心关于印发《京平高速公路桥梁养护管理制度》的通知	京路项目发〔2015〕11号	2015.3.30	北京市交通委、北京市路政局
7		北京市路政局道路建设工程项目管理中心关于印发《京平高速公路委托运营管理考核办法》的通知	京路项目发〔2015〕12号	2015.4.14	北京市交通委路政局
8		北京市路政局道路建设工程项目管理中心关于印发《京平高速公路养护巡视制度》的通知	京路项目发〔2015〕13号	2015.4.14	北京市交通委路政局
9		北京市路政局道路建设工程项目管理中心关于印发《计划统计管理办法》的通知	京路项目发〔2015〕14号	2014.12.30	北京市交通委路政局
10		北京市交通委员会路政局关于印发北京市收费（高速）公路养护监督管理办法的通知	京交高速〔2014〕377号	2015.5.27	北京市交通委路政局
11		北京市交通委员会、北京市公安局关于治理收费公路逃费行为的通知	京交法发〔2015〕94号	2015.2.16	北京市交通委、北京市公安局
12		北京市交通委员会路政局关于印发公路建设项目绿化设计指导意见（试行）的通知	京交路发〔2015〕32号		北京市交通委路政局
13		北京市交通委员会关于印发《北京市交通行业重大事项社会稳定风险评估机制管理办法（试行）》的通知	京交安全发〔2011〕101号	2014.11.7	北京市交通委路政局
14		北京市交通委员会路政局关于下发北京市高速公路服务区星级划分标准与评定指南的通知	京交路发〔2014〕317号		北京市交通委路政局
15		关于印发北京市收费公路统计工作管理办法的通知	京交路发〔2014〕41号		北京市交通委路政局
16		北京市交通委员会路政局关于印发综合统计报表制度的通知	京交路计发〔2014〕129号	2015.6.25	北京市交通委路政局
17		北京市住房和城乡建设委员会、北京市市政市容管理委员会、北京市交通委员会关于进一步加强建设工程土方开挖回填环节质量控制工作的通知	京建发〔2015〕229号		北京市住房和城乡建设委员会、市政市容管理委员会、市交通委员会

续上表

序号	性质	名称	文号	颁发日期	颁发单位
18	综合管理	北京市财政局、市发展和改革委员会、市交通委员会、市交通运输部、监察部、审计署关于公布取消公路养路费等涉及交通和车辆收费项目的通知	京财综[2009]123号	2009.2.3	北京市财政局、北京市发展和改革委员会、北京市交通委员会等
19		北京市财政局关于公路工程耕地占用税征收办法的通知	京财农[1988]919号	1988.7.6	北京市财政局
20		北京市规划委员会关于在地图图表示中采用国家高速公路网命名和编号规则的通知	市规发[2010]702号	2010.4.30	北京市规划委员会
21		北京市交通委员会公路重大建设项目社会稳定风险评估实施细则	京交路建发[2012]21号		北京市交通委路政局
22	项目前期	北京市路政局道路建设工程项目管理中心关于印发《工程项目计量支付管理制度》的通知	京交路建发[2013]20号	2013.11.8	北京市交通委路政局
23		北京市路政局道路建设工程项目管理中心关于印发《工程项目投资控制制度》的通知	京路项发[2013]21号	2013.11.8	北京市交通委路政局
24		北京市非政府投资建设项目计划审批管理改革实施办法	京计投资字[2003]808号	2003.5.23	北京市发展计划委员会
25		北京市发展和改革委员会关于印发北京市外商投资项目核准暂行实施办法的通知	京发改[2005]2598号	2005.12.9	北京市发改委
26		北京市国土资源局关于征地农转用管理等有关问题的通知	京国土征[2013]649号	2013.12.31	北京市国土资源局
27	环保与土地	北京市交通委员会路政局关于进一步加强道路工程大气污染防治有关工作的通知	京交路建发[2013]198号		北京市交通委路政局
28		北京市交通委员会路政局关于印发北京市交通路行业空气重污染日建设、养护施工工地控制工作方案的通知	京交路建发[2014]12号		北京市交通委路政局
29		北京市环境保护局关于建设工程施工工地扬尘排污费征收有关工作的通知	京环发[2015]5号	2015.2.26	北京市环保局
30		北京市发展和改革委员会、北京市财政局、北京市环境保护局关于建设工程施工工地扬尘排污收费标准的通知	京发改[2015]265号	2015.2.12	北京市发展和改革委员会、北京市财政局、北京市环境保护局
31	勘察设计管理	北京市交通委员会路政局关于印发北京地区公路下凹式桥区雨水泵站系统设计指导意见的通知	京交路发[2014]139号	2014.5.27	北京市交通路政局
32		北京市温拌沥青混合料路面技术指南	京交行发[2009]161号	2009.6	北京市路政局
33		北京市公路工程施工标准化活动实施方案	京交工程发[2011]278号		北京市交通委
34		北京市公路工程质量监督规定	京路法制发[2006]311号	2006.5.25	北京市交通路政局

续上表

序号	性质	名称	文号	颁发日期	颁发单位
35		北京市公路工程安全生产管理办法	京路安发[2012]262号		北京市交通委路政局
36		北京市公路工程平安工地标准	京路安发[2011]160号	2011.8.4	北京市交通委路政局
37		北京市公路工程平安工地考核评价管理办法	京路安发[2011]215号	2011.10.12	北京市交通委路政局
38		北京市公路工程安全生产监督管理办法	京路安发[2012]262号	2012.11.12	北京市交通委路政局
39		北京市公路工程生产安全事故应急预案	京交路建发[2013]15号	2013.1.24	北京市交通委路政局
40		北京市交通委路政局公路工程建设项目履约检查管理办法	京交路建发[2012]41号		北京市交通委路政局
41		北京市交通委路政局关于印发《无机结合料稳定材料质量管理规定》的通知	京交路建发[2012]139号	2012.6.20	北京市交通委路政局
42		北京市交通委路政局关于印发《沥青混合料质量管理规定》的通知	京交路建发[2012]158号	2012.7.13	北京市交通委路政局
43		北京市交通委路政局关于印发《公路工程施工标准化指南(试行)》的通知	京交路建发[2012]271号	2012.11.26	北京市交通委路政局
44		北京市交通委路政局关于印发《北京市交通路政行业安全生产监督管理办法》的通知	京交路安发[2011]228号	2011.11.1	北京市交通委路政局
45		关于印发《关于在道路建设、养护工程项目中治理超限超载运输的暂行规定》的通知	京交路安发[2011]199号	2011.9.14	北京市交通委路政局
46		北京市交通委员会路政局关于印发《北京市公路行业安全生产事故隐患排查治理监督管理规定(试行)》的通知	京交路安发[2016]42号	2016.2.29	北京市交通委路政局
47		北京市废胎胶粉沥青及混合料设计施工技术指南	京路科安发[2006]912号	2006.12.15	北京市交通委路政局
48		北京市路政局道路建设工程项目管理中心关于印发《道路工程第三方试验检测工作管理制度》的通知	京路项目发[2013]24号	2013.12.9	北京市交通委路政局
49	竣工验收	关于实施公路建设项目施工许可和竣工验收许可工作的通知	京路建发[2005]557号	2005.9.13	北京市交通委路政局
50	项目后评价	北京市公路建设项目设计质量后评价办法(试行)	京交路建发[2012]35号	2012.1.19	北京市交通委路政局
51	廉政建设	北京市路政局治理商业贿赂专项工作实施方案	京路监察发[2006]136号		北京市交通委路政局
52	资金	北京市公路工程安全生产费用管理办法(试行)	京交路安发[2011]173号	2011.8.17	北京市交通委路政局
53		关于规范公路工程建设项目管理费使用的通知	京路计发[2009]223号		北京市交通委路政局
54	与审计	北京市财政局、北京市交通局转发财政部、交通部关于高速公路公司财务管理办法的通知	京财工[1997]1026号	1997.7.10	北京市财政局,北京市交通局

附表 7-2-1 部分主要科研课题列表

序号	项目名称	研究单位	获奖情况/备注
1	公路建设资金筹措的研究	交通部公路科学研究所,京津塘高速公路联合公司	1991年提交世界银行
2	使用国产沥青铺筑高等级公路路面可能性的研究	交通部公路科学研究所,京津塘高速公路联合公司	1987—1992年期间进行
3	公路桥梁使用功能评定方法	北京市公路局	1993年7月获得交通部颁发的交通科学技术三等奖
4	京津塘高速公路组织管理体制的研究	京津塘高速公路联合公司	1991年10月完成
5	LJ-150型沥青混凝土搅拌设备	北京市沥青混凝土厂,北京市政工程机械厂	1991年度北京市科学技术奖一等奖
6	高速公路多通道自助计费系统	北京市公路局京石分局,航天部103所,浙江大学	1992年度北京市科学技术奖二等奖
7	路面养护决策支持系统	北京市公路局,同济大学	1993年度北京市科学技术奖二等奖
8	高速公路多通道自动计费系统	北京市公路局	1993年3月获得北京市科学技术进步奖一等奖
9	京津塘高速公路工程建设成套技术	京津塘高速公路联合公司,交通部公路科学研究所等	1996年交通部科技进步特等奖,1997年国家科技进步一等奖
10	丁苯胶乳改性沥青在北京地区的路用性研究	北京市公路局公路设计研究院	"八五"科技联合攻关项目,1995年通过交通部科学技术司鉴定
11	北京市公路管理信息系统	北京市公路局	1998年获得交通部颁发的交通科学技术进步一等奖
12	LG-8A炼塔式沥青改性设备	北京市公路局	1998年获得交通部颁发的交通科学技术进步三等奖
13	三车道公路隧道监控试验系统研究	北京市市政工程设计研究总院,北京市市政工程设计研究总院第一设计所,北方交通大学	1998年度北京市科学技术奖二等奖
14	公路通行能力研究	北京工业大学,北京首都公路发展集团有限公司	2002年度北京市科学技术奖二等奖
15	转体法施工的曲线斜拉桥关键技术研究	北京市首都公路发展集团有限公司,中铁大桥局集团有限公司,铁道专业设计院	2004年度北京市科学技术进步一等奖
16	高速公路综合管理系统示范工程	华北高速公路股份有限公司	国家"十五"科技攻关项目"高等级公路综合管理系统关键技术及示范工程"中的示范工程之一(2004年通过验收)
17	国家高速公路安全和服务技术开发与工程应用示范	华北高速公路股份有限公司	国家科技支撑计划"重特大道路交通事故综合预防与处置集成技术开发与示范应用"项目之课题三(2005年通过验收)

续上表

序号	项 目 名 称	研 究 单 位	获 奖 情 况 / 备 注
18	高等级公路综合系统关键技术及示范工程	华北高速公路股份有限公司,北京市首都公路发展集团有限公司等	2006年度中国公路学会科学技术奖二等奖
19	北京市智能交通系统(ITS)规划与示范研究	北京市首都公路发展集团有限公司,北京工业大学	2006年度北京市科学技术奖一等奖
20	废胎胶粉改性沥青应用研究	北京市路政局,交通部公路科学研究院,北京路桥路兴物资中心,北京泛洋伟业科技有限公司	2007年度中国公路学会科学技术奖三等奖
21	城市桥梁抗震设计研究及已建桥梁抗震能力分析	北京市市政工程设计研究总院,清华大学,北京市首都公路发展集团有限公司,北京市路公联线有限责任公司	2007年度北京市科学技术奖三等奖
22	八达岭高速进京段安全改造关键技术研究	交通部公路科学研究所,北京市首都公路发展集团有限公司	2008年度中国公路学会科学技术奖二等奖
23	北京地区高速公路沥青路面长期使用性能综合对策与研究	北京市首都公路发展集团有限公司兴业公司	2008年度北京公路学会科学技术进步奖一等奖
24	电子不停车收费标准体系及成套检测技术	北京快通高速电子收费系统有限公司	2009年度中国公路学会科学技术奖特等奖
25	国标ETC收费的应用和发展	北京市首都公路发展集团有限公司	2009年第25届北京市企业管理现代化创新成果一等奖
26	基于过程动态控制的北京市高速公路沥青路面工程成套施工创新管理体系的构建与实施	北京奥科瑞玛检测技术开发有限公司	2009年第25届北京市企业管理现代化创新成果二等奖
27	应用便携式收费机提高收费站通行能力的管理创新	云星宇科技服务有限公司	2009年第25届北京市企业管理现代化创新成果二等奖
28	机电系统信息安全管理体系研究与应用	北京市首都公路发展集团有限公司运营管理部	2009年第25届北京市企业管理现代化创新成果二等奖
29	高速公路封包式手工通行票(卡)管理模式的应用	北京市首都公路发展集团有限公司京沈路分公司	2009年第25届北京市企业管理现代化创新成果二等奖
30	顺应五环发展,创新通行模式——建立五环专用通道	北京市首都公路发展集团有限公司京开路分公司	2009年第25届北京市企业管理现代化创新成果三等奖

续上表

序号	项目名称	研究单位	获奖情况/备注
31	北京市高速公路桥梁养护管理技术与方法研究	北京速通科技有限公司	2010年北京市交通委系统科研成果三等奖
32	高速公路电子收费系统管理	云星宇科技服务有限公司	2010年度北京市公路学会科学技术奖二等奖
33	新型沥青路面开发与相关指南研究	北京市交通委员会公路政局、北京市政路桥建集团有限公司等	2010年度北京市科学技术奖三等奖
34	北京市六环路斜拉桥关键技术	中铁工程设计咨询集团有限公司、北京市首都公路发展集团有限公司、中铁大桥局股份有限公司等	2010年度北京市科学技术奖三等奖
35	北京市沥青路面典型结构及可靠性研究	北京市交通委公路政局	2010年度中国公路学会科学技术奖一等奖
36	北京市六环路斜拉桥关键技术	中铁大桥局集团有限公司	2010年度北京市科学技术奖三等奖、2010年度中国铁路工程总公司科学技术奖一等奖
37	北京地区软岩大跨公路隧道关键技术研究	北京市首都公路发展集团有限公司	2011年度中国公路学会科学技术奖一等奖
38	复式收费工作管理体系的构建与实施	北京市首都公路发展集团有限公司八达岭路分公司和京沈路分公司	2011年第27届北京市企业管理现代化创新成果一等奖
39	路面废旧材料再生循环利用研究及推广应用	北京市政路桥建材集团	2011年中国资源综合利用协会科学技术奖一等奖
40	橡胶沥青混合料及混合料筑路成套建设技术研究与推广应用	交通运输部公路科学研究院、北京市首都公路发展集团有限公司、北京市政路桥建材集团有限公司、北京市市政工程设计研究总院等	2011年度国家科学技术进步二等奖
41	固体废弃物循环利用新技术及其在公路工程中的应用	北京建筑工程学院、北京市首都公路发展集团有限公司、北京市市政工程设计研究院等	2011年度中国公路学会科学技术奖一等奖
42	北京地区软岩大跨公路隧道关键技术研究	北京市首都公路发展集团有限公司	2011年度中国公路学会科学技术奖一等奖
43	国家高速公路网指路体系的研究与应用	华北高速公路股份有限公司	2011年度中国公路学会科学技术奖一等奖
44	首都高速公路建设项目管理信息系统的构建与实施	北京市首都公路发展集团有限公司	2011年第27届北京市企业管理现代化创新成果一等奖
45	高速公路联网收费的构建与实施	北京市首都公路发展集团有限公司	2011年第27届北京市企业管理现代化创新成果二等奖

续上表

序号	项目名称	研究单位	获奖情况/备注
46	高速公路机电系统维修养护综合管理平台的构建与应用	云星宇科技服务有限公司等	2011年第27届北京市企业管理现代化创新成果二等奖
47	高速公路岩石边坡绿化养护技术研究	北京市首发天人生态景观有限公司	2011年度北京公路学会科学技术奖二等奖
48	京津冀区域联网电子收费工程	云星宇科技服务有限公司	2011年度北京公路学会科学技术奖二等奖
49	数字化视频联网监控系统管理软件	云星宇科技服务有限公司	2011年度北京公路学会科学技术奖三等奖
50	京承高速公路（密云峪沟一市界段）隧道照明工程	云星宇科技服务有限公司	2011年度北京公路学会科学技术奖三等奖
51	北京市电子不停车收费（ETC）系统技术与工程	北京市首都公路发展集团有限公司	2012年度北京科学技术奖三等奖
52	高效节能的沥青材料开发及成套应用技术研究	北京市奥科瑞检测技术开发有限公司	2012年住建部华夏建设"科学技术奖"一等奖
53	高速公路岩石边坡绿化养护技术研究	北京市首都公路发展集团有限公司,首发生态公司	2012年度北京公路学会科学技术奖二等奖
54	高速公路命名和编号规则	北京市交通委员会	2012年度北京公路学会科学技术奖三等奖
55	基于车型判别分类的高速公路收费管理	北京市首都公路发展集团有限公司八达岭分公司	2012年第28届北京市企业管理现代化创新成果二等奖
56	高速公路联网机电系信息安全管理体系的构建与实施	北京市首都公路发展集团有限公司运营管理部	2012年第28届北京市企业管理现代化创新成果二等奖
57	高速公路联网监控系统标准化管理之路	北京市首都公路发展集团有限公司运营管理部	2012年第28届北京市企业管理现代化创新成果二等奖
58	构建高速公路智能监控管理系统,提升出行服务水平	北京市首都公路发展集团有限公司运营管理部	2012年第28届北京市企业管理现代化创新成果二等奖
59	构建道路联网条件下管理和服务的省际联动机制	北京市首都公路发展集团有限公司京开分公司	2012年第28届北京市企业管理现代化创新成果二等奖
60	高速公路行车环境风险主动预警技术及应用	交通运输部公路科学研究院,华北高速公路股份有限公司等	2013年中国公路学会科学技术奖二等奖
61	京新高速上地斜拉桥关键技术研究	中铁六局北京铁建有限公司,中铁工程咨询设计集团有限公司,北京市首都公路发展集团有限公司,大连理工大学	2013年北京市第十七届优秀工程设计一等奖,中国中铁股份公司优秀工程设计一等奖,2012年度北京公路学会科技一等奖

续上表

序号	项目名称	研究单位	获奖情况备注
62	顶推法施工的大跨曲线预应力混凝土斜拉桥技术研究及应用	中铁工程设计咨询集团有限公司,北京市首都公路发展集团有限公司,中铁六局集团有限公司,清华大学,湖南大学	2013年度北京市科学技术二等奖
63	高速公路智能化管理系统的构建与实施	北京首创股份有限公司京通快速路管分公司	2013年北京市第29届企业管理现代化创新成果二等奖
64	高速公路照明智能控制系统的创新与应用	北京首创股份有限公司京通快速路管分公司	2013年北京市第29届企业管理现代化创新成果二等奖
65	国家高速公路网运行监管与服务关键技术及应用	北京市首都公路发展集团有限公司、北京飞达交通工程发展有限公司等	2014年国家科技进步二等奖
66	北京市高速公路养护管理和养护维修决策方法研究	北京市首都公路发展集团有限公司、北京工业大学	2014年度中国公路学会科学技术奖二等奖
67	北京市首都公路发展集团有限公司机电系统信息安全技术规范	北京市首都公路发展集团有限公司交通科技服务有限公司、北京云星宇科技股份有限公司	2014年度中国公路学会科学技术奖二等奖
68	高速公路旅行时间与收费广场通行水平分析	北京云星宇交通工程有限公司	2014年度北京市公路学会二等奖
69	高速公路联网机电系统维修设备维修预算定额	北京市首都公路发展集团有限公司	2014年度北京市公路学会二等奖
70	北京市高速公路网建设规划研究	北京市城市规划设计研究院	2014年度北京市公路学会二等奖
71	桥梁整体承置换技术的研究与应用	北京市路政桥梁管理养护集团有限公司,北京市交通委员会路政局,北京市市政工程设计研究总院有限公司等	2014年度北京市公路学会科学技术奖特等奖、全国优秀工程勘察设计行业奖、北京市第十七届优秀工程设计,市政公用工程设计综合奖一等奖、第四届欧维姆预应力技术奖二等奖
72	六里桥高速公路指挥中心机电系统工程	北京市首都公路发展集团有限公司、云星宇科技服务有限公司	2015年度北京市公路学会科学技术奖一等奖
73	碳纤维砌筑喷浆法在危桥改造翻新中应用技术研究	北京市首都公路发展集团有限公司、云星宇科技服务有限公司	2015年度北京市公路学会科学技术奖二等奖
74	北京高速公路机械化养护实时作业状态及应急指挥调度管理系统	北京市首都公路发展集团有限公司、云星宇科技服务有限公司	2015年度北京市公路学会科学技术奖一等奖
75	高速公路边坡绿化设计、施工及养护技术规范	北京市首都公路发展集团有限公司、云星宇科技服务有限公司	2015年度北京市公路学会科学技术奖二等奖

续上表

序号	项目名称	研究单位	获奖情况/备注
76	停车场ETC应用研究及示范	北京市首都公路发展集团有限公司、云星宇科技服务有限公司	2015年度北京市公路学会科学技术奖二等奖
77	稽查核对通行卡管理系统	北京市首都公路发展集团有限公司、云星宇科技服务有限公司	2015年度北京市公路学会科学技术奖三等奖
78	基于多源数据的高速公路旅行时间推算研究	北京市首都公路发展集团有限公司、云星宇科技服务有限公司	2015年度北京市公路学会科学技术奖三等奖
79	国标ETC系统邻道干扰问题研究	北京速通科技有限公司	
80	多车道自由流电子收费技术研究	北京速通科技有限公司	
81	北京市高速公路养护与管理资金需求	北京市首都公路发展集团有限公司	
82	北京高速公路Superpave技术应用研究	北京市首都公路发展集团有限公司、北京奥科瑞检测技术开发有限公司	2008年度北京市公路学会科学技术奖三等奖
83	北京市电子不停车收费（ETC）系统技术与工程	北京速通科技有限公司、北京工业大学	
84	北京市五环路下穿铁路立交桥小夹角大吨位顶进施工技术	中铁六局集团有限公司天津分公司	
85	北京市六环、京沈路大修工程温拌沥青应用	北京市首都公路发展集团有限公司	
86	京平高速公路隧道路面工程阻燃沥青混合料性能及配合比设计研究	北京奥科瑞检测技术开发有限公司	
87	微表处技术在北京六环路养护工程试验路段中的应用	北京奥科瑞交通科技发展有限公司、北京工业大学	
88	北京市高速公路智能管理信息平台	北京市首发高速公路建设管理有限公司养护公司	北京市公路学会科学技术奖一等奖
89	先拆支架法中墩整体下落钢混合梁施工技术	北京市首发高速公路建设管理有限公司	北京市公路学会科学技术奖二等奖
90	高可靠集成高速低能耗ETC电子标签标准研究	北京速通科技有限公司	北京市公路学会科学技术奖二等奖
91	机场北线高速公路中面层沥青混合料配合比设计	北京市首发高速公路建设管理有限公司	北京市经济技术创新工程优秀成果
92	高速公路防眩板研发	北京首发工贸有限公司	北京市经济技术创新工程优秀成果
93	浅埋、大跨度、小净距、破碎带隧道施工技术的研究	北京市首都公路发展集团有限公司	

续上表

序号	项 目 名 称	研 究 单 位	获奖情况/备注
94	跨高速堤的卵石土地区大跨桥梁快速建设成套技术研究	北京市首都公路发展集团有限公司	
95	卧龙岗隧道施工监控量测与运营期监测系统及建设期安全风险评价	北京市首都公路发展集团有限公司	
96	膨胀土处治技术研究及监测	北京市首都公路发展集团有限公司	
97	机场北线高速公路中面层沥青混合料配合比设计	北京市首发高速公路建设管理有限公司	"北京市经济技术创新工程优秀成果"奖
98	北京市高速公路岩石边坡绿化养护技术指南效果评测与完善	北京市首都公路发展集团有限公司生态公司、北京林业大学	
99	北京首发集团高速公路应急抢险救援总体方案	北京市首都公路发展集团有限公司	
100	北京市高速公路规划研究	北京市城市规划设计研究院	
101	北京市高速公路出行信息服务系统——六里桥高速公路指挥中心	北京市首都公路发展集团有限公司	
102	电子收费系统机能减排环评研究	北京速通科技有限公司	
103	电子收费系统向金融标准升级应用研究	北京速通科技有限公司	
104	ETC车道监控系统研究	北京速通科技有限公司	
105	ETC汽车前装实施路径关键技术及相关技术规范研究	北京速通科技有限公司	
106	新一代OBU产品应用技术研究与示范	北京速通科技有限公司	
107	新一代路侧单元关键技术研究和应用示范	北京速通科技有限公司	
108	基于OBU的北京市高速公路网运行状态检测	北京速通科技有限公司	
109	车载智能电子标识研发与示范应用	北京速通科技有限公司	
110	低排放区和拥堵收费支撑技术研究应用示范	北京云星宇交通科技股份有限公司、北京聚利科技股份有限公司联合	
111	八达岭高速公路路面就地热再生技术的应用研究	北京首发公路养护工程有限公司	

主要地方标准、指导性意见统计表

附表 7-3-1

序号	规范名称	文号	颁发单位	编制单位	颁发时间
1	北京市路政局道路建设工程项目管理中心关于印发《京平高速公路专项工程管理办法》的通知	京路项目发〔2014〕17号	北京市交通委路政局	北京市路政局道路建设工程项目管理中心	2014.5.30
2	北京市路政局道路建设工程项目管理中心关于印发《京平高速公路桥梁养护管理制度》的通知	京路项目发〔2015〕11号	北京市交通委路政局	北京市路政局道路建设工程项目管理中心	2015.3.30
3	北京市路政局道路建设工程项目管理中心关于印发《京平高速公路委托运营管理考核办法》的通知	京路项目发〔2015〕12号	北京市交通委路政局	北京市路政局道路建设工程项目管理中心	2015.4.14
4	北京市路政局道路建设工程项目管理中心关于印发《京平高速公路养护巡视制度》的通知	京路项目发〔2015〕13号	北京市交通委路政局	北京市路政局道路建设工程项目管理中心	2015.4.14
5	北京市交通委路政局关于印发北京市收费（高速）公路养护监督管理办法的通知	京路高速发〔2014〕377号	北京市交通委路政局	北京市交通委路政局	2014.12.30
6	北京市交通委路政局关于印发北京市高速公路服务区星级划分标准与评定指南的通知	京交路计发〔2014〕317号	北京市交通委路政局	北京市交通委路政局	2014.11.7
7	北京市规划委员会关于在地图表示中采用国家高速公路网命名和编号规则的通知	市规发〔2010〕702号	北京市规划委员会	北京市规划委员会	2010.5.5
8	高速公路命名和编号规则	DB11/T 885—2012	北京市交通委	北京市交通委	2013.1.1
9	北京市财政局、北京市交通局转发财政部、交通部关于高速公路公司财务管理办法的通知	京财工〔1997〕1026号	北京市财政局、北京市交通局	北京市财政局、北京市交通局	1997.7.10
10	高速公路边坡绿化设计、施工及养护技术规范	DB11/T 1112—2014	北京市质量技术监督局	北京市首发天人生态景观有限公司	2014.8.18
11	电子不停车收费系统电子标签应用技术要求	DB11/T 1039—2013	北京市质量技术监督局	北京速通科技有限公司	2013.12.20
12	废胎橡胶沥青路用技术要求	DB11/T 916—2012	北京市质量技术监督局	北京市交通委路政局、交通运输部公路科学研究院、北京市市政路桥建材集团有限公司、北京市公联公路联络线有限责任公司、北京市首都公路发展集团有限公司	2012.12.12
13	电子不停车收费系统路侧单元应用技术规范	DB12/T 3001—2015	北京市质量技术监督局	北京市交通委	2015.6.1
14	北京市废胎胶粉沥青及混合料设计施工技术指南	京路科安发〔2006〕912号	北京市路政局	北京市路政局、交通部公路科学研究院、北京路桥养兴物资中心、北京泛洋伟业科技有限公司	

续上表

序号	规 范 名 称	文 号	颁 发 单 位	编 制 单 位	颁发时间
15	北京市干线公路文明样板路创建标准				
16	北京市公路 GBM 工程实施标准		北京市公路局		1991年
17	电子收费预装式 OBU 发行规范				
18	京承高速公路岩石边坡绿化养护技术指南				
19	北京市温祥沥青混合料路面技术指南	京交行发〔2009〕161号	北京市路政局	北京市路政局,交通部公路科学研究院,北京市政路桥建材集团有限公司	2009.7.3
20	北京市公路工程安全生产标准:北京市公路工程平安工地标准	京交路安发〔2011〕160号	北京市交通委路政局	北京市交通委路政局,交通部科学研究院	2011.9.1

主 要 专 著 统 计 表

附表7-3-2

序号	专 著 名 称	作 者/编 者	出 版 社	出版时间
1	京津塘高速公路工程监理	《京津塘高速公路建设丛书》编审委员会	陕西科学技术出版社	1993.11
2	京津塘高速公路论文集	《京津塘高速公路建设丛书》编审委员会	陕西科学技术出版社	1997.6
3	京津塘高速公路工程施工	《京津塘高速公路建设丛书》编审委员会	陕西科学技术出版社	1999.6
4	京津塘高速公路项目准备	《京津塘高速公路建设丛书》编审委员会		2003
5	走进京沈高速公路	张明超	不详	2007
6	六环路	马文晓,李冰	北京出版社	2009
7	京承高速公路(密云沙峪沟至市界段)建设技术论文集	北京市首都公路发展集团有限公司	人民交通出版社	2010.3
8	高速公路建设与管理	贾元华,童平如	北方交通大学出版社	2002.8
9	北京市公路交通标志指路系统设置指南(修订版)	北京市交通委员会路政局	人民交通出版社	2007.11
10	交通标志世界(共四集)	夏传称	新世界出版社等	2008年,2010年等
11	北京市公路交通标志指路系统设置指南	北京市路政局,北京国道通公路设计研究院	人民交通出版社	2007.12
12	跨越的30年腾飞的30年	北京市交通委员会	人民交通出版社	2008.12
13	北京市首都公路发展集团有限公司高速公路小修保养定额(试行)	北京市首都公路发展集团有限公司	人民交通出版社	2008.4

续上表

序号	专 著 名 称	作 者/编 者	出 版 社	出版时间
14	再塑北京:市政与交通工程	北京市市政工程设计研究总院	中国建筑工业出版社	2009.9
15	北京奥运交通总论	刘小明,全永燊,王兆荣	人民交通出版社	2010.2
16	北京奥运交通需求	刘小明,全永燊,鄂继平,孙壮志	人民交通出版社	2010.2
17	北京奥运交通规划	刘小明,全永燊,张仁,陈燕凌,孙壮志	人民交通出版社	2010.2
18	北京奥运交通建设	刘小明,周正宇,姜帆,孙中阁	人民交通出版社	2010.2
19	北京奥运交通运行	刘小明,李建国,刘通亮,于国成	人民交通出版社	2010.2
20	北京奥运交通应急管理	刘小明,李罃,李海义	人民交通出版社	2010.8
21	北京市公路交通标志指路系统设置指南(2010年修订版)	北京市路政局,北京国道通公路设计研究院	人民交通出版社	2011.1
22	高速公路运营管理手册(基础篇)	北京市首都公路发展集团有限公司	人民交通出版社	2011.1
23	高速公路运营管理手册(服务区篇)	北京市首都公路发展集团有限公司	人民交通出版社	2011.1
24	高速公路运营管理手册(收费篇)	北京市首都公路发展集团有限公司	人民交通出版社	2011.1
25	高速公路运营管理手册(桥涵篇)	北京市首都公路发展集团有限公司	人民交通出版社	2011.1
26	高速公路运营管理手册(隧道篇)	北京市首都公路发展集团有限公司	人民交通出版社	2011.1
27	高速公路运营管理手册(法规篇)	北京市首都公路发展集团有限公司	人民交通出版社	2011.1
28	高速公路运营管理手册(路产篇)	北京市首都公路发展集团有限公司	人民交通出版社	2011.1
29	高速公路运营管理手册(绿化篇)	北京市首都公路发展集团有限公司	人民交通出版社	2011.1
30	高速公路运营管理手册(养护篇)	北京市首都公路发展集团有限公司	人民交通出版社	2011.1
31	高速公路绿化养护手册	北京市首都公路发展集团有限公司	人民交通出版社	2011.5
32	斜拉桥关键技术论文集	北京市首都公路发展集团有限公司	人民交通出版社	2012.12
33	高速公路联网监控系统技术要求	北京市首都公路发展集团有限公司	科学技术文献出版社	2013.6
34	高速公路联网收费系统技术要求	北京市首都公路发展集团有限公司	科学技术文献出版社	2013.6
35	北京市高速公路养护维修工程预算定额	张恒利	人民交通出版社	2013.7
36	高速公路网机电系统设备维护维修预算定额	张明月,张恒利	人民交通出版社	2013.7
37	北京市高速公路养护维修工程预算编制办法	张恒利,孔祥杰	人民交通出版社	2013.7
38	大道京西南——北京首发集团京石二通道建设纪实	李俊兰	人民交通出版社	2015.6

附表 7-3-3

主要发明专利列表

序号	专利名称	专利号/公开号	专利发明人	授权单位	授权时间
1	用钢渣作粗集料的沥青玛蹄脂碎石混合料及其应用	CN02116245.X	杨丽英,柳浩,王建国,李宝生,完宇培,郝文启	国家知识产权局	2002.9.18
2	国槐叶形防眩板	CN200620118709.2	廉军,张智勇,田玉升	国家知识产权局	2007.5.30
3	桥梁墩顶转体承台定位装置	ZL200820080692.5	徐升桥,刘永锋,卢大兴,胡国华,张夫健,秦雪映	国家知识产权局	2009.2.18
4	一种桥梁墩顶转体球铰定位装置	ZL200820108503.0	徐升桥,刘永锋,卢大兴,胡国华,张夫健,秦雪映	国家知识产权局	2009.4.29
5	道路施工车辆防撞缓冲车	CN201020126377.9	廉军,田玉升	国家知识产权局	2010.11.3
6	高防护等级组合式防撞护栏	ZL200920277726.4	包琦玮,白书明,惠斌,陈国立,林珣,荆坤,邓宝,李巍,张海波,茅昌生,邰永刚,阴存欣	国家知识产权局	2010.8.25
7	单索面W形腹板截面索梁锚固区结构	ZL200810222942.9	徐升桥,刘永锋,李国强,胡国华,秦雪映	国家知识产权局	2010.9.8
8	一种基于安全访问模块离线授权的方法、卡机具和认证卡	ZL201010258049.9	高军安,张翔,高鹏,胡宾,张为民	国家知识产权局	2011.1.5
9	利用附加天线定位解决邻道干扰问题的方法	ZL201010584156.0	张为民,胡宾,桂杰,薛金银,李全发,陈日强,李剑,范士明	国家知识产权局	2011.4.27
10	多天线协同定位解决临道干扰问题的方法	ZL201010582813.8	张为民,张北海,薛金银,李全发,张明月,高文宝,张晶晶	国家知识产权局	2011.5.4
11	一种混凝土梁顶推用导梁结合部构造	ZL201120559998.0	徐升桥,刘永锋,李国强,焦亚萌,金令,张华	国家知识产权局	2012.10.31
12	电子不停车收费核心设备协议一致性测试方法及系统	CN201210276280.X	薛金银,张北海,李全发,王梅,邓晓慧,高文宝,范士明,李剑,高鹏,颜鹏	国家知识产权局	2012.11.21
13	一种ETC电子标签电子防拆卸方法及系统	CN201210213707.1	薛金银,张北海,李全发,王梅,高文宝,吴佳,赵阳,张晶晶,张翔	国家知识产权局	2012.11.28
14	一种车辆区域分析的车牌字符分割方法	CN201110401851.3	徐志斌,徐飞,赵永忠	国家知识产权局	2012.4.4
15	一种交通流数据预处理方法	ZL201110401827.X	徐志斌,高艳华,韩冰	国家知识产权局	2012.6.13
16	一种基于纹理特征的车牌定位方法	CN201110401854.7	徐志斌,徐飞,赵永忠	国家知识产权局	2012.6.13
17	多阶段铅芯橡胶隔震支座	CN201220029001.5	燕斌,徐君,杨建国,李世华,卢东东,袁旭斌,孙广靖	国家知识产权局	2012.7.4

续上表

序号	专利名称	专利号/公开号	专利发明人	授权单位	授权时间
18	桥梁隔震基础	CN201210076139.5	燕斌、徐君、杨建国、王志强	国家知识产权局	
19	一种基于精确位置匹配的多车道自由流电子收费方法	ZL201210088864.4	张北海、高文宝、张明、李全发、薛金银、范士明、米淼、岳雅峰、尤鑫	国家知识产权局	2012.8.1
20	利用一维相控阵天线实现多车道自由流电子收费的方法	ZL201210089018.4	张北海、薛金银、李全发、高文宝、吴佳、张晶晶、岳雅峰、米淼、尤鑫	国家知识产权局	2012.8.1
21	利用正交相控阵天线实现多车道自由流电子收费的方法	ZL201210089004.2	薛金银、张北海、李全发、高文宝、桂杰、范士明、张晶晶、吴佳	国家知识产权局	2012.8.1
22	桥梁斜拉索灯具安装装置	ZL201120560201.9	关鹏、杨艳芳、谷小进、韩双	国家知识产权局	2012.8.29
23	一种基于消息的时间同步方法	ZL201110401805.3	徐志斌、傅宏杰	国家知识产权局	2012.9.19
24	拉索橡胶隔震限位支座	CN201220029000.0	燕斌、徐君、杨建国、李世华、卢士东、袁旭斌、孙广靖	国家知识产权局	2012.9.5
25	桥梁顶推用主梁限位及纠偏一体化装置	ZL201220262844.X	徐升桥、刘永锋、李国强、焦亚萌、金令、张华	国家知识产权局	2013.1.2
26	高速公路和城市LED可变信息标志	CN201220390658.4	周双军、周旭	国家知识产权局	2013.1.16
27	多阶段防落梁防碰撞装置	ZL201210438108.X	燕斌	国家知识产权局	2013.1.16
28	一种设置有排水系统的双连拱隧道中墙	ZL201320270133.1	齐琳、李涛、齐晔	国家知识产权局	2013.10.16
29	基于计算机控制的桥梁整体置换液压同步顶升装置	ZL201320344094.5	李建军、卢九章、张毅、勘立军、吕坤、邓华、黄庆国、佟振亮、于景波、赵建忠	国家知识产权局	2013.12.18
30	桥梁同步顶升技术的快速降梁顶梁机构	ZL201320346468.7	勘立军、卢九章、张毅、勘立军、李建军、杨青柏、王凤平、张立梁	国家知识产权局	2013.12.18
31	桥梁整体歌体钢隔震支座	ZL201320349220.6	单继革、张毅、廖崇庆	国家知识产权局	2013.12.18
32	一种弹塑性钢隔震支座	CN201320337734.X	燕斌、孙广振	国家知识产权局	2013.12.25
33	专用短程通信的LLC子层状态控制方法和车载单元	ZL201210425910.5	张北海、李全发、薛金银、王梅、张晶晶、高文宝、张为民、李剑、张翔	国家知识产权局	2013.2.13
34	一种ETC系统中车载电子标签测试系统及测试方法	ZL201210454605.9	薛金银、张北海、李全发、王梅、高文宝、张晶晶、尤鑫、赵阳	国家知识产权局	2013.3.27

续上表

序号	专 利 名 称	专利号/公开号	专 利 发 明 人	授权单位	授权时间
35	桥梁挂檐板组件	ZL201220449247.8	赵燃,李世华	国家知识产权局	2013.3.27
36	三阶段防落梁装置	CN201220541242.8	燕斌,刘鹏	国家知识产权局	2013.4.24
37	一种多车道自由流车辆图像抓拍的方法	ZL201310123189.9	张北海,高文宝,王梅,薛金银,李全发,张为民,尤鑫,岳雅峰,鲁程	国家知识产权局	2013.7.10
38	一种LED路灯透镜	ZL201220738846.1	王占明,廖章珍,徐志斌,吴建松,黄慧,于增华,王银湖,骆灿	国家知识产权局	2013.7.3
39	一种前装式ETC车载电子标签在线发行系统及方法	ZL201310187620.6	张北海,王梅,薛金银,张为民,李全发,胡宾,高鹏、高文宝,宋淼	国家知识产权局	2013.8.14
40	一种直中墙式双连拱隧道的施工方法	ZL201310182905.0	齐琳,李涛,齐晔	国家知识产权局	2013.8.21
41	基于多波束天线的电子不停车收费ETC车道防干扰的方法	ZL201310170795.6	张北海,李全发,薛金银,尤鑫,张为民,吴佳,胡宾、范士明,李世红	国家知识产权局	2013.8.28
42	基于多波束天线的多车道自由流电子收费系统及方法	ZL201310170845.0	张北海,薛金银,李全发,张为民,邓晓慧,王梅,尤鑫,李剑,高文宝	国家知识产权局	2013.8.28
43	一种专用短程通信协议的低速数据延迟响应方法	CN201310096454.9	张北海,薛金银,张明、张为民,吴佳,高文宝,邓晓慧	国家知识产权局	2013.8.7
44	专用短程通信DSRC设备测试系统及方法	ZL201310133192.9	李全发,尤鑫,张北海,薛金银、张为民,胡宾,银,高文宝,吴佳,岳雅峰	国家知识产权局	2013.8.7
45	一种车载电子标签的防拆卸方法	CN201310097621.1	张北海,李剑,薛金银,许建明,罗晓玲,赵阳,胡宾,桂杰,徐志斌,吴佳,范士明,岳雅峰,董丽	国家知识产权局	2013.8.7
46	高速公路旅行时间的预测方法及装置、预测系统	CN201310227309.X	白继根,徐志斌,白继根,徐志斌,罗晓玲,王凤,范士明,范程峰,董丽	国家知识产权局	2013.8.7
47	旅行时间的获取方法及装置	CN201310227307.0	许建明,王启明,白继根,徐志斌,罗晓玲,叶恰	国家知识产权局	2013.9.4
48	软钢阻尼支座	CN201310233172.9	燕斌,廖崇庆,孙振	国家知识产权局	2013.9.4
49	用于桥梁整体置换的驮运装置	ZL201320344073.3	张毅,勘立军,卢九章,李建军,王凤平,侯灏,刘军祥,刘鑫	国家知识产权局	2014.1.29

北 京
高速公路建设实录

续上表

序号	专利名称	专利号/公开号	专利发明人	授权单位	授权时间
50	基于桥梁同步顶升和整体置换技术的快速降梁机构	ZL201320346493.5	卢九章,张毅,勘立军,李建军,杨青柏,吕坤,邓华,于景波,佟振亮	国家知识产权局	2014.1.29
51	基于桥梁同步顶升技术的快速降梁支撑系统	ZL201320346490.1	勘立军,卢九章,张毅,李建军,王凤平,周倩,黄庆国,赵建忠,于景波,张彪	国家知识产权局	2014.1.29
52	一种结合移动终端的ETC车载电子标签在线发行系统	ZL201320275864.5	张北海,张为民,薛金银,邓晓慧,李全发,李剑,朱淼,赵阳,吴佳	国家知识产权局	2014.1.8
53	一种ETC车载电子标签在线发行系统	ZL201320275878.7	张北海,薛金银,李全发,高文宝,张为民,鲁程,岳雅峰,张晶晶,高清柳	国家知识产权局	2014.1.8
54	一种便捷的ETC电子标签的社会化发行方法	ZL201110041068.0	张北海,王梅,薛金银,李全发,高军安,高鹏	国家知识产权局	2014.1.8
55	一种钢桥面的复合铺装结构及其铺装方法	CN201310493510.2	任伟,钱振乐,秦大航,许忠,徐苔,任自放,刘道辉	国家知识产权局	2014.2.19
56	一种模拟自然湿度对沥青混合料性能影响的简易方法	CN201310642413.5	于海臣,高小钧,刘晓娜	国家知识产权局	2014.3.19
57	预应力混凝土曲线箱梁连续拖拉装置及其箱梁制造方法	ZL201010624104.1	徐升桥,刘永锋,焦亚萌,张华,钟建辉,高策	国家知识产权局	2014.4.16
58	索靴式防落梁板式橡胶支座	CN201420005826.2	鲍卫刚,燕斌,刘延芳,苗家武	国家知识产权局	2014.7.9
59	平面曲线梁桥防爬限位装置	CN201420129253.4	秦大航,张恺,张连普,秦永刚,王泽宁	国家知识产权局	2014.8.6
60	一种基于DSRC协议的ETC路侧单元及并发交易方法	CN201410238811.5	张北海,薛金银,桂杰,李全发,王占军,逯静辉,高文宝,张翔	国家知识产权局	2014.9.3
61	一种斜拉索钢锚梁结构	CN201510455288.6	刘四田,陈桂英,王连红,刘锋,李彦滨,王鹏	国家知识产权局	2015.11.11
62	一种单索面斜拉桥斜拉索的检修系统及应用	ZL201210167370.5	徐升桥,刘永锋,焦亚萌,李国强,高策,赵博	国家知识产权局	2015.11.25
63	基于Lamb波原理的混凝土内钢筋锈蚀监测传感器	CN201410620136.2	逯静秋,周文松,兰成明	国家知识产权局	2015.3.11
64	IC卡	ZL200930238429.4	王晔	国家知识产权局	2009.10.26
65	电子不停车收费系统及方法	CN201410815511.9	桂杰,张北海,鲁程,李全发,王占军,杨毓娟,薛金银,秦建良,侯车颖	国家知识产权局	2015.4.29

续上表

序号	专利名称	专利号/公开号	专利发明人	授权单位	授权时间
66	一种吸能式维筒码放机	ZL201420674132.8	骆晓伟,刘波,郑珍兴,李俊丰	国家知识产权局	2015.5.13
67	公路隔离设施清洗车	ZL201510069657.8	张永海	国家知识产权局	2015.5.27
68	转体桥活载抗扭平衡墩	ZL201420824147.8	惠斌,王明伟,钟晓松,孟敏	国家知识产权局	2015.6.10
69	一种斜拉桥实心索塔的检修系及其应用	ZL201210181980.0	徐升桥,刘永锋,焦亚萌,李国强,高策,赵博	国家知识产权局	2015.6.17
70	一种用于测量预应力钢筋张拉伸长量的数显装置	CN201520094910.0	逯彦秋,李卡友,王兴	国家知识产权局	2015.6.24
71	驮运梁体的三支点平衡系统	ZL201510107420.4	秦大航,张宏远,杨冰,许志芸,杨文忠	国家知识产权局	2015.6.3
72	公路防眩板清洗设备	ZL201520093034.X	蒋彬,刘波,张永海	国家知识产权局	2015.8.5
73	公路隔离路基地面清洗设备	ZL201520093029.9	蒋彬,刘波,张永海	国家知识产权局	2015.8.5
74	桥梁快速安装用压板抗震型支座锚固装置	ZL201520139193.9	秦大航,张宏远,杨冰,许志芸,杨文忠	国家知识产权局	2015.8.5

主要获奖情况列表

附表 7-4-1

序号	成果名称		奖项名称	颁发单位	授予时间
1	G4 京港澳高速公路北京段（京石高速公路）	京石一期	全国公路工程优质工程一等奖	交通部	1990年
2		京石二期	全国公路工程优质工程一等奖	交通部	1990年
3		京石三期	全国公路工程优质工程一等奖	交通部	1992年
4		京石四期	全国公路工程优质工程一等奖	交通部	1994年
5	永定河大桥工程		国家优质工程奖银质奖	建设部	1990年
6	大修设计方案		北京市优质工程奖第四届优秀设计一等奖	北京市规划委员会	1990年
7			北京市第13届优秀工程设计市政公用工程一等奖	北京市工程勘察设计行业协会	2007年
8	五环路—赵辛店立交段改建工程		北京市第18届优秀工程设计市政工程二等奖	北京市工程勘察设计行业协会	2015年
9	S12 首都机场高速公路		北京市优秀设计一等奖	北京市规划委员会	1992年
10			全国公路工程优质工程一等奖	交通部	1995年
11	北京首都国际机场东跑道整修加固技术研究		国家科学技术进步奖二等奖	国务院	2001.1
12	"S"形钢结构人行天桥		北京市第七届优秀工程三等奖	北京市规划委员会	1996年

北 京

续上表

序号	成果名称			奖项名称	颁发单位	授予时间
13				全国十大公路工程	交通部	1993年
14				全国最佳工程设计特等奖	交通部	1994年
15				公路优质工程一等奖	交通部	1995年
16				中国建筑工程鲁班奖	中国建筑业协会	1996年
17				中国土木工程(詹天佑)大奖	中国土木工程学会	1999年
18	G2京沪高速北京段(京津塘高速公路)			"建国60周年百项经典建设工程"名录	百项经典暨精品工程评选活动组委会	2009年
19				"京津塘高速公路工程建设成套技术"获科学技术进步特等奖	交通部	1996年
20				"京津塘高速公路工程建设成套技术"获科学技术进步一等奖	国家科学技术奖励评审委员会	1997年
21	采育互通式立交工程			北京市第九届优秀工程设计三等奖	北京市规划委员会	2000.1
22		马甸—昌平段		北京市第八届优秀工程设计一等奖	北京市城乡规划委员会	1998年
23		潭峪沟隧道		北京市优质工程奖	北京市建设委员会	1998年
24				鲁班奖	中国建筑业协会	1999年
25	G6京藏高速公路(八达岭高速公路)		二期工程	国家第九届优秀工程设计金奖	全国优秀工程勘察设计评选委员会	2000.11
26				北京市第九届优秀工程设计一等奖	北京市规划委员会	2000.1
27				第二届詹天佑土木工程大奖	中国土木工程学会	2002年
28			昌平西关环岛—延庆西拨子段	2000年度建设部级城乡建设优秀勘察设计一等奖	建设部	2000年
29			三期工程	北京市优质工程"长城杯"奖	北京市优质工程评审委员会	2002.9
30	京开高速北京段			2001年度北京市"长城杯"工程	北京市优质工程评审委员会	2002.9
31	G1京哈高速公路北京段(京沈高速北京段)			2001年度部级优秀勘察设计二等奖	建设部	2002.7
32				北京市第十届优秀工程设计二等奖	北京市规划委员会	2002.3
33				"建国60周年公路交通勘察设计经典工程"	中国公路勘察设计协会	2009.12

续上表

序号	成果名称		奖项名称	颁发单位	授予时间
34		一期工程	2001年度北京市"长城杯"工程	北京市优质工程评审委员会	2002.9
35		京沈—京津塘段工程	2003年度部级优秀勘察设计三等奖	建设部	2004.4
36			北京市第十一届优秀工程设计一等奖	北京市规划委员会	2003.12
37		石景山南站斜拉桥	中国铁路工程总公司优秀工程设计一等奖	中国铁路工程总公司	2004年
38			北京市科学技术一等奖	北京市人民政府	2005年
39			建设部优秀工程设计一等奖	建设部	2005年
40	S50五环		2006年度优秀工程设计金奖	国家工程建设质量奖审定委员会	2006.11
41			第六届詹天佑土木工程大奖	中国土木工程学会	2006.11
42			2005年度国家优质工程银质奖	国家工程建设质量奖审定委员会	2005.12
43		S50五环路	北京市第十二届优秀工程设计评选:市政公用工程设计道路桥梁专业一等奖	北京市规划委员会	2005年
44			国家优质工程奖30周年经典(精品)工程	国家工程建设质量奖审定委员会	2011年
45		四环路望和桥—高丽营段工可	北京市2002年度优秀工程咨询成果三等奖	北京市工程咨询协会	2002.1
46		四环路望和桥—高丽营段工程	北京市第十一届优秀工程设计二等奖	北京市规划委员会	2003.12
47			2003年度全国优秀工程勘察设计三等奖	建设部	2004.4
48		望和立交桥	2002年度市政基础设施结构长城杯银质工程	北京市建设委员会	2004.2
49		温榆河大桥	2002年度市政基础设施结构长城杯银质工程	北京市建设委员会	2004.2
50	S11京承高速公路	高丽营—沙峪沟段工可	北京市优秀工程咨询成果二等奖	北京市工程咨询协会	2004.9
51		四环路望和桥—高丽营段	2002年度市政基础设施结构长城杯金质工程	北京市建设委员会	2004.2
52			2005年度公路交通优秀工程设计一等奖	中国公路勘察设计协会	2006.12
53		密云沙峪沟—市界工程可行性研究报告	2007年度北京市优秀工程咨询成果三等奖	北京市工程咨询协会	2007.9
54		高丽营—沙峪沟段工程	北京市第十四届优秀工程设计一等奖	北京市规划委员会	2009.12
55			2009年度全国优秀工程勘察设计行业奖市政公用工程二等奖	中国勘察设计协会	2010.3

续上表

序号	成果名称		奖项名称	颁发单位	授予时间
56		岩体绿化工程	2010年度北京市园林绿化优质工程	北京市园林绿化局	2010年
57			北京市2010年度园林绿化科技创新工程奖	北京市园林绿化局	2010年
58		密云沙峪沟—茅子峪段工程	北京公路学会2012年度科学技术二等奖	北京市公路学会	2012年
59	S11京承高速公路		北京市优秀市政公用工程设计奖道路桥梁类一等奖	北京市公路学会	2011年
60		黑古沿隧道	2011年度全国优秀工程勘察设计行业奖市政公用工程三等奖	中国勘察设计协会	2011.11
61		密云沙峪沟—市界段工程	北京市第十五届优秀工程设计二等奖	北京市规划委员会	2011.8
62			北京市优秀市政公用工程设计奖道路桥梁专业一等奖,道路桥梁类一等奖	北京市规划委员会	2011年
63		茅子峪段—市界段工程	北京市优秀市政公用工程设计奖道路桥梁类一等奖	北京市规划委员会	2011年
64		密云沙峪沟—茅子峪段	北京市优秀市政公用工程设计奖道路桥梁类二等奖	北京市规划委员会	2011年
65		马驹桥—孙村段改造工程	2000年度北京市"长城杯"工程	北京市优质工程评审委员会	2001.8
66		黄村—良乡段工程	北京市第十二届优秀工程设计三等奖	北京市规划委员会	2005.12
67		胡各庄—西沙屯昌平段	北京市第十一届优秀工程设计二等奖	北京市规划委员会	2003.12
68	G4501六环路	良乡—寨口段公路	北京市优秀市政公用工程设计奖道路桥梁专业一等奖	北京市规划委员会	2011年
69		丰沙铁路斜拉桥	2010年度中国中铁股份公司优秀工程设计一等奖	中国中铁股份公司	2010年
70			北京市第十五届优秀市政公用工程设计一等奖	北京市规划委员会	2011年
71		六环路—德胜口段工程可行性研究报告	2007年度北京市优秀工程咨询成果二等奖	北京市工程咨询协会	2007.9
72		地形测量	北京市第十届优秀工程勘察三等奖	北京市规划委员会	2007.12
73	G7京新高速公路北京段	五环路—六环路段工程可行性研究报告	2010年北京市优秀工程咨询成果三等奖	北京市工程咨询协会	2010.1
74		六环路—德胜口段工程	2011年度全国优秀工程勘察设计行业奖市政公用工程三等奖	中国勘察设计协会	2011.11
75			北京市第十五届优秀工程设计二等奖	北京市规划委员会	2011.8

续上表

序号	成果名称		奖项名称	颁发单位	授予时间
76	G7京新高速公路北京段	六环路—德胜口段工程德胜口隧道	北京市第十五届优秀工程设计二等奖道路桥隧类一等奖	北京市规划委员会	2011.8
77		上地大桥	北京市第十七届优秀工程设计奖道路桥隧类一等奖	北京市规划委员会	2013年
78	G5京昆高速公路(大苑村—市界段)工程		2011年北京市优秀工程咨询成果奖一等奖	北京市工程咨询协会	2011.9
79	S32京平高速公路(机场南线—市界)工程		2009年度全国优秀工程勘察设计行业奖市政公用工程三等奖	中国勘察设计协会	2010.3
80			北京市第十四届优秀工程设计二等奖	北京市规划委员会	2009.12
81	S28首都机场高速公路	高速公路工程	北京市第十四届优秀工程设计三等奖	北京市规划委员会	2009.12
82	北线高速公路	工程可行性研究报告	2006年度北京市优秀工程咨询成果奖三等奖	北京市工程咨询协会	2006.9

北京市高速公路行业部分集体荣誉一览表

附表8-1-1

序号	荣誉名称	获奖单位	颁发单位	颁发时间
1	1987年至1988年全国交通系统两个文明建设先进集体	北京市公路工程公司四分公司第一工程队	交通部	1988年
2	1989年至1990年全国交通系统两个文明建设先进集体	北京市公路工程公司六分公司	交通部	1990年
3	全国"五一"劳动奖状	首都机场高速公路工程指挥部	中华全国总工会	1993年
4	首都劳动奖状	首都机场高速公路工程指挥部	北京市总工会	1993年
5	全国公路交通(1991—1993年度)先进集体	北京市公路局第五工程处	交通部	1993年
6	1989—1994年度北京市先进集体	北京市公路局第二工程处	北京市政府	1994年
7	首都劳动奖状	北京市公路局高速公路管理处京津塘高速公路北京收费所	北京市总工会	1995年
8	1994—1997年度全国公路交通先进集体	首都高速公路发展公司	交通部	1997年
9	北京市"青年文明号"	首发集团北京监控中心	共青团北京市委	2006年
10	北京市"青年文明号"	首发集团北京监控中心	共青团北京市委	2006年
11	北京市"青年文明号"	首发集团京沈分公司马驹桥收费站	共青团北京市委	2006.7
12	全国"青年文明号"	首发集团京八达岭分公司清河收费站	共青团中央、交通部	2007年
13	北京市模范职工之家	首发集团京开分公司工会	北京市总工会	2007.4

北 京

续上表

序号	荣 誉 名 称	获 奖 单 位	颁 发 单 位	颁发时间
14	首都文明服务示范窗口	首发集团八达岭分公司清河收费站	首都精神文明建设委员会办公室	2007年
15	五四红旗团支部	首发集团八达岭分公司马坊收费站团支部	共青团北京市委	2007.1
16	全国"青年文明号"	首发集团京沈分公司白鹿收费站	共青团中央、交通部	2007.4
17	奥运立功首都劳动奖章	首发集团八达岭分公司	北京市总工会	2008.1
18	北京市三八红旗集体	首发集团京沈分公司机场南线收费一班	北京市妇联	2008.1
19	北京市三八红旗集体、北京市巾帼文明岗	首都高速公路发展公司监控班	北京市妇联	2008.3
20	2007年度"首都劳动奖状单位"	首发集团京沈分公司	北京市总工会	2008.4
21	全国巾帼文明岗	首发集团八达岭分公司清河收费站	全国妇联、第29奥运会组委会	2008.4
22	全国交通行业"巾帼文明岗"	首发集团京开分公司京开高速公路杜家坎收费站"三八"班	交通运输部	2008.4
23	2007年度"首都劳动奖状"	首发集团京开路分公司工会	中华全国总工会	2008.7
24	北京市"三八"红旗集体、北京市巾帼文明岗	首发集团八达岭分公司清河收费站A班	北京市妇联	2008.7
25	北京市工人先锋号	首都高速公路发展公司天竺收费站	北京市总工会	2008.8
26	全国"青年文明号"	首发集团京开分公司	共青团中央、交通部	2008.8
27	全国"青年文明号"	首发集团京开分公司西红门收费站	共青团中央、交通部	2008.9
28	北京奥运会、残奥会先进单位	首发集团	北京市国资委	2008.9
29	北京市"青年文明号"	首发集团京沈分公司疃里站团支部和白鹿站团支部	共青团北京市委	2008.9
30	北京市"青年文明号"	首发集团八达岭分公司北清收费站	共青团北京市委	2008.10
31	北京奥运会、残奥会交通保障突出贡献奖	首发集团信息中心	北京市交通委	2008.10
32	北京奥运会、残奥会交通保障工作先进集体	首发集团京沈高速公路管理分公司白鹿收费所	北京市交通委	2008.10
33	全国交通行业"巾帼文明岗"	首发集团安畅高速公路管理分公司	交通运输部	2009.3
34	北京市模范职工之家	首发经营管理公司万源通加油站	北京市总工会	2009.3
35	北京市"工人先锋队"		北京市总工会	2009.4

续上表

序号	荣誉名称	获奖单位	颁发单位	颁发时间
36	首都劳动奖状	华北高速公路股份有限公司	北京市总工会	2009.4
37	北京市模范职工之家	首发集团八达岭分公司	北京市总工会	2009.5
38	全国"青年文明号"	华北高速收费管理分公司大羊坊收费站	共青团中央 交通运输部	2010年
39	北京市"青年文明号"	首发集团经营管理公司京沈加油站	共青团北京市委	2010.3
40	北京市"青年文明号"	经营管理公司五环路加油站	共青团北京市委	2010.3
41	文明单位标兵	首发集团八达岭分公司	首都文明办	2010.4
42	北京市劳动模范集体	首发集团八达岭分公司清河收费所	北京市总工会	2010.6
43	北京市劳动模范集体	首发集团京沈分公司	北京市总工会	2010.6
44	北京市劳动模范集体	首发集团京开分公司杜家坎收费所	北京市总工会	2010.6
45	全国工人先锋号	首发集团京沈高速公路分公司机场南线收费所	中华全国总工会	2011.4
46	首都劳动奖状	首发集团京开分公司	北京市总工会	2011.4
47	北京市"工人先锋队"	首发集团安畅高速公路管理分公司八达岭路产队党员巡视车组	北京市总工会	2011.4
48	全国模范职工之家	首发集团京沈分公司	中华全国总工会	2012.11
49	三八红旗集体	首发集团京开路分公司清河收费所	北京市妇联,北京市总工会,北京市人社局	2012.3
50	三八红旗集体	首发集团京开分公司杜家坎收费所	北京市妇联,北京市总工会,北京市人社局	2012.3
51	全国工人先锋号	首发集团京沈分公司京开分公司清河收费所	中华全国总工会	2012.4
52	首都劳动奖状	首发养护分公司	北京市总工会	2012.4
53	北京市"工人先锋队"	北京市高速公路智能交通检测中心	北京市总工会	2012.4
54	全国交通运输行业文明示范窗口	首都高速公路发展公司天竺收费站	交通运输部	2012.9
55	全国职工教育示范点	首发集团教育培训中心	中华全国总工会	2012.10
56	全国工人先锋号	首发集团安畅高速公路管理分公司党员巡视车组	中华全国总工会	2013.3
57	首都劳动奖状	首发生态公司	北京市总工会	2013.4
58	北京市"工人先锋队"	首发集团京沈高速公路分公司白鹿收费所	北京市总工会	2013.4

续上表

序号	荣誉名称	获奖单位	颁发单位	颁发时间
59	北京市"青年文明号"	首发集团八达岭分公司京包收费所	共青团北京市委	2013.5
60	北京市"青年文明号"	首发集团八达岭分公司监控中心清河监控班	共青团北京市委	2013.5
61	北京市"青年文明号"	首发集团京沈分公司吴各庄收费站	共青团北京市委	2013.5
62	北京市"青年文明号"	首发集团京沈分公司夏各庄收费站	共青团北京市委	2013.5
63	北京市"青年文明号"	首发集团京开分公司台湖收费站	共青团北京市委	2013.5
64	北京市"青年文明号"	首发集团京开分公司念坛收费站	共青团北京市委	2013.5
65	全国交通运输行业文明单位	首发集团	交通运输部	2013.6
66	全国交通运输行业文明示范窗口	首发集团八达岭分公司清河收费所	交通运输部	2013.6
67	全国"青年文明号"	首发集团京沈分公司岗山收费站	共青团中央、交通运输部	2013.6
68	首都劳动奖章	北京市首发高速公路经营管理有限公司	北京市总工会	2014.04
69	首都劳动奖状	北京云星宇交通科技股份有限公司	北京市总工会	2016.4
70	首都劳动奖状	北京市首发高速公路建设管理有限责任公司	北京市总工会	2016年
71	全国工人先锋号	首发集团京沈高速分公司白鹿收费所	中华全国总工会	2016年

附表8-1-2 北京市高速公路行业部分个人荣誉一览表

序号	荣誉名称	获奖人	所在单位	颁发单位	颁发时间
1	北京市特等劳动模范	韩书林	北京市公路工程公司	北京市总工会	1984年
2	北京市特等劳动模范	关纫苹	北京市公路管理处	北京市总工会	1984年
3	北京市特等劳动模范	李道辅	北京市公路管理处密云公路管理所	北京市总工会	1984年
4	全国交通系统"两个文明"建设先进个人	于少满	北京市公路工程公司第一分公司第一工程队	交通部	1986年
5	1987年至1988年全国交通系统两个文明建设先进个人	李道辅	北京市公路管理处	交通部	1988年
6	1989年至1990年全国交通系统两个文明建设先进个人	初振魁	北京市公路管理处科研所	交通部	1990年
7	全国"五一"劳动奖章	关纫苹	北京市公路局	中华全国总工会	1992年
8	全国公路交通(1991—1993年度)劳动模范	王泽	北京市公路局第五工程处	交通部	1993年
9	1989—1994年度北京市劳动模范、先进生产(工作)者	张仲生	北京市公路局	北京市总工会	1994年
10	1989—1994年度北京市劳动模范、先进生产(工作)者	陈立群	北京市公路局高速公路监理公司	北京市总工会	1994年

续上表

序号	荣誉名称	获奖人	所在单位	颁发单位	颁发时间
11	1989—1994年度北京市劳动模范、先进生产(工作)者	王建国	北京市公路局第三工程处第一工程队	北京市总工会	1994年
12	首都劳动奖章	陈悦海	北京市京石高速公路指挥部	北京市总工会	1994年
13	首都劳动奖章	陈立群	首都机场高速公路指挥部	北京市总工会	1994年
14	首都劳动奖章	张广智	北京市公路局一处	北京市总工会	1994年
15	全国公路交通(1994—1997年度)劳动模范	张书芳	北京市公路局高速公路监理公司	交通部	1997年
16	北京市劳动模范	柳浩	北京市市政路桥建设集团	北京市总工会	2005年
17	北京市劳动模范	刘志建	首发集团工程建设管理部	北京市总工会	2005年
18	2006年先进工作者	刘小鸿	首都公路发展集团有限公司京石园林绿化有限公司	中国公路学会	2006年
19	三八红旗奖章	周淑芳	首发集团京沈分公司	北京市妇联	2007年
20	三八红旗奖章	张艳秋	首发集团京沈分公司	北京市妇联	2007年
21	首都劳动奖章	张迎杰	首发集团八达岭分公司	北京市总工会	2007年
22	首都劳动奖章	王贺	首发集团八达岭分公司	北京市总工会	2007年
23	首都劳动奖章	王书柏	首都公路发展集团有限公司八达岭分公司	北京市总工会	2007.4
24	三八红旗奖章	李培培	首发集团八达岭分公司	北京市妇联	2008.12
25	三八红旗奖章	李艳兰	首发集团高速公路发展公司	北京市妇联	2008.12
26	首都劳动奖章	胡兴安	北京市首发兴业公路养护工程有限公司	北京市总工会	2008.12
27	首都文明职工	刁岩	首发集团绿化公司	北京市政府	2008.3
28	全国优秀工会工作者	陈金平	首发集团	全国总工会	2008.5
29	全国交通技术能手	吴喜军	北京市首发兴业公路养护工程有限公司	交通运输部	2009.12
30	全国交通技术能手	王健伟	北京市首发兴业公路养护工程有限公司	交通运输部	2009.12
31	首都劳动奖章	梁乃斌	北京市首发高速公路建设管理分公司	北京市总工会	2009.4
32	首都劳动奖章	梁建生	首发集团京沈高速公路管理分公司	北京市总工会	2009.4
33	首都劳动奖章	张利军	北京市首发兴业公路养护工程有限公司	交通运输部	2010.4
34	2009年度全国交通运输行业交通战备先进工作者	朱京堂	首发集团	交通运输部	2011.1
35	"十一五"全国运输行业交通战备先进工作者	王鑫	首发集团八达岭分公司界收费所	北京市总工会	2011.4
36	首都劳动奖章	郭建才	北京市首发高速公路建设管理有限责任公司	北京市总工会	2011.4

续上表

序号	荣誉名称	获奖人	所在单位	颁发单位	颁发时间
37	全国五一巾帼标兵	梁慧宇	首发集团	全国妇联	2011.4
38	优秀党务工作者	王可	首发集团	中共北京市委	2011.7
39	全国交通运输系统行业文明职工	魏婷婷	华北高速马驹桥收费站	交通运输部	2012年
40	三八红旗奖章	刘虹燕	首发集团京开分公司	北京市妇联	2012.3
41	三八红旗奖章	赵万花	北京市首发绿化公司	北京市妇联	2012.3
42	首都劳动奖章	王长欣	华北高速马驹桥养护清障队	北京市总工会	2012.4
43	全国交通技术能手	王毅	北京市首发兴业公路养护工程有限公司	交通运输部	2012.8
44	首都劳动奖章	袁春国	首发集团京开分公司	北京市总工会	2013.5
45	首都劳动奖章	石迎春	首发集团八达岭分公司	北京市总工会	2013.5
46	全国交通运输系统劳动模范	张书芳	首发集团	交通运输部	2014年
47	全国劳动模范	柳浩	北京市政路桥建材集团有限公司	全国总工会	2010年
48	北京市劳动模范	魏婷婷	华北高速公路股份有限公司	北京市总工会	2010.4.1
49	北京市劳动模范	高日和	北京市首发高速公路建设管理有限责任公司	北京市总工会	2010.4.1
50	北京市劳动模范	程玉山	北京市首发高速公路建设管理有限责任公司京沈分公司	北京市总工会	2010.4.1
51	北京市劳动模范	方秋子	首都公路发展集团有限公司	北京市总工会	2010.4.1
52	北京市劳动模范	徐志斌	北京云星宇交通工程有限公司	北京市总工会	2010.4.1
53	北京市劳动模范	李俊丰	北京市首发兴业公路养护工程有限公司	北京市总工会	2010.4.1
54	北京市劳动模范	杨学凤	首都公路发展集团有限公司京开分公司	北京市总工会	2010.4.1
55	首都劳动奖章	党志永	北京市首发高速公路建设管理有限责任公司	北京市总工会	2012.1
56	首都劳动奖章	邓启英	北京市市政工程设计研究总院有限公司	北京市总工会	2012.1
57	首都劳动奖章	顾启英	首都公路发展集团有限公司八达岭高速公路分公司	北京市总工会	2014.4
58	北京市劳动模范	田迎	北京市首发高速公路建设管理有限责任公司	北京市总工会	2015.4
59	北京市劳动模范	党志永	北京市首发高速公路建设管理有限责任公司数据中心	北京市总工会	2015.4
60	北京市劳动模范	管伟	北京速通科技有限公司	北京市总工会	2015.4
61	北京市劳动模范	郭辉	首发集团京开分公司	北京市总工会	2015.4
62	北京市劳动模范	吴喜军	北京首发公路养护工程有限公司第一养护管理中心	北京市总工会	2015.4
63	北京市劳动模范	王长欣	华北高速公路股份有限公司	北京市总工会	2015.4

附表 10-1-1

北京市高速公路特大桥梁一览表

规模	名 称	桥长 (m)	主跨长度 (m)	结构类型	材 料	桩 号	方向及所属路线
特大桥	京密路主线高架桥主线桥(右幅)	3529	50	箱形梁	预应力钢筋混凝土	4.02	S35(京密高速公路)
	京密路主线高架桥主线桥(左幅)	3687	50	箱形梁	预应力钢筋混凝土	4.02	T35(京密高速公路)
	京周路桥	1349	38	连续箱梁	预应力钢筋混凝土	22.388	G5(京昆高速公路)
	天开村桥	1435.8	35	连续箱梁	预应力钢筋混凝土	41.812	G5(京昆高速公路)
	天开村桥	1435.8	35	连续箱梁	预应力钢筋混凝土	41.812	H5(京昆高速公路)
	京周路桥	1349	38	连续箱梁	预应力钢筋混凝土	22.388	H5(京昆高速公路)
	大兴桥	2400	30	箱形梁	预应力钢筋混凝土	15.287	G106(大广高速公路)
	儒林桥(右幅)	1189.1	78	T梁	预应力钢筋混凝土	26.437	G1(京哈高速公路)
	儒林桥(左幅)	1189.1	78	T梁	预应力钢筋混凝土	26.437	H1(京哈高速公路)
	北七家桥(右幅)	1086.4	35	箱形梁	预应力钢筋混凝土	1.101	S28(机场北线高速公路)
	北七家桥(左幅)	1086.4	35	箱形梁	预应力钢筋混凝土	1.101	T28(机场北线高速公路)
	楼自庄桥(右幅)	1227.6	35	连续箱梁	预应力钢筋混凝土	20.935	G7(京新高速公路)
	楼自庄桥(左幅)	1227.6	35	连续箱梁	预应力钢筋混凝土	20.935	H7(京新高速公路)
	焦庄桥(右幅)	1526	38.5	箱形梁	预应力钢筋混凝土	2.572	S51(机场二高速)
	金盏南桥(右幅)	1494.7	41.5	箱形梁	预应力钢筋混凝土	4.792	S51(机场二高速)
	金盏南桥(左幅)	1494.7	41.5	箱形梁	预应力钢筋混凝土	4.792	T51(机场二高速)
	焦庄桥(左幅)	1526	38.5	箱形梁	预应力钢筋混凝土	2.572	T51(机场二高速)
	黄港大桥(右幅)	6615	40.5	箱形梁	预应力钢筋混凝土	3.818	S32(京平高速公路)
	温榆河大桥(右幅)	1919	65	箱形梁	预应力钢筋混凝土	8.711	S32(京平高速公路)

续上表

规模	名　称	桥长(m)	主跨长度(m)	结构类型	材　料	桩　号	方向及所属路线
特大桥	李天桥（右幅）	2785	44	箱形梁	预应力钢筋混凝土	16.556	S32（京平高速公路）
	黄港大桥（左幅）	6615	40.5	箱形梁	预应力钢筋混凝土	3.818	T32（京平高速公路）
	李天桥（左幅）	2785	44	箱形梁	预应力钢筋混凝土	16.556	T32（京平高速公路）
	温榆河大桥	1919	65	箱形梁	预应力钢筋混凝土	8.711	T32（京平高速公路）
	京新上地桥（单塔斜拉桥）	2297.7	230	斜拉桥	钢筋混凝土	3.539	G7（京新高速公路）
	小营西路上跨桥（右幅）	1176.1	78	箱形梁	钢筋混凝土	3.978	G7（京新高速公路）
	东北望北路立交桥（右幅）	1591.2	330	连续箱梁	钢混组合	5.791	G7（京新高速公路）
	东北望北路立交桥（左幅）	1591.2	330	连续箱梁	钢混组合	5.791	H7（京新高速公路）
	小营西路上跨桥（左幅）	1176.1	78	箱形梁	钢筋混凝土	3.978	H7（京新高速公路）
	麦庄桥（右幅）	1447.7	52	连续箱梁	预应力钢筋混凝土	7.5	S15（京津二高速）
	于家务一号桥（右幅）	1721.5	36.79	箱形梁	预应力钢筋混凝土	18.68	S15（京津二高速）
	于家务一号桥（左幅）	1721.5	36.79	箱形梁	预应力钢筋混凝土	18.68	T15（京津二高速）
	麦庄桥（左幅）	1447.7	52	连续箱梁	预应力钢筋混凝土	7.5	T15（京津二高速）
	来广营大桥	1334.5	35	T梁	预应力钢筋混凝土	5.809	S11（京承高速公路）
	远通桥（内环）	1401.5	54	箱形梁	预应力钢筋混凝土	16.2	S50（五环路）
	石丰桥（单塔斜拉桥）	1185.4	95	斜拉桥	钢筋混凝土	65.014	S50（五环路）
	红山桥（内环）	1407	38	箱形梁	预应力钢筋混凝土	82.711	S50（五环路）
	箭亭桥（内环）	1512.1	38.5	箱形梁	预应力钢筋混凝土	87.312	S50（五环路）
	远通桥（外环）	1401.5	54	箱形梁	预应力钢筋混凝土	16.2	T50（五环路）
	箭亭桥（外环）	1512.1	38.5	箱形梁	预应力钢筋混凝土	87.312	T50（五环路）
	红山桥（外环）	1407	38	箱形梁	预应力钢筋混凝土	82.711	T50（五环路）

附表 10-2-1

北京市高速公路隧道汇总表

规模	名称	隧道全长(m)	隧道净宽(m)	洞门形式	地质条件-土质	地质条件-石质	所在区域-山岭	所在区域-水底	所在区域-城市	位置	方向及所属路线
特长隧道	德胜口隧道(出京)	3003	12.5			√	√			35.233	G7(京新高速公路)
	潭峪沟隧道	3445	12.1			√	√			58.391	H6(京藏高速公路)
长隧道	麒麟楼隧道(进京、北京段)	2491	12.5			√	√			1134.6	G45(大广高速公路)
	金鼎湖2号隧道(进京)	1124	12.5			√	√			1181.846	G45(大广高速公路)
	金鼎湖2号隧道(出京)	1131	12.5			√	√			1181.829	H45(大广高速公路)
	八达岭隧道	1085	12.1			√	√			56.428	G6(京藏高速公路)
	大岭后隧道(出京)	2302	11			√	√			69.722	S32(京平高速公路)
	德胜口隧道(进京)	2975	12.5			√	√			35.23	H7(京新高速公路)
中隧道	居庸关隧道	600	12.1			√	√			46.449	H6(京藏高速公路)
	莲花滩隧道	760	9.5	端墙式		√	√			58.170	G110(京新高速公路)
短隧道	横城子隧道(进京)	369	12.5			√	√			1141.319	G45(大广高速公路)
	黑古岩隧道(进京)	116.5	12.5			√	√			1148.007	G45(大广高速公路)
	西圈2号隧道(进京)	280	12.5			√	√			1166.285	G45(大广高速公路)
	西圈1号隧道(进京)	461	12.5			√	√			1167.511	G45(大广高速公路)
	苍术会隧道(出京)	237	12.5			√	√			1168.17	G45(大广高速公路)
	金鼎湖1号隧道(进京)	327	12.5			√	√			1182.812	G45(大广高速公路)
	邓家湾隧道(进京)	335	12.5			√	√			1188.24	G45(大广高速公路)
	羊山隧道(进京)	225	12.5			√	√			1190.887	G45(大广高速公路)
	横城子隧道(出京)	398	12.5			√	√			1141.317	H45(大广高速公路)
	黑古岩隧道(出京)	116.5	12.5			√	√			1148.01	H45(大广高速公路)
	西圈2号隧道(出京)	201	12.5			√	√			1166.281	H45(大广高速公路)
	西圈1号隧道(出京)	410	12.5			√	√			1167.518	H45(大广高速公路)

续上表

规模	名称	隧道全长(m)	隧道净宽(m)	洞门形式	隧道分类						位置	方向及所属路线
					地质条件		所在区域					
					土质	石质	山岭	水底	城市			
	苍术会隧道(出京)	211	12.5			√	√				1168.17	H45(大广高速公路)
	金鼎湖1号隧道(出京)	245	12.5			√	√				1182.802	H45(大广高速公路)
	邓家湾隧道(出京)	383	12.5			√	√				1188.254	H45(大广高速公路)
	羊山隧道(出京)	197	12.5			√	√				1190.872	H45(大广高速公路)
	弹琴峡隧道	77	12.1			√	√				52.878	G6(京藏高速公路)
	石佛寺1号隧道	45	12.1			√	√				53.153	G6(京藏高速公路)
	石佛寺2号隧道	233	12.1			√	√				53.614	G6(京藏高速公路)
	岔道城隧道	200	12.1			√	√				57.897	G6(京藏高速公路)
	山羊洼1号隧道	240	12.1			√	√				47.523	H6(京藏高速公路)
	山羊洼2号隧道	81	12.1			√	√				48.425	H6(京藏高速公路)
	东老峪隧道	98	12.1			√	√				55.959	H6(京藏高速公路)
短隧道	黄花峪隧道	368	9.5	削竹式		√	√				46.580	G110(京新高速公路)
	果庄隧道	330	9.5	端墙式		√	√				50.210	G110(京新高速公路)
	姑娘台隧道	170	9.5	削竹式		√	√				50.950	G110(京新高速公路)
	椿树安隧道	200	9.5	端墙式		√	√				52.295	G110(京新高速公路)
	东红山隧道	142	9.5	端墙式		√	√				52.553	G110(京新高速公路)
	西三岔隧道	333	9.5	端墙式		√	√				53.170	G110(京新高速公路)
	北地隧道	242	9.5	端墙式		√	√				54.283	G110(京新高速公路)
	卧龙岗隧道(内环)	416	13			√	√				125.963	G4501(六环路)
	卧龙岗隧道(外环)	420	13			√	√				125.962	H4501(六环路)
	晓月苑隧道(内环)	226	10			√					61.458	S50(五环路)
	晓月苑隧道(外环)	226	10			√					61.459	T50(五环路)

后　记

在北京市交通委员会和本书编委会的领导下,《北京高速公路建设实录》编纂工作自 2015 年 4 月开始,历经机构建立、确定分工、大纲编订、资料收集、编写实录、征求意见、专家评审等流程,反复修改,历经两年,于 2016 年 12 月形成初评稿,并于 2017 年 2 月完成征求意见。其中,2015 年 4 月,北京市交通委员会成立了本书编审工作委员会、编撰工作委员会、编撰工作委员会办公室,并特别成立编委会顾问组,以保证对编撰工作的监督、指导和咨询。之后,经过三轮讨论,最终确定编撰大纲,大纲突出表现了北京市高速公路的以下特色:建设起步早、引领意义大;国高网比重大、放射线多;城市交通运行中作用突出;重大活动保障工作任务重;技术创新要求及技术含量高;文化品牌建设成绩突出。大纲确定后,编纂工作办公室牵头承担单位《中国公路》杂志社,严格按照大纲,对之前收集的大资料进行梳理编撰,2016 年 11 月形成初稿。初稿形成后,先后两次向所有参编单位征求意见和建议,并重点征求了陈国立、陈悦海、姜善智、董平如、王泽、李舜范、夏传荪等专家的意见和建议。此外,还向丛士杰、赵大信、阎焰、张闽、张恒利、张书芳等领导和专家寄送了样书和征求意见的信件,部分领导和专家提出了意见和建议,此基础上形成专家评审稿。2017 年 7 月组织专家和相关人进行了评审,专家组一致通过评审。评审会后,对稿件又进行了修改和补充,形成本书。

在本书编纂过程中,姜善智、丛士杰、王泽、张明超、李舜范、陈悦海、夏传荪、陈国立、董平如等老领导、老专家提供了众多珍贵资料和宝贵的指导意见及建议。北京市交通委员会路政局、运输管理局、北京市交通委员会研究室、工程管理处、综合运输处、规划处、计划处、法制处、办公室、宣传处、北京市首都公路发展集团有限公司、华北高速公路股份有限公司、北京首都高速公路发展有限公司、首创股份京通快速路分公司、北京通达京承高速公路有限公司、北国投等多个单位和部门给予了大量业务指导和大力支持;北京市勘察设计研究院、北京市市政工程设计研究院、国道通公路设计研究院提供了相关资料和咨询。邱譓、李国伟、刘卫清、刘宝林、陈鑫、范毅民、王宝英、杜文龙、徐婷、宣鹏、刘俊新、杨波、李云忠、王昕、郝毅、陈盛、林青、吴美娥、畅江、吕方舟、张国仲、翟欣、李建东、吕月月、熊元克、李勇(排名不分先后)等联络人,在资料收集等各环节做了大量烦琐工作。本书还得到中国公路建设行业协会、首都图书馆、北京市地方志编纂委员会办公室、北京市城市建设档案馆等单位,以及众多热心人士的帮助和支持,在此一并表达诚挚谢意。

由于本书涉及的资料时间跨度大,很多为纸质档案转录而来,且部分档案保存时间较长,在转录过程中少部分内容难以辨认,加之编者水平有限、时间较紧,书中难免存在谬误,恳请读者批评指正。

《北京高速公路建设实录》编委会办公室

2017 年 6 月